Elias Canetti Masse und Macht

Elias Canetti

Masse und Macht

claassen Verlag

Neuauflage 1981

Papier: Papierfabrik Schleipen GmbH, Bad Dürkheim
Druck und Bindearbeiten: Bercker, Kevelaer
Printed in Germany
ISBN 3 546 41702 X

Die Masse

Die Meute

Meute und Religion

Masse und Geschichte

Die Eingeweide der Macht

Der Überlebende

Elemente der Macht

Der Befehl

Die Verwandlung

Aspekte der Macht

Herrschaft und Paranoia

Die Masse

Umschlagen der Berührungsfurcht

Nichts fürchtet der Mensch mehr als die Berührung durch Unbekanntes. Man will *sehen,* was nach einem greift, man will es erkennen oder zumindest einreihen können. Überall weicht der Mensch der Berührung durch Fremdes aus. Nachts oder im Dunkel überhaupt kann der Schrecken über eine unerwartete Berührung sich ins Panische steigern. Nicht einmal die Kleider gewähren einem Sicherheit genug; wie leicht sind sie zu zerreißen, wie leicht ist es, bis zum nackten, glatten, wehrlosen Fleisch des Angegriffenen durchzudringen.

Alle Abstände, die die Menschen um sich geschaffen haben, sind von dieser Berührungsfurcht diktiert. Man sperrt sich in Häuser ein, in die niemand eintreten darf, nur in ihnen fühlt man sich halbwegs sicher. Die Angst vor dem Einbrecher gilt nicht seinen räuberischen Absichten allein, sie ist auch eine Furcht vor seinem plötzlichen, unerwarteten Griff aus dem Dunkel. Die Hand, zur Kralle geformt, wird als Symbol für diese Angst immer wieder verwendet. Viel von diesem Sachverhalt ist in den Doppelsinn des Wortes ›angreifen‹ eingegangen. Die harmlose Berührung wie die gefährliche Attacke, beides ist zugleich in ihm enthalten, und etwas vom letzteren klingt im ersten immer mit. ›Angriff‹, das Hauptwort, aber hat sich auf den schlechten Sinn des Wortes ausschließlich beschränkt.

Diese Abneigung vor der Berührung verläßt uns auch nicht, wenn wir unter Leute gehen. Die Art, wie wir uns auf der Straße, unter vielen Menschen, in Restaurants, in Eisenbahnen und Autobussen bewegen, ist von dieser Furcht diktiert. Selbst dort, wo wir ganz nahe neben anderen stehen, sie genau betrachten und mustern können, vermeiden wir, wenn es irgend geht, eine Berührung mit ihnen. Wenn wir das Gegenteil tun, haben wir Gefallen an jemandem gefunden, und die Annäherung geht dann von uns selber aus.

Die Promptheit der Entschuldigung, die man für eine unbeabsichtigte Berührung hat, die Spannung, in der sie erwartet wird, die heftige und manchmal tätliche Reaktion, wenn sie nicht erfolgt, der Widerwille und Haß, den man für den ›Übeltäter‹ empfindet, auch wenn man gar nicht sicher sein kann, daß er es ist – dieser ganze Knoten seelischer Reaktionen um die Berührung durch Fremdes, in ihrer extremen Labilität und Reizbarkeit, beweist, daß es hier um etwas sehr Tiefes, immer Waches und immer Verfängliches geht, etwas, das den Menschen nie mehr verläßt, sobald er die Grenzen seiner Person einmal festgestellt hat. Selbst der Schlaf, in dem man viel wehrloser ist, ist durch diese Art von Furcht nur zu leicht zu stören.

Es ist die *Masse* allein, in der der Mensch von dieser Berührungsfurcht erlöst werden kann. Sie ist die einzige Situation, in der diese Furcht in ihr Gegenteil umschlägt. Es ist die *dichte* Masse, die man dazu braucht, in der Körper an Körper drängt, dicht auch in ihrer seelischen Verfassung, nämlich so, daß man nicht darauf achtet, wer es ist, der einen ›bedrängt‹. Sobald man sich der Masse einmal überlassen hat, fürchtet man ihre Berührung nicht. In ihrem idealen Falle sind sich alle gleich. Keine Verschiedenheit zählt, nicht einmal die der Geschlechter. Wer immer einen bedrängt, ist das gleiche wie man selbst. Man spürt ihn, wie man sich selber spürt. Es geht dann alles plötzlich wie *innerhalb eines Körpers* vor sich. Vielleicht ist dies einer der Gründe, warum die Masse sich so dicht zusammenzuziehen sucht: sie will die Berührungsfurcht der einzelnen so vollkommen wie nur möglich loswerden. Je heftiger die Menschen sich aneinanderpressen, um so sicherer fühlen sie, daß sie keine Angst voreinander haben. Dieses *Umschlagen der Berührungsfurcht* gehört zur Masse. Die Erleichterung, die sich in ihr verbreitet und von der noch in anderem Zusammenhang die Rede ist, erreicht ein auffallend hohes Maß in ihrer größten Dichte.

Offene und geschlossene Masse

Eine ebenso rätselhafte wie universale Erscheinung ist die Masse, die plötzlich da ist, wo vorher nichts war. Einige wenige Leute mögen beisammen gestanden haben, fünf oder zehn oder zwölf, nicht mehr. Nichts ist angekündigt, nichts erwartet worden. Plötzlich ist alles schwarz von Menschen. Von allen Seiten strömen andere zu, es ist, als hätten Straßen nur eine Richtung. Viele wissen nicht, was geschehen ist, sie haben auf Fragen nichts zu sagen; doch haben sie es eilig, dort zu sein, wo die meisten sind. Es ist eine Entschlossenheit in ihrer Bewegung, die sich vom Ausdruck gewöhnlicher Neugier sehr wohl unterscheidet. Die Bewegung der einen, meint man, teilt sich den anderen mit, aber das allein ist es nicht: sie haben ein Ziel. Es ist da, bevor sie

Worte dafür gefunden haben: das Ziel ist das schwärzeste – der Ort, wo die meisten Menschen beisammen sind.

Es wird manches über diese extreme Form der spontanen Masse zu sagen sein. Sie ist dort, wo sie entsteht, in ihrem eigentlichen Kern, nicht ganz so spontan, wie es den Anschein hat. Aber überall sonst, wenn man von den fünf oder zehn oder zwölf Leuten absieht, von denen sie ihren Ausgang nahm, ist sie es wirklich. Sobald sie besteht, will sie aus *mehr* bestehen. Der Drang zu wachsen ist die erste und oberste Eigenschaft der Masse. Sie will jeden erfassen, der ihr erreichbar ist. Wer immer wie ein Mensch gestaltet ist, kann zu ihr stoßen. Die natürliche Masse ist die *offene* Masse: ihrem Wachstum ist überhaupt keine Grenze gesetzt. Häuser, Türen und Schlösser erkennt sie nicht an; die sich vor ihr versperren, sind ihr verdächtig. ›Offen‹ ist hier in jedem Sinn zu verstehen, sie ist es überall und in jeder Richtung. Die offene Masse besteht, solange sie wächst. Ihr Zerfall setzt ein, sobald sie zu wachsen aufhört.

Denn so plötzlich, wie sie entstanden ist, zerfällt die Masse. In dieser spontanen Form ist sie ein empfindliches Gebilde. Ihre Offenheit, die ihr das Wachstum ermöglicht, ist zugleich ihre Gefahr. Eine Ahnung vom Zerfall, der ihr droht, ist immer in ihr lebendig. Durch rapide Zunahme sucht sie ihm zu entgehen. Solange sie kann, nimmt sie alles auf; aber da sie alles aufnimmt, muß sie zerfallen.

Im Gegensatz zur offenen Masse, die ins Unendliche wachsen kann, die überall ist und eben darum ein universelles Interesse beansprucht, steht die *geschlossene* Masse.

Diese verzichtet auf Wachstum und legt ihr Hauptaugenmerk auf Bestand. Was an ihr zuerst auffällt, ist die *Grenze.* Die geschlossene Masse setzt sich fest. Sie schafft sich ihren Ort, indem sie sich begrenzt; der Raum, den sie erfüllen wird, ist ihr zugewiesen. Er ist einem Gefäß vergleichbar, in das man Flüssigkeit gießt, es ist bekannt, wieviel Flüssigkeit hineingeht. Die Zugänge zum Raum sind gezählt, man kann nicht auf jede Weise hineingelangen. Die Grenze wird respektiert. Sie mag aus Stein, aus festem Mauerwerk bestehen. Vielleicht bedarf es eines besonderen Aufnahmeaktes; vielleicht hat man eine bestimmte Gebühr für den Eintritt zu entrichten. Wenn der Raum einmal dicht genug gefüllt ist, wird niemand mehr eingelassen. Selbst wenn er überfließt, bleibt immer noch als Hauptsache die dichte Masse im geschlossenen Raum, zu der die Außenstehenden nicht ernsthaft gehören.

Die Grenze verhindert eine regellose Zunahme, aber sie erschwert und verzögert auch das Auseinanderlaufen. Was an Wachstumsmöglichkeit so geopfert wird, das gewinnt die Masse an Beständigkeit. Sie ist vor äußeren Einwirkungen geschützt, die ihr feindlich und gefährlich sein könnten. Ganz besonders aber rechnet sie mit *Wiederholung*. Durch die Aussicht auf Wiederversammeln täuscht sich die Masse über ihre Auflösung jedesmal hinweg. Das Gebäude wartet auf sie, um ihretwillen ist es da, und solange es da ist, werden sie sich auf dieselbe Weise zusammenfinden. Der Raum gehört ihnen, auch wenn er Ebbe hat, und in seiner Leere gemahnt er an die Zeit der Flut.

Die Entladung

Der wichtigste Vorgang, der sich innerhalb der Masse abspielt, ist die *Entladung*. Vorher besteht die Masse eigentlich nicht, die Entladung macht sie erst wirklich aus. Sie ist der Augenblick, in dem alle, die zu ihr gehören, ihre Verschiedenheiten loswerden und sich als *gleiche* fühlen.

Unter diesen Verschiedenheiten sind besonders äußerlich auferlegte zu verstehen, Unterschiede des Ranges, Standes und Besitzes. Die Menschen als einzelne sind sich dieser Unterschiede immer bewußt. Sie lasten schwer auf ihnen, sie zwingen sie mit großem Nachdruck auseinander. Auf einem bestimmten, sicheren Platze steht der Mensch und hält sich alles, was ihm in die Nähe kommt, mit wirkungsvollen Rechtsgebärden vom Leibe. Wie eine Windmühle auf riesiger Ebene, so steht er da, ausdrucksvoll und bewegt, bis zur nächsten Mühle ist nichts. Alles Leben, wie er es kennt, ist auf Distanzen angelegt, das Haus, in dem er seinen Besitz und sich verschließt, die Stellung, die er bekleidet, der Rang, nach dem er strebt – alle dienen dazu, *Abstände* zu schaffen, zu festigen und zu vergrößern. Die Freiheit jeder tieferen Bewegung von einem zum anderen ist unterbunden. Regungen und Gegenregungen versickern wie in einer Wüste. Keiner kann in die Nähe, keiner in die Höhe des anderen. Fest etablierte Hierarchien auf jedem Gebiete des Lebens erlauben niemandem, an den Höheren zu rühren, sich zum Tieferen anders als scheinbar herabzulassen. In verschiedenen Gesellschaften sind diese Distanzen verschieden gegeneinander ausbalanciert. In manchen liegt der Nachdruck auf den Unterschieden der Herkunft, in anderen auf denen der Beschäftigung oder des Besitzes.

Es kommt hier nicht darauf an, diese Rangordnungen im einzelnen zu kennzeichnen. Wesentlich ist, daß sie überall da sind, daß sie sich überall im Bewußtsein der Menschen einnisten und ihr Verhalten zu den anderen entscheidend bestimmen. Die Genugtuung, in der Rangordnung höher als andere zu stehen, entschädigt nicht für den Verlust an Bewegungsfreiheit. In seinen Distanzen erstarrt und verdüstert der Mensch. Er schleppt an diesen Lasten und kommt nicht vom Fleck. Er vergißt, daß er sie sich selber auferlegt hat, und sehnt sich nach einer Befreiung von ihnen. Aber wie soll er sich allein befreien? Was immer er dazu täte, und wäre er noch so entschlossen, er fände sich unter anderen, die sein Bemühen vereiteln. Solange sie an ihren Distanzen festhalten, ist er ihnen um gar nichts näher.

Nur alle zusammen können sich von ihren Distanzlasten befreien. Genau das ist es, was in der Masse geschieht. In der *Entladung* werden die Trennungen abgeworfen und alle fühlen sich *gleich.* In dieser Dichte, da kaum Platz zwischen ihnen ist, da Körper sich an Körper preßt, ist einer dem anderen so nahe wie sich selbst. Ungeheuer ist die *Erleichterung* darüber. Um dieses glücklichen Augenblickes willen, da keiner *mehr,* keiner besser als der andere ist, werden die Menschen zur Masse.

Aber der Augenblick der Entladung, der so begehrt und so glücklich ist, hat seine eigene Gefahr in sich. Er krankt an einer Grundillusion: Die Menschen, die sich plötzlich gleich fühlen, sind nicht wirklich und für immer gleich geworden. Sie kehren in ihre separaten Häuser zurück, sie legen sich in ihre Betten schlafen. Sie behalten ihren Besitz, sie geben ihren Namen nicht auf. Sie verstoßen ihre Angehörigen nicht. Sie laufen ihrer Familie nicht davon. Nur bei Bekehrungen ernsthafter Art treten Menschen aus alten Verbindungen heraus und in neue ein. *Solche* Verbände, die ihrer Natur nach nur eine begrenzte Zahl von Mitgliedern aufnehmen können und ihren Bestand durch harte Regeln sichern müssen, bezeichne ich als Massenkristalle. Von ihrer Funktion wird noch ausführlich die Rede sein.

Die Masse selbst aber zerfällt. Sie fühlt, daß sie zerfallen wird. Sie fürchtet den Zerfall. Sie kann nur bestehen bleiben, wenn der Prozeß der Entladung fortgesetzt wird, an neuen Menschen, die zu ihr stoßen.

Nur der *Zuwachs* der Masse verhindert die ihr Angehörigen daran, unter ihre privaten Lasten zurückzukriechen.

Zerstörungssucht

Von der Zerstörungssucht der Masse ist oft die Rede, es ist das erste an ihr, was ins Auge fällt, und es ist unleugbar, daß sie sich überall findet, in den verschiedensten Ländern und Kulturen. Sie wird zwar festgestellt und mißbilligt, doch wird sie nie wirklich erklärt.

Am liebsten zerstört die Masse Häuser und Gegenstände. Da es sich oft um Zerbrechliches handelt, wie Scheiben, Spiegel, Töpfe, Bilder, Geschirr, neigt man dazu zu glauben, daß es eben diese Zerbrechlichkeit von Gegenständen sei, die die Masse zur Zerstörung anreizt. Es ist nun gewiß richtig, daß der Lärm der Zerstörung, das Zerbrechen von Geschirr, das Klirren von Scheiben zur Freude daran ein Beträchtliches beiträgt: Es sind die kräftigen Lebenslaute eines neuen Geschöpfes, die Schreie eines Neugeborenen. Daß es so leicht ist, sie hervorzurufen, steigert ihre Beliebtheit, alles schreit mit einem und den anderen mit, und das Klirren ist der Beifall der Dinge. Ein besonderes Bedürfnis nach dieser Art von Lärm scheint zu Beginn der Ereignisse zu bestehen, da man sich noch nicht aus allzu vielen zusammensetzt und wenig oder gar nichts geschehen ist. Der Lärm verheißt die Verstärkung, auf die man hofft, und er ist ein glückliches Omen für die kommenden Taten. Aber es wäre irrig zu glauben, daß die Leichtigkeit des Zerbrechens das Entscheidende daran ist. Man hat sich an Skulpturen aus hartem Stein herangemacht und nicht geruht, bis sie verstümmelt und unkenntlich waren. Von Christen wurden die Köpfe und Arme griechischer Götter zerstört. Von Reformatoren und Revolutionären wurden die Bildwerke der Heiligen heruntergeholt, manchmal aus Höhen, wo es lebensgefährlich war, und oft war der Stein, den man zu zertrümmern suchte, so hart, daß man nur halb damit zum Ziel gelangte.

Die Zerstörung von Bildwerken, die etwas vorstellen, ist die Zerstörung einer Hierarchie, die man nicht mehr anerkennt. Man vergreift sich an den allgemein etablierten Distanzen, die für alle sichtbar sind und überall gelten. Ihre Härte war der Ausdruck für ihre Permanenz, sie haben seit langem, man denkt, seit je bestanden, aufrecht und unverrückbar; und es war unmöglich, sich ihnen in feindlicher Absicht zu nähern. Nun sind sie gestürzt und in Trümmer geschlagen. Die *Entladung* hat sich in diesem Akt vollendet.

Doch sie geht nicht immer so weit. Die Zerstörung gewöhnlicher Art, von der anfangs die Rede war, ist nichts als ein Angriff auf alle *Grenzen*. Scheiben und Türen gehören zu Häusern, sie sind der empfindlichste Teil ihrer Abgrenzung gegen außen. Wenn Türen und Scheiben eingeschlagen sind, hat das Haus seine Individualität verloren. Jeder kann dann nach Herzenslust hinein, nichts und niemand darin ist geschützt. In diesen Häusern stecken aber gewöhnlich, so glaubt man, die Menschen, die sich von der Masse auszuschließen suchen, ihre Feinde. Nun ist, was sie abtrennt, zerstört. Zwischen ihnen und der Masse steht nichts. Sie können heraus und sich ihr anschließen. Man kann sie holen.

Es ist aber noch mehr daran. Der einzelne Mensch selbst hat das Gefühl, daß er in der Masse die Grenzen seiner Person überschreitet. Er fühlt sich erleichtert, da alle Distanzen aufgehoben sind, die ihn auf sich zurückwarfen und in sich verschlossen. Mit dem Abheben der Distanzlasten fühlt er sich frei, und seine Freiheit ist die Überschreitung dieser Grenzen. Was ihm geschieht, soll auch den anderen geschehen, er erwartet von ihnen dasselbe. An einem irdenen Topf reizt ihn, daß er nichts als Grenze ist. An einem Hause reizen ihn die verschlossenen Türen. Riten und Zeremonien, alles, was Distanzen hält, bedroht ihn und ist ihm unerträglich. In diese vorgebildeten Gefäße überall wird man die Masse zersplittert zurückzuführen suchen. Sie haßt ihre künftigen Gefängnisse, die ihr immer Gefängnisse waren. Der nackten Masse erscheint alles als Bastille.

Das eindrucksvollste von allen Mitteln der Zerstörung ist das *Feuer*. Es ist weithin sichtbar und zieht andere an. Es zerstört auf unwiderrufliche Weise. Nichts ist nach einem Feuer, wie es vorher war. Die Masse, die Feuer legt, hält sich für unwiderstehlich. Alles wird zu ihr stoßen, während es um sich greift. Alles Feindliche wird von ihm vernichtet werden. Es ist, wie man noch sehen wird, das kräftigste Symbol, das es für die Masse gibt. Nach aller Zerstörung muß es wie sie erlöschen.

Der Ausbruch

Die *offene* Masse ist die eigentliche Masse, die sich ihrem natürlichen Drang zu wachsen frei überläßt. Eine offene Masse hat kein klares Gefühl oder Bild davon, *wie* groß sie werden könnte. Sie hält sich an kein Gebäude, das ihr bekannt ist und das sie zu erfüllen hätte. Ihr Maß ist nicht festgelegt; sie will ins Unendliche wachsen, und was sie dazu braucht, sind mehr und mehr Menschen. In diesem nackten Zustand fällt die Masse am meisten auf. Doch behält sie etwas Außergewöhnliches und wird, da sie immer zerfällt, nicht ganz voll genommen. Sie wäre vielleicht auch weiterhin nicht mit dem Ernste betrachtet worden, der ihr gebührt, hätte nicht die ungeheuerliche Zunahme der Bevölkerungszahl überall und das rapide Wachstum der Städte, die unser modernes Zeitalter kennzeichnen, zu ihrer Bildung immer häufiger Gelegenheit gegeben.

Die *geschlossenen* Massen der Vergangenheit, von denen noch die Rede sein wird, waren alle zu vertrauten Institutionen geworden. Der eigentümliche Zustand, in den ihre Teilnehmer oft gerieten, schien etwas Natürliches; immer war man zu einem bestimmten Zweck beisammen, sei es religiöser, festlicher oder kriegerischer Art, und der Zweck schien den Zustand zu heiligen. Wer einer Predigt beiwohnte, war gewiß im guten Glauben, daß es ihm auf die Predigt ankam, und er wäre erstaunt und vielleicht auch empört gewesen, hätte ihm jemand auseinandergesetzt, daß die große Zahl der anwesenden Hörer ihm mehr Befriedigung gewähre als die Predigt selbst. Alle Zeremonien und Regeln, die zu solchen Institutionen gehören, haben es im Grunde auf ein *Abfangen* der Masse abgesehen: lieber eine sichere Kirche voll von Gläubigen als die unsichere ganze Welt. In der Gleichmäßigkeit des Kirchenbesuches, der vertrauten und genauen Wiederholung bestimmter Riten sichert man der Masse etwas wie ein gezähmtes Erlebnis ihrer selbst. Der Ablauf dieser Verrichtungen zu festgesetzten Zeiten wird zu einem Ersatz für Bedürfnisse härterer und heftigerer Art.

Vielleicht hätten solche Einrichtungen genügt, wenn die Zahl der Menschen sich ungefähr gleichgeblieben wäre. Aber es liefen immer mehr Leute in den Städten herum, die Vermehrung der Bevölkerungszahl in den letzten paar hundert Jahren ging mit zunehmender Geschwindigkeit vonstatten. Damit waren auch alle Reizungen zur Bildung neuer und größerer Massen gegeben und nichts, auch die erfahrenste und raffinierteste Leitung nicht, wäre imstande gewesen, sie unter solchen Voraussetzungen zu verhindern.

Alle Auflehnungen gegen überkommenes Zeremoniell, von denen die Religionsgeschichte meldet, sind gegen die Beschränkung der Masse gerichtet, die endlich ihr Wachstum wieder fühlen will. Man denkt an die Bergpredigt im Neuen Testament: sie spielt sich im Freien ab, Tausende können zuhören, und sie ist, daran kann kein Zweifel bestehen, gegen das begrenzende Zeremonien-Treiben des offiziellen Tempels gerichtet. Man denkt an die Tendenz des paulinischen Christentums, aus den Volks- und Stammesgrenzen des Judentums auszubrechen und zu einem universalen Glauben für alle Menschen zu werden. Man denkt an die Verachtung des Buddhismus für das Kastenwesen des damaligen Indien.

Auch die *innere* Geschichte der einzelnen Weltreligionen ist an Ereignissen ähnlichen Sinnes reich. Immer ist Tempel, Kaste und Kirche zu eng. Die Kreuzzüge führen zu Bildungen von Massen von einer Größe, wie sie kein Kirchengebäude der damaligen Welt zu halten vermocht hätte. Ganze Städte werden später zu Zuschauern für die Verrichtungen der Geißler, und sie wandern dann erst noch von Stadt zu Stadt. Wesley baut, noch im 18. Jahrhundert, seine Bewegung auf Predigten im Freien auf. Er ist sich der Bedeutung seiner enormen Zuhörermassen sehr wohl bewußt, manchmal rechnet er sich in seinem Tagebuch aus, wie viele ihn wohl diesmal gehört haben mögen. Der Ausbruch aus den geschlossenen Verrichtungslokalen bedeutet jedesmal, daß die Masse sich ihre alte Lust am plötzlichen, rapiden und unbegrenzten Wachstum zurückholen will.

Als *Ausbruch* bezeichne ich also den plötzlichen Übergang einer *geschlossenen* in eine *offene* Masse. Dieser Vorgang ist häufig, doch darf man ihn nicht zu räumlich verstehen. Oft sieht es so aus, als ob eine Masse überfließe, aus einem Raum, in dem sie wohlbehütet war, auf den Platz und auf die Straßen einer Stadt, wo sie, alles an sich ziehend und allem ausgesetzt, sich frei ergeht. Wichtiger als dieser äußere ist aber der innere Vorgang, der ihm entspricht: die Unzufriedenheit mit der Begrenztheit in der Zahl der Teilnehmer, der plötzliche Wille *anzuziehen*, die leidenschaftliche Entschlossenheit, *alle* zu erreichen.

Seit der Französischen Revolution haben diese Ausbrüche eine Form bekommen, die wir als modern empfinden. Vielleicht weil sich die

Masse vom Gehalt der traditionellen Religionen so weitgehend freigemacht hat, ist es uns seither leichter, sie nackt, man möchte sagen, biologisch zu sehen, ohne die transzendenten Sinngebungen und Ziele, die sie sich früher einimpfen ließ. Die Geschichte der letzten 150 Jahre hat sich zu einer raschen Vermehrung solcher Ausbrüche zugespitzt; selbst die Kriege sind in sie einbezogen, sie sind zu Massenkriegen geworden. Die Masse begnügt sich nicht mehr mit frommen Bedingungen und Verheißungen, sie will das größte Gefühl ihrer animalischen Stärke und Leidenschaft selbst erleben und benutzt zu diesem Zwecke immer wieder, was sich ihr an sozialen Anlässen und Forderungen bietet.

Es ist wichtig, als erstes einmal festzustellen, daß die Masse sich nie gesättigt fühlt. Solange es einen Menschen gibt, der nicht von ihr ergriffen ist, zeigt sie Appetit. Ob sie diesen auch behalten würde, wenn sie wirklich *alle* Menschen in sich aufgenommen hätte, kann niemand sicher sagen, doch ist es sehr zu vermuten. Ihre Versuche, *bestehen* zu bleiben, haben etwas Ohnmächtiges. Der einzig aussichtsreiche Weg dazu ist die Bildung von Doppelmassen, wobei dann eine Masse sich an einer anderen mißt. Je näher sich diese sind, an Kraft und Intensität, um so länger bleiben die beiden, die sich messen, am Leben.

Verfolgungsgefühl

Zu den auffallendsten Zügen im Leben der Masse gehört etwas, was man als ein Gefühl von Verfolgtheit bezeichnen könnte, eine besondere, zornige Empfindlichkeit und Reizbarkeit gegen ein für allemal als solche designierte Feinde. Diese können unternehmen, was immer sie wollen, sie können scharf vorgehen oder entgegenkommend, teilnahmsvoll oder kalt sein, hart oder milde – alles wird ihnen so ausgelegt, als ob es einer unerschütterlichen Böswilligkeit entspringe, einer schlechten Gesinnung gegen die Masse, einer vorgefaßten Absicht, sie offen oder heimtückisch zu zerstören.

Um dieses Gefühl von Feindschaft und Verfolgung zu erklären, muß man wieder von der Grundtatsache ausgehen, daß die Masse, einmal entstanden, rapid wachsen will. Von der Kraft und Unbeirrbarkeit, mit der sie sich ausbreitet, macht man sich schwer eine übertriebene Vorstellung. Solange sie fühlt, daß sie im Wachsen ist – in revolutionären Zuständen zum Beispiel, die mit kleinen, aber sehr hochgespannten Massen beginnen –, empfindet sie alles als Einengung, was sich ihrem Wachstum entgegenstellt. Sie kann zerstreut und auseinandergetrieben werden durch Polizei, aber das hat eine bloß temporäre Wirkung – eine Hand, die in einen Mückenschwarm fährt. Sie kann aber auch von innen her angegriffen werden, indem man den Forderungen, die zu ihrer Bildung geführt haben, entgegenkommt. Schwächere fallen dann von ihr ab; andere, die eben daran waren, zu ihr zu stoßen, kehren auf halbem Weg um.

Der *äußere* Angriff auf die Masse kann diese nur stärken. Die körperlich Auseinandergetriebenen zieht es um so kräftiger wieder zusammen. Der Angriff *von innen* dagegen ist wirklich gefährlich. Ein Streik, der irgendwelche Vorteile erzielt hat, bröckelt zusehends ab. Der Angriff von innen appelliert an individuelle Gelüste. Er wird von der Masse als Bestechung empfunden, als ›unmoralisch‹, da er ihrer klaren und sauberen Grundgesinnung entgegenläuft. Jeder, der zu einer solchen Masse gehört, trägt einen kleinen Verräter in sich, der essen, trinken, lieben und seine Ruhe haben will. Solange er diese Verrichtungen nebenher besorgt und nicht zuviel Wesens aus ihnen macht, läßt man ihn gewähren. Sobald er sich aber laut vernehmlich macht, beginnt man ihn zu hassen und zu fürchten. Man weiß dann, daß er die Lockungen des Feindes gehört hat.

Immer ist die Masse etwas wie eine belagerte Festung, aber auf eine doppelte Weise belagert: Sie hat den Feind vor den Mauern, und sie hat den Feind im Keller. Während des Kampfes zieht sie immer mehr Anhänger an. Vor allen Toren sammeln sich ihre neuen Freunde und klopfen stürmisch um Einlaß. In günstigen Augenblicken wird dieser Bitte willfahren; aber sie klettern auch über die Mauern. Die Stadt füllt sich mehr und mehr mit Kämpfern an; doch jeder von ihnen bringt seinen kleinen, unsichtbaren Verräter mit, der sich schleunigst in einen Keller verzieht. Die Belagerung besteht darin, daß man die Zuzügler abzufangen sucht. Für die Feinde außen sind die Mauern wichtiger als für die Belagerten innen. Die Belagerer sind es, die immer daran bauen und sie erhöhen. Sie suchen die Zuzügler zu bestechen, und wenn sie sie schon gar nicht abhalten können, sorgen sie dafür, daß der kleine Verräter, der mitgeht, auf seinem Weg in die Stadt genug Feindschaft mitbekommt.

Das Verfolgungsgefühl der Masse ist nichts anderes als dieses Gefühl doppelter Bedrohung. Die Mauern von außen werden enger und enger gezogen, die Keller von innen mehr und mehr untergraben. Die Verrichtungen des Feindes sind offen und überschaubar, wenn er an den Mauern arbeitet; sie sind verdeckt und heimtückisch in den Kellern.

Aber es ist mit solchen Bildern immer so, daß sie nur einen Teil der Wahrheit treffen. Die von außen Zuströmenden, die in die Stadt hinein wollen, sind nicht nur neue Anhänger, Verstärkung, Stütze, sie sind auch die *Nahrung* der Masse. Eine Masse, die nicht zunimmt, ist im Zustand des Fastens. Es gibt Mittel, dieses Fasten durchzuhalten; die Religionen haben darin große Meisterschaft entwickelt. Es wird gezeigt werden, wie es den Weltreligionen gelingt, ihre Massen zu halten, auch ohne daß sie sich akut und heftig vergrößern.

Zähmung der Massen in den Weltreligionen

Religionen mit universalem Anspruch, die anerkannt worden sind, verändern sehr bald den Akzent ihrer Werbung. Anfangs ist es ihnen darum zu tun, alle zu erreichen und zu gewinnen, die zu erreichen und zu gewinnen sind. Die Masse, die ihnen vorschwebt, ist universal; es kommt auf jede einzelne Seele an und jede Seele soll die ihre werden. Aber der Kampf, den sie zu bestehen haben, führt allmählich zu einer Art von verborgenem Respekt für die Gegner, deren Institutionen bereits vorhanden sind. Sie sehen, wie schwer es ist, sich zu halten. Institutionen, die ihnen Solidarität und Bestand gewähren, erscheinen ihnen immer wichtiger. Durch die ihrer Gegner angeregt, tun sie alles dazu, selber welche einzuführen; und wenn es ihnen gelingt, werden diese mit der Zeit zur Hauptsache. Das Eigengewicht der Institutionen, die dann ein Leben für sich haben, zähmt allmählich die Wucht der ursprünglichen Werbung. Kirchen werden so gebaut, daß sie die Gläubigen aufnehmen, die bereits da sind. Man vergrößert sie mit Zurückhaltung und Bedacht, wenn ein Bedarf danach wirklich vorhanden ist. Es ist eine starke Tendenz da, die vorhandenen Gläubigen in separaten Einheiten zusammenzufassen. Gerade weil es nun viele geworden sind, ist die Neigung zum Zerfall sehr groß und eine Gefahr, der man immer entgegenarbeiten muß.

Ein Gefühl für die Tücken der Masse liegt den historischen Weltreligionen sozusagen im Blut. Ihre eigenen Traditionen, die verbindlichen Charakter haben, belehren sie darüber, wie plötzlich und unerwartet sie gewachsen sind. Ihre Geschichten von Massenbekehrungen erscheinen ihnen wunderbar, und sie sind es. In den Abfallsbewegungen, die die Kirchen fürchten und verfolgen, richtet sich dieselbe Art von Wunder gegen sie, und die Verletzungen, die ihnen so am eigenen Leibe zugefügt werden, sind schmerzlich und unvergeßlich. Beides, das rapide Wachstum in ihrer Frühzeit und die nicht weniger rapiden Abfälle später, erhalten ihr Mißtrauen gegen die Masse immer am Leben.

Was sie sich wünschen, ist im Gegensatz zu dieser eine folgsame *Herde*. Es ist üblich, die Gläubigen als Schafe zu betrachten und für ihren Gehorsam zu loben. Auf die wesentliche Tendenz der Masse, nämlich zu raschem Wachstum, verzichten sie ganz. Sie begnügen sich mit einer zeitweiligen Fiktion von Gleichheit unter den Gläubigen, die aber nie zu streng durchgeführt wird; mit einer bestimmten Dichte, die in gemäßigten Grenzen gehalten wird, und einer starken Richtung. Das Ziel setzen sie gern in eine sehr weite Ferne, ein Jenseits, in das man gar nicht gleich hineinkommen soll, da man noch lebt, und das man sich durch viel Bemühungen und Unterwerfungen verdienen muß. Die Richtung wird allmählich das wichtigste. Je ferner das Ziel, um so mehr hat es Aussicht auf Bestand. An die Stelle jenes anderen, scheinbar unerläßlichen Prinzips des Wachstums wird etwas davon ganz Verschiedenes gesetzt: die Wiederholung.

In bestimmten Räumen, zu bestimmten Zeiten werden die Gläubigen versammelt und durch immer gleiche Verrichtungen in einen gemilderten Massenzustand versetzt, der sie beeindruckt, ohne gefährlich zu werden, und an den sie sich gewöhnen. Das Gefühl ihrer Einheit wird ihnen *dosiert* verabreicht. Von der Richtigkeit dieser Dosierung hängt der Bestand der Kirche ab.

Wo immer Menschen sich an dieses präzis wiederholte und präzis begrenzte Erlebnis in ihren Kirchen oder Tempeln gewöhnt haben, können sie es nicht mehr entbehren. Sie sind darauf angewiesen wie auf Nahrung und alles, was sonst ihr Dasein ausmacht. Ein plötzliches Verbot ihres Kultes, die Unterdrückung ihrer Religion durch ein staatliches Edikt, kann nicht ohne Folgen bleiben. Die Störung ihres sorgfältig ausbalancierten Massen-Haushalts muß nach einiger Zeit zum Ausbruch einer *offenen* Masse führen. Diese hat dann alle elementaren Eigenschaften, die man kennt. Sie greift rapid um sich. Sie führt eine wirkliche statt der fiktiven Gleichheit durch. Sie holt sich neue und jetzt viel intensivere Dichten. Sie gibt, für den Augenblick, jenes ferne und schwer erreichbare Ziel, zu dem sie erzogen war, auf und setzt sich eines *hier*, in der unmittelbaren Umgebung dieses konkreten Lebens.

Alle plötzlich verbotenen Religionen rächen sich durch eine Art von *Verweltlichung*: In einem Ausbruch von großer und unerwarteter Wildheit ändert sich der Charakter ihres Glaubens vollkommen, ohne daß sie die Natur dieser Änderung selber verstehen. Sie halten es für den alten Glauben und meinen, nur an ihren tiefsten Überzeugungen festzuhalten. Aber in Wirklichkeit sind sie plötzlich ganz andere geworden, mit einem akuten und singulären Gefühl von der offenen Masse, die sie jetzt bilden und aus der sie um keinen Preis herausfallen wollen.

Panik

Die Panik in einem Theater ist, wie schon oft angemerkt wurde, ein *Zerfall* der Masse. Je gebundener die Menschen durch die Aufführung waren, je geschlossener die Form des Theaters, das sie äußerlich zusammenhält, desto heftiger der Zerfall.

Es mag aber auch, durch die Aufführung allein, gar keine echte Masse bestanden haben. Oft fühlt sich das Publikum nicht gepackt und bleibt zusammen, bloß weil es schon da ist. Was das Stück nicht zustande gebracht hat, das bewirkt dann gleich ein *Feuer*. Es ist Menschen nicht weniger gefährlich als Tieren, das stärkste und älteste Massensymbol. Das Gewahrwerden des Feuers treibt, was immer an Massengefühl des Publikums vorhanden war, plötzlich auf die Spitze. Durch die gemeinsame, unmißverständliche Gefahr entsteht eine allen gemeinsame Angst. Für kurze Zeit besteht so im Publikum eine wirkliche Masse. Wäre man nicht in einem Theater, so könnte man gemeinsam fliehen, wie eine Tierherde in Gefahr, und durch gleichgerichtete Bewegungen die Energie der Flucht erhöhen. Eine aktive Massenangst dieser Art ist das große, kollektive Erlebnis aller Tiere, die in Herden leben und sich als gute Läufer zusammen retten.

Im Theater hingegen muß die Masse auf die gewaltsamste Weise zerfallen. Die Türen lassen nur einen oder wenige Menschen zugleich durch. Die Energie der Flucht wird von selbst zu einer Energie des Zurückstoßens. Zwischen den Sitzreihen kann nur je ein Mensch hindurch, einer ist säuberlich vom anderen getrennt; jeder sitzt für sich, jeder steht für sich, jeder hat seinen Platz. Die Distanz zur nächsten Tür ist für jeden eine andere. Das normale Theater hat es darauf angelegt, die Menschen festzusetzen und ihnen nur die Freiheit ihrer Hände und Stimmen zu überlassen. Die Bewegung der Beine ist soweit wie möglich beschränkt.

Der plötzliche Befehl zur Flucht, der den Menschen vom Feuer gegeben wird, ist also sofort konfrontiert mit der Unmöglichkeit einer gemeinsamen Bewegung. Die Tür, durch die jeder hindurch muß, die er sieht, in der er sich sieht, scharf abgeschnitten von allen übrigen, ist der Rahmen eines Bildes, das ihn sehr bald beherrscht. So muß die Masse, eben noch auf ihrer Höhe, mit Gewalt zerfallen. Der Umschlag wird an den heftigsten, individuellen Tendenzen deutlich: man stößt, schlägt und trampelt wild um sich.

Je mehr man ›um sein eigenes Leben‹ kämpft, desto klarer wird es, daß man *gegen* die anderen kämpft, die einen auf allen Seiten behindern. Sie stehen da wie Stühle, Balustraden, verschlossene Türen, aber mit dem Unterschied, daß sie gegen einen angehen. Sie drängen einen da und dort hin, wo es ihnen paßt, oder eigentlich wohin sie selber gedrängt werden. Frauen, Kinder und alte Leute werden nicht geschont, man unterscheidet sie nicht von den Männern. Es gehört das zur Verfassung der Masse, in der alle gleich sind; und während man selber sich nicht mehr als Masse fühlt, ist man noch ganz von ihr umgeben. Die Panik ist ein Zerfall der Masse *in* der Masse. Der einzelne fällt von ihr ab und will ihr, die als Ganzes gefährdet ist, entkommen. Aber da er noch physisch in ihr steckt, muß er gegen sie angehen. Sich ihr jetzt zu überlassen, wäre sein Untergang, da sie selber vom Untergang bedroht ist. In einem solchen Augenblick kann er seine Eigenheit nicht genug betonen. Durch Schläge und Stöße weckt er Schläge und Stöße. Je mehr er austeilt, je mehr er bekommt, desto klarer fühlt er *sich*, desto deutlicher sind die Grenzen seiner eigenen Person auch für ihn wieder gezogen.

Es ist merkwürdig zu beobachten, wie sehr die Masse für den in ihr Kämpfenden den Charakter des Feuers annimmt. Durch den unerwarteten Anblick einer Flamme oder den Ruf ›Feuer!‹ ist sie entstanden; wie Flammen spielt sie mit dem, der zu entrinnen versucht. Die Menschen, die er wegstößt, sind ihm brennende Gegenstände, ihre Berührung ist feindlich, an jeder Stelle seines Körpers erschreckt sie ihn.

Wer immer im Wege steht, ist von dieser allgemein feindlichen Gesinnung des Feuers angesteckt; die Art, wie es sich verbreitet, wie es sich allmählich um einen herumarbeitet, wie es einen schließlich ganz umgibt, gleicht sehr dem Verhalten der Masse, die einen auf allen Seiten bedroht. Die unberechenbaren Bewegungen in ihr, das Hervorschießen eines Armes, einer Faust, eines Beines sind wie die Flammen des Feuers, die plötzlich und von überall hervorzüngeln können. Das Feuer als Wald- oder Steppenbrand *ist* eine feindliche Masse, ein heftiges Gefühl davon läßt sich in jedem Menschen wecken. Das Feuer als Symbol für sie ist in seinen seelischen Haushalt eingegangen und macht einen unveränderlichen Bestandteil davon aus. Jenes nachdrückliche Trampeln auf Menschen aber, das so häufig bei Paniken beobachtet wird und so sinnlos scheint, ist nichts anderes als das *Austreten* von Feuer.

Die Panik als Zerfall läßt sich bloß abwenden, indem man den ursprünglichen Zustand einheitlicher Massenangst verlängert. In einer Kirche, die bedroht ist, läßt sich das herbeiführen: Man betet in gemeinsamer Angst zu einem gemeinsamen Gott, in dessen Hand es liegt, das Feuer durch ein Wunder zu löschen.

Die Masse als Ring

Eine zwiefach geschlossene Masse hat man in der *Arena* vor sich. Es ist nicht ohne Wert, sie auf diese merkwürdige Qualität hin zu untersuchen.

Die Arena ist nach außen hin gut abgegrenzt. Sie ist gewöhnlich weithin sichtbar. Ihre Lage in der Stadt, der Raum, den sie einnimmt, ist allgemein bekannt. Man fühlt immer, wo sie ist, auch wenn man nicht an sie denkt. Rufe von ihr dringen weithin. Wenn sie oben offen ist, teilt sich manches vom Leben, das sich in ihr abspielt, der umliegenden Stadt mit.

Aber erregend wie diese Mitteilungen auch sein mögen, ein unbehinderter Zustrom in die Arena ist nicht möglich. Die Zahl der Plätze, die sie faßt, ist beschränkt. Ihrer Dichte ist ein Ziel gesetzt. Die Sitze sind so angelegt, daß man sich nicht zu sehr drängt. Die Menschen darin sollen es bequem haben. Sie sollen gut sehen können, jeder von seinem Platz, und sie sollen sich nicht untereinander stören.

Nach außen, gegen die Stadt, weist die Arena eine *leblose* Mauer. Nach innen baut sie eine Mauer von Menschen auf. Alle Anwesenden kehren der Stadt ihren *Rücken* zu. Sie haben sich aus dem Gefüge der Stadt, ihren Mauern, ihren Straßen herausgelöst. Für die Dauer ihres Aufenthalts in der Arena scheren sie sich um nichts, was in der Stadt geschieht. Sie lassen das Leben ihrer Beziehungen, ihrer Regeln und Gewohnheiten dort zurück. Ihr Beisammensein in großer Zahl ist für eine bestimmte Zeit gesichert, ihre Erregung ist ihnen versprochen worden – aber unter einer ganz entscheidenden Bedingung: Die Masse muß sich nach *innen* entladen.

Die Reihen sind übereinander angelegt, damit alle sehen, was unten vorgeht. Aber das hat zur Folge, daß die Masse sich selber gegenübersitzt. Jeder hat tausend Menschen und Köpfe vor sich. Solange er da ist, sind sie alle da. Was ihn in Erregung versetzt, erregt auch sie, und er *sieht* es. Sie sitzen in einiger Entfernung von ihm; die Einzelheiten, die sie sonst unterscheiden und zu Individuen machen, verwischen sich. Sie werden sich alle sehr ähnlich, sie benehmen sich ähnlich. Er bemerkt an ihnen nur, was ihn jetzt selber erfüllt. Ihre sichtbare Erregung steigert die seine.

Die Masse, die sich selber so zur Schau stellt, ist nirgends unterbrochen. Der Ring, den sie bildet, ist geschlossen. Es entkommt ihr nichts. Der Ring aus faszinierten Gesichtern übereinander hat etwas sonderbar Homogenes. Er umfaßt und enthält alles, was unten vor sich geht. Keiner von allen läßt es los, keiner will weg. Jede Lücke in diesem Ring könnte an den Zerfall, das spätere Auseinandergehen gemahnen. Aber es ist keine da: diese Masse ist nach außen und in sich, also auf zwiefache Weise geschlossen.

Die Eigenschaften der Masse

Es ist angebracht, bevor man den Versuch einer *Einteilung* der Masse unternimmt, ihre Haupteigenschaften kurz zusammenzufassen. Folgende vier Züge sind hervorzuheben:

1. *Die Masse will immer wachsen.* Ihrem Wachstum sind von Natur aus keine Grenzen gesetzt. Wo solche Grenzen künstlich geschaffen werden, in allen Institutionen also, die zur Bewahrung geschlossener Massen verwendet werden, ist ein Ausbruch der Masse immer möglich

und erfolgt auch von Zeit zu Zeit. Einrichtungen, die das Anwachsen der Masse ein für allemal verhindern könnten und die unbedingt sicher sind, gibt es nicht.

2. *Innerhalb der Masse herrscht Gleichheit.* Sie ist absolut und indiskutabel und wird von der Masse selbst nie in Frage gestellt. Sie ist von so fundamentaler Wichtigkeit, daß man den Zustand der Masse geradezu als einen Zustand absoluter Gleichheit definieren könnte. Ein Kopf ist ein Kopf, ein Arm ist ein Arm, auf Unterschiede zwischen ihnen kommt es nicht an. Um dieser Gleichheit willen wird man zur Masse. Was immer davon ablenken könnte, wird übersehen. Alle Forderungen nach Gerechtigkeit, alle Gleichheitstheorien beziehen ihre Energie letzten Endes aus diesem Gleichheitserlebnis, das jeder auf seine Weise von der Masse her kennt.

3. *Die Masse liebt Dichte.* Sie kann nie zu dicht sein. Es soll nichts dazwischenstehen, es soll nichts zwischen sie fallen, es soll möglichst alles sie selber sein. Das Gefühl größter Dichte hat sie im Augenblick der Entladung. Es wird einmal möglich sein, diese Dichte näher zu bestimmen und zu messen.

4. *Die Masse braucht eine Richtung.* Sie ist in Bewegung und bewegt sich auf etwas zu. Die Richtung, die allen Angehörigen gemeinsam ist, stärkt das Gefühl von Gleichheit. Ein Ziel, das außerhalb jedes einzelnen liegt und für alle zusammenfällt, treibt die privaten, ungleichen Ziele, die der Tod der Masse wären, unter Grund. Für ihren Bestand ist die Richtung unentbehrlich. Die Furcht vor Zerfall, die immer in ihr rege ist, macht es möglich, sie auf irgendwelche Ziele zu lenken. Die Masse besteht, solange sie ein unerreichtes Ziel hat. – Aber es ist noch eine dunkle Bewegungstendenz in ihr, die zu übergeordneten und neuen Bildungen führt. Es ist oft nicht möglich, die Natur dieser Bildungen vorauszusagen.

Jede dieser vier Eigenschaften, die man festgestellt hat, kann in größerem oder geringerem Maße vorhanden sein. Je nachdem man die eine oder die andere von ihnen ins Auge faßt, gelangt man zu einer verschiedenen *Einteilung* der Massen.

Es war die Rede von offenen und geschlossenen Massen, und es ist auch erklärt worden, daß diese Einteilung sich auf ihr *Wachstum* bezieht. Solange ihr Wachstum nicht behindert wird, ist die Masse offen; sie ist geschlossen, sobald man ihr Wachstum begrenzt.

Eine andere Unterscheidung, von der man noch hören wird, ist die zwischen rhythmischen und stockenden Massen. Sie bezieht sich auf die beiden nächsten Haupteigenschaften, auf *Gleichheit* und *Dichte* nämlich, und zwar auf beide zusammen.

Die *stockende* Masse lebt auf ihre Entladung hin. Aber sie fühlt sich dieser sicher und verzögert sie. Sie wünscht eine relativ lange Periode der Dichte, um sich auf den Augenblick der Entladung vorzubereiten. Man möchte sagen, sie erwärmt sich an ihrer Dichte und hält so lange wie möglich mit der Entladung zurück. Der Prozeß der Masse beginnt bei ihr nicht mit Gleichheit, er beginnt mit Dichte. Die Gleichheit wird hier zum hauptsächlichen Ziel der Masse, in das sie schließlich mündet; jeder gemeinsame Schrei, jede gemeinsame Äußerung drückt diese Gleichheit dann gültig aus.

Ganz im Gegensatz dazu fallen bei der *rhythmischen* Masse Dichte und Gleichheit von Anfang an zusammen. Alles hängt hier an Bewegung. Alle Körperreize, die zu erfolgen haben, sind vorausbestimmt und werden im Tanze weitergegeben. Durch Ausweichen und Wiederannäherung wird die Dichte bewußt gestaltet. Die Gleichheit aber stellt sich selbst zur Schau. Durch Vorspielen von Dichte und Gleichheit wird das Massengefühl kunstvoll hervorgerufen. Diese rhythmischen Gebilde entstehen rasch und es ist die physische Ermüdung allein, die ihnen ein Ende bereitet.

Das nächste Begriffspaar, das der *langsamen* und der *raschen* Masse, bezieht sich ausschließlich auf die Art ihres Ziels. Die auffallenden Massen, von denen gewöhnlich die Rede ist, die einen so wesentlichen Teil unseres modernen Lebens ausmachen, die politischen, sportlichen, kriegerischen Massen, die wir heute täglich vor Augen haben, sind alle *rasch*. Sehr verschieden von ihnen sind die religiösen Massen des *Jenseits* oder die der *Pilger*; das Ziel bei diesen ist in der Ferne, der Weg ist lang und die wahrhaftige Bildung der Masse ist in ein weit abgelegenes Land oder in ein Himmelreich verschoben. Von diesen langsamen Massen bekommen wir eigentlich nur die Zuflüsse zu sehen, denn die Endzustände, nach denen sie streben, sind *unsichtbar* und für Ungläubige nicht zu erreichen. Die langsame Masse sammelt sich langsam und sieht sich selbst als Beständiges in weiter Ferne.

Alle diese Formen, deren Wesen hier nur angedeutet worden ist, bedürfen einer genaueren Betrachtung.

Rhythmus

Der Rhythmus ist ursprünglich ein Rhythmus der Füße. Jeder Mensch geht, und da er auf zwei Beinen geht und mit seinen Füßen abwechselnd am Boden aufschlägt, da er nur weiterkommt, wenn er immer wieder aufschlägt, entsteht, ob er es beabsichtigt oder nicht, ein rhythmisches Geräusch. Die beiden Füße treten nie mit genau derselben Kraft auf. Der Unterschied zwischen ihnen kann größer oder kleiner sein, je nach persönlicher Anlage oder Laune. Man kann aber auch rascher oder langsamer gehen, man kann laufen, plötzlich stillstehen oder springen.

Immer hat der Mensch auf die Schritte anderer Menschen gehört, er war sicher mehr auf sie bedacht als auf die eigenen. Auch die Tiere hatten ihren wohlvertrauten Gang. Von ihren Rhythmen waren viele reicher und vernehmlicher als die der Menschen. Huftiere flohen in Herden davon wie Regimenter aus lauter Trommlern. Die Kenntnis der Tiere, von denen er umgeben war, die ihn bedrohten und auf die er Jagd machte, war das älteste Wissen des Menschen. Im Rhythmus ihrer Bewegung lernte er sie kennen. Die früheste Schrift, die er lesen lernte, war die der *Spuren*: Es war eine Art von rhythmischer Notenschrift, die es immer gab; sie prägte sich von selber dem weichen Boden ein, und der Mensch, der sie las, verband mit ihr das Geräusch ihrer Entstehung.

Viele dieser Fußspuren traten in großen Mengen dicht beisammen auf. Die Menschen, die ursprünglich in kleinen Horden lebten, konnten selbst in der ruhigen Betrachtung solcher Spuren des Gegensatzes zwischen ihrer geringen Zahl und der ungeheuren mancher Herden innewerden. Sie waren hungrig und immer auf Beute aus; je mehr Beute, desto besser für sie. Aber sie wollten auch selber *mehr* sein. Das Gefühl des Menschen für seine eigene Vermehrung war immer stark. Es ist darunter keineswegs nur zu verstehen, was man mit einem unzulänglichen Ausdruck als Drang zur Fortpflanzung bezeichnet. Die Menschen wollten jetzt, an dieser ganz bestimmten Stelle, in diesem Augenblick, mehr sein. Die große Zahl einer Herde, auf die sie Jagd machten, und ihre eigene Zahl, die sie sich groß wünschten, waren in ihrem Gefühl auf eine besondere Weise verquickt. Sie gaben dem Ausdruck in einem bestimmten Zustand gemeinsamer Erregung, den ich als *rhythmische* oder *zuckende Masse* bezeichne.

Das Mittel dazu war zuallererst der Rhythmus ihrer Füße. Wo viele gehen, gehen andere mit. Die Schritte, die sich in rascher Wiederholung an Schritte reihen, täuschen eine größere Zahl von Menschen vor. Sie bewegen sich nicht vom Fleck, sie verharren im Tanz immer an derselben Stelle. Ihre Schritte verhallen nicht, sie wiederholen sich und bleiben über eine lange Zeit immer gleich laut und lebendig. Sie ersetzen durch Intensität, was ihnen an Zahl abgeht. Wenn sie stärker aufstampfen, klingen sie nach mehr. Auf alle Menschen in ihrer Nähe üben sie eine Anziehungskraft aus, die nicht nachläßt, solange sie nicht vom Tanz ablassen. Was immer in ihrer Hörweite lebt, stößt zu ihnen und bleibt bei ihnen versammelt. Das Natürliche wäre, daß immer neue Menschen zu ihnen stoßen. Aber da es bald keine mehr gibt, müssen sie aus sich, aus ihrer beschränkten Zahl heraus, die Zunahme vortäuschen. Sie bewegen sich, als ob ihrer immer mehr würden. Ihre Erregung wächst und steigert sich zur Raserei.

Auf welche Weise ersetzen sie aber, was sie an wachsender Zahl nicht haben können? Da ist einmal wichtig, daß jeder von ihnen dasselbe tut. Jeder stampft auf, und jeder tut es auf dieselbe Weise. Jeder schwenkt die Arme, jeder bewegt den Kopf. Die Gleichwertigkeit der Teilnehmer *verzweigt* sich in die Gleichwertigkeit ihrer Glieder. Was immer an einem Menschen beweglich ist, gewinnt sein Eigenleben, jedes Bein, jeder Arm lebt wie für sich allein. Die einzelnen Glieder werden alle zur Deckung gebracht. Sie sind sich ganz nahe, oft ruhen sie aufeinander. Zu ihrer Gleichwertigkeit kommt so ihre Dichte hinzu, Dichte und Gleichheit werden ein und dasselbe. Schließlich tanzt vor einem ein einziges Geschöpf, mit fünfzig Köpfen, hundert Beinen und hundert Armen ausgestattet, die alle auf genau dieselbe Weise oder in einer Absicht agieren. In ihrer höchsten Erregung fühlen sich diese Menschen wirklich als eines, und nur die physische Erschöpfung schlägt sie nieder.

Alle zuckenden Massen haben – eben dank dem Rhythmus, der in ihnen vorherrscht – etwas Ähnliches. Der Bericht, der nun *einen* solchen Tanz zur Anschauung bringen soll, stammt aus dem ersten Drittel des vorigen Jahrhunderts. Es handelt sich um den *Haka* der *Maori* auf Neuseeland, der ursprünglich ein Kriegstanz war.

›Die Maori stellten sich in einer verlängerten Linie auf, vier Mann tief. Der Tanz, Haka genannt, mußte jeden, der ihn zum erstenmal erlebte, mit Schrecken und Angst erfüllen. Die ganze Gesellschaft, Männer und Frauen, Freie und Sklaven, waren durcheinander gemischt, ohne Rücksicht auf den Rang, den sie in der Gemeinde einnahmen. Die Männer waren alle vollkommen nackt, bis auf eine Patronentasche, die sie um den Leib hängen hatten. Alle waren mit Büchsen bewaffnet oder mit Bajonetten, die sie an Speerenden und Stöcken befestigt hatten. Die jungen Weiber, auch die Frauen des Häuptlings, nahmen mit entblößtem Oberkörper am Tanze teil.

Der Takt des Gesanges, der den Tanz begleitete, wurde sehr streng eingehalten. Ihre Beweglichkeit war erstaunlich. Plötzlich sprangen sie vom Boden senkrecht in die Höhe, alle genau zugleich, als wären die Tanzenden alle zusammen von *einem* Willen belebt. Im selben Augenblick schwangen sie ihre Waffen und verzerrten das Gesicht, und mit den langen Haaren, die Männer wie Frauen bei ihnen oft haben, glichen sie einem Heer von Gorgonen. Beim Niederfallen schlugen sie mit beiden Füßen zugleich laut auf dem Boden auf. Diesen Sprung in die Höhe wiederholten sie oft und immer rascher.

Die Züge wurden auf jede Weise verzerrt, die den Muskeln eines menschlichen Gesichtes möglich ist, jede neue Grimasse wurde von allen Teilnehmern pünktlich übernommen. Wenn einer das Gesicht so streng wie mit einer Schraube zusammenzog, taten es ihm alle anderen sofort nach. Sie rollten die Augen hin und her, manchmal war nur das Weiße davon sichtbar, es war, als würden sie im nächsten Moment aus den Höhlen fallen. Den Mund zerrten sie bis zu den Ohren auseinander. Alle zugleich streckten die Zungen ganz lang zum Munde heraus, nie hätte ein Europäer ihnen das nachtun können; eine frühe und lange Übung hatte sie dazu befähigt. Ihre Gesichter boten einen schrecklichen Anblick, es war eine Erleichterung, den Blick von ihnen abzuwenden.

Jedes Glied ihres Körpers war separat in Tätigkeit, Finger, Zehen, Augen, Zungen so gut wie Arme und Beine. Mit der flachen Hand schlugen sie sich laut bald auf die linke Brust, bald auf den Schenkel. Ohrenbetäubend war der Lärm ihres Gesanges, über 350 Leute nahmen am Tanze teil. Man kann sich vorstellen, welche Wirkung dieser Tanz in Kriegszeiten hatte, wie sehr er den Mut erhöhte und wie er die Abneigung der beiden Parteien gegeneinander auf die Spitze trieb.‹

Das Rollen der Augen und das Herausstrecken der Zungen sind Zeichen des Trotzes und der Herausforderung. Aber obwohl der Krieg im allgemeinen Sache der Männer, und zwar der freien Männer, ist, überlassen sich *alle* der Erregung des Haka. Die Masse hier kennt weder Geschlecht noch Alter noch Rang: alle agieren als gleiche. Was aber diesen Tanz von anderen ähnlicher Absicht unterscheidet, ist eine besonders extreme *Verzweigung* der Gleichheit. Es ist, als würde jeder Körper in alle seine einzelnen Teile auseinandergelegt, nicht nur in Beine und Arme, denn das ist oft der Fall, sondern auch in Zehen, Finger, Zungen und Augen, und nun tun sich alle Zungen etwa zusammen und vollführen im selben Augenblick genau dasselbe. Bald sind sich alle Zehen, bald alle Augen in ein und derselben Unternehmung gleich. Die Menschen in jedem ihrer kleinsten Teile sind von dieser Gleichheit ergriffen, und immer wird sie in einer Aktion, die sich heftig steigert, vorgeführt. Der Anblick von 350 Menschen, die zugleich in die Höhe springen, zugleich die Zunge herausstrecken, zugleich die Augen rollen, muß einen Eindruck von Einheit geben, die unüberwindlich ist. Die Dichte ist nicht bloß eine Dichte der Leute, es ist ebenso die ihrer separaten Glieder. Man könnte meinen, die Finger und die Zungen, auch wenn sie nicht zu den Menschen gehörten, würden sich auch für sich selber zusammentun und kämpfen. Der Rhythmus des Haka bringt jede dieser Gleichheiten einzeln zur Geltung. In ihrer Steigerung und zusammen sind sie unwiderstehlich.

Denn alles geschieht unter der Voraussetzung, daß es *gesehen* wird: der Feind schaut zu. Die Intensität der gemeinsamen Drohung macht den Haka aus. Aber da der Tanz einmal bestand, ist er auch zu mehr geworden. Er wird von kleinauf eingeübt, hat viele verschiedene Formen und wird bei allen möglichen Gelegenheiten vorgeführt. Viele Reisende sind mit einem Haka willkommen geheißen worden. Einem solchen Anlaß verdankt man den angeführten Bericht. Wenn eine freundliche Truppe zu einer anderen stößt, begrüßen sich die beiden mit einem Haka; und so ernst geht es dabei zu, daß ein unschuldiger Zuschauer jeden Augenblick den Ausbruch der Schlacht befürchtet. Bei den Begräbnisfeierlichkeiten für einen großen Häuptling, nach allen Phasen heftigster Klage und Selbstverstümmelung, die bei den Maori Sitte sind, nach einem festlichen und sehr reichlichen Mahl, springen sie alle plötzlich auf, greifen nach ihren Büchsen und formieren sich zu einem Haka.

In diesem Tanze, an dem alle teilnehmen können, empfindet sich der Stamm als Masse. Sie bedienen sich seiner, wann immer sie ein

Bedürfnis danach fühlen, Masse zu sein und vor anderen als solche zu erscheinen. In der rhythmischen Vollkommenheit, die er erlangt hat, erfüllt er mit Sicherheit seinen Zweck. Dank dem Haka ist ihre Einheit von innen her nie ernsthaft gefährdet.

Stockung

Die *stockende Masse* ist dicht gedrängt, wirklich freie Bewegung wäre ihr gar nicht möglich. Ihr Zustand hat etwas Passives, die stockende Masse *wartet.* Sie wartet auf einen Kopf, der ihr gezeigt werden soll, oder auf Worte oder sie sieht einem Kampfe zu. Auf die *Dichte* kommt es hier ganz besonders an: Der Druck, der von allen Seiten empfunden wird, mag den Betroffenen auch als Maß für die Kraft des Gebildes dienen, von dem sie nun einen Teil ausmachen. Je mehr Menschen zusammenfließen, um so größer wird dieser Druck. Die Füße können nirgends hin, die Arme sind eingezwängt, frei bleiben nur die Köpfe, um zu sehen und zu hören; die Körper geben einander Anregungen direkt weiter. Ringsherum hat man an verschiedenen Menschen zugleich mit seinem Körper teil. Man weiß, es sind mehrere Menschen, aber da sie auch untereinander so dicht zusammenhängen, empfindet man sie als eins. Diese Art der Dichte läßt sich Zeit; ihre Einwirkung über eine gewisse Dauer ist konstant; sie ist amorph, keinem vertrauten und eingeübten Rhythmus unterworfen. Es geschieht lange nichts; aber die Aktionslust staut und steigert sich und bricht dann schließlich um so heftiger los.

Die *Geduld* der stockenden Massen ist vielleicht nicht so erstaunlich, wenn man sich die Bedeutung dieses Gefühls von Dichte für sie recht vergegenwärtigt. Je dichter sie ist, um so mehr neue Menschen zieht sie an. An ihrer Dichte *mißt* sie ihre Größe, aber die Dichte ist auch der eigentliche Anreiz zu weiterem Wachstum. Die dichteste Masse wächst am raschesten. Das Stocken vor der Entladung ist eine Exhibition dieser Dichte. Je länger sie stockt, um so länger fühlt und zeigt sie ihre Dichte.

Von den einzelnen aus gesehen, die eine Masse ausmachen, ist die Weile des Stockens eine des Staunens; man legt die Waffen und Stacheln ab, mit denen man sonst gegeneinander so gut ausgerüstet ist; man berührt sich und fühlt sich doch nicht beengt; Griffe sind keine Griffe mehr, man hat voreinander keine Furcht. Bevor man ausfährt, in welche Richtung immer, will man sicher sein, daß man zusammenbleibt. Es ist ein Zusammenwachsen, für das man Ungestörtheit braucht. Die stockende Masse ist ihrer Einheit noch nicht ganz sicher und hält sich darum so lange wie möglich still.

Aber diese Geduld hat ihre Grenzen. Eine Entladung ist schließlich unerläßlich, ohne sie ist gar nicht zu sagen, ob eine Masse wirklich vorhanden war. Der Aufschrei, wie er früher bei öffentlichen Hinrichtungen üblich war, wenn der Kopf des Übeltäters vom Henker hochgehalten wurde, oder der Aufschrei, wie man ihn heute von sportlichen Veranstaltungen her kennt, sind die *Stimme* der Masse. Ihre Spontaneität ist von größter Bedeutung. Einstudierte und in regelmäßigen Zeitabständen wiederholte Rufe sind noch kein Zeichen dafür, daß die Masse ihr eigenes Leben erlangt hat. Sie sollen wohl dazu führen, aber sie können äußerlich sein, wie die einexerzierten Bewegungen einer Heeresabteilung. Dagegen ist der spontane, von der Masse nicht genau vorauszubestimmende Schrei untrüglich, seine Wirkung ungeheuer. Er kann Affekte jeder Art ausdrücken; es kommt oft weniger darauf an, um welche Affekte es sich handelt, als auf ihre Stärke und Verschiedenartigkeit und auf die Freiheit in ihrer Folge. Sie sind es, die der Masse ihren seelischen Raum geben.

Sie können allerdings so heftig und konzentriert sein, daß sie die Masse sofort *zerreißen*. Öffentliche Hinrichtungen haben diesen Effekt; man kann ein und dasselbe Opfer nur einmal töten. Wenn es sich gar um jemand handelt, der immer für unverletzlich galt, so wird an der Möglichkeit, ihn umzubringen, bis zum letzten Augenblick gezweifelt. Der Zweifel, der hier dem Anlaß entstammt, vergrößert das natürliche Stocken der Masse. Um so schneidender und schärfer wirkt dann der Anblick des abgetrennten Hauptes. Der Aufschrei, der darauf folgt, wird furchtbar sein, aber es ist der letzte Schrei dieser ganz bestimmten Masse. Man kann also sagen, daß die Masse in diesem Fall das Zuviel an stockender Erwartung, das sie auf das Intensivste genießt, mit ihrem eigenen, sofortigen Tode bezahlt.

Unsere modernen sportlichen Veranstaltungen sind zweckmäßiger. Die Zuschauer können *sitzen*; die allgemeine Geduld wird sich selber sichtbar. Sie haben die Freiheit ihrer Füße zum Stampfen und bleiben doch am selben Fleck. Sie haben die Freiheit ihrer Hände zum Klatschen. Eine gewisse Zeitdauer ist für die Veranstaltung vorgesehen; es ist im allgemeinen nicht anzunehmen, daß sie verkürzt wird; so lange wenigstens bleibt man bestimmt beisammen. Innerhalb dieser Zeit kann dann alles mögliche geschehen. Man kann nicht vorher wissen, ob und wann und auf welcher Seite ein Tor geschossen wird; und auch neben diesen begehrten Hauptereignissen gibt es manches andere, das zu lauten Ausbrüchen führt. Die Stimme hört sich oft und bei verschiedenen Gelegenheiten. Dem schließlichen Zerfall aber, dem Auseinandergehen, ist durch die zeitliche Vorausbestimmtheit etwas von seinem schmerzlichen Charakter genommen worden. Auch wird der Geschlagene Gelegenheit haben, Revanche zu nehmen, und es ist nicht alles für immer zu Ende. Die Masse kann sich hier wirklich breitmachen; sich erst an den Eingängen stauen, dann auf den Sitzen stocken; auf allerhand Arten schreien, wenn der richtige Augenblick sich ergibt; und selbst wenn alles vorüber ist, auf künftige, ähnliche Gelegenheiten hoffen.

Stockende Massen viel passiverer Art bilden sich in *Theatern*. Der ideale Fall ist der, daß man vor vollem Hause spielt. Die gewünschte Zahl der Zuschauer ist von Anfang an gegeben. Sie sammeln sich von selbst, mit Ausnahme der kleineren Stauungen vor den Kassen finden die Menschen getrennt ihren Weg in den Saal. An ihre Plätze werden sie geführt. Es ist alles festgesetzt: das Stück, das gespielt wird, die Schauspieler, die auftreten, die Zeit des Beginns und die Zuschauer selbst auf ihren Plätzen. Zuspätkommende werden mit leichter Feindseligkeit empfangen. Wie eine ausgerichtete Herde, so sitzen die Menschen da, still und in unendlicher Geduld. Doch ist sich jeder seiner separaten Existenz sehr wohl bewußt; er hat gezahlt und bemerkt genau, wer neben ihm sitzt. Vor Beginn betrachtet er sich in Ruhe die Reihe versammelter Köpfe: sie wecken ein angenehmes, aber nicht zu dringliches Gefühl von Dichte in ihm. Die Gleichheit unter den Zuschauern besteht eigentlich nur darin, daß sie sich von der Bühne her alle dasselbe gefallen lassen. Aber ihre spontanen Reaktionen darauf sind nun eingeschränkt. Selbst der Beifall hat seine vorgeschriebenen Zeiten, und meist klatscht man tatsächlich nur, wenn man klatschen soll. Aus der Stärke des Beifalls allein ist zu entnehmen, wie sehr man Masse geworden ist; er ist der einzige Maßstab dafür und wird von den Schauspielern selber so gewertet.

Das Stocken ist im Theater schon so sehr zum Ritus geworden, daß man es äußerlich empfindet, als gelinden Druck von außen, der die Menschen nicht tiefer berührt und ihnen jedenfalls kaum das Gefühl einer inneren Einheit und Zusammengehörigkeit gibt. Man darf aber nicht vergessen, wie groß und gemeinsam die *Erwartung* ist, mit der sie dasitzen, und wie diese Erwartung während der ganzen Aufführung vorhält. Nur selten verlassen sie das Theater vor Schluß; selbst wenn sie enttäuscht sind, halten sie durch; das bedeutet aber, daß sie so lange zusammenhalten.

Der Gegensatz zwischen der Stille der Zuhörer und dem lauten Treiben des Apparates, der auf sie einwirkt, ist noch auffallender in *Konzerten.* Hier kommt alles auf vollkommene Ungestörtheit an. Jede Bewegung ist unerwünscht, jeder Laut verpönt. Während die Musik, die aufgeführt wird, zum guten Teil von ihrem Rhythmus lebt, darf nichts von rhythmischer Wirkung auf die Zuhörer spürbar werden. Die Affekte, die von der Musik in unaufhörlichem Wechsel ausgelöst werden, sind mannigfaltigster und intensivster Art. Es ist ausgeschlossen, daß sie von den meisten der Anwesenden nicht empfunden werden, und es ist ausgeschlossen, daß man sie nicht *zugleich* empfindet. Aber alle äußeren Reaktionen darauf unterbleiben. Die Menschen sitzen regungslos da, als brächten sie es fertig, *nichts* zu hören. Es ist klar, daß eine lange, künstliche Erziehung zur Stockung hier notwendig war, an deren Ergebnisse wir uns bereits gewöhnt haben. Denn unbefangen besehen, gibt es wenig Erscheinungen in unserem kulturellen Leben, die so erstaunlich sind wie ein Konzertpublikum. Menschen, die Musik *natürlich* auf sich einwirken lassen, benehmen sich ganz anders; und solche, die Musik überhaupt noch nicht gehört haben, können das erstemal, da sie welche erleben, in die zügelloseste Erregung geraten. Als den Ureinwohnern Tasmaniens von landenden Matrosen die Marseillaise vorgespielt wurde, gaben sie ihrer Zufriedenheit durch sonderbare Verdrehungen des Körpers und die erstaunlichsten Gesten Ausdruck, so daß die Matrosen sich vor Lachen schütteln mußten. Ein begeisterter junger Mann riß sich an den Haaren, kratzte sich den Kopf mit beiden Händen und stieß wiederholt laute Rufe aus.

Ein kümmerlicher Rest von körperlicher Entladung hat sich auch in unseren Konzerten erhalten. Das Beifallsklatschen wird als Dank für die Ausführenden dargebracht, ein chaotischer, kurzer Lärm für einen wohlorganisierten, langen. Bleibt der Beifall ganz weg, geht man still, wie man dagesessen ist, auseinander, so fühlt man sich bereits ganz in der Sphäre religiöser Andacht.

Aus ihr leitet sich ursprünglich die Stille des Konzertes her. Das *gemeinsame Stehen* vor Gott ist eine in manchen Religionen verbreitete Übung. Sie zeichnet sich durch dieselben Züge des Stockens aus, die man nun von weltlichen Massen her kennt, und sie kann zu ebenso plötzlichen und heftigen Entladungen führen.

Vielleicht der eindrucksvollste Fall ist das berühmte ›*Stehen auf Arafat*‹, der Höhepunkt der Pilgerfahrt nach Mekka. Auf der Ebene von Arafat in einigen Stunden Entfernung von Mekka sammeln sich an einem bestimmten, rituell festgesetzten Tage 600 000–700 000 Pilger. Sie gruppieren sich in einem großen Kreis um den ›Berg der Gnade‹, einen kahlen Hügel, der sich in der Mitte dieser Ebene erhebt. Gegen 2 Uhr nachmittags, wenn es am heißesten ist, nehmen die Pilger Aufstellung und bleiben bis Sonnenuntergang da stehen. Sie sind barhäuptig und alle in dasselbe weiße Pilgergewand gekleidet. In leidenschaftlicher Spannung horchen sie auf die Worte des Predigers, der vom Hügel herab zu ihnen spricht. Seine Predigt ist eine ununterbrochene Lobpreisung Gottes. Sie entgegnen mit einer Formel, die sich tausendmal wiederholt: »Wir harren deiner Befehle, Herr, wir harren deiner Befehle!« Manche schluchzen vor Erregung, manche schlagen sich auf die Brust. Manche werden in der ungeheuren Hitze ohnmächtig. Aber es ist wesentlich, daß sie in diesen glühend langen Stunden auf der heiligen Ebene ausharren. Erst bei Sonnenuntergang wird das Zeichen zum Aufbruch gegeben.

Die weiteren Vorgänge, die zum Rätselhaftesten gehören, was an religiösen Gebräuchen bekannt ist, werden später in einem anderen Zusammenhang behandelt und gedeutet. Hier interessiert uns nur dieser stundenlange *Moment des Stockens.* Hunderttausende von Menschen in steigender Erregung werden auf der Ebene von Arafat festgehalten und dürfen, was immer ihnen geschieht, diese Station vor Allah nicht verlassen. Zusammen treten sie an und zusammen erhalten sie das Zeichen zum Aufbruch. Sie werden durch die Predigt angefeuert, und sie feuern sich selber durch Zurufe an. In der Formel, die sie gebrauchen, ist das ›Harren‹ enthalten und kehrt als solches immer wieder. Die Sonne, die sich unmerklich langsam von der Stelle bewegt, taucht alles ins selbe glänzende Licht, in dieselbe Glut; man möchte sie die *Verkörperung* des Stockens nennen.

Es gibt alle Abstufungen des Erstarrens wie der Stille unter religiösen Massen, aber der höchste Grad von Passivität, den sie überhaupt erreichen kann, wird der Masse gewaltsam von außen auferlegt. In der *Schlacht* gehen zwei Massen aufeinander los, von denen jede stärker als die andere sein will. Durch das Schlachtgeschrei suchen sie *sich* wie dem Feinde zu beweisen, daß sie wirklich die Stärkeren sind. Das Ziel der Schlacht ist es, die andere Partei zum Verstummen zu bringen. Wenn alle Gegner niedergemacht sind, ist ihre laute, in eins gesammelte Stimme, eine Drohung, die man mit Recht gefürchtet hat, für immer verstummt. Die stillste Masse ist die der *feindlichen Toten.* Je gefährlicher sie war, um so lieber sieht man sie regungslos auf einem Haufen beisammen. Es ist eine eigene Sucht, sie so wehrlos als Haufen von Toten zu erleben. Denn als Haufen sind sie zuvor auf einen losgegangen, als Haufen haben sie gegen einen geschrien. Diese *gestillte Masse* der Toten hat man früher keineswegs als leblos empfunden. Man nahm an, daß sie anderswo auf ihre Weise weiterleben würden, wieder alle beisammen, und im Grunde sollte es ein ähnliches Leben sein wie jenes, das man selber an ihnen gekannt hatte. Die Feinde, die als Leichen dalagen, stellten so für den Betrachter den extremen Fall einer stockenden Masse vor.

Aber auch diese Vorstellung hat noch eine Steigerung erfahren. Statt den gefällten Feinden können es *alle Toten* überhaupt werden, die in der gemeinsamen Erde liegen und da auf ihre Auferstehung harren. Jeder, der stirbt und begraben wird, vermehrt ihre Zahl; alle, die je gelebt haben, gehören dazu, und es sind ihrer schon unendlich viele. Die Erde, die sie verbindet, ist ihre Dichte, und so hat man, auch wenn sie einzeln liegen, das Gefühl, daß sie ganz nahe beieinander sind. Sie bleiben unendlich lange so liegen bis zum Tage des *Jüngsten Gerichts.* Ihr Leben stockt bis zum Augenblick der Auferstehung, und dieser Augenblick fällt zusammen mit dem ihrer Versammlung vor Gott, der sie richten wird. Es ist nichts dazwischen; als Masse liegen sie da, als Masse stehen sie wieder auf. Für die Realität und Bedeutung der stockenden Masse gibt es keinen großartigeren Beweis als die Entwicklung dieser Konzeption von Auferstehung und Jüngstem Gericht.

Langsamkeit oder die Ferne des Ziels

Zur *langsamen* Masse gehört die *Ferne* des Ziels. Man bewegt sich mit großer Beharrlichkeit auf ein Ziel hin, das unverrückbar ist, und bleibt unterwegs auf alle Fälle zusammen. Der Weg ist weit, die Hindernisse unbekannt, Gefahren drohen von allen Seiten. Eine Entladung ist nicht erlaubt, bevor man das Ziel erreicht hat.

Die langsame Masse hat die Form eines Zuges. Sie kann von Anfang an aus allen bestehen, die zu ihr gehören, wie beim Auszug der Kinder Israel aus Ägypten. Ihr Ziel ist das Gelobte Land, und sie sind eine Masse, solange sie an dieses Ziel glauben. Die Geschichte ihrer Wanderung ist die Geschichte dieses Glaubens. Oft sind die Schwierigkeiten so groß, daß sie zu zweifeln beginnen. Sie hungern oder dürsten, und sobald sie murren, sind sie vom Zerfall bedroht. Immer wieder bemüht sich der Mann, der sie anführt, ihren Glauben zu retablieren. Immer wieder gelingt es ihm, und wenn nicht ihm, so gelingt es den Feinden, von denen sie sich bedroht fühlen. Die Geschichte der Wanderung, die sich über vierzig Jahre erstreckt, enthält viele Einzelbildungen von Massen rascher und akuter Natur, und es wird über sie bei Gelegenheit manches zu sagen sein. Aber sie sind alle der umfassenderen Vorstellung einer einzigen, langsamen Masse untergeordnet, die sich auf ihr gelobtes Ziel hinbewegt, das Land, das ihnen verheißen wurde. Die Erwachsenen unter ihnen werden alt und sterben ab, Junge werden geboren und werden groß, aber auch wenn die Individuen alle andere sind, der Zug als ganzer bleibt derselbe. Es fließen ihnen keine neuen Gruppen zu. Von Anfang an ist bestimmt, wer zu ihnen gehört und ein Anrecht auf das verheißene Land hat. Da diese Masse nicht sprunghaft wachsen kann, bleibt es während ihrer ganzen Wanderung die eine kardinale Frage: Wie macht sie es, daß sie nicht *zerfällt*?

Eine zweite Form der langsamen Masse ist eher mit einem Flußsystem zu vergleichen. Sie beginnt mit kleinen Bächen, die allmählich zusammenrinnen; in den Fluß, der entsteht, münden von allen Seiten andere Flüsse; das Ganze wird, wenn genug Land vor ihm liegt, ein Strom, und sein Ziel ist das Meer. Die jährliche Pilgerfahrt nach Mekka ist vielleicht das eindrucksvollste Beispiel für diese Form der langsamen Masse. Von den entferntesten Teilen der islamischen Welt ziehen Karawanen mit Pilgern aus, alle in der Richtung auf Mekka zu. Manche beginnen vielleicht klein, andere, die von Fürsten mit großem Glanze ausgestattet sind, sind von Anfang an der Stolz der Länder, aus denen sie ihren Ursprung nehmen. Aber alle stoßen im Verlaufe ihrer Wanderung auf andere Karawanen, die dasselbe Ziel haben, und so wachsen sie mehr und mehr an und werden in der Nähe ihres Ziels zu mächtigen Strömen. Mekka ist ihr Meer, in das sie münden.

Es gehört zur Verfassung solcher Pilger, daß viel Raum für Erlebnisse gewöhnlicher Art bleibt, die mit dem Sinn der Fahrt an sich gar nichts zu tun haben. Man lebt seinen oft wiederkehrenden Tag, man schlägt sich mit vielen Gefahren herum, man ist meist arm und hat für Nahrung und Trank zu sorgen. Das Leben dieser Menschen, das sich in der Fremde abspielt, einer Fremde, die immerwährend wechselt, ist Gefahren viel mehr ausgesetzt als zu Haus. Es sind nicht durchaus Gefahren, die sich auf die Art ihres Unternehmens beziehen. So bleiben diese Pilger im weiten Maße Individuen, die separiert für sich dahinleben wie Menschen überall. Aber solange sie an ihrem *Ziele* festhalten, und das ist bei den meisten von ihnen der Fall, sind sie auch immer Teile einer langsamen Masse, die – wie immer sie sich zu ihr verhalten mögen – weiterbesteht und bestehenbleiben wird, bis sie an ihr Ziel gelangt.

Eine dritte Form der langsamen Masse hat man in all jenen Gebilden vor sich, die sich auf ein unsichtbares und in diesem Leben unerreichbares Ziel beziehen. Das Jenseits, in dem die Seligen auf alle die warten, die sich einen Platz darin verdient haben, ist ein wohlartikuliertes Ziel und den Gläubigen allein zugehörig. Sie sehen es klar und deutlich vor sich und müssen sich nicht mit einem vagen Symbol dafür begnügen. Das Leben ist wie ein Pilgerweg dorthin, zwischen ihnen und dem Jenseits steht der Tod. Der Weg ist im einzelnen nicht bezeichnet und schwer zu überschauen. Viele verirren sich und gehen auf ihm verloren. Immerhin färbt die Hoffnung auf das Jenseits das Leben des Gläubigen so sehr, daß man das Recht hat, von einer langsamen Masse zu sprechen, zu der die Anhänger eines Glaubens alle zusammen gehören. Da sie einander nicht kennen und über viele Städte und Länder verstreut leben, ist das Anonyme dieser Masse besonders eindrucksvoll.

Wie aber sieht es *in* ihr aus, und was unterscheidet sie am meisten von den *raschen* Formen?

Die *Entladung* ist der langsamen Masse versagt. Man könnte sagen, daß dies ihr wichtigstes Kennzeichen ist, und so ließe sich auch statt von langsamen von entladungslosen Massen sprechen. Doch ist die erste Bezeichnung vorzuziehen, denn es ist nicht so, daß man auf die Entladung *ganz* verzichten kann. In der Vorstellung von einem Endzustand bleibt sie immer mit enthalten. Sie wird in eine weite Ferne hinausgeschoben. Dort, wo das Ziel ist, ist auch die Entladung. Eine starke Vision von ihr ist immer da, ihre Sicherheit liegt am Ende.

In der langsamen Masse hat man es darauf abgesehen, den Prozeß, der zur Entladung führt, auf weite Sicht hin zu *verzögern*. Die großen Religionen haben in diesem Verzögerungsgeschäft eine besondere Meisterschaft entwickelt. Es liegt ihnen daran, die Anhänger, die sie sich gewonnen haben, zu behalten. Um sie zu behalten und um neue dazuzugewinnen, müssen sie sich von Zeit zu Zeit versammeln. Wenn es bei diesen Versammlungen einmal zu heftigen Entladungen gekommen ist, müssen diese wiederholt und an Heftigkeit womöglich übertroffen werden; zumindest wird eine regelmäßige Wiederholung der Entladungen unerläßlich, wenn die Einheit der Gläubigen nicht verlorengehen soll. Was während dieser Art des Dienstes geschieht, der sich in rhythmischen Massen abspielt, ist über größere Distanzen hin nicht zu kontrollieren. Das Zentralproblem der Universalreligionen ist die Beherrschung ihrer Gläubigen über weite Erdstriche hin. Diese Beherrschung ist nur möglich durch eine bewußte Verlangsamung der Massenvorgänge. Die Ziele in der Ferne müssen an Bedeutung gewinnen, die der Nähe müssen immer mehr an Gewicht verlieren und schließlich wertlos erscheinen. Die irdische Entladung ist nie von Dauer, was ins Jenseits verlegt wird, hat Bestand.

Ziel und Entladung fallen so zusammen, das Ziel aber ist unverwundbar. Denn das gelobte Land hier auf Erden kann von Feinden besetzt und verwüstet, das Volk, dem es gelobt war, kann daraus vertrieben werden. Mekka ist von den Karmaten erobert und ausgeraubt worden, der heilige Stein der Kaaba wurde von ihnen verschleppt. Viele Jahre lang konnte keine Pilgerfahrt dorthin unternommen werden.

Das Jenseits aber mit seinen Seligen ist allen Verwüstungen dieser Art entrückt. Es lebt vom Glauben allein und ist nur in diesem zu treffen. Der Zerfall der langsamen Masse des Christentums hat in dem Augenblick eingesetzt, da der Glaube an dieses Jenseits sich zu zersetzen anfing.

Die unsichtbaren Massen

Wo immer es Menschen gibt, auf der ganzen Erde, findet sich die Vorstellung von den *unsichtbaren Toten.* Man möchte sie als die älteste Vorstellung der Menschheit bezeichnen. Es gibt gewiß keine Horde, keinen Stamm, kein Volk, das sich nicht ausgiebig Gedanken über seine Toten machte. Der Mensch war von ihnen besessen; sie waren von ungeheurer Bedeutung für ihn; ihre Einwirkung auf die Lebenden war ein wesentlicher Teil dieses Lebens selbst.

Man dachte sie sich alle beisammen, so wie die Menschen beisammen sind, und neigte dazu, sehr viele von ihnen anzunehmen. ›Die alten *Bechuana* wie die anderen Eingeborenen Südafrikas glaubten, daß aller Raum von den Geistern ihrer Ahnen voll sei. Erde, Luft und Himmel waren von Geistern erfüllt, in deren Willkür es lag, einen bösen Einfluß auf die Lebenden auszuüben.‹ – ›Die *Boloki* am Kongo glauben, daß sie von Geistern umgeben sind, die ihnen bei jeder Gelegenheit etwas anzutun, die ihnen zu jeder Tages- und Nachtstunde zu schaden suchen. Flüsse und Bäche sind erfüllt von den Geistern ihrer Ahnen. Auch Wald und Busch stecken voll von Geistern. Den Reisenden zu Land oder Wasser, die sich von der Nacht ereilen lassen, können sie gefährlich werden. Niemand ist mutig genug, bei Nacht durch den Wald zu gehen, der ein Dorf vom anderen trennt, auch die Aussicht auf eine große Belohnung kann keinen dazu verlocken. Die Antwort auf solche Angebote lautet immer: »Es sind zuviel Geister im Wald.«‹

Man glaubt gewöhnlich, daß die Toten zusammen hausen, in einem fernen Lande, unter der Erde, auf einer Insel oder in einem Himmelshaus. In einem Lied der *Pygmäen* des Gabun heißt es:

»Die Tore der Höhle sind geschlossen. Die Seelen der Toten drängen sich dort, in Scharen, wie ein Schwarm von Fliegen, die am Abend tanzen. Ein Schwarm von Fliegen, die am Abend tanzen, wenn die Nacht dunkel geworden ist, wenn die Sonne verschwand, ein Schwarm von Fliegen: Schwirren von toten Blättern in einem heulenden Sturm.«

Es ist aber nicht genug, daß der Toten immer mehr werden und ein Gefühl für ihre Dichte vorherrschend wird. Sie sind auch in Bewegung und auf gemeinsame Unternehmungen aus. Gewöhnlichen Leuten bleiben sie unsichtbar, aber es gibt Menschen mit besonderen Gaben,

Schamanen, die sich auf Beschwörungen verstehen und Geister unterwerfen können, die zu ihren Dienern werden. Bei den *Tschuktschen* in Sibirien ›hat ein guter Schamane ganze Legionen von Hilfsgeistern, und wenn er sie alle ruft, kommen sie in solchen Mengen, daß sie das kleine Schlafzelt, in dem die Beschwörung stattfindet, geradezu wie mit einer Wand von allen Seiten umgeben‹.

Die Schamanen *sagen*, was sie sehen. ›Mit einer Stimme, die vor Bewegung zittert, ruft der Schamane durch die Schneehütte:

»Der Himmelsraum ist mit nackten Wesen erfüllt, die durch die Luft daherfahren. Menschen, nackte Männer, nackte Frauen, die dahinfahren und Sturm und Schneegestöber entfachen.

Hört ihr es sausen? Es braust wie der Flügelschlag großer Vögel oben in der Luft. Das ist die Angst nackter Menschen, das ist die Flucht nackter Menschen! Die Geister der Luft blasen Sturm aus, die Geister der Luft treiben den fliegenden Schnee über die Erde.«‹

Dieses großartige Gesicht von nackten Geistern auf der Flucht stammt von den *Eskimos*.

Manche Völker denken sich ihre Toten oder eine gewisse Anzahl unter ihnen als kämpfende Heere. Bei den *Kelten* des schottischen Hochlandes wird das Heer der Toten mit einem besonderen Worte bezeichnet: sluagh. Dieses Wort wird englisch mit ›spirit-multitude‹ oder ›Geister-Vielzahl‹ wiedergegeben. Das Geisterheer fliegt in großen Wolken – wie die Stare über das Antlitz der Erde – auf und ab. Immer kehren sie an die Stätten ihrer irdischen Sünden zurück. Mit ihren unfehlbaren, giftigen Pfeilen töten sie Katzen, Hunde, Schafe und Rinder der Menschen. Sie schlagen Schlachten in der Luft wie die Menschen auf der Erde. In klaren, frostigen Nächten kann man sie hören und sehen, wie ihre Heere gegeneinander vorrücken und sich zurückziehen, sich zurückziehen und wieder vorrücken. Nach einer Schlacht färbt ihr Blut Felsen und Steine rot. Das Wort ›gairm‹ bedeutet ›Schrei, Ruf‹, und ›sluagh-ghairm‹ war der Schlachtruf der Toten. Daraus ist später das Wort ›slogan‹ geworden: Die Bezeichnung für die Kampfrufe unserer modernen Massen stammt von den Totenheeren des Hochlands.

Zwei nordische Völker, die weit auseinander wohnen, die *Lappen* in Europa und die *Tlinkit-Indianer* in Alaska, haben dieselbe Vorstellung über das *Nordlicht* als Schlacht. ›Die Kolta-Lappen glauben im Nordlicht die im Kriege Gefallenen zu sehen, die noch als Geister in der Luft miteinander kämpfen. Die russischen Lappen erblicken im Nordlicht die Geister der Getöteten. Sie wohnen in einem Haus, wo sie sich manchmal versammeln, da stechen sie sich tot, und der Boden ist voll Blut. Das Nordlicht zeigt an, daß die Seelen der Ermordeten ihre Schlachten beginnen. Bei den Tlinkit in Alaska kommen alle, die an Krankheit sterben und nicht im Kriege fallen, bloß in die Unterwelt. Nur die tapferen Krieger, die in Kriegen getötet wurden, sind im Himmel. Dann und wann öffnet sich dieser, um neue Geister aufzunehmen. Dem Schamanen zeigen sie sich immer als vollgerüstete Krieger. Diese Seelen der Gefallenen erscheinen oft als Nordlicht, besonders als solche Nordlicht-Flammen, die als Pfeile oder Garben sichtbar werden und sich hin und her bewegen, manchmal aneinander vorbeilaufen oder die Plätze tauschen, was sehr an die Kampfesweise der Tlinkit erinnert. Ein starkes Nordlicht kündigt, glaubt man, ein großes Blutvergießen an, weil da die toten Krieger sich Kameraden wünschen.‹

Eine ungeheure Zahl von Kriegern findet sich nach dem Glauben der *Germanen* in Walhall beisammen. Alle Männer, die seit Anbeginn der Welt im Kampfe gefallen sind, gelangen nach Walhall. Ihre Zahl wächst immer weiter, denn der Kriege ist kein Ende. Da schlemmen und zechen sie, ewig erneuert sich ihnen Nahrung und Trank. Jeden Morgen ergreifen sie ihre Waffen und ziehen aus zum Kampf. Sie töten einander im Spiel, aber sie stehen wieder auf, es ist kein wirklicher Tod. Durch 640 Tore ziehen sie in Walhall wieder ein, je 800 Mann in einer Reihe.

Es sind aber nicht nur die Geister der Verstorbenen, die man sich in solchen für gewöhnliche Lebende unsichtbaren Mengen vorstellt. ›An dem Menschen ist es zu wissen‹, heißt es in einem alten *jüdischen* Text, ›und er sollte es sich merken, daß es keinen freien Raum gibt zwischen Himmel und Erde, sondern ist alles voll von Scharen und Mengen. Ein Teil von ihnen ist rein, voller Gnade und Milde; ein Teil aber sind unreine Geschöpfe, Schädiger und Peiniger. Alle fliegen sie in der Luft herum: welche von ihnen wollen den Frieden, welche suchen den Krieg; welche stiften Gutes, welche richten Böses an; welche bringen Leben, welche aber den Tod.‹

In der Religion der alten *Perser* bilden die Dämonen ein besonderes Heer, das unter eigenem Oberbefehl steht. Für die Unzählbarkeit dieser Dämonen findet sich in ihrem heiligen Buche, dem *Zend-Avesta*, folgende Formel: ›Tausende und aber Tausende von Dämonen, Zehntausende und aber Zehntausende, ihre zahllosen Myriaden.‹

Das *christliche* Mittelalter hat sich über die Zahl der *Teufel* ernsthaft Gedanken gemacht. Im ›Dialog über die Wunder‹ des Cäsarius von Heisterbach wird berichtet, wie sie einmal den Chor einer Kirche so dicht erfüllten, daß sie den Gesang der Mönche störten. Diese hatten den dritten Psalm ›Herr, wie sind meiner Feinde so viel‹ begonnen. Die Teufel flogen von einer Seite des Chors zur anderen und mischten sich unter die Mönche. Diese wußten gar nicht mehr, was sie sangen, und in ihrer Verwirrung suchte eine Seite die andere zu überschreien. Wenn so viele Teufel sich an einem Orte versammeln, um einen einzigen Gottesdienst zu stören – wie viele muß es dann erst auf der ganzen Erde geben! Aber schon das Evangelium, meint Cäsarius, bezeugt, daß eine Legion von ihnen in einen einzigen Menschen fuhr.

Ein böser Priester auf seinem Totenbett sagte zu einer Verwandten, die bei ihm saß: »Siehst du jene große Scheune uns gegenüber? Unter ihrem Dache sind so viele Strohhalme, als jetzt Teufel um mich versammelt sind.« Da lauern sie auf seine Seele, um sie ihrer Strafe zuzuführen. Aber sie versuchen ihr Glück auch am Totenbett der Frommen. Beim Begräbnis einer guten Äbtissin waren mehr Teufel um sie versammelt, als es Blätter an den Bäumen eines großen Waldes gibt. Um einen sterbenden Abt waren ihrer mehr als der Sand an den Ufern des Meeres. Diese Angaben verdankt man einem Teufel, der persönlich dabei war, und einem Ritter, mit dem er ins Gespräch kam, Rede und Antwort stand. Er verhehlte seine Enttäuschung über diese erfolglosen Bemühungen nicht und gestand, daß er schon beim Tode Christi auf einem Kreuzesarme saß.

Man sieht, die Zudringlichkeit dieser Teufel ist so ungeheuerlich wie ihre Zahl. Wenn der Zisterzienser-Abt Richalm die Augen schloß, sah er sie dicht wie Staub um sich. Es hat genauere Schätzungen ihrer Zahl gegeben. Unter diesen sind mir zwei bekannt, die aber weit auseinandergehen. Die eine lautet auf 44 635 569, die andere auf elf Billionen.

In großem und natürlichem Gegensatz dazu steht die Vorstellung, die man sich von den Engeln und Seligen macht. Hier ist alles Ruhe, man will nichts mehr erlangen, man ist am Ziel. Aber auch sie sind versammelt, die himmlischen Heerscharen, ›eine Unzahl von Engeln,

Patriarchen, Propheten, Aposteln, Märtyrern, Bekennern, Jungfrauen und anderen Gerechten‹. In großen Kreisen angeordnet stehen sie um den Thron ihres Herrn, wie die Untertanen eines Hofes ihrem König zugewandt. Kopf ist dicht an Kopf, auf ihre Nähe zu ihm gründet sich ihre Glückseligkeit. Sie sind für immer bei ihm aufgenommen worden, und so wenig wie ihn werden sie einander je verlassen. Sie sind in seinen Anblick versunken, und sie lobpreisen ihn. Es ist das einzige, das sie noch tun, sie tun es gemeinsam.

Von solchen Vorstellungen unsichtbarer Massen ist der Geist der Gläubigen erfüllt. Ob es die Toten, die Teufel oder die Heiligen sind, man denkt sie sich in großen, konzentrierten Scharen. Man möchte sagen, daß die Religionen mit diesen unsichtbaren Massen *beginnen.* Ihre Lagerung ist verschieden, in jedem Glauben bildet sich ein besonderes Gleichgewicht für sie heraus. Eine Einteilung der Religionen nach der Art, wie sie ihre unsichtbaren Massen manipulieren, ist möglich und wäre sehr wünschenswert. Die höheren Religionen, worunter man die versteht, die allgemeine Geltung erlangt haben, beweisen darin eine souveräne Sicherheit und Klarheit. An die unsichtbaren Massen, die sie durch ihre Predigt am Leben erhalten, hängen sich die Ängste und Wünsche der Menschen. Das Blut des Glaubens sind diese Unsichtbaren. Sobald sie verblassen, ist der Glaube geschwächt, und während er allmählich abstirbt, treten andere Scharen an die Stelle der Verblaßten.

Von *einer* solchen Masse – und es ist vielleicht die wichtigste – war noch nicht die Rede. Es ist die einzige, die auch uns Menschen von heute ihrer Unsichtbarkeit zum Trotz als natürlich erscheint: die *Nachkommenschaft.* Bis auf zwei oder vielleicht auch drei Generationen mag ein Mensch sie noch übersehen, aber dann liegt sie ganz in der Zukunft. Eben in ihrer Zahllosigkeit ist die Nachkommenschaft niemand sichtbar. Man weiß, daß sie zunehmen muß, erst allmählich, dann mit wachsender Beschleunigung. Stämme und ganze Völker führen sich auf einen Stammvater zurück, und aus den Verheißungen, die diesem gegeben werden, ist ersichtlich, wie herrliche, doch vor allem *wie viele* Nachkommen er sich wünscht: zahlreich wie die Sterne des Himmels und wie der Sand am Meer. Im *Schi-King,* dem klassischen Liederbuch der *Chinesen,* findet sich ein Gedicht, in dem die Nachkommenschaft einem Heuschreckenschwarm verglichen wird:

›Die Schwingen der Heuschrecken sagen: Dränge, dränge!
O mögen deine Söhne und Enkel
Ein unzählbares Heer sein!

Die Schwingen der Heuschrecken sagen: Binde, binde!
O mögen deine Söhne und Enkel
Sich in endloser Linie folgen!

Die Schwingen der Heuschrecken sagen: Vereine, vereine!
O mögen deine Söhne und Enkel
Für immer eins sein!‹

Große Zahl, Nichtabreißen in der Nachfolge – also eine Art von Dichte über die Zeit hin – und Einheit sind die drei Wünsche für die Nachkommenschaft, die hier ausgesprochen werden. Der Heuschreckenschwarm als Symbol für die Masse der Nachkommenschaft ist darum besonders eindrucksvoll, weil die Tiere hier nicht als schädliches Ungeziefer, sondern eben um der Kraft ihrer Vermehrung willen als etwas Vorbildliches angesehen werden.

Das Gefühl für die Nachkommenschaft ist heute so lebendig, wie es immer war. Doch hat sich die Vorstellung des Massenhaften von der eigenen Nachkommenschaft abgelöst und auf die zukünftige Menschheit als Ganzes übertragen. Für die meisten von uns sind die Heere der Toten ein leerer Aberglaube geworden. Doch gilt es als edle und keineswegs müßige Bemühung, die Masse der Ungeborenen vorauszufühlen, ihnen wohlzuwollen und ein besseres und gerechteres Leben für sie vorzubereiten. In der allgemeinen Bangigkeit um die Zukunft der Erde ist dieses Gefühl für die Ungeborenen von der größten Bedeutung. Es könnte sein, daß der Abscheu vor ihrer Verstümmelung, der Gedanke daran, wie sie aussehen möchten, wenn wir heute unsere neuartigen Kriege führen, mehr als alle privaten Ängste um uns selbst zur Abschaffung dieser Kriege und des Krieges überhaupt führen.

Bedenkt man nun noch das *Schicksal* der unsichtbaren Massen, von denen hier die Rede war, so läßt sich sagen, daß einige von ihnen weitgehend, andere ganz verschwunden sind. Zu den letzteren gehören die Teufel, in ihrer vertrauten Gestalt sind sie ihren früheren Mengen zum Trotz nirgends mehr anzutreffen. Doch haben sie ihre Spuren hinterlassen. Für ihre *Kleinheit* hatten sich aus der Zeit ihrer Hochblüte, aus Cäsarius von Heisterbach zum Beispiel, manche frappierenden Zeugnisse beibringen lassen. Sie haben seither alle Züge, die an die menschliche Gestalt gemahnen könnten, aufgegeben und sind noch viel kleiner geworden. Sehr verändert also und in noch viel größerer Menge sind sie im 19. Jahrhundert wieder aufgetaucht, als *Bazillen.* Statt gegen die Seele richtet sich ihr Angriff gegen den Leib des Menschen. Diesem aber können sie sehr gefährlich werden. Die wenigsten Menschen haben in ein Mikroskop geblickt und sie da wirklich zu Gesicht bekommen. Aber alle, die von ihnen gehört haben, sind sich ihrer Gegenwart immer bewußt und geben sich Mühe, mit ihnen nicht in Berührung zu kommen: bei ihrer Unsichtbarkeit ein etwas vages Unternehmen. Ihre Gefährlichkeit und die Konzentration ganz ungeheurer Zahlen von ihnen auf sehr kleinem Raum haben sie ohne Zweifel von den Teufeln übernommen.

Eine unsichtbare Masse, die immer bestand, aber als solche erst erkannt wurde, seit es Mikroskope gibt, ist die des *Sperma.* Zweihundert Millionen dieser Samentierchen machen sich zugleich auf den Weg. Sie sind untereinander gleich und in größter Dichte beisammen. Sie haben alle ein Ziel, und bis auf ein einziges unter ihnen gehen alle auf dem Weg zugrunde. Es ließe sich sagen, daß sie keine Menschen sind und daß man von Masse im beschriebenen Sinne hier eigentlich nicht sprechen sollte. Aber dieser Einwand trifft gar nicht ins Wesen der Sache. Jedes dieser Samentierchen bringt alles mit, was von den Ahnen erhalten bleiben wird. Es enthält die Ahnen, *es ist* die Ahnen. Es ist eine Überraschung ungeheuerlichster Art, sie hier wiederzufinden, zwischen einem Menschendasein und dem anderen, in gründlich veränderter Gestalt: alle von ihnen in *einem* winzigen, unsichtbaren Geschöpf, und dieses Geschöpf in solchen unermeßlichen Zahlen.

Einteilung nach dem tragenden Affekt

Die Massen, die man kennengelernt hat, sind von den verschiedenartigsten Affekten erfüllt. Von der Art dieser Affekte war noch kaum die Rede. Die erste Absicht der Untersuchung ging auf eine Einteilung nach formalen Prinzipien. Ob die Masse offen oder geschlossen ist, langsam oder rasch, unsichtbar oder sichtbar, sagt über das, was sie empfindet, über ihren Gehalt, nur wenig aus.

Nun ist dieser Gehalt keineswegs immer rein zu fassen. Man ist bereits mit den Gelegenheiten bekannt, bei denen die Masse eine ganze Reihe von Affekten durchläuft, die rasch aufeinanderfolgen. Stunde über Stunde können Menschen im Theater verbringen, und die Erlebnisse, die sie da gemeinsam haben, sind mannigfaltigster Art. Im Konzert sind ihre Empfindungen vom Anlaß noch mehr abgelöst als im Theater; man möchte sagen, daß sie hier ihr Höchstmaß an Varietät erreichen. Aber diese Gelegenheiten sind künstlich; ihr Reichtum ist ein Endprodukt hoher und komplexer Kulturen. Ihre Wirkung ist maßvoll. Die Extreme heben sich aneinander auf. Diese Einrichtungen dienen im allgemeinen einer Milderung und Minderung von Leidenschaften, denen Menschen allein sich ausgeliefert fühlen.

Die affektiven Hauptformen der Masse aber gehen viel weiter zurück. Sie treten sehr früh auf, ihre Geschichte ist so alt wie die der Menschheit selbst und in zwei dieser Formen noch älter. Jede von ihnen zeichnet sich durch eine einheitliche Färbung aus, eine einzige Hauptpassion beherrscht sie. Hat man sich einmal Klarheit über sie verschafft, so ist es unmöglich, sie je wieder miteinander zu verwechseln.

Im folgenden werden nach ihrem affektiven Gehalt fünf Arten von Massen unterschieden. Die Hetz- und die Fluchtmasse sind die beiden ältesten von ihnen. Sie kommen unter Tieren so gut wie beim Menschen vor, und es ist wahrscheinlich, daß im einzelnen ihre Ausbildung unter Menschen sich immer wieder von tierischen Vorbildern genährt hat. Die Verbots-, die Umkehrungs- und die Festmasse sind spezifisch menschlich. Eine Beschreibung dieser fünf Hauptarten ist unerläßlich und kann in ihrer Deutung zu Erkenntnissen von beträchtlicher Tragweite führen.

Hetzmassen

Die Hetzmasse bildet sich im Hinblick auf ein rasch erreichbares Ziel. Es ist ihr bekannt und genau bezeichnet, es ist auch nah. Sie ist aufs Töten aus, und sie weiß, wen sie töten will. Mit einer Entschlossenheit ohnegleichen geht sie auf dieses Ziel los; es ist unmöglich, sie darum zu betrügen. Es genügt, dieses Ziel bekanntzugeben, es genügt zu verbreiten, wer umkommen soll, damit eine Masse sich bildet. Die Konzentration aufs Töten ist eine besonderer Art und an Intensität durch keine andere zu übertreffen. Jeder will daran teilhaben, jeder schlägt zu. Um seinen Schlag führen zu können, drängt sich jeder in die nächste Nähe des Opfers. Wenn er nicht treffen kann, will er sehen, wie es von anderen getroffen wird. Alle Arme kommen wie aus ein und demselben Geschöpf. Doch die Arme, die *treffen,* haben mehr Wert und Gewicht. Das Ziel ist alles. Das Opfer ist das Ziel, doch es ist auch der Punkt der größten Dichte: es vereinigt die Handlungen aller in sich. Ziel und Dichte fallen zusammen.

Ein wichtiger Grund für das rapide Anwachsen der Hetzmasse ist die Gefahrlosigkeit des Unternehmens. Es ist gefahrlos, denn die Überlegenheit auf seiten der Masse ist enorm. Das Opfer kann ihnen nichts anhaben. Es flieht oder es ist gefesselt. Es kann nicht zuschlagen, in seiner Wehrlosigkeit ist es nur noch Opfer. Es ist aber auch für seinen Untergang freigegeben worden. Es ist zu seinem Schicksal bestimmt, für seinen Tod hat niemand eine Sanktion zu befürchten. Der freigegebene Mord springt für alle Morde ein, die man sich versagen muß, für deren Ausführung man schwere Strafen zu befürchten hätte. Ein gefahrloser, erlaubter, empfohlener und mit vielen anderen geteilter Mord ist für den weitaus größten Teil der Menschen unwiderstehlich. Man muß dazu sagen, daß die Todesdrohung, unter der alle Menschen selber stehen und die in mancherlei Verkleidungen immer wirksam ist, auch wenn sie nicht kontinuierlich ins Auge gefaßt wird, eine *Ablenkung* des Todes auf andere zum Bedürfnis macht. Die Bildung von Hetzmassen kommt diesem Bedürfnis entgegen.

Es ist ein so leichtes Unternehmen, und es spielt sich so rasch ab, daß man sich beeilen muß, um zurechtzukommen. Die Eile, Gehobenheit und Sicherheit einer solchen Masse hat etwas Unheimliches. Es ist die Erregung von Blinden, die am blindesten sind, wenn sie plötzlich zu sehen glauben. Die Masse geht auf Opfer und Hinrichtung zu, um den Tod all derer, aus denen sie besteht, plötzlich und wie für immer loszuwerden. Was ihr dann wirklich geschieht, ist das Gegenteil davon. Durch die Hinrichtung, aber erst nach ihr, fühlt sie sich mehr als je vom Tode bedroht. Sie zerfällt und zerstreut sich in einer Art von Flucht. Je gehobener das Opfer war, um so größer ist ihre Angst. Sie kann sich nur beisammenhalten, wenn eine Serie gleicher Ereignisse rasch aufeinanderfolgt.

Die Hetzmasse ist sehr alt, sie geht auf die ursprünglichste dynamische Einheit zurück, die unter Menschen bekannt ist, die Jagdmeute. Von den Meuten, die klein sind und sich auch sonst in vielem von Massen unterscheiden, wird später genauer die Rede sein. Hier soll nur von einigen allgemeinen Gelegenheiten gehandelt werden, die zur Bildung von Hetzmassen Anlaß geben.

Unter den Todesarten, die von einer Horde oder von einem Volk gegen den einzelnen verhängt werden, kann man zwei Hauptformen unterscheiden: die eine ist die des *Ausstoßens.* Der einzelne wird ausgesetzt, wo er wehrlos wilden Tieren ausgeliefert ist oder wo er verhungert. Die Menschen, zu denen er früher gehört hat, haben nichts mehr mit ihm zu tun; sie dürfen ihn nicht beherbergen und ihm keine Nahrung reichen. Jede Gemeinschaft mit ihm verunreinigt sie und macht sie selber schuldig. Einsamkeit in ihrer rigorosesten Form ist hier die äußerste Strafe; die Trennung von der eigenen Gruppe eine Qual, die besonders in primitiven Verhältnissen nur ganz wenige zu überleben vermögen. Eine Abart dieser Isolierung ist die Auslieferung an die Feinde. Sie wird, wenn es sich um Männer handelt und sie ohne Kampf erfolgt, als besonders grausam und demütigend empfunden, wie ein zwiefacher Tod.

Die andere Form ist die des *Zusammen-Tötens.* Man führt den Verurteilten aufs Feld hinaus und steinigt ihn. Jeder hat am Töten teil; von den Steinen aller getroffen, bricht der Schuldige zusammen. Es ist niemand zum Hinrichter delegiert, die ganze Gemeinde tötet. Die Steine stehen für die Gemeinde, sie sind das Mal ihres Beschlusses und ihrer Tat. Auch wo das Steinigen außer Gebrauch gekommen ist, bleibt diese Neigung zum Zusammen-Töten bestehen. Der *Feuertod* läßt sich damit vergleichen: Das Feuer agiert für die Menge, die dem Verurteilten den Tod gewünscht hat. Auf allen Seiten wird das Opfer von Flammen erreicht, von überall, möchte man sagen, wird es ergriffen und getötet. In den Höllenreligionen kommt noch etwas dazu: Mit dem kollektiven Tod durch das Feuer, das ein Symbol für die Masse ist, verbindet man die Idee des Ausstoßens, in die Hölle nämlich, das Ausliefern an die Höllenfeinde. Die Flammen der Hölle greifen auf die Erde hinauf und holen sich den ihnen gebührenden Ketzer. – Das Bespicken eines Opfers mit Pfeilen, das Erschießen eines zum Tode Verurteilten durch ein Peloton Soldaten enthalten die exekutierende Gruppe als Delegierte der Gesamtheit. Beim Begraben von Menschen in Ameisenhaufen, wie es aus Afrika und anderswoher bekannt ist, überläßt man den Ameisen, die für eine zahlreiche Masse stehen, deren peinliches Geschäft.

Alle Formen der öffentlichen Hinrichtung hängen an der alten Übung des Zusammen-Tötens. Der wahre Henker ist die Masse, die sich um das Blutgerüst versammelt. Sie billigt das Schauspiel; in leidenschaftlicher Bewegung strömt sie von weither zusammen, um es von Anfang bis zum Ende mitanzusehen. Sie will, daß es geschieht, und sie läßt sich das Opfer nicht gern entgehen. Die Nachricht von der Verurteilung Christi trifft den Vorgang in seinem Wesen. Das »Kreuziget ihn!« geht von der Masse aus. Sie ist das eigentlich Aktive, zu anderen Zeiten hätte sie das Ganze selber besorgt und Christus gesteinigt. Das Gericht, das sich für gewöhnlich vor einer beschränkten Gruppe von Menschen abspielt, steht für die große Menge, die dann der Hinrichtung beiwohnt. Das Todesurteil, das, im Namen des Rechtes abgegeben, abstrakt und unwirklich klingt, wird wahr, wenn es vor der Menge ausgeführt wird. Denn für sie wird eigentlich Recht gesprochen, und mit der Öffentlichkeit des Rechtes meint man die Masse.

Das Mittelalter führt seine Hinrichtungen mit stattlichem Pomp aus, und sie gehen so langsam wie möglich vor sich. Es kommt vor, daß das Opfer die Zuschauer mit erbaulichen Reden ermahnt. Es ist um ihr Schicksal besorgt, sie sollen es ihm ja nicht gleichtun. Es führt ihnen vor, wohin man durch ein solches Leben gerät. Sie fühlen sich durch seine Fürsorge nicht wenig geschmeichelt. Ihm mag es eine letzte Genugtuung gewähren, noch einmal als *Gleicher* unter ihnen zu stehen, ein Guter wie sie, der mit ihnen zusammen sein früheres Leben abtut und verurteilt. Die Reue von Übeltätern oder Ungläubigen angesichts des Todes, um die sich Geistliche mit allen Mitteln bemühen, hat neben der vorgegebenen Absicht der Seelenrettung auch diesen Sinn: sie soll die Hetzmasse in die Ahnung einer künftigen Festmasse wandeln. Jeder soll sich in seiner guten Gesinnung bestätigt fühlen und an die Belohnung glauben, die ihm drüben dafür bevorsteht.

In Revolutionszeiten werden Hinrichtungen beschleunigt. Der Pariser Scharfrichter Samson ist stolz darauf, daß seine Gehilfen nicht mehr als ›eine Minute pro Person‹ brauchen. Viel von der fiebrigen Massenstimmung in solchen Zeiten ist auf die rasche Aufeinanderfolge unzähliger Hinrichtungen zurückzuführen. Es ist der Masse wichtig, daß der Henker ihr den Kopf des Getöteten zeigt. Dies und nichts anderes ist der Augenblick der Entladung. Wem immer der Kopf gehört hat, er ist nun *degradiert,* im kurzen Moment, da er auf die Masse starrt, ist er ein Kopf wie alle anderen. Er mag auf den Schultern eines Königs angetreten sein: durch den blitzartigen Prozeß der Degradierung, vor den Augen aller, hat man ihn den anderen angeglichen. Die Masse, die hier aus starrenden Köpfen besteht, erlangt das Gefühl ihrer Gleichheit im Augenblick, da auch dieser Kopf ihr entgegenstarrt. Je mächtiger der Hingerichtete war, je weiter die Distanz, die ihn früher von ihr trennte, um so größer ist die Erregung ihrer Entladung. War es ein König oder ein Mächtiger ähnlichen Stils, so spielt noch die Genugtuung der Umkehrung hinein. Das Recht auf blutige Justiz, das ihm so lange zukam, ist nun gegen ihn ausgeübt worden. Die er früher töten ließ, haben ihn getötet. Die Bedeutung dieser Umkehrung ist nicht zu überschätzen: es gibt eine Form der Masse, die sich durch Umkehrung allein bildet.

Die Wirkung des Kopfes, der der Menge hingehalten wird, erschöpft sich keineswegs in der Entladung. Indem sie ihn mit ungeheurer Gewalt als einen der ihren erkennen, indem er sozusagen unter sie fällt und nicht mehr ist als sie, indem er sie so alle einander gleichmacht, sieht jeder einzelne von ihnen sich selbst in ihm. Der abgeschnittene Kopf ist eine *Drohung.* Sie haben ihm mit solcher Begier ins tote Auge geblickt, daß sie sich nun nicht mehr von ihm befreien können. Da der Kopf zur Masse gehört, ist sie durch seinen Tod auch selbst getroffen: Auf geheimnisvolle Weise erkrankt und erschreckt, beginnt sie zu zerfallen. Es ist eine Art Flucht vor ihm, in der sie sich jetzt zerstreut.

Der Zerfall der Hetzmasse, die ihr Opfer gekriegt hat, ist ein besonders rascher. Diese Tatsache ist gefährdeten Machthabern wohl bewußt. Sie werfen der Masse ein Opfer hin, um ihr Wachstum aufzuhalten. Viele politische Hinrichtungen sind zu diesem Zwecke allein angeordnet worden. Andererseits sind sich die Wortführer radikaler Parteien oft gar nicht klar darüber, daß sie sich selber mit der Erreichung ihres Zieles, der öffentlichen Hinrichtung eines gefährlichen Feindes, tiefer ins Fleisch schneiden als der feindlichen Partei. Es kann ihnen geschehen, daß nach einer solchen Hinrichtung die Masse ihrer Anhänger sich verläuft und daß sie lange nicht oder nie wieder ihre alte Stärke erlangen. Über andere Gründe zu diesem Umschwung wird noch manches zu sagen sein, wenn von den Meuten und besonders von der Klagemeute die Rede ist.

Der *Abscheu* vor dem Zusammentöten ist ganz modernen Datums. Man überschätze ihn nicht. Auch heute nimmt jeder an öffentlichen Hinrichtungen teil, durch die *Zeitung*. Man hat es nur, wie alles, viel bequemer. Man sitzt in Ruhe bei sich und kann unter hundert Einzelheiten bei denen verweilen, die einen besonders erregen. Man akklamiert erst, wenn alles vorüber ist, nicht die leiseste Spur von Mitschuld trübt den Genuß. Man ist für nichts verantwortlich, nicht fürs Urteil, nicht für den Augenzeugen, nicht für seinen Bericht und auch nicht für die Zeitung, die den Bericht gedruckt hat. Aber man weiß mehr darüber als in früheren Zeiten, da man stundenlang gehen und stehen mußte und schließlich auch nur wenig sah. Im Publikum der Zeitungsleser hat sich eine gemilderte, aber durch ihre Distanz von den Ereignissen um so verantwortungslosere Hetzmasse am Leben erhalten, man wäre versucht zu sagen, ihre verächtlichste und zugleich stabilste Form. Da sie sich nicht einmal zu versammeln braucht, kommt sie auch um ihren Zerfall herum, für Abwechslung ist in der täglichen Wiederholung der Zeitung gesorgt.

Fluchtmassen

Die *Fluchtmasse* wird durch *Drohung* hergestellt. Es gehört zu ihr, daß alles flieht; alles wird mitgezogen. Die Gefahr, von der man bedroht wird, ist für alle dieselbe. Sie konzentriert sich auf einen bestimmten Ort. Sie macht keinen Unterschied. Sie kann die Bewohner einer Stadt bedrohen oder alle, die eines Glaubens sind, oder alle, die ein und dieselbe Sprache sprechen.

Man flieht zusammen, weil es sich so besser flieht. Die Erregung ist dieselbe: die Energie der einen steigert die der anderen, die Menschen stoßen einander in dieselbe Richtung fort. Solange man beisammen ist, empfindet man die Gefahr als *verteilt*. Es besteht die uralte Vorstellung, daß die Gefahr an *einer* Stelle zupacken wird. Während der Feind einen ergreift, können die anderen indessen alle entkommen. Die Flanken der Flucht sind offen, aber lang ausgezogen, wie sie sind, ist es undenkbar, daß die Gefahr alle zugleich attackiert. Unter so vielen nimmt keiner an, daß *er* das Opfer ist. Da die einzige Bewegung aller der Rettung gilt, fühlt man sich von ihrer Erlangbarkeit ganz durchdrungen.

Denn das Auffallendste an der Massenflucht ist die Kraft ihrer Richtung. Die Masse ist sozusagen ganz Richtung geworden, weg von der Gefahr. Da es nur auf das Ziel ankommt, an das man sich rettet, auf die eine Strecke dorthin und sonst nichts, sind die Distanzen, die früher zwischen den Menschen bestanden, irrelevant. Ganz sonderbare und gegensätzliche Geschöpfe, die einander nie in die Nähe gekommen sind, können sich hier plötzlich zusammenfinden. In der Flucht heben sich zwar nicht ihre Unterschiede, wohl aber alle Abstände zwischen ihnen auf. Von allen Formen der Masse ist die der Flucht die umfassendste. Das ungleichartige Bild, das sie bietet, wird aber nicht nur durch die Teilnahme absolut aller bewirkt, es wird noch verwirrt durch die sehr verschiedenen Geschwindigkeiten, deren diese Menschen in ihrer Flucht fähig sind. Es gibt unter ihnen Junge, Alte, Starke, Schwache, mehr oder weniger Beladene. Die Buntheit dieses Bildes mag einen Betrachter, der außen steht, beirren. Sie ist zufällig und – an der überwältigenden Kraft der Richtung gemessen – ganz bedeutungslos.

Die Energie der Flucht vervielfacht sich, solange jeder darin die anderen anerkennt: er darf sie vorwärtsschieben, doch nicht beiseite stoßen. Im Augenblick aber, da er nur noch auf sich selbst bedacht ist und die Umstehenden bloß als Hindernis empfindet, ändert sich der Charakter der Massenflucht vollkommen und schlägt in ihr Gegenteil um: es wird eine *Panik* daraus, ein Kampf jedes einzelnen gegen alle anderen, die ihm im Wege sind. Am häufigsten kommt es zu einem Umschlag, wenn die Richtung der Flucht wiederholt gestört wird. Es genügt, der Masse den Weg abzuschneiden, damit sie in eine andere Richtung ausbricht. Schneidet man ihr den Weg immer wieder ab, so weiß sie bald nicht mehr, wohin sich wenden. Sie wird an ihrer Richtung irre und damit ändert sich ihre Konsistenz. Die Gefahr, die bis jetzt eine beschwingende und vereinigende Wirkung hatte, stellt *einen* als Feind gegen den *anderen* auf, und jeder versucht, sich für sich selbst zu retten.

Die Massenflucht aber, im Gegensatz zur Panik, bezieht ihre Energie aus ihrem Zusammenhalt. Solange sie sich durch nichts zerstreuen läßt, solange sie in ihrer Unabreißbarkeit verharrt, ein mächtiger Strom, der sich nicht zerteilt, solange bleibt auch die Angst, von der sie getrieben wird, eine erträgliche. Eine Art von Hochgefühl zeichnet die Massenflucht aus, sobald sie einmal in Gang gekommen ist: das Hochgefühl der gemeinsamen Bewegung. Es ist niemand weniger gefährdet als der andere, und obwohl jeder aus Leibeskräften rennt oder reitet, um sich in Sicherheit zu bringen, so hat er doch im ganzen seinen Platz, den er anerkennt, an dem er mitten in der allgemeinen Aufregung festhält.

Im Verlaufe der Flucht, die sich über Tage und Wochen erstrecken kann, bleiben manche zurück, sei es, daß ihre Kraft sie verläßt, sei es, daß sie vom Feinde getroffen werden. Jeder, der fällt, ist ein Ansporn für die anderen, weiterzukommen. Das Schicksal, das ihn ereilt hat, hat sie ausgenommen. Der Getroffene ist ein Opfer, es wurde der Gefahr gebracht. Wie wichtig immer er einem persönlich als Mitfliehender war, als Gefallener ist er für alle wichtiger geworden. Sein Anblick gibt den Ermattenden neue Kraft. Er war schwächer als sie, auf ihn hatte die Gefahr es abgesehen. Die Isolierung, in der er zurückbleibt, in der sie ihn kurz noch sehen, erhöht für sie den Wert ihres Zusammenhalts. Man kann die Bedeutung des Gefallenen für die Konsistenz der Flucht nicht genug betonen.

Das natürliche Ende der Flucht ist die Erlangung ihres Zieles. In der Sicherheit löst sich diese Masse wieder auf. Die Gefahr kann aber auch an ihrer Quelle aufgehoben werden. Ein Waffenstillstand wird erklärt, und die Stadt, aus der man floh, ist nicht mehr bedroht. Man kehrt einzeln zurück, wie man zusammen floh; und alles ist wieder so geschieden, wie es früher war. Es gibt aber noch eine dritte Möglichkeit; man kann sie als das Versickern der Flucht im Sande bezeichnen. Das Ziel ist zu weit, die Umgebung feindlich, die Menschen hungern, sie werden schwach und matt. Statt einiger bleiben Hunderte und Tausende liegen. Dieser physische Zerfall setzt allmählich ein, und die ursprüngliche Bewegung hält sich unendlich lange. Die Menschen kriechen noch vorwärts, wenn jede Aussicht auf Rettung geschwunden ist. Von allen Formen der Masse die zäheste ist die der Flucht, bis zum allerletzten Augenblick bleiben die letzten von ihnen beisammen.

An Beispielen für Massenflucht ist wahrhaftig kein Mangel. Unsere Zeit ist an ihnen wieder sehr reich geworden. Bis zu den Erlebnissen des vergangenen Krieges hätte man zuerst an das Schicksal der Grande Armée Napoleons bei ihrem Rückzug aus Rußland gedacht. Es ist der großartigste Fall: die Zusammensetzung dieser Armee aus Menschen so vieler, verschiedener Sprachen und Länder, der furchtbare Winter, die ungeheure Strecke, die von den meisten zu Fuß zu durchmessen war: dieser Rückzug, der in eine Massenflucht ausarten mußte, ist in all seinen Einzelheiten bekannt. – Die Flucht einer *Weltstadt* hat man in solchen Ausmaßen wohl zum erstenmal erlebt, als die Deutschen 1940 sich Paris näherten. Der berühmte ›Exode‹ hat nicht lange gedauert, da es bald zum Waffenstillstand kam. Aber die Intensität und der Umfang dieser Bewegung waren derart, daß sie für die Franzosen zur zentralen Massenerinnerung des letzten Krieges wurde.

Es sollen die Beispiele aus jüngster Zeit hier nicht gehäuft werden. Sie sind noch in frischer Erinnerung aller. Wohl aber scheint es von Wert, hervorzuheben, daß die Massenflucht den Menschen immer schon bekannt war, auch als sie noch in ganz kleinen Gruppen zusammenhausten. Sie hat in ihrer Vorstellung schon eine Rolle gespielt, bevor sie ihnen ihrer Zahl nach möglich war. Man erinnert sich jener Vision eines Eskimo-Schamanen:

»Der Himmelsraum ist mit nackten Wesen erfüllt, die durch die Luft daherfahren. Menschen, nackte Männer, nackte Frauen, die hinfahren und Sturm und Schneegestöber entfachen. Hört ihr es sausen? Es braust wie ein Flügelschlag großer Vögel oben in der Luft. Das ist die Angst nackter Menschen, das ist die Flucht nackter Menschen!«

Verbotsmassen

Eine besondere Art von Masse bildet sich durch ein *Verbot:* Viele zusammen wollen *nicht* mehr tun, was sie bis dahin als einzelne getan haben. Das Verbot ist plötzlich; sie erlegen es sich selber auf. Es kann ein altes Verbot sein, das in Vergessenheit geraten war; oder eines, das von Zeit zu Zeit wieder hervorgeholt wird. Es kann aber auch ein ganz neues sein. Auf jeden Fall schlägt es mit der größten Kraft ein. Es hat die Unbedingtheit eines Befehls, doch entscheidend an ihm ist sein negativer Charakter. Es kommt, auch wenn es den gegenteiligen Anschein haben sollte, nie wirklich von außen. Immer entstammt es einem Bedürfnis der von ihm Betroffenen selbst. Sobald das Verbot ausgesprochen ist, beginnt sich die Masse zu bilden. Alle weigern sich zu tun, was eine äußere Welt von ihnen erwartet. Was sie ohne viel Aufhebens bis jetzt getan haben, als wäre es ihnen natürlich und gar nicht schwer, das tun sie nun plötzlich auf keinen Fall. An der Bestimmtheit ihrer Weigerung ist ihre Zusammengehörigkeit zu erkennen. Das Negative des Verbots teilt sich dieser Masse vom Augenblick ihrer Geburt an mit und bleibt, solange sie besteht, ihr wesentlichster Zug. Man könnte so auch von einer negativen Masse sprechen. Widerstand macht sie aus: das Verbot ist eine Grenze und ein Damm; nichts kann jene überschreiten, nichts diesen durchdringen. Einer bewacht den anderen, um zu sehen, ob er ein Teil des Dammes bleibt. Wer nachgibt und das Verbot überschreitet, wird von den anderen verpönt.

Das beste Beispiel für die negative oder Verbotsmasse in unserer Zeit ist der *Streik*. Die Arbeiter sind es gewöhnt, ihre Arbeit regelmäßig zu bestimmten Zeiten zu verrichten. Es sind Leistungen der verschiedensten Art, der eine hat dies, der andere etwas ganz anderes zu tun. Aber zu ein und derselben Zeit treten sie an, und zu ein und derselben Zeit verlassen sie die Arbeitsstelle. Sie sind sich gleich im Hinblick auf diesen gemeinsamen Moment des An- und Abtretens. Die meisten verrichten ihre Arbeit mit der Hand. Sie sind sich nah noch in einem anderen Punkt, im Hinblick auf die Tatsache der Entlohnung ihrer Arbeit. Doch je nach dem, was sie leisten, sind die Löhne verschieden. Ihre Gleichheit, wie man sieht, geht nicht sehr weit. Sie allein genügt nicht, um bis zur Massenbildung zu führen. Wenn es aber zum Streike kommt, werden die Arbeiter auf eine verbindlichere Weise gleich: in der Weigerung, weiterzuarbeiten. Von dieser Weigerung wird der ganze Mensch erfaßt. Das Verbot der Arbeit schafft eine akute und widerstandsfähige Gesinnung.

Der Moment des Stillstehens ist ein großer Moment, er ist im Arbeiterlied verherrlicht worden. Vieles trägt zum Gefühl der Erleichterung bei, mit dem ein Streik für die Arbeiter einsetzt. Ihre fiktive Gleichheit, von der man zu ihnen spricht, die aber in Wahrheit nicht weitergeht, als daß sie alle ihre Hände gebrauchen, wird plötzlich zu einer wirklichen. Solange sie arbeiteten, hatten sie die verschiedenartigsten Dinge zu tun, und alles war ihnen vorgeschrieben worden. Wenn sie die Arbeit niederlegen, tun alle dasselbe. Es ist, als ließen sie alle im selben Moment die Hände sinken, als hätten sie nun alle Kraft darauf zu verwenden, sie *nicht* wieder zu heben, gleichgültig, wie hungrig ihre Leute sind. Das Aussetzen der Arbeit macht die Arbeiter gleich. An der Wirkung dieses Augenblicks gemessen, fällt ihre konkrete Forderung wenig ins Gewicht. Das Ziel des Streiks mag eine Lohnerhöhung sein, und gewiß fühlen sie sich auch in diesem Ziele einig. Aber allein würde es nicht genügen, sie zur Masse zu formen.

Die Hände, die niederfallen, haben eine ansteckende Wirkung auf andere Hände. Was sie *nicht* tun, teilt sich der ganzen Gesellschaft mit. Der Streik, der aus ›Sympathie‹ um sich greift, verhindert auch andere, die ursprünglich an eine Stillegung nicht dachten, ihrer gewohnten Beschäftigung nachzugehen. Der Sinn des Streikes ist der, daß niemand etwas tun soll, solange die Arbeiter nichts tun; und je mehr von dieser Absicht ihnen gelingt, um so größere Aussicht haben sie darauf, den Streik zu gewinnen.

Innerhalb des eigentlichen Streikes ist es wichtig, daß jeder sich an die Verbotsparole hält. Es kommt spontan zur Bildung einer Organisation aus der Masse selbst heraus. Sie hat die Funktion eines Staates, der im vollen Bewußtsein seiner Kurzlebigkeit entsteht und in dem nur wenige Gesetze gelten; diese aber werden auf das Strengste eingehalten. Posten bewachen die Zugänge zur Lokalität, von der die Aktion ihren Ausgang nahm: die Arbeitsstätte selbst ist verbotener Grund. Das Interdikt, das auf ihr lastet, enthebt sie ihrer Alltäglichkeit und verleiht ihr eine ganz besondere Würde. Die Verantwortung, die man für sie trägt, macht sie zu einem gemeinsamen Besitz. Als solcher wird sie geschützt und mit einem höheren Sinn erfüllt. In ihrer Leere und Stille hat sie etwas Sakrales. Jeder, der sich ihr nähert, wird auf seine Gesinnung hin geprüft. Wer mit profanen Absichten kommt, wer arbeiten will, der gilt als Feind oder Verräter.

Die Organisation sorgt für eine gerechte Verteilung von Lebensmitteln oder Geld. Das Vorhandene soll für möglichst lange reichen. Es ist wichtig, daß jeder gleich wenig bekommt. Es wird dem Stärkeren nicht einfallen, daß er mehr haben sollte; selbst der Gierige wird sich gern bescheiden. Da gewöhnlich für alle sehr wenig da ist und die Regelung sich in Unschuld, nämlich öffentlich abspielt, trägt diese Art der Verteilung zum Stolz der Masse auf ihre Gleichheit bei. Es ist etwas ungemein Ernstes und Achtenswertes um eine solche Organisation. Man kann nicht umhin, an das Verantwortungsbewußtsein und die Würde eines solchen, spontan aus ihrer Mitte entstandenen Gebildes zu denken, wenn von der Wildheit und Zerstörungslust der Masse die Rede ist. Eine Betrachtung der Verbotsmasse ist schon darum unerläßlich, weil sie ganz andere, ja geradezu die entgegengesetzten

Züge zeigt. Solange sie ihrem Wesen treu bleibt, ist sie jeder Zerstörung abgeneigt.

Es ist aber wahr, daß es nicht leichtfällt, sie in diesem Zustand zu erhalten. Wenn die Dinge schlecht gehen und der Mangel schwer erträgliche Ausmaße annimmt, ganz besonders aber, wenn sie sich angegriffen oder belagert fühlt, neigt die negative Masse dazu, in eine positive und aktive umzuschlagen. Es kann Streikenden, die sich so plötzlich die gewohnte Tätigkeit ihrer Hände untersagt haben, nach einiger Zeit große Mühe kosten, mit ihnen nichts zu tun. Sobald sie fühlen, daß die Einheit ihres Widerstandes bedroht ist, werden sie zu Zerstörungen neigen, und am ehesten zu Zerstörungen in der Sphäre ihrer eigenen, vertrauten Tätigkeit. Hier ist es, wo die wichtigste Aufgabe der Organisation einsetzt; sie hat den Charakter der Verbotsmasse reinzuhalten und jede positive Einzelaktion zu verhindern. Sie hat auch zu erkennen, wann der Augenblick gekommen ist, das Verbot, dem die Masse ihr Dasein verdankt, wieder aufzuheben. Wenn ihre Einsicht dem Gefühl der Masse entspricht, muß sie, indem sie das Verbot zurücknimmt, ihre Auflösung selbst beschließen.

Umkehrungsmassen

»Lieber, guter Freund, die Wölfe haben immer die Schafe gefressen; werden die Schafe diesmal die Wölfe fressen?« Dieser Satz findet sich in einem Briefe, den Madame Jullien während der französischen Revolution an ihren Sohn schrieb. Er enthält, auf eine knappe Formel gebracht, das Wesen der Umkehrung. Wenige Wölfe haben sich bis jetzt an viele Schafe gehalten. Nun ist es Zeit für die vielen Schafe, sich gegen die wenigen Wölfe zu wenden. Man weiß, daß Schafe keine Fleischfresser sind. Aber eben in seiner scheinbaren Sinnlosigkeit ist der Satz bedeutend. Revolutionen sind die eigentlichen Zeiten der Umkehrung. Die so lange wehrlos waren, haben plötzlich Zähne. Ihre Zahl muß wettmachen, was ihnen an bösartiger Erfahrung abgeht.

Die Umkehrung setzt eine geschichtete Gesellschaft voraus. Die Abgrenzung bestimmter Klassen gegeneinander, von denen eine mehr Rechte als die andere hat, muß eine Weile bestanden, sie muß sich im täglichen Leben der Menschen lange fühlbar gemacht haben, bevor ein

Bedürfnis nach einer Umkehrung entstehen kann. Die höhere Gruppe hatte das Recht, der tieferen Befehle zu erteilen, sei es, daß sie durch Eroberung ins Land kam und sich über die Einwohner setzte, sei es, daß die Schichtung durch Vorgänge im Inneren zustande kam.

Jeder Befehl hinterläßt in dem, der gezwungen ist, ihn auszuführen, einen peinlichen *Stachel* zurück. Über die Natur dieser Stacheln, die unverwüstlich sind, wird man später Genaueres erfahren. Menschen, denen viel befohlen wird und die von solchen Stacheln ganz erfüllt sind, verspüren einen starken Drang, sich ihrer zu entledigen. Auf zweierlei Weise läßt sich eine Befreiung von ihnen erlangen. Sie können Befehle, die sie von oben empfangen haben, nach unten weitergeben; dazu müssen Tieferstehende da sein, die bereit sind, Befehle von ihnen entgegenzunehmen. Sie können aber auch, was sie lange von ihren Oberen erlitten und gespeichert haben, diesen selber heimzahlen. Ein einzelner, schwach und hilflos wie er ist, wird nur selten das Glück dieser Gelegenheit haben. Wenn aber viele sich in einer Masse zusammenfinden, mag ihnen gelingen, was ihnen einzeln versagt war. Zusammen können sie sich gegen die wenden, die ihnen bisher befohlen haben. Die revolutionäre Situation läßt sich als der Zustand einer solchen Umkehrung ansehen. Die Masse aber, deren Entladung hauptsächlich aus einer gemeinsamen Befreiung von Befehlsstacheln besteht, ist als *Umkehrungsmasse* zu bezeichnen.

Als der Beginn der französischen Revolution wird der Sturm auf die Bastille betrachtet. Sie begann schon früher mit einem Blutbad unter Hasen. Im Mai 1789 waren die Generalstaaten in Versailles zusammengetreten. Sie berieten über die Aufhebung der feudalen Rechte, zu denen auch das Jagdrecht des Adels gehörte. Am 10. Juni, einen Monat *vor* dem Sturm auf die Bastille, berichtete Camille Desmoulins, der als Abgeordneter an den Beratungen teilnahm, in einem Brief an seinen Vater: »Die Bretonen führen provisorisch einige der Artikel ihrer Beschwerdehefte aus. Sie töten die Tauben und das Wildpret. 50 junge Leute richten ebenso hier in der Gegend eine Verheerung ohnegleichen unter Hasen und Kaninchen an. Es heißt, sie hätten vor den Augen der Wärter 4–5000 Stück Wild in der Ebene von St. Germain umgebracht.« Die Schafe, bevor sie sich an die Wölfe wagen, wenden sich gegen die Hasen. Vor der Umkehrung, die sich gegen die Oberen selber richtet, hält man sich an den Untersten schadlos, den jagdbaren Tieren.

Das eigentliche Ereignis ist dann der Tag der Bastille. Die ganze Stadt versorgt sich mit Waffen. Die Erhebung gilt der königlichen Justiz. Sie ist im angegriffenen und erstürmten Gebäude verkörpert. Gefangene werden befreit, die dann zur Masse stoßen können. Der Gouverneur, der für die Verteidigung der Bastille verantwortlich war, und seine Helfer werden hingerichtet. Man hängt aber auch Diebe an die Laterne. Die Bastille wird dem Erdboden gleichgemacht, Stein um Stein wird sie abgetragen. Die Justiz in ihren beiden Hauptaspekten, als Todesurteil und als Begnadigung, geht in die Hände des Volkes über. Die Umkehrung hat sich darin – für den Augenblick – vollendet.

Massen dieser Art bilden sich unter den mannigfaltigsten Umständen: Es können Erhebungen von Sklaven gegen ihre Herren sein, von Soldaten gegen ihre Offiziere, von Farbigen gegen Weiße, die in ihrer Mitte angesiedelt sind. Immer haben die einen geraume Zeit unter dem Befehl der anderen gestanden. Immer handeln die Aufständischen aus ihren Stacheln heraus, und es dauert immer lange, bis sie handeln können.

Viel von dem, was man an der Oberfläche von Revolutionen gewahrt, spielt sich allerdings in *Hetzmassen* ab. Es wird Jagd auf einzelne Menschen gemacht, wenn man sie fängt, werden sie von allen zusammen getötet, in Form eines Gerichts oder auch ohne Urteil. Aber es ist keineswegs so, daß die Revolution daraus *besteht.* Mit den Hetzmassen, die eiligst ihr natürliches Ende erreichen, ist es nie getan. Die Umkehrung, die einmal begonnen hat, geht immer weiter. *Jeder* sucht in eine Lage zu kommen, wo er sich seiner Stacheln entledigen kann, und jeder hat viele von ihnen. Die Umkehrungsmasse ist ein Prozeß, der eine ganze Gesellschaft erfaßt, und hat er vielleicht auch gleich zu Anfang Erfolg, so geht er doch nur langsam und schwer zu Ende. So rasch die Hetzmasse abläuft, die an der Oberfläche liegt, so langsam, in vielen aufeinanderfolgenden Rucken, ereignet sich die Umkehrung aus der Tiefe.

Aber die Umkehrung kann noch viel langsamer sein: sie kann für das Jenseits verheißen werden. »Die Letzten werden die Ersten sein.« Zwischen dieser Verfassung und jener steht der Tod. In der anderen Welt wird man wieder leben. Wer der Ärmste hier war und nichts Böses verübt hat, der gilt dafür am meisten drüben. Als ein Neuer, ein Bessergestellter existiert er weiter. Dem Gläubigen wird die Befreiung von seinen Stacheln versprochen. Doch wird über die genaueren Umstände dieser Befreiung nichts ausgesagt; und wenn auch später alle im Jenseits beisammenstehen, so wird auf die Masse als *Substrat* einer Umkehrung nicht eigentlich hingewiesen.

Im Zentrum dieser Art der Verheißung steht der Gedanke der Wiederbelebung. Fälle von Wiederbelebung durch Christus in dieser Welt werden in den Evangelien berichtet. Die Prediger der berühmten *Revivals* in den angelsächsischen Ländern haben die Wirkung von Tod und Wiedererweckung auf jede Weise verwendet. Die versammelten Sünder wurden von ihnen mit den furchtbarsten Höllenstrafen bedroht und gerieten in einen kaum beschreiblichen Zustand der Angst. Sie sahen einen See von Feuer und Schwefel weit offen vor sich und die Hand des Allmächtigen, der daran war, sie in den schrecklichen Abgrund zu stürzen. Die Heftigkeit seiner Schmähungen, heißt es von einem dieser Prediger, wurde in ihrer Wirkung noch erhöht durch die scheußlichen Verzerrungen seines Gesichts und den Donner seiner Stimme. Aus 40, 50, 100 Meilen Entfernung strömten Menschen von überallher zusammen, um solche Prediger zu hören. Die Männer brachten ihre Familien in bedeckten Wagen mit und versahen sich mit Bettzeug und Nahrung für mehrere Tage. Ums Jahr 1800 geriet ein Teil des Staates Kentucky durch Versammlungen dieser Art in einen fieberhaften Zustand. Man hielt die Versammlungen im Freien ab, kein Gebäude in den damaligen Staaten hätte diese ungeheuren Massen gefaßt. 20 000 Menschen fanden sich im August 1801 im Meeting von Cane Ridge beisammen. Noch nach hundert Jahren war die Erinnerung daran in Kentucky nicht erloschen.

Die Hörer wurden von den Predigern so lange erschreckt, bis sie umfielen und wie tot liegenblieben. Es waren Gottes Befehle, mit denen man sie bedrohte. Von diesen Befehlen wurden sie in die Flucht geschlagen und suchten sich in eine Art von Scheintod zu retten. Es war die wohlbewußte und erklärte Absicht des Predigers, sie zu ›fällen‹. Es ging wie auf einem Schlachtfeld zu, rechts und links fielen ganze Reihen zu Boden. Der Vergleich mit dem Schlachtfeld wurde von den Predigern selber gemacht. Zur moralischen Umkehr, die sie bewirken wollten, schien ihnen dieser höchste und letzte Schrecken unerläßlich. Der Erfolg der Predigt wurde an der Zahl der ›Erschlagenen‹ gemessen. Ein Augenzeuge, der darüber genau Buch führte, berichtet, daß im Verlauf dieses mehrtägigen Meetings 3000 Menschen hilflos zu Boden stürzten, beinahe ein Sechstel von allen, die anwesend waren.

Alle Gefallenen wurden in einen Versammlungsraum nebenan getragen. Zu keiner Zeit war weniger als der halbe Boden von liegenden Menschen bedeckt. Viele, sehr viele, lagen stundenlang still da, unfähig zu sprechen oder sich zu bewegen. Manchmal kamen sie für wenige Augenblicke zu sich und gaben durch ein tiefes Stöhnen, einen durchdringenden Schrei oder ein inbrünstiges Gebet um Gnade zu erkennen, daß sie lebten. Manche trommelten mit den Fersen gegen den Boden. Andere schrien in Todesqual auf und schleuderten sich umher wie Fische, die lebend aus dem Wasser gezogen werden. Manche rollten stundenlang über den Boden. Es gab welche, die plötzlich wild über Rednerbühnen und Bänke sprangen und mit dem Ruf: »Verloren! Verloren!« in den Wald stürzten.

Wenn die Gefallenen wieder zu sich kamen, waren sie andere Menschen. Sie erhoben sich und riefen: »Erlösung!« Sie waren ›neugeboren‹ und konnten nun ein gutes und reines Leben beginnen. Sie hatten ihr altes Sündendasein hinter sich gelassen. Aber die Bekehrung war nur glaubhaft, wenn ihr eine Art von Tod voranging.

Es gab Erscheinungen weniger extremer Art, die im selben Sinne wirkten. Eine ganze Versammlung brach in Weinen aus. Viele wurden von unwiderstehlichen Zuckungen befallen. Manche, gewöhnlich Gruppen von vier oder fünf, begannen wie Hunde zu bellen. Nach einigen Jahren, als die Erregung eine mildere Form annahm, wurden erst einzelne und dann ein ganzer Chor von einem ›heiligen Lachen‹ überkommen.

Aber alles was geschah, geschah in der Masse. Erregtere und höhergespannte Formen von ihr sind kaum bekannt geworden.

Die Umkehrung, auf die hier gezielt wird, ist verschieden von der in Revolutionen. Es handelt sich um das Verhältnis der Menschen zu den göttlichen Geboten. Sie haben ihm bisher zuwidergehandelt. Nun ist die Angst vor seinen Strafen über sie gekommen. Diese Angst, vom Prediger auf jede Weise gesteigert, treibt sie in einen Zustand von Bewußtlosigkeit. Sie stellen sich tot wie Tiere auf der Flucht; aber ihre Angst ist so groß, daß sie ihr Bewußtsein darüber verlieren. Wenn sie zu sich kommen, erklären sie sich bereit, sich in Gottes Befehle und Verbote zu ergeben. Dafür legt sich die aufs höchste gestiegene Angst vor seiner unmittelbaren Strafe. Der Prozeß ist sozusagen einer der Zähmung: man läßt sich vom Prediger zu Gottes gehorsamem Diener zähmen.

Der Vorgang ist jenem in einer Revolution, wie er oben gedeutet wurde, genau entgegengesetzt. Dort ging es um eine Befreiung von Stacheln, mit denen man sich durch eine lange Unterwerfung unter eine Herrschaft allmählich vollgeladen hatte. Hier geht es um eine frische Unterwerfung unter die Gebote Gottes, um eine Bereitschaft also, alle Stacheln, die sie in einem erzeugen könnte, willig auf sich zu nehmen. Gemeinsam ist beiden Vorgängen nur die Tatsache einer Umkehr und der seelische Schauplatz, auf dem sie sich abspielt: in diesem wie in jenem Falle die Masse.

Festmassen

Eine fünfte Art von Massen möchte ich als die *festlichen* Massen bezeichnen.

Es ist sehr viel vorhanden auf einem beschränkten Raum, und die vielen, die sich auf diesem gewissen Areal bewegen, können alle daran teilhaben. Die Erträgnisse, welcher Kultur immer, werden in großen Haufen zur Schau gestellt. Hundert Schweine liegen in einer Reihe gebunden da. Berge von Früchten sind aufgetürmt. In mächtigen Gefäßen ist das beliebteste Getränk zubereitet worden und wartet auf die Genießer. Es ist mehr vorhanden, als alle zusammen verzehren könnten, und um es zu verzehren, strömen immer mehr Menschen hinzu. Solange etwas da ist, nehmen sie davon zu sich, es sieht aus, als könnte es nie ein Ende nehmen. Es ist ein Überfluß an Weibern da für die Männer und ein Überfluß an Männern für die Weiber. Nichts und niemand droht, nichts treibt in die Flucht, Leben und Genuß während des Festes sind gesichert. Viele Verbote und Trennungen sind aufgehoben, ganz ungewohnte Annäherungen werden erlaubt und begünstigt. Die Atmosphäre für den einzelnen ist eine der Lockerung und nicht der Entladung. Es gibt kein Ziel, das für alle dasselbe ist und das alle zusammen zu erlangen hätten. Das *Fest* ist das Ziel, und man hat es erreicht. Die Dichte ist sehr groß, die Gleichheit aber zum guten Teil eine der Willkür und des Genusses. Man bewegt sich durcheinander und nicht miteinander fort. Die Dinge, die aufgehäuft daliegen und von denen man bekommt, sind ein wesentlicher Teil der Dichte, ihr Kern. Sie sind zuerst gesammelt worden, und erst wenn sie alle beieinander sind, sammeln sich die Menschen um sie. Es kann Jahre dauern, bis alles vorhanden ist, und man mag lange Entbehrung für diesen kurzen Überfluß erleiden. Aber man lebt auf diesen Augenblick hin und führt ihn zielbewußt herbei. Menschen, die sich sonst selten zu Gesicht bekommen, sind feierlich und gruppenweise eingeladen worden. Das Eintreffen der einzelnen Kontingente ist kräftig markiert, es steigert in Sprüngen die allgemeine Freude.

Es spielt in diesem Zustand das Gefühl hinein, daß man durch gemeinsamen Genuß bei diesem Fest für viele spätere Feste sorgt. Durch rituelle Tänze und dramatische Darbietungen wird früherer Gelegenheiten derselben Art gedacht. Ihre Tradition ist in der Gegenwart dieses Festes mitenthalten. Ob man der ursprünglichen Stifter dieser Veranstaltungen gedenkt, der mythischen Urheber aller Herrlichkeiten, deren man sich erfreut, der Ahnen oder, wie in kälteren, späteren Gesellschaften, bloß der reichen Spender – auf jeden Fall scheint einem eine künftige Wiederholung ähnlicher Gelegenheiten verbürgt. Die Feste *rufen* einander, und durch die Dichte der Dinge und Menschen vermehrt sich das Leben.

Die Doppelmasse: Männer und Frauen · Die Lebenden und die Toten

Die sicherste und oft die einzige Möglichkeit für die Masse, sich zu *erhalten,* ist das Vorhandensein einer zweiten Masse, auf die sie sich bezieht. Sei es, daß sie im Spiel einander gegenübertreten und sich messen, sei es, daß sie einander ernsthaft bedrohen, der Anblick oder die starke Vorstellung einer zweiten Masse erlaubt der ersten nicht zu zerfallen. Während die Beine auf der einen Seite dicht beisammenstehen, sind die Augen auf andere Augen gegenüber gerichtet. Während die Arme sich hier nach einem gemeinsamen Rhythmus bewegen, horchen die Ohren auf den Schrei, den sie von der anderen Seite erwarten.

Man ist mit den eigenen Leuten in physischer Nähe beisammen und agiert mit ihnen in vertrauter und natürlicher Einheit. Alle Neugier und Erwartung indessen oder alle Angst ist auf eine zweite Häufung von Menschen gerichtet, die durch einen klaren Abstand von einem getrennt sind. Sieht man sie gegenüber, so ist man durch den Anblick fasziniert; sieht man sie nicht, so kann man sie doch hören. Von der

Aktion oder Absicht des zweiten Haufens hängt alles ab, was man selber tut. Das Gegeneinander wirkt aufs Nebeneinander ein. Die Konfrontation, die bei beiden eine besondere Achtsamkeit hervorruft, ändert die Art der Konzentration innerhalb jeder Gruppe. Solange die anderen nicht auseinandergelaufen sind, muß man selber beisammenbleiben. Die Spannung zwischen den beiden Haufen wirkt sich als Druck auf die eigenen Leute aus. Wenn es sich um die Spannung eines rituellen Spieles handelt, tritt der Druck als etwas wie Scham in Erscheinung: Man setzt alles daran, die eigene Seite vor der gegnerischen nicht bloßzustellen. Wenn die Gegner aber drohen und es wirklich ums Leben geht, verwandelt sich der Druck in den Panzer entschlossener und einiger Abwehr.

Auf jeden Fall hält eine Masse die andere am Leben, wobei vorausgesetzt ist, daß sie an Größe oder Intensität ungefähr gleich sind. Um Masse zu bleiben, darf man keinen zu überlegenen Gegner haben, wenigstens darf man ihn nicht für zu überlegen halten. Wo das Gefühl um sich greift, daß man nicht standhalten kann, wird man sich durch Massenflucht zu retten suchen, und wenn diese sich als aussichtslos erweist, zerfällt die Masse in Panik, jeder flieht für sich. Doch ist das nicht der Fall, der hier interessiert. Zur Ausbildung des *Zwei-Massen-Systems,* wie man es auch nennen kann, gehört auf beiden Seiten das Gefühl von ungefähr gleicher Stärke.

Von drei Grundgegensätzen hat man auszugehen, wenn man die Entstehung dieses Systems begreifen will. Sie sind überall da, wo es Menschen gibt, und jede Gesellschaft, die man kennt, war sich ihrer bewußt. Der erste und auffallendste Gegensatz ist der zwischen Männern und Frauen; der zweite jener zwischen den Lebenden und den Toten, der dritte, an den man heute beinahe ausschließlich denkt, wenn von zwei Massen die Rede ist, die einander entgegenstehen, ist der zwischen Freund und Feind.

Faßt man die erste Zweiteilung, die zwischen Männern und Frauen, ins Auge, so ist nicht ohne weiteres einzusehen, was sie mit der Bildung von besonderen Massen zu tun haben könnte. Männer und Frauen leben in Familien miteinander. Sie mögen zu verschiedenen Tätigkeiten neigen, aber man stellt sich kaum vor, daß sie in separaten und erregten Haufen einander gegenüberstehen. Man muß schon auf Berichte aus ursprünglicheren Lebensverhältnissen zurückgreifen, um ein anderes Bild von der Form dieses Gegensatzes zu gewinnen.

Jean de Léry, ein junger französischer Hugenotte, war im Jahre 1557 Zeuge eines großen Festes bei den Tupinambu in Brasilien.

›Man befahl uns, im Haus zu bleiben, wo die Frauen waren. Wir wußten noch gar nicht, was sie tun würden, da ging plötzlich ein ganz tiefer Lärm los, im Haus, wo die Männer waren, keine dreißig Schritt von uns und den Frauen entfernt. Es klang wie das Murmeln von Gebeten.

Als die Frauen, etwa 200 an der Zahl, das hörten, sprangen sie alle auf, spitzten die Ohren und preßten sich in einem Haufen eng aneinander zusammen. Bald danach erhoben die Männer ihre Stimmen. Wir hörten deutlich, wie sie alle zusammen sangen und immer wieder zu ihrer Aufmunterung einen Ausruf wiederholten: »He, he, he, he!« Wir waren ganz erstaunt, als die Frauen ihnen erwiderten und denselben Ausruf: »He, he, he, he!« ausstießen. Über eine Viertelstunde lang heulten und kreischten sie so laut, daß wir gar nicht wußten, was für ein Gesicht wir dazu machen sollten.

Mitten im Heulen sprangen sie mit großer Heftigkeit in die Luft, ihre Brüste zitterten, sie hatten Schaum um den Mund. Manche fielen bewußtlos zu Boden, wie Leute, die die Fallsucht haben. Es war mir, als sei der Teufel in sie gefahren und als wären sie von ihm ganz toll.

In unserer nächsten Nähe hörten wir das Schütteln und Lärmen der Kinder, die in einem besonderen Raume für sich waren. Obschon ich nun mehr als ein halbes Jahr mit den Wilden umging und mich ganz gut bei ihnen eingelebt hatte, war ich – ich will es nicht verhehlen – voller Schrecken. Ich fragte mich, wie die Sache ausgehen würde, und wünschte mich wieder in unser Fort zurück.‹

Der Hexensabbat legt sich schließlich, die Frauen und Kinder verstummen, und Jean de Léry hört die Männer so wunderbar im Chor zusammen singen, daß er es vor Sehnsucht nach ihrem Anblick nicht mehr aushält. Die Frauen suchen ihn zurückzuhalten, sie kennen das Verbot und wissen, daß sie zu den Männern nie hinüber dürfen. Ihm aber gelingt es, sich drüben einzuschleichen, es geschieht ihm nichts, und mit zwei anderen Franzosen zusammen wohnt er dem Feste bei.

Männer und Frauen sind also strikt voneinander getrennt, in verschiedenen Häusern, die aber nahe beisammen sind. Sie können sich nicht sehen, aber um so schärfer horcht die eine Gruppe auf den Lärm der anderen. Sie stoßen dieselben Rufe aus und steigern sich an ihnen in einen beiden gemeinsamen Zustand von Massenerregung. Die eigentlichen Ereignisse spielen sich bei den Männern ab. Doch an der Entfachung der Masse sind die Frauen mit beteiligt. Es ist bemerkenswert, wie sie auf die ersten Laute hin, die sie aus dem Männerhaus vernehmen, in einen dichten Haufen zusammenrücken und auf die wilden Rufe, die sie bald von dort hören, selbst immer wilder erwidern. Sie sind voller Angst, da sie eingeschlossen sind – sie dürfen auf keinen Fall heraus –, und da sie nicht wissen können, was bei den Männern vorgeht, erhält ihre Erregung eine Färbung besonderer Art. Sie springen in die Höhe, als sprängen sie hinaus. Die hysterischen Züge, die der Beobachter vermerkt, sind bezeichnend für eine verhinderte Massenflucht. Es wäre die natürliche Tendenz für die Frauen, zu den Männern zu fliehen, aber da ein schweres Verbot darauf lastet, fliehen sie sozusagen an Ort und Stelle.

Bemerkenswert sind die Empfindungen Jean de Lérys selbst. Er fühlt die Erregung der Frauen mit, doch kann er nicht wirklich zu ihrer Masse gehören. Er ist ein Fremder, und er ist ein Mann. Mitten unter ihnen, und doch von ihnen getrennt, muß er fürchten, zum Opfer dieser Masse zu werden.

Daß die Teilnahme der Frauen auf ihre Weise nicht gleichgültig ist, ersieht man aus einer anderen Stelle des Berichts. Die Zauberer des Stammes oder ›Caraiben‹, wie sie Jean de Léry nennt, verbieten den Frauen auf das strengste, ihr Haus zu verlassen. Sie befehlen ihnen aber, aufmerksam auf den Gesang der Männer zu achten.

Die Einwirkung der versammelten Frauen auf die Schar ihrer Männer kann von Bedeutung sein, auch wenn sie viel weiter voneinander getrennt sind. Zum Erfolge kriegerischer Expeditionen haben Frauen zuweilen das ihrige beizutragen. Es sollen drei Beispiele folgen, je eines aus Asien, Amerika und Afrika, von Völkern also, die nie miteinander in Berührung kamen und gewiß keinen Einfluß aufeinander hatten.

Bei den *Kafirs* im Hindukusch führen die Frauen den Kriegstanz auf, während die Männer auf einer Expedition abwesend sind. Sie flößen den Kriegern so Kraft und Mut ein, sie steigern so ihre Wachsamkeit, damit sie sich von einem listigen Feind nicht überraschen lassen.

Unter den *Jivaros* in Südamerika versammeln sich die Frauen, während ihre Männer auf einem Kriegszug sind, Nacht für Nacht in einem bestimmten Hause und führen da einen besonderen Tanz auf. Sie tragen Rasseln von Schneckenschalen um den Leib und singen Beschwörungslieder. Dieser Kriegstanz der Frauen soll eine eigene Macht haben: er schützt ihre Väter, Männer und Söhne vor den Lanzen und Kugeln des Feindes, er wiegt den Feind in Sicherheit, so daß er die Gefahr nicht bemerkt, bis es zu spät ist, er hindert ihn auch daran, sich für eine Niederlage zu rächen.

›Mirary‹ heißt auf *Madagaskar* ein alter Tanz der Frauen, der nur im Augenblick des Kampfes getanzt werden darf. Wenn eine Schlacht angekündigt war, wurden die Frauen durch Boten verständigt. Dann lösten sie ihr Haar, begannen den Tanz und stellten auf diese Weise eine Verbindung mit den Männern her. Als die Deutschen im Jahre 1914 auf Paris marschierten, wurde zum Schutze der französischen Soldaten von den Frauen in Tananariva das Mirary getanzt. Es scheint trotz der großen Entfernung gewirkt zu haben.

Auf der ganzen Erde gibt es Feste, bei denen Frauen und Männer in gesonderten Gruppen, aber einander sichtbar und gewöhnlich auch aufeinander zu, tanzen. Es erübrigt sich, sie zu schildern, sie sind allgemein bekannt. Ich habe mich mit Bedacht auf einige extremere Fälle beschränkt, bei denen Trennung, Entfernung und auch das Maß der Erregung besonders auffallend sind. Es läßt sich hier sehr wohl von einer Doppelmasse sprechen, die tief eingewurzelt ist. Die beiden Massen sind in diesem Fall einander gut gesinnt. Die Erregung der einen soll das Wohlergehen und Gedeihen der anderen fördern. Die Männer und Frauen gehören *einem* Volke an und sind aufeinander angewiesen.

In den *Amazonensagen*, die sich durchaus nicht auf das griechische Altertum beschränken und für die es Beispiele selbst unter den Eingeborenen Südamerikas gibt, haben sich die Frauen von den Männern für immer getrennt und führen gegen sie Krieg wie ein Volk gegen das andere.

Aber bevor wir uns der Betrachtung des Krieges zuwenden, in dem das gefährliche und scheinbar unentrinnbare Wesen der Doppelmasse seinen stärksten Ausdruck gefunden hat, ist es angebracht, einen Blick auf den uralten Gegensatz zwischen den *Lebenden* und den *Toten* zu werfen.

Bei allem, was um Sterbende und Tote geschieht, ist die Vorstellung wichtig, daß auf der anderen Seite eine viel größere Menge von Geistern tätig ist, zu denen der Verstorbene schließlich gelangen wird.

Die lebende Seite gibt ihren Angehörigen nicht gern her. Sein Verlust schwächt sie, und wenn es um einen Mann in der Kraft seiner Jahre geht, wird er von seinen Leuten besonders schmerzlich empfunden. Sie wehren sich dagegen, so gut sie es vermögen, aber sie wissen, daß ihr Widerstand nicht viel nützt. Jene Masse drüben ist größer und stärker, und zu ihr wird er hinübergezogen. Was immer man unternimmt, es geschieht im Bewußtsein jener Übermacht drüben. Es muß alles vermieden werden, was jene reizt. Sie haben Einfluß auf die Lebenden und können ihnen überall schaden. Bei manchen Völkern ist die Masse der Toten das Reservoir, dem die Seelen der Neugeborenen entnommen werden. Von ihnen hängt es dann ab, ob die Frauen Kinder bekommen. Manchmal fahren die Geister als Wolken daher und bringen den Regen. Sie können einem die Pflanzen und Tiere vorenthalten, von denen man sich nährt. Sie können sich unter den Lebenden neue Opfer holen. Der eigene Tote, den man nur nach hartem Widerstand hergegeben hat, wird schon als Angehöriger jenes gewaltigen Heeres drüben beschwichtigt.

Das Sterben ist also ein Kampf, ein Kampf zwischen zwei ungleich starken Feinden. Die Schreie, die man ausstößt, die Wunden, die man sich selber zufügt, in Trauer und Verzweiflung, sind vielleicht auch als Ausdruck dieses Kampfes gedacht. Der Tote soll nicht glauben, daß man ihn leicht hergegeben hat, man hat sich um ihn geschlagen.

Es ist ein ganz eigener Kampf, um den es da geht. Es ist ein Kampf, der immer verloren ist, gleichgültig, wie tapfer er geführt wird. Von Anfang an ist man auf der Flucht vor dem Feind, und eigentlich stellt man sich ihm nur zum Schein, in der Hoffnung, sich durch ein Nachhutgefecht von ihm zu lösen. Der Kampf wird auch als eine Schmeichelei an den Sterbenden vorgetäuscht, der bald dabei sein wird, die Reihen des Feindes zu vermehren. Der Tote, der hinübergeht, soll einem dort gut oder wenigstens nicht allzu schlecht gesinnt sein. Er könnte nämlich, wenn er wütend ankommt, die potentiellen Feinde zu einem neuen und gefährlichen Beutezug aufstacheln.

Das Wesentliche an dieser besonderen Art des Kampfes zwischen den Toten und den Lebenden ist sein intermittierender Charakter. Man weiß nie, wann wieder etwas geschieht. Vielleicht geschieht lange nichts. Aber man kann sich nicht darauf verlassen. Jeder neue Schlag erfolgt plötzlich und aus dem Dunkel. Es gibt keine Kriegserklärung. Nach einem einzigen Todesfall kann alles zu Ende sein. Es kann aber auch lange weitergehen, wie bei Seuchen und Epidemien. Man ist immer auf dem Rückzug, und es ist nie ganz zu Ende.

Von der Beziehung der Lebenden zu den Toten wird noch die Rede sein. Hier ging es nur darum, die beiden als Doppelmasse zu sehen, deren Teile sich immerwährend aufeinander beziehen.

Die dritte Form der Doppelmasse ist die des Krieges. Es ist die, die uns heute am nächsten angeht. Man gäbe viel darum, nach den Erfahrungen dieses Jahrhunderts, sie zu begreifen und aufzulösen.

Die Doppelmasse: Der Krieg

In Kriegen geht es ums Töten. ›Die Reihen der Feinde wurden gelichtet.‹ Es geht um ein Töten in *Haufen.* Möglichst viele Feinde werden niedergeschlagen; aus der gefährlichen Masse von lebenden Gegnern soll ein Haufe von Toten werden. Sieger ist, wer mehr Feinde getötet hat. Es ist die wachsende Masse der Nachbarn, der man im Kriege entgegentritt. Ihre Zunahme ist an sich beängstigend. Ihre Drohung, die im Wachstum allein schon enthalten ist, löst die eigene aggressive Masse aus, die zum Krieg drängt. Bei seiner Führung sucht man immer überlegen zu sein, nämlich die zahlreichere Gruppe an Ort und Stelle zu haben und die Schwäche des Gegners in jeder Hinsicht auszunützen, ehe er selber seine Zahl erhöht. Die Kriegführung im einzelnen ist also das genaue Bild dessen, was im ganzen vor sich geht: Man will die größere Masse von Lebenden sein. Auf der gegnerischen Seite aber sei der größere Haufen von Toten. In diesem Wettbewerb der wachsenden Massen liegt ein wesentlicher, man möchte sagen, der tiefste Grund zu Kriegen. Man kann auch Sklaven machen statt Tote, Frauen und Kinder besonders, die dann dazu dienen, die Masse des eigenen Stammes zu vermehren. Aber nie ist der Krieg ein wirklicher Krieg, wenn er nicht zuerst auf einen Haufen von feindlichen Toten zielt.

Alle die nur zu vertrauten Worte für kriegerische Geschehnisse in alten wie in neuen Sprachen drücken dieses Verhältnis genau aus. Man spricht von ›Schlacht‹ und ›Gemetzel‹. Man spricht von ›Nieder-Lage‹. Ströme von Blut färben Flüsse rot. Der Feind wird bis zum letzten Mann niedergehauen. Man schlägt sich selber ›bis zum letzten Mann‹. Es wird ›kein Pardon gegeben‹.

Es ist aber von Bedeutung, darauf hinzuweisen, daß auch der *Haufe der Toten* als *Einheit* empfunden und in manchen Sprachen durch besondere Worte bezeichnet wird. Das deutsche Wort ›Walstatt‹ für Schlachtfeld enthält den alten Stamm ›wal‹, der ›die auf dem Schlachtfeld Gebliebenen‹ bedeutet. Altnordisch ›valr‹ heißt ›die Leichen auf dem Schlachtfeld‹; ›valhall‹ ist nichts anderes als ›die Wohnung der gefallenen Krieger‹. Durch Ablaut ist aus dem althochdeutschen ›wal‹ das Wort ›wuol‹ entstanden, es bedeutet ›Niederlage‹. Im Angelsächsischen aber bedeutet das entsprechende Wort ›wol‹ ›Pest, Seuche‹. Gemeinsam ist all diesen Worten, ob es nun um die auf dem Schlachtfeld Gebliebenen, um Niederlage, um Pest oder Seuche geht, die Vorstellung eines *Haufens von Toten.*

Aber diese Vorstellung ist keineswegs bloß germanisch. Sie findet sich überall. In einem Gesicht des Propheten Jeremias erscheint die ganze Erde als ein einziges Feld von verrottenden Leichen. ›Da werden die Erschlagenen des Herrn zu derselben Zeit liegen von einem Ende der Erde bis ans andere Ende; die werden nicht beklagt noch aufgehoben, noch begraben werden, sondern müssen auf dem Felde liegen und zu Dung werden.‹

Der Prophet Mohammed hat ein so starkes Gefühl für den Haufen seiner toten Feinde, daß er sich in einer Art von Triumphpredigt an sie wendet. Nach der Schlacht bei Bedr, dem ersten großen Sieg über seine Feinde aus Mekka, ›ließ er die erschlagenen Feinde in eine Zisterne werfen. Nur einer von ihnen wurde unter Erde und Steinen begraben, weil er so aufgeschwollen war, daß man ihm den Panzer nicht gleich abnehmen konnte: So blieb er allein übrig, und man ließ ihn liegen. Als die übrigen in der Zisterne waren, stellte sich Mohammed davor und rief: »Oh, ihr Männer der Zisterne! Hat die Verheißung eures Herrn sich bestätigt? Ich habe die Verheißung meines Herrn wahr gefunden.« Seine Gefährten sagten: »Oh, Gesandter Gottes! Sie sind ja Leichen!« Mohammed erwiderte: »Sie wissen *doch,* daß die Verheißung des Herrn wahr geworden.«‹

So hat er die versammelt, die früher auf seine Worte nicht hören wollten; in der Zisterne sind sie gut aufgehoben und dicht beisammen. Ich kenne kein eindringlicheres Beispiel für diesen Rest von Leben und massenhaftem Charakter, den man dem Haufen seiner toten Feinde zuschreibt. Sie bedrohen einen nicht mehr, aber man kann ihnen drohen. Jede Niedertracht läßt sich an ihnen ungestraft verüben. Ob sie noch ein Gefühl dafür haben oder nicht, man nimmt an, daß sie es haben, um seinen eigenen Triumph zu erhöhen. Ihr Beisammensein in der Zisterne ist derart, daß keiner sich regen könnte. Würde einer von ihnen erwachen, er hätte nichts als Tote um sich, seine eigenen Leute würden ihm den Atem benehmen; die Welt, in die er zurückkäme, wäre eine von Toten, und sie bestünde aus denen, die ihm die Nächsten waren.

Unter den Völkern des Altertums galten die *Ägypter* als nicht eigentlich kriegerisch, die Energie ihres Alten Reiches wurde mehr auf den Bau von Pyramiden als auf Eroberungen geleitet. Doch kam es schon zu dieser Zeit auch bei ihnen zuweilen zu Feldzügen. Folgendes Bild davon entwirft Une, ein höherer Richter, der von seinem König Pepy zum Feldherrn gegen die Beduinen ernannt wurde. Une berichtet über sich in seinem Grab:

›Dies Heer ging glücklich und zerhackte das Land der Beduinen.
Dies Heer ging glücklich und zerstörte das Land der Beduinen.
Dies Heer ging glücklich und warf seine Türme um.
Dies Heer ging glücklich und schnitt seine Feigen und Weinstöcke ab.
Dies Heer ging glücklich und warf Feuer in alle seine Dörfer.
Dies Heer ging glücklich und schlachtete dort Truppen
zu vielen Zehntausenden.
Dies Heer ging glücklich und brachte Gefangene aus ihm mit,
eine große Menge.‹

Das starke Bild der Zerstörung gipfelt in der Zeile, die Zehntausende von geschlachteten Feinden vermeldet. – Im Neuen Reich kam es dann, wenn auch nicht auf lange, zu einer planmäßig aggressiven Politik der Ägypter. Ramses II. führt langwierige Kriege gegen die Hethiter. In einem Preislied heißt es von ihm:

›Der das Land der Hethiter zertritt und es zu einem *Leichenhaufen* macht gleich der Sechmet, wenn sie grimmig ist nach der *Pest.*‹ Schon im Mythos hat die löwenköpfige Göttin Sechmet unter den aufsässigen Menschen ein furchtbares Blutbad angerichtet. Sie bleibt Göttin des Krieges und des Gemetzels. Der Dichter des Preisliedes aber verbindet die Vorstellung vom Leichenhaufen der Hethiter mit der von den Opfern einer Seuche; ein Zusammenhang, der uns nicht mehr neu ist.

In seinem berühmten Bericht über die Schlacht bei Kadesch, die er gegen die Hethiter schlug, erzählt Ramses II., wie er von seinen Leuten abgeschnitten wurde und durch welche übermenschliche Kraft und Tapferkeit er die Schlacht allein gewann. Seine Leute ›fanden, daß alle Völker, in die ich eingedrungen war, als Gemetzel in ihrem Blute dalagen, mit allen besten Kriegern der Hethiter und mit den Kindern und Brüdern ihres Fürsten. Ich hatte das Feld von Kadesch weiß werden lassen, und man konnte nicht treten von ihrer Menge.‹ Es ist die Menge der Leichen und ihre weißen Kleider, die die Farbe des Feldes verändert, furchtbarster und anschaulichster Satz für das Ergebnis einer Schlacht.

Aber dieses Ergebnis ist eines, das nur die Krieger zu Gesicht bekommen. Die Schlacht ist in der Ferne geschlagen worden, und das Volk daheim möchte auch etwas vom Haufen feindlicher Toter haben. Man ist erfinderisch und weiß ihm diese Genugtuung zu verschaffen. Vom nächsten König Merenptah, dem Sohn Ramses II., wird berichtet, wie er eine große Schlacht gegen die Libyer gewann. Ihr ganzes Lager mit all seinen Schätzen und mit den Angehörigen ihres Fürsten fiel in die Hände der Ägypter; nach der Plünderung wurde es verbrannt. 9376 Gefangene ergänzten die Beute. Aber damit war es noch nicht genug; um die Zahl der Toten dem Volke daheim zu beweisen, schnitt man den Gefallenen die Geschlechtsteile ab; falls sie beschnitten waren, begnügte man sich mit Händen und verlud diese Beute auf Eseln. Später hatte Ramses III. wieder gegen die Libyer zu kämpfen. Die Zahl der Trophäen in diesem Falle belief sich auf 12 535 Stück. Es ist klar, daß diese schaurigen Fuhren nichts anderes sind als der reduzierte Haufen der feindlichen Toten, transportfähig und für das ganze Volk anschaulich gemacht. Jeder der Gefallenen steuert von seinem Körper etwas für den Haufen bei; und es ist wichtig, daß sie sich als Trophäen alle gleichen.

Andere Völker waren mehr auf Köpfe aus. Bei den Assyrern war ein Lohn auf den Kopf jedes Feindes gesetzt; ein Soldat trachtete sich möglichst viele zu verschaffen. Auf einem Relief aus der Zeit des Königs Assurbanipal ist zu sehen, wie die Schreiber in ihren großen Zelten stehen und die Zahl der abgeschnittenen Köpfe verzeichnen. Jeder Soldat trägt seine Köpfe herbei, wirft sie auf einen gemeinsamen Haufen, gibt seinen Namen und seine Abteilung an und geht wieder. Die assyrischen Könige hatten eine Leidenschaft für diese Haufen von Köpfen. Wenn sie bei der Armee waren, präsidierten sie bei der Einlieferung der Trophäen und verteilten die Prämien an die Soldaten selbst. In ihrer Abwesenheit ließen sie sich den ganzen Haufen von

Köpfen kommen; war das unmöglich, so mußten sie sich mit denen der feindlichen Führer begnügen.

Das unmittelbare und ganz konkrete Ziel des Krieges ist also klar. Es ist überflüssig, nach weiteren Illustrationen dafür zu suchen. Die Geschichte ist wahrhaft verschwenderisch damit. Man hat den Eindruck, daß sie am liebsten davon handelt, und nicht ohne wiederholte und große Anstrengungen ist sie dazu gebracht worden, sich auch anderen Erinnerungen der Menschheit zuzuwenden.

Faßt man die beiden kriegführenden Parteien zusammen ins Auge, so bietet der Krieg das Bild *zweier doppelt verschränkter Massen.* Ein möglichst großes Heer ist darauf aus, einen möglichst großen Haufen von toten Feinden zu bewirken. Von der Gegenseite gilt genau dasselbe. Die *Verschränkung* ergibt sich daraus, daß jeder Teilnehmer an einem Krieg immer *zwei* Massen zugleich angehört: Für seine eigenen Leute gehört er zur Zahl der lebenden Krieger; für den Gegner zur Zahl der potentiellen und wünschenswerten Toten.

Um die kriegerische Stimmung aufrechtzuerhalten, muß man immer wieder beteuern, einmal wie stark man selber ist, das heißt, aus wieviel Kriegern das eigene Heer besteht, und dann wie groß schon die Zahl der toten Feinde ist. Von frühesten Zeiten her zeichnen sich Kriegsberichte durch diese doppelte Statistik aus: So viel eigene Leute sind ausgezogen, so viel Feinde sind tot. Zu Übertreibungen ist man sehr geneigt, besonders in der Zahl der toten Feinde.

Während man den Krieg führt, wird man nicht zugeben, daß die Zahl der lebenden Feinde für einen zu stark ist. Selbst wenn man es weiß, schweigt man darüber und sucht diesem Übelstand durch die Verteilung der kämpfenden Truppen abzuhelfen. Man tut – wie schon oben bemerkt – alles, um durch leichte Ablösbarkeit und Beweglichkeit der Heeresabteilungen eine Überlegenheit an Ort und Stelle zu erlangen. Erst *nach* dem Kriege wird dann davon gesprochen, wieviel Leute man selber verloren hat.

Daß Kriege so lange dauern können, daß sie noch weitergeführt werden, wenn sie längst verloren sind, hängt mit dem tiefsten Triebe der Masse zusammen, sich in ihrem akuten Zustand zu erhalten, nicht zu zerfallen, Masse zu bleiben. Dieses Gefühl ist manchmal so stark, daß man es vorzieht, sehenden Auges zusammen zugrunde zu gehen, statt die Niederlage anzuerkennen und damit den Zerfall der eigenen Masse zu erleben.

Wie kommt es aber zur *Bildung* der kriegerischen Masse? Was schafft, von einem Augenblick auf den anderen, diesen unheimlichen Zusammenhalt? Was bringt den Menschen plötzlich dazu, soviel und alles aufs Spiel zu setzen? Dieser Vorgang ist noch so rätselhaft, daß man sich ihm mit einiger Vorsicht nähern muß.

Es ist ein ganz erstaunliches Unternehmen. Man beschließt, daß man mit physischer Vernichtung bedroht ist, und verkündet diese Bedrohung öffentlich vor aller Welt. ›Ich kann getötet werden‹, erklärt man, und leise denkt man dazu: ›weil ich den oder jenen töten will.‹ Der Ton müßte in Wahrheit auf dem Nachsatz liegen: ›Ich will den oder jenen töten, darum kann ich selber getötet werden.‹ Aber für den Beginn des Krieges, für seinen *Ausbruch,* für die Entstehung der kriegerischen Gesinnung unter den eigenen Leuten ist es die erste Fassung allein, die man sich zugibt. Ob man in Wirklichkeit selber der Angreifer ist oder nicht, immer wird man die Fiktion zu schaffen suchen, daß man bedroht wird.

Die Bedrohung besteht darin, daß jemand sich ein Recht zubilligt, einen zu töten. Jeder einzelne auf der eigenen Seite steht unter derselben Drohung: sie macht alle gleich, die Drohung wendet sich gegen jeden. Von einem bestimmten Augenblick an, der für alle derselbe ist, dem der Kriegserklärung, kann jedem dasselbe geschehen. Die physische Vernichtung, vor der einen sonst das Leben in der eigenen Gesellschaft schützt, ist gerade durch sie, durch die Zugehörigkeit zu ihr, in nächste Nähe gerückt. Über alle, die sich einem bestimmten Volk zurechnen, ist gleichermaßen die furchtbarste Drohung verhängt. Tausend Leute, von denen jedem einzeln, aber im selben Augenblick gesagt worden ist: ›Du sollst sterben‹, tun sich zusammen, um die Todesgefahr abzuwenden. Sie suchen rapid alle anzuziehen, die unter dieselbe Drohung kommen könnten; sie versammeln sich in großer Dichte und unterwerfen sich zur Abwehr einer gemeinsamen Richtung des Handelns.

Die Betroffenen auf beiden Seiten finden sich gewöhnlich sehr bald zusammen, sei es in leiblicher Wirklichkeit, sei es in Vorstellung und Gefühl. Der Ausbruch eines Krieges ist zu allererst der *Ausbruch zweier Massen.* Sobald sie sich einmal konstituiert haben, ist die oberste Absicht jeder dieser Massen, sich als Gesinnung und Aktion zu *erhalten.* Sie aufzugeben wäre Preisgabe des Lebens selbst. Immer handelt die kriegerische Masse so, als wäre alles *außerhalb* von ihr *Tod,* und der einzelne, der noch so viele Kriege überlebt hat, wird während eines neuen derselben Illusion widerstandslos wieder verfallen.

Der Tod, von dem in Wirklichkeit jeder immer bedroht ist, muß als *kollektives Urteil* verkündet werden, damit man ihm aktiv entgegentritt. Es gibt sozusagen *deklarierte Zeiten des Todes,* in denen er sich einer bestimmten, willkürlich ausgewählten Gruppe im ganzen zuwendet. ›Jetzt geht es gegen alle Franzosen‹, oder ›Jetzt geht es gegen alle Deutschen.‹ Die Begeisterung, mit der Menschen eine solche Deklaration entgegennehmen, hat ihre Wurzel in der Feigheit des einzelnen vor dem Tod. Allein mag ihn keiner ins Auge fassen. Er ist leichter zu zweit, wenn zwei Feinde das Urteil sozusagen aneinander vollstrecken, und er ist überhaupt nicht mehr derselbe Tod, wenn tausend ihm zusammen entgegengehen. Das Schlimmste, was in einem Krieg den Menschen passieren kann, daß sie *zusammen* zugrunde gehen, erspart ihnen den Tod als einzelne, den sie über alles fürchten.

Sie glauben aber gar nicht, daß dieses Schlimmste geschehen wird. Sie sehen eine Möglichkeit, das kollektive Urteil, das über sie gefällt worden ist, abzuleiten und weiterzugeben. Ihr *Todableiter* ist der *Feind,* und alles, was sie zu tun haben, ist, ihm zuvorzukommen. Man muß nur rasch genug sein und keinen Augenblick lang mit dem Todesgeschäft zögern. Der Feind kommt einem wie gerufen, von ihm ist das Urteil ausgesprochen worden, er zuerst hat ›Sterbet!‹ gesagt. Auf ihn fällt zurück, was er gegen andere gewendet hat. Immer hat der Feind damit begonnen. Wenn er es vielleicht nicht als erster ausgesprochen hat, so hat er es doch geplant, und wenn er es nicht geplant hat, hat er es sich gedacht; wenn er es noch nicht gedacht hat, *hätte* er es bald gedacht. Der Tod als Wunsch ist wirklich überall da, und man muß nicht tief in den Menschen greifen, um ihn herauszuziehen.

Die merkwürdige und unverkennbare Hochspannung, die allen kriegerischen Vorgängen eignet, hat zwei Ursachen: Man *will dem Tod zuvorkommen,* und *man handelt in Masse.* Ohne das letztere hat man auf Erfolg mit dem ersteren überhaupt keine Aussicht. Solange der Krieg dauert, muß man Masse bleiben; und er ist eigentlich zu Ende, sobald man es nicht mehr ist. Die Aussicht auf eine gewisse Lebensdauer, die er der Masse als solcher bietet, hat zur Beliebtheit der Kriege sehr beigetragen. Es läßt sich zeigen, daß ihre Dichte und Dauer in modernen Zeiten mit den viel größeren Doppelmassen zusammenhängt, die von der kriegerischen Gesinnung erfüllt werden.

Massenkristalle

Als Massenkristalle bezeichne ich kleine, rigide Gruppen von Menschen, fest abgegrenzt und von großer Beständigkeit, die dazu dienen, Massen auszulösen. Es ist wichtig, daß diese Gruppen überschaubar sind, daß man sie mit einem Blick umfaßt. Auf ihre *Einheit* kommt es viel mehr an als auf ihre Größe. Ihre Verrichtung muß vertraut sein, man muß wissen, wozu sie da sind. Ein Zweifel an ihrer Funktion würde ihnen jeden Sinn nehmen; am besten ist es, sie bleiben sich immer gleich. Sie sollen nicht zu verwechseln sein. Eine Uniform oder ein bestimmtes Verrichtungslokal kommt ihnen sehr zustatten.

Der Massenkristall ist *beständig*. Er verändert nie seine Größe. Seine Angehörigen sind auf ihre Verrichtung oder Gesinnung eingeübt. Sie können verteilte Funktionen haben wie in einem Orchester, aber es ist wichtig, daß sie als Ganzes in Erscheinung treten. Wer sie sieht oder erlebt, muß zu allererst spüren, daß sie nie auseinanderfallen werden. Ihr Leben außerhalb des Kristalles zählt nicht. Selbst wo es sich um einen Beruf handelt, wie im Falle der Orchestermusiker, wird man an ihre private Existenz nie denken, sie sind das Orchester. In anderen Fällen sind sie uniformiert, man sieht sie nur so beisammen. Sie sind ganz andere Menschen, sobald sie die Uniform abgelegt haben. Soldaten und Mönche kann man als die wichtigste Form dieser Art bezeichnen. Hier drückt die Uniform aus, daß die Angehörigen eines Kristalls zusammen *hausen*; selbst wenn sie einzeln auftreten, denkt man immer an die feste Einheit, in die sie gehören, das Kloster oder die Truppenabteilung.

Die Klarheit, Isoliertheit und Konstanz des Kristalls sticht von den aufgeregten Vorgängen in der Masse selbst unheimlich ab. Der Prozeß raschen und unkontrollierbaren Wachstums und die Bedrohung durch Zerfall, die beide der Masse ihre eigentümliche Unruhe verleihen, sind innerhalb des Kristalls nicht wirksam. Auch in der größten Erregung hebt er sich immer von ihr ab. Zu welcher Masse immer er Veranlassung gibt und wie sehr er scheinbar in ihr aufgehen mag, er wird das Gefühl seiner Eigenheit nie ganz verlieren und sich nach ihrem Zerfall sofort wieder zusammenfinden.

Die *geschlossene* Masse unterscheidet sich vom Kristall nicht nur durch ihren größeren Umfang, sie hat auch ein spontaneres Gefühl von sich und kann sich keine ernsthafte Verteilung von Funktionen erlauben. Sie hat mit dem Kristall eigentlich kaum mehr als Begrenztheit und reguläre Wiederholung gemein. Aber am Kristall ist alles Grenze; jeder einzelne, der dazu gehört, ist als Grenze konstituiert. Der geschlossenen Masse dagegen wird ganz zuäußerst eine Grenze gesetzt, etwa in der Form und Größe des Gebäudes, in dem sie sich versammelt. Innerhalb dieser Grenze, dort, wo jeder, der ihr zugehört, an die anderen stößt, bleibt sie flüssig, und Überraschungen, ein plötzlich und unerwartet geändertes Verhalten, sind darum jederzeit möglich. Immer, auch in dieser begrenzten Verfassung, kann sie einen Grad von Dichte und Intensität erreichen, der zu ihrem Ausbruch führt. Der Massenkristall dagegen ist statisch durch und durch. Die Art seiner Aktivität ist ihm vorgeschrieben. Er ist sich jeder Äußerung oder Bewegung genau bewußt.

Auch die *historische* Permanenz des Massenkristalls ist erstaunlich. Zwar bilden sich immer neue Formen aus, aber die alten in ihrem Eigensinn bleiben daneben bestehen. Sie mögen zeitweilig in den Hintergrund treten und an Schärfe und Unentbehrlichkeit verlieren. Die Massen, die zu ihnen gehörten, sind vielleicht abgestorben oder man hat sie ganz unterdrückt. Als harmlose Gruppen, ohne irgend etwas nach außen zu bewirken, leben die Kristalle dann für sich weiter. Kleine Gruppen religiöser Gemeinschaften bleiben in Ländern bestehen, die im ganzen ihren Glauben gewechselt haben. Der Augenblick, da sie gebraucht werden, kommt so sicher wieder, wie es neuartige Massen gibt, zu deren Erregung und Auslösung sie sich eignen mögen. Alle erstarrten Ruhestands-Gruppen dieser Art können hervorgezogen und reaktiviert werden. Man kann sie neu beleben und mit geringfügigen Änderungen ihrer Konstitution als Massenkristall wieder einsetzen. Es gibt kaum eine politische Umwälzung größerer Art, die sich nicht solcher alten, abgesetzten Gruppen erinnert, sie packt, galvanisiert und mit solcher Intensität verwendet, daß sie als etwas vollkommen Neues und gefährlich Aktives erscheinen.

Man wird später sehen, wie Massenkristalle im einzelnen funktionieren. Auf welche Weise sie wirklich Massen auslösen, läßt sich nur an konkreten Fällen zeigen. Kristalle sind unterschiedlich konstituiert und führen darum zu ganz verschiedenen Massen. Man wird – beinahe unmerklich – im Laufe dieser Untersuchung mit einer Reihe von ihnen Bekanntschaft schließen.

Massensymbole

Kollektive Einheiten, die nicht aus Menschen bestehen und dennoch als Massen empfunden werden, bezeichne ich als *Massensymbole*. Solche Einheiten sind das Korn und der Wald, der Regen, der Wind, der Sand, das Meer und das Feuer. Jedes dieser Phänomene enthält in sich ganz wesentliche Eigenschaften der Masse. Obschon es nicht aus Menschen besteht, gemahnt es an Masse und tritt für sie in Mythus und Traum, Rede und Lied symbolisch ein.

Es ist geraten, diese Symbole von den *Kristallen* scharf und unmißverständlich abzugrenzen. Massenkristalle präsentieren sich als eine Gruppe von Menschen, die durch ihren Zusammenhalt und ihre Einheit auffallen. Sie werden als Einheit gedacht und als Einheit erlebt, aber immer setzen sie sich aus wirklich agierenden Menschen zusammen – Soldaten, Mönchen, einem ganzen Orchester. Die Massensymbole dagegen sind selbst nie Menschen und werden als Masse nur *empfunden*.

Ihre eingehende Behandlung mag auf den ersten Blick als dem Gegenstande unangemessen erscheinen. Aber man wird sehen, daß es so möglich ist, sich der Masse selbst auf eine neue und ertragreiche Weise zu nähern. Es ist ein natürliches Licht, das durch die Betrachtung ihrer Symbole auf sie fällt; man täte unklug daran, sich diesem Licht zu verschließen.

Feuer

Über das Feuer wäre vorerst zu sagen, daß es sich überall gleicht: ob es klein oder groß ist, hier oder dort entsteht, ob es lang oder kurz dauert, für unsere Vorstellung hat es immer etwas Gleiches, das unabhängig von seinen Gelegenheiten ist. Das Bild des Feuers ist uns wie ein Brandmal, kräftig, unauslöschlich und bestimmt.

Das Feuer greift um sich; es ist ansteckend und unersättlich. Die Heftigkeit, mit der es ganze Wälder und Steppen, ganze Städte erfaßt, gehört zu seinen eindrucksvollsten Eigenschaften. Bevor es ausbrach, stand Baum neben Baum, Haus neben Haus, jedes vom anderen getrennt, einzeln für sich da. Was aber gesondert war, wird vom Feuer in kürzester Zeit verbunden. Die isolierten und unterschiedlichen Gegenstände gehen alle in gleichen Flammen auf. Sie werden so sehr gleich, daß sie ganz verschwinden: Häuser, Geschöpfe, alles wird vom Feuer gepackt. Es ist ansteckend: Die Widerstandslosigkeit gegen Berührung durch die Flammen ist immer wieder erstaunlich. Je mehr Leben etwas in sich hat, um so weniger kann es sich dagegen wehren; nur das Lebloseste, die Mineralien, sind dem Feuer gewachsen. Seine rapide Rücksichtslosigkeit kennt keine Grenzen. Es will alles enthalten, es hat nie genug.

Das Feuer kann überall entstehen: seine Plötzlichkeit. Es überrascht niemand, daß da und dort ein Brand ausgebrochen ist, auf ein Feuer ist man überall gefaßt. Die Plötzlichkeit daran ist aber immer eindrucksvoll, und man wird nach den Ursachen forschen. Daß sie oft nicht zu finden sind, trägt bei zum ehrfürchtigen Gefühl, das sich mit der Vorstellung vom Feuer verbindet. Es hat eine geheime Allgegenwärtigkeit, jederzeit und überall kann sie sichtbar werden.

Das Feuer ist vielfach. Nicht nur ist man sich immer dessen bewußt, daß es an vielen, an unzähligen Orten Feuer gibt, es ist auch das einzelne Feuer vielfach: man spricht von Flammen und von Zungen. In den Veden wird das Feuer als ›der eine Agni, der vielfach Entflammte‹ bezeichnet.

Das Feuer ist zerstörend; es kann bekämpft und gezähmt werden; es erlischt. Es hat einen elementaren Gegner, das Wasser, das sich ihm in Gestalt von Flüssen und Wolkenbrüchen entgegenstellt. Dieser Gegner war immer da, mit all seinen mannigfachen Eigenschaften ist er dem Feuer ebenbürtig. Ihre Feindschaft ist sprichwörtlich, ›Feuer und Wasser‹ ist der Ausdruck für Feindschaft der extremsten und unversöhnlichsten Art. In den alten Vorstellungen vom Ende der Welt ist entweder das eine oder das andere siegreich. Die Sintflut läßt alles Leben in Wasser enden. Der Weltbrand zerstört die Welt durch Feuer. Manchmal erscheinen sie beide, aneinander gemäßigt, in ein und derselben Mythologie. Doch der Mensch in dieser zeitlichen Existenz hat das Feuer zu beherrschen gelernt. Nicht nur vermag er immer wieder Wasser dagegen ins Treffen zu führen, es ist ihm auch gelungen, das Feuer zerspalten aufzubewahren. In Herden und Öfen hält er es gefangen. Er nährt es, wie man ein Tier nährt; er kann es verhungern lassen; er kann es ersticken. Damit ist die letzte wichtige Eigenschaft des Feuers schon angedeutet: es wird so behandelt, als ob es lebte. Es hat ein unruhiges Leben, und es erlischt. Wenn es hier ganz erstickt wird – an anderen Orten lebt es weiter.

Faßt man diese einzelnen Züge des Feuers zusammen, so ergibt sich ein überraschendes Bild: Es ist sich überall gleich; es greift rapid um sich; es ist ansteckend und unersättlich; es kann überall entstehen, sehr plötzlich; es ist vielfach; es ist zerstörend; es hat einen Feind; es erlischt: es wirkt, als ob es lebte, und wird so behandelt. Alle diese Eigenschaften sind die der *Masse,* eine genauere Zusammenfassung ihrer Attribute ließe sich schwer geben. Man gehe sie der Reihe nach durch: Die Masse ist sich überall gleich; in den verschiedensten Zeitaltern und Kulturen, unter Menschen aller Herkunft, Sprache und Erziehung ist sie im wesentlichen dieselbe. Wo sie einmal entstanden ist, greift sie mit der größten Heftigkeit um sich. Ihrer Ansteckung können wenige widerstehen, sie will immer weiterwachsen, von innen sind ihr keine Grenzen gesetzt. Sie kann überall entstehen, wo Menschen beisammen sind, ihre Spontaneität und Plötzlichkeit sind unheimlich. Sie ist vielfach und hängt doch zusammen, unzählige Menschen machen sie aus, und man weiß nie genau wie viele. Die Masse kann zerstörend sein. Sie wird gedämpft und gezähmt. Sie sucht sich einen Feind. Sie erlischt so plötzlich, wie sie entsteht, oft ebenso unerklärlich; und selbstverständlich hat sie ihr eigenes unruhig-heftiges Leben. Diese Ähnlichkeiten zwischen Feuer und Masse haben zu ihrer engen Verquickung geführt. Sie gehen ineinander über, sie können füreinander stehen. Unter den Massensymbolen, die in der Geschichte der Menschheit immer wirksam waren, ist das Feuer eines der wichtigsten und wandelbarsten. Es ist notwendig, auf einige dieser Beziehungen zwischen Feuer und Masse einzugehen.

Unter den gefährlichen Zügen der Masse, die immer wieder hervorgehoben werden, ist am auffallendsten die Neigung zu Brandstiftungen. Diese Neigung hat eine wichtige Wurzel im *Waldbrand.* Der Wald, selber ein uraltes Massensymbol, wird von den Menschen oft angezündet, um Platz für Siedlungen zu schaffen. Es läßt sich mit gutem Grund annehmen, daß die Menschen durch Waldbrände mit dem Feuer umzugehen lernten. Zwischen Wald und Feuer besteht eine einleuchtende, urgeschichtliche Verbindung. Die Äcker stehen später auf den Plätzen niedergebrannter Wälder, und wenn die Äcker vergrößert werden sollten, mußte immer wieder Wald gerodet werden.

Die Tiere *fliehen* aus dem brennenden Wald. Massenangst ist die natürliche, man möchte sagen ewige Reaktion der Tiere auf große Feuer, und es war einmal auch die Reaktion des Menschen. Dieser aber hat sich des Feuers bemächtigt, er hält den Brand in seiner Hand, und er muß ihn nicht fürchten. Über die alte Angst hat sich seine neue Macht gelagert, und beide sind ein erstaunliches Bündnis eingegangen.

Die Masse, die vor dem Feuer früher davonjagte, fühlt sich jetzt auf das stärkste von ihm angezogen. Man kennt die magische Wirkung von Bränden auf Menschen aller Art. Sie begnügen sich nicht mit Herden und Öfen, die jede Wohngruppe privat für sich hält; sie wollen ein weithin sichtbares Feuer, das sie umringen, bei dem sie alle zusammen sein können. Eine merkwürdige Verkehrung der alten Massenangst gebietet ihnen, an den Schauplatz des Brandes zu eilen, wenn er nur groß genug ist, und dort spüren sie etwas von der leuchtenden Wärme, die sie früher einte. In friedlichen Zeiten haben sie dieses Erlebnis oft lange zu entbehren. Es gehört zu den stärksten Instinkten der Masse, sobald sie sich gebildet hat, sich das Feuer selbst zu schaffen und seine Anziehung für ihr eigenes Wachstum in Anspruch zu nehmen.

Einen kleinen Überrest dieser wichtigen, alten Zusammenhänge trägt heute jeder Mensch in der Tasche herum: die Zündholzschachtel. Sie stellt, schön gleichmäßig, einen Wald von einzelnen Stämmen vor, jeder mit einem brennbaren Haupt versehen. Man könnte mehrere oder alle zusammen anzünden und so einen Waldbrand künstlich erzeugen. Man mag sich dazu versucht fühlen, aber man tut es gewöhnlich nicht, weil das winzige Format eines solchen Vorganges ihm alles von seinem alten Glanze nehmen würde.

Die Anziehung des Feuers kann aber noch viel weiter gehen. Nicht nur rennen die Menschen hin und umringen es, es gibt alte Bräuche, in denen sie sich dem Feuer geradezu gleichsetzen. Eines der schönsten Beispiele dafür ist der berühmte Feuertanz der *Navajo*-Indianer.

›Die Navajos von Neu-Mexiko bereiten ein riesiges Feuer vor, um das sie die ganze Nacht herumtanzen. Zwischen Untergang und Aufgang der Sonne werden elf bestimmte Akte dargestellt. Sobald die Scheibe der Sonne verschwunden ist, tanzen die Veranstalter wild in die Lichtung. Sie sind fast nackt und mit Farbe beschmiert, ihr langes Haar lassen sie frei um sich herumwirbeln. Sie tragen Tanzstäbe mit Federbüscheln am Ende, in wilden Sprüngen nähern sie sich den hohen Flammen. Diese Indianer tanzen mit ungeschickter Zurückhaltung, halb kauernd, halb kriechend. In Wirklichkeit ist das Feuer so heiß, daß die Darsteller sich am Boden winden müssen, um nahe genug ans

Feuer heranzukommen. Sie wollen die Federn am Ende ihrer Tanzstäbe in Brand versetzen. Eine Scheibe, die die Sonne vorstellt, wird in die Höhe gehalten, um diese wird das wilde Tanzen fortgesetzt. Jedesmal, wenn die Scheibe gesenkt und wieder erhöht wird, beginnt ein neuer Tanz. Gegen Sonnenaufgang nähern sich die heiligen Zeremonien ihrem Ende. Weißbeschmierte Männer gehen vor und entzünden leichte Rindenstücke an der sterbenden Glut, dann springen sie wieder in einer wilden Jagd ums Feuer herum und werfen sich Funken, Rauch und Flammen ganz über den Leib. Sie springen tatsächlich mitten in der Glut herum und verlassen sich auf den weißen Ton, der sie vor ernsteren Verbrennungen schützen soll.‹

Sie tanzen das Feuer selbst, sie werden zu Feuer. Ihre Bewegungen sind die von Flammen. Was sie in den Händen halten und entzünden, soll so aussehen, als brennten sie selbst. Zum Schluß sprühen sie aus der glimmenden Asche die letzten Funken, bis die Sonne aufgeht, die das Feuer von ihnen übernimmt, die Sonne, von der sie es bei ihrem Untergang übernommen haben.

Hier also ist das Feuer noch lebendige Masse. So wie andere Indianer im Tanze zu Büffeln werden, spielen diese im Tanze das Feuer. Für Spätere wird das lebendige Feuer, in das die Navajos sich verwandeln, zu einem bloßen Massensymbol.

Es ist möglich, für jedes Massensymbol, das man erkennt, die konkrete Masse zu finden, aus der es sich nährt. Auf Vermutung allein ist man hier nicht angewiesen. Die Neigung der Menschen, zu Feuer zu werden, dieses alte Symbol zu reaktivieren, ist auch in späteren, komplexeren Kulturen stark. Belagerte Städte, die keine Hoffnung auf Entsatz mehr haben, zünden sich oft selber an. Könige mit ihrem Hofstaat, aussichtslos bedrängt, verbrennen sich. Beispiele dafür finden sich in den alten Kulturen des Mittelmeers so gut wie bei Indern und Chinesen. Das Mittelalter, das an ein Höllenfeuer glaubt, begnügt sich mit einzelnen Ketzern, die statt des ganzen versammelten Publikums brennen: Es schickt sozusagen seine Repräsentanten in die Hölle ab und sieht zu, daß sie auch wirklich brennen. Eine Analyse der Bedeutung, die das Feuer in verschiedenen Religionen angenommen hat, wäre von größtem Interesse. Sie hätte aber nur Wert, wenn sie ausführlich wäre, und muß darum für später aufgehoben werden.

Wohl aber scheint es richtig, schon hier auf die Bedeutung von *impulsiven Brandstiftungen* für den einzelnen einzugehen, der sie begeht; den einzelnen, der wirklich isoliert ist und nicht in den Kreis einer religiösen oder politischen Überzeugung gehört.

Kräpelin schildert den Fall einer einsamen, älteren Frau, die in ihrem Leben etwa 20 Brandstiftungen verübt hat, die ersten als kleines Kind. Sie wird sechsmal wegen Brandstiftung angeklagt und verbringt über 24 Jahre ihres Lebens im Zuchthaus. »Wenn nur dies oder jenes abbrennen würde«, denkt sie sich, es ist eine fixe Idee. Besonders wenn sie Streichhölzer in der Tasche hat, treibt es sie dazu wie eine unsichtbare Gewalt. Es liegt ihr daran, dem Feuer zuzuschauen, aber sie *gesteht* auch gern, und zwar sehr ausführlich. Sie muß schon früh das Feuer als ein Mittel zur Anlockung von Menschen erlebt haben. Wahrscheinlich war der Auflauf um einen Brand ihr erster Eindruck von Masse. Das Feuer kann dann leicht für die Masse selber stehen. Zu Bezichtigung und Selbstbezichtigung treibt sie das Gefühl, alles schaue nach ihr. Das will sie, sie wird dadurch selbst zu dem Feuer, das man anschaut. Ihre Beziehung zur Brandstiftung hat also einen doppelten Charakter. Einmal will sie ein Teil der Masse sein, die das Feuer anstarrt. Es ist in aller Augen zugleich, es vereinigt diese Augen unter *einem* mächtigen Zwang. Sie hat, wegen ihrer elenden Vorgeschichte, die sie von frühauf isoliert hat, überhaupt keine Gelegenheit, in eine Masse zu geraten, schon gar nicht während der endlosen Gefängniszeiten. Dann, wenn dieser erste Vorgang des Brandes abgelaufen ist und die Masse ihr wieder zu entschwinden droht, erhält sie sie am Leben, indem sie sich plötzlich selbst in das Feuer verwandelt. Das geschieht auf eine sehr einfache Weise: sie gesteht die Brandstiftung. Je ausführlicher ihre Erzählung ist, je mehr sie darüber zu sagen hat, um so länger wird sie angestarrt, um so länger ist sie selbst das Feuer.

Fälle dieser Art sind nicht ganz so selten, wie man meint. Auch wenn sie nicht immer so extrem sind – sie erbringen, vom isolierten Individuum aus gesehen, den unwiderleglichen Beweis für den Zusammenhang zwischen Masse und Feuer.

Meer

Das Meer ist vielfach, es ist in Bewegung, es hat seinen dichten Zusammenhang. Sein Vielfaches sind seine Wellen, sie machen es aus. Sie sind unzählbar; wer sich auf dem Meere befindet, ist überall von ihnen umgeben. Die Gleichartigkeit ihrer Bewegung schließt Größenunterschiede unter ihnen nicht aus. Sie sind nie ganz in Ruhe. Der Wind, der von außen kommt, bestimmt ihre Richtung; sie schlagen sich da- oder dorthin, je nach seinem Befehl. Der dichte Zusammenhang der Wellen drückt etwas aus, das auch die Menschen in einer Masse sehr wohl fühlen: eine Nachgiebigkeit gegen die anderen, als wäre man *sie*, als wäre man nicht mehr abgegrenzt für sich, eine Abhängigkeit, aus der es kein Entrinnen gibt, und ein Kraftgefühl, einen Schwung, den sie einem eben dadurch alle gemeinsam geben. Die eigentümliche Art dieses Zusammenhangs bei den Menschen ist unbekannt. Auch das Meer erklärt ihn nicht, aber es drückt ihn aus.

Außer den Wellen gibt es aber noch ein Vielfaches, das zum Meere gehört: die *Tropfen*. Sie allerdings sind isoliert, sie sind nur Tropfen, wenn sie untereinander nicht zusammenhängen, ihre Kleinheit und Vereinzeltheit hat etwas Ohnmächtiges. Sie sind beinahe nichts und wecken ein Gefühl von Mitleid im Betrachter. Man tauche die Hand ins Wasser, hebe sie hoch und betrachte die Tropfen, die einzeln und schwach an ihr herunterrinnen. Das Mitleid, das man für sie fühlt, ist so, als wären sie hoffnungslos abgesonderte Menschen. Die Tropfen *zählen* erst wieder, wenn man sie nicht mehr zählen kann, wenn sie im großen und im ganzen wieder aufgegangen sind.

Das Meer hat eine *Stimme*, die sehr veränderlich ist und die man immer hört. Es ist eine Stimme, die nach tausend Stimmen tönt. Man traut ihr vieles zu, Geduld, Schmerz und Zorn. Aber am eindrucksvollsten an dieser Stimme ist ihre Zähigkeit. Das Meer schläft nie. Man hört es immer, bei Tag, bei Nacht, durch Jahre, Jahrzehnte; man weiß, daß es vor Jahrhunderten schon gehört wurde. In seiner Wucht wie in seinem Aufbegehren erinnert es an ein einziges Geschöpf, das diese Eigenschaften im selben Umfang mit ihm teilt, die Masse. Aber es hat auch die Konstanz, die dieser abgeht. Es versickert und verschwindet nicht von Zeit zu Zeit, es ist immer da. Den größten und immer noch vergeblichen Wunsch der Masse, den Wunsch *bestehenzubleiben*, stellt es als ein bereits Erfülltes dar.

Das Meer ist allumfassend und unerfüllbar. Alle Flüsse, Ströme, Wolken, jede Art von Gewässer der Erde könnten sich ins Meer ergießen, es würde darum nicht wirklich zunehmen; es hätte sich nicht verändert, immer hätte man das Gefühl, es ist dasselbe Meer. Es ist also so groß, daß es der Masse, die immer größer werden will, als

Vorbild dienen kann. So groß wie das Meer möchte die Masse werden, und um das zu erreichen, zieht sie mehr und mehr Menschen an. Im Worte *Ozean* hat das Meer etwas wie seine feierlichste Würde erlangt. Der Ozean ist universal, er ist es, der überall hinlangt, der jedes Land bespült, er ist es, auf dem die Erde nach alter Vorstellung schwimmt. Wäre das Meer nicht unerfüllbar, die Masse hätte kein Bild für ihre eigene Unersättlichkeit. Sie könnte sich ihres tiefsten und dunkelsten Triebes, mehr und mehr Menschen anzuziehen, nie so sehr bewußt werden. Der Ozean aber, der ihr natürlich vor Augen steht, gibt ihr ein mythisches Recht zu ihrem unbezwingbaren Drang auf Universalität.

Das Meer ist zwar wandelbar in seinen Affekten, es kann beschwichtigen und drohen, es kann in Stürme ausbrechen, aber es ist immer da. Man weiß, wo es ist, seine Lage hat etwas Offenes, Unverdecktes. Es entsteht nicht auf einmal, wo zuvor nichts war. Das Geheimnisvolle und Plötzliche des Feuers geht ihm ab; wie aus dem Nichts springt einen dieses an, ein reißendes Tier, und ist so auch überall zu erwarten. Das Meer ist nur dort zu erwarten, wo man es sicher weiß.

Man kann aber darum nicht sagen, daß es ohne Geheimnis ist. Sein Geheimnis liegt nicht in seiner Plötzlichkeit, es liegt in seinem Gehalt. Das massenhafte Leben, von dem es erfüllt ist, gehört zum Meere so gut wie seine offene Konstanz. So wird das Großartige dieses Gebildes noch durch den Gedanken an seinen Gehalt erhöht: alle Gewächse, alle Tiere, die es in ungeheuren Mengen birgt.

Das Meer hat keine inneren Grenzen und ist in keine Völker und Gebiete abgeteilt. Es hat *eine* Sprache, und sie ist überall dieselbe. Es gibt sozusagen keinen Menschen, der sich von ihm ausschließen ließe. Es ist zu umfassend, als daß es einer der uns bekannten Massen genau entspräche. Aber es ist das Vorbild einer in sich gestillten Humanität, in die alles Leben mündet und die alles enthält.

Regen

Überall, und besonders dort, wo er selten ist, wird der *Regen*, bevor er fällt, als Einheit empfunden. Als Wolke zieht er heran und bedeckt erst den Himmel, es wird dunkel, bevor es regnet, alles hüllt sich in Grau. Von jenem Augenblick, da der Regen sicher erscheint, hat man vielleicht ein einheitlicheres Bewußtsein als vom Vorgang selbst. Denn man wünscht ihn oft sehr herbei, es kann zur Lebensfrage werden, daß

Regen fällt. Er läßt sich nicht immer leicht erbitten, und mit Zaubern hilft man nach; es gibt zahlreiche und recht verschiedenartige Methoden, ihn anzulocken.

Der Regen fällt in vielen Tropfen. Man sieht sie und man sieht ganz besonders ihre Richtung. In allen Sprachen spricht man davon, daß er fällt. Man sieht den Regen in vielen parallelen Strichen, durch die Zahl der fallenden Tropfen wird die Einheit ihrer Richtung betont. Es gibt keine Richtung, die dem Menschen mehr Eindruck macht als die des Falles; alle anderen haben, damit verglichen, etwas Abgeleitetes, Sekundäres. Der Fall ist, was man von frühauf am meisten fürchtet und wogegen man im Leben zuerst gewappnet wird. Man lernt, sich davor zu hüten; ein Versagen hier ist von einem gewissen Alter ab lächerlich oder gefährlich. Der Regen ist, im Gegensatz zum Menschen, das, was fallen *soll.* Nichts fällt so häufig und vielfach wie der Regen.

Es ist möglich, daß die Zahl der Tropfen dem Fall ein weniges von seiner Schwere und Härte nehmen. Man hört sie aufschlagen, es ist ein angenehmes Geräusch. Man fühlt sie auf der Haut, es ist ein angenehmes Gefühl. Vielleicht ist es nicht unwichtig, daß zumindest drei Sinne am Erleben des Regens beteiligt sind: Gesicht, Gehör und Gefühl. Alle diese Sinne nehmen ihn als Vielfalt auf. Es ist leicht, sich vor ihm zu schützen. Er ist selten wirklich bedrohlich und faßt den Menschen meist auf eine wohltuend dichte Weise ein.

Man empfindet den Aufschlag der Tropfen als gleichartig. Das Parallele der Striche, die Ähnlichkeit des Geräusches, dasselbe Gefühl der Nässe, das jeder Tropfen auf der Haut hervorruft – alles ist dazu angetan, die Gleichheit der Tropfen zu betonen.

Der Regen kann heftiger oder leichter werden, seine Dichte wechselt. Die Zahl seiner Tropfen ist großen Schwankungen unterworfen. Es ist keineswegs so, daß man mit seiner kontinuierlichen Zunahme rechnet; man weiß im Gegenteil, daß er ein Ende hat, und dieses Ende bedeutet, daß seine Tropfen spurlos in der Erde versickern.

Soweit der Regen zum Massensymbol geworden ist, bezeichnet er nicht die Phase rasender und unbeirrbarer Zunahme, für die das *Feuer* steht. Er hat nichts von der Konstanz und nur manchmal etwas von der Unerschöpflichkeit des *Meeres.* Der Regen ist die Masse im Augenblick ihrer Entladung, und er bezeichnet auch ihren Zerfall. Die Wolken, denen er entstammt, geben sich im Regen auf; die Tropfen fallen, weil sie nicht mehr beisammenbleiben können, und es ist noch unklar, ob und wie sie später wieder zueinanderfinden werden.

Der Fluß

Das Auffallendste am Fluß ist seine Richtung. Er bewegt sich zwischen ruhenden Ufern, an ihnen ist sein Vorüberziehen unaufhörlich sichtbar. Die Ruhelosigkeit seiner Wassermassen, die sich ununterbrochen folgen, solange der Fluß überhaupt Fluß ist, das Entschiedene in der Gesamtrichtung, selbst wenn sie sich im einzelnen ändert, die Entschlossenheit aufs Meer hin, das Aufnehmen von anderen, kleineren Flüssen – alles das hat unleugbaren Massencharakter. Der Fluß ist denn auch ein Symbol für sie geworden, aber nicht so sehr für die Masse überhaupt, als für einzelne ihrer Erscheinungsformen. Die Begrenzung der Breite, in der er nicht unaufhörlich und unerwartet zunehmen kann, macht, daß der Fluß als Massensymbol immer etwas Vorläufiges behält. Er steht für Prozessionen; die Menschen, die von den Straßenseiten aus zuschauen, sind wie Bäume an Ufern, das Feste nimmt das Fließende ein. Demonstrationen in großen Städten haben einen ähnlichen Flußcharakter. Aus den verschiedenen Bezirken kommen Zuflüsse, bis der eigentliche Hauptstrom sich gebildet hat. Die Flüsse sind besonders ein Symbol für die Zeit, in der sich die Masse bildet, die Zeit, in der sie noch nicht erreicht hat, was sie erreichen wird. Es fehlt dem Flusse das Umsichgreifen des Feuers und die Universalität des Meeres. Aber dafür ist die Richtung auf die Spitze getrieben, und da immer mehr nachkommt, ist sie sozusagen von Anfang an da, eine Richtung, die unerschöpflich scheint und die man in ihrer Herkunft vielleicht noch ernster nimmt als in ihrem Ziel.

Der Fluß ist die Masse in ihrer *Eitelkeit,* die Masse, die sich darstellt. Das Element des Gesehenwerdens ist nicht weniger bedeutend als die Richtung. Ohne Ufer kein Fluß, das Spalier der Gewächse ist wie das der Menschen. Er hat – man möchte sagen – eine Haut, die gesehen sein will. Alle flußartigen Gebilde – wie Prozessionen und Demonstrationen – zeigen möglichst viel von ihrer Oberfläche: sie dehnen sich, solange sie nur können, sie bieten sich möglichst vielen Zuschauern dar. Sie wollen bewundert oder gefürchtet sein. Ihr unmittelbares Ziel ist nicht wirklich wichtig, wichtig ist die Größe der Entfernung, die sie von ihm trennt, die Länge der Straßen, über die sie sich erstrecken. Was aber die Dichte unter den Teilnehmern anlangt, so hat sie keinen allzu verbindlichen Charakter. Sie ist größer unter den Zuschauern, und eine besondere Art von Dichte entsteht zwischen Teilnehmern und Zuschauern. Sie hat etwas von einer Liebesannäherung zwischen zwei sehr langen Geschöpfen, von denen das eine das andere eingefaßt hält und langsam und zärtlich durch sich hindurchgleiten läßt. Das Wachstum erfolgt von der Quelle her, aber durch räumlich genau vorbestimmte Zuflüsse.

Die Gleichheit der Tropfen ist im Flusse selbstverständlich, aber er trägt allerhand sehr Unterschiedliches mit, und was er trägt, ist für sein Aussehen bestimmender und wichtiger als etwa die Lasten des Meeres, die auf seiner riesigen Oberfläche verschwinden.

Man wird, wenn man alles zusammenfaßt, den Fluß nur mit Einschränkung als Massensymbol bezeichnen können. Er ist es auf eine ganz andere Weise als Feuer, Meer, Wald oder Korn. Er ist Symbol eines noch beherrschten Zustandes, *vor* dem Ausbruch und *vor* der Entladung, ihre Drohung mehr als ihre Wirklichkeit: er ist das Symbol der *langsamen* Masse.

Wald

Der Wald ist *über* dem Menschen. Er mag verschlossen sein und mit allerhand Gestrüpp verwachsen; man mag Mühe haben, in ihn hineinzugelangen, und noch mehr, in ihm fortzukommen. Aber seine eigentliche Dichte, das, was ihn wirklich ausmacht, sein Laub, ist *oben*. Es ist das Laub der einzelnen Stämme, das ineinandergreift und ein zusammenhängendes Dach bildet, es ist das Laub, das so viel vom Lichte abhält und den großen, gemeinsamen Waldschatten wirft.

Der Mensch, der aufrecht ist wie ein Baum, reiht sich den anderen Bäumen ein. Aber sie sind viel größer als er, und er muß zu ihnen aufschauen. Es gibt kein anderes natürliches Phänomen seiner Umgebung, das so beständig über ihm ist und zugleich so nahe und so vielfach. Denn Wolken ziehen weiter, Regen versickert und die Sterne sind weit. Von all diesen Phänomenen, die in ihrer Vielfalt von oben her wirken, eignet keinem die immerwährende Nähe des Waldes. Die Höhe der Bäume ist erreichbar; man erklettert sie, man holt Früchte herunter; man hat oben gelebt.

Die Richtung, in die er die Augen des Menschen zieht, ist die seiner eigenen Veränderung: Der Wald wächst stetig nach oben weiter. Die Gleichheit der Stämme ist eine ungefähre, auch sie ist eigentlich eine

Gleichheit der Richtung. Wer einmal im Walde ist, fühlt sich geborgen; er ist nicht an seiner Spitze, wo er weiterwächst, auch nicht am Orte seiner größten Dichte. Eben diese Dichte ist sein Schutz, und der Schutz ist oben. So ist der Wald zum Vorbild der *Andacht* geworden. Er zwingt den Menschen aufzuschauen, dankbar für seinen überlegenen Schutz. Das Hinaufschauen an vielen Stämmen wird zu einem Aufschauen überhaupt. Der Wald baut dem Kirchengefühl vor, dem Stehen vor Gott unter Säulen und Pfeilern. Sein gleichmäßigster und darum vollkommenster Ausdruck ist die Wölbung des Doms, alle Stämme in eine höchste und untrennbare Einheit verflochten.

Ein anderer und nicht weniger wichtiger Aspekt des Waldes ist seine vielfache Unverrückbarkeit. Jeder einzelne Stamm ist festgewurzelt und gibt keiner Drohung von außen nach. Sein Widerstand ist absolut, er weicht nicht von der Stelle. Er kann gefällt, aber nicht verrückt werden. So ist er zum Symbol des *Heeres* geworden: ein Heer in Aufstellung, ein Heer, das unter keinen Umständen flieht; das sich bis zum letzten Mann in Stücke hauen läßt, bevor es einen Fußbreit Boden aufgibt.

Korn

Das Korn ist auf mehr als eine Weise ein reduzierter Wald. Es wächst, wo früher Wald stand, es wird nie so hoch wie dieser. Es ist ganz in der Macht des Menschen und sein Werk. Er sät, er schneidet es; in alten Riten tut er das seine dazu, daß es wächst. Es ist biegsam wie die Gräser, dem Einfluß aller Winde ausgesetzt. Alle Halme zusammen geben der Regung des Windes nach, das ganze Feld biegt sich auf einmal. In Stürmen wird es ganz niedergeschlagen und bleibt dann lange so liegen. Aber es hat die geheimnisvolle Fähigkeit, sich wieder aufzurichten, und wenn es nicht gar zu arg hergenommen wurde, steht es plötzlich wieder da, das ganze Feld. Die vollen Ähren sind wie schwere Häupter; sie nicken einem zu oder sie wenden sich ab, je nachdem wie der Wind weht.

Das Korn ist gewöhnlich weniger hoch als der Mensch. Aber er bleibt immer der Herr des Korns, auch wenn es ihm über den Kopf gewachsen ist. Es wird zusammen geschnitten, wie es zusammen gewachsen ist, wie es zusammen ausgesät wurde. Schon die Gräser, die der Mensch nicht für sich verwendet, bleiben immer beisammen. Aber um wieviel gemeinsamer ist das Schicksal des Korns, das gesät, geschnitten und eingeholt, gedroschen und aufbewahrt wird. Solange es wächst, bleibt es festgewurzelt; es kann nie von den anderen Halmen weg. Was immer geschieht, geschieht *allen* Halmen. So steht es dicht da, an Größe nicht unterschiedlicher als Menschen; in seiner Gesamtheit wirkt es immer etwa gleich groß. Sein Rhythmus, wenn es vom Winde erregt wird, ist wie der eines einfachen Tanzes.

Die Gleichheit des Menschen vor dem Tod wird gern im Bilde des Korns gesehen. Aber es fällt *zugleich* und erinnert darum an einen ganz bestimmten Tod: den gemeinsamen in der Schlacht, da ganze Reihen gelichtet werden: das Feld als Schlachtfeld.

Die Biegsamkeit wird zu seiner Unterwürfigkeit; es hat etwas von einer Ansammlung getreuer Untertanen, die einen Gedanken an Widerstand nie fassen könnten. In Gehorsam leicht erschauernd, empfänglich für jeden Befehl, so stehen sie da. Wenn der Feind über sie kommt, werden sie erbarmungslos niedergetrampelt.

Die Herkunft des Korns aus Haufen, dem Saatgut, ist so wichtig und bezeichnend wie die Haufen von Körnern, in die es schließlich mündet. Ob es sieben- oder hundertfältig trägt, die Haufen, in denen es gespeichert wird, sind um ein Vielfaches größer als die, von denen es seinen Ausgang nahm. Indem es wuchs und beisammenstand, hat es sich vermehrt, und diese Vermehrung ist sein Segen.

Wind

Seine Stärke wechselt und mit ihr seine Stimme. Er kann winseln oder heulen, leise, laut, es gibt wenige Töne, deren er nicht fähig ist. So wirkt er noch als etwas Lebendes, lange nachdem andere natürliche Phänomene ihre Belebtheit für den Menschen verloren haben. Außer seiner Stimme ist das auffallendste an ihm seine Richtung. Um ihn zu benennen, ist es wichtig zu wissen, woher er kommt. Da man ganz von Luft umgeben ist, wirken die Stöße, die man von ihm empfängt, sehr körperlich: Man fühlt sich ganz im Wind, er hat etwas Zusammenfassendes, im Sturm wirbelt er alles, was er erfaßt, zusammen vor sich her.

Er ist unsichtbar, aber die Bewegung, die er Wolken und Wellen, Blättern und Gräsern verleiht, bringt ihn zur Erscheinung, und diese ist vielfach. In den Hymnen des *Veda* treten die Sturmgötter, die *Maruts,* immer im Plural auf. Es gibt ihrer dreimal sieben oder dreimal sechzig. Sie sind Brüder von gleichem Alter, sie hausen am selben

Ort und sind am selben Ort geboren. Ihr Lärm ist der Donner und das Heulen des Windes. Sie erschüttern die Berge, stürzen Bäume um und verschlingen wie wilde Elefanten die Wälder. Oft heißen sie auch die ›Sänger‹: das Singen des Windes. Sie sind mächtig, wütend und schrecklich wie Löwen, aber auch munter und zum Spielen aufgelegt wie Kinder oder Kälber.

Die uralte Gleichsetzung von Atem und Wind beweist, wie konzentriert man ihn empfindet. Er hat die Dichte des Atems. Aber eben in seiner Unsichtbarkeit eignet er sich dazu, für unsichtbare Massen zu stehen. So wird er den *Geistern* geliehen, als Sturm kommen sie dahergebraust, das wilde Heer, oder es sind Geister auf der Flucht wie in jenem Gesicht des Eskimo-Schamanen.

Fahnen sind sichtbar gemachter Wind. Sie sind wie abgeschnittene Stücke von Wolken, näher und bunter, festgehalten und von gleichbleibender Form. Wirklich fallen sie auf in ihrer Bewegung. Die Völker, als vermöchten sie den Wind aufzuteilen, bedienen sich seiner, um die Luft über sich als die ihre zu bezeichnen.

Sand

Von den Eigenschaften des *Sandes*, die für diesen Zusammenhang wichtig sind, wären zwei besonders hervorzuheben. Da ist einmal die Kleinheit, die Gleichartigkeit seiner Teile. Es ist das eine einzige Eigenschaft, denn man empfindet die Körner des Sandes nur darum als gleichartig, weil sie so klein sind. Das zweite ist das Unendliche des Sandes. Er ist unabsehbar, es ist immer mehr da, als man mit den Augen aufnehmen kann. Wo er in geringen Haufen auftritt, beachtet man ihn nicht. Wirklich auffallend ist er, wo er unzählbar ist, als Meeresstrand und als Wüste.

Die unaufhörliche Bewegung des Sandes hat zur Folge, daß er zwischen den flüssigen und den festen Massensymbolen ungefähr die Mitte hält. Er bildet Wellen wie das Meer, er kann zu Wolken aufgewirbelt werden; *Staub* ist ein noch feinerer Sand. Ein bedeutender Zug ist die Drohung des Sandes, die Art, wie er sich dem einzelnen Menschen als etwas Aggressives und Feindliches entgegenstellt. Das Gleichförmige, Riesenhafte und Leblose der Wüste konfrontiert den Menschen mit einer kaum überwindlichen Macht: sie besteht aus unzähligen, gleichartigen Teilchen. Sie erstickt ihn wie das Meer, aber auf eine Weise, die heimtückischer ist, es dauert länger.

Die Beziehung des Menschen zum Wüstensand bereitet manche seiner späteren Haltungen vor, den Kampf, den er mit wachsender Macht gegen große Schwärme von ganz kleinen Feinden zu bestehen hat. Das Verdorrende des Sandes ist auf die Heuschrecken übergegangen. Der Mensch, der Pflanzen baut, fürchtet sie wie den Sand, was sie übriglassen, ist Wüste.

Es ist zu verwundern, daß der Sand je zu einem Symbol für Nachkommenschaft werden konnte. Aber die Tatsache, die von der Bibel her so gut bekannt ist, beweist, wie heftig der Wunsch nach ungeheuerlicher Vermehrung ist. Der Nachdruck liegt hier keineswegs auf der Qualität allein. Gewiß wünscht man sich für sich selbst eine ganze Schar von starken, aufrechten Söhnen. Aber für die weitere Zukunft, als Summe des Lebens von Generationen, geht es um mehr als um Gruppen oder Scharen, da wünscht man sich eine Masse von Nachkommenschaft, und die größte, unabsehbarste, unzählbarste Masse, die man kennt, ist die des Sandes. Wie wenig es dabei auf die individuelle Bewertung der Nachfahren ankommt, sieht man aus einem ähnlichen Symbol der Chinesen. Da werden die Nachfahren mit einem Heuschreckenschwarm gleichgesetzt, und die Qualitäten seiner Zahl, seines Zusammenhalts, seiner Unabreißbarkeit werden für die der Nachkommenschaft verbindlich.

Ein anderes Symbol, das die Bibel für Nachkommenschaft verwendet, sind die Sterne. Auch hier kommt es auf ihre Unzählbarkeit an; es ist nicht von der Qualität einzelner, hervorragender Sterne die Rede. Aber daß sie bleiben, daß sie nie vergehen, daß sie immer da sind, ist wichtig.

Haufen

Alle Haufen, auf die der Mensch etwas gibt, sind zusammengetragen worden. Die Einheit des Haufens, der aus Früchten oder Körnern besteht, ist das Ergebnis einer Tätigkeit. Viele Hände waren mit Ernte oder Lese beschäftigt; diese sind an eine ganz bestimmte Zeit des Jahres gebunden und von so einschneidender Bedeutung, daß eine älteste Einteilung des Jahres sich von ihnen herleitet. In Festen feiern die Menschen ihre Freude über die Haufen, die sie zustande gebracht haben. Sie stellen sie stolz zur Schau. Oft werden die Feste um diese Haufen herum angelegt.

Das Zusammengebrachte ist gleichartiger Natur, eine bestimmte Art

Frucht, eine bestimmte Art Korn. Es wird so dicht beisammen aufgestapelt wie möglich. Je mehr und je dichter man es hat, um so besser. Man hat viel bei der Hand und muß es nicht mehr von weither holen. Die Größe des Haufens ist wichtig, man prahlt damit; nur wenn er groß genug ist, reicht er für alle oder für lange aus. Sobald man sich an das Einholen von Haufen gewöhnt hat, können sie nicht zu groß sein. Am liebsten gedenkt man der Jahre, die den reichsten Segen gebracht haben. In Annalen, sobald man solche kennt, werden sie als die glücklichsten Jahre verzeichnet. Die Ernten wetteifern miteinander, von Jahr zu Jahr oder von Ort zu Ort. Ob sie einer Gemeinschaft oder ob sie einzelnen angehören: diese Haufen sind vorbildlich und ihre Sicherheit verbürgt.

Es ist wahr, daß sie dann wieder verbraucht werden, mancherorts ganz plötzlich bei besonderen Gelegenheiten, manchmal nur langsam je nach Bedarf. Ihre Konstanz ist eine beschränkte, ihre Abnahme ist in der Vorstellung, die man sich von ihnen macht, von Anfang mitenthalten. Ihre Wiederansammlung ist dann dem Rhythmus der Jahres- oder Regenzeiten unterworfen. Alles Ernten ist ein rhythmisches Häufen, und das Abhalten der Feste ist von diesem Rhythmus her bestimmt.

Steinhaufen

Aber es gibt auch ganz andere Haufen, die nicht genießbar sind. Steinhaufen werden errichtet, weil es so schwer ist, sie wieder auseinanderzunehmen. Man errichtet sie für lange, für eine Art von Ewigkeit. Sie sollen nie abnehmen, sie sollen bleiben, was sie sind. Sie wandern in keinen Magen, und nicht immer wohnt man darin. In ihrer ältesten Form stand jeder einzelne Stein für je einen Menschen, der ihn zum Haufen beigetragen hatte. Später nimmt Größe und Gewicht der Bestandteile zu, und sie sind nur noch von vielen zusammen zu bewältigen. Was immer solche Haufen vorstellen, sie enthalten die konzentrierte Mühe unzähliger, schwerer Wege. Oft ist es rätselhaft, wie sie zustande gebracht wurden. Je weniger man ihre Anwesenheit begreift, je ferner die Herkunft des Steins und je länger die Wege, desto größer war die Zahl der Menschen, die man sich als ihre Errichter vorstellen muß, desto stärker ist der Eindruck, den sie auf alle späteren Menschen machen. Sie stellen die rhythmische Anstrengung von vielen vor, von der nichts anderes übrig bleibt als dieses unzerstörbare Mal.

Der Schatz

Auch der Schatz, wie alle Haufen, ist zusammengetragen worden. Aber er besteht im Gegensatz zu Früchten und Körnern aus Einheiten, die ungenießbar und nicht vergänglich sind. Wichtig ist der besondere Wert dieser Einheiten, und nur ein Vertrauen in die Dauer dieses Wertes verlockt zur Bildung des Schatzes. Es ist ein Haufen, der ungestört bleiben und wachsen soll. Gehört er einem Mächtigen, so reizt er andere Mächtige zum Raub. Das Ansehen, das er seinem Besitzer schafft, bringt diesen in Gefahr. Kämpfe und Kriege sind um Schätze entstanden, und mancher hätte mit einem kleineren Schatz länger gelebt. So wird er oft notgedrungen *geheim*gehalten. Das Eigentümliche des Schatzes besteht also in der Spannung zwischen dem Glanze, den er verbreiten soll, und dem Geheimnis, das ihn schützt.

Die Wollust der *springenden Zahl* hat sich in ihrer faßbarsten Form am Schatze herausgebildet. Alle anderen Zählungen, die es auf immer höhere Ergebnisse abgesehen haben, die von Vieh oder Menschen zum Beispiel, können es nicht zu der gleichen Konzentration des Gezählten bringen. Das Bild des Besitzers, der seinen Schatz insgeheim zählt, ist dem Geiste des Menschen nicht weniger tief eingeschrieben als die Hoffnung auf den Schatz, den man plötzlich entdeckt: er ist so gut verborgen, daß er niemand mehr gehört, in seinem Versteck ist er vergessen worden. Wohldisziplinierte Armeen sind von dieser plötzlichen Gier nach Schätzen überfallen und zersetzt worden, viele Siege durch sie in ihr Gegenteil verkehrt. Die Verwandlung eines Heeres in einen Haufen von Schatzgräbern, noch vor jeder Schlacht, wird von Plutarch im Leben des Pompejus geschildert.

›Kaum hatte Pompejus mit seiner Flotte bei Karthago angelegt, als 7000 Mann von den Feinden zu ihm übergingen; er selbst brachte sechs vollständige Legionen mit nach Afrika. Hier begegnete ihm ein possierlicher Vorfall. Einige Soldaten fanden von ungefähr einen Schatz und erhielten eine beträchtliche Summe Geldes. Als die Sache bekannt wurde, kamen alle anderen Soldaten auf den Gedanken, daß diese Gegend mit Reichtümern angefüllt sein müßte, welche die Karthager damals in ihrem Unglück vergraben hätten. Pompejus konnte nun viele Tage lang mit seinen Soldaten, die nur mit Schatzgraben beschäftigt waren, nichts anfangen. Er ging lachend herum und sah zu, wie so viele Tausende gruben und den Boden umwühlten. Schließlich wurden sie der Sache müde und hießen den Pompejus sie hinführen, wohin er wollte, sie seien nun für ihre Torheit genug bestraft.‹

Neben diesen durch ihre Verborgenheit unwiderstehlichen Haufen gibt es aber andere, die ganz öffentlich zusammengetragen werden, als eine Art von freiwilliger Steuer, in der Erwartung, daß sie dann einem einzigen Menschen oder wenigen zufallen werden. Alle Formen von Lotterien gehören hierher, es sind rasche Bildungen von Schätzen: Man weiß, daß sie gleich nach dem Ausspruche des Loses dem Glücklichen ausgehändigt werden. Je geringer die Zahl derer, denen sie schließlich anheimfallen, je größer der Schatz also, um so stärker seine Anziehung.

Die Gier, die Menschen zu solchen Gelegenheiten verbindet, setzt ein absolutes Vertrauen in die *Einheit* des Schatzes voraus. Von der Stärke dieses Vertrauens kann man sich schwer eine übertriebene Vorstellung machen. Der Mensch setzt sich selbst der Einheit seines Geldes gleich. Ein Zweifel an ihr beleidigt ihn, ihre Erschütterung bringt sein Selbstvertrauen ins Wanken. In der Herabsetzung seiner Geldeinheit tritt man dem Menschen selber nahe, man erniedrigt ihn. Wenn die Geschwindigkeit dieses Vorganges sich steigert, wenn es zu einer *Inflation* kommt, finden sich die entwerteten Menschen zu Gebilden zusammen, die man ganz und gar mit Fluchtmassen gleichsetzen muß. Je mehr die Menschen verlieren, um so mehr werden sie in ihrem Schicksal eins. Was bei einzelnen Bevorzugten, die etwas für sich persönlich zu retten imstande sind, als Panik erscheint, wird für die anderen alle, die um ihren Geldbesitz gebracht, die darin also gleiche sind, zur Massenflucht. Die Folgen des Phänomens, das besonders in unserem Jahrhundert von unabsehbarer, historischer Tragweite war, sind in einem besonderen Kapitel behandelt worden.

Die Meute

Meute und Meuten

Massenkristalle und Masse, im modernen Sinne des Wortes, leiten sich beide aus einer älteren Einheit her, in der sie noch zusammenfallen; diese ältere Einheit ist die *Meute*. Bei Horden von geringer Zahl, die in kleinen Rudeln von zehn oder zwanzig Mann umherwandern, ist sie die Form gemeinsamer Erregung, der man überall begegnet.

Für die Meute ist charakteristisch, daß sie nicht wachsen kann. Weit und breit, in der Leere ringsum, sind keine Menschen, die zu ihr stoßen könnten. Die Meute besteht aus einer Gruppe erregter Menschen, die sich nichts heftiger wünschen, als *mehr zu sein*. Was immer sie gemeinsam unternehmen, ob sie auf Jagd oder Krieg ausgehen, es wäre für sie besser, sie wären mehr. Für die Gruppe, die aus so wenig Angehörigen besteht, wäre jeder einzelne, der dazustößt, ein deutlicher und gewichtiger, ein unentbehrlicher Zuwachs. Die Kraft, die er mitbrächte, würde ein Zehntel oder Zwanzigstel der Gesamtkraft ausmachen. Die Stelle, die er einnähme, wäre von allen genau beachtet. Er würde im Gesamthaushalt der Gruppe wirklich zählen, so wie kaum einer von uns heute zählen kann.

In der Meute, die sich aus der Gruppe von Zeit zu Zeit bildet und ihr Einheitsgefühl am stärksten zum Ausdruck bringt, kann sich der einzelne nie so vollkommen verlieren wie ein moderner Mensch heute in jeder beliebigen Masse. Immer wieder, in den wechselnden Konstellationen der Meute, in ihren Tänzen und auf ihren Zügen, wird er an ihrem *Rande* stehen. Er wird darin sein und gleich wieder am Rande, am Rande und gleich wieder darin. Wenn die Meute einen Ring um ihr Feuer bildet, mag jeder zur Rechten und Linken Nachbarn haben, aber der Rücken ist frei; der Rücken ist nackt der Wildnis ausgeliefert. Die Dichte innerhalb der Meute hat immer etwas Vorgetäuschtes: sie drücken sich vielleicht eng zusammen und spielen in überlieferten, rhythmischen Bewegungen das Vielesein. Aber sie sind es nicht, sie sind wenige; was ihnen an wirklicher Dichte abgeht, ersetzen sie durch Intensität.

Von den vier wesentlichen Eigenschaften der Masse, wie man sie kennengelernt hat, sind zwei in der Meute fiktiv, das heißt, sie werden herbeigewünscht und mit allergrößtem Nachdruck *gespielt*; die zwei anderen sind dafür um so stärker in Wirklichkeit vorhanden. *Wachstum* und *Dichte* werden gespielt; *Gleichheit* und *Gerichtetheit* sind vorhanden. Das erste, was an der Meute auffällt, ist das Unbeirrbare ihrer Richtung. Die Gleichheit aber drückt sich darin aus, daß alle vom selben Ziel besessen sind: etwa dem Anblick eines Tieres, das sie erlegen wollen.

Auf mehr als eine Weise ist die Meute begrenzt. Nicht nur gehören ihr verhältnismäßig wenige an, zehn vielleicht oder zwanzig, selten viel mehr, aber diese wenigen kennen einander genau. Sie haben immer zusammen gelebt, sie begegnen einander täglich, in vielen gemeinsamen Unternehmungen haben sie einander auf das genaueste einschätzen gelernt. Die Meute kann kaum unerwarteten Zuwachs haben; zu wenig Menschen leben unter solchen Verhältnissen, und sie sind sehr zerstreut. Aber da sie aus lauter *Bekannten* besteht, ist sie in einem Punkte der Masse, die ins Unendliche wachsen kann, überlegen: die Meute, auch wenn sie durch widrige Umstände auseinandergesprengt wird, findet sich immer wieder zusammen. Sie kann auf Bestand rechnen; ihre Dauer ist verbürgt, solange ihre Angehörigen am Leben sind. Die Meute mag bestimmte Riten und Zeremonien entwickeln; die sie ausführen sollen, werden sich einfinden, es ist Verlaß auf sie. Sie wissen, wohin sie gehören, sie lassen sich nicht woandershin verlocken. Solche Verlockungen sind gering, so gering, daß eine Gewohnheit, ihnen nachzugeben, gar nicht aufkommen kann.

So weit aber Meuten doch größer werden, geschieht es *quantenhaft* und im gegenseitigen Einverständnis der Beteiligten. Eine Meute, die sich aus einer zweiten Gruppe gebildet hat, mag auf die erste stoßen, und wenn es nicht zum Kampfe zwischen ihnen kommt, mag es sein, daß sie sich zu vorübergehenden Unternehmungen zusammenschließen. Aber das separate Bewußtsein der beiden Quanten wird immer erhalten bleiben; vielleicht, in der Hitze der gemeinsamen Aktion, mag es auf eine Weile verschwinden, aber nicht für lange. In der Verteilung der Ehren oder in anderen Zeremonien tritt es auf alle Fälle wieder hervor. Stärker als das Gefühl dafür, was er als einzelner ist, wenn er nicht bei seiner Meute mittut, bleibt immer das Gefühl von dieser selbst. Das Quanten-Gefühl der Meute ist auf einem bestimmten Niveau menschlichen Zusammenlebens entscheidend und durch nichts zu erschüttern.

Es wird hier allem, was sonst als Stamm, Sippe, Klan bezeichnet wird, mit Absicht eine andere Einheit, die der *Meute*, entgegengesetzt. Jene bekannten soziologischen Begriffe haben alle, wichtig wie sie sind, etwas Statisches. Die Meute dagegen ist eine Einheit der *Aktion*, und sie tritt *konkret* in Erscheinung. Von ihr muß ausgehen, wer die Ursprünge des Verhaltens von Massen erforschen will. Sie ist ihre älteste und begrenzteste Form unter Menschen, sie war schon da, bevor es menschliche Massen in unserem modernen Sinne gab. Sie tritt auf mancherlei Art in Erscheinung. Sie ist immer deutlich faßbar. Ihre Aktivität durch Jahrzehntausende hindurch ist so intensiv, daß sie überall Spuren hinterlassen hat, und auch in unserer ganz anders gearteten Zeit sind noch mancherlei Gebilde am Leben, die sich unmittelbar von ihr ableiten.

In *vier* verschiedenen Formen oder Funktionen tritt die Meute von jeher auf. Sie haben alle etwas Fließendes und gehen leicht ineinander über, aber es ist wichtig, vor allem einmal zu bestimmen, worin sie sich *unterscheiden*. Die natürlichste und echteste Meute ist die, von der unser Wort sich ableitet, die der *Jagd*. Sie bildet sich überall, wo es gegen ein gefährliches oder starkes Tier geht, das der einzelne allein schwer erbeuten kann; und sie bildet sich auch, wo eine massenhafte Beute winkt, von der man sich möglichst wenig entgehen lassen möchte. Die Größe des erlegten Tieres, ob nun Walfisch oder Elefant, selbst wenn es von einzelnen getroffen worden ist, hat zur Folge, daß es immer nur von vielen zusammen erbeutet und aufgeteilt werden kann. Die Jagdmeute geht so in einen Zustand der *Verteilung* über; manchmal tritt das letztere allein in Erscheinung, aber beides gehört eng zusammen und muß zusammen untersucht werden. Beider Gegenstand ist die *Beute*, und sie allein, ihr Verhalten, ihre Eigenart – lebend und tot – bestimmt genau das Verhalten der Meute, die sich um ihretwillen bildet.

Die zweite Form, die mit der Jagdmeute manches gemein hat und durch viele Übergänge mit ihr verbunden ist, ist die *Kriegs-Meute*. Sie setzt eine zweite Meute aus Menschen voraus, gegen die sie sich richtet, die sie als solche empfindet, auch wenn sie im Augenblick gar nicht besteht. In ihrer frühesten Form ist sie oft auf ein einziges Opfer aus, an dem sie Rache zu nehmen hat. In der *Bestimmtheit* dessen, was getötet werden soll, kommt sie der Jagdmeute besonders nahe.

Die dritte Form ist die *Klage-Meute*. Sie bildet sich, wenn ein Mitglied der Gruppe durch den Tod entrissen wird. Die Gruppe, die klein ist und jeden Verlust als unersetzlich empfindet, schließt sich für diese Gelegenheit zur Meute zusammen. Es mag ihr darum zu tun sein, den

Sterbenden zurückzuhalten; ihm noch so viel von seiner Lebenskraft zu entreißen, als sie sich einverleiben kann, bevor er ihr ganz entschwindet; sie mag seine Seele beschwichtigen wollen, damit sie den Lebenden nicht zum Feinde wird. Auf jeden Fall erscheint ihr eine Aktion als notwendig, und es gibt nirgends Menschen, die ganz auf sie verzichten.

Als viertes fasse ich eine Vielfalt von Phänomenen zusammen, denen aber in all ihrer Verschiedenheit eines gemeinsam ist: die Absicht auf Vermehrung. *Vermehrungs-Meuten* bilden sich, weil die Gruppe selber oder die Geschöpfe, mit denen sie zusammenhängt, Tiere oder Pflanzen, *mehr* werden sollen. Sie stellen sich oft in Form von Tänzen dar, denen ein bestimmter mythischer Sinn beigelegt wird. Auch sie sind überall bekannt, wo Menschen zusammenleben. Immer drückt sich in ihnen aus, daß die Gruppe mit ihrer Größe nicht zufrieden ist. Eine der wesentlichen Eigenschaften der modernen Masse, der Drang größer zu werden, erscheint also schon sehr früh, in Meuten, die an sich noch gar nicht wachsen können. Bestimmte Riten und Zeremonien sollen es erzwingen; was immer wir von ihrer Wirksamkeit halten mögen, es bleibt zu bedenken, daß sie es im Verlaufe der Zeit tatsächlich zur Bildung großer Massen gebracht haben.

Die Untersuchung dieser vier verschiedenen Formen von Meuten im einzelnen führt zu überraschenden Resultaten. Sie haben die Neigung, ineinander überzugehen, und nichts ist folgenreicher als der Umschlag einer Art von Meute in die andere. Die Labilität der um vieles größeren Masse findet sich schon in diesen kleinen und scheinbar festeren Gebilden. Ihre Umschläge sind oft der Anlaß zu eigenartigen, religiösen Phänomenen. Es wird gezeigt werden, wie Jagdmeuten zu Klagemeuten umschlagen können und wie sich um diesen Vorgang eigene Mythen und Kulte gebildet haben. Die Klagenden wollen dann nie mehr die Jäger gewesen sein, und das Opfer, das sie beklagen, ist dazu da, sie von der Blutschuld der Jagd zu entsühnen.

Die Wahl des Ausdrucks ›Meute‹ für diese ältere und begrenztere Form von Masse soll daran erinnern, daß auch sie ihre Entstehung bei den Menschen einem tierischen Vorbild verdankt: dem Rudel gemeinsam jagender Tiere. Die Wölfe, die der Mensch gut kannte und sich im Laufe der Jahrtausende zu Hunden erzog, haben ihn schon früh beeindruckt. Ihr Vorkommen als mythisches Tier bei so vielen Völkern, die Vorstellungen vom Werwolf, die Geschichten von Menschen, die, als Wölfe verkleidet, andere überfallen und zerfleischen, jene Ursprungslegenden von Kindern, die von Wölfen aufgezogen wurden, all dies und manches andere beweist, wie nahe der Wolf dem Menschen stand.

Die Jagdmeute, unter der man heute eine Koppel von Hunden versteht, die zur gemeinsamen Jagd abgerichtet ist, ist das lebende Überbleibsel jener alten Verbindung. Die Menschen haben von den Wölfen gelernt. In manchen Tänzen wurde das Wolf-Sein sozusagen eingeübt. Natürlich haben auch andere Tiere ihr Teil zur Ausbildung ähnlicher Fähigkeiten bei den Jagdvölkern beigetragen. Ich verwende den Ausdruck ›Meute‹ für Menschen statt für Tiere, weil er das Gemeinsame der eiligen Bewegung und das konkrete Ziel vor Augen, um das es dabei geht, am besten bezeichnet. Die Meute will eine Beute; sie will ihr Blut und ihren Tod. Sie muß rasch und unablenkbar, mit List und Ausdauer hinter ihr her sein, um sie zu erlangen. Sie muntert sich durch gemeinsames Kläffen auf. Die Bedeutung dieses Lärms, in dem die Stimmen der einzelnen Tiere zusammenfallen, ist nicht zu unterschätzen. Er kann nachlassen und wieder anschwellen; aber er ist unbeirrbar, er enthält den Angriff. Das endlich Erlangte und Erlegte wird von *allen* gefressen. Es besteht im allgemeinen die ›Sitte‹, jedem der Teilnehmer etwas vom Erlegten zu überlassen; selbst zur Verteilungsmeute lassen sich Ansätze schon bei den Tieren finden. Ich wende den Ausdruck auch für die übrigen drei erwähnten Grundformen an, obwohl man bei diesen schwerlich von tierischen Vorbildern sprechen kann; für das Konkrete, Gerichtete, Intensive dieser Vorgänge wüßte ich kein besseres Wort.

Auch seine *Geschichte* rechtfertigt den Gebrauch in diesem Sinne. Es leitet sich vom mittellateinischen ›movita‹ ab, das ›Bewegung‹ bedeutet. Das altfranzösische ›meute‹, das daraus entstand, hat einen doppelten Sinn: es kann ›Aufstand, Erhebung‹ heißen oder aber ›Jagdzug‹. Das Menschliche ist hier noch stark im Vordergrund. Das alte Wort bezeichnet genau, was hier damit gefaßt werden soll; eben diese doppelte Bedeutung ist es, um die es uns geht. Der eingeschränkte Gebrauch im Sinn von ›Koppel Jagdhunde‹ ist viel später und im Deutschen erst seit der Mitte des 18. Jahrhunderts bekannt, während Worte wie ›Meutmacher‹, Aufrührer, und ›Meuterei‹, aus dem alten französischen Wort abgeleitet, schon um 1500 auftauchen.

Die Jagdmeute

Die Jagdmeute bewegt sich mit allen Mitteln auf etwas Lebendes zu, das sie erlegen will, um es sich dann einzuverleiben. Zu ihrem näheren Ziele wird also immer die Erlegung. *Ereilen* und *Umstellen* sind ihre wichtigsten Mittel. Sie hat es auf ein einzelnes, großes Tier abgesehen oder auf viele, die in Massenflucht vor ihr begriffen sind.

Die Beute ist immer in Bewegung, man jagt ihr nach. Auf die rasche Bewegung der Meute kommt es an, sie soll besser laufen als das Wild, um es zu ermüden. Wenn es um viele Tiere geht und es gelingt, sie zu umstellen, schlägt die Massenflucht der Beute in eine Panik um: Jedes der gejagten Tiere sucht dann auf eigene Faust aus dem Kreise seiner Feinde zu entkommen.

Die Jagd erstreckt sich über einen großen und wechselnden Raum. Im Falle der Jagd auf ein einzelnes Tier *besteht* die Meute, solange das Wild sich seiner Haut wehrt. Die Erregung steigert sich während der Jagd, sie äußert sich in Rufen von einem Jäger zum anderen, die den Blutdurst steigern.

Die Konzentration auf den einen Gegenstand, der immer in Bewegung ist, der den Blicken entschwindet, aber wieder auftaucht, den man oft verliert und wieder suchen muß, den man nie aus seiner tödlichen Absicht entläßt, den man unaufhörlich im Zustand tödlicher Angst erhält – diese Konzentration ist eine von *allen zusammen.* Jeder hat denselben Gegenstand im Auge, und jeder bewegt sich auf denselben Gegenstand zu. Der Abstand zwischen der Meute und ihrem Gegenstand, der sich allmählich verringert, verringert sich für jeden. Die Jagd hat einen gemeinsamen tödlichen Herzschlag. Er hält lange an, über wechselnden Boden, er wird heftiger, je näher man dem Tiere kommt. Wenn man es erreicht hat, wenn es zum Treffen kommt, hat jeder zum Töten Gelegenheit, und jeder versucht es. Auf *ein* Geschöpf können sich die Speere oder Pfeile aller konzentrieren. Sie sind die Fortsetzung der begehrlichen Blicke während der Jagd.

Denn jeder Zustand dieser Art hat sein natürliches Ende. So klar und scharf das Ziel ist, auf das man es abgesehen hatte, so scharf und plötzlich ist auch die Veränderung der Meute, wenn es erreicht ist. Die Raserei läßt nach im Augenblick der Erlegung. Alle stehen um das gefallene Opfer herum plötzlich still. Aus den Anwesenden bildet sich der Ring all derer, denen von der Beute etwas zukommt. Sie könnten wie Wölfe ihre Zähne in das Wild schlagen. Doch die Einverleibung, die Wolfsmeuten schon am lebenden Leib beginnen, wird von den Menschen auf einen späteren Augenblick verlegt. Die *Verteilung* aber geschieht ohne Zwist und nach bestimmten Regeln.

Ob das Erlegte groß oder vielfach ist – wenn eine ganze Meute gejagt hat, ist die Verteilung der Beute unter ihren Mitgliedern unumgänglich. Der Prozeß, der nun beginnt, ist dem der *Bildung* der Meute genau entgegengesetzt. Jetzt will jeder etwas für sich, und er möchte gern soviel wie möglich. Wenn die Verteilung nicht genau geregelt wäre, und wenn es nicht etwas wie ein althergebrachtes Gesetz für sie gäbe und erfahrene Menschen, die über ihre Ausführung wachen, so müßte sie in Mord und Totschlag enden. Das Gesetz der *Verteilung* ist das *älteste* Gesetz.

Es gibt zwei grundsätzlich verschiedene Fassungen davon: nach der einen beschränkt sich die Verteilung auf den Kreis der Jäger allein; nach der anderen werden auch die Frauen und jene Männer, die mit der Jagdmeute nichts zu schaffen hatten, hinzugezogen. Der Vorsteher der Verteilung, der für ihre ordentliche Durchführung zu sorgen hat, bezieht ursprünglich aus seinem Amte keinerlei Vorteile. Es kann sogar vorkommen, wie bei den Walfisch-Jagden mancher Eskimos, daß er um seiner Ehre willen selber auf alles verzichtet. Das Gefühl für die Gemeinsamkeit der Beute kann sehr weit gehen: Bei den Korjäken in Sibirien lädt der ideale Jäger alle dazu ein, sich von seiner Beute zu bedienen, und begnügt sich mit dem, was man ihm übrigläßt.

Das Gesetz der Verteilung ist recht komplex und variabel. Der Ehrenanteil an der Beute kommt nicht immer dem zu, der den tödlichen Schlag geführt hat. Manchmal hat der ein Anrecht darauf, der das Wild zuerst erblickt hat. Aber auch wer von Ferne bloß Zeuge der Erlegung war, kann Anspruch auf einen Teil der Beute haben. In diesem Fall gelten die Zuschauer als Komplicen der Tat, sie haben Mitverantwortung für sie und genießen von ihren Früchten. Ich erwähne diese extreme und nicht so häufige Bestimmung, um zu zeigen, wie stark das Einheitsgefühl ist, das von der Jagdmeute ausstrahlt. Wie immer die Verteilung sich regelt, als die beiden entscheidenden Akte gelten die *Gewahrung* und die *Tötung* der Beute.

Die Kriegsmeute

Der wesentliche Unterschied zwischen Kriegs- und Jagdmeute liegt in der *zwiefachen* Anlage der Kriegsmeute. Solange eine erregte Truppe auf einen einzelnen Mann Jagd macht, den sie bestrafen will, handelt es sich um ein jagdmeuteartiges Gebilde. Falls dieser Mann zu einer anderen Gruppe gehört, die ihn nicht preisgeben mag, steht bald Meute gegen Meute. Die Feinde sind nicht sehr voneinander verschieden. Es sind Menschen, Männer, Krieger. In der ursprünglichen Form der Kriegführung sind sich die beiden so nah, daß man Mühe hat, sie voneinander zu unterscheiden. Sie haben dieselbe Art, aufeinander loszugehen, ihre Bewaffnung ist ungefähr dieselbe. Auf beiden Seiten stoßen sie wilde, drohende Rufe aus. Sie haben beide dieselbe *Absicht* gegeneinander. Die Jagdmeute – im Gegensatz dazu – ist *einseitig*: Die Tiere, gegen die es geht, versuchen nicht, Menschen zu umzingeln oder zu erjagen. Sie sind auf der Flucht, und wenn sie sich manchmal doch zur Wehr setzen, so geschieht das in dem Augenblick, da man sie töten will. Meist sind sie gar nicht imstande, sich dann noch gegen den Menschen zu wehren.

Das Entscheidende und eigentlich Charakteristische an der Kriegsmeute ist, daß zwei Meuten da sind, die genau dasselbe gegeneinander vorhaben. Die Zweiteilung ist eine unbedingte, der Schnitt zwischen ihnen absolut, solange es sich um den Zustand des Krieges handelt. Um aber zu erfahren, was es eigentlich ist, das sie gegeneinander vorhaben, genügt es, den folgenden Bericht zu lesen. Es ist die Erzählung vom Kriegszug eines südamerikanischen Stammes, der *Taulipang*, gegen ihre Feinde, die *Pischauko*. Der Bericht stammt wörtlich von einem Taulipang-Mann und enthält alles, was man über die Kriegsmeute wissen muß. Der Erzähler ist von der Unternehmung erfüllt und begeistert, er schildert sie von innen, von seiner Seite her, in einer Art von Nacktheit, die ebenso wahrhaftig wie schaurig ist und schwerlich ihresgleichen findet.

›Anfangs war Freundschaft zwischen Taulipang und Pischauko. Dann kamen sie in Streit wegen der Weiber. Zuerst ermordeten die Pischauko einzelne Taulipang, die sie im Walde überfielen. Dann töteten sie einen jungen Taulipang und eine Frau, dann drei Taulipang im Walde. So wollten die Pischauko nach und nach mit dem ganzen Stamme der Taulipang aufräumen.

Da rief Manikuza, der Kriegshäuptling der Taulipang, alle seine Leute zusammen. Die Taulipang hatten drei Führer: Manikuza, den Oberhäuptling, und zwei Unterhäuptlinge, von denen der eine ein kleiner, dicker, aber sehr tapferer Mann war, der andere war sein Bruder. Dann war noch der alte Häuptling, der Vater von Manikuza, dabei. Unter seinen Leuten war auch ein kleiner, sehr tapferer Mann vom Nachbarstamme der Arekuna. Manikuza ließ gegorene Masse von Kaschiri bereiten, fünf große Kürbisflaschen voll. Dann ließ er sechs Kähne herrichten. Die Pischauko wohnten im Gebirge. Die Taulipang nahmen zwei Frauen mit, die Feuer in die Häuser legen sollten. Sie fuhren hin, ich weiß nicht auf welchem Fluß. Sie aßen nichts, keinen Pfeffer, keine größeren Fische, keine Jagdtiere, nur kleine Fische, bis der Krieg beendet wäre. Sie nahmen auch Farbe und weißen Ton zum Bemalen mit.

Sie kamen nahe an den Wohnsitz der Pischauko. Manikuza schickte fünf Männer nach dem Hause der Pischauko, um auszukundschaften, ob alle dort seien. *Alle waren dort.* Es war ein großes Haus mit sehr vielen Leuten, umgeben von einem runden Palisadenzaun. Die Kundschafter kamen zurück und meldeten dies dem Häuptling. Da bebliesen der Alte und die drei Häuptlinge die gegorene Masse von Kaschiri. Sie bebliesen auch die Farbe und den weißen Ton und die Kriegskeulen. Die Alten hatten nur Bogen und Pfeile mit Eisenspitzen, keine Feuerwaffen. Die anderen hatten Flinten und Schrot. Jeder hatte einen Sack Schrot und sechs Büchsen Pulver bei sich. Auch alle diese Sachen wurden beblasen. (Einblasen von Zauberkraft.) Dann bemalten sie sich mit roten und weißen Streifen: von der Stirne an beginnend, einen roten Streifen oben und einen weißen Streifen unten, über das ganze Gesicht. Auf die Brust malten sie je drei Streifen, abwechselnd oben rot und unten weiß, ebenso auf die beiden Oberarme, damit sich die Krieger untereinander erkennen konnten. Auch die Frauen bemalten sich so. Dann befahl Manikuza, Wasser in die Kaschiri-Masse zu schütten.

Die Kundschafter sagten, es seien sehr viele Leute in den Häusern. Es war ein sehr großes Haus und drei kleinere weiter abseits. Die Pischauko waren viel mehr Leute als die Taulipang, die nur fünfzehn Mann waren, außer dem einen Arekuna. Dann tranken sie Kaschiri, jeder eine Kalebasse voll, viel Kaschiri, um sich tapfer zu machen. Darauf sagte Manikuza: »Dieser hier schießt zuerst! Während er seine

Flinte wieder lädt, schießt der andere. Einer nach dem anderen!« Er verteilte seine Leute in drei Abteilungen zu je fünf Mann im weiten Umkreis um das Haus. Er sagte: »Gebt keinen unnützen Schuß ab! Wenn ein Mann fällt, laßt ihn liegen und schießt auf den, der noch steht!«

Dann gingen sie in drei Abteilungen getrennt vor; die Frauen hinter ihnen mit den Kürbisflaschen voll Getränk. Sie kamen an die Grenze der Savanne. Da sagte Manikuza: »Was sollen wir nun machen? Es sind sehr viele Leute. Vielleicht kehren wir am besten um und holen mehr Leute!« Da sagte der Arekuna: »Nein! Vorwärts! Wenn ich eindringe mitten unter viele Leute, finde ich niemand zu töten!« (Soll heißen: Diese vielen Leute reichen noch nicht aus für meine Keule, da ich sehr rasch töte.) Manikuza antwortete: »Vorwärts! Vorwärts! Vorwärts!« Er forderte alle auf. Sie kamen nahe an das Haus. Es war Nacht. In dem Haus war ein Zauberarzt, der gerade einen Kranken beblies. Dieser sagte: »Es kommen Leute!« und warnte so die Bewohner des Hauses. Da sagte der Herr des Hauses, der Häuptling der Pischauko: »Laßt sie kommen! Ich weiß, wer es ist! Es ist Manikuza! Aber er wird von hier nicht zurückkehren!« Der Zauberarzt warnte weiter und sagte: »Die Leute sind schon da!« Da sagte der Häuptling: »Es ist Manikuza! Er wird nicht zurückkehren! Er wird sein Leben hier beschließen!«

Da schnitt Manikuza die Liane durch, mit der die Palisaden zusammengebunden waren. Da drangen die beiden Frauen ein und legten Feuer an das Haus, die eine am Eingang, die andere am Ausgang. Es waren sehr viele Leute in dem Haus. Dann zogen sich beide Frauen wieder außerhalb des Palisadenzaunes zurück. Das Feuer ergriff das Haus. Ein Alter kletterte hinauf, um das Feuer zu löschen. Da kamen viele Leute aus dem Haus, sie schossen viel mit ihren Flinten, aber ohne Ziel, da sie niemand sahen; nur um die Feinde zu schrecken. Der alte Häuptling der Taulipang wollte einen Pischauko mit dem Pfeil schießen, aber er verfehlte ihn. Der Pischauko war in seinem Erdloch. Als der Alte den zweiten Pfeil auflegte, schoß ihn der Pischauko mit der Flinte nieder. Manikuza sah, daß sein Vater tot war. Da schossen die Krieger viel. Sie hatten das ganze Haus umstellt, und die Pischauko hatten keinen Ausweg, wohin sie fliehen sollten.

Da drang ein Taulipang-Krieger namens Ewama ein. Hinter ihm kam der eine Unterhäuptling; hinter ihm sein Bruder; hinter ihm

Manikuza, der Kriegshäuptling; hinter ihm der Arekuna. Die übrigen blieben draußen, um die Pischauko zu töten, die entweichen wollten. Die anderen fünf drangen mitten unter die Feinde ein und schlugen sie mit ihren Keulen nieder. Die Pischauko schossen auf sie, trafen aber niemand. Da tötete Manikuza den Häuptling der Pischauko. Der Unterhäuptling tötete den Unterhäuptling der Pischauko. Sein Bruder und der Arekuna töteten sehr rasch und viele. Es flohen nur zwei Jungfrauen, die noch am oberen Flußlauf leben, verheiratet mit Taulipang. Die anderen wurden alle getötet. Dann steckten sie das Haus in Brand. Die Kinder weinten. Darauf warfen sie alle Kinder in das Feuer. Mitten unter den Toten war ein Pischauko leben geblieben. Er hatte sich ganz mit Blut beschmiert und sich zwischen die Toten gelegt, um die Feinde glauben zu machen, er sei tot. Da ergriffen die Taulipang einen nach dem anderen der gefallenen Pischauko und hieben sie mit dem Waldmesser mittendurch in zwei Stücke. Sie fanden den Mann lebend und ergriffen und töteten ihn. Dann nahmen sie den gefallenen Häuptling der Pischauko, banden ihn mit erhobenen, ausgestreckten Armen an einen Baum und schossen so lange mit dem Rest ihrer Munition auf ihn, bis er in Stücke zerfiel. Darauf ergriffen sie eine tote Frau. Manikuza zog ihr mit den Fingern das Geschlechtsteil auseinander und sagte zu Ewama: »Sieh hier, das ist gut zum Eindringen für dich!« –

Die übrigen Pischauko, die noch in den drei anderen kleineren Häusern waren, flohen auseinander und verteilten sich auf die Gebirge der Gegend. Dort leben sie noch heute, Todfeinde der anderen Stämme und *heimliche Mörder*, die es besonders auf die Taulipang abgesehen haben.

Ihren alten Häuptling, der gefallen war, begruben die Taulipang am Platz. Nur noch zwei von ihnen waren am Bauch mit Schrot leicht verwundet. Dann kehrten sie nach Hause zurück und riefen: »Hei-hei-hei-hei-hei!« Zu Hause fanden sie die Bänkchen schon für sich zurechtgemacht.‹

Der Streit beginnt um Frauen. Einzelne Leute werden getötet. Es wird nur vermerkt, wen die *anderen* umgebracht haben. Von diesem Augenblick an herrscht der unerschütterliche Glaube, daß die Feinde mit dem ganzen Stamme der Taulipang aufräumen wollen. Der Häuptling kennt seine Leute, die er nun zusammenruft, genau, es sind nicht viele, 16 mit dem Manne vom Nachbarstamm, und alle wissen, was sie voneinander im Kampfe zu halten haben. Es wird streng gefastet, man darf sich nur von kümmerlich kleinen Fischen nähren. Aus der gegorenen Masse ist ein starkes Getränk bereitet worden. Vor dem Kampfe trinkt man davon, um sich ›tapfer zu machen‹. Mit den Farben malt man sich eine Art von Uniform an, ›damit sich die Krieger untereinander erkennen können‹. Alles, was als Zubehör des Krieges gilt, und ganz besonders die Waffen werden ›beblasen‹. So hat man ihnen Zauberkraft eingeflößt, und sie sind gesegnet.

Sobald sie in der Nähe der feindlichen Siedlung angelangt sind, werden Kundschafter ausgeschickt, um zu sehen, ob alle dort seien. Alle sind dort. Man will, daß sie alle versammelt sind, denn alle sollen zugleich vernichtet werden. Es ist ein großes Haus mit sehr vielen Leuten, eine gefährliche Übermacht. Die sechzehn haben allen Grund, sich Mut anzutrinken. Der Häuptling gibt nun seine Anweisungen, genau wie ein Offizier. Aber in der Nähe des feindlichen Hauses angelangt, fühlt er seine *Verantwortung*. ›Es sind sehr viele Leute‹, sagt er, und er zögert. Sollte man umkehren und Verstärkungen holen? Doch findet sich unter seiner Truppe ein Mann, der gar nicht genug Feinde zum Töten haben kann. Seine Entschlossenheit teilt sich dem Häuptling mit, und dieser gibt den Befehl: Vorwärts!

Es ist Nacht, aber die Leute im Haus sind wach. Ein Zauberarzt hält eine Sitzung ab, ein Kranker wird behandelt, und alle sind um die beiden versammelt. Der Zauberer, mißtrauischer als die andern, hat alle Sinne beisammen und spürt die Gefahr. »Es kommen Leute!« sagt er, und bald danach: »Die Leute sind schon da!« Der Häuptling im Haus aber weiß genau, um wen es sich handelt. Er hat einen Feind, und er ist seiner Feindschaft sicher. Er ist aber auch sicher, daß sein Feind nur kommt, um sein Leben hier zu lassen. »Er wird von hier nicht zurückkehren. Er wird sein Leben hier beschließen!« Die Blindheit dessen, der untergehen wird, ist so bemerkenswert wie die Zögerung dessen, der angreifen soll. Der Bedrohte tut nichts: schon bricht das Unglück über ihn herein.

Bald brennt das Haus, an das die Frauen Feuer gelegt, und die Insassen drängen hinaus. Sie können nicht sehen, wer aus dem Dunkel auf sie schießt, doch sie selbst sind hellerleuchtete Ziele. Die Feinde dringen ein und schlagen mit ihren Keulen auf sie los. Die Geschichte ihres Untergangs ist in wenigen Sätzen vollendet. Es kommt hier nicht auf Kampf, sondern auf absolute Vernichtung an. Die weinenden Kinder werden ins Feuer geworfen. Die Toten werden einer nach dem anderen in Stücke gehauen. Ein Überlebender, der sich mit Blut beschmiert und unter sie legt, in der Hoffnung zu entkommen, teilt ihr Schicksal. Den toten Häuptling spannen sie an einen Baum und schießen auf ihn, bis er in Stücke fällt. Die Schändung einer toten Frau ist der schauerliche Höhepunkt. Alles geht im Feuer ganz zugrunde.

Die wenigen, die sich aus benachbarten, kleineren Häusern ins Gebirge gerettet haben, leben da als ›heimliche Mörder‹ weiter.

Es ist dieser Darstellung der Kriegsmeute kaum etwas hinzuzufügen. Unter unzähligen Berichten ähnlicher Art ist dieser in seiner Nacktheit der wahrhaftigste. Er enthält nichts, das nicht hineingehört, nichts ist vom Erzähler verbessert oder beschönigt worden.

Die 16 Männer, die ausgezogen sind, haben keinerlei Beute heimgebracht; sie haben sich an ihrem Sieg in keiner Weise bereichert. Sie haben kein Weib und kein einziges Kind am Leben gelassen. Ihr Ziel war die Vernichtung der feindlichen Meute, so daß nichts, buchstäblich nichts von ihnen übrigbleibt. Mit Wollust wird geschildert, was man selbst getan hat. Die anderen aber waren und sind die Mörder.

Die Klagemeute

Die eindrucksvollste Schilderung einer Klagemeute, die mir bekannt ist, stammt von den *Warramunga* in Zentral-Australien.

›Noch bevor der leidende Mann seinen letzten Atemzug getan hatte, begann man mit den Klagen und den absichtlichen Verwundungen. Sobald es bekannt wurde, daß das Ende nahe sei, rannten alle Männer in größter Geschwindigkeit an den Ort. Einige der Weiber, die sich von allen Richtungen her versammelt hatten, lagen niedergeworfen über dem Leib des sterbenden Mannes, während andere in der Nähe herumstanden oder knieten und sich die scharfen Spitzen ihrer Grabstöcke in den Schädel stießen: Das Blut strömte über ihre Gesichter nieder, während sie zugleich ein ununterbrochenes Klagegeheul vernehmen ließen. Viele der Männer, die an die Stelle stürzten, warfen sich in wüstem Durcheinander auf den Liegenden; die Weiber erhoben sich und machten ihnen Platz, bis schließlich nichts zu sehen war als eine ringende Masse von nackten Leibern. Auf einmal kam mit gellendem Geschrei ein Mann herangestürzt, der ein Steinmesser schwang.

Als er die Stelle erreichte, schnitt er sich plötzlich mit dem Messer in beide Schenkel, mitten durch die Muskeln hindurch, so daß er nicht mehr stehen konnte und auf die Masse von ringenden Leibern fiel. Seine Mutter, seine Frauen und Schwestern zogen ihn aus dem Gewimmel heraus und legten den Mund an seine klaffenden Wunden, während er erschöpft und hilflos am Boden lag. Allmählich entwirrte sich die Masse dunkler Leiber und gab den Blick auf den unglückseligen Kranken frei, der der Gegenstand oder eher das Opfer dieser wohlgemeinten Schaustellung von Zuneigung und Kummer war. War er schon früher krank gewesen, so ging es ihm nun viel schlechter, als seine Freunde ihn verließen; es war klar, daß er nicht mehr lange zu leben hatte. Das Weinen und Klagen dauerte an. Die Sonne ging unter, im Lager wurde es dunkel. Noch am selben Abend starb der Mann. Da schwoll das Klagegeheul noch lauter an als zuvor. Männer und Weiber, wie rasend vor Kummer, stürzten hin und her und fügten sich mit Messern und spitzen Stöcken Verletzungen zu, während die Weiber mit Keulen auf ihre Schädel losschlugen, niemand wehrte Schnitte oder Schläge ab.

Eine Stunde später machte sich in der Dunkelheit eine Begräbnisprozession unter Fackellicht auf den Weg. Sie trugen die Leiche in ein Gehölz, das etwa eine Meile entfernt war, und legten sie da auf eine Plattform aus Ästen in einen niedrigen Gummibaum. Als es am nächsten Morgen hell wurde, war im Lager, wo der Mann gestorben war, keine Spur von einer menschlichen Ansiedlung mehr zu bemerken. Alle Leute hatten ihre kümmerlichen Hütten in einige Entfernung verlegt und die Stätte des Todesfalles in völliger Einsamkeit zurückgelassen. Denn niemand wünschte dem Gespenst des Verstorbenen zu begegnen, das sicher in der Nähe umherschwebte, und schon gar nicht dem Geist des lebenden Mannes, der diesen Tod durch üblen Zauber verursacht hatte und gewiß in Gestalt eines Tieres an die Stätte seines Verbrechens kommen würde, um seinen Triumph zu genießen.

Im neuen Lager waren überall Männer der Länge nach am Boden ausgestreckt, mit klaffenden Wunden an den Schenkeln, die sie sich mit eigener Hand zugefügt hatten. Sie hatten ihre Schuldigkeit dem Toten gegenüber getan und würden bis ans Ende ihrer Tage die tiefen Narben an den Schenkeln als Ehrenmale tragen. An einem von ihnen zählte man die Spuren von nicht weniger als 23 Wunden, die er sich im Laufe der Zeit zugefügt hatte. – Inzwischen hatten die Weiber die

Klage, die ihre Pflicht war, wieder aufgenommen. Vierzig oder fünfzig von ihnen, in Gruppen zu fünft oder sechst verteilt, die Arme umeinander geschlungen, weinten und heulten in einer Art von Raserei, während manche unter ihnen, die als nähere Verwandte galten, sich mit spitzen Stöcken in den Schädel stießen und die Witwen noch ein übriges taten, indem sie sich die Schädelwunden mit glühend roten Feuerstöcken versengten.‹

Aus dieser Schilderung, der sich viele ähnliche anreihen ließen, wird eines sogleich klar: es geht um die *Erregung* selbst. Manche Absichten spielen in das Geschehnis hinein, und man wird sich mit ihnen auseinanderzusetzen haben. Aber das Wesentliche ist die Erregung als solche, ein Zustand, in dem alle zusammen etwas zu beklagen haben. Die Wildheit der Klage, ihre Dauer, ihre Wiederaufnahme am nächsten Tage im neuen Lager, der erstaunliche Rhythmus, in dem sie sich steigert und selbst nach völliger Erschöpfung von neuem beginnt, wären Beweis genug dafür, daß es hier vor allem um die Erregung der gemeinsamen Klage geht. Man wird schon nach der Bekanntschaft mit diesem einzigen Falle, der für die australischen Eingeborenen bezeichnend ist, begreifen, warum diese Erregung als die einer *Meute* bezeichnet wird, und warum es unumgänglich erscheint, die besondere Bezeichnung der *Klagemeute* für sie einzuführen.

Alles beginnt mit der Nachricht, daß der Tod *nahe* sei. Die Männer stürzen in größter Eile hin und finden die Frauen schon vor. Die nächsten Angehörigen unter diesen liegen in einem Haufen über dem Kranken beisammen. Es ist wichtig, daß die Klage nicht erst nach dem Eintreten des Todes beginnt, sondern gleich nachdem man den Kranken aufgegeben hat. Sobald man glaubt, daß er sterben wird, kann man mit der Klage nicht mehr an sich halten. Die Meute bricht los, sie hat auf ihre Gelegenheit gelauert, und sie läßt sich ihr Opfer nicht mehr entgehen. Die ungeheure Kraft, mit der sie sich auf ihren Gegenstand stürzt, besiegelt sein Schicksal. Es ist kaum anzunehmen, daß ein Schwerkranker, der dieser Behandlung unterworfen wird, sich je wieder von ihr erholen könnte. Unter dem rasenden Geheul der Menschen wird er beinahe erstickt; man könnte annehmen, daß er manchmal wirklich erstickt; auf jeden Fall wird sein Tod beschleunigt. Die Forderung, die uns geläufig ist, daß man einen Menschen in Ruhe sterben lassen soll, wäre diesen Leuten, die auf ihre Erregung aus sind, ganz unverständlich.

Was bedeutet dieser Haufen, der sich über ihm bildet, dieses Gewirr von Leibern, die offenbar darum kämpfen, ihm möglichst nahe zu kommen? Es wird gesagt, daß die Weiber, die erst daliegen, sich erheben, um den Männern Platz zu machen, als hätten auch diese oder jedenfalls manche unter ihnen ein Anrecht auf seine nächste Nähe. Wie immer die Deutungen sein mögen, die die Eingeborenen für die Bildung dieses Knäuels geben – was wirklich geschieht, ist, daß der Haufe von Leibern ihn noch einmal ganz in sich aufnimmt.

Die physische Nähe der zur Meute Gehörigen, ihre *Dichte* könnte nicht weitergetrieben werden. Sie sind mit ihm zusammen ein Haufen. Er gehört noch ihnen, sie halten ihn unter sich zurück. Da er selber nicht aufstehen, sich nicht unter sie stellen kann, *liegen sie mit ihm zusammen.* Wer immer ein Recht an ihm zu haben glaubt, kämpft darum, mit in den Haufen zu geraten, dessen Mittelpunkt er ist. Es ist, als wollten sie mit ihm sterben: Die Wunden, die sie sich zufügen, das Sichhinwerfen über den Haufen oder überall sonst, das Zusammenbrechen der Selbstverletzten – alles soll zeigen, wie ernst es ihnen damit ist. Vielleicht wäre es auch richtig zu sagen, daß sie ihm *gleich* sein wollen. Aber sie sind nicht wirklich darauf aus, sich umzubringen. Was bestehen bleiben soll, ist der *Haufe,* zu dem er gehört, und durch ihr Gebaren kommen sie dem entgegen. In dieser Angleichung an den Sterbenden besteht das Wesen der Klagemeute, solange der Tod noch nicht eingetreten ist.

Aber es gehört zu ihr ebensosehr das *Abstoßen* des Toten, sobald er einmal tot ist. Der Umschlag vom rasenden Zurück- und Festhalten des Sterbenden zum angstvollen Fortstoßen und Isolieren des Toten macht die eigentliche Spannung der Klagemeute aus. Noch in der Nacht wird er eilig weggeschafft. Alle Spuren seines Daseins werden zerstört, seine Geräte, seine Hütte, was immer zu ihm gehört hat; selbst das Lager, in dem er mit den anderen zusammengelebt hat, wird ausgerottet und verbrannt. Plötzlich hat man sich auf das schärfste gegen ihn gewandt. Er ist gefährlich geworden, da er von ihnen weggegangen ist. Er könnte auf die Lebenden neidisch sein und sich an ihnen dafür rächen, daß er tot ist. Alle Zeichen der Zuneigung und auch ihre leibliche Dichte haben es nicht vermocht, ihn zurückzuhalten. Der Groll des Toten macht ihn zu einem Feind, unter hundert Listen und Tücken kann er sich unter sie schleichen, und sie brauchen ebensoviel Mittel, sich seiner zu erwehren.

Im neuen Lager wird die Klage fortgesetzt. Die Erregung, die der Gruppe das heftige Gefühl ihrer Einheit verlieh, wird nicht gleich aufgegeben. Man braucht dieses Gefühl jetzt mehr als je, denn man ist in Gefahr. Man stellt den Schmerz zur Schau, indem man sich weiter-verletzt. Es ist wie ein Krieg; aber was der Feind einem tun könnte, das tut man selbst. Der Mann, der 23 Narben von solchen Wunden an seinem Körper trägt, betrachtet sie als Ehrenzeichen, als hätte er sie aus Kriegszügen zurückgebracht.

Man muß sich fragen, ob dies der einzige Sinn der gefährlichen Wunden ist, die sich die Menschen bei solchen Gelegenheiten zufügen. Es scheint, daß die Frauen darin noch weitergehen als die Männer, und auf jeden Fall zeigen sie mehr Ausdauer in der Klage. Es ist viel *Zorn* in dieser Selbstverstümmelung, ein Zorn auf die Ohnmacht vor dem Tod; und es ist, als würde man sich für den Tod strafen. Man könnte auch denken, daß der einzelne die Verletzung der ganzen Gruppe durch den Verlust an seinem eigenen Leib manifestieren will. Aber die Zerstörung geht auch gegen die eigene *Behausung*, kümmerlich, wie sie ist, und in dieser Hinsicht erinnert sie an die Zerstörungssucht der Masse, wie wir sie kennen, die an anderer Stelle bereits erklärt worden ist. Durch die Zerstörung an allem Vereinzelten, in der die Meute sich vollendet, *hält* sie sich auch länger; und die Trennung von der Zeit, in der sie das drohende Unglück erkannt und erlitten hat, ist schärfer. Alles beginnt von neuem, und es beginnt eben im kraftvollen Zustand der gemeinsamen Erregung.

Es ist von Bedeutung, zum Schluß die beiden Bewegungstendenzen festzuhalten, die für den Ablauf der Klagemeute wesentlich sind. Die erste ist die heftige Bewegung zum Sterbenden hin und die Bildung eines zweideutigen Haufens um ihn, der zwischen Leben und Tod in der Mitte steht. Die zweite Bewegung ist die angstvolle Flucht vom Toten weg, von ihm und allem, das von ihm berührt sein könnte.

Die Vermehrungsmeute

Man mag das Leben welches Naturvolkes immer betrachten, überall stößt man sofort auf die konzentrierten Ereignisse seines Daseins: Jagd-, Kriegs- oder Klagemeute. Der Ablauf dieser drei Arten von Meuten ist klar, sie haben alle etwas Elementares. Wo das eine oder das andere dieser Gebilde in den Hintergrund gedrängt worden ist, finden sich doch gewöhnlich Überreste von ihm, die sein Vorhandensein und seine Bedeutung in der Vergangenheit beweisen.

Ein komplexeres Gebilde hat man in der *Vermehrungsmeute* vor sich. Sie ist von ungeheurer Bedeutung, weil sie die eigentliche Triebkraft zum Umsichgreifen des Menschen war. Sie hat ihm die Erde erobert, und sie hat zu immer reicheren Zivilisationen geführt. Ihre Wirksamkeit ist in ihrer vollen Tragweite nie erfaßt worden, denn der Begriff der Fortpflanzung hat die eigentlichen Vorgänge der Vermehrung verstellt und verdunkelt. Sie ist von allem Anfang an nur im Zusammenwirken mit Vorgängen der *Verwandlung* zu begreifen.

Die frühen Menschen, die sich in geringer Zahl in großen und oft leeren Räumen bewegen, stehen einer Überzahl von Tieren gegenüber. Diese mögen nicht alle feindlich sein; die meisten sind dem Menschen gar nicht gefährlich. Aber viele von ihnen treten in ungeheuren Zahlen auf: Ob es sich um Herden von Springböcken oder Büffeln handelt, um Fische, um Heuschrecken, Bienen oder Ameisen – an ihrer Zahl gemessen ist die des Menschen eine verschwindend geringe.

Denn die Nachkommenschaft des Menschen ist spärlich. Sie meldet sich vereinzelt, und es dauert lange, bis sie da ist. Der Wunsch nach *mehr*, nach einer größeren Zahl von Leuten, zu denen man gehört, muß immer tief und dringlich gewesen sein. Er steigerte sich unaufhörlich; jede Gelegenheit, bei der eine Meute sich bildete, mußte den Trieb auf eine größere Anzahl von Menschen hin stärken. Eine größere Jagdmeute war imstande, mehr Wild zu umzingeln. Man konnte sich nicht immer aufs Wild verlassen; plötzlich war viel davon da, je mehr Jäger man hatte, um so größer war die Beute. Im Kriege wollte man stärker als die feindliche Horde sein: der Gefahr einer geringen Zahl war man sich immer bewußt. Jeder Tod aber, den man zu beklagen hatte, besonders wenn es um einen erfahrenen und tätigen Mann ging, war ein ganz einschneidender Verlust. Die Schwäche des Menschen war seine geringe Zahl.

Zwar lebten auch die Tiere, die ihm gefährlich waren, oft einzeln oder in kleinen Gruppen wie er. Er war wie diese ein Raubtier, aber eines, das nie allein sein wollte. Er mochte in Rudeln leben, die so groß waren wie die der Wölfe, aber sie waren es zufrieden und er nicht. Denn in der ungeheuer großen Zeitspanne, während der er in kleinen Gruppen lebte, hat er sich durch *Verwandlung* alle Tiere, die er kannte, gewissermaßen einverleibt. An dieser Ausbildung der Verwandlung ist er erst recht zum Menschen geworden, sie war seine eigentümliche Begabung und Lust. Bei seinen frühen Verwandlungen in andere Tiere spielte und tanzte er manche Arten, die in großer Zahl erscheinen. Je vollkommener seine Darstellung solcher Geschöpfe war, um so intensiver empfand er die Größe ihrer Zahl. Er empfand, was es war, *viele* zu sein, und wurde sich dann immer wieder seiner Vereinzeltheit als Mensch in kleinen Gruppen bewußt.

Es kann keinem Zweifel unterliegen, daß der Mensch, sobald er es einmal war, *mehr* sein wollte. Alle seine Glaubensformen, seine Mythen, Riten und Zeremonien sind von diesem Wunsche erfüllt. Der Beispiele dafür sind viele, manchen von ihnen wird man im Laufe dieser Untersuchung begegnen. Da alles an ihm, was auf Vermehrung abzielt, mit so elementarer Gewalt ausgestattet ist, mag es wundernehmen, daß zu Beginn dieses Kapitels das Komplexe der Vermehrungsmeute betont worden ist. Ein wenig Überlegung wird zeigen, warum sie in so vielen verschiedenen Formen auftritt. Man hat sie überall zu suchen, sie tritt da auf, wo man sie natürlich erwartet. Aber sie hat auch ihre geheimen Schlupfwinkel und ist plötzlich dort, wo man sie am wenigsten vermutet.

Denn an seine Vermehrung hat der Mensch ursprünglich nicht losgelöst von jener der anderen Geschöpfe gedacht. Seinen Wunsch nach ihr überträgt er auf alles, was ihn umgibt. So wie es ihn zur Vergrößerung seiner eigenen Horde treibt, durch eine reichliche Versorgung mit Kindern, so will er auch mehr Wild und Früchte, mehr Herden und Korn und was immer es ist, wovon er sich nährt. Damit er gedeihe und mehr werde, muß von allem da sein, dessen er zu seinem Leben bedarf.

Wo der Regen rar ist, konzentriert er sich auf die Herbeiführung von Regen. Am meisten brauchen alle Geschöpfe, wie er selber, Wasser. So fallen in vielen Gegenden der Erde Regen- und Vermehrungsriten in eins zusammen. Ob die Menschen selber den Regen tanzen, wie bei den Pueblo-Indianern, ob sie als Dürstende ihren Zauberer umstehen, wenn er für sie den Regen herbeilockt – ihre Verfassung in allen solchen Fällen ist die einer Vermehrungsmeute.

Um den engen Zusammenhang zu erkennen, der zwischen Vermehrung und Verwandlung besteht, ist es notwendig, hier auf die Riten der Australier einzugehen. Sie sind schon vor über einem halben Jahrhundert von mehreren Forschern auf das genaueste erkundet worden.

Die *Ahnen,* von denen die Ursprungslegenden der Australier handeln, sind kostbare Wesen, es sind Doppelgeschöpfe, teils Tier, teils Mensch, genauer gesagt sind sie beides. Sie haben die Zeremonien eingeführt, und man hält diese ab, weil sie es befohlen haben. Es ist auffallend, daß jeder von ihnen den Menschen mit einer ganz bestimmten Tier- oder Pflanzenart verbindet. So ist der Känguruh-Ahne zugleich Känguruh und Mensch, der Emu-Ahne Mensch und Emu. Es sind nie zwei verschiedene Tiere, die in *einem* Ahnen vorgestellt werden. Immer ist der Mensch dabei, die eine Hälfte sozusagen, die andere Hälfte aber ist ein bestimmtes Tier. Doch kann man gar nicht genug darauf bestehen, daß beides zugleich da ist, in *einer* Gestalt, die Eigenschaften von beiden sind für unser Gefühl auf die naivste und frappierendste Weise gemischt.

Es ist klar, daß diese Ahnen nichts anderes darstellen als die Ergebnisse von Verwandlungen. Der Mensch, dem es immer wieder gelang, sich wie ein Känguruh zu fühlen und so auszusehen, wurde zum Känguruh-Totem. Diese bestimmte Verwandlung, die oft geübt und gebraucht worden war, bekam den Charakter einer Errungenschaft und wurde in Mythen, die man dramatisch darstellen konnte, von Geschlecht zu Geschlecht weitergegeben.

Der Ahne der Känguruhs, von denen man umgeben war, wurde zugleich zum Ahnen jener Gruppe von Menschen, die sich Känguruh nannten. Die Verwandlung, die am Ursprung dieser doppelten Nachkommenschaft stand, wurde bei gemeinsamen Anlässen vorgeführt. Ein oder zwei Leute stellten ein Känguruh dar, die anderen nahmen als Zuschauer an der überlieferten Verwandlung teil. Bei einer späteren Veranstaltung mochten sie selber das Känguruh tanzen, das ihr Ahne war. Die Lust an dieser Verwandlung, das besondere Gewicht, das sie im Laufe der Zeit bekam, ihre Kostbarkeit für neue Generationen von Menschen, drückte sich in der Heiligkeit der Riten aus, während derer sie geübt wurde. Die gelungene und etablierte Verwandlung wurde eine Art von *Gabe*: sie wurde genau so gepflegt wie der Schatz von Worten, der eine bestimmte Sprache ausmacht, oder jener andere Schatz von Gegenständen, die *wir* als materiell bezeichnen und empfinden: Waffen, Schmuck und gewisse heilige Geräte.

Diese Verwandlung, die als wohlbehütete Tradition, als Totem eine Verwandtschaft bestimmter Menschen mit den Känguruhs bezeichnete, bedeutete auch eine Verbindung mit ihrer *Zahl.* Sie war immer größer als die der Menschen; ihre Zunahme war erwünscht, sie war verbunden mit der des Menschen. Wenn sie sich vermehrten, vermehrte sich auch er. Die Vermehrung des Totemtieres war identisch mit seiner.

Die Stärke dieses Zusammenhangs zwischen Verwandlung und Vermehrung kann also gar nicht überschätzt werden: sie gehen Hand in Hand. Sobald eine Verwandlung festgelegt und in ihrer exakten Gestalt als Tradition gepflegt wird, sichert sie die Vermehrung der *beiden* Geschöpfe, die in ihr untrennbar und eins geworden sind. Das eine dieser Geschöpfe ist immer der Mensch. In jedem Totem sichert er sich die Vermehrung eines *anderen* Tieres. Der Stamm, der aus vielen Totems besteht, hat sich die Vermehrung von ihnen allen angeeignet.

Die große Mehrzahl der australischen Totems sind Tiere, aber es gibt unter ihnen auch Pflanzen, und da es meist um Pflanzen geht, die der Mensch genießt, hat man sich über die Riten, die ihrer Vermehrung galten, nie besonders gewundert. Es schien natürlich, daß der Mensch auf Pflaumen und Nüsse aus war und sich recht viele von ihnen wünschte. Auch manche von den Insekten, die wir als Ungeziefer empfinden, die aber für den Australier Leckerbissen sind, bestimmte Larven, Termiten und Grashüpfer, kommen als Totems vor. Was soll man aber dazu sagen, wenn man auf Menschen stößt, die als ihr Totem Skorpione, Läuse, Fliegen oder Moskitos bezeichnen? Hier kann von Nützlichkeit im ordinären Sinne des Wortes keine Rede sein, diese Geschöpfe sind Plagen für den Australier wie für uns. Es kann nur die ungeheure Zahl dieser Wesen sein, die ihn anzieht, und wenn er eine Verwandtschaft mit ihnen etabliert, so ist es ihm darum zu tun, sich dieser Zahl zu versichern. Der Mann, der von einem Moskito-Totem abstammt, will, daß seine Leute so zahlreich werden wie Moskitos.

Ich will diesen vorläufigen und sehr summarischen Hinweis auf die australischen Doppelfiguren nicht abschließen, ohne eine andere Art von Totems zu erwähnen, die sich bei ihnen finden. Man wird über die folgende Liste staunen; sie ist dem Leser bereits bekannt. Es gibt unter ihren Totems Wolken, Regen und Wind, Gras, brennendes Gras,

Feuer, das Meer, den Sand und die Sterne. Es ist die Liste der natürlichen *Massensymbole*, die ausführlich gedeutet worden sind. Für ihr Alter und ihre Bedeutung ließe sich kein besserer Beweis erbringen als ihr Vorhandensein unter den Totems der Australier.

Es wäre aber irrig, anzunehmen, daß die Vermehrungsmeuten überall an Totems gebunden sind und daß sie sich immer so viel Zeit lassen wie bei den Australiern. Es gibt Verrichtungen einfacherer und dichterer Art, bei denen es um eine sofortige und unmittelbare Anziehung der gewünschten Tiere geht. Sie setzen das Vorhandensein großer Herden voraus. Der Bericht über den berühmten Büffeltanz der *Mandan*, eines Indianerstammes in Nordamerika, stammt aus der ersten Hälfte des vorigen Jahrhunderts.

›Die Büffel finden sich gelegentlich zu ungeheuren Massen zusammen und streichen in allen Richtungen durch das Land, von Ost nach West oder von Nord nach Süd, weit fort, wohin ihre Laune sie treibt. Die Mandan haben dann plötzlich gar nichts zu essen. Sie sind ein kleiner Stamm und angesichts stärkerer Feinde, die ihnen nach dem Leben trachten, wagen sie es nicht, sich zu weit von zu Hause zu entfernen. So können sie nah an eine Hungersnot geraten. In einer Krise dieser Art holt jedermann seine Maske aus dem Zelt hervor, die er für eine solche Gelegenheit in Bereitschaft zu halten hat: es ist das Fell eines Büffelkopfs mit den Hörnern darauf. Der Büffeltanz beginnt, damit ›Büffel kommen‹. Er soll die Herde verlocken, ihre Richtung zu ändern und sich dem Dorfe der Mandan zuzuwenden.

Der Tanz findet auf dem öffentlichen Platz in der Mitte des Dorfes statt. Etwa 10 bis 15 Mandan nehmen daran teil, jeder von ihnen hat einen Büffelschädel mit Hörnern über den Kopf gestülpt und hält in seiner Hand den Bogen oder den Speer, mit dem er am liebsten Büffel tötet.

Der Tanz hat immer die gewünschte Wirkung, er hört nie auf, sondern geht Tag und Nacht weiter, bis ›Büffel kommen‹. Trommeln werden geschlagen, Rasseln geschüttelt, Lieder gesungen, Rufe unaufhörlich ausgestoßen. Die Zuschauer stehen mit Masken auf dem Kopf und Waffen in der Hand daneben, bereit, für jeden einzuspringen, der müde wird und den Kreis verläßt.

Während dieser Zeit allgemeiner Aufregung stehen Späher auf den Hügeln in der Umgegend des Dorfes, und wenn sie die Annäherung von Büffeln bemerken, geben sie das verabredete Signal, das sofort im Dorfe gesehen und vom ganzen Stamm verstanden wird. Solche Tänze haben ununterbrochen zwei oder drei Wochen angedauert, bis zum frohen Augenblick, da die Büffel erscheinen. Sie mißlingen nie und ihnen wird zugeschrieben, daß die Büffel kommen.

An der Maske hängt gewöhnlich noch ein Streifen Fell, die ganze Länge des Tieres, mit dem Schwanz daran; er liegt über dem Rücken des Tänzers und schleift am Boden. Wer müde wird, zeigt es an, indem er sich ganz vornüber beugt und seinen Körper dem Boden nähert: dann richtet ein anderer den Bogen auf ihn, trifft ihn mit einem stumpfen Pfeil, und er fällt wie ein Büffel nieder. Die Umstehenden packen ihn, zerren ihn an den Fersen aus dem Kreis und zücken ihre Messer über ihn. Nachdem sie die Bewegungen des Häutens und Aufschneidens gemacht haben, lassen sie ihn gehen und seine Stelle wird sofort von einem anderen eingenommen, der mit der Maske auf dem Kopf in den Ring tanzt. So kann der Tanz leicht Tag und Nacht in Gang gehalten werden, bis die gewünschte Wirkung erzielt ist und ›Büffel kommen‹.‹

Die Tänzer stellen Büffel und Jäger zugleich vor. In ihrer Verkleidung sind sie Büffel, aber Bogen, Pfeile und Speer kennzeichnen sie als Jäger. Solange einer tanzt, ist er als Büffel anzusehen und gibt sich als solcher. Wenn er ermüdet, ist er ein müder Büffel. Er darf die Herde nicht verlassen, ohne erlegt zu werden. Von einem Pfeil getroffen, und nicht aus Müdigkeit, sinkt er um. Bis in den Todeskampf bleibt er Büffel. Er wird von den Jägern weggetragen und zerlegt. Erst war er ›Herde‹, nun endet er als Beute.

Der Gedanke, daß eine Meute durch heftigen und andauernden Tanz die Herde der wirklichen Büffel anziehen könnte, setzt manches voraus. Den Mandan ist aus Erfahrung bekannt, daß eine Masse wächst und alles in ihren Kreis zieht, was sich von gleicher Art in der Nähe befindet. Wo immer viele Büffel beisammen sind, kommen noch mehr dazu. Sie wissen aber auch, daß die Erregung des Tanzes die Intensität einer Meute steigert. Ihre Stärke hängt von der Heftigkeit ihrer rhythmischen Bewegung ab. Was ihr an Zahl abgeht, kann die Meute durch Heftigkeit gewinnen.

Die Büffel, deren Aussehen und Bewegung man so genau kennt, sind doch auch wie Menschen, denn sie tanzen gern und lassen sich von ihren verkappten Feinden zu einer Festlichkeit locken. Der Tanz ist andauernd, denn er soll in die Ferne wirken. Die Büffel, die ihn irgendwo weit weg spüren, als Anziehung der Meute, geben dieser nach, solange sie als Tanz akut ist. Ließe der Tanz nach, so wäre es keine rechte Meute mehr, und die Büffel, die vielleicht noch immer weit weg wären, könnten sich woandershin wenden. Es gibt Herden da und dort, und jede von ihnen könnte die Büffel ablenken. Die Tänzer müssen zur stärksten Anziehung werden. Als *Vermehrungsmeute*, die keinen Augenblick in ihrer Erregung nachläßt, sind sie stärker als jede lockere Herde und ziehen diese unwiderstehlich an.

Die Kommunion

Eine Vermehrungshandlung besonderer Art ist das *gemeinsame Mahl.* In einem eigenen Ritus wird jedem der Teilnehmer ein Stück des erlegten Tieres ausgehändigt. Man ißt zusammen, was man zusammen erlangt hat. Teile desselben Tieres werden der ganzen Meute einverleibt. Etwas von *einem* Leibe geht in sie alle ein. Sie ergreifen, beißen, kauen, verschlingen dasselbe. Alle, die davon genossen haben, sind nun durch dieses eine Tier verbunden: es ist in ihnen allen zusammen enthalten.

Dieser Ritus der gemeinsamen Einverleibung ist die *Kommunion.* Es wird ihr ein eigener Sinn gegeben: sie soll so vor sich gehen, daß das Tier, von dem man genossen hat, sich geehrt fühlt. Es soll wiederkommen und viele von seinen Brüdern bringen. Man zerbricht seine Knochen nicht, man hebt sie sorgfältig auf. Wenn man alles recht macht, so wie es sich gehört, bekleiden sie sich wieder mit Fleisch, das Tier steht auf und läßt sich nochmals jagen. Wenn man es falsch macht und das Tier sich beleidigt fühlt, entzieht es sich. Es flüchtet mit all seinen Brüdern, man bekommt keinen von ihnen mehr zu Gesicht, die Menschen hungern.

Bei gewissen Festen stellt man sich vor, daß das Tier, von dem man genießt, selber anwesend ist. So wird bei manchen sibirischen Völkern der *Bär* als Gast bei seinem eigenen Mahl behandelt. Man ehrt diesen Gast, indem man ihm die besten Stücke seines eigenen Leibes vorsetzt. Man findet überzeugende und feierliche Worte für ihn und bittet ihn um Fürsprache bei seinen Brüdern. Wenn man sich darauf versteht, seine Freundschaft zu gewinnen, läßt er sich sogar ganz gerne jagen. Solche Kommunionen können zu einer Erweiterung der Jagdmeute führen. Frauen und alle anderen Männer, die bei der Jagd nicht dabei waren, nehmen dann an ihnen teil. Sie können sich aber auch auf eine kleine Gruppe beschränken, die der Gruppe der Jäger selbst entspricht. Der innere Vorgang, soweit er sich auf den Charakter der Meute bezieht, ist immer derselbe: die *Jagdmeute* geht in eine der *Vermehrung* über. Die eine besondere Jagd ist gelungen, man genießt von ihrer Beute, aber man ist im feierlichen Augenblick der Kommunion von der Vorstellung aller späteren Jagden erfüllt. Das Bild der unsichtbaren Masse dieser Tiere, die man wünscht, schwebt allen, die am Mahle teilnehmen, vor, und man ist sorgfältig darauf bedacht, sie wahrzumachen.

Diese frühe Kommunion der Jäger hat sich auch dort erhalten, wo es um Vermehrungswünsche ganz anderer Art geht. Es mögen Bauern sein, die auf die Vermehrung ihres Korns, auf ihr tägliches Brot bedacht sind: sie werden doch gemeinsam und feierlich vom Leib eines Tieres genießen, wie in alten Zeiten, da sie ausschließlich Jäger waren.

In den höheren Religionen spielt bei der Kommunion etwas Neues mit, der Gedanke an eine Vermehrung der *Gläubigen.* Wenn die Kommunion intakt bleibt, wenn sie richtig vor sich geht, wird der Glaube immer weiter um sich greifen, und mehr und mehr Bekenner werden zu ihm stoßen. Doch ist, wie man weiß, von viel größerer Bedeutung die Verheißung der Wiederbelebung und Auferstehung. Das Tier, von dem die Jäger zeremoniös genossen, würde wieder leben, es würde auferstehen und sich wieder jagen lassen. Diese Herbeiführung einer Auferstehung wird in den höheren Kommunionen zum wesentlichen Ziel; aber statt des Tieres wird der Leib eines Gottes genossen, und seine Auferstehung beziehen die Gläubigen auf sich selbst.

Von diesem Aspekt der Kommunion wird bei der Behandlung der Klage-Religionen noch die Rede sein. Was uns hier interessiert, ist der Übergang der Jagdmeute in eine der Vermehrung: eine bestimmte Art der Speisung sichert die Vermehrung der Speise. Diese wird ursprünglich als etwas Lebendes vorgestellt. – Es zeigt sich hier die Tendenz, die kostbare seelische Substanz der Meute zu bewahren, indem man sie in etwas Neues umsetzt. Was immer diese Substanz ist – und es ist vielleicht fraglich, ob der Ausdruck ›Substanz‹ hier überhaupt angebracht ist –, es wird alles unternommen, damit sie sich nicht zersetzt und zerstreut.

Der Zusammenhang zwischen der gemeinsamen Speisung und der Vermehrung der Nahrung kann *unmittelbar* sein, auch ohne das Element der Wiederbelebung und Auferstehung. Man entsinnt sich der Speisungswunder im Neuen Testament, wo mit fünf Broten und zwei Fischen viele tausend Hungrige gesättigt werden.

Die innere und die stille Meute

Die vier Grundformen der Meuten lassen sich auf mehrere Arten gruppieren. Man kann einmal unterscheiden zwischen *inneren* und *äußeren* Meuten.

Die *äußere* Meute, die auffallender und darum leichter zu charakterisieren ist, bewegt sich auf ein Ziel hin, das außerhalb liegt. Sie erstreckt sich über einen langen Weg. Ihre Bewegung ist, mit denen des normalen Lebens verglichen, eine gesteigerte. Sowohl Jagd- wie Kriegsmeute sind äußere Meuten. Das Wild, das gejagt wird, muß gefunden und ereilt werden. Der Feind, den man bekämpfen will, muß aufgesucht werden. Wie groß immer die Erregung ist, die durch einen Jagd- oder Kriegstanz an Ort und Stelle erlangt wird, die eigentliche Aktivität der äußeren Meute geht ins Weite.

Die *innere* Meute hat etwas Konzentrisches. Sie bildet sich so um einen Toten, der begraben werden soll. Ihre Tendenz ist, etwas zurückzuhalten, nicht es zu erreichen. Die Klage um den Toten betont auf jede Weise, wie sehr er eigentlich hierher gehört, zu denen, die um seine Leiche versammelt sind. Seinen Weg in die Ferne nimmt er allein. Es ist ein gefährlicher, ein schrecklicher Weg, bis er dort anlangt, wo die anderen Toten ihn erwarten und aufnehmen. Da der Tote sich nicht zurückhalten läßt, wird er sozusagen *ausverleibt*. Die um ihn klagen, stellen eben als Meute etwas wie einen einigen Leib dar, aus dem er nicht ohne Mühe entlassen und entfernt wird.

Auch die Vermehrungsmeute ist eine innere Meute. Eine Schar von tanzenden Menschen formiert sich zum Kern, an den sich, was noch unsichtbar ist, von außen anschließen soll. Es sollen mehr Menschen zu den vorhandenen stoßen, mehr Tiere zu denen, die man jagt oder züchtet, mehr Früchte zu denen, die man erntet. Das herrschende Gefühl ist ein Glaube an das Bereits-Vorhandensein alles dessen, was zu den sichtbaren Einheiten, die man so sehr schätzt, stoßen soll. Irgendwo ist es da, und man muß es nur heranlocken. Man neigt dazu, die Zeremonien dort abzuhalten, wo man eine große Zahl dieser Wesen unsichtbar vermutet.

Einen bedeutungsvollen Übergang von einer äußeren in eine innere Meute hat man in der *Kommunion* vor sich. Durch Einverleibung eines bestimmten Tieres, das auf der Jagd erlegt wurde, durch das feierliche Bewußtsein davon, daß etwas von ihm in allen Teilnehmern vorhanden ist, sobald sie von ihm genossen haben, *verinnerlicht* sich die Meute. In diesem Zustand kann sie dann seine Wiederbelebung und vor allem seine Vermehrung erwarten.

Eine andere Art der Einteilung ist die Unterscheidung zwischen *stillen* und *lauten* Meuten. Es genügt zu erwähnen, wie laut die Klage ist. Sie hätte keinen Sinn, wenn sie sich nicht auf das heftigste bemerkbar machte. Sobald der Lärm ganz zu Ende ist, sobald er nicht mehr aufgenommen oder auf andere Weise übertrumpft wird, geht die Klagemeute auseinander, und jeder ist wieder für sich. Jagd und Krieg sind ihrer Natur nach laut. Wenn zu Zwecken der Überlistung Stille für eine Weile oft erforderlich sein mag, so ist dann der Höhepunkt der Affäre dafür nur um so lauter. Das Gekläff der Hunde, die Zurufe der Jäger, durch die sie Erregung und Blutdurst aneinander steigern, gehören überall zu den entscheidenden Momenten der Jagd. Im Kriege aber waren seit jeher unentbehrlich die Wildheit der Herausforderung und die Bedrohung des Feindes. Schlachtgeschrei und Schlachtgetümmel gehen durch die Geschichte, und ohne das Getöse der Explosionen kommt der Krieg auch heute nicht aus.

Die *stille* Meute ist eine der Erwartung. Sie hat Geduld, eine Geduld, die an so Versammelten besonders auffallend ist. Sie tritt überall dort in Erscheinung, wo das Ziel der Meute nicht durch rasches und erregtes Eingreifen zu erlangen ist. Vielleicht ist das Wort ›still‹ hier ein wenig irreführend, und die Bezeichnung *Erwartungs*-Meute wäre klarer. Denn alle möglichen Aktivitäten, wie Gesänge, Beschwörungen, Opfer, können diese Art von Meute kennzeichnen. Es gehört zu ihnen, daß sie auf etwas Fernes zielen, das nicht sobald da sein kann.

Es ist diese Art der Erwartung und Stille, die in die Jenseits-Religionen eingegangen ist. So gibt es Menschen, die ein Leben damit zubringen, auf ein besseres Dasein im Jenseits zu hoffen. Aber das einleuchtendste Beispiel der stillen Meute bleibt die Kommunion. Der

Vorgang der Einverleibung, wenn sie vollkommen sein soll, erfordert eine konzentrierte Stille und Geduld. Die Ehrfurcht vor dem Heilig-Bedeutungsvollen, das man in sich hat, gebietet für eine Weile ein ruhiges und würdiges Verhalten.

Die Bestimmtheit von Meuten
Ihre historische Konstanz

Man *kennt* den Toten, den man beklagt. Nur die, die ihm nahestanden oder die genau wissen, wer er ist, haben ein Anrecht darauf, zur Klagemeute zu stoßen. Der Schmerz steigert sich im Maße der Vertrautheit mit ihm. Die ihn am besten kannten, klagen am heftigsten. Den Gipfel der Klage nimmt die Mutter ein, deren Leib er entstammt. Um Fremde wird nicht getrauert. Es ist ursprünglich nicht so, daß die Klagemeute sich um irgendwen bilden kann.

Diese *Bestimmtheit* in Bezug auf ihren Gegenstand zeichnet aber alle Meuten aus. Es ist nicht nur so, daß sich die zu einer Meute Gehörigen alle gut kennen, sie kennen auch ihr Ziel. Wenn sie auf der Jagd sind, wissen sie, worauf sie aus sind. Wenn sie Krieg führen, kennen sie sehr wohl ihren Feind. In der Klage gilt ihr Schmerz einem wohlbewußten Toten. Bei Vermehrungsriten wissen sie genau, *was* sich vermehren soll.

Die Meute ist von einer unabänderlichen und schrecklichen Bestimmtheit. Diese Bestimmtheit enthält aber auch ein Element der Vertrautheit. Eine eigentümliche Zärtlichkeit für ihre Beute ist primitiven Jägern nicht abzusprechen. Bei der Klage und bei der Vermehrung ist diese zärtliche Vertrautheit natürlich. Aber selbst auf den Feind fällt manchmal etwas von diesem vertraulichen Interesse, sobald man ihn nicht mehr zu sehr fürchtet.

Die Ziele, die sich die Meute steckt, sind immer wieder dieselben. Eine Wiederholbarkeit, die ins Unendliche geht, wie sie allen Lebensvorgängen des Menschen eignet, kennzeichnet auch seine Meuten. Bestimmtheit und Wiederholung haben hier zu Gebilden von unheimlicher Konstanz geführt. Es ist diese Konstanz, die Tatsache, daß man sie immer bereit und verfügbar hat, die ihre Verwendbarkeit in komplexeren Zivilisationen ermöglicht. Als *Massenkristalle*, wo immer es darum geht, rasch Massen hervorzurufen, werden sie wieder und wieder eingesetzt.

Aber auch vieles Archaische im Leben unserer modernen Kulturen drückt sich in Gestalt von Meuten aus. Die Sehnsucht nach einem einfachen oder natürlichen Dasein, nach einer Ablösung aus den wachsenden Zwängen und Bindungen unserer Zeit hat eben diesen Gehalt: es ist der Wunsch nach einem Leben in *isolierten Meuten*. Fuchsjagden in England, Ozeanfahrten auf kleinen Booten mit geringer Besatzung, Betgemeinschaften in einem Kloster, Expeditionen in unbekannte Länder, ja selbst der Traum, mit wenigen anderen in einer paradiesischen Natur zu leben, wo sich alles sozusagen von selbst vermehrt, ohne jede Bemühung von seiten des Menschen – allen diesen archaischen Situationen gemeinsam ist die Vorstellung einer geringen Zahl von Leuten, die einander wohlvertraut sind und die an einem klaren und unverwirrbaren Unternehmen von großer Bestimmtheit oder Abgegrenztheit teilhaben.

Eine unverschämte Form der Meute hat man noch heute in jedem Akt von *Lynch-Justiz* vor sich. Das Wort ist so unverschämt wie die Sache, denn es geht um eine *Aufhebung* der Justiz. Der Beschuldigte wird ihrer nicht für wert gehalten. Er soll ohne alle Formen, die für Menschen üblich sind, umkommen wie ein Tier. Seine Verschiedenheit in Aussehen und Gebaren, die Kluft, die nach dem Gefühl der Mörder zwischen ihnen und ihrem Opfer besteht, erleichtert ihnen seine Behandlung als Tier. Je länger er sich ihnen durch Flucht entzieht, um so begieriger werden sie zur Meute. Ein Mann in seiner vollen Kraft, ein guter Läufer bietet ihnen die Gelegenheit zu einer Jagd, die sie mit Lust ergreifen. Ihrer Natur nach kann sie nicht sehr häufig sein; das Rare dieser Jagd mag ihren Reiz erhöhen. Die Roheiten, die sie sich bei dem Geschäft erlauben, mögen damit zu erklären sein, daß sie ihn nicht fressen können. Wahrscheinlich kommen sie sich als Menschen vor, weil sie ihre Zähne nicht in ihn schlagen.

Die Beschuldigung sexueller Natur, von der diese Art der Meute oft ihren Ausgang nimmt, macht aus dem Opfer ein gefährliches Wesen. Man stellt sich seine wirkliche oder vermeintliche Untat vor. Die Verbindung des schwarzen Mannes mit einer weißen Frau, die Vorstellung ihrer leiblichen Nähe unterstreicht in den Augen der Rächer ihre Verschiedenheit. Die Frau wird immer weißer, wie der Mann immer schwärzer wird. Sie ist unschuldig, denn als Mann ist er stärker. Sollte sie eingewilligt haben, so ist sie betrogen worden durch seine überlegene Kraft. Es ist der Gedanke an diese Überlegenheit, der ihnen am unerträglichsten ist und der sie zwingt, sich gegen ihn zusammenzuschließen. Als reißendes Tier – er hat eine Frau gegriffen – wird er gemeinsam gehetzt und getötet. Der Mord an ihm scheint ihnen erlaubt und geboten und erfüllt sie mit unverhohlener Genugtuung.

Meuten in den Ahnenlegenden der Aranda

Wie malt sich die Meute im Kopfe der australischen Eingeborenen ab? Zwei Ahnenlegenden der *Aranda* geben davon ein klares Bild. Die erste handelt von Ungutnika, einem berühmten Känguruh aus der mythischen Urzeit. Folgendes wird über seine Erlebnisse mit den *wilden Hunden* berichtet.

›Er war noch nicht ganz erwachsen, ein kleines Tier, und machte sich auf die Wanderung. Nachdem er etwa drei Meilen gereist war, kam er auf eine offene Ebene, wo er eine Meute von wilden Hunden sah. Sie lagen dicht bei ihrer Mutter, die sehr groß war. Er hüpfte umher und besah sich die wilden Hunde, da bemerkten sie ihn und begannen hinter ihm herzujagen. Er hüpfte, so rasch er konnte, davon, aber sie packten ihn auf einer anderen Ebene. Sie rissen ihm seinen Leib auf, aßen erst seine Leber, zogen ihm das Fell ab, warfen es beiseite und rissen alles Fleisch von den Knochen herunter. Sobald sie damit fertig waren, legten sie sich wieder nieder.

Ungutnika war aber nicht ganz zerstört, denn seine Haut und seine Knochen waren noch übrig. Vor den Augen der Hunde kam die Haut und legte sich über die Knochen. Er stand wieder auf und rannte davon. Die Hunde folgten ihm und fingen ihn diesmal bei Ulima, einem Hügel. Ulima bedeutet Leber und heißt so, weil die Hunde diesmal die Leber nicht aßen, sondern wegwarfen; sie wurde zu einem dunklen Hügel, der die Stelle bezeichnet. Was zuvor geschehen war, geschah jetzt wieder, und Ungutnika, der nochmals ganz geworden war, rannte diesmal bis nach Pulpunja. Das Wort bezeichnet ein eigentümliches Geräusch, das kleine Fledermäuse von sich geben. Ungutnika drehte sich an dieser Stelle um und machte dieses Geräusch, um die Hunde zu verhöhnen. Er wurde gleich wieder gepackt und aufgeschnitten, aber zum großen Staunen seiner Verfolger wurde er nochmals ganz. Er rannte bis nach Undiara, die Hunde hinter ihm her. Als er eine Stelle gleich beim Wasserloch erreicht hatte, fingen sie ihn ein und aßen ihn auf. Sie schnitten seinen Schwanz ab und begruben ihn da, wo er sich in Form eines Steines noch heute findet. Er heißt das Känguruhschwanz-Churinga; bei den Vermehrungszeremonien wird er hervorgegraben, herumgezeigt und sorgfältig gerieben.‹

Viermal wird das Känguruh von der Meute der wilden Hunde gejagt. Es wird getötet, zerrissen und aufgegessen. Bei den drei ersten Malen werden Haut und Knochen unberührt gelassen. Solange diese intakt sind, kann es wieder aufstehen und sein Leib wächst ihm nach; die Hunde jagen es wieder. Ein und dasselbe Tier wird also *viermal* gegessen. Das Fleisch, das man gegessen hat, ist plötzlich wieder da. Aus einem Känguruh sind vier geworden, und doch ist es immer dasselbe Tier.

Es ist auch die Jagd dieselbe, nur ihre Lokalitäten ändern sich und die Stellen der wunderbaren Ereignisse sind in der Landschaft für immer bezeichnet. Das Getötete gibt nicht nach, es lebt wieder und verhöhnt die Meute, die aus dem Staunen nicht herauskommt. Aber auch sie gibt nicht nach: sie muß ihre Beute töten, selbst wenn sie schon einverleibt ist. Die Bestimmtheit der Meute und die Wiederholbarkeit ihres Tuns könnten nicht klarer und einfacher gefaßt sein.

Die Vermehrung wird hier durch eine Art von Wiederauferstehung erlangt. Das Tier ist unerwachsen und hat keine Jungen hervorgebracht. Aber es hat dafür sich selbst vervierfacht. Vermehrung und Fortpflanzung sind, wie man sieht, keineswegs identisch. Aus Haut und Knochen steht man wieder auf, vor den Augen der Verfolger, und reizt sie zur Jagd.

Der Schwanz, der vergraben wird, bleibt als Stein bestehen, er ist das Mal und der Zeuge dieses Wunders. Die Kraft jener vierfachen Auferstehung ist nun in ihm, und wenn man ihn richtig behandelt, wie es bei den Zeremonien geschieht, verhilft er immer wieder zu Vermehrung.

Die zweite Legende beginnt mit der Jagd eines einzelnen Mannes auf ein großes, sehr starkes Känguruh. Er hat es gesehen, er will es töten und essen. Er folgt ihm auf weite Entfernungen, es ist eine langwierige Jagd, und an vielen Orten kampieren sie, in einer bestimmten Distanz voneinander. Überall, wo das Tier verweilt, hinterläßt es Spuren in der Landschaft. An einem Ort hört es ein Geräusch und hebt sich auf die Hinterbeine. Ein acht Meter hoher Stein stellt es dort noch heute in dieser Position vor. Später scharrt es ein Loch in die Erde, um nach Wasser zu suchen; auch dieses Wasserloch ist noch vorhanden.

Aber schließlich ist das Tier furchtbar erschöpft und legt sich nieder. Der Jäger stößt auf eine Anzahl von Männern, die zwar demselben Totem angehören wie er, aber einer anderen Untergruppe. Sie fragen den Jäger: »Hast du große Speere?« Er erwidert: »Nein, nur kleine. Habt ihr große Speere?« Sie sagen: »Nein, nur kleine.« Da sagt der Jäger: »Legt eure Speere auf den Boden.« Und sie erwidern: »Gut, leg deine auch auf den Boden.« Die Speere werden auf den Boden geworfen, und alle Männer gehen vereint auf das Tier los. Der ursprüngliche Jäger behält nur einen Schild und sein Churinga – seinen heiligen Stein – in der Hand.

›Das Känguruh war sehr stark und stieß die Männer von sich fort. Da sprangen sie alle auf das Tier und der *Jäger*, der unter den Haufen geriet, *wurde zu Tode getrampelt*. Auch das Känguruh schien tot zu sein. Sie begruben den Jäger mit seinem Schild und Churinga und nahmen den Leib des Tieres mit nach Undiara. Es war nicht wirklich tot gewesen, doch starb es bald darauf und wurde in die Höhle gelegt. Es wurde nicht gegessen. Da, wo der Leib des Tieres war, entstand ein Felsabsatz in der Höhle, nach seinem Tode ging sein Geist in diesen ein. Bald darauf starben auch die Männer, und ihre Geister gingen in den Tümpel gleich daneben. Die Überlieferung sagt, daß große Mengen von Känguruhs in späteren Zeiten zur Höhle kamen und da in die Erde eingingen, auch ihre Geister gingen in den Stein.‹

Die Einzeljagd geht hier über in die Jagd einer ganzen Meute. Man geht ohne Waffen auf das Tier los. Man will es unter einem Haufen von Menschen begraben. Das Gewicht der vereinten Jäger soll es ersticken. Es ist sehr stark und stößt um sich, und die Männer haben es nicht leicht. In der Hitze des Kampfes gerät der ursprüngliche Jäger selbst unter den Haufen, und statt des Känguruhs wird er zu Tode getrampelt. Sie begraben ihn mit seinem Schild und seinem heiligen Churinga.

Die Geschichte von einer Jagdmeute, die auf ein besonderes Tier aus ist und durch Irrtum statt des Tieres den vornehmsten Jäger tötet, findet sich über die ganze Erde verbreitet. Sie endet mit der Klage um den Toten: die *Jagdmeute* geht über in eine *Klagemeute*. Dieser Umschlag bildet den Kern vieler wichtiger und weitverbreiteter Religionen. Auch hier, in dieser Legende der Aranda, wird von der Beisetzung des Opfers gesprochen. Schild und Churinga werden mit ihm begraben, und die Erwähnung des Churinga, der als heilig gilt, gibt dem Vorgang seine feierliche Note.

Das Tier selbst, das erst später stirbt, wird an einem anderen Orte beigesetzt. Seine Höhle wird zu einem Zentrum für die Känguruhs. Sehr viele von ihnen kommen im Verlaufe späterer Perioden an denselben Fels und gehen in ihn ein. Undiara, so heißt der Ort, wird zu einer heiligen Stelle, an der die Angehörigen des Känguruh-Totems ihre Zeremonien feiern. Sie dienen der Vermehrung dieses Tieres, und solange sie richtig vor sich gehen, wird es genug Känguruhs in der Nachbarschaft geben.

Es ist merkwürdig, wie in dieser Legende zwei ganz verschiedene religiöse Kernvorgänge aneinandergereiht worden sind. Der erste enthält, wie gesagt, das Umschlagen der Jagd- in die Klagemeute; der zweite, der in der Höhle spielt, stellt das Umschlagen der Jagd- in die Vermehrungsmeute dar. Für die Australier hat der zweite Vorgang eine viel größere Bedeutung: er steht recht eigentlich im Zentrum ihres Kults.

Daß sie beide nebeneinander vorkommen, spricht für eine Hauptthese dieses Versuchs. Jede der vier Grundarten der Meute ist von Anfang an und überall vorhanden, wo es Menschen gibt. So sind auch immer alle Umschläge von einer Meute in die andere möglich. Je nach dem Akzent, der auf den einen oder den anderen Umschlag gelegt ist, bilden sich verschiedene religiöse Grundformen heraus. Als die beiden wichtigsten Gruppen unterscheide ich die Klage- von den Vermehrungsreligionen. Aber es gibt auch, wie sich zeigen wird, Jagd- und Kriegsreligionen.

Eine Spur von kriegerischen Vorgängen ist selbst in der angeführten Legende vorhanden. Das Gespräch über die Speere, das der erste Jäger mit der Schar von Männern führt, auf die er stößt, bezieht sich auf kriegerische Möglichkeiten. Wenn sie alle Speere, die sie haben, zugleich auf den Boden werfen, verzichten sie auf einen Kampf. Erst dann gehen sie vereint auf das Känguruh los.

Hier stoßen wir auf den zweiten Punkt, der mir an dieser Legende bemerkenswert erscheint: den *Haufen* der Männer, der sich auf das Känguruh wirft; eine zusammenhängende Masse von menschlichen

Leibern soll es ersticken. Von solchen Haufen menschlicher Leiber ist bei den Australiern oft die Rede. Man begegnet ihnen immer wieder bei ihren Zeremonien. In einem bestimmten Augenblick, bei den Beschneidungszeremonien der jungen Männer, legt sich der Kandidat auf den Boden, und eine Anzahl von Männern legt sich über ihn, so daß er ihr volles Gewicht zu tragen hat. In manchen Stämmen stürzt sich ein Haufe von Menschen auf einen Sterbenden und drückt sich von jeder Seite eng an ihn. Diese Situation, die man bereits kennt, ist besonders interessant: sie stellt einen Übergang zum Haufen der Sterbenden und Toten dar, von dem in diesem Buche oft die Rede ist. Einige Fälle von dichten australischen Haufen sollen im nächsten Kapitel behandelt werden. Es mag genügen, hier zu bemerken, daß der dichte Haufe von *Lebenden*, absichtlich und gewaltsam herbeigeführt, nicht weniger wichtig ist als der Haufe von Toten. Wenn *uns* der letztere vertrauter vorkommt, so hängt das damit zusammen, daß er im Laufe der Geschichte ungeheuerliche Ausmaße angenommen hat. Es muß einem oft so erscheinen, als ob die Menschen in größerer Anzahl sich nur noch als Tote ganz nahe kämen. Aber der Haufe der Lebenden ist genau so gut bekannt: nichts anderes ist im Kern die *Masse.*

Formationen von Menschen bei den Aranda

Die beiden Ahnenlegenden, die man kennengelernt hat, sind dem Buche von *Spencer* und *Gillen* über den Stamm der Aranda (die bei ihnen ›Arunta‹ heißen) entnommen. Der größte Teil dieses berühmten Werkes ist der Beschreibung ihrer Feste und Zeremonien gewidmet. Von ihrer Mannigfaltigkeit macht man sich schwer einen übertriebenen Begriff. Besonders auffallend ist der Reichtum an physischen Formationen, die sich im Laufe der Zeremonien aus den Teilnehmern bilden. Teils sind es solche Gebilde, die uns wohlvertraut sind, weil sie ihre Bedeutung bis auf unsere Tage behalten haben, teils solche, die uns durch ihre extreme Fremdartigkeit frappieren. Die wichtigeren unter ihnen sollen nun in knapper Aufzählung folgen.

Bei allen geheimen Verrichtungen, die unter Schweigen vor sich gehen, ist der *Gänsemarsch* häufig. Im Gänsemarsch ziehen die Männer aus, um ihre heiligen Churingas zu holen, die in Höhlen oder an anderen Orten versteckt gehalten werden. Sie wandern vielleicht eine Stunde, bis sie ihr Ziel erreichen; die jungen Männer, die auf diese Expeditionen mitgenommen werden, dürfen keine Fragen stellen. Wenn der alte Mann, unter dessen Führung sie stehen, ihnen etwas erklären will, gewisse Formationen in der Landschaft, die in Verbindung mit den Legenden der Ahnen stehen, so bedient er sich der Zeichensprache.

Bei den eigentlichen Zeremonien tritt gewöhnlich eine sehr geringe Zahl von Darstellern auf, die als die Ahnen eines Totems hergerichtet sind und diese spielen. Meist sind es zwei oder drei, oft nur ein einziger. Die jungen Männer bilden einen Kreis, tanzen um sie herum, wobei sie bestimmte Rufe ausstoßen. Dieser *Umlauf* im Kreise ist eine sehr häufige Formation und wird immer wieder erwähnt.

Bei einer anderen Gelegenheit, während der Engwura-Zeremonien, die das wichtigste und feierlichste Ereignis im Leben des Stammes sind, legen sich die jungen Männer an einem länglichen Erdhügel der Reihe nach flach auf den Boden und bleiben so viele Stunden lang stumm liegen. Dieses *Niederlegen in einer Reihe* wiederholt sich oft, und einmal dauert es acht Stunden lang, von 9 Uhr abends bis 5 Uhr in der Frühe.

Sehr eindrucksvoll ist eine andere, viel dichtere Formation. Die Männer rücken ganz dicht zu einem Haufen zusammen, die Alten stehen in der Mitte, die Jungen außen. Dieses *scheibenartige* Gebilde, in dem alle Teilnehmer eng aneinandergepreßt sind, dreht sich zwei volle Stunden im Tanze herum, wobei unaufhörlich gesungen wird. Dann setzen sich alle in derselben Anordnung nieder, wobei der Haufe ebenso kompakt bleibt, wie er es im Stehen war, und die Männer singen weiter, vielleicht noch einmal zwei Stunden.

Manchmal stehen die Männer in *zwei Reihen* einander gegenüber und singen. – Für die entscheidende Zeremonie, mit der der rituelle Teil des Engwura seinen Abschluß findet, formieren sich die jungen Männer zum *Karree* und ziehen in Begleitung der alten auf die andere Seite des Flußbettes hinüber, wo die Frauen und Kinder sie erwarten.

Diese Zeremonie ist an Einzelheiten sehr reich; für unsere Aufzählung, der es ja nur um Formationen geht, ist ein *Haufen am Boden* zu erwähnen, der sich aus allen Männern zusammen bildet. Die drei Alten, die gemeinsam ein überaus heiliges Gebilde tragen, den Beutel vorstellend, in dem die Kinder der Urzeit enthalten waren, fallen zuerst nieder und bedecken mit ihren Leibern dieses Gebilde, das die

Frauen und Kinder nicht eigentlich sehen dürfen. Dann stürzen sich alle anderen Männer, also hauptsächlich die jungen, zu deren Einweihung diese Zeremonien abgehalten werden, auf die drei alten Männer, und alle liegen gemeinsam in einem regellosen Haufen am Boden. Es ist überhaupt nichts mehr zu erkennen, nur die Köpfe der drei Alten ragen aus dem Haufen hervor. Sie bleiben einige Minuten so liegen, und dann sucht sich alles zu erheben und zu entwirren. Die Bildung solcher Haufen am Boden kommt auch sonst vor, dies ist der größte und wichtigste Anlaß, den die Beobachter erwähnen.

Bei den *Feuerproben* legen sich die jungen Männer über die heißen Blätterzweige, aber natürlich nicht übereinander. Die Feuerproben spielen sich auf sehr verschiedene Arten ab, eine der häufigsten geht so vor sich: Die Jungen begeben sich auf den Grund jenseits des Flußbettes, wo die Frauen sie in zwei Gruppen erwarten. Die Frauen dringen auf sie ein und überschütten sie mit einem Hagel von brennenden Zweigen. Bei einer anderen Gelegenheit steht die lange Reihe der jungen Männer der der Frauen und Kinder gegenüber. Die Frauen tanzen, die Männer schleudern mit aller Kraft brennende Äste über ihre Köpfe hinweg.

Bei einer Beschneidungszeremonie bilden sechs Männer, die sich auf den Boden legen, zusammen einen Tisch. Der Novize legt sich auf sie und wird so operiert. Das ›Draufliegen auf dem Novizen‹, das zur selben Zeremonie gehört, ist schon im vorigen Kapitel verzeichnet worden.

Sucht man etwas wie einen Sinn in diesen Bildungen, so läßt sich vielleicht folgendes sagen:

Der *Gänsemarsch* drückt die *Wanderung* aus. Ihre Bedeutung in der Tradition des Stammes ist gar nicht zu überschätzen. Oft sollen die Ahnen unter der Erde gewandert sein. Es ist, als habe einer der jungen Männer nach dem anderen in die Fußtapfen der Ahnen zu treten. Die Art ihrer Bewegung und ihr Schweigen enthält den Respekt vor den heiligen Wegen und Zielen.

Der *Umlauf* oder das Umtanzen im Kreise erscheint als die eigentliche Befestigung der Darstellungen, die sich in seiner Mitte abspielen. Man schützt sie vor allem Fremden außerhalb des Kreises. Man zollt ihnen seinen Beifall, huldigt ihnen und ergreift von ihnen Besitz.

Das *Niederlegen* in einer Reihe könnte ein Spielen des Todes sein. Die Novizen bleiben in dieser Verfassung ganz und gar stumm, und viele Stunden lang regt sich nichts. Dann springen sie plötzlich auf und sind wieder am Leben.

Die *zwei Reihen,* die einander gegenüber aufgestellt sind und aufeinander zu agieren, drücken die Spaltung in zwei feindliche Meuten aus, wobei das andere Geschlecht für die feindliche Meute einspringen kann. Das *Karree* scheint schon hier eine Bildung zum Schutze nach allen Seiten zu sein; es setzt voraus, daß man sich in einer feindlichen Umgebung bewegt. Aus der späteren Geschichte ist es gut genug bekannt.

Es bleiben nun die eigentlich dichtesten Gebilde: die tanzende *Scheibe,* die von Menschen ganz ausgefüllt ist, und der *wirre Haufen* am Boden. Die Scheibe, eben in ihrer Bewegung, ist der extreme Fall einer rhythmischen Masse: eine, die so dicht und geschlossen ist wie nur möglich, in der für nichts anderes Platz bleibt als die Menschen, die zu ihr gehören.

Der Haufe am Boden schützt ein kostbares Geheimnis. Er zeigt an, daß man mit aller Macht etwas bedecken und zurückhalten will. In einen solchen Haufen nimmt man auch einen Sterbenden auf und erweist ihm so, unmittelbar vor seinem Tod, eine letzte Ehre. So kostbar ist er seinen Leuten, und mit ihm in der Mitte gemahnt dieser Haufen an den der Toten.

Meute und Religion

Umschlag der Meuten

Alle Formen der Meute, wie sie geschildert worden sind, haben die Neigung, ineinander überzugehen. So konstant die Meute in ihrer Wiederholung ist, so sehr sie sich ähnelt, wenn sie wiedererscheint, in ihrem separaten, einmaligen Ablauf hat sie immer etwas Fließendes.

Schon die Erlangung des Ziels, auf das sie aus ist, hat eine unvermeidliche Änderung in ihrer Verfassung zur Folge. Die gemeinsame *Jagd*, die es zu etwas gebracht hat, führt zu einer Verteilung. *Siege*, mit Ausnahme der ›reinen‹ Fälle, in denen es ums Niedermetzeln der Feinde allein geht, arten in Plünderung aus. – Die *Klage* endet mit der Entfernung des Toten; sobald er dort ist, wo man ihn haben will, sobald man sich halbwegs sicher vor ihm fühlt, läßt die Erregung der Meute nach, und man geht auseinander. Doch die Beziehung zum Toten ist damit nicht wirklich erschöpft. Man nimmt an, daß er anderswo weiterlebt; man mag ihn, zur Gewinnung von Hilfe und Rat, unter die Lebenden zurückzitieren. In der Beschwörung ihres Toten konstituiert sich die Klagemeute sozusagen wieder, aber das Ziel ihres Gebarens ist nun dem ursprünglichen entgegengesetzt. In irgendeiner Form wird der Tote, der früher entfernt worden war, zu den Seinen zurückgeholt. – Der Büffeltanz der Mandan geht mit der Ankunft der Büffel zu Ende. Die *Vermehrungsmeute*, die erfolgreich war, geht in ein Fest der Verteilung über.

Jede Art von Meute hat, wie man sieht, ein Negativ, in das sie hinüberwechselt. Aber neben dem Wechsel ins Negativ, der natürlich erscheint, gibt es eine Bewegung ganz anderer Art: den Umschlag *verschiedener* Meuten ineinander.

Man entsinnt sich eines solchen Falles von einer Ahnenlegende der Aranda. Ein starkes Känguruh wird von vielen Männern zusammen zu Tode getrampelt. Dabei kommt der erste unter den Jägern als Opfer seiner Genossen selber um und wird von ihnen feierlich begraben: Die Jagdmeute schlägt um in eine Klagemeute. – Vom Sinne der Kommunion war bereits ausführlich die Rede: Die Jagdmeute wandelt sich in eine der Vermehrung. – Ein anderer Umschlag steht am Beginn von Kriegen: Ein Mann wird getötet, seine Stammesangehörigen beklagen ihn; dann formieren sie sich zu einer Truppe und ziehen aus, seinen Tod am Feinde zu rächen. Die Klagemeute geht in eine Kriegsmeute über.

Der Umschlag der Meuten ist ein auffallender Prozeß. Er findet sich überall und läßt sich in den verschiedensten Sphären menschlicher Aktivität erforschen. Ohne seine genaue Kenntnis sind soziale Ereignisse, welcher Art immer, überhaupt nicht zu begreifen.

Manche dieser Umschläge sind aus größeren Zusammenhängen herausgelöst und *festgelegt* worden. Sie haben ihren besonderen Sinn erlangt, sie sind zum Ritual geworden. In genau gleicher Weise führt man sie immer wieder vor. Sie sind der eigentliche Gehalt, der Kern jedes bedeutenden Glaubens. Aus der Dynamik der Meuten und der besonderen Art, wie sie ineinander spielen, erklärt sich der Aufstieg der Weltreligionen.

Eine erschöpfende Deutung der Religionen ist hier nicht möglich. Sie wird der Gegenstand eines besonderen Werkes sein. Im folgenden werden einige wenige soziale oder religiöse Gebilde auf die Meuten hin betrachtet, die in ihnen vorherrschend sind. Es wird sich zeigen, daß es Religionen der Jagd und des Krieges, der Vermehrung und der Klage gibt. Bei den *Lele* im belgischen Kongo steht die Jagd, ihrer geringen Ergiebigkeit zum Trotz, im Zentrum des sozialen Lebens. Die *Jivaros* in Ecuador leben ganz für den Krieg. Die *Pueblo*-Stämme im Süden der Vereinigten Staaten zeichnen sich durch die Verkümmerung von Jagd und Krieg und eine erstaunliche Unterdrückung der Klage aus: sie leben ganz auf friedliche *Vermehrung* hin.

Für das Verständnis der *Klagereligionen,* die in historischer Zeit die Erde überzogen und zusammengefaßt haben, wird man sich dem Christentum und einer Abart des Islams zuwenden. Eine Schilderung des Muharram-Festes der Schiiten soll die zentrale Position der Klage in dieser Art von Gläubigkeit erhärten. Das letzte Kapitel gilt der Herabkunft des heiligen Osterfeuers in der Grabeskirche zu Jerusalem. Es ist das Fest der Auferstehung, in die die christliche Klage mündet, ihre Rechtfertigung und ihr Sinn.

Wald und Jagd bei den Lele von Kasai

In einer tiefgründigen neueren Studie ist es der englischen Anthropologin *Mary Douglas* gelungen, die Einheit in Leben und Religion eines afrikanischen Volkes wirklich zu finden. Man weiß nicht, was man an ihrer Arbeit mehr bewundern soll: die Klarheit ihrer Beobachtung oder die Offenheit und Unvoreingenommenheit ihres Denkens. Man dankt ihr am besten, indem man ihr wörtlich folgt.

Die *Lele*, ein Volk von etwa 20 000 Menschen, leben im belgischen Kongo, in der Nähe des Flusses Kasai. Ihre Dörfer sind im Grasland angelegt, in kompakten Quadraten von 20 bis 100 Hütten, nie weit vom Wald. Ihre Hauptnahrung ist der Mais, den sie im Walde bauen; jedes Jahr wird eine neue Lichtung für ihn geschlagen, und man erwartet nicht mehr als eine Ernte davon. In derselben Lichtung wachsen dann Raffia-Palmen, und von diesen wird so ungefähr alles verwendet. Aus den jungen Blättern gewinnt man ein Material, das die Männer zu Raffia-Tuch verweben. Alle Lele-Männer verstehen sich aufs Weben, im Gegensatz zu ihren Nachbarn. Stücke quadratischen Raffia-Gewebes dienen als eine Art von Geld. Aus dieser Palme wird auch ein sehr geschätzter, ungegorener Wein gewonnen. Bananen und Palmen, obschon sie am besten im Walde gedeihen, pflanzt man auch ums Dorf herum an, Erdnüsse nur hier. Alle übrigen guten Dinge kommen aus dem Wald: Wasser, Brennholz, Salz, Mais, Maniok, Öl, Fisch und Fleisch. Beide Geschlechter, Männer wie Frauen, haben mancherlei Arbeit im Wald zu verrichten. Doch jeden dritten Tag sind die Frauen vom Walde ausgeschlossen. Ihre Vorräte an Nahrungsmitteln, Brennholz und Wasser müssen sie sich am Tag zuvor anlegen. Der Wald gilt bei den Lele als eine Sphäre des Mannes.

›Unermeßlich ist das Prestige des Waldes. Die Lele sprechen von ihm mit beinahe dichterischer Begeisterung ... Oft betonen sie den Gegensatz zwischen Wald und Dorf. In der Hitze des Tages, wenn es im staubigen Dorfe unangenehm heiß ist, retten sie sich gern in das kühle Dunkel des Waldes. Arbeit hier fesselt sie und macht ihnen Freude, Arbeit anderswo ist eine Plackerei. »Die Zeit«, so sagen sie, »vergeht langsam im Dorf, rasch im Wald.« Die Männer prahlen damit, daß sie den ganzen Tag im Wald arbeiten können, ohne Hunger zu verspüren, im Dorf müssen sie immer an Essen denken.‹

Der Wald ist aber auch ein Ort der Gefahr. Wer in Trauer ist oder einen bösen Traum gehabt hat, darf ihn nicht betreten. Ein solcher Traum wird als Warnung gedeutet. Wer sich am nächsten Tag vor dem Wald nicht hütet, dem wird dort ein Unglück geschehen. Ein Baum fällt ihm auf den Kopf, er schneidet sich mit einem Messer, er stürzt von einer Palme ab. Einem Manne, der die Warnung mißachtet, droht Gefahr nur für seine eigene Person. Eine Frau, die in den Wald zu verbotener Zeit eindringt, gefährdet das ganze Dorf.

›Für das große Ansehen des Waldes scheint es drei bestimmte Gründe zu geben: er ist die Quelle aller guten und notwendigen Dinge, von Nahrung, Trank, Behausung, Kleidung; er ist die Quelle der heiligen Medizinen, und drittens ist er der Ort der Jagd, die in ihren Augen als die weitaus bedeutendste Tätigkeit gilt.‹

Die Lele haben eine wahre Gier nach Fleisch. Es gilt als schwere Beleidigung, einem Gast ein Mahl aus pflanzlicher Nahrung anzubieten. In ihren Gesprächen über gesellige Gelegenheiten verweilen sie gern bei der Menge und der Art des gebotenen Fleisches. Trotzdem züchten sie keine Ziegen und Schweine wie ihre Nachbarn im Süden. Die Vorstellung ekelt sie, Tiere zu essen, die im Dorfe großgeworden sind. Gute Nahrung, sagen sie, soll aus dem Walde stammen, wo sie rein und gesund ist, wie Wildschwein und Antilope. Ratten und Hunde sind unrein, *hama,* sie gebrauchen dafür dasselbe Wort wie für Eiter und Exkremente. Als ebenso unrein gelten Ziegen und Schweine, eben weil sie im Dorf gezüchtet wurden.

Ihre Gier nach Fleisch verführt sie nie dazu, welches zu essen, das nicht im Walde oder auf der Jagd gewonnen wurde. Sie verstehen sich sehr wohl auf Hundezucht, und es könnte ihnen, wenn sie nur wollten, auch nicht schwerfallen, Ziegen zu halten.

›Die Trennung der Weiber von den Männern, des Waldes vom Dorf, die Abhängigkeit des Dorfes vom Wald und der Ausschluß der Weiber vom Wald sind die wichtigsten und immer wiederkehrenden Elemente ihres Rituals.‹

Das Grasland, das trocken und unfruchtbar ist, hat kein Prestige, es wird ganz den Frauen überlassen und gilt als eine neutrale Sphäre zwischen Wald und Dorf.

Die Lele glauben an einen Gott, der Menschen und Tiere, Flüsse und alle Dinge geschaffen hat. Sie glauben auch an *Geister,* von denen sie mit Vorsicht und Zurückhaltung sprechen, die sie fürchten. Die Geister waren nie Menschen und sind nie von Menschen gesehen worden. Wer einen Geist sähe, müßte erblinden und an Geschwüren sterben. Die Geister wohnen tief im Wald, besonders in den Quellen der Wasserläufe. Bei Tag schlafen sie, nachts gehen sie um. Sie sterben nicht und sind nie krank. Von ihnen hängt das Glück der Männer auf der Jagd und die Fruchtbarkeit der Frauen ab. Sie können ein Dorf mit Krankheit schlagen. Wasserschweine gelten als die Tiere, die am stärksten mit übersinnlicher Macht geladen sind; sie waten immer in den Quellbächen herum, die der Lieblingsaufenthalt der Geister sind. Das Schwein ist so etwas wie ein Hund des Geistes, es lebt mit ihm und gehorcht ihm wie ein Hund dem Jäger. Wenn ein Wasserschwein einem Geiste ungehorsam war, wird es von diesem bestraft; er läßt es auf der Jagd von einem Menschen töten, dem er damit zugleich eine Belohnung erteilt.

Die Geister verlangen allerhand von den Menschen, ganz besonders aber verlangen sie, daß Frieden im Dorfe herrscht. ›Das deutlichste Zeichen, daß alles im Dorfe gut steht, ist eine glückliche Jagd. Die geringe Menge von Fleisch, die jeder einzelne, Mann, Weib oder Kind, empfangen mag, wenn ein Wildschwein erlegt worden ist, kann unmöglich die Freude erklären, die man noch Wochen danach im Gespräche darüber äußert. Die Jagd ist eine Art von spirituellem Barometer, dessen Steigen und Fallen eifrig vom ganzen Dorfe beobachtet wird.‹

Es ist auffallend, wie Kindergebären und Jagen zusammen genannt werden, als wären sie die einander entsprechenden Funktionen von Weib und Mann. »Das Dorf ist ›verdorben‹«, mag man sagen, »die Jagd ist mißlungen, die Frauen sind unfruchtbar, alles stirbt.« Wenn man mit dem Stand der Dinge zufrieden ist, heißt es aber: »Unser Dorf ist jetzt gut und reich. Wir haben drei Wildschweine getötet, vier Frauen haben empfangen, wir sind alle gesund und stark.«

Die Tätigkeit, die das höchste Ansehen genießt, ist die *gemeinsame* Jagd. Auf diese und nicht auf die private Jagd des einzelnen kommt es an. ›Männer, die mit Bogen und Pfeilen bewaffnet sind, stellen sich in einem Ringe um einen Teil des Waldes auf. Treiber mit ihren Hunden stöbern das Wild auf. Knaben und alte Männer, die kaum mehr imstande sind zu gehen, suchen sich der Jagd anzuschließen. Am höchsten geschätzt sind die Hundebesitzer, die sich mühsam durchs Gestrüpp hindurcharbeiten, während sie ihre Hunde durch Zurufe aufmuntern und dirigieren. Das aufgescheuchte Wild stürzt sich in die Pfeile der harrenden Jäger. Dies ist wohl die wirkungsvollste Methode der Jagd im dichten Wald. Sie ist auf Überraschung des Wildes angelegt; man schießt rasch und auf sehr kurze Distanz.

Erstaunlich bei einem Volk, das solchen Stolz auf sein Jagen zeigt, ist der allgemeine Mangel an individuellem Geschick. Ein Mann, der in den Wald geht, trägt auf alle Fälle Bogen und einige Pfeile mit sich, aber er verwendet sie nur für Vögel oder Eichhörnchen und denkt nicht daran, Großwild allein zu schießen. Die spezialisierten Techniken des Einzeljägers sind ihnen alle unbekannt. Sie verstehen sich weder auf die Pirsch noch auf die Nachahmung von Tierrufen; Köder wie Camouflage sind ihnen fremd. Selten dringt jemand allein in die Tiefe des Waldes ein. Ihr ganzes Interesse konzentriert sich auf die gemeinsame Jagd. Ein Mann mag im Wald auf eine Herde von Wildschweinen stoßen, die in einem Sumpf herumwaten; er mag so nah an sie herankriechen, daß er ihren Atem hört. Aber ohne einen Schuß zu riskieren, schleicht er sich auf den Zehen davon und holt die Dorfbewohner.

Im Grasland wird nur einmal im Jahr gejagt, in der Trockenzeit, wenn das Gras sich anzünden läßt. Mehrere Dörfer verbinden sich dann, um die brennende Landschaft zu umstellen. Knaben rechnen hier auf ihre erstmalige Beute. Das Gemetzel soll furchtbar sein. Es ist die einzige Gelegenheit, bei der die Jagdeinheit aus mehr als der männlichen Bevölkerung eines einzigen Dorfes besteht; bei der Waldjagd sind es immer nur die Männer eines Dorfes. Letzten Endes bildet das Dorf eine politische und rituelle Einheit, weil es eine Jagdeinheit ist. Es kann nicht überraschen, daß die Lele ihre Kultur in allererster Linie als eine Jagdkultur betrachten.‹

Von besonderer Bedeutung ist die *Verteilung* des Wildes. Sie ist strikt geregelt, und zwar auf eine Weise, die den religiösen Sinn der Jagd unterstreicht. Es gibt drei Kultgesellschaften bei den Lele: Jede von ihnen hat das Anrecht auf eine ganz bestimmte Speise, die allen Außenseitern verboten ist. Die erste Kultgesellschaft ist die der Erzeuger, sie besteht aus allen Männern, die ein Kind gezeugt haben. Die Brust von jedem Wild kommt ihnen zu und ebenso das Fleisch aller jungen Tiere. Unter den Erzeugern gibt es welche, die ein männliches und ein weibliches Kind gezeugt haben; aus ihnen werden die Mitglieder der zweiten, exklusiveren Gesellschaft gewählt: die der Pangolin-Männer. Sie heißen so, weil ihnen allein das Recht auf das Fleisch des Pangolins, eines Gürteltieres, zusteht. Die dritte Gesellschaft ist die der Wahrsager. Sie bekommen den Kopf und die Gedärme des Wildschweines.

Kein größeres Tier kann getötet werden, ohne daß es – eben in seiner Aufteilung – zum Gegenstand eines religiösen Aktes wird. Das bedeutsamste aller Tiere ist das Wildschwein, seine Aufteilung ist wie folgt: Nachdem die Wahrsager den Kopf und die Gedärme bekommen haben, geht die Brust an die Erzeuger, die Schultern an die Männer, die es nach Hause getragen haben, der Hals an die Hundebesitzer, der Rücken, eine Keule und ein Vorderbein an den Mann, der es geschossen, und der Magen an die Gruppe der Dorfschmiede, die die Pfeile hergestellt haben.

Die Gliederung der Lele-Gesellschaft bekräftigt sich sozusagen nach jeder Jagd. Die Erregung der Jagdmeute aber hat sich zum tragenden Gefühl der ganzen Gemeinde erweitert. Man kann so, ohne der Autorin Gewalt anzutun, von einer *Jagdreligion* im eigentlichsten Sinne des Wortes sprechen. Auf eine so überzeugende, jeden Zweifel ausschließende Weise ist eine Jagdreligion noch nie geschildert worden. Man gewinnt aber auch einen kostbaren Einblick in die Entwicklung des Waldes zum Massensymbol. Alles, was als wertvoll gilt, enthält dieser Wald, und das Wertvollste holt man sich aus ihm zusammen. Die Tiere, die der Gegenstand der Jagdmeute sind, hausen darin, aber auch die gefürchteten Geister, die den Menschen ihre Tiere gewähren.

Die Kriegsbeute der Jivaros

Das kriegerischste Volk in ganz Südamerika sind heute die *Jivaros* in Ekuador. Es ist ganz besonders aufschlußreich, ihre Sitten und Veranstaltungen auf Krieg und Beute hin zu betrachten.

Von einer Übervölkerung kann bei ihnen keine Rede sein. Sie ziehen nicht in den Krieg, um neues Land zu gewinnen. Ihr Lebensraum ist eher zu groß als zu klein. Auf einem Gebiet von über 60 000 Quadratkilometern leben vielleicht 20 000 Menschen. Sie kennen auch keine größeren Siedlungen, nicht einmal Dörfer sind bei ihnen beliebt. Jede Großfamilie lebt in einem Hause für sich, unter dem ältesten Mann als dem Oberhaupt, und die nächste Familie findet sich vielleicht einige Kilometer weiter. Keine politische Organisation bindet sie aneinander. Im Frieden ist jeder einzelne Familienvater die höchste Instanz, und niemand hat ihm etwas zu befehlen. Wenn die Jivaros einander nicht in feindlicher Absicht aufsuchen würden, müßte in den riesigen Räumen ihrer Urwälder eine Gruppe der anderen kaum je begegnen.

Der Kitt, der sie zusammenhält, ist die *Blutrache* oder eigentlich der Tod. Es gibt keinen natürlichen Tod für sie; wenn ein Mensch stirbt, hat ihn ein Feind aus der Ferne verzaubert. Es ist die Pflicht der Angehörigen, herauszufinden, wer für den Tod verantwortlich ist, und diesen am Zauberer zu rächen. Jeder Tod ist also ein *Mord,* und jeder Mord kann nur durch einen Gegenmord gerächt werden. Während aber die lebensgefährliche Zauberei des Feindes auf weite Entfernung hin wirksam ist, ist die physische oder die Blutrache, zu der man verpflichtet ist, nur möglich, indem man ihn *aufsucht.*

Die Jivaros suchen einander also auf, um sich aneinander zu rächen, und insofern läßt sich die Blutrache als ihr sozialer Kitt bezeichnen.

Die Familie, die in einem Haus beisammen lebt, bildet eine sehr dichte Einheit. Was ein Mann unternimmt, unternimmt er gemeinsam mit den andern Männern seines Haushaltes. Für größere Expeditionen, die gefährlicher sind, schließen sich die Männer mehrerer relativ nahe gelegener Häuser zusammen; und nur zu diesem Zwecke eines ernsthaften Rachefeldzuges erwählen sie sich ein Oberhaupt, einen erfahrenen, meist älteren Mann, dem sie sich für die Zeit der Unternehmung freiwillig unterstellen.

Die Kriegsmeute ist so die eigentliche dynamische Einheit der Jivaros. Neben der statischen Einheit der Familie ist sie allein von Bedeutung. Um die Kriegsmeute herum bilden sich alle ihre Feste. Man kommt auf eine Woche zusammen, bevor man auszieht, und man kommt in einer Reihe von großen Festen später zusammen, wenn man siegreich vom Zuge zurückgekehrt ist.

Die Kriegszüge dienen ausschließlich der *Zerstörung.* Alle Feinde werden umgebracht, bis auf ein paar junge Frauen und vielleicht einige Kinder, die man in die eigene Familie aufnimmt. Der Besitz des Feindes, der an sich nur geringfügiger Natur ist, seine Haustiere, seine Pflanzungen, sein Haus, wird zerstört. Der einzige Gegenstand, auf den man es wirklich abgesehen hat, ist der abgeschnittene Kopf des Feindes. Für diesen allerdings hat man eine wahre Leidenschaft, und es ist das oberste Ziel jedes Kriegers, mit wenigstens einem solchen Kopf nach Hause zurückzukehren.

Der Kopf wird auf eine besondere Art präpariert und schrumpft dabei zur Größe etwa einer Orange ein. Er heißt dann *Tsantsa.* Der Besitzer eines solchen Kopfes gewinnt durch ihn ein besonderes Ansehen. Nachdem einige Zeit, ein oder zwei Jahre vielleicht, verstrichen ist, wird ein großes Fest gefeiert, in dessen Mittelpunkt der richtig präparierte Kopf steht. Zu diesem Fest werden alle Freunde geladen, es wird viel gegessen, getrunken und getanzt; alles, was geschieht, ist zeremoniell festgesetzt. Es ist ein Fest von durchaus religiösem Charakter, und seine genaue Betrachtung zeigt, daß der Wunsch nach *Vermehrung* und die Mittel, diese zu erzielen, sein eigentliches Wesen ausmachen. Es ist unmöglich, hier auf die Einzelheiten einzugehen, die *Karsten* in seiner Schrift über ›Blutrache, Krieg und Siegesfeste bei den Jivaros‹ in einiger Breite dargestellt hat. Es mag genügen, auf einen ihrer wichtigsten Tänze hinzuweisen, bei dem der Reihe nach alle Tiere, auf die man Jagd macht, mit größter Heftigkeit beschworen werden, und nach diesen Tieren der sexuelle Akt des Menschen selbst, der der Vermehrung der eigenen Leute dient.

Dieser Tanz ist die eigentliche Einleitung zu dem großen Fest. Männer und Frauen ordnen sich in einem Kreise um den Mittelpfeiler des Hauses an, geben einander die Hand und bewegen sich nun langsam im Kreise herum, wobei als Worte der Beschwörung die Namen all der Tiere ausgestoßen werden, deren Fleisch man gerne genießt. Daran schließt man einige Gegenstände, die der Indianer für seinen Haushalt gebraucht und selber herstellt. Hinter jedem dieser Namen sagt man laut und heftig ›hej!‹.

Der Tanz beginnt mit schrillen Pfiffen. Die Beschwörung selbst lautet:

›Hej, hej, hej!
Der Brüllaffe, hej!
Der Rote, hej!
Der braune Affe, hej!
Der schwarze Affe, hej!
Der Kapuzineraffe, hej!
Der graue Affe, hej!
Das Wildschwein, hej!
Der grüne Papagei, hej!
Der Langschwänzige, hej!
Das Hausschwein, hej!
Das Fette, hej!
Weiberkleidung, hej!
Gürtel, hej!
Korb, hej!‹

Diese Beschwörung dauert etwa eine Stunde, die Tänzer bewegen sich indessen bald nach rechts, bald nach links. Jedesmal, wenn sie anhalten, um ihre Richtung zu ändern, stoßen sie laute Pfiffe aus und schreien ›tschi, tschi, tschi, tschi‹, als ob sie mit diesem Rufe die Kontinuität der Beschwörung erhalten möchten.

Eine andere Beschwörung gilt den Weibern und ihrer Fruchtbarkeit:

›Hej! hej! hej!
Weib, hej! Weib, hej!
Beischlaf, hej!
Möge das Tsantsa den Beischlaf gewähren!
Paaren, hej! Paaren, hej!
Weib, hej! Weib, hej!
Wahr solls sein, hej!
So tun wirs, hej!
Schön solls sein, hej!
Genug, hej!‹

Im Mittelpunkt dieser Beschwörungen und aller übrigen Akte des Festes steht das Tsantsa, der erbeutete und zum Schrumpfkopf präparierte Kopf des Feindes. Sein Geist hält sich immer in der Nähe des Kopfes auf, er ist höchst gefährlich. Auf jede Weise sucht man ihn zu bändigen; sobald es gelungen ist, ihn dienstbar zu machen, ist er von großem Nutzen. Er sorgt dafür, daß die Schweine und die Hühner, die man besitzt, sich vermehren; durch ihn vermehren sich die Maniok-Knollen. Er bringt jeden Segen, den man sich in Form von Vermehrung wünschen kann. Es ist aber nicht leicht, ihn ganz zu versklaven. Anfänglich ist er voller Rachsucht; und es ist gar nicht auszudenken, was er einem alles antun könnte. Doch die Zahl der Riten und Observanzen, deren man sich bedient, um seiner Herr zu werden, ist ganz erstaunlich. Das Fest, das mehrere Tage dauert, endet damit, daß man den Kopf und den Geist, der zu ihm gehört, vollkommen in seiner Gewalt hat.

Betrachtet man das Tsantsa vom Standpunkt unserer vertrauteren Kriegssitten aus, so muß man sagen, daß er für das steht, was wir die Beute nennen. Um den Kopf zu gewinnen, geht man in den Krieg; er ist die *einzige* Beute. Aber so klein diese Beute schließlich aussieht, besonders wenn sie bis zur Größe einer Orange eingeschrumpft ist, so enthält sie doch alles, worauf es einem ankommt. Dieser Kopf verschafft einem alle Vermehrung, die man sich wünscht: die der Tiere und Pflanzen, von denen man lebt, die der Gegenstände, die man selber herstellt, und schließlich die der eigenen Leute. Es ist eine unheimlich konzentrierte Beute, und es genügt nicht, sie zu erlangen, man muß sich auch in langwierigen Verrichtungen darum bemühen, sie zu dem zu machen, was sie für einen sein soll. Diese Verrichtungen gipfeln in der gemeinsamen Erregung des Festes, ganz besonders in seinen ausgiebigen Beschwörungen und Tänzen. Das Tsantsa-Fest als Ganzes wird von einer Vermehrungsmeute getragen. Die Kriegsmeute, wenn sie Glück hatte, mündet schließlich in die Vermehrungsmeute des Festes, und der Umschlag von jener in diese ist als die eigentliche Dynamik der Jivaro-Religion zu bezeichnen.

Die Regentänze der Pueblo-Indianer

Es sind Vermehrungstänze, die zu Regen führen sollen. Sie stampfen sozusagen den Regen aus dem Boden hervor. Das Auftreten der Füße ist wie das Fallen von Tropfen. Wenn der Regen während der Vorführung zu fallen beginnt, tanzen sie in ihm weiter. Der Tanz, der Regen darstellt, geht zum Schluß in ihn über. Eine Gruppe von vielleicht 40 Menschen in rhythmischen Bewegungen verwandelt sich in Regen.

Der Regen ist das wichtigste Massensymbol der Pueblo-Völker. Er war immer von Bedeutung, auch für ihre Ahnen, die anderswo gewohnt haben mögen. Aber seit sie auf ihren trockenen Hochplateaus hausen, hat sich seine Bedeutung so sehr gesteigert, daß er die Natur ihres Glaubens von Grund auf bestimmt. Der Mais, von dem sie leben, und der Regen, ohne den dieser Mais nicht wächst, sind im Kern all ihrer Zeremonien. Die vielen zauberischen Mittel, deren man sich zur Herbeiführung von Regen bedient, werden zusammengefaßt und gesteigert in den Regentänzen.

Es wird betont, daß diese Tänze nichts Wildes an sich haben; das hängt mit der Natur des Regens selbst zusammen. Als Wolke, in der er sich nähert, ist er eine Einheit. Sie ist hoch und entfernt, weich und weiß, und wenn sie sich nähert, weckt sie in den Menschen zärtliche Gefühle. Sobald sie sich aber entlädt, zerfällt sie; in einzelnen isolierten Tropfen erreicht der Regen die Menschen und den Boden, in den er versinkt. Der Tanz, der den Regen herbeilocken soll, durch Verwandlung in ihn, stellt auch Flucht und Verfall einer Masse dar, mehr noch als ihre Bildung. Die Tänzer wünschen die Wolke herbei, aber sie soll nicht oben versammelt bleiben, sie soll sich ergießen. Die Wolke ist eine freundliche Masse, wie sehr, sieht man daran, daß sie mit den *Ahnen* gleichgesetzt wird. Die Toten kommen in den Regenwolken wieder und bringen den Segen. Wenn im Sommer des Nachmittags Regenwolken am Himmel erscheinen, sagt man zu den Kindern: »Seht, eure Großväter kommen.« Damit sind nicht die Toten dieser Familie gemeint, sondern ganz allgemein Vorfahren.

Die Priester aber, die sich in ritueller Absonderung befinden, sitzen acht Tage lang bewegungslos und in sich gekehrt vor ihren Altären und zitieren den Regen herbei:

›Wo auch immer ihr eure bleibende Stätte habt,
Von dort werdet ihr euch auf den Weg machen,
Eure vom Winde getriebenen Wölkchen,
Eure dünnen Wolkenstreifen
Mit lebendigen Wassern füllen.
Ihr werdet uns senden, auf daß er bei uns bleibe,
Euren schönen Regen, der die Erde liebkost,
Hier in Itiwana,
Dem Wohnsitz unserer Väter,
Unserer Mütter,
Derer, die vor uns das Leben hatten.
Mit eurer Unmenge Wassers
Werdet ihr allzumal kommen.‹

Was man sich wünscht, ist eine Unmenge Wasser, aber diese Unmenge, die sich in Wolken versammelt hat, zerfällt in Tropfen. Der Akzent der Regentänze liegt auf dem Zerfall. Es ist eine *milde* Masse, die man sich wünscht, kein gefährliches Tier, das man erlegen, kein gehässiger Feind, den man bekämpfen muß. Sie wird mit der Masse der Ahnen gleichgesetzt, die bei ihnen friedlich und wohlwollend sind.

Der Segen, den ihre Tropfen dem Boden bringen, führt dann zu jener anderen Masse, von der man lebt, dem Mais. Wie jede Ernte bedeutet er ein Zusammentragen in Haufen. Es ist genau der umgekehrte Vorgang: Die Regenwolke zerfällt in Tropfen, der Erntehaufen aber wird in jedem seiner Kolben, in seinen Körnern sozusagen, zusammengetragen.

Durch diese Nahrung werden die Menschen stark und die Frauen fruchtbar. Das Wort ›Kinder‹ kommt in den Gebeten häufig vor. Der Priester spricht von den Lebenden des Stammes wie von Kindern, aber er spricht auch von allen Knaben und Mädchen, allen denen, ›die ihren Lebensweg noch vor sich haben‹. Sie sind, was wir die Zukunft des Stammes nennen würden. Er sieht sie, in einem genaueren Bild, als alle die, die ihren Lebensweg noch vor sich haben.

Die wesentlichen Massen im Leben der Pueblos sind also Ahnen und Kinder, Regen und Mais, oder wenn man sie in etwas wie eine ursächliche Folge bringen will, Ahnen, Regen, Mais und Kinder.

Von den vier Arten der *Meute* fallen bei ihnen Jagd- und Kriegsmeute beinahe ganz weg. Es gibt noch Überreste von Treibjagden auf Kaninchen. Es gibt noch eine Gesellschaft der Krieger, aber ihre Funktion ist nur die einer Polizei, und zu Polizei in unserem Sinne ist da wenig Anlaß. Die Klagemeute ist bei ihnen auf ganz erstaunliche Weise eingeschränkt worden. Man macht möglichst wenig Wesens aus Todesfällen und sucht die Toten als Individuen so rasch wie möglich zu vergessen. Vier *Tage* nach dem Eintritt des Todes ermahnt der Oberpriester die Trauernden, nicht mehr an den Toten zu denken. ›Er ist schon vier *Jahre* tot!‹ Der Tod wird in die Vergangenheit gerückt, der Schmerz auf diese Weise beschwichtigt. Von Klagemeuten halten die Pueblos nichts: sie *isolieren* den Schmerz.

Es bleibt bei ihnen als aktive und reich ausgebildete Form von Meute die der Vermehrung. Der ganze Akzent des kommunalen Lebens ist auf sie verlegt. Man möchte sagen, daß sie für diese Vermehrung allein leben, und sie ist ausschließlich aufs Positive gewendet. Jener Janus-Kopf, den man von so vielen anderen Völkern her kennt: eigene Vermehrung auf der einen, Verminderung des Feindes auf der anderen Seite, ist bei ihnen unbekannt. An Kriegen sind sie so nicht interessiert. Regen und Mais haben sie milde gestimmt, ihr Leben hängt ganz an ihren eigenen Ahnen und Kindern.

Zur Dynamik des Krieges: Der erste Tote · Der Triumph

Die innere oder Meuten-Dynamik des Krieges sieht sich in ihrem Ursprung so an: Aus der Klagemeute um einen Toten bildet sich eine Kriegsmeute, die ihn zu rächen hat. Aus der Kriegsmeute, die gesiegt hat, bildet sich die Vermehrungsmeute des Triumphs.

Der *erste* Tote ist es, der alle mit dem Gefühl der Bedrohtheit ansteckt. Die Bedeutung dieses ersten Toten für die Entfachung von Kriegen kann gar nicht überschätzt werden. Machthaber, die einen Krieg entfesseln wollen, wissen sehr wohl, daß sie einen ersten Toten entweder herbeischaffen oder erfinden müssen. Es geht nicht so sehr um sein Gewicht innerhalb seiner Gruppe. Es kann sich um jemand handeln, der von keinem besonderen Einfluß ist, manchmal ist es sogar ein Unbekannter. Es kommt auf seinen Tod an und auf sonst nichts; man muß glauben, daß der Feind die Verantwortung dafür trägt. Alle Gründe, die zu seiner Tötung geführt haben könnten, werden unterschlagen, bis auf den einen: er ist als Angehöriger der Gruppe, der man sich selber zurechnet, umgekommen.

Die rasch entstandene Klagemeute wirkt als Massenkristall, sie *öffnet* sich sozusagen: alles hängt sich an, das sich aus demselben Grunde bedroht fühlt. Ihre Gesinnung schlägt um in die einer Kriegsmeute.

Der Krieg, der zu seiner Entfachung sich eines einzigen oder weniger Toter bediente, führt zu einer gewaltigen Zahl von ihnen. Die Klage um diese, wenn man den Sieg erringt, hat im Gegensatz zum Beginn etwas sehr Gedämpftes. Der Sieg, der als entscheidende Verminderung, wenn nicht als Vernichtung des Feindes empfunden wird, nimmt der Klage um die eigenen Toten ihr Gewicht. Man hat sie als Vortrupp ins Land der Toten entsandt, und sie haben viel mehr Feinde dorthin nachgezogen. So haben sie einen von der Angst entlastet, ohne die man nicht in den Krieg gezogen wäre.

Der Feind ist geschlagen, die Bedrohung, die die eigenen Leute geeinigt hat, ist weggefallen, und jeder ist jetzt auf das Seine aus. Die Kriegsmeute ist daran, in der *Plünderung* zu zerfallen, ganz ähnlich wie es der Jagdmeute in der Verteilung geschieht. Wenn die Bedrohung nicht wirklich allgemein empfunden wurde, so war es Aussicht auf Plünderung allein, durch die man die Menschen in den Krieg zu treiben vermochte. In diesem Falle muß man sie ihnen immer lassen; ein Feldherr alten Schlages hätte es schwerlich gewagt, sie seinen Leuten zu verweigern. Doch die Gefahr eines völligen Zerfalls der Truppe durch eine Plünderung war so groß, daß man immer auf Mittel bedacht war, die kriegerische Gesinnung wiederherzustellen. Das erfolgreichste Mittel dazu waren *Siegesfeste.*

Die Konfrontation der feindlichen Verminderung mit der eigenen Vermehrung ist der eigentliche Sinn von Siegesfesten. Man versammelt das Volk, Männer, Frauen und Kinder. Die Sieger ziehen ein in denselben Formationen, in denen sie zum Kampfe ausgerückt sind. Da sie sich dem Volke zeigen, stecken sie es mit der Stimmung des Sieges an. Immer mehr Menschen strömen hinzu, bis schließlich alle anwesend sind, die ihre Wohnstätten nur irgend verlassen können.

Aber die Sieger zeigen nicht nur sich. Sie haben viel mitgebracht, sie kommen als Vermehrer. Ihre Beute wird vor dem Volke zur Schau gestellt. Es ist ein großer Überfluß da von allem, was man braucht und schätzt, und jeder wird etwas davon abbekommen: sei es, daß der siegreiche Feldherr oder König zu großen Verteilungen ans Volk schreitet, sei es, daß er Erleichterungen in den Abgaben oder sonstige Vorteile verspricht. Zur Beute gehören nicht nur Gold und Güter. Es werden Gefangene mitgeführt, und ihre große Zahl veranschaulicht die Verminderung des Feindes.

In Gesellschaften, die sich auf ihre Zivilisiertheit etwas zugute halten, bleibt es bei dieser Zurschaustellung der gefangenen Feinde. Andere, die uns barbarischer erscheinen, verlangen mehr: sie wollen, eben als *Versammelte* und nicht mehr im Gefühl unmittelbarer Bedrohung, *erleben,* wie der Feind vermindert wird. Es kommt so zu den öffentlichen Hinrichtungen von Gefangenen, wie sie von den Siegesfesten vieler kriegerischer Völker berichtet werden.

Geradezu phantastische Ausmaße haben diese Hinrichtungen in der Hauptstadt des Reiches *Dahomey* angenommen. Hier bestand die Einrichtung eines jährlichen Festes, das mehrere Tage dauerte: Der König gab seinem Volke ein blutiges Schauspiel, Hunderte von Gefangenen wurden vor aller Augen geköpft.

Auf einer Plattform thronte der König mitten unter seinen Würdenträgern. Unten war dicht versammelt das Volk. Auf einen Wink des Königs gingen die Henker ans Werk. Die Köpfe der Ermordeten wurden auf einen Haufen geworfen; mehrere solcher Haufen waren allgemein sichtbar. Es gab Prozessionen durch Straßen, an deren Seiten die nackten Leichen hingerichteter Feinde von Galgen herunterhingen. Um das Schamgefühl der zahllosen Frauen des Königs nicht zu verletzen, waren sie verstümmelt – kastriert worden. Am letzten Tage des Festes war der Hof wieder auf einer der Plattformen versammelt, und es kam zu einer großen Beschenkung des Volkes. Muscheln, die als Geld galten, wurden unters Volk geworfen, das sich um sie balgte. Dann schleuderte man gebundene Feinde hinunter; auch sie wurden geköpft. Um den Leib riß sich das Volk, und es heißt, daß diese Leiber von den Menschen im Taumel aufgegessen wurden. Jeder wollte ein Stück des getöteten Feindes abbekommen: Man kann hier von einer Kommunion des Triumphes sprechen. Tiere folgten auf Menschen, das Entscheidende blieb der Feind.

Es gibt Berichte von europäischen Augenzeugen dieser Feste aus dem 18. Jahrhundert. In dieser Zeit waren es die Vertreter weißer Nationen, die ihre Handelsstationen an der Küste hatten; der Gegenstand ihres Handels waren Sklaven, und sie kamen nach der Hauptstadt Abomey, um vom Könige einzukaufen. Einen Teil seiner Gefangenen verkaufte der König an die Europäer. Seine Kriegszüge wurden zu diesem Zwecke unternommen, und die Europäer ließen es sich damals gern gefallen. Es war ihnen weniger angenehm, Zeugen der schrecklichen Massenhinrichtungen zu sein; aber ihre Anwesenheit gehörte zum guten Ton des Hofes. Sie suchten den König zu überreden, daß er die Opfer, die zur Hinrichtung bestimmt waren, ihnen als Sklaven verkaufen möge. Sie kamen sich so menschlich vor, und es war auch gut für ihr Geschäft. Aber sie mußten zu ihrem Staunen erleben, daß der König trotz seiner Habgier auf die Opfer nicht verzichten wollte. Zu Zeiten, da es an Sklaven mangelte und der Handel darniederlag, wurden sie über seinen Starrsinn ärgerlich. Sie begriffen nicht, daß es dem König um seine Macht noch mehr zu tun war als um seinen Besitz. Das Volk war an die Zurschaustellungen der Opfer gewöhnt. Aus der Vorführung der Massenverminderung seiner Feinde in dieser rohen und öffentlichen Form bezog es die Gewißheit seiner eigenen Vermehrung. Aus ihr aber entsprang unmittelbar die Macht des Königs. Die Wirkung des Schauspiels war doppelter Natur. Es war das unfehlbarste Mittel, das Volk von seiner Vermehrung unter seiner Herrschaft zu überzeugen und es so im Zustand einer religiös ergebenen Masse zu erhalten. Es hielt aber auch den Schrecken vor seinem Befehl wach. Die Hinrichtungen waren von ihm persönlich angeordnet. –

Die größte öffentliche Gelegenheit der *Römer* war der *Triumph.* Die ganze Stadt fand sich in ihm zusammen. Aber als das Reich auf der Höhe seiner Macht stand und es nicht mehr unaufhörlich um Eroberung ging, wurde aus dem Siegen selbst eine Institution, die periodisch mit den Daten des Kalenders wiederkehrte. In der *Arena* wurde vor den Augen des versammelten Volkes gekämpft, ohne politische Folgen, und doch nicht ohne Sinn, nämlich um das Gefühl des Sieges immer wieder zu wecken und wachzuhalten. Die Römer, als die Zuschauer, kämpften selber nicht, aber sie entschieden in Masse, wer der Sieger war, und jubelten ihm zu wie in alten Tagen. Auf dieses Gefühl des Sieges allein kam es an. Die Kriege selbst, die nicht mehr so notwendig schienen, verloren daneben an Bedeutung.

Bei historischen Völkern dieser Art wird der Krieg zum eigentlichen Mittel der Vermehrung. Sei es, daß man sich Beute verschafft, von der man lebt, sei es, daß man Sklaven gewinnt, die für einen arbeiten – jede andere, geduldigere Form der Vermehrung wird abgelehnt und gilt als verächtlich. Eine Art von staatlicher Kriegsreligion bildet sich aus: ihre Absicht geht auf rascheste Vermehrung.

Der Islam als Kriegsreligion

Auf vier verschiedene Weisen versammeln sich die gläubigen Mohammedaner.

1. Sie versammeln sich mehrmals täglich zum Gebet, zu dem sie von einer Stimme hoch oben gerufen werden. – Hier geht es um kleine, rhythmische Gruppen, die man als *Gebetsmeuten* bezeichnen kann. Jede Bewegung ist genau vorgeschrieben und von *einer* Richtung, der auf Mekka, beherrscht. Einmal in der Woche, beim Freitagsgebet, wachsen diese Meuten zu Massen an.
2. Sie versammeln sich zum heiligen Krieg gegen die Ungläubigen.
3. Sie versammeln sich in Mekka, bei der großen Pilgerfahrt.
4. Sie versammeln sich beim Jüngsten Gericht.

Im Islam, wie in allen Religionen, sind unsichtbare Massen von der größten Bedeutung. Aber schärfer ausgeprägt als in den anderen

Weltreligionen sind es hier unsichtbare *Doppelmassen*, die einander entgegenstehen.

Sobald die Posaune des Jüngsten Gerichts ertönt, stehen die Toten aus ihren Gräbern alle auf und begeben sich eiligst, wie auf ein militärisches Kommando, aufs Feld des Gerichts. Da treten sie nun vor Gott an, in zwei mächtigen Haufen, die voneinander abgetrennt werden, auf der einen Seite die Gläubigen, die Ungläubigen auf der anderen, und jeder einzelne wird von Gott gerichtet.

Alle Generationen der Menschen kommen so zusammen, und jedem erscheint es, als sei er erst am Tage zuvor ins Grab gelegt worden. Von den unermeßlichen Zeiträumen, die er im Grabe gelegen haben mag, hat keiner eine Vorstellung. Sein Tod war traum- und erinnerungslos. Aber der Laut der Posaune wird von jedem vernommen. »An jenem Tage werden die Menschen in Scharen hervorkommen.« Immer wieder ist im Koran von den Scharen jenes großen Augenblickes die Rede. Es ist die umfassendste Massenvorstellung, deren ein gläubiger Mohammedaner fähig ist. Eine größere Zahl von Menschenwesen als die aller, die je gelebt, auf einen Fleck zusammengedrängt, kann sich niemand denken. Es ist die einzige Masse, die nicht mehr wächst, und sie hat die größte Dichte, denn jeder einzelne von ihnen, an derselben Stelle, tritt vor das Angesicht seines Richters.

Aber bei aller Größe und Dichte bleibt sie von Anfang bis Ende immer in *zwei* geteilt. Jeder weiß genau, was ihn erwartet: bei den einen ist Hoffnung, Schrecken bei den anderen. »An jenem Tage wird es strahlende Gesichter geben, lachende, fröhliche; und an jenem Tage wird es staubbedeckte Gesichter geben, von Dunkelheit bedeckte, das sind die Ungläubigen, die Frevler.« Da es sich um ein absolut gerechtes Urteil handelt – jede Tat ist verzeichnet und schriftlich nachzuweisen –, kann niemand der Hälfte, der er von Rechts wegen zugehört, entkommen.

Die Zweiteilung der Masse im Islam ist eine unbedingte, sie besteht zwischen dem Haufen der Gläubigen und jenem der Ungläubigen. Ihr Schicksal, das für immer getrennt bleiben wird, ist es, einander zu *bekämpfen*. Der Glaubenskrieg gilt als heilige Pflicht, und so wird schon während dieses Lebens, in jeder Schlacht, die Doppelmasse des Jüngsten Gerichts – wenn auch weniger umfassend – *vorgebildet*.

Ein ganz anderes Bild steht dem Mohammedaner als nicht weniger heilige Pflicht vor Augen: die Pilgerfahrt nach Mekka. Hier handelt es sich um eine *langsame* Masse, die sich durch allmählichen Zufluß aus aller Herren Länder bildet. Sie kann sich, je nach der Entfernung von Mekka, in der der Gläubige wohnt, über Wochen, Monate oder selbst Jahre erstrecken. Die Pflicht, die Fahrt zumindest einmal im Laufe eines Lebens zu vollführen, färbt auf das ganze irdische Dasein eines Menschen ab. Wer nicht auf dieser Pilgerfahrt war, hat nicht wirklich gelebt. Ihre Erfahrung faßt sozusagen das ganze Gebiet, das der Glaube überzogen hat, zusammen und sammelt ihn an den einen Ort, von dem er seinen Ausgang nahm. Diese Masse der Pilger ist friedlich. Sie ist einzig und allein der Erreichung ihres Zieles zugewandt. Es ist nicht ihre Aufgabe, Ungläubige zu unterwerfen, sie muß nur an ihren bezeichneten Ort gelangen und dort gewesen sein.

Es gilt als ein ganz besonderes Wunder, daß eine Stadt von der Größe Mekkas diese unzähligen Scharen der Pilger fassen kann. Der spanische Pilger Ibn Jubayr, der sich gegen Ende des 12. Jahrhunderts in Mekka aufhielt und eine ausführliche Beschreibung davon hinterlassen hat, meint, daß auch die größte Stadt der Welt nicht Platz für so viele Menschen habe. Aber Mekka sei mit einer besonderen *Ausdehnbarkeit* für Massen begnadet; man müsse es mit einer Gebärmutter vergleichen, die je nach der Gestalt des Embryos, das sie enthalte, kleiner oder größer werde.

Der wichtigste Augenblick der Pilgerfahrt ist der Tag auf der Ebene von Arafat. 700 000 Menschen sollen hier beisammenstehen. Was an dieser Zahl fehlt, wird durch Engel aufgefüllt, die sich unsichtbar unter die Menschen stellen.

Doch wenn die Tage des Friedens vorüber sind, tritt der Glaubenskrieg wieder in sein Recht. »Mohammed«, sagt einer der besten Kenner des Islams, »ist der Prophet des Kampfes und des Krieges ... Was er zunächst in seinem arabischen Umkreise getan, das hinterläßt er als Testament für die Zukunft seiner Gemeinde: Bekämpfung der Ungläubigen, die Ausbreitung nicht so sehr des Glaubens als seiner Machtsphäre, die die Machtsphäre Allahs ist. Es ist den Kämpfern des Islams zunächst nicht so sehr um Bekehrung als um Unterwerfung der Ungläubigen zu tun.«

Der Koran, das von Gott inspirierte Buch des Propheten, läßt keinen Zweifel darüber. »Wenn die heiligen Monate vorüber sind, tötet die Ungläubigen, wo ihr sie findet; ergreift sie, bedrängt sie und setzt euch in jeden Hinterhalt gegen sie.«

Klagereligionen

Von den Religionen der Klage ist das Gesicht der Erde gezeichnet. Im Christentum haben sie eine Art von allgemeiner Gültigkeit erlangt. Die Meute, von der sie getragen sind, hat nur kurzen Bestand. Was hat den Glaubensformen, die der Klage entspringen, ihre Konsistenz gegeben? Was verschafft ihnen diese eigentümliche Beharrlichkeit über Jahrtausende?

Die Legende, um die sie sich bilden, ist die eines Menschen oder Gottes, der zu Unrecht umgekommen ist. Es ist immer die Geschichte einer Verfolgung, sei es einer Jagd oder einer Hetze. Auch ein ungerechter Prozeß kann damit verbunden sein. Wenn es eine Jagd ist, so ist der Unrichtige getroffen worden, der vornehmste Jäger statt des Tieres, auf das man aus war. Es kann auch, in einer Umkehrung, das gejagte Tier den Jäger angegangen und mit tödlichen Folgen verletzt haben, wie in der Überlieferung von *Adonis* und dem Eber. Eben dieser Tod hätte sich nie ereignen dürfen, und der Schmerz um ihn ist über alle Maßen groß.

Es kann sein, daß eine Göttin das Opfer liebt und beklagt, wie Aphrodite den Adonis. In ihrer babylonischen Namensform heißt die Göttin *Ischtar*, und *Tammuz* ist der schöne, früh verstorbene Jüngling. Bei den Phrygern ist es die Muttergöttin *Kybele*, die um ihren jungen Liebhaber *Attis* trauert. »Sie ist ordentlich rasend, spannt Löwen vor ihren Wagen, schwärmt mit ihren Korybanten, die sie ebenso rasend gemacht hat, wie sie selber ist, auf dem ganzen Berge Ida umher und heult um ihren Attis; von ihren Korybanten schneidet sich der eine Löcher in die Arme, ein anderer läuft mit fliegenden Haaren im Gebirge herum, ein dritter bläst in ein Horn, noch ein anderer schlägt auf eine Trommel oder macht ein Getöse mit zusammengeschlagenen Blechen; der ganze Ida ist in Aufruhr und fanatischer Wut.«

In Ägypten ist es *Isis*, die *Osiris*, ihren Gatten, verloren hat. Sie sucht ihn, ohne zu ermüden; kummervoll durchzieht sie das Land und läßt sich nicht nieder, ehe sie ihn gefunden hat. »Komm zu deinem Hause«, klagt sie, »komm zu deinem Hause, ... ich sehe dich nicht, und doch bangt mein Herz nach dir und meine Augen begehren dich. Komm zu der, die dich liebt, die dich liebt, du Seliger! Komm zu deiner Schwester, komm zu deinem Weibe, zu deinem Weibe, du, dessen Herz stille steht. Komm zu deiner Hausfrau. Ich bin deine Schwester von der gleichen Mutter, du sollst nicht fern von mir sein. Die Götter und die Menschen haben ihr Gesicht zu dir gewandt und beweinen dich zusammen... Ich rufe nach dir und weine, daß man es bis zum Himmel hört, aber du hörst meine Stimme nicht, und ich bin doch deine Schwester, die du auf Erden liebtest; du liebtest keine außer mir, mein Bruder!«

Es kann aber auch sein – und das ist der spätere und nicht mehr mythische Fall –, daß eine Gruppe von Angehörigen und Jüngern um ihn trauert, wie um *Jesus* oder um *Hussain*, den Enkel des Propheten, den eigentlichen Märtyrer der Schiiten.

Die Jagd oder Verfolgung wird in allen Einzelheiten ausgemalt, es ist eine *genaue* Geschichte, sie wird ganz persönlich gehalten, immer fließt Blut, selbst in der humansten aller Passionen, der Christi selbst, geht es nicht ohne Blut und Wunden ab. Jede einzelne der Aktionen, aus denen die Passion sich zusammensetzt, wird als ungerecht empfunden, es besteht, je weiter man sich von mythischen Zeiten entfernt, um so mehr die Neigung, die Passion zu verlängern und mit unzähligen menschlichen Zügen auszustatten. Die Jagd oder Hetze aber wird immer vom Opfer aus empfunden.

Um sein Ende bildet sich eine Klagemeute, aber ihre Klage hat eine besondere Note: der Tote ist den Menschen zuliebe gestorben, die um ihn klagen. Er war ihr Retter, sei es, daß er ihr großer Jäger war, sei es, daß er andere, höhere Verdienste um sie hatte. Seine Kostbarkeit wird auf jede Weise hervorgehoben; eben er ist es, der nicht tot sein dürfte. Sein Tod wird von den Klagenden nicht anerkannt. Sie wollen ihn wieder am Leben haben.

In der Schilderung der archaischen Klagemeute, etwa jenem australischen Falle, den ich angeführt habe, ist hervorgehoben worden, daß die Klage schon um den *Sterbenden* beginnt. Die Lebenden suchen ihn zurückzuhalten und bedecken ihn mit ihren Leibern. Sie nehmen ihn in ihren Haufen auf, von allen Seiten drücken sie sich eng an ihn und trachten, ihn nicht herzugeben. Oft wird er auch nach dem Eintreten des Todes noch zurückgerufen, und erst wenn man ganz sicher ist, daß er nicht mehr kommt, beginnt die zweite Phase des Fortstoßens in die Welt der Toten.

Bei der Klagemeute, von der hier die Rede ist, die sich als Legende um einen kostbaren Toten bildet, wird der Vorgang des Sterbens auf jede Weise verlängert. Seine Angehörigen oder Gläubigen, die hier dasselbe sind, weigern sich, ihn aufzugeben. Die erste Phase, die des *Zurückhalten*-Wollens, ist die entscheidende, und alles Gewicht liegt auf ihr.

Es ist die Zeit, in der alle von überall zusammenlaufen, und jeder, der klagen will, ist willkommen. In diesen religiösen Kulten *öffnet* sich die Klagemeute und erweitert sich zu einer Masse, die unaufhaltsam wächst. Es geschieht dies einmal am Feste des Toten selbst, da seine Passion dargestellt wird. Ganze Städte schließen sich diesen Festen an und oft auch riesige Scharen von Pilgern, die von weither kommen. Die Öffnung der Klagemeute geschieht aber auch über lange Zeiträume hin, die Zahl der Gläubigen *vermehrt* sich. Es beginnt mit den wenigen Getreuen, die am Kreuze stehen, als Kern der Klage. Am ersten Pfingstfeste mögen es ihrer 600 Christen sein, zu Zeiten des Kaisers Konstantin sind es zehn Millionen. Der Kern der Religion ist aber derselbe geblieben, ihr Zentrum ist die Klage.

Warum schließen sich so viele der Klage an? Was macht ihre Anziehung aus? Wozu verhilft sie den Menschen? In allen, die sich ihr anschließen, geschieht dasselbe: die Jagd- oder Hetzmeute *entsühnt sich* als Klagemeute. Als Verfolger haben die Menschen gelebt, und als Verfolger leben sie auf ihre Weise immer weiter. Sie suchen nach fremdem Fleische, und sie schneiden hinein, und sie nähren sich von der Qual der schwachen Geschöpfe. In ihrem Auge spiegelt sich das brechende Auge des Opfers, und der letzte Schrei, an dem sie sich ergötzen, gräbt sich unauslöschlich in ihre Seele. Vielleicht ahnen die meisten von ihnen nicht, daß sie mit ihrem Leibe auch das Dunkel in sich nähren. Aber Schuld und Angst in ihnen nehmen unaufhaltsam zu, und so sehnen sie sich ahnungslos nach Erlösung. So schließen sie sich einem an, der für sie stirbt, und in der Klage um ihn fühlen sie sich selber als Verfolgte. Was immer sie getan, wie immer sie gewütet haben, für diesen Augenblick stellen sie sich auf die Seite des Leides. Es ist ein plötzlicher und weittragender Wechsel der Parteien. Er befreit sie von der angesammelten Schuld des Tötens und der Angst, daß der Tod sie selber trifft. Was immer sie anderen angetan haben, das nimmt ein anderer nun auf sich, und, indem sie ihm treu und ohne Rückhalt anhängen, entgehen sie, so hoffen sie, der Rache.

Es zeigt sich so, daß die Klagereligionen für den seelischen Haushalt der Menschen unentbehrlich sind, solange sie das Töten in Meuten nicht aufgeben können.

Von den Klagereligionen, die überliefert sind und die sich für eine genauere Betrachtung heranziehen lassen, ist die der islamischen Schiiten die aufschlußreichste. Es wäre auch richtig, den Kult des Tammuz oder Adonis, den des Osiris und des Attis zu schildern. Aber diese gehören alle der Vergangenheit an, man kennt sie nur aus Keilschrift und Hieroglyphen oder aus den Berichten der klassischen Schriftsteller; und obwohl diese Berichte unschätzbar sind, scheint es doch schlüssiger, sich mit einem Glauben zu befassen, der heute noch besteht, und wo er besteht, in akuter und ungemilderter Form auftritt.

Die bedeutendste aller Klagereligionen ist das Christentum. Über seine katholische Form wird noch einiges zu sagen sein. Von den konkreten Augenblicken des Christentums aber, den Augenblicken wirklicher Massenerregung, soll statt eines solchen der echten Klage, die selten geworden ist, ein anderer beschrieben werden: die Feier der Auferstehung in der Grabeskirche zu Jerusalem.

Die Klage selbst, als leidenschaftliche Meute, die sich zu einer wahrhaftigen Masse öffnet, stellt sich mit unvergeßlicher Wucht am Muharramfest der Schiiten dar.

Das Muharramfest der Schiiten

Aus dem Islam, der die unverkennbaren Züge einer Kriegsreligion trägt, ist durch Spaltung eine Klagereligion hervorgegangen, wie sie konzentrierter und extremer nirgends zu finden ist: der Glaube der Schiiten. Er ist die offizielle Religion in Iran und im Yemen. Er ist weitverbreitet in Indien und im Irak.

Die Schiiten glauben an einen geistlichen und weltlichen Führer ihrer Gemeinde, den sie den *Imam* nennen. Seine Stellung ist bedeutender als die des Papstes. Er ist der Träger des göttlichen Lichtes. Er ist unfehlbar. Nur der Gläubige, der seinem Imam anhängt, kann gerettet werden. »Wer stirbt, ohne den wahren Imam seiner Zeit zu kennen, der stirbt den Tod eines Ungläubigen.«

Der Imam stammt in direkter Linie vom Propheten ab. Ali, Mohammeds Schwiegersohn, der mit seiner Tochter Fatima verheiratet war, gilt als der erste Imam. Der Prophet hat Ali besondere Erkenntnisse anvertraut, die er anderen seiner Anhänger vorenthielt, und in seiner Familie erben sie sich fort. Ali ist von ihm ausdrücklich zu seinem Nachfolger im Lehrberuf und in der Herrschaft ernannt worden. Er ist der durch die Verfügung des Propheten Erkorene; nur ihm allein kommt der Titel ›Herrscher der Rechtgläubigen‹ zu. Die Söhne Alis, Hassan und Hussain, haben dann das Amt von ihm geerbt: sie waren die Enkel des Propheten; Hassan war der zweite, Hussain der dritte Imam. Jeder andere, der sich eine Herrschaft über die Gläubigen anmaßte, war ein Usurpator.

Die politische Geschichte des Islams nach dem Tode Mohammeds förderte die Bildung einer Legende um Ali und seine Söhne. Ali wurde nicht gleich zum Kalifen gewählt. Im Verlauf von 24 Jahren nach dem Tode Mohammeds bekleideten hintereinander drei andere seiner Kampfgenossen diese höchste Würde. Erst als der dritte von ihnen tot war, kam Ali zur Macht, aber er regierte nur kurz. Während eines Freitagsgottesdienstes in der großen Moschee zu Kufa wurde er von einem fanatischen Gegner mit einem vergifteten Schwert ermordet. Sein ältester Sohn Hassan ließ sich seine Rechte um eine Summe von mehreren Millionen Dirhem abkaufen und zog sich nach Medina zurück, wo er nach einigen Jahren an den Folgen eines ausschweifenden Lebens starb.

Zum eigentlichen Kern des Glaubens der Schiiten wurden die Leiden seines jüngeren Bruders Hussain. Er war das Gegenbild Hassans, verhalten und ernst, und lebte still in Medina. Obwohl er nach dem Tode seines Bruders das Haupt der Schia geworden war, ließ er sich lange auf keine politischen Umtriebe ein. Aber als der regierende Kalif in Damaskus starb und sein Sohn die Nachfolge antreten wollte, verweigerte ihm Hussain die Huldigung. Die Bewohner der turbulenten Stadt Kufa im Irak schrieben an Hussain und forderten ihn auf, zu ihnen zu kommen. Sie wollten ihn zum Kalifen, wäre er einmal da, so werde ihm alles zufallen. Er machte sich mit seiner Familie, Frauen, Kindern und einer kleinen Schar von Anhängern auf den Weg. Es war ein langer Weg durch die Wüste. Als er in die Nähe der Stadt gelangte, war sie schon wieder von ihm abgefallen. Ihr Gouverneur sandte ihm eine viel stärkere Truppe von Reitern entgegen, die ihn zur Übergabe aufforderten. Er weigerte sich, man schnitt ihm den Zugang zum Wasser ab. Man umzingelte ihn und seine kleine Schar. Auf der Ebene von Kerbela, am zehnten Tage des Monats Muharram, im Jahre 680 nach unserer Zeitrechnung, wurde Hussain mit den Seinen, die sich tapfer zur Wehr setzten, angegriffen und niedergemacht. 87 Leute fielen mit ihm, darunter eine ganze Anzahl aus seiner und seines Bruders Familie. Sein Leichnam wies die Spuren von 33 Lanzenstichen und 34 Schwerthieben auf. Der Kommandant der feindlichen Truppe befahl seinen Leuten, über die Leiche Hussains zu reiten. Der Enkel des Propheten wurde von den Hufen der Pferde in den Boden getrampelt. Sein Haupt wurde abgeschnitten und an den Kalifen nach Damaskus gesandt. Dieser schlug ihm mit seinem Stock auf den Mund. Ein alter Gefährte Mohammeds, der anwesend war, verwies es ihm: »Zieh deinen Stock zurück«, sagte er, »ich habe den Mund des Propheten diesen Mund küssen gesehen.«

Die ›Heimsuchungen des Geschlechtes des Propheten‹ sind das eigentliche Thema der schiitischen Glaubensliteratur geworden. »Richtige Angehörige dieser Gruppe erkenne man daran, daß ihre Körper durch Entbehrungen abgemagert, ihre Lippen vor Durst eingetrocknet und ihre Augen durch rastloses Weinen triefend seien. Der richtige Schiit ist verfolgt und elend wie die Familie, für deren Recht er einsteht und leidet. Man betrachtet es bald als Beruf der Prophetenfamilie, Bedrängnis und Verfolgung zu erleiden.«

Seit dem Trauertag von Kerbela ist die Geschichte dieses Geschlechts eine fortgesetzte Folge von Leiden und Bedrängnissen. Ihre Erzählung in Poesie und Prosa wird in einer reichen Literatur von Martyrologien gepflegt. Sie bilden den Gegenstand der Versammlungen der Schiiten im ersten Drittel des Monats Muharram, dessen zehnter Tag – *Aschura* – als der Jahrestag der Tragödie von Kerbela gilt. »Unsere Gedenktage sind unsere Trauerversammlungen«, so schließt ein schiitisch gesinnter Fürst ein Gedicht, in dem er der vielen Heimsuchungen der Prophetenfamilie gedenkt. Weinen, Klagen und Trauern über die Mißgeschicke und Verfolgungen der alidischen Familie und das Märtyrertum in ihr ist das eigentliche Anliegen der wahren Getreuen. »Rührender als die schiitische Träne«, lautet eine arabische Redensart. »Um Hussain weinen«, sagt ein moderner Inder, der diesem Glauben angehört, »das ist der Preis unseres Lebens und unserer Seele; anders wären wir die Undankbarsten der Geschöpfe. Wir werden noch im Paradies um Hussain trauern ... Die Trauer um Hussain ist das Wahrzeichen des Islams. Für einen Schiiten ist es unmöglich, nicht zu weinen. Sein Herz ist ein lebendiges Grab, das wirkliche Grab für das Haupt des enthaupteten Märtyrers.«

Die Betrachtung der Person und des Schicksals Hussains stehen gefühlsmäßig im Zentrum des Glaubens. Sie sind die Hauptquelle, aus der die religiöse Erfahrung fließt. Sein Tod wurde als freiwillige Selbstaufopferung gedeutet, durch sein Leiden gelangen die Heiligen ins Paradies. Die Vorstellung eines Mittlers ist dem Islam ursprünglich fremd. In der Schia ist sie seit dem Tode Hussains vorherrschend geworden.

Das Grab Hussains auf der Ebene von Kerbela wurde schon früh zum wichtigsten Wallfahrtsort der Schiiten. 4000 Engel umgeben Hussains Grab, die Tag und Nacht um ihn weinen. Jedem Pilger, von woher er immer kommt, gehen sie bis an die Grenze entgegen. Wer diesen Schrein besucht, hat folgenden Gewinn davon: Das Dach seines Hauses wird nie über ihm zusammenstürzen. Er wird nie ertrinken. Er kommt nicht im Feuer um. Wilde Tiere greifen ihn nicht an. Wer aber in diesem Schrein mit wirklichem Glauben betet, der erhält zusätzliche Jahre zu seinem Leben. Er gewinnt das Verdienst von 1000 Pilgerfahrten nach Mekka, 1000 Märtyrertoden, 1000 Fasttagen, 1000 Freilassungen von Sklaven. Im folgenden Jahr können ihm Teufel und böse Geister nichts anhaben. Sollte er sterben, so wird er von Engeln begraben, und am Tage der Auferstehung erhebt er sich mit den Anhängern des Imams Hussain, den er an der Fahne in seiner Hand erkennt. Der Imam geleitet seine Pilger im Triumph schnurgerade ins Paradies.

Nach einer anderen Überlieferung werden alle, die im Schreine eines Imams begraben werden, am Tage der Auferstehung nicht geprüft, wie immer sie gesündigt haben mögen, sondern sie werden wie von einem Leintuch direkt ins Paradies geschleudert, und die Engel schütteln ihnen beglückwünschend die Hände.

So ließen sich alte Schiis in Kerbela nieder, um hier zu sterben. Andere, die immer in großer Entfernung von der heiligen Stadt gelebt hatten, hinterließen die Verfügung, daß man sie in ihr begraben möge. Seit Jahrhunderten kommen aus Persien und Indien endlose Karawanen von Toten nach Kerbela, die Stadt hat sich in einen einzigen, riesigen Friedhof verwandelt.

Das große Fest der Schiiten, wo immer sie leben, sind die Tage des Monats Muharram, an denen Hussain seine Passion erlitt. Während dieser zehn Tage befindet sich die ganze persische Nation in Trauer. Der König, die Minister, die Beamten sind in Schwarz oder Grau gekleidet. Maultiertreiber und Soldaten gehen mit hängendem Hemd und offener Brust herum, das gilt als großes Zeichen des Kummers. Am 1. Muharram, der zugleich der Anfang des neuen Jahres ist, beginnt das Fest. Von hölzernen Kanzeln herab wird die Leidensgeschichte Hussains erzählt. Man malt sie in allen Einzelheiten aus, keine Episode von ihr wird vergessen. Die Hörer sind tief ergriffen. Ihre Rufe »O Hussain! O Hussain!« werden von Stöhnen und Tränen begleitet. Diese Art von Rezitation setzt sich während des ganzen Tages fort, die Prediger lösen einander auf verschiedenen Kanzeln ab. Während der ersten neun Tage des Muharram ziehen Gruppen von Männern, mit nackten, rot oder schwarz bemalten Oberkörpern, durch die Straßen. Sie reißen sich die Haare aus, fügen sich Schwertwunden bei, schleppen schwere Ketten hinter sich her oder führen wilde Tänze auf. Es kommt zu blutigen Kämpfen mit Andersgläubigen.

Die Feier gipfelt am 10. Muharram in einer großen Prozession, die ursprünglich die Begräbnisparade Hussains vorstellte. Ihren Mittelpunkt bildet der Sarg Hussains, der von acht Männern getragen wird. Etwa sechzig blutbeschmierte Männer marschieren hinter dem Sarge her und singen ein kriegerisches Lied. Ein Pferd folgt ihnen, das Kriegsroß Hussains. Am Schluß befindet sich gewöhnlich noch eine Gruppe von vielleicht fünfzig Männern, die rhythmisch zwei Holzstäbe gegeneinanderschlagen. – Die Raserei, von der die klagenden Massen bei diesen Festen ergriffen werden, ist beinahe unvorstellbar. In einer Schilderung aus Teheran, die noch folgt, wird man damit Bekanntschaft machen.

Die wirklichen Passionsspiele, in denen die Leiden Hussains dramatisch dargestellt werden, sind erst gegen Beginn des 19. Jahrhunderts zu einer stehenden Einrichtung geworden. *Gobineau,* der sich in den fünfziger Jahren und später lange in Persien aufhielt, hat eine fesselnde Schilderung von ihnen gegeben.

Die Theater wurden von reichen Leuten gestiftet; die Ausgaben dafür galten als verdienstliches Werk, womit der Geber »sich einen Palast im Paradies erbaute«. Die größeren unter ihnen faßten 2000 bis 3000 Menschen. In Ispahan führte man Spiele vor mehr als 20 000 Zuschauern auf. Der Zutritt war öffentlich, jeder konnte hinein, der Bettler in Lumpen wie der reichste Herr. Die Vorstellungen begannen um fünf Uhr früh. Vor dem Passionsspiel vergingen mehrere Stunden mit Prozessionen, Tänzen, Predigten und Liedern. Erfrischungen wurden herumgereicht, wohlhabende und angesehene Männer legten ihre Ehre darein, auch die abgerissensten Zuschauer persönlich zu bedienen.

Zwei Arten von Brüderschaften, die bei diesen Anlässen mitwirken, werden von Gobineau beschrieben. ›Männer und Kinder mit Fackeln, hinter einer großen, schwarzen Fahne, betreten in einer Prozession das Theater und machen singend die Runde. Man kann diese Banden nachts sehen, wie sie eilig durch die Straßen gehen und sich von einem Theater ins andere begeben. Einige Kinder laufen ihnen voraus und stoßen mit schriller Stimme die Rufe aus: »Ay Hussain! Ay Akbar!« Die Brüder stellen sich vor den Kanzeln der Prediger auf, singen und begleiten sich dazu auf eine wilde und bizarre Weise. Aus ihrer rechten Hand formen sie eine Art von Muschel und schlagen sich damit heftig und im Rhythmus unter die linke Schulter. Es entsteht ein dumpfer Laut, der, von vielen Händen zugleich erzeugt, auf weite Entfernung hörbar und sehr wirkungsvoll ist. Bald sind die Schläge schwer und langsam und erzeugen einen schleppenden Rhythmus. Bald sind sie rasch und eilig und versetzen die Anwesenden in Erregung. Wenn die Brüderschaften einmal begonnen haben, kommt es selten vor, daß sie nicht vom ganzen Auditorium nachgeahmt werden. Auf ein Zeichen ihres Oberhauptes beginnen alle Brüder zu singen, schlagen sich, springen auf der Stelle hoch und wiederholen mit kurzer, abgerissener Stimme: »Hassan! Hussain!«

Eine andersgeartete Brüderschaft ist die der Geißler. Sie haben eine Musik mit sich, die aus Tamburinen verschiedener Größe besteht. Oberkörper und Füße sind nackt, sie tragen nichts auf dem Kopf. Es sind Männer, manchmal Greise, manchmal Kinder von 12 bis 16 Jahren. In der Hand halten sie Eisenketten und spitze Nadeln. Manche tragen Holzscheiben. Sie betreten in einer Prozession das Theater und stimmen, erst ziemlich langsam, eine Litanei an, die nur aus zwei Worten besteht: »Hassan! Hussain!« Die Tamburinen begleiten sie mit immer rascheren Schlägen. Diejenigen, die Holzscheiben haben, stoßen sie rhythmisch gegeneinander, und alle fangen zu tanzen an. Die Zuhörer begleiten sie, indem sie sich auf die Brust schlagen. Nach einiger Zeit beginnen sie sich mit ihren Ketten zu geißeln, erst langsam und mit offenkundiger Vorsicht; dann beleben sie sich und schlagen stärker zu. Alle, die Nadeln haben, stechen sich in Arme und Wangen;

Blut fließt, die Menge berauscht sich und schluchzt, die Erregung steigert sich. Das Haupt der Truppe rennt zwischen den Reihen hin und her, muntert die Schwachen auf und hält die Arme derer an, die es zu rasend treiben. Wenn die Erregung zu groß wird, bringt er die Musik zum Schweigen und hält alles an. Es ist schwer, von einer solchen Szene nicht betroffen zu sein: man fühlt Teilnahme, Mitleid und Schrecken zugleich. Manchmal sieht man Geißler, im Augenblick, da der Tanz aufhört, ihre Arme mit den Ketten gegen den Himmel heben und mit so tiefer Stimme und so starkem und gläubigem Blick ausrufen: »Ya Allah! O Gott!«, daß man von Bewunderung gepackt wird, so sehr ist ihr ganzes Wesen verklärt.‹

Man möchte sie als Orchester des Grams bezeichnen, ihre Wirkung ist die eines Massenkristalls. Der Schmerz, den sie sich zufügen, ist der Schmerz Hussains. Indem sie ihn vorführen, wird er zum Schmerz der ganzen Gemeinde. Durch das Schlagen auf die Brust, das von allen aufgenommen wird, entsteht eine rhythmische Masse. Sie ist vom Affekt der Klage getragen. Hussain ist ihnen allen entrissen worden, und er gehört ihnen allen zusammen.

Aber es sind nicht nur die Kristalle der Brüderschaften, die eine Klage-Masse unter den Anwesenden auslösen. Auch Prediger und andere, die vereinzelt auftreten, haben denselben Effekt. Man höre nur, was Gobineau als Augenzeuge einer solchen Gelegenheit erlebt hat.

›Das Theater ist gesteckt voll. Es ist Ende Juni, man erstickt unter dem ungeheuren Zelt. Die Menge nimmt Erfrischungen zu sich. Ein Derwisch steigt auf die Bühne und singt einen Lobgesang. Man begleitet ihn mit Schlägen auf die Brust. Seine Stimme ist nicht eben hinreißend, der Mann wirkt müde. Er macht keinen Eindruck, die Gesänge ermatten. Er scheint es zu fühlen, hält inne, steigt von der Bühne herunter und verschwindet. Es herrscht wieder Ruhe. Da ergreift ein großer, schwerer Soldat, ein Türke, plötzlich mit Donnerstimme das Wort und klatscht sich mit immer heftigeren Schlägen laut schallend auf die Brust. Ein anderer Soldat, auch ein Türke, aber von einem anderen Regiment und ebenso zerlumpt wie der erste, nimmt den Respons auf. Die Schläge auf die Brust setzen mit Präzision wieder ein. Während 25 Minuten wird die keuchende Masse von diesen zwei Männern mitgerissen und schlägt sich braun und blau. Der monotone, stark rhythmisierte Gesang berauscht sie. Sie schlagen sich, so gut sie können: es ist ein dumpfer, tiefer, regelmäßiger, unaufhaltsamer Lärm, aber allen genügt er nicht. Ein junger Neger, der wie ein Lastträger aussieht, erhebt sich inmitten der hockenden Menge. Er wirft seine Mütze herunter und singt mit voller Stimme los, während er sich mit beiden Fäusten zugleich auf den geschorenen Kopf schlägt. Er war zehn Schritt von mir, ich konnte all seinen Bewegungen folgen. Seine Lippen verfärbten sich; je mehr er sich verfärbte, desto stärker belebte er sich, er schrie und schlug wie auf einen Amboß. Etwa zehn Minuten lang machte er so weiter. Doch die beiden Soldaten konnten nicht mehr, sie troffen von Schweiß. Der Chor, sobald er von ihren genauen und mächtigen Stimmen nicht mehr geführt und mitgerissen wurde, begann zu zögern und verwirrte sich. Ein Teil der Stimmen verstummte, und der Neger, als ob ihm nun jede materielle Stütze fehle, schloß die Augen und sank auf seinem Nachbarn zusammen. Jeder schien für ihn viel Mitleid und Respekt zu fühlen. Man legte ihm Eis auf den Kopf und hielt ihm Wasser an die Lippen. Aber er war ohnmächtig, und es dauerte eine Weile, bis man ihn wieder zu sich brachte. Als dies gelungen war, dankte er sanft und höflich allen, die ihm geholfen hatten.

Sobald die Ruhe wieder ein wenig hergestellt war, bestieg ein Mann in einem grünen Gewand die Bühne. Es war durchaus nichts Ungewöhnliches an seiner Person, er sah aus wie ein Spezereiwarenhändler aus dem Bazar. Dieser Mann hielt eine Predigt über das Paradies, dessen Größe er mit heftiger Beredsamkeit schilderte. Es genüge nicht, um hineinzugelangen, den Koran des Propheten zu lesen. »Es genügt nicht, alles zu tun, was dieses heilige Buch empfiehlt, es genügt nicht, ins Theater zu kommen, um zu weinen, wie ihr es täglich tut. Ihr müßt eure guten Werke im Namen Hussains und aus Liebe zu ihm tun. Es ist Hussain, der die Pforte des Paradieses ist, es ist Hussain, der die Welt stützt, es ist Hussain, durch den das Heil geschieht. Rufet: Hassan, Hussain!«

Die ganze Menge schrie: »O Hassan, o Hussain!«

»Gut. Jetzt noch einmal!«

»O Hassan, o Hussain!«

»Bittet Gott, daß er euch immer in der Liebe zu Hussain erhalten möge. Los, rufet zu Gott!«

Die ganze Masse hebt mit einer einzigen Bewegung die Arme in die Höhe und schreit mit dumpfer, anhaltender Stimme: »Ya Allah! O Gott!«‹–

Das Passionsspiel selbst, das auf diese lange und erregende Einleitung folgt, besteht aus einer losen Reihe von 40 bis 50 Szenen. Alle Ereignisse werden vom Engel Gabriel den Propheten erzählt oder in Träumen vorausgesehen, bevor sie sich auf der Bühne abspielen. Was immer geschehen wird, ist den Zuschauern ohnehin bekannt, es geht nicht um dramatische Spannung in unserem Sinne, es geht um vollkommene Teilnahme. Alle Leiden Hussains, die Qualen seines Durstes, da man ihm den Zugang zum Wasser abgeschnitten hat, und die Episoden während der Schlacht und seines Todes werden stark realistisch ausgemalt. Nur Imame und Heilige, Propheten und Engel *singen*. Verhaßte Figuren wie der Kalif Yazid, der den Tod Hussains befohlen, und der Mörder Schamr, der ihm den tödlichen Schlag versetzt hat, dürfen nicht singen, sie deklamieren nur. Es kann vorkommen, daß sie von der Ungeheuerlichkeit ihrer Taten überwältigt werden. Dann brechen sie während ihrer bösen Worte selbst in Tränen aus. Es gibt keinen Applaus, man weint, stöhnt oder schlägt sich auf den Kopf. Die Aufregung der Zuschauer erreicht eine solche Höhe, daß sie nicht selten die schurkischen Figuren, die Mörder Hussains, zu lynchen versuchen. Gegen Ende zeigt man, wie das abgetrennte Haupt des Märtyrers an den Hof des Kalifen gebracht wird. Auf dem Wege geschieht ein Wunder ums andere. Ein Löwe verbeugt sich tief vor Hussains Haupt. Der Zug macht bei einem christlichen Kloster halt: als der Abt das Haupt des Märtyrers gewahrt, schwört er seinem Glauben ab und bekennt sich zum Islam.

Der Tod Hussains war nicht umsonst. Bei der Auferstehung wird der Schlüssel zum Paradies ihm anvertraut. Gott selbst verfügt: »Das Recht der Fürsprache ist ausdrücklich sein. Hussain, durch meine besondere Gnade, sei der Mittler für alle.« Der Prophet Mohammed händigt Hussain den Schlüssel zum Paradies ein und spricht:

»Gehe du und errette von den Flammen jeden, der in seiner Lebenszeit eine einzige Träne für dich geweint hat, jeden, der dir auf irgendeine Weise geholfen, jeden, der eine Pilgerfahrt an deinen Schrein unternommen oder für dich geklagt hat, und jeden, der tragische Verse für dich geschrieben hat. Trage jeden und alle mit dir ins Paradies.«

Mehr Nachdruck auf die Klage hat kein Glaube gelegt. Sie ist das höchste religiöse Verdienst und jedem anderen guten Werke um ein Vielfaches überlegen. Man ist wohl berechtigt, hier von einer Klagereligion zu sprechen.

Ihren Paroxysmus erreicht aber diese Art von Masse nicht in den Theatern während der Aufführung der Passionsspiele. Der »Tag des Blutes« auf den Straßen Teherans, der eine halbe Million Menschen erfaßt, ist von einem Augenzeugen mit folgenden Worten beschrieben worden. Ein Bericht, der unheimlicher und zwingender ist, wird sich schwerlich finden lassen.

»500 000 Menschen, vom Wahne gepackt, bedecken sich das Haupt mit Asche und schlagen mit der Stirn gegen den Boden. Sie wollen sich der freiwilligen Marter unterwerfen, sich in Gruppen umbringen und raffiniert verstümmeln. Die Prozessionen der Gilden folgen eine nach der anderen. Da sie aus Leuten bestehen, die einen Schimmer von Vernunft behalten haben, den Instinkt der menschlichen Selbsterhaltung nämlich, sind ihre Teilnehmer auf gewöhnliche Weise gekleidet.

Eine große Stille tritt ein; zu Hunderten kommen Männer in weißen Hemden herbei, das Gesicht ekstatisch zum Himmel gewandt.

Von diesen Männern werden mehrere am Abend tot sein, viele verstümmelt und entstellt, und die weißen Hemden, rot verfärbt, werden Leichentücher sein. Schon gehören diese Wesen der Erde nicht mehr an. Ihre grob geschnittenen Hemden lassen nur Hals und Hände frei: Gesichter von Märtyrern, Mörderhände.

Unter aufmunternden Zurufen und Ansteckung ihres Wahns händigen andere ihnen Säbel ein. Ihre Erregung wird nun mörderisch, sie drehen sich im Kreise um sich herum und schwingen die Waffen, die man ihnen gegeben hat, über dem Kopfe. Ihre Schreie übertönen die der Masse. Um ihre Leiden auszuhalten, müssen sie in einen Zustand von Katalepsie geraten. Mit Schritten von Automaten gehen sie vor, zurück, zur Seite, ohne offenbare Ordnung. Bei jedem Schritt, im Takt, schlagen sie sich mit den schartigen Säbeln auf den Schädel. Das Blut fließt. Die Hemden färben sich scharlachrot. Der Anblick dieses Blutes treibt die Verwirrung in ihrem Hirn auf die Spitze. Einige dieser freiwilligen Märtyrer stürzen zusammen und schlagen mit ihren Säbeln um sich. Aus ihrem zusammengepreßten Mund fließt Blut. In ihrer Raserei haben sie sich Venen und Arterien durchschnitten und sterben an Ort und Stelle, bevor die Polizei Zeit hat, sie in eine Ambulanz zu tragen, die hinter den herabgelassenen Rolläden einer Butike eingerichtet ist.

Die Masse, für die Schläge der Polizisten unempfindlich, schließt sich über diesen Menschen, nimmt sie in sich auf und schleppt sie in einen anderen Teil der Stadt, wo sich das Blutbad fortsetzt. Nicht ein Mensch bleibt bei klarem Bewußtsein. Die für sich selbst nicht den Mut zum Blutvergießen haben, bieten den anderen Kola zur Stärkung an und reizen sie mit diesem Mittel und mit Verwünschungen auf.

Märtyrer ziehen sich das Hemd aus, es gilt als gesegnet, und geben es denen, die sie mit sich führen. Andere, die anfangs nicht zu den freiwilligen Opfern gehören, entdecken plötzlich in der allgemeinen Aufregung ihren Durst nach Blut. Sie verlangen Waffen, reißen sich die Kleider herunter und fügen sich, wo es sich trifft, Verletzungen zu.

Manchmal entsteht eine Lücke in einer Prozession, einer der Teilnehmer fällt erschöpft zu Boden. Die Lücke füllt sich sofort, über dem Unglücklichen schließt sich die Masse zusammen, stößt ihn mit Füßen und tritt auf ihn.

Es gibt kein schöneres Los, als an einem Festtage der Aschura zu sterben, die Pforten der acht Paradiese stehen für die Heiligen weit offen, und jeder sucht hineinzugelangen.

Soldaten im Dienst, die sich der Verwundeten annehmen und die Ordnung aufrechterhalten sollen, werden von der Erregung der Masse gepackt. Sie entledigen sich ihrer Uniform und stürzen sich selbst ins Blutbad.

Der Wahn packt die Kinder, sogar die ganz kleinen: neben einem Brunnen steht eine Mutter, trunken vor Stolz, und drückt ihr Kind ans Herz, das sich eben verstümmelt hat. Eine andere kommt schreiend gerannt: es hat sich ein Auge ausgestochen, in wenigen Augenblicken sticht es sich das andere aus; die Eltern betrachten es mit Wonne.«

Katholizismus und Masse

Am Katholizismus fällt bei unvoreingenommener Betrachtung eine gewisse *Langsamkeit* und *Ruhe* auf, verbunden mit großer *Breite*. Sein Hauptanspruch, daß er für alle Platz hat, ist schon in seinem Namen enthalten. Es ist erwünscht, daß jeder sich zu ihm bekehrt, und jeder wird unter gewissen Bedingungen, die man nicht gut als hart empfinden kann, aufgenommen. Darin, im Prinzip und nicht im Vorgang der Aufnahme, hat sich eine letzte Spur von Gleichheit erhalten, die von seinem sonstigen streng hierarchischen Wesen merkwürdig absticht.

Seine Ruhe, die neben seiner Breite auf viele die größte Anziehung ausübt, verdankt er seinem Alter und seiner Abneigung gegen alles heftig Massenhafte. Das Mißtrauen gegen die Masse hat den Katholizismus seit langem nicht mehr verlassen, vielleicht schon seit den frühesten ketzerischen Bewegungen der Montanisten nicht, die sich mit entschiedener Respektlosigkeit gegen die Bischöfe wandten. Die Gefährlichkeit plötzlicher Ausbrüche, die Leichtigkeit, mit der sie weitertreiben, ihre Raschheit und Unberechenbarkeit, vor allem aber das *Abheben der Distanzlasten*, zu denen die Distanzen der kirchlichen Hierarchie in besonders hohem Maße zu rechnen sind – das alles hat die Kirche schon früh dazu bestimmt, in der offenen Masse ihren Hauptfeind zu sehen und sich auf jede mögliche Weise gegen sie zu stellen.

Alle ihre Glaubensinhalte, wie auch alle praktischen Formen ihrer Organisation, sind von dieser unerschütterlichen Erkenntnis gefärbt. Es hat bis jetzt keinen Staat auf der Erde gegeben, der sich auf so mannigfaltige Weise gegen die Masse zu wehren verstand. An der Kirche gemessen, erscheinen alle Machthaber wie traurige Stümper.

Da ist vor allem an den Kult selber zu denken, der auf die versammelten Gläubigen am unmittelbarsten wirkt. Er ist von einer Langsamkeit und Getragenheit, die nicht zu überbieten ist. Die Bewegungen der Priester in ihrem schweren und steifen Ornat, die Gemessenheit ihrer Schritte, das Gezogene ihrer Worte – ein wenig erinnert es alles an eine unendlich verdünnte Totenklage, über die Jahrhunderte mit solcher Gleichmäßigkeit verteilt, daß von der Plötzlichkeit des Todes, der Heftigkeit des Schmerzes kaum etwas übriggeblieben ist: der zeitliche Vorgang der Klage ist *mumifiziert*.

Auf mehr als eine Weise wird die Verbindung unter den Gläubigen selber verhindert. Sie predigen nicht zueinander; das Wort des einfachen Gläubigen hat keinerlei Heiligkeit. Was immer er erwartet, was immer den mannigfachen Druck, der auf ihm lastet, lösen soll, kommt von höherer Stelle; was ihm nicht erklärt wird, *versteht* er nicht einmal. Das heilige Wort wird ihm vorgekaut und dosiert verabreicht, es wird, eben als Heiliges, vor ihm *geschützt*. Selbst Sünden gehören den Priestern, denen er sie beichten muß. Es ist keine Erleichterung für ihn, sie andern, gewöhnlichen Gläubigen mitzuteilen, und er darf sie auch nicht für sich behalten. In allen tieferen, moralischen Fragen steht er der Priesterschaft allein gegenüber; für das halbwegs zufriedene Leben, das sie ihm ermöglicht, ist er ihr mit Haut und Haaren ausgeliefert.

Aber selbst die Art, wie die Kommunion verabreicht wird, trennt den Gläubigen von den anderen, die sie mit ihm empfangen, statt sie an Ort und Stelle miteinander zu verbinden. Für sich empfängt der Kommunikant einen kostbaren Schatz. Für sich erwartet er ihn, für sich soll er ihn behüten. Wer die Reihen derer, die sich zur Kommunion anstellen, betrachtet hat, kann nicht umhin zu bemerken, wie sehr jeder einzelne mit sich allein beschäftigt ist. Wer vor und nach ihm kommt, geht ihn noch weniger etwas an als der Mitmensch, mit dem er es im gewöhnlichen Leben zu tun hat, und die Verbindung mit diesem ist schon lose genug. Die Kommunion verbindet den Empfänger mit der Kirche, die unsichtbar und von gewaltigen Ausmaßen ist; sie entrückt ihn den Anwesenden. Die Kommunikanten untereinander fühlen sich so wenig als ein Leib wie eine Gruppe von Menschen, die einen Schatz gefunden und soeben unter sich aufgeteilt hat.

In der Art dieses Vorganges, der für den Glauben von so zentraler Bedeutung ist, verrät die Kirche ihre Vorsicht vor allem, was an Masse auch nur gemahnen könnte. Sie schwächt und mildert das Gemeinsame unter den wirklich anwesenden Menschen und setzt dafür ein geheimnisvoll Gemeinsames in der Ferne, das übermächtig ist, das des Gläubigen nicht unbedingt bedarf und das die Grenze zwischen ihm und sich, solange er am Leben ist, nie wirklich aufhebt. Die erlaubte Masse, auf die der Katholizismus immer verweist, die der Engel und Seligen, ist nicht nur in ein fernes Jenseits entrückt und dadurch allein schon, durch ihre Abgelegenheit, harmlos gemacht und aus dem Bereiche unmittelbarer Ansteckung entfernt; sie ist auch in sich von vorbildlicher Gelassenheit und Ruhe. Man stellt sich nicht vor, daß die Seligen viel unternehmen; ihre Gelassenheit erinnert an die einer Prozession. Sie ergehen sich und singen, lobpreisen und fühlen ihr Glück. Sie treiben es alle ähnlich, eine gewisse Uniformität ihres Schicksals ist nicht zu verkennen; es ist nie versucht worden, die weitgehende Gleichheit ihres Lebenswandels zu verbergen oder durcheinanderzubringen. Sie sind viele, sie sind nah beieinander, und sie sind von der gleichen Seligkeit erfüllt. Aber damit sind ihre massenhaften Züge auch alle aufgezählt. Sie werden *mehr*, aber so langsam, daß man es nicht bemerkt: von ihrer zunehmenden Zahl wird nie gesprochen. Sie haben auch keine Richtung. Ihr Zustand ist endgültig. Der Hofstaat, den sie bilden, ist unveränderlich. Sie wollen nirgends mehr hin; es gibt nichts, was sie noch zu erwarten hätten. Gewiß ist dies die mildeste, die harmloseste Form der Masse, die sich denken läßt. Vielleicht kann man sie gerade noch als solche bezeichnen; eigentlich ist sie genau an der Grenze: ein versammelter Chor, der schöne, aber nicht zu aufregende Lieder singt; die Erwähltheit als Zustand, *nach* allen Verrichtungen, die der Bewährung dienen, und von ewiger Dauer. Wenn Dauer nicht bei allem, was Menschen sich ersehnen, am schwersten zu erzielen wäre, fände man es schwer zu begreifen, was eigentlich die Anziehung der Seligen als Masse ausmacht.

Ganz so verhalten wie unter den Seligen geht es hier auf Erden nicht zu, aber was immer die Kirche zu zeigen hat, wird *langsam* gezeigt. Prozessionen sind ein eindrucksvolles Beispiel dafür. Sie sollen von möglichst vielen gesehen werden, ihre Bewegung richtet sich danach, sie ist wie ein leises Schieben. Sie faßt die Gläubigen zusammen, indem sie an ihnen vorüberstreift, ganz allmählich und ohne sie selbst zu einer größeren Bewegung zu reizen, es sei denn zum anbetenden Niederknien oder zum Anschließen in der gehörigen Reihenfolge, ganz am Ende des Zuges, ohne den Gedanken, ohne den Wunsch, innerhalb dieser Reihe je aufzusteigen.

Die Prozession bietet immer ein Abbild der kirchlichen Hierarchie. Jeder schreitet im Gewand seiner vollen Würde einher und wird von jedem als das erkannt und bezeichnet, was er vorstellt. Man erwartet den Segen von dem, der ein Recht hat, ihn zu vergeben. Schon diese Gliederung der Prozession hemmt im Beschauer die Annäherung an einen massenähnlichen Zustand. Er wird auf vielen Stufen der Betrachtung zugleich festgehalten; jeder Ausgleich unter ihnen, jedes Zusammenschlagen in eines ist ausgeschlossen. Der erwachsene Beschauer wird sich nie als den Priester oder den Bischof sehen. Sie bleiben immer von ihm getrennt, er stellt sie immer über sich. Aber je gläubiger er ist, um so mehr wird er dazu neigen, ihnen, die so viel höher und heiliger sind als er, seine Verehrung zu beweisen. Genau so viel und nicht mehr bezweckt die Prozession, sie will es bis zur gemeinsamen *Verehrung* der Gläubigen bringen. Mehr Gemeinsamkeit ist gar nicht erwünscht, sie könnte zu Gefühlsausbrüchen und Aktivitäten führen, die nicht mehr zu kontrollieren sind. Auch die Verehrung selbst ist graduiert; indem sie, der Prozession entlang, von Stufe zu Stufe klimmt, Stufen, die bekannt und erwartet sind, Stufen, die alle bestehen bleiben, ist ihr jeder Stachel der Plötzlichkeit genommen. Sie steigt leise und unbeirrbar wie die Flut, erreicht ihren höchsten Stand und sinkt langsam wieder.

Bei der Bedeutung aller Formen der Organisation für die Kirche ist es nicht zu verwundern, daß sie eine reiche Zahl von Massenkristallen aufweist. Vielleicht läßt sich ihre Funktion nirgends so gut wie hier studieren; wobei aber nicht zu vergessen ist, daß auch sie der allgemeinen Richtung der Kirche dienen, die eine der Verhütung oder eigentlich Verlangsamung von Massenbildungen ist.

Zu diesen Massenkristallen gehören die Klöster und Orden. Sie enthalten die eigentlichen Christen, die dem Gehorsam, der Armut und der Keuschheit leben. Sie sollen dazu dienen, den andern, den vielen, die zwar Christen heißen, aber nicht wie Christen leben können, immer wieder solche, die es wirklich sind, vor Augen zu führen. Ihre Tracht ist das wichtigste einzelne Mittel dazu. Sie bedeutet Entsagung und Loslösung aus dem gewohnten Verband der Familie.

Ihre Funktion ändert sich völlig in Zeiten der Gefahr. Nicht immer kann sich die Kirche ihre vornehme Zurückhaltung, ihre Abneigung vor der offenen Masse, das Verbot, das sie auf deren Bildung gelegt hat, erlauben. Es gibt Zeiten, in denen Feinde von außen sie bedrohen oder in denen der Abfall so rapid um sich greift, daß er nur mit den Mitteln der Seuche selber zu bekämpfen ist. In solchen Zeiten sieht sich die Kirche genötigt, den feindlichen Massen eigene entgegenzusetzen. Die Mönche werden dann zu Agitatoren, die predigend durchs Land ziehen und die Menschen zu einer Aktivität aufrufen, die man sonst lieber vermeidet. Der großartigste Fall einer solchen bewußten Massenbildung durch die Kirche sind die Kreuzzüge.

Das Heilige Feuer in Jerusalem

Die griechische Feier der Osterwoche in Jerusalem gipfelt in einem Vorgang ganz ungewöhnlicher Art. Am Ostersamstag senkt sich in der Grabeskirche das Heilige Feuer vom Himmel auf die Erde herab. Tausende von Pilgern aus aller Welt sind versammelt, um ihre Kerzen an der Flamme zu entzünden, sobald sie aus dem Grabe des Erlösers hervorschießt. Das Feuer selbst gilt als ungefährlich, die Gläubigen sind davon überzeugt, daß es ihnen nichts anhaben kann. Doch der Kampf um die Erlangung des Feuers hat schon manche Pilger das Leben gekostet.

Stanley, der später Dean von Westminster wurde, wohnte auf einer Reise im Jahre 1853 der Osterfeier in der Grabeskirche bei und hat eine ausführliche Schilderung von ihr gegeben.

›Die Kapelle, die das heilige Grab enthält, ist im Zentrum der Kirche gelegen. In zwei großen Kreisen, durch zwei Reihen von Soldaten getrennt, sind die Gläubigen dicht aneinandergedrängt ums Grab versammelt. Das Band zwischen diesen Ringen halten türkische Soldaten von Menschen frei. In den Galerien oben sitzen die Zuschauer, es ist der Morgen des Ostersamstags, und vorläufig ist alles still. Nichts kündigt die kommenden Ereignisse an. Zwei oder drei Pilger halten sich mit starrem Griff an einer Öffnung in der Mauer der Grabeskapelle fest.

Um die Mittagszeit bricht ein wirrer Haufe von arabischen Christen in den freien Gang durch und stürzt darin wild im Kreise umher, bis sie von Soldaten gefangen werden. Es scheint der Glaube dieser Araber zu sein, daß das Feuer nicht kommt, wenn sie nicht zuvor ein paarmal ums Grab herumrennen. Zwei volle Stunden lang finden nun diese Freudensprünge ums Grab statt. 20, 30 oder 50 Mann rennen plötzlich los, packen einander, heben einen von ihnen hoch, auf die Schultern oder die Köpfe, und stürzen mit ihm vorwärts, bis er herunterspringt und ein anderer nachfolgt. Manche sind in Schaffelle gekleidet, manche fast nackt. Gewöhnlich geht einer von ihnen als ihr Wortführer voraus. Er klatscht in die Hände, sie klatschen auch und stoßen ein wildes Geheul aus: »Dies ist das Grab Jesu Christi. Gott erhalte den Sultan. Jesus Christus hat uns erlöst.« Was in kleineren Gruppen beginnt, nimmt bald zu, bis schließlich das ganze Kreisband zwischen den Soldaten von einem Wettrennen, einem Strudel, einem reißenden Strom dieser wilden Gestalten erfüllt ist. Allmählich läßt die Raserei nach, oder sie wird eingedämmt. Die Bahn wird frei gemacht, und aus der griechischen Kirche nähert sich eine lange Prozession mit gestickten Bannern und wandelt ums Grab herum.

Von diesem Augenblick an wird die Erregung, die sich bisher auf die Läufer und Tänzer beschränkt hat, allgemein. Die zwei riesigen Massen von Pilgern, von den Soldaten getrennt, bleiben noch immer auf ihren Plätzen stehen, brechen aber alle zusammen in eine wilde

Folge von Rufen aus, zwischen denen man von Zeit zu Zeit – es klingt sonderbar genug – die Gesänge der Prozession vernimmt. Dreimal geht die Prozession ums Grab. Beim dritten Male vereinigen sich die beiden Reihen der türkischen Soldaten und schließen sich hinten an. In *einer* großen Bewegung schwankt die Masse hin und her. Der Höhepunkt des Tages nähert sich. Die Gegenwart der ungläubigen Türken verhindert, so glaubt man, die Herabkunft des Feuers, und der Augenblick ist gekommen, sie aus der Kirche zu vertreiben. Sie lassen sich vertreiben, und ein Durcheinander wie von Schlacht und Sieg erfüllt die Kirche. Aus jeder Richtung bricht der tobende Mob auf die Truppen los, die zur Südostecke aus der Kirche strömen – die Prozession wird durchbrochen, die Banner zittern und schwanken.

In einer kleinen, aber kompakten Schar von Leuten wird der Bischof von Petra, der diesmal ›Bischof des Feuers‹ ist und den Patriarchen vertritt, rasch in die Kapelle des Grabes geschafft, und die Türe wird hinter ihm geschlossen. Die ganze Kirche ist jetzt ein einziges Meer von Köpfen und tönt dröhnend wider. Ein Stück allein ist frei geblieben: von der Öffnung auf der Nordseite der Kapelle zur Mauer der Kirche führt ein schmaler Gang. Bei der Öffnung selbst steht ein Priester, um das Feuer zu fangen. Auf beiden Seiten des Ganges, so weit das Auge reicht, sind Hunderte von nackten Armen ausgestreckt wie die Äste eines Waldes, der in einem heftigen Sturm erbebt.

In früheren, kühneren Zeiten erschien in diesem Moment eine Taube über der Kuppel der Kapelle, um die Herabkunft des heiligen Geistes sichtbar zu machen. Davon ist man jetzt abgekommen, aber der Glaube an die Herabkunft besteht noch immer, und nur wenn man das weiß, kann man die gesteigerte Erregung der nächsten Augenblicke vollkommen begreifen. Eine helle Flamme wie von brennendem Holz erscheint innerhalb der Öffnung – wie jeder gebildete Grieche weiß und zugibt, vom Bischof in der Kapelle entzündet. Jeder Pilger aber glaubt, daß es das Licht der Herabkunft Gottes aufs heilige Grab ist. Alles verschwimmt nun in der allgemeinen Erregung, von der die Kirche erfüllt ist, kein Zug oder Vorfall mehr läßt sich deutlich entnehmen. Langsam, allmählich breitet sich das Feuer aus, von Hand zu Hand und von Kerze zu Kerze, durch die ungeheure Menge, bis schließlich das ganze Gebäude von einer Galerie zur anderen und überall unten ein einziges, weites Feuer von Tausenden von brennenden Kerzen bildet.

Dies ist der Augenblick, in dem der Bischof oder der Patriarch im Triumph auf den Schultern der Leute aus der Kapelle getragen wird, einer Ohnmacht nahe, um den Eindruck zu erwecken, daß er von der Glorie des Allmächtigen überwältigt sei, von dessen unmittelbarer Gegenwart er eben zurückkehre.

Ein großer Ansturm setzt nun ein, um dem Rauch und der erstickenden Hitze zu entgehen und um die entzündeten Kerzen in die Straßen und Häuser von Jerusalem zu tragen. Man drängt zur einzigen Tür der Kirche hinaus, und manchmal ist der Andrang so groß, daß er zu einem Unglück führt, wie 1834, als es Hunderten von Menschen das Leben kostete. Eine kurze Weile noch rennen die Pilger hin und her und reiben Gesicht und Brust gegen das Feuer, um seine Unschädlichkeit, an die man glaubt, zu beweisen. Aber die wilde Begeisterung ist mit der Mitteilung des Feuers zu Ende. Nicht der am wenigsten eindrucksvolle Teil des Schauspiels ist die rapide und vollkommene Abnahme einer Raserei von solcher Intensität. Die wütende Aufregung des Morgens steht in sonderbarem Gegensatz zur tiefen Ruhe des Abends, da die Kirche wieder von einer einzigen Masse von Pilgern erfüllt und bedeckt ist, aber diesmal in tiefem Schlaf. So harren sie auf den Gottesdienst um Mitternacht.‹

Auch das große Unglück des Jahres 1834 hatte seinen englischen Augenzeugen, *Robert Curzon.* Sein Bericht über die Katastrophe ist von furchtbarer Anschaulichkeit, er folgt in seinen wesentlichen Zügen.

In der Mitternacht auf den Karsamstag begab sich Curzon mit seinen Freunden in die Grabeskirche, um die Prozession der Griechen zu sehen. Jedes Fenster und jede Ecke, jede kleinste Stelle, wo der Fuß eines lebenden Wesens Platz fand, schien mit Menschen vollgestopft, mit Ausnahme der Galerie, die für Ibrahim Pascha, den türkischen Gouverneur von Jerusalem, und seine englischen Gäste reserviert war. 17 000 Pilger waren, so hieß es, in Jerusalem, und fast alle waren gekommen, um das heilige Feuer zu sehen.

Am nächsten Morgen bahnten Soldaten mitten durch die Menge einen Weg für Ibrahim Pascha. Er wurde mit einer Art von verrückter Prozession empfangen und nahm auf der Galerie Platz.

›Die Leute wurden nun allmählich wild. Eine ganze Nacht hatten sie in einer solchen Masse dagestanden, und sie waren erschöpft. Als die Zeit für die Ausstellung des heiligen Feuers herannahte, konnten sie vor Freude nicht mehr an sich halten. Ihre Erregung wuchs, um etwa 1 Uhr kam eine großartige Prozession aus der Kapelle der Griechen. Sie führten den Patriarchen dreimal ums Grab. Dann legte er sein äußeres Gewand, das aus silbergewirktem Stoffe bestand, ab und ging ins Grab hinein, die Türe wurde hinter ihm geschlossen. Die Aufregung der Pilger hatte ihren höchsten Stand erreicht, sie kreischten laut. Die dichte Masse von Menschen schwankte hin und her wie ein Kornfeld im Wind.

Das heilige Feuer wird aus einem runden Loch an einer Stelle der Grabkapelle herausgereicht. Der Mann, der die höchste Summe für diese Ehre bezahlt hatte, wurde von einem Trupp Soldaten an diesen Ort geleitet. Einen Augenblick herrschte Schweigen; dann erschien ein Licht aus dem Grab und der glückliche Pilger empfing vom Patriarchen, der drinnen war, das heilige Feuer. Es bestand aus einem Bündel von dünnen Wachskerzen, die entzündet waren. Sie steckten in einem eisernen Rahmen; so wollte man verhindern, daß sie in der Menge auseinandergerissen und ausgelöscht würden. Denn eine wütende Schlacht entspann sich sogleich. Jeder war so voller Eifer, das heilige Licht zu erlangen, daß mancher, der seine eigene Kerze zu entzünden suchte, die seines Nachbarn dabei verlöschte.

Das war die ganze Zeremonie: keine Predigt, keine Gebete, ein wenig Singsang während der Prozession. Bald sah man die Lichter sich in allen Richtungen vermehren, jeder hatte seine Kerze an der heiligen Flamme entzündet: die Kapellen, Galerien und jede Ecke, wo es möglich war, eine Kerze zu zeigen – alles erschien in einem Meer von Licht. In ihrer Raserei steckten sich die Menschen die Bündel von brennenden Kerzen an Gesicht, Hände und Brust, um sich von ihren Sünden zu reinigen.

Bald war alles von Kerzenrauch verdunkelt, ich sah ihn in großen Wolken aus der Öffnung in der Mitte des Domes oben entweichen. Es herrschte ein schrecklicher Geruch. Drei unglückliche Personen, von der Hitze und der schlechten Luft überkommen, fielen von den oberen Galerien herunter und wurden auf den Köpfen der Leute unten zerschmettert. Eine arme armenische Dame, 17 Jahre alt, starb auf ihrem Sitz vor Hitze, Durst und Erschöpfung.

Schließlich, nachdem wir alles gesehen hatten, was es zu sehen gab, erhob sich Ibrahim Pascha und ging fort. Seine zahlreichen Wachen bahnten ihm mit Brachialgewalt einen Weg durch die dichte Masse von Menschen, die die Kirche erfüllte. Diese Masse war ungeheuer, wir warteten darum ein wenig, dann machten wir uns alle zusammen auf den Rückweg in unser Kloster. Ich ging als erster, hinter mir folgten meine Freunde, die Soldaten bahnten uns einen Weg durch die Kirche. Ich war an die Stelle gelangt, wo die heilige Jungfrau während der Kreuzigung stand, als ich eine Anzahl von Menschen aufeinander liegen sah, überall ringsum in diesem Teil der Kirche, soweit ich es ausmachen konnte, bis zur Tür. Ich suchte, so gut es ging, zwischen ihnen durchzukommen, bis sie so dicht beisammen waren, daß ich tatsächlich auf einen großen Haufen von Leibern trat. Da plötzlich fuhr es mir durch den Kopf, daß sie alle tot seien. Ich hatte das zuerst nicht bemerkt, ich dachte, sie seien nur von den Anstrengungen der Zeremonie sehr mitgenommen und hätten sich da niedergelegt, um sich auszuruhen. Aber als ich an den größeren Haufen kam, blickte ich auf sie hinunter und bemerkte jenen scharfen, harten Ausdruck des Gesichts, der nicht zu mißdeuten ist. Manche waren ganz schwarz als Folge der Erstickung, und etwas weiter waren andere voller Blut und mit dem Hirn und den Eingeweiden derer bedeckt, die von der Masse in Stücke getreten worden waren.

In diesem Teil der Kirche war keine lebende Masse mehr; aber ein wenig weiter, um die Ecke, gegen den Haupteingang zu, drängten die Leute in ihrer Panik noch immer nach vorn, und jeder tat sein möglichstes, um zu entkommen. Die Wachen außen, über den Andrang von innen erschreckt, dachten, daß die Christen sie angreifen wollten: Das Durcheinander wandelte sich bald in eine Schlacht. Die Soldaten töteten mit ihren Bajonetten viele arme Teufel, die am Zusammenbrechen waren; die Wände waren bespritzt mit dem Blut und Hirn von Männern, die wie Ochsen von den Gewehrkolben der Soldaten gefällt worden waren. Jeder suchte sich zu verteidigen oder zu retten. Alle, die im Handgemenge fielen, wurden sofort von den anderen zu Tode getrampelt. So wild und verzweifelt wurde der Kampf, daß selbst die panischen und erschreckten Pilger schließlich mehr auf die Zerstörung anderer als auf ihre eigene Rettung bedacht schienen.

Sobald ich die Gefahr erkannte, rief ich meinen Gefährten zu, daß sie umkehren sollten; das taten sie auch. Ich selber aber wurde durch das Gedränge weitergetrieben, bis in die Nähe der Türe, wo alle um ihr Leben kämpften. Hier sah ich den sicheren Tod vor mir und machte jede Anstrengung, zurück zu gelangen. Ein Offizier des Paschas, an seinem Stern als Oberst zu erkennen, ebenso alarmiert wie ich, trachtete auch umzukehren. Er packte mich an meinem Gewand und zog mich auf den Leib eines alten Mannes nieder, der daran war, seinen letzten Seufzer zu tun. Der Offizier drückte mich nieder, und mit dem Mute der Verzweiflung rangen wir miteinander, unter Sterbenden und Toten. Ich kämpfte mit diesem Manne, bis ich ihn heruntergezerrt hatte. Dann gelang es mir, wieder auf die Beine zu kommen. – Später erfuhr ich, daß er sich nie wieder erhoben hatte.

Für einen Augenblick stand ich im Handgemenge, auf dem unbehaglichen Grunde toter Leiber, von der dichten Masse aufrecht gehalten, die sich in diesem engen Teile der Kirche zusammenpreßte. Wir standen alle für eine kurze Weile still. Plötzlich schwankte die Masse. Ein Ruf erscholl, die Masse öffnete sich, und ich sah mich in der Mitte einer Reihe von Männern stehen, eine andere Reihe mir gegenüber, alle bleich und grausig mit zerrissenen und blutigen Kleidern. Da standen wir und starrten aufeinander; und schon ergriff uns ein plötzlicher Impuls, mit einem Schrei, der in den langen Schiffen der Grabeskirche widerhallte, stürzten die beiden gegnerischen Reihen aufeinander los, und bald zerrte und riß ich an einem halbnackten Mann herum, dessen Beine mit Blut beschmiert waren. Die Masse fiel wieder zurück, in verzweifelten Kämpfen und hartem Ringen schlug ich mich ins Innere der Kirche zurück, wo ich meine Freunde fand. Es gelang uns, die Sakristei der Katholiken zu erreichen und von da den Raum, den uns die Mönche zu unserem Aufenthalte zugewiesen hatten. Noch am Eingang zur Sakristei hatten wir einen wütenden Kampf mit einer größeren Menge von Pilgern zu bestehen, die mit uns hineinzudrängen suchten. Ich dankte Gott für meine Rettung; sie war knapp gewesen.

Die Toten lagen in Haufen herum, ich sah gut 400 unselige Menschen, Tote und Lebende, alle durcheinander aufgehäuft, an manchen Stellen über fünf Fuß hoch. Ibrahim Pascha hatte die Kirche nur wenige Minuten vor uns verlassen und war sehr knapp mit dem Leben davongekommen. Er war auf allen Seiten von der Masse eingekeilt, einige hatten ihn angegriffen. Nur unter den größten Anstrengungen seines Gefolges, von denen mehrere getötet wurden, hatte er den äußeren Hof erreicht. Während des Kampfes war er mehr als einmal in Ohnmacht gefallen; seine Leute mußten mit nackten Säbeln durch die dichte Masse der Pilger einen Weg für ihn hauen. Draußen angelangt, gab er Befehl für die Entfernung der Leichen und veranlaßte seine Leute, die Leiber von solchen, die noch zu leben schienen, aus den Haufen der Toten herauszuziehen. –

Nach der furchtbaren Katastrophe in der heiligen Grabeskirche war das Heer der Pilger in Jerusalem wie von einer Panik ergriffen, und jeder suchte so rasch wie möglich aus der Stadt zu fliehen. Ein Gerücht ging um, daß die Pest ausgebrochen sei. Mit den anderen zusammen trafen wir Anstalten für unsere Abreise.‹

Um zu begreifen, was hier vor sich gegangen ist, muß man wohl unterscheiden zwischen dem regulären Verlauf der Osterfeier und dieser Panik des Jahres 1834, deren Zeuge Curzon war.

Es ist das Fest der Auferstehung. Die Klagemeute, die sich um den Tod Christi und sein Grab gebildet hat, verwandelt sich in eine des Sieges. Die Auferstehung ist der Sieg und wird als solcher gefeiert. Das Feuer wirkt hier als ein Massensymbol des Sieges. Es soll sich jedem mitteilen, damit seine Seele an dieser Auferstehung teilhabe. Es muß sozusagen jeder zu demselben Feuer werden, das vom Heiligen Geiste stammt, und so ist es sinnvoll, daß jeder seine Kerze daran entzündet. Von der Kirche aus trägt man dann das kostbare Feuer nach Hause.

Der Betrug in der Art, wie das Feuer zustande kommt, ist irrelevant. Wesentlich ist das Umschlagen der Klagemeute in eine Siegesmeute. Man hat am Tode des Heilands teil, indem man sich um sein Grab versammelt. Aber indem man seine Kerze am Osterfeuer entzündet, das aus seinem Grabe hervorschießt, hat man auch teil an seiner Auferstehung.

Sehr schön und bedeutend ist die Vervielfältigung der Lichter, wie aus *einem* plötzlich Tausende von Lichtern werden. Die Masse dieser Lichter ist die Masse derer, die leben werden, weil sie glauben. Sie entsteht ungeheuer rasch, so rasch, wie eben nur Feuer sich ausbreitet. Für die Plötzlichkeit und Raschheit der Massenbildung ist Feuer das beste Symbol.

Aber bevor es soweit ist, bevor das Feuer wirklich erscheint, wird darum gekämpft. Die ungläubigen türkischen Soldaten, die in der Kirche anwesend sind, müssen vertrieben werden; solange sie da sind, kann das Feuer nicht erscheinen. Ihr Rückzug gehört zum Ritual des Festes, der Augenblick dazu kommt nach der Prozession der griechischen Würdenträger. Die Türken bewegen sich auf den Ausgang zu, aber die Gläubigen drängen ihnen nach, als hätten sie sie vertrieben, und ein Tumult wie von Schlacht und Sieg herrscht plötzlich in der Kirche.

Die Zeremonie beginnt mit zwei stockenden Massen, die durch die Soldaten getrennt sind. Kleine rhythmische Meuten von arabischen Christen bewegen sich zwischen ihnen und eifern sie an. Diese wilden, fanatischen Meuten haben die Wirkung von *Massenkristallen* und stecken die auf das Feuer Harrenden mit ihrer Erregung an. Dann setzt die Prozession der Würdenträger ein, eine langsame Masse, die aber bei dieser Gelegenheit viel rascher als je an ihr Ziel gelangt: Der halb ohnmächtige Patriarch, der später nach dem Entzünden des Feuers herumgetragen wird, ist das lebende Zeugnis dafür.

Die Panik des Jahres 1834 leitet sich mit furchtbarer Konsequenz aus dem Elemente des Kampfes her, das zur Zeremonie gehört. Die Gefahr einer Panik bei Feuer in einem geschlossenen Raum ist immer groß. Aber hier ist sie verstärkt durch den Gegensatz zwischen den Ungläubigen, die anfangs in der Kirche anwesend sind, und den Gläubigen, die sie vertreiben wollen. Curzons Schilderung ist reich an Zügen, die diesen Aspekt der Panik klären: In einem ihrer vielen, scheinbar völlig disparaten und sinnlosen Augenblicke sieht er sich plötzlich in einer Reihe von Männern einer anderen, feindlichen Reihe gegenüberstehen. Die beiden Reihen gehen aufeinander los, und ohne zu wissen, wer in dieser und wer in jener steht, kämpfen sie auf Leben und Tod miteinander. Er spricht von den Haufen der Leichen, auf die man tritt und über die man sich zu retten versucht. Die Grabeskirche ist zum Schlachtfeld geworden. Tote und noch Lebende liegen aufgestapelt in vielen Haufen beisammen. Die Auferstehung hat sich in ihr Gegenteil verkehrt, in eine allgemeine Niederlage. Die Vorstellung eines noch größeren Haufens von Toten, der Gedanke an die Pest bemächtigt sich der Pilger, und alle fliehen aus der Stadt des heiligen Grabes.

Masse und Geschichte

Massensymbole der Nationen

Die Versuche, den Nationen auf den Grund zu kommen, haben meist an einem wesentlichen Fehler gekrankt. Man wollte Definitionen für das Nationale schlechthin; eine Nation, sagte man, ist dies, oder eine Nation ist jenes. Man lebte im Glauben, daß es nur darauf ankäme, die richtige Definition zu finden. Wäre sie erst einmal da, so ließe sie sich gleichmäßig auf alle Nationen anwenden. Man nahm die Sprache her oder das Territorium; die geschriebene Literatur; die Geschichte; die Regierung; das sogenannte Nationalgefühl; und immer waren dann die Ausnahmen wichtiger als die Regel. Immer stellte sich heraus, daß man etwas Lebendes am losen Zipfel eines zufälligen Gewandes gepackt hatte; es entwand sich leicht, und man stand mit leeren Händen da.

Neben dieser scheinbar objektiven Methode gab es eine andere, naive, die nur an einer einzigen Nation interessiert war, an der eigenen nämlich, und der alle anderen gleichgültig waren. Sie bestand aus einem unerschütterlichen Anspruch auf Überlegenheit; aus prophetischen Visionen über die eigene Größe; aus einem eigentümlichen Gemisch moralischer und animalischer Prätentionen. Man glaube aber nicht, daß diese nationalen Ideologien sich auch tatsächlich alle gleichsehen. Es ist nur ihr aufdringlicher Appetit und Anspruch, der sie einander angleicht. Sie *wollen* vielleicht alle dasselbe, aber sie *sind* nicht dasselbe. Sie wollen Vergrößerung, und sie begründen diese mit Vermehrung. Die ganze Erde, so scheint es, ist jeder einzelnen von ihnen angelobt gewesen, und die ganze Erde wird jeder einzelnen von ihnen natürlich gehören. Alle anderen, die davon vernehmen, fühlen sich bedroht und sehen in ihrer Angst nur die Drohung. So bemerkt man nicht, daß der konkrete Gehalt, die wirklichen Ideologien dieser nationalen Anspruchsformen voneinander sehr verschieden sind. Man muß sich die Mühe nehmen – ohne ihre Gier zu teilen –, das Eigentümliche im Falle jeder Nation zu bestimmen. Man muß daneben stehen, keiner von ihnen hörig, aber redlich und zutiefst an ihnen allen interessiert. Man muß jede von ihnen geistig so in sich aufgehen lassen, als wäre man dazu verurteilt, ihr für einen guten Teil seines Lebens wirklich anzugehören. Aber man darf keiner von ihnen so angehören, daß man ihr auf Kosten aller übrigen ausgeliefert ist.

Denn es ist eitel, von Nationen zu sprechen, wenn man sie nicht in ihren Unterschieden bestimmt. Sie führen lange Kriege gegeneinander durch. Ein sehr großer Teil der Angehörigen jeder Nation nimmt aktiv an diesen Kriegen teil. Es ist oft genug die Rede davon, wofür sie kämpfen. Aber *als was* sie kämpfen, das weiß niemand. Sie haben einen Namen dafür, sie sagen, als Franzosen, als Deutsche, als Engländer, als Japaner. Aber was bedeutet dieses Wort im Menschen, der es von sich gebraucht? Worin *glaubt* er anders zu sein, wenn er als Franzose, als Deutscher, als Engländer, als Japaner in den Krieg zieht? Es kommt hier gar nicht so sehr darauf an, worin er wirklich anders ist. Eine Untersuchung seiner Sitten und Gebräuche, seiner Regierung, seiner Literatur könnte gründlich scheinen und doch an diesem bestimmt Nationalen, das als *Glaube* da ist, wenn er Kriege führt, ganz vorübergehen.

Es sollen also die Nationen hier so angesehen werden, als wären sie *Religionen.* Sie haben die Tendenz, von Zeit zu Zeit wirklich in diesen Zustand zu geraten. Eine Anlage dazu ist immer da, in Kriegen werden die nationalen Religionen akut.

Es ist von vornherein zu erwarten, daß der Angehörige einer Nation sich *nicht allein* sieht. Sobald er bezeichnet wird oder sich selbst bezeichnet, rückt etwas Umfassenderes in seine Vorstellung, eine größere Einheit, zu der er sich selbst in Beziehung fühlt. Die Art dieser Einheit ist nicht gleichgültig, so wenig wie seine Beziehung zu ihr. Es ist nicht einfach die geographische Einheit seines Landes, wie man sie auf der Landkarte findet; diese ist dem normalen Menschen gleichgültig. Grenzen mögen ihre Spannung für ihn haben, nicht das eigentliche und vollständige Areal eines Landes. Er denkt auch nicht an seine Sprache, wie man sie bestimmt und erkennbar denen der anderen gegenüberstellen könnte. Gewiß haben Worte, die ihm vertraut sind, gerade in erregten Zeiten eine große Wirkung auf ihn. Aber es ist nicht ein Wörterbuch, das hinter ihm steht und für das er zu kämpfen bereit ist. Weniger noch bedeutet dem normalen Menschen die Geschichte seiner Nation. Er kennt weder ihren wirklichen Verlauf noch die Fülle ihrer Kontinuität; nicht das Leben, wie es früher war; und nur wenige Namen derer, die früher gelebt haben. Die Figuren und Augenblicke, die in sein Bewußtsein eingegangen sind, sind jenseits von allem, was der ordentliche Historiker unter Geschichte versteht.

Die größere Einheit, zu der er sich in Beziehung fühlt, ist immer eine *Masse* oder ein *Massensymbol*. Sie hat immer einige der Züge, die für Massen oder ihre Symbole charakteristisch sind: Dichte, Wachstum und Offenheit ins Unendliche, überraschender oder sehr auffallender Zusammenhang, gemeinsamer Rhythmus, plötzliche Entladung. Viele solche Symbole sind bereits behandelt worden. Es war die Rede vom Meer, vom Wald, vom Korn. Es wäre müßig, ihre Eigenschaften und Funktionen hier zu wiederholen, wie sie ihr Schicksal als Massensymbol bestimmt haben. Man wird sie in den Vorstellungen und Gefühlen, die die Nationen von sich selber haben, wiederfinden. Aber diese Symbole erscheinen nie nackt, nie *allein*: Der Angehörige einer Nation sieht immer sich selbst, auf *seine* Weise verkleidet, in starrer Beziehung zu einem bestimmten Massensymbol, das seiner Nation das wichtigste geworden ist. In dessen regelmäßiger Wiederkehr, in dessen Auftauchen, wenn es der Augenblick erfordert, liegt die Kontinuität des Nationalgefühls. Mit ihm und ihm allein verändert sich das Selbstbewußtsein einer Nation. Es ist veränderlicher als man denkt, und man mag daraus einige Hoffnung auf den Weiterbestand der Menschheit schöpfen.

Im folgenden wird der Versuch gemacht, einige wenige Nationen auf ihre Symbole hin zu betrachten. Um ohne Voreingenommenheit zu folgen, versetze man sich um etwa zwanzig Jahre zurück. Es geht hier natürlich, wie nicht genug betont werden kann, um eine Reduktion auf ganz simple und allgemeine Züge, und über die individuellen Menschen selbst wird damit kaum etwas ausgesagt.

Engländer

Es ist ratsam, mit der Betrachtung einer Nation zu beginnen, die wenig laute Worte über sich macht und doch zweifellos noch immer das stabilste Nationalgefühl zeigt, das die Erde heute kennt: mit England. Jedermann weiß, was das *Meer* dem Engländer bedeutet. Aber es ist zu wenig bekannt, auf welche genaue Weise sein vielbesprochener Individualismus und seine Beziehung zum Meer miteinander zusammenhängen. Der Engländer sieht sich als *Kapitän* mit einer kleinen Gruppe von Menschen auf einem Schiff, *ringsum und unter ihm das Meer*. Er ist beinahe allein, selbst als Kapitän von der Mannschaft in vielem isoliert.

Das Meer aber wird *beherrscht*, diese Vorstellung ist entscheidend.

Die Schiffe sind einsam auf seiner ungeheuren Fläche, wie vereinzelte Individuen, personifiziert in einem Kapitän; dessen absolute Befehlsgewalt ist unumstritten. Der Kurs, den er steuert, ist der Befehl, den er dem Meere gibt, und nur seine mittelbare Ausführung durch die Mannschaft täuscht darüber hinweg, daß es eigentlich das Meer ist, das gehorchen muß. Er bestimmt das Ziel, und das Meer, auf seine lebendige Weise, trägt ihn hin; nicht ohne Stürme und andere Gegenregungen. Es kommt bei der Größe des Ozeans darauf an, wem es am häufigsten gehorcht, sein Gehorsam wird erleichtert, wenn das Ziel eine englische Kolonie ist. Das Meer ist dann wie ein Pferd, das seinen Weg gut kennt. Die Schiffe anderer gleichen mehr gelegentlichen Reitern, denen es geliehen wird; aber nur um später in den Händen des Herrn wieder so viel besser zu fahren. Das Meer ist so groß, daß es auch auf die *Zahl* der Schiffe ankommt, mit denen man es zügelt.

Was nun seinen Charakter anlangt, so muß man bedenken, wie vielen und wie leidenschaftlichen Veränderungen es unterworfen ist. In seinen Verwandlungen bietet es mehr Abwechslung als alle die Tiermassen, mit denen es die Menschen sonst zu tun hatten; und wie harmlos und stabil sind, am Meer gemessen, die Wälder des Jägers, die Felder des Bauern. Der Engländer holt sich seine Katastrophen auf dem Meere. Seine Toten muß er sich oft am Meeresgrund denken. So bietet ihm das Meer Verwandlungen und Gefahr.

Sein Leben zu Hause ist komplementär zum Meer gestaltet: Gleichmäßigkeit und Sicherheit sind seine wesentlichen Züge. Jeder hat seinen Platz, der um keiner Verwandlung willen verlassen werden soll, es sei denn, man geht aufs Meer; und jeder Mensch ist seiner Sitten wie seines Besitzes sicher.

Holländer

Die Bedeutung nationaler Massensymbole läßt sich besonders klar ersehen im Gegensatz zwischen Engländern und Niederländern. Diese Völker sind miteinander stammverwandt, ihre Sprachen ähnlich, ihre religiöse Entwicklung ist beinahe dieselbe. Beide sind seefahrende Nationen und haben maritime Weltreiche gegründet. Das Schicksal eines holländischen Kapitäns, der auf Handelsentdeckungen ausging, konnte sich in nichts von dem eines englischen unterscheiden. Die Kriege, die sie gegeneinander geführt haben, sind die zwischen nahe verwandten Rivalen. Und doch ist ein Unterschied zwischen ihnen, der unbedeutend erscheinen mag, der aber alles ausmacht. Er betrifft ihre nationalen Massensymbole.

Die Engländer haben ihre Insel erobert, aber nicht dem Meere abgerungen. Das Meer unterwirft der Engländer durch seine Schiffe allein, der Kapitän ist der Befehlshaber des Meeres. Der Holländer hatte das Land, das er bewohnt, *dem Meere erst abzugewinnen.* Es lag so tief, daß er es durch Deiche vor dem Meere schützen mußte. Der Deich ist Anfang und Ende seines nationalen Lebens. *Die Masse der Männer setzt sich selber dem Deiche gleich;* vereint stemmen sie sich dem Meere entgegen. Sind die Deiche schadhaft, so ist das Land gefährdet. In Zeiten der Krise werden die Deiche durchstoßen; auf künstlichen Inseln ist man vor dem Feinde geschützt. Nirgends ist das Gefühl der menschlichen Mauer, die sich dem Meere entgegenstellt, so sehr ausgebildet worden wie hier. Auf die Deiche verläßt man sich im Frieden; aber wenn sie vor dem Feinde zerstört werden müssen, geht ihre Kraft auf die Männer über, die sie nach dem Krieg wieder errichten werden. In ihrer Gesinnung erhält sich der Deich, bis er wieder zu Wirklichkeit werden kann. Auf eine merkwürdige und unverwechselbare Weise tragen die Holländer, in Zeiten ernster Bedrohung, ihre Grenzen gegen das Meer *in sich.*

Wenn die Engländer auf ihrer Insel angegriffen wurden, verließen sie sich auf das Meer: mit Stürmen kam es ihnen gegen ihre Feinde zu Hilfe. Ihrer Insel waren sie sicher, und dieselbe Sicherheit fühlte jeder auf seinem Schiff. Der Holländer hatte immer Gefahr im Rücken. Das Meer war für ihn nie ganz unterjocht. Wohl segelte er darauf bis an alle Enden der Welt, aber zu Hause konnte es sich gegen ihn wenden, ja, im äußersten Falle mußte er, um den Feind abzuhalten, selber alles dazu tun, um es gegen sich zu wenden.

Deutsche

Das Massensymbol der Deutschen war das *Heer.* Aber das Heer war mehr als das Heer: es war der *marschierende Wald.* In keinem modernen Lande der Welt ist das Waldgefühl so lebendig geblieben wie in Deutschland. Das Rigide und Parallele der aufrechtstehenden Bäume, ihre Dichte und ihre Zahl erfüllt das Herz des Deutschen mit tiefer und geheimnisvoller Freude. Er sucht den Wald, in dem seine Vorfahren gelebt haben, noch heute gern auf und fühlt sich eins mit den Bäumen.

Ihre Sauberkeit und Abgegrenztheit gegeneinander, die Betonung der Vertikalen, unterscheidet diesen Wald von dem tropischen, wo Schlinggewächse in jeder Richtung durcheinanderwachsen. Im tropischen Wald verliert sich das Auge in der Nähe, es ist eine chaotische, ungegliederte Masse, auf eine bunteste Weise belebt, die jedes Gefühl von Regel und gleichmäßiger Wiederholung ausschließt. Der Wald der gemäßigten Zone hat seinen anschaulichen Rhythmus. Das Auge verliert sich, an sichtbaren Stämmen entlang, in eine immer gleiche Ferne. Der einzelne Baum aber ist größer als der einzelne Mensch und wächst immer weiter ins Reckenhafte. Seine Standhaftigkeit hat viel von derselben Tugend des Kriegers. Die Rinden, die einem erst wie Panzer erscheinen möchten, gleichen im Walde, wo so viele Bäume derselben Art beisammen sind, mehr den Uniformen einer Heeresabteilung. Heer und Wald waren für den Deutschen, ohne daß er sich darüber im klaren war, auf jede Weise zusammengeflossen. Was anderen am Heere kahl und öde erscheinen mochte, hatte für den Deutschen das Leben und Leuchten des Waldes. Er fürchtete sich da nicht; er fühlte sich beschützt, einer von diesen allen. Das Schroffe und Gerade der Bäume nahm er sich selber zur Regel.

Der Knabe, den es aus der Enge zu Hause in den Wald hinaustrieb, um, wie er glaubte, zu träumen und allein zu sein, erlebte dort die Aufnahme ins Heer voraus. Im Wald standen schon die anderen bereit, die treu und wahr und aufrecht waren, wie er sein wollte, einer wie der andere, weil jeder *gerade* wächst, und doch ganz verschieden an Höhe und an Stärke. Man soll die Wirkung dieser frühen Waldromantik auf den Deutschen nicht unterschätzen. In hundert Liedern und Gedichten nahm er sie auf, und der Wald, der in ihnen vorkam, hieß oft ›deutsch‹.

Der Engländer sah sich gern *auf dem Meer;* der Deutsche sah sich gern *im Wald;* knapper ist, was sie in ihrem nationalen Gefühl trennte, schwerlich auszudrücken.

Franzosen

Das Massensymbol der Franzosen hat eine junge Geschichte: es ist ihre *Revolution.* Das Fest der Freiheit wird jährlich gefeiert. Es ist das eigentliche nationale Freudenfest geworden. Am 14. Juli kann jeder mit jedem auf der Straße tanzen. Menschen, die sonst genau so wenig frei, gleich und brüderlich sind wie in anderen Ländern, können sich einmal so geben, als ob sie es wären. Die Bastille ist erstürmt, und die Straßen sind wieder voll wie damals. Die Masse, jahrhundertelang Opfer der königlichen Justiz, übt selbst Justiz. Die Erinnerung an die Hinrichtungen jener Zeit, eine kontinuierliche Reihe von Massenerregungen der aufwühlendsten Art, gehört zu diesem Festgefühl mehr, als man es sich eingestehen mag. Wer sich der Masse entgegenstellte, gab ihr seinen Kopf. Er war ihn ihr schuldig und diente auf seine Weise dazu, ihr Hochgefühl zu erhalten und zu steigern.

Keine Nationalhymne, welches Volkes immer, hat das Leben der französischen – die Marseillaise entstammt jener Zeit. Der Ausbruch der Freiheit als periodisches Ereignis, jährlich wiederkehrend, jährlich erwartet, bot große Vorteile als Massensymbol einer Nation. Er hat auch später noch, wie damals, Kräfte der Verteidigung ausgelöst. Die französischen Armeen, die Europa eroberten, entsprangen der Revolution. Sie fand ihren Napoleon und größten kriegerischen Ruhm. Die Siege gehörten der Revolution und ihrem General, dem Kaiser blieb die schließliche Niederlage.

Gegen diese Auffassung der Revolution als nationalem Massensymbol der Franzosen ließe sich manches einwenden. Das Wort erscheint zu unbestimmt, es hat nicht das Konkrete des englischen Kapitäns auf seinem festbegrenzten Schiff und nicht die hölzerne Ordnung des marschierenden deutschen Heeres. Aber man vergesse nicht, daß zum Schiff des Engländers das bewegte Meer gehört und zum Heer des Deutschen der wogende Wald. Sie sind das Nährende und Flüssige seines Gefühles. Auch das Massengefühl der Revolution drückt sich in einer konkreten Bewegung und einem konkreten Gegenstand aus: im Sturm auf die Bastille.

Noch bis vor ein oder zwei Generationen hätte zum Wort ›Revolution‹ jeder ›französisch‹ gesetzt. Ihre eigene populärste Erinnerung bezeichnete die Franzosen auch vor der Welt, es war das Eigenartigste, mit dem sie hervorgetreten waren. So haben denn die Russen mit ihrer Revolution eine empfindliche Bresche in das nationale Selbstgefühl der Franzosen geschlagen.

Schweizer

Ein Staat, dessen nationale Kohäsion von niemand bestritten wird, ist die *Schweiz*. Das patriotische Gefühl der Schweizer ist größer als das mancher Völker, unter denen nur *eine* Sprache gesprochen wird. Die

Vierzahl der Sprachen, die Vielfalt der Kantone, ihre unterschiedliche soziale Struktur, der Gegensatz der Religionen, deren Kriege gegeneinander noch in historischer Erinnerung sind – nichts vermag dem nationalen Selbstbewußtsein der Schweizer ernsthaft Abbruch zu tun. Allerdings haben sie ein Massensymbol gemein, das ihnen allen jederzeit vor Augen steht und unerschütterlich ist wie das keines anderen Volkes: die *Berge*.

Von überall sieht der Schweizer die Gipfel seiner Berge. Aber von manchen Punkten erscheint ihre Reihe vollständiger. Das Gefühl, daß man hier alle seine Berge beisammen sieht, verleiht solchen Aussichtspunkten etwas Sakrales. Manchmal, an Abenden, die nicht vorauszubestimmen sind, auf die der Mensch selbst keinen Einfluß hat, beginnen sie zu glühen: dies ist ihre höchste Weihe. Ihre Schwerzugänglichkeit wie ihre Härte flößen dem Schweizer Sicherheit ein. In ihren Spitzen oben getrennt, hängen sie unten wie ein einziger, riesiger Körper zusammen. Sie sind ein Leib, und dieser Leib ist das Land selbst.

Die Verteidigungspläne der Schweizer während der beiden vergangenen Kriege bringen diese Gleichsetzung ihrer Nation mit der Alpenkette selbst auf merkwürdige Weise zum Ausdruck. Alles fruchtbare Land, alle Städte, alle Stätten der Produktion hätten im Falle eines Angriffs geräumt werden sollen. Die Armee hätte sich auf die eigentliche Kette der Berge selbst zurückgezogen und dort erst gekämpft. Volk und Land wären geopfert worden. Aber die Armee auf den Bergen hätte weiter die Schweiz vorgestellt und das Massensymbol der Nation wäre zum Lande selbst geworden.

Es ist ein eigener Deich, den die Schweizer da besitzen. Sie müssen ihn nicht, wie die Niederländer, selbst errichten. Sie bauen ihn nicht auf, sie reißen ihn nicht ein; kein Meer wälzt sich gegen ihn heran. Ihr Gebirge steht; sie haben es nur gut zu kennen. Sie besteigen und befahren es in jedem seiner Winkel. Es hat die Kraft eines Magneten und zieht Leute aus aller Herren Länder an, die es im Bewundern und Erforschen den Schweizern nachtun. Die Bergsteiger der fernsten Nationen sind etwas wie gläubige Schweizer; ihre Armeen, in aller Welt zerstreut, nach kurzem und periodischem Dienst in den Bergen, erhalten das Ansehen der Schweiz am Leben. Es wäre der Mühe wert, nachzuforschen, wieviel sie auch praktisch zur Bewahrung der Selbständigkeit der Schweiz beigetragen haben.

Spanier

Wie der Engländer als Kapitän, so sieht sich der Spanier als *Matador*. Aber statt des Meeres, das dem Kapitän gehorcht, besitzt der Stierkämpfer seine bewundernde Menge. Das Tier, das er nach den noblen Regeln seiner Kunst erlegen soll, ist das tückische alte Ungetüm der Sage. Er darf keine Furcht zeigen, seine Beherrschtheit ist alles. Jede kleinste seiner Bewegungen wird von Tausenden gesehen und gerichtet. Es ist die römische Arena, die sich hier erhalten hat, aber der Stierkämpfer ist indessen ein edler Ritter geworden; er tritt als einziger Kämpfer auf, das Mittelalter hat seinen Sinn und seine Tracht, besonders aber sein Ansehen geändert. Das unterworfene, wilde Tier, der Sklave des Menschen, bäumt sich noch einmal gegen ihn auf. Doch der Held der Vorzeit, der auszog, es zu bezwingen, ist zur Stelle. Angesichts der ganzen Menschheit tritt er an; er ist seines Berufes so sicher, daß er die Erlegung des Ungetüms in jeder Einzelheit seinen Zuschauern vorführen kann. Er kennt genau sein Maß; seine Schritte sind berechnet; seine Bewegungen haben das Festgesetzte eines Tanzes. Aber er *tötet wirklich*. Tausende sehen es und vervielfältigen diesen Tod durch ihre Erregung.

Die Hinrichtung des wilden Tieres, das nicht mehr wild sein darf; das man wild macht, um es dann eben dafür zum Tode zu verurteilen; diese Hinrichtung, das Blut und der makellose Ritter spiegeln sich auf doppelte Weise in den Augen der Bewunderer. Man ist selber der Ritter, der den Stier erlegt, aber man ist auch die Masse, die ihm zujubelt. Über dem Stierkämpfer, der man selber wäre, auf der anderen Seite des Rings, sieht man wieder sich selber, als Masse. Als Ring hängt man zusammen, ein in sich geschlossenes Geschöpf. Überall trifft man auf Augen; überall hört man eine einzige Stimme, sich selbst.

So gewöhnt sich der Spanier, der nach seinem Matador lechzt, früh an den Anblick einer ganz bestimmten Masse. Er lernt sie gründlich kennen. Sie ist so lebendig, daß sie viele neuere Entwicklungen und Gebilde ausschließt, die in Ländern anderer Zunge unvermeidlich sind. Der Stierkämpfer im Ring, der so vieles für ihn ist, wird auch zu seinem nationalen Massensymbol. Wann immer er an viele Spanier beisammen denkt, wird er an den Ort denken, wo sie am häufigsten beisammen sind. Verglichen mit diesen heftigen Massen-Freuden sind die der Kirche mild und harmlos. Sie waren es nicht immer, und in jener Zeit, da die Kirche sich nicht scheute, das Höllenfeuer für die Ketzer schon auf Erden zu entfachen, war der Massenhaushalt des Spaniers anders geordnet.

Italiener

Das Selbstgefühl einer modernen Nation, ihr Verhalten in einem Krieg, ist in hohem Maße abhängig von der *Anerkanntheit* ihres nationalen Massensymbols. Die Geschichte spielt da manchem Volk nachträglich einen bösen Streich, lange nachdem es sich seine Einheit erkämpft hat. *Italien* mag als Beispiel dafür dienen, wie schwer eine Nation es hat, sich selbst zu sehen, wenn ihre Städte von größeren Erinnerungen heimgesucht sind und ihre Gegenwart mit diesen Erinnerungen bewußt verwirrt wird.

Solange Italien seine Einheit noch nicht gewonnen hatte, war in den Menschen alles viel klarer: der zerstückelte Leib würde wieder zusammengehören, sich als ein einziger Organismus fühlen und gehaben, sobald der Feind, dieses Ungeziefer, von ihm vertrieben war. In solchen Fällen akuten Unterdrückungsgefühls, wenn der Feind sehr lange schon im Lande war, bilden sich alle Völker ähnliche Vorstellungen ihrer Lage. Der Feind kommt als das Zahlreiche, das Häßliche und Verhaßte, als ein Heuschreckenschwarm, der vom guten und biederen Boden des Einheimischen lebt. Wenn er aber ernsthaft vorhat, zu *bleiben*, zeigt er die Neigung, diesen Boden aufzuteilen und die Einheimischen zu schwächen, indem er ihre Verbindung untereinander auf tausend Arten schwächt. Die Gegenregung ist dann geheime Verbindung und in einer Reihe von glücklichen Momenten das Wegfegen des Geziefers. Dies geschah denn auch schließlich, und Italien fand seine Einheit, von vielen und oft den besten seiner Geister lange vergeblich ersehnt.

Aber von diesem Augenblick an zeigte es sich, daß man eine Stadt wie Rom nicht gefahrlos am Leben läßt. Die Massen-Gebäude der alten Zeit standen noch herum, *leer*; das Amphitheater war eine zu wohlerhaltene Ruine. Man mochte sich darin anspruchslos und verstoßen fühlen. Das zweite Rom dagegen, das Rom St. Peters, hatte sich genug von seiner alten Anziehung bewahrt. Die Peterskirche füllte sich mit Pilgern aus aller Welt. Aber als Pol für nationale Diskriminierung war gerade dieses zweite Rom in keiner Weise geeignet. Es wandte sich noch immer unterschiedslos an alle Menschen, seine Organisation stammte aus einer Zeit, da es Nationen im modernen Sinne gar nicht gab.

Zwischen diesen beiden Rom war das Nationalgefühl des modernen Italien wie gelähmt. Es gab kein Entrinnen davon, denn Rom war da und die Römer waren Italien gewesen. Der Faschismus versuchte die scheinbar einfachste Lösung und warf sich ins echte, alte Kostüm. Es saß ihm aber gar nicht wie angegossen, es war viel zu weit, und so heftig waren die Bewegungen, die er sich darin erlaubte, daß er sich alle Glieder brach. Die Fora mochten wieder ausgegraben werden, eines nach dem anderen: sie füllten sich nicht mit Römern. Das Rutenbündel erregte nur den Haß derer, die mit Ruten gestrichen wurden; niemand war auf Drohung oder Züchtigung stolz. Der Versuch, Italien ein falsches nationales Massensymbol *aufzuzwingen*, ist zum Glück für die Italiener gescheitert.

Juden

Kein Volk ist schwieriger zu begreifen als die Juden. Sie sind über die ganze bewohnte Erde verbreitet, ihr Stammland war ihnen verloren. Ihre Fähigkeit zur Anpassung ist berühmt und berüchtigt, doch der Grad ihrer Anpassung ist ungeheuer variabel. Es gab unter ihnen Spanier, Inder und Chinesen. Sie tragen Sprachen und Kulturen von einem Land ins andere mit sich und hüten sie zäher als Besitz. Narren mögen von ihrer Gleichheit überall fabeln; wer sie kennt, wird eher zur Meinung neigen, daß es unter ihnen viel mehr verschiedene Typen gibt als unter jedem anderen Volk. Die Variationsbreite der Juden in Wesen und Erscheinung gehört zum erstaunlichsten, das einem unterkommen kann. Die populäre Sage, daß es unter ihnen die besten wie die schlechtesten Menschen gibt, drückt die Tatsache auf naive Weise aus. Sie sind anders als die andern. Aber in Wirklichkeit sind sie, wenn man so sagen könnte, untereinander am meisten anders.

Sie haben Bewunderung erregt, weil es sie überhaupt noch gibt. Sie sind nicht die einzigen Menschen, die man überall findet, gewiß sind die Armenier ebenso weit verbreitet. Sie sind auch nicht das älteste Volk, die Geschichte der Chinesen reicht in eine tiefere Vorzeit zurück. Aber sie sind von den alten Völkern das einzige, *das so lange schon wandert.* Es war ihnen am meisten Zeit gegeben, spurlos zu verschwinden; und doch sind sie heute mehr da als je.

Eine territoriale oder sprachliche Einheit gab es unter ihnen bis vor wenigen Jahren nicht. Die meisten verstanden Hebräisch nicht mehr, sie sprachen in hundert Zungen. Ihre alte Religion war für Millionen von ihnen ein leerer Sack; selbst die Zahl christlicher Juden nahm besonders unter ihren Intellektuellen allmählich zu; weit mehr noch die Zahl der Glaubenslosen. Oberflächlich betrachtet, vom ordinären Standpunkt der Selbsterhaltung aus, sollten sie alles daransetzen, vergessen zu machen, daß sie Juden sind, und es selber vergessen. Aber es ist so, daß sie es nicht vergessen können, meist wollen sie es auch nicht. Man muß sich fragen, worin denn diese Menschen Juden bleiben, was sie zu Juden macht, was das letzte, allerletzte ist, das sie mit anderen verbindet, wenn sie sich sagen: Ich bin Jude.

Dieses letzte steht am Anfang ihrer Geschichte und hat sich mit unheimlicher Gleichmäßigkeit im Laufe dieser Geschichte wiederholt: es ist der *Auszug aus Ägypten.* Man vergegenwärtige sich den Inhalt dieser Überlieferung: ein ganzes Volk, gezählt zwar, aber in ungeheuren Mengen, zieht vierzig Jahre lang durch den Sand. Seinem sagenhaften Urvater war eine Nachkommenschaft angekündigt worden, zahlreich wie der Sand am Meer. Nun ist sie da und wandert, ein anderer Sand, durch den Sand. Das Meer läßt sie passieren, über den Feinden schlägt es zusammen. Ihr Ziel ist ein gelobtes Land, das sie sich mit dem Schwert erkämpfen werden.

Das Bild dieser Menge, die Jahre und Jahre durch die Wüste zieht, ist zum Massensymbol der Juden geworden. Es ist so deutlich und faßbar geblieben wie damals. Das Volk sieht sich beisammen, bevor es sich noch niedergelassen und zerstreut hat, es sieht sich auf der Wanderschaft. In diesem Zustand der *Dichte* empfängt es seine Gesetze. Es hat ein Ziel wie nur je eine Masse. Es hat Abenteuer auf Abenteuer, ein immer gemeinsames Geschick. Es ist eine *nackte* Masse; von dem Vielerlei, das sonst Menschen in vereinzelte Leben verflicht, ist in dieser Umgebung kaum etwas vorhanden. Um sie ist nur Sand, die nackteste aller Massen; nichts vermöchte das Gefühl des Alleinseins dieses wandernden Zuges mit sich selbst mehr auf die Spitze zu treiben als das Bild des Sandes. Oft versinkt das Ziel und die Masse droht zu zerfallen; mit starken Schlägen der mannigfaltigsten Art wird sie geweckt, gefaßt und zusammengehalten. Die Zahl der Menschen im Zug, sechs- bis siebenhunderttausend, ist nicht nur für die bescheideneren Ansprüche der Vorzeit ungeheuer. Von besonderer Bedeutung ist die

Dauer des Zuges. Was sich in der Masse zu vierzig Jahren dehnt, kann sich später zu jeder Zeit dehnen. Die Verhängung dieser Dauer als Strafe ist aber wie alle Pein späterer Wanderschaften.

Das Deutschland von Versailles

Um die Abgrenzung der Begriffe, die hier aufgestellt worden sind, so klar wie möglich zu machen, soll einiges über die Massenstruktur *Deutschlands* gesagt werden, Deutschlands, das im ersten Drittel dieses Jahrhunderts die Welt mit neuartigen Bildungen und Tendenzen überrascht hat, deren tödlichen Ernst niemand verstand und die man jetzt erst langsam zu enträtseln beginnt.

Das Massensymbol der geeinten deutschen Nation, wie sie sich nach dem französischen Kriege von 1870/71 bildete, war und blieb das *Heer*. Jeder Deutsche war stolz darauf; es gab nur vereinzelte, die sich dem überwältigenden Einfluß dieses Symbols zu entziehen vermochten. Ein Denker von der universalen Kultur Nietzsches empfing den Anstoß zu seinem Hauptwerk, dem ›Willen zur Macht‹, in jenem Krieg: es war der Anblick einer Reiterschwadron, den er nicht vergaß. Dieser Hinweis ist nicht müßig; er zeigt, wie allgemein die Bedeutung des Heeres für den Deutschen war, wie dieses Massensymbol selbst in jenen wirksam war, die sich hochmütig gegen alles, was an Menge gemahnte, abzugrenzen verstanden. Bürger, Bauern, Arbeiter, Gelehrte, Katholiken, Protestanten, Bayern, Preußen, alle sahen in der Armee das Sinnbild der Nation. Die tieferen Wurzeln dieses Symbols, seine Herkunft aus dem *Wald*, sind an anderer Stelle aufgedeckt worden. *Wald* und *Heer* hängen für den Deutschen auf das innigste zusammen, und es läßt sich das eine so gut wie das andere als das Massensymbol der Nation bezeichnen; sie sind in dieser Hinsicht geradezu ein und dasselbe.

Es ist von entscheidender Bedeutung, daß das Heer neben seiner symbolischen Wirksamkeit auch konkret bestand. Ein Symbol lebt in der Vorstellung und im Gefühl der Menschen; als solches war es das merkwürdige Gebilde Wald-Heer. Die wirkliche Armee dagegen, in der jeder junge Deutsche diente, hatte die Funktion einer *geschlossenen Masse*. Der Glaube an die allgemeine Wehrpflicht, die Überzeugung von ihrem tiefen Sinn, die Ehrfurcht vor ihr reichten weiter als die traditionellen Religionen, er erfaßte Katholiken so gut wie Protestanten. Wer sich ausschloß, war kein Deutscher. Es ist gesagt worden, daß man Armeen nur in recht eingeschränktem Sinne als Masse bezeichnen darf. Doch war das im Falle des Deutschen anders: er erlebte die Armee als seine weitaus wichtigste geschlossene Masse. Sie war geschlossen, da nur bestimmte Jahrgänge von jungen Männern auf begrenzte Zeit in ihr dienten. Bei den übrigen war sie ein Beruf, also schon darum nicht allgemein. Aber jeder Mann ging einmal durch sie durch und blieb für sein Leben innerlich an sie gebunden.

Als *Massenkristall* diente dieser Armee die preußische Junker-Kaste, die den besten Teil des dauernden Offizierskorps stellte. Sie war wie ein Orden mit strengen, wenn auch ungeschriebenen Gesetzen; oder wie ein erbliches Orchester, das die Musik genau kennt und eingeübt hat, mit der es sein Publikum anstecken soll.

Als der erste Weltkrieg ausbrach, wurde dann das ganze deutsche Volk zu einer einzigen *offenen Masse*. Die Begeisterung jener Tage ist oft geschildert worden. Viele im Ausland hatten mit der internationalen Gesinnung der Sozialdemokraten gerechnet und staunten über ihr vollkommenes Versagen. Sie bedachten nicht, daß auch diese Sozialdemokraten als Symbol ihrer Nation das ›Wald-Heer‹ in sich trugen; daß sie selber zur geschlossenen Masse der Armee gehört hatten; daß sie in dieser unter dem Befehl und dem Einfluß eines präzisen und ungemein wirksamen Massenkristalls, der Junker- und Offizierskaste, standen. Ihre Zugehörigkeit zu einer politischen Partei fiel dagegen wenig ins Gewicht.

Aber jene ersten Augusttage des Jahres 1914 sind auch der *Zeugungs-Moment* des Nationalsozialismus. Eine unverdächtige Aussage darüber ist vorhanden, die Hitlers: Er berichtet, wie er nach Ausbruch des Krieges auf die Knie sank und Gott dankte. Es ist sein entscheidendes Erlebnis, der einzige Augenblick, in dem er selber redlich Masse war. Er hat ihn nicht vergessen, seine ganze spätere Laufbahn war der Wiederherstellung dieses Augenblicks gewidmet, aber von *außen*. Deutschland sollte wieder so sein wie damals, seiner kriegerischen Stoßkraft bewußt, mit ihr einverstanden, eins geworden in ihr.

Aber nie hätte Hitler sein Ziel erreicht, wenn der Versailler Vertrag die Armee der Deutschen nicht aufgelöst hätte. Das Verbot der allgemeinen Wehrpflicht brachte die Deutschen um ihre wesentlichste geschlossene Masse. Die Übungen, die ihnen nun versagt waren, das

Exerzieren, das Empfangen und das Weitergeben von Befehlen wurden zu etwas, das sie sich mit allen Mitteln wieder zu verschaffen hatten. Das Verbot der allgemeinen Wehrpflicht ist die *Geburt* des Nationalsozialismus. Jede geschlossene Masse, die gewaltsam aufgelöst wird, setzt sich um in eine offene, der sie alle ihre Kennzeichen mitteilt. Die Partei springt ein für das Heer, und ihr sind innerhalb der Nation keine Grenzen gesetzt. Jeder Deutsche – Mann, Frau, Kind, Soldat oder Zivilist – kann Nationalsozialist werden; es ist ihm oft noch mehr daran gelegen, wenn er selber früher nicht Soldat war, weil er sich auf diese Weise Teilnahme an einem Gebaren verschafft, das ihm sonst versagt war.

Mit einer Unermüdlichkeit ohnegleichen hat Hitler das Schlagwort vom Versailler Diktat gebraucht. Es ist darüber gestaunt worden, wie wirksam dieses Schlagwort war. Seine Wiederholung konnte seiner Wirkung keinen Abbruch tun; im Gegenteil, sie wuchs mit den Jahren. Was eigentlich war in diesem Schlagwort enthalten? Was hat Hitler in ihm seinen Zuhörermassen vermittelt? Für den Deutschen bedeutete das Wort ›Versailles‹ nicht so sehr die Niederlage, die er nie wirklich anerkannt hat, es bedeutete das Verbot der Armee; das Verbot einer bestimmten, sakrosankten Übung, ohne die er sich das Leben schwer vorstellen konnte. Das Verbot der Armee war wie das Verbot einer Religion. Der Glaube der Väter war unterbunden, ihn wiederherzustellen war jedes Mannes heilige Pflicht. In diese Wunde stieß das Wort ›Versailles‹ jedesmal, wenn es gebraucht wurde; es erhielt sie frisch, sie blutete weiter, sie schloß sich nie. Solange in Massenversammlungen das Wort ›Versailles‹ mit aller Kraft ausgestoßen wurde, war auch der Beginn einer Heilung ausgeschlossen.

Es ist dabei von Bedeutung, daß immer von einem *Diktat*, nie von einem Vertrag die Rede war. ›Diktat‹ erinnert an die Sphäre des *Befehls*. Ein einziger, fremder Befehl, der Befehl des Feindes, darum ›Diktat‹ genannt, hatte dieses ganze herrische Treiben des militärischen Befehls von Deutschen an Deutsche unterbunden. Wer das Wort vom ›Versailler Diktat‹ hörte oder las, empfand auf das tiefste, was ihm weggenommen war: die deutsche Armee. Ihre Wiederherstellung erschien als das einzige, wirklich wichtige Ziel. Mit ihr würde alles wieder werden, wie es früher war. Die Bedeutung der Armee als nationales Massensymbol war überhaupt nicht erschüttert worden; der tiefere und ältere Teil von ihr stand noch unberührt da: als *Wald*.

Die Wahl des Wortes ›Versailles‹ als *zentrales* Schlagwort war von Hitlers Standpunkt aus eine besonders glückliche. Nicht nur erinnerte es an das letzte, schmerzliche Ereignis im nationalen Leben der Deutschen, das Verbot der allgemeinen Wehrpflicht, die Aufhebung des Rechtes auf eine Armee, in die jeder Mann für einige Jahre eintreten durfte: Es faßte auch andere wichtige und wohlbekannte Momente der deutschen Geschichte zusammen.

In Versailles war durch Bismarck das zweite Deutsche Reich gegründet worden. Die Einheit Deutschlands war – unmittelbar nach einem großen Sieg – im Augenblick des Hochgefühls und der unwiderstehlichen Kraft proklamiert worden. Der Sieg war über Napoleon III. gewonnen worden, der sich als Nachfolger des großen Napoleon betrachtete; getragen durch die legendäre Verehrung für seinen Namen, war er als Erbe seines Geistes hochgekommen. Versailles war aber auch die Stätte Ludwigs XIV., von ihm erbaut. Von allen französischen Herrschern vor Napoleon hatte Ludwig XIV. die Deutschen am tiefsten gedemütigt. Durch ihn war Straßburg mit seinem Münster Frankreich einverleibt worden. Seine Truppen hatten das Heidelberger Schloß verwüstet.

Die Kaiser-Proklamation in Versailles war darum wie ein später, zusammengefaßter Sieg über Ludwig XIV. und Napoleon *vereint,* und er war allein, ohne jeden Bundesgenossen, errungen worden. Auf einen Deutschen jener Zeit mußte sie diese Wirkung haben; es gibt Zeugnisse genug, die sie bestätigen. Der Name dieses Schlosses war mit dem größten Triumph der neueren deutschen Geschichte verbunden.

Jedes Mal, wenn Hitler von dem berüchtigten ›Diktat‹ sprach, schwang die Erinnerung an jenen Triumph im Worte mit und ging als Verheißung auf die Hörer über. Die Feinde hätten es als Drohung mit Krieg und Niederlage hören müssen, hätten sie Ohren gehabt zu hören. Man kann ohne Übertreibung sagen, daß alle wichtigen Schlagworte der Nationalsozialisten, mit Ausnahme derer, die den Juden galten, sich aus dem einen Wort vom ›Versailler Diktat‹ durch Spaltung ableiten lassen: ›Das Dritte Reich‹, ›Sieg-Heil‹ und so weiter. Der Inhalt der Bewegung war auf konzentrierte Weise in diesem einen Wort enthalten: *Die Niederlage, die zum Sieg werden soll;* die verbotene Armee, die zu diesem Zwecke erst aufzustellen ist.

Vielleicht sollte man hier noch einen Gedanken an das Symbol der Bewegung wenden, das Hakenkreuz.

Seine Wirkung ist eine zwiefache: die des *Zeichens* und die des *Wortes*. Beide haben etwas Grausames. Das Zeichen selbst hat etwas von zwei verbogenen Galgen. Es bedroht den Betrachter auf eine etwas hinterhältige Weise, als wolle es sagen: Warte, du wirst staunen, was da noch hängen wird. Soweit das Hakenkreuz eine drehende Bewegung enthält, ist auch sie bedrohlicher Art: es gemahnt an die gebrochenen Glieder derer, die früher aufs Rad geflochten wurden.

Das Wort hat sich vom christlichen Kreuz die grausamen und blutigen Züge geholt, so als wäre es *gut zu kreuzigen*. ›Haken‹ erinnert an das Hakenstellen der Knaben und verheißt den Anhängern die vielen, die man zu Fall bringen will. Es mag auch für manche einen Ausweg ins Militärische eröffnen und das Wieder-Zusammenschlagen der Hacken in Aussicht stellen. Auf jeden Fall verbindet es eine Androhung von grausamen Strafen mit tückischer Verfänglichkeit und einer hintergründigen Mahnung an militärische Disziplin.

Inflation und Masse

Eine Inflation ist ein Massen-Vorgang im eigentlichsten und engsten Sinne des Wortes. Die verwirrende Wirkung, die sie auf die Bevölkerung ganzer Länder ausübt, ist keineswegs auf den Moment der Inflation selbst beschränkt. Man kann sagen, daß es in unseren modernen Zivilisationen außer Kriegen und Revolutionen nichts gibt, das sich in seiner Tragweite mit Inflationen vergleichen läßt. Die Erschütterungen, die sie bewirken, sind so tiefer Natur, daß man es vorzieht, sie zu verheimlichen und zu vergessen. Vielleicht scheut man sich auch, dem Gelde, dessen Wert doch vom Menschen künstlich festgesetzt wird, massenbildende Wirkungen zuzuschreiben, die über seine eigentliche Bestimmung weit hinausgehen und etwas Sinnwidriges und unendlich Beschämendes an sich haben.

Es ist notwendig, darauf einzugehen und einiges über die psychologischen Eigenschaften des Geldes selbst zu sagen. Geld kann zu einem Massensymbol werden; aber im Gegensatz zu anderen, die hier behandelt worden sind, ist es ein Symbol, bei dem die *Einheiten*, durch deren Häufung sich unter Umständen eine Masse bildet, auf die nachdrücklichste Weise betont sind. Jede Münze ist scharf abgegrenzt und hat ein eigenes Gewicht; sie ist auf den ersten Blick zu erkennen; sie bewegt sich frei von Hand zu Hand und wechselt unaufhörlich ihre Nachbarschaft. Oft ist ihr der Kopf eines Herrschers aufgeprägt, nach dem sie, besonders wenn sie von großem Wert ist, manchmal auch benannt wird. Es hat Louisdors gegeben und Maria-Theresien-Taler. Man empfindet die Münze gern als eine *faßbare* Person. Die Hand, die sich um sie schließt, spürt sie überall, an all ihren Kanten und Flächen. Eine gewisse Zärtlichkeit für die Münze, die einem dies oder jenes verschaffen kann, ist allgemein menschlich und trägt zu ihrem persönlichen ›Charakter‹ bei. In einem Punkte ist die Münze dem lebenden Geschöpfe überlegen: ihre metallene Konsistenz, ihre Härte sichert ihr einen ›ewigen‹ Bestand; sie ist – außer durch Feuer – kaum zu zerstören. Die Münze wächst nicht zu ihrer Größe heran; sie kommt fertig aus dem Prägestock und soll dann bleiben, was sie ist; sie darf sich nicht verändern.

Vielleicht ist diese Verläßlichkeit der Münze ihre wichtigste Eigenschaft. Am Besitzer allein ist es gelegen, sie gut aufzuheben; sie rennt nicht von selber weg wie ein Tier, zu bewachen ist sie nur vor anderen Menschen. Man muß ihr nicht mißtrauen, man kann sie immer verwenden, sie hat keine Launen, auf die man Rücksicht nehmen muß. Eine weitere Befestigung in sich erfährt jede Münze durch ihre Beziehung zu anderen von ungleichem Wert. Die Hierarchie unter den Münzen, die strikt eingehalten wird, macht sie noch personennäher. Man könnte von einem gesellschaftlichen System der Münzen reden, mit Rangklassen, die in diesem Falle Wertklassen sind: für hohe Münzen kann man wohl niedere, für eine niedere nie hohe herausbekommen.

Der *Haufe von Münzen* ist seit altersher und bei den meisten Völkern bekannt als *Schatz*. In der Art, wie er als Einheit empfunden wird, wie man auf ihn stößt, ohne zu wissen, wieviel er wirklich enthält, hat er manches von einer Masse an sich. Man kann darin wühlen und Münze von Münze trennen. Man erwartet ihn immer größer, als er ist. Er ist oft geheim und kann plötzlich zutage treten. Aber nicht nur wer sein Leben lang einen Schatz zu finden hofft, auch wer einen anlegt, stellt sich vor, daß er immer größer wird, und tut alles dazu, dies zu bewirken. Es ist gar kein Zweifel, daß bei manchen Menschen, die für ihr Geld allein leben, der Schatz an die Stelle der menschlichen Masse tritt. Viele Geschichten von einsamen Geizhälsen gehören hierher; sie sind die mythische Fortsetzung der Märchendrachen, für welche die

Bewachung, Betrachtung, Betreuung eines Schatzes der einzige Inhalt ihres Lebens war.

Es ließe sich einwenden, daß diese Beziehung zur Münze und zum Schatz für den modernen Menschen bereits veraltet ist; daß man überall Papiergeld verwendet; daß reiche Leute ihren Schatz in unsichtbarer und abstrakter Form in Banken aufheben. Aber die Bedeutung der *Golddeckung* für eine gute Währung, die Tatsache, daß überhaupt noch an einer Goldwährung festgehalten wird, beweist, daß der Schatz seine alte Bedeutung noch keineswegs verloren hat. Der weitaus größte Teil der Menschen, auch in den technisch am höchsten entwickelten Ländern, wird für seine Arbeit nach Stunden entlohnt, und die Größe dieses Lohnes bewegt sich in einer Ordnung, die man sich fast überall noch in Münzen vorstellt. Man bekommt noch Münzen auf Papier heraus; das alte Gefühl für sie, die alte Einstellung zu ihnen sind jedem vertraut; das Wechseln von Geld als täglicher Vorgang gehört zu den häufigsten und simpelsten Mechanismen unseres Lebens, die jedes Kind möglichst früh erlernt.

Aber es ist richtig, daß sich neben dieser älteren eine andere, moderne Beziehung zum Geld entwickelt hat. Die Münzeinheit in jedem Land hat einen mehr abstrakten Wert bekommen. Sie wird darum nicht weniger als Einheit empfunden. Wenn die Münzen früher etwas von der strikten hierarchischen Organisation einer geschlossenen Gesellschaft an sich hatten, so geht es unter dem Papiergeld mehr zu wie unter den Menschen der Großstadt.

Aus dem Schatz ist heute die *Million* geworden. Sie hat einen kosmopolitischen Klang, die Bedeutung dieses Wortes erstreckt sich über die ganze moderne Welt, es kann sich auf jede Währung beziehen. Das Interessante an der Million ist, daß sie durch spekulative Geschicklichkeit sprunghaft zu erreichen ist: sie schwebt allen Menschen vor, deren Ehrgeiz auf Geld gerichtet ist. Der Millionär hat einige der strahlendsten Eigenschaften des alten Märchenkönigs übernommen. Als Bezeichnung für eine Zahl kann die Million sich auf Geld so gut wie auf Menschen beziehen. Dieser doppelte Charakter des Wortes läßt sich in politischen Reden besonders gut studieren. *Die Wollust der springenden Zahl* ist zum Beispiel charakteristisch für Hitlers Reden. Sie bezieht sich dort gewöhnlich auf die Millionen von Deutschen, die außerhalb des Reiches leben und noch zu erlösen sind. Nach den ersten, unblutigen Siegen, vor Ausbruch seines Krieges, hatte Hitler eine besondere

Vorliebe für die steigenden Bevölkerungsziffern seines Reiches. Er konfrontierte sie mit denen aller Deutschen, die es überhaupt auf der Erde gibt. Sie alle in seiner Einflußsphäre zu haben, war sein eingestandenes Ziel. Immer aber verwendete er für seine Drohungen, Genugtuungen und Forderungen das Wort *Million.* Andere Politiker verwenden es mehr für Geld. Aber der Gebrauch des Wortes hat zweifellos etwas Schillerndes bekommen. Die abstrakte Zahl ist von den Bevölkerungsziffern der Länder und vor allem der Weltstädte, die überall in Millionen ausgedrückt werden, mit einem Masseninhalt erfüllt worden, wie ihn keine andere Zahl heute enthält. Da das Geld derselben ›Million‹ verpflichtet ist, sind sich Masse und Geld heute näher als je.

Was aber geschieht nun in einer *Inflation*? Die Geldeinheit verliert ganz plötzlich ihre Persönlichkeit. Sie verwandelt sich in eine wachsende Masse von Einheiten; diese sind immer wertloser, je größer die Masse wird. Die Millionen, die man immer so gern gehabt hätte, hält man plötzlich in der Hand, aber es *sind* keine mehr, sie *heißen* nur so. Es ist, als hätte der Vorgang des Springens dem Springenden jeden Wert genommen. Wenn die Währung einmal in diese Bewegung geraten ist, die den Charakter einer Flucht hat, ist eine obere Grenze nicht abzusehen. So wie man bis zu jeder Höhe hinauf *zählen* kann, so kann sich das Geld bis zu jeder Tiefe entwerten.

In diesem Vorgang findet sich jene Eigenschaft der psychologischen Masse wieder, die ich als besonders wichtig und auffallend bezeichnet habe: die Lust am rapiden und unbegrenzten Wachstum. Aber dieses Wachstum ist ins Negative gewendet: das Wachsende wird schwächer und schwächer. Was früher eine Mark war, heißt jetzt 10 000, dann 100 000, dann eine Million. Die Gleichsetzung des einzelnen Menschen mit seiner Mark ist dadurch unterbunden. Sie hat ihre Festigkeit und Grenze verloren, sie ist jeden Augenblick etwas anderes. Sie ist *nicht* mehr wie eine Person, und sie hat keinerlei Dauer. Sie hat weniger und weniger Wert. Der Mensch, der ihr früher vertraut hat, kann nicht umhin, ihre Erniedrigung als seine eigene zu empfinden. Zu lange hat er sich mit ihr gleichgesetzt, das Vertrauen in sie war wie das Vertrauen in sich selbst. Nicht nur gerät durch die Inflation alles äußerlich ins Schwanken, nichts ist sicher, nichts bleibt eine Stunde am selben Fleck – durch die Inflation wird er selber, der Mann, *geringer.* Er selbst oder was er immer war, ist nichts, die Million, die er sich immer gewünscht hat, ist nichts. *Jeder* hat sie. Aber jeder ist nichts. Der Prozeß der Schatzbildung hat sich in sein Gegenteil verkehrt. Alle Verläßlichkeit des Geldes ist wie weggeblasen. Es kommt nichts dazu, es wird alles immer weniger, jeder Schatz verschwindet. Man kann die Inflation als einen Hexensabbat der Entwertung bezeichnen, in dem Menschen und Geldeinheit auf das sonderbarste ineinanderfließen. Eines steht fürs andere, der Mensch fühlt sich so schlecht wie das Geld, das immer schlechter wird; und alle zusammen sind diesem schlechten Gelde ausgeliefert und fühlen sich auch *zusammen* ebenso wertlos.

In der Inflation kommt also etwas zustande, was bestimmt nie bezweckt worden ist, etwas so Gefährliches, daß jeder, der irgendeine Form von öffentlicher Verantwortung trägt und es absehen könnte, davor zurückschrecken müßte: *eine doppelte Entwertung*, die aus einer doppelten Gleichsetzung entspringt. Der *einzelne* fühlt sich entwertet, weil die Einheit, auf die er sich verließ, die er sich selber gleichachtete, ins Abgleiten geraten ist. Die *Masse* fühlt sich entwertet, weil die *Million* entwertet ist. Es ist gezeigt worden, wie doppeldeutig der Gebrauch des Wortes Million ist; wie er für beides steht, die hohe Summe Geld und die große Ansammlung von Menschen, ganz besonders in der Vorstellung, die man sich von der modernen Großstadt macht; wie ein Sinn in den anderen übergeht, eines sich vom anderen recht eigentlich nährt. Alle Massen, die sich in Inflationszeiten bilden – und sie bilden sich gerade dann sehr häufig –, stehen unter dem Druck der entwerteten Million. So wenig man allein gilt, so wenig gilt man dann auch zusammen. Wenn die Millionen in die Höhe klettern, wird ein ganzes Volk, das aus Millionen besteht, zu nichts.

Dieser Vorgang wirft Menschen zusammen, deren materielle Interessen sonst weit auseinanderliegen. Der Lohnempfänger ist davon so betroffen wie der Rentier. Über Nacht kann einer sehr viel und alles verlieren, das er in seiner Bank sicher aufgehoben glaubte. Die Inflation hebt Unterschiede zwischen Menschen auf, die wie für die Ewigkeit geschaffen schienen, und wirft Leute, die einander sonst kaum gegrüßt hätten, in ein und derselben Inflationsmasse zusammen.

Keine plötzliche Entwertung der Person wird je vergessen, sie ist zu schmerzlich. Man trägt sie ein Leben lang mit sich herum, es sei denn, man kann sie auf einen anderen werfen. Aber auch die Masse als solche vergißt ihre Entwertung nicht. Die natürliche Tendenz ist dann, etwas zu finden, das noch weniger gilt als man selbst, das man so verachten kann, wie man selbst verachtet wurde. Es genügt nicht, diese Verachtung so zu übernehmen, wie man sie vorgefunden hat, sie auf demselben Niveau zu halten, das sie hatte, bevor man nach ihr griff. Was man braucht, ist ein dynamischer Vorgang der *Erniedrigung:* Es muß etwas so behandelt werden, daß es weniger und weniger gilt, wie die Geldeinheit während der Inflation, und dieser Prozeß muß sich fortsetzen, bis das Objekt in einem Zustand kompletter Wertlosigkeit angelangt ist. Dann kann man es wegwerfen wie Papier oder einstampfen lassen.

Als Objekt für diese Tendenz fand Hitler während der deutschen Inflation die Juden. Sie waren dafür wie geschaffen: ihre alte Verbindung mit dem Geld, für dessen Bewegungen und Wertveränderungen sie etwas wie ein traditionelles Verständnis hatten; ihre Geschicklichkeit in Aktivitäten der Spekulation; ihr Zusammenströmen auf Börsen, wo ihre Art sehr grell von dem militärischen Verhaltensideal der Deutschen abstach, das alles mußte sie in einer Zeit, die von der Fragwürdigkeit, Labilität und Feindseligkeit des Geldes erfüllt war, besonders fragwürdig und feindselig erscheinen lassen. Der einzelne Jude war ›schlecht‹: er stand sich gut mit dem Geld, da sich niemand mehr darin auskannte und man am liebsten nichts mehr mit Geld zu tun haben wollte. Hätte es sich bei der Inflation um Entwertungsvorgänge in den Deutschen als *einzelnen* gehandelt, so hätte die Erweckung von Haß gegen bestimmte Juden genügt. Es war aber nicht so, auch die Deutschen als *Masse* fühlten sich im Absturz ihrer Millionen gedemütigt. Hitler, der eine klare Einsicht davon hatte, richtete seine Tätigkeit gegen die Juden im ganzen.

In der Behandlung der Juden hat der Nationalsozialismus den Prozeß der Inflation auf das genaueste wiederholt. Erst wurden sie als schlecht und gefährlich, als Feinde angegriffen; dann entwertete man sie mehr und mehr; da man ihrer selber nicht genug hatte, sammelte man sie in den eroberten Ländern; zum Schluß galten sie buchstäblich als *Ungeziefer,* das man ungestraft in Millionen vernichten durfte. Man ist noch heute fassungslos darüber, daß Deutsche so weit gegangen sind, daß sie ein Verbrechen von solchen Ausmaßen, sei es mitgemacht, sei es geduldet oder übersehen haben. Man hätte sie schwerlich so weit bringen können, wenn sie nicht wenige Jahre zuvor eine Inflation erlebt hätten, bei der die Mark bis auf ein Billionstel ihres Wertes sank. Es ist diese Inflation als Massenphänomen, die von ihnen auf die Juden abgewälzt wurde.

Das Wesen des parlamentarischen Systems

Das *Zwei-Parteien-System* des modernen Parlaments benutzt die psychologische Struktur der kämpfenden Heere. Im Bürgerkrieg waren sie wirklich, wenn auch widerstrebend, vorhanden. Man tötet die eigenen Leute nicht gern, immer wirkt ein Stammesgefühl blutigen Bürgerkriegen entgegen und führt sie gewöhnlich in wenigen Jahren oder rascher zu Ende. Aber die beiden Parteien, die da sind, müssen sich weiter messen. Sie kämpfen, indem sie auf Tote verzichten. Es wird angenommen, daß die größere Zahl in einem blutigen Zusammenstoß siegen würde. Die Kronsorge aller Feldherrn ist es, am Orte des wirklichen Zusammenstoßes stärker zu sein, mehr Leute bei der Hand zu haben als der Gegner. Der erfolgreiche Feldherr ist der, dem es gelingt, an möglichst vielen, wichtigen Lokalitäten die Übermacht zu haben, auch wenn er im ganzen der Schwächere ist.

Bei einer parlamentarischen Abstimmung hat man nichts anderes zu tun, als die Stärke der beiden Gruppen an Ort und Stelle zu ermitteln. Es genügt nicht, daß man sie von vornherein kennt. Die eine Partei mag 360, die andere nur 240 Abgeordnete haben: die *Abstimmung* bleibt entscheidend als der Augenblick, in dem man sich wirklich *mißt*. Sie ist der Rest des blutigen Zusammenstoßes, den man auf vielfache Weise spielt, durch Drohung, Beschimpfung, physische Erregtheit, die bis zu Schlägen oder Würfen führen kann. Aber die Zählung der Stimmen ist das Ende der Schlacht. Es wird angenommen, daß 360 Mann über 240 gesiegt hätten. Die Masse der Toten bleibt ganz aus dem Spiel. Innerhalb des Parlaments darf es keine Toten geben. Die Unverletzlichkeit des Abgeordneten drückt diese Absicht am klarsten aus. Er ist es in doppelter Hinsicht: außen, der Regierung und ihren Organen gegenüber; innen unter seinesgleichen – auf diesen zweiten Punkt wird zu wenig Gewicht gelegt.

Niemand hat je wirklich geglaubt, daß die Meinung der größeren Zahl bei einer Abstimmung durch ihr Übergewicht auch die klügere sei. Es steht Wille gegen Wille, wie in einem Krieg; zu jedem dieser Willen gehört die Überzeugung des größeren eigenen Rechts und der eigenen Vernünftigkeit; sie ist leicht zu finden, sie findet sich von selbst. Der Sinn einer Partei besteht gerade darin, diesen Willen und diese Überzeugung wach zu erhalten. Der Gegner, der überstimmt wird, fügt sich keineswegs, weil er nun plötzlich an sein Recht nicht mehr glaubt;

sondern er gibt sich einfach geschlagen. Es fällt ihm leicht, sich geschlagen zu geben, denn es geschieht ihm nichts. Er wird auf keine Weise für seine frühere feindliche Haltung gestraft. Hätte er Angst, daß es ihm ans Leben geht, er würde ganz anders reagieren. Aber er rechnet mit künftigen Schlachten. Ihrer Zahl ist keine Grenze gesetzt; er wird in keiner getötet.

Die *Gleichheit* der Abgeordneten, das, was sie zur Masse macht, besteht in ihrer Unverletzlichkeit. Darin ist zwischen den Parteien kein Unterschied. Das parlamentarische System funktioniert, solange diese Unverletzlichkeit gewahrt wird. Es zerbröckelt, sobald jemand darin sitzt, der es sich erlaubt, mit dem Tode irgendwelcher Mitglieder der Körperschaft zu rechnen. Nichts ist gefährlicher, als unter diesen Lebenden Tote zu sehen. Ein Krieg ist ein Krieg, weil er Tote in die Entscheidung einbezieht. Ein Parlament ist nur ein Parlament, solange es Tote ausschließt.

Die instinktive Absonderung etwa des englischen Parlaments von seinen eigenen Toten, selbst von denen nämlich, die auf friedliche Weise und außerhalb gestorben sind, zeigt sich im System der *Nachwahl*. Der Nachfolger des Verstorbenen ist nicht vorausbestimmt. Niemand rückt automatisch in seine Stelle ein. Neue Kandidaten werden aufgestellt. Der Wahlkampf in all seinen regulären Formen wird neu geführt. Für den Verstorbenen ist keinerlei Platz im Parlament. Er hat kein Recht, über sein Erbe hier zu verfügen. Kein Abgeordneter, der im Sterben liegt, kann mit Sicherheit wissen, wer sein Nachfolger wird. Der Tod in all seinen gefährlichen Auswirkungen ist vom englischen Parlament wirklich ausgeschlossen.

Gegen diese Auffassung des parlamentarischen Systems könnte man den Einwand versuchen, daß ja alle kontinentalen Parlamente aus vielen Parteien bestehen, die die verschiedenste Größe haben; daß diese nur manchmal sich zu zwei kämpfenden Gruppen formen. Am Sinne der Abstimmung ändert diese Tatsache nichts. Sie ist immer und überall der wesentliche Augenblick. Sie bestimmt, was geschieht, und bei ihr kommt es immer auf *zwei Zahlen* an, von denen die größere alle, die sich an der Abstimmung beteiligen, verpflichtet. Mit der Unverletzlichkeit des Abgeordneten steht und fällt das Parlament überall.

Die *Wahl* des Abgeordneten ist im Prinzip den Vorgängen im Parlament verwandt. Als der beste unter den Kandidaten, als der Sieger gilt, wer sich als der Stärkste erweist. Der Stärkste ist der, der die meisten Stimmen hat. Würden die 17 562 Menschen, die für ihn sind, als geschlossenes Heer gegen die 13 204 antreten, die seinem Gegner folgen, sie müßten den Sieg erringen. Auch hier soll es nicht zu Toten kommen. Immerhin ist die Unverletzlichkeit der *Wähler* nicht so wichtig wie die der *Stimmzettel*, die sie abgeben und die den Namen ihrer Wahl enthalten. Die Beeinflussung der Wähler bis zu dem Augenblick, in dem sie sich auf den Namen ihrer Wahl endgültig festlegen, ihn niederschreiben oder bezeichnen, mit so ziemlich allen Mitteln ist erlaubt. Der gegnerische Kandidat wird verhöhnt und dem allgemeinen Haß auf jede Weise preisgegeben. Der Wähler kann sich in vielen Wahlschlachten herumtummeln; ihre wechselnden Schicksale haben für ihn, wenn er politisch orientiert ist, den größten Reiz. Aber der Moment, in dem er dann wirklich wählt, ist beinahe heilig; heilig sind die versiegelten Urnen, die die Wahlzettel enthalten; heilig der Vorgang des Zählens.

Das Feierliche in all diesen Verrichtungen entstammt dem Verzicht auf den Tod als Instrument der Entscheidung. Mit jedem einzelnen Zettel wird der Tod gleichsam weggelegt. Aber was er bewirkt hätte, die Stärke des Gegners, wird in einer Zahl gewissenhaft verzeichnet. Wer mit diesen Zahlen spielt, wer sie verwischt, wer sie fälscht, läßt den Tod wieder ein und ahnt es nicht. Begeisterte Kriegsliebhaber, die sich über Stimmzettel gern lustig machen, geben damit nur ihre eigenen blutigen Absichten zu. Wahlzettel wie Verträge sind für sie ein bloßer Fetzen Papier. Daß sie nicht in Blut getaucht sind, erscheint ihnen verächtlich, ihnen gelten nur Entscheidungen durch Blut.

Der Abgeordnete ist ein konzentrierterer Wähler; die zeitlich sehr disparaten Augenblicke, in denen der Wähler als solcher existiert, sind beim Abgeordneten nahe zusammengerückt. Er ist dazu da, *oft* abzustimmen. Aber es ist auch eine viel kleinere Zahl von Menschen, innerhalb deren der Abgeordnete stimmt. Seine Intensität, seine Übung müssen an Erregung ersetzen, was die Wähler aus ihrer großen Zahl beziehen.

Verteilung und Vermehrung
Sozialismus und Produktion

Die Frage der *Gerechtigkeit* ist so alt wie die der *Verteilung*. Wo immer Menschen zusammen auf die Jagd gegangen sind, kam es nachher zu einer Verteilung. In der Meute waren sie eins gewesen, in der Verteilung mußten sie sich sondern. Es hat sich unter Menschen nie ein gemeinsamer Magen entwickelt, der es einer Vielzahl von ihnen ermöglicht hätte, als ein einziges Geschöpf zu essen. In der Kommunion haben sie einen Ritus ausgebildet, der der Vorstellung eines gemeinsamen Magens noch am nächsten kam. Es war eine unzulängliche Annäherung, aber immerhin eine Annäherung an einen idealen Zustand, nach dem sie ein Bedürfnis empfanden. Die *Isoliertheit* der Einverleibung ist eine Wurzel jenes schreckensvollen Gewächses der Macht. Wer allein und für sich heimlich ißt, der muß allein und für sich töten. Wer mit den anderen zusammen tötet, der muß auch die Beute mit ihnen teilen.

Mit der Anerkennung dieser Teilung beginnt die Gerechtigkeit. Ihre Regelung ist das erste Gesetz. Es ist bis zum heutigen Tage das wichtigste Gesetz und als solches das eigentliche Anliegen aller Bewegungen geblieben, denen es um das Gemeinsame menschlicher Aktivität und menschlichen Daseins überhaupt zu tun ist.

Die Gerechtigkeit fordert, daß jeder zu essen hat. Sie erwartet aber auch, daß jeder sein Teil zur Erlangung dieser Nahrung beibringt. Die überwältigende Mehrheit der Menschen ist mit der Erzeugung von Gütern jeder Art beschäftigt. Mit ihrer Verteilung ist etwas schiefgegangen. Das ist der Inhalt des Sozialismus, auf die simpelste Formel gebracht.

Wie immer aber man über die Art der Verteilung der Güter in unserer modernen Welt denkt, in der Voraussetzung zu diesem Problem sind sich Anhänger und Gegner des Sozialismus einig. Diese Voraussetzung ist die *Produktion*. Auf beiden Seiten des ideologischen Konflikts, der die Erde in zwei heute etwa gleichstarke Hälften gespalten hat, wird die Produktion in jeder Weise gefördert und geschürt. Ob man produziert, um zu verkaufen, oder produziert, um zu verteilen, der Prozeß dieser Produktion an sich wird nicht nur von keiner der beiden Seiten angetastet, er wird *verehrt*, und es ist nicht zu viel gesagt, wenn man behauptet, daß er in den Augen der meisten heute etwas Heiliges hat.

Man mag sich wohl fragen, woher diese Verehrung stammt. Vielleicht läßt sich ein Punkt in der Geschichte der Menschheit erkennen, an dem die Sanktion der Produktion einsetzt. Ein wenig Überlegung zeigt, daß es einen solchen Punkt nicht gibt. Die Sanktion der Produktion reicht so weit zurück, daß jeder Versuch, sie historisch anzusetzen, als unzulänglich erscheint.

Die Hybris der Produktion geht auf die *Vermehrungsmeute* zurück. Man mag diesen Zusammenhang übersehen, weil es keine Meuten mehr sind, die sich praktisch der Vermehrung widmen. Es sind ungeheure Massen geworden, die in allen Zentren der Zivilisation noch täglich wachsen. Wenn man aber bedenkt, daß von diesem Wachstum kein Ende abzusehen ist, daß immer mehr Menschen immer mehr Güter erzeugen, daß unter diesen Gütern auch lebende Tiere und Gewächse sind, daß sich die Methoden für die Erzeugung von lebenden und leblosen Gütern kaum mehr unterscheiden, so wird man zugeben müssen, daß die Vermehrungsmeute das folgen- und erfolgreichste Gebilde war, das die Menschheit je hervorgebracht hat. Die Zeremonien, die es auf Vermehrung abgesehen hatten, sind zu Maschinen und technischen Prozessen geworden. Jede Fabrik ist eine Einheit, die demselben Kulte dient. Das Neue liegt in der Beschleunigung des Vorgangs. Was früher eine Erzeugung und Steigerung von *Erwartung* war, auf Regen, auf Korn, auf die Annäherung von Tierherden, die man jagte, und das Heranwachsen solcher, die man gezähmt hielt, das ist heute zur unmittelbaren Erzeugung selbst geworden. Man drückt auf ein paar Knöpfe, man schaltet an einigen Hebeln, und was man will, in jeder Gestalt, kommt in wenigen Stunden oder noch schneller fertig heraus.

Es ist bemerkenswert, daß der strenge und exklusive Zusammenhang zwischen Proletariat und Produktion, der seit etwa hundert Jahren solches Ansehen gewonnen hat, die alte Vorstellung, die der Vermehrungsmeute zugrunde lag, auf eine besonders reine Weise wiederherstellt. Proletarier sind, die sich rascher vermehren, und es werden ihrer auf zweierlei Weise mehr. Einmal haben sie mehr Kinder als andere Leute, durch ihre Nachkommenschaft allein haben sie schon etwas Massenhaftes. Ihre Zahl vermehrt sich aber auch auf eine andere Weise: indem immer mehr Menschen vom Land an den Stätten der Produktion zusammenströmen. Doch genau derselbe doppelte Sinn der Zunahme war, wie man sich entsinnen wird, für die primitive Vermehrungsmeute bezeichnend. Zu ihren Festen und Zeremonien strömten Leute zusammen, und so, als viele, gaben sie sich Verrichtungen hin, die ihnen eine reiche Nachkommenschaft verschaffen sollten.

Als der Begriff eines entrechteten Proletariats aufgestellt und wirksam gemacht wurde, beließ man ihm den vollen Optimismus der Zunahme. Keinen Augenblick erwog man, daß ihrer weniger sein sollten, da es ihnen schlecht ging. Man verließ sich auf die Produktion. Durch deren Zunahme sollte es auch mehr Proletarier geben. Die Produktion, die sie besorgten, sollte ihnen selber dienen. Proletariat und Produktion sollten aneinander wachsen. Es ist dies aber genau derselbe untrennbare Zusammenhang, der bei der Aktivität primitiver Vermehrungsmeuten in Erscheinung trat. Man will selber mehr werden, und so soll auch alles mehr werden, wovon man lebt. Das eine ist vom anderen nicht zu trennen, es hängt so dicht zusammen, daß oft nicht klar wird, *was* mehr werden soll.

Es ist gezeigt worden, daß der Mensch durch Verwandlungen in solche Tiere, die immer schon in großer Zahl beisammen lebten, ein heftigeres Gefühl für Vermehrung gewann. Man möchte sagen, daß er es erst an diesen Tieren *erlernt* hat. Er hatte Schwärme von Fischen und Insekten, riesige Herden von Huftieren vor Augen, und wenn er diese Tiere in seinen Tänzen so gut spielte, daß er zu ihnen wurde, sich ihnen gleichfühlte, wenn es ihm gelang, ganz bestimmte dieser Verwandlungen als Totems festzulegen und an seine Nachkommen als heilige Tradition weiterzugeben, so gab er damit auch eine Absicht auf Vermehrung weiter, die die natürliche des Menschen weit überstieg.

Genau dieses Verhältnis hat der moderne Mensch heute zur Produktion. Maschinen können mehr erzeugen, als sich irgendwer früher träumen ließ. Alle Vervielfältigung ist durch sie ins Ungeheuerliche gewachsen. Da es aber im allgemeinen um Gegenstände geht und weniger um Geschöpfe, steigert sich seine Hingabe an ihre Zahl, indem sich seine Bedürfnisse steigern. Immer mehr Dinge gibt es, für die er eine Verwendung weiß; indem er sie einübt, entstehen neue Bedürfnisse. Es ist dieser Aspekt der Produktion, die ungehemmte Vervielfältigung als solche, in jeder Richtung, die in den ›kapitalistischen‹ Ländern am meisten ins Auge fällt. In den Ländern, die besonderen

Wert auf das ›Proletariat‹ legen – wo große Anhäufungen von Kapital in Händen einzelner verhindert werden –, stehen Probleme der allgemeinen *Verteilung* theoretisch gleichwertig neben denen der *Vermehrung*.

Die Selbstzerstörung der Xosas

Eines Morgens im Mai 1856 ging ein *Xosa*-Mädchen zu einem Flüßchen, das in der Nähe ihres Heims vorüberfloß, um Wasser zu holen. Bei ihrer Rückkehr erzählte sie, daß sie sonderbare Männer beim Fluß gesehen habe, ganz anders als die sie gewöhnlich traf. Ihr Onkel, der Umhlakaza hieß, ging hin, die Fremden zu sehen, und fand sie am angegebenen Ort. Sie sagten ihm, er solle wieder nach Hause gehen und gewisse Zeremonien vollführen; danach solle er für die Geister der Toten einen Ochsen opfern und am vierten Tage zu ihnen zurückkehren. In ihrer Erscheinung war etwas, das Gehorsam forderte, und der Mann tat, wie ihm befohlen war. Am vierten Tage ging er wieder zum Fluß. Die seltsamen Leute waren wieder da; zu seinem Erstaunen erkannte er unter ihnen seinen Bruder, der vor vielen Jahren gestorben war. Da erfuhr er denn zum erstenmal, wer und was sie waren. Als die ewigen Feinde des weißen Mannes seien sie, wie sie erklärten, von Schlachtfeldern jenseits des Meeres herbeigekommen, um den Xosas zu helfen: Durch ihre unüberwindliche Macht würden die Engländer aus dem Lande vertrieben werden. Umhlakaza sollte als der Mittelsmann zwischen ihnen und den Häuptlingen dienen, er würde die Anweisungen zum Weitergeben empfangen. Denn erstaunliche Dinge würden sich ereignen, erstaunlicher als alle, die sich je ereignet hätten, wenn die angebotene Hilfe angenommen würde. Vor allem müßte er den Leuten sagen, daß sie ihre gegeneinander gerichteten Zauberkünste einstellen sollten; sie sollten vom fettesten Vieh schlachten und essen.

Die Nachricht von dieser Verbindung mit der Geisterwelt sprach sich unter den Xosas bald herum. Kreli, der oberste Häuptling des Stammes, begrüßte die Botschaft mit Freuden; man sagt sogar, ohne daß es sich beweisen läßt, daß er der eigentliche Urheber des ganzen Planes war. Das Wort ging aus, dem Befehl der Geister müsse gehorcht werden; das beste Vieh solle geschlachtet und gegessen werden.

Ein Teil des Stammes lebte unter britischer Oberhoheit. Seine Boten wurden auch an die Häuptlinge dieses Teiles abgesandt; man berichtete ihnen, was geschehen war, und bat sie um ihre Mithilfe. Die Xosa-Klans gerieten alle sofort in Bewegung. Die meisten Häuptlinge begannen mit dem Schlachten des Viehs. Nur einer von ihnen, Sandile, ein vorsichtiger Mann, zögerte noch. Der englische Hochkommissar ließ Kreli mitteilen, daß er auf seinem Gebiete tun könne, was er wolle; aber wenn er nicht damit aufhöre, britische Untertanen dazu aufzustacheln, ihren Besitz zu zerstören, werde man ihn strafen müssen. Er scherte sich wenig um die Drohung; er war überzeugt davon, daß jetzt bald die Zeit gekommen war, in der *er* strafen werde.

Die Offenbarungen, die durch den Propheten kamen, nahmen rasch an Tragweite zu. Das Mädchen, das mitten im Flusse stand, unter einer Unmenge von gläubigen Menschen, vernahm sonderbare unirdische Geräusche zu seinen Füßen. Ihr Onkel, der Prophet, erklärte, es seien die Stimmen der Geister, die über die Angelegenheiten der Menschen Rat abhielten. Schon der erste Befehl war gewesen, daß man Vieh schlachten müsse, aber die Geister waren unersättlich. Immer mehr Vieh wurde geschlachtet, es war nie genug. Von Monat zu Monat nahm der Wahn zu und ergriff neue Opfer. Nach einer Weile gab auch der vorsichtige Häuptling Sandile nach. Sein Bruder hatte ihn heftig gedrängt. Er hatte mit eigenen Augen die Geister zweier verstorbener Ratgeber seines Vaters gesehen, er hatte mit ihnen persönlich gesprochen, und sie ließen Sandile befehlen, sein Vieh zu töten, wenn er nicht zusammen mit dem weißen Manne zugrunde gehen wolle.

Der letzte Befehl des Propheten war nun auch schon erteilt worden. Seine Ausführung sollte als die letzte Vorbereitung der Xosas gelten, danach würden sie der Hilfe eines Geisterheeres würdig sein. Von allen ihren Herden durfte kein einziges Tier am Leben bleiben, alles Korn in ihren Speichern mußte zerstört werden. Für die Gehorsamen wurde eine herrliche Zukunft in Aussicht gestellt. An einem vorausbestimmten Tage würden Herden aus tausend und abertausend Köpfen, schöner als alle, die man hatte schlachten müssen, aus der Erde steigen und die Weiden weit und breit bedecken. Große Felder von Hirse, reif und zum Genusse bereit, würden in einem Augenblick aus dem Boden springen. An jenem Tage würden die alten Helden des Stammes, die Großen und Weisen der Vergangenheit, wieder auferstehen und an den Freuden der Gläubigen teilhaben. Sorge und Krankheit würden verschwinden, ebenso die Gebrechen des Alters, Jugend und Schönheit würden den auferstandenen Toten wie den schwachen Lebenden zuteil werden. Furchtbar aber würde das Schicksal derer sein, die sich dem Willen der Geister entgegenstemmten oder die Ausführung ihrer Befehle vernachlässigten. Derselbe Tag, der den Gläubigen so viel Freude bringen würde, wäre für sie der Tag des Ruins und Untergangs. Der Himmel werde einstürzen und sie zusammen mit den Mischlingen und Weißen zermalmen.

Missionare und Agenten der Regierung bemühten sich vergeblich, die wahnsinnigen Vorgänge aufzuhalten. Die Xosas waren besessen und duldeten weder Einwand noch Widerstand. Weiße, die sich einmischten, wurden bedroht; sie waren ihres Lebens nicht mehr sicher. Ein fanatischer Glaube hatte alle Xosas ergriffen, manche ihrer Führer allerdings sahen darin eine gute Gelegenheit zum Krieg. Sie hatten ständig einen bestimmten Plan im Auge: den ganzen Xosa-Stamm vollbewaffnet und in einem Zustand des Verhungerns auf die Kolonie zu werfen. Sie waren selber zu aufgeregt, um die furchtbaren Gefahren eines solchen Unternehmens zu sehen, gegen dessen Gelingen alles sprach.

Es gab einige, die weder an die Voraussagen des Propheten noch an Erfolg in einem solchen Kriege glaubten und trotzdem alle Nahrungsvorräte bis zum letzten Teilchen zerstörten. Ein Onkel des Häuptlings Kreli gehörte zu ihnen. »Es ist der Befehl des Häuptlings«, sagte er; dann, als nichts mehr zu essen übrig war, setzten sich der alte Mann und seine Lieblingsfrau in einem leeren Kraal nieder und starben. Auch Krelis oberster Ratgeber widersetzte sich dem Plan, bis er sah, daß Worte nutzlos waren. Dann, mit der Erklärung, daß alles, was er habe, seinem Häuptling gehöre, gab er den Befehl zum Schlachten und Zerstören und floh als Wahnsinniger davon. Tausende mochten so gegen ihre Überzeugung handeln. Der Häuptling befahl, sie gehorchten.

In den frühen Monaten des Jahres 1857 herrschte eine ungewohnte Tätigkeit im ganzen Land. Große Kraals wurden für den Empfang des Viehs vorbereitet, das so bald in ungeheuren Mengen erscheinen sollte. Riesige Lederbehälter wurden angefertigt, um die Milch aufzunehmen, von der es bald so viel wie Wasser geben würde. Manche hungerten schon während dieser Arbeit. Östlich des Flusses Kei war der Befehl des Propheten buchstäblich ausgeführt, aber der Tag der Auferstehung war dennoch verschoben worden. Auf dem Gebiet des Häuptlings Sandile, der später begonnen hatte, war man nämlich mit dem Schlachten noch nicht zu Ende. Ein Teil des Stammes hungerte schon, während der andere noch daran war, seine Lebensmittel zu zerstören.

Die Regierung tat alles, um die Grenzen zu schützen. Jeder Posten wurde verstärkt, jeder verfügbare Soldat hinbeordert. Auch die Kolonisten hatten sich darauf vorbereitet, den Schock abzufangen. Nachdem man für die Verteidigung gesorgt hatte, legte man Vorräte an, um das Leben der Hungernden zu retten.

Endlich war der lang erwartete Tag herangekommen. Die ganze Nacht über hatten die Xosas in höchster Erregung gewacht. Sie erwarteten zwei blutrote Sonnen über den Hügeln im Osten aufgehen zu sehen; die Himmel würden dann einstürzen und ihre Feinde zerschmettern. Halbtot vor Hunger verbrachten sie die Nacht in wilder Freude. Dann endlich ging wie immer die eine Sonne auf, und ihr Herz sank. Sie verloren die Hoffnung nicht gleich; vielleicht war der Mittag dieses Tages gemeint, wenn die Sonne am höchsten stand; und als dann nichts geschah, hofften sie noch auf die Zeit ihres Untergangs. Aber die Sonne ging unter, und alles war zu Ende.

Die Krieger, die sich alle zusammen auf die Kolonie hätten stürzen sollen, waren durch einen unbegreiflichen Fehler nicht versammelt worden. Jetzt war es dazu zu spät. Ein Versuch, den Tag der Auferstehung zu verschieben, hatte keine Wirkung mehr. Die freudige Erregung der Xosas war in tiefste Verzweiflung umgeschlagen. Als Bettler, nicht als Krieger, in völlig verhungertem Zustand, mußten sie jetzt ihren Weg in die Kolonie nehmen. Bruder kämpfte gegen Bruder, Vater gegen Sohn, um kleine Fetzen und Stückchen der großen Milchbehälter, die man an jenen Tagen hoher Hoffnung so sorgfältig angefertigt hatte. Alte, Schwache und Kranke wurden von den Jüngeren ihrem Schicksal überlassen. Man suchte nach allen Arten von Gewächsen, selbst nach Baumwurzeln, um sie zu essen. Die der Meeresküste näher waren, versuchten sich mit Schaltieren durchzubringen, aber da sie an diese Art von Nahrung nicht gewöhnt waren, bekamen sie Dysenterie und gingen rasch zugrunde. An manchen Orten setzten sich ganze Familien gemeinsam zum Sterben nieder. Später wurden oft unter einem einzigen Baume fünfzehn bis zwanzig Skelette beieinander gefunden, Eltern, die mit ihren Kindern zusammen gestorben waren. Ein unaufhörlicher Strom von ausgehungerten Geschöpfen ergoß sich in die Kolonie, meist junge Männer und Frauen, aber manchmal auch Väter und Mütter mit halbtoten Kindern auf dem Rücken. Vor den Farmhäusern hockten sie sich nieder und baten in jammervollen Tönen um Essen.

Während des Jahres 1857 sank die Bevölkerung des britischen Teils des Xosa-Landes von 105 000 auf 37 000. 68 000 Menschen waren hier umgekommen. Dabei war das Leben von Tausenden durch Getreidevorräte gerettet worden, die die Regierung hier angelegt hatte. Im freien Teil, wo es keine solche Vorräte gab, kamen relativ noch mehr Menschen um. Die Macht des Xosa-Stammes war vollkommen gebrochen.

Über dieses Ereignis ist nicht ohne Absicht in einiger Breite berichtet worden. Man könnte den Verdacht hegen, daß es von jemand erfunden worden ist, der die Abfolge von Ereignissen in der Masse, ihre Gesetzmäßigkeit und Präzision deutlich machen will. Aber es hat sich alles wirklich so zugetragen in den 50er Jahren des letzten Jahrhunderts, also in nicht gar so ferner Vergangenheit. Die Berichte von Augenzeugen darüber sind da, und jeder kann sie einsehen.

Versuchen wir, einige wesentliche Punkte aus dem Bericht herauszugreifen.

Da ist einmal auffallend, wie *lebendig* die Toten der Xosas sind. Sie nehmen wirklich Anteil an den Schicksalen der Lebenden. Sie finden Mittel und Wege, sich mit ihnen in Verbindung zu setzen. Sie versprechen ihnen ein Hilfsheer. Als Heer, also als *Masse der toten Krieger*, werden sie zum Heere der lebenden Xosas stoßen. Diese Verstärkung wird genau so vor sich gehen, wie wenn man ein Bündnis mit einem anderen Stamme eingegangen wäre. Aber diesmal ist es ein Bündnis mit dem Stamme der eigenen Toten.

Wenn der versprochene Tag kommt, werden alle plötzlich *gleich* sein. Die Alten werden wieder jung, die Kranken gesund, die Sorgenvollen fröhlich sein; die Toten werden sich unter die Lebenden mischen. Ein Beginn in dieser Richtung allgemeiner Gleichheit wird schon mit dem ersten Befehl gemacht: man soll die Zauberkünste aufgeben, die einer gegen den anderen anwendet; das Durcheinander ihrer feindlichen Absichten ist es, was Einheit und Gleichmäßigkeit des Stammes am meisten stört. An jenem großen Tage wird dann die Masse des Stammes, die allein zu schwach ist, um die Feinde zu bezwingen, in einem plötzlichen Sprung um die volle Masse seiner Toten vermehrt werden.

Auch die Richtung, in der sich diese Masse ergießen wird, ist vorgezeichnet: sie wird sich auf die Kolonie der Weißen stürzen, unter deren Herrschaft sie zum Teil schon steht. Ihre Macht, dank der Verstärkung durch die Geister, wird unüberwindlich sein.

Die Geister haben im übrigen dieselben Wünsche wie die Lebenden; sie lieben es, Fleisch zu essen, und verlangen darum, daß man ihnen Vieh opfert. Es ist anzunehmen, daß sie auch vom Getreide genießen, das man zerstört. Anfangs sind die Opfer noch vereinzelt; man kann sie als Zeichen der Pietät und Ergebenheit auffassen. Dann aber wachsen sie an, die Toten wollen alles. Die Vermehrungstendenzen, die man für sein Vieh und sein Korn sonst hat, schlagen um in eine Vermehrungstendenz für die Toten. Es ist das *geschlachtete* Vieh, es ist das *zerstörte* Korn, das jetzt mehr werden soll, denn es setzt sich um in Vieh und Korn für die Toten. Die dynamische Neigung der Masse, mehr und mehr zu werden, sprunghaft, rücksichtslos und blind, alles übrige dieser Neigung opfernd, eine Neigung, die immer da besteht, wo sich eine Masse von lebenden Menschen bildet – diese Neigung ist *übertragbar*. Die *Jäger* übertragen sie auf ihr *Wild*, von dem sie sich nicht genug wünschen können und dessen Fruchtbarkeit sie durch viele Zeremonien zu fördern suchen. Die *Viehzüchter* übertragen sie auf ihr *Vieh*; sie werden alles dazu tun, daß ihre Herden wachsen, und durch ihre praktische Geschicklichkeit im Züchten entstehen allmählich wirklich große und größere Herden. Die *Ackerbauer* übertragen dieselbe Neigung auf die Erzeugnisse ihres Bodenfleißes. Ihr *Korn* trägt dreißig- oder hundertfältig, und der Speicher, in dem sie es sammeln, allgemein sichtbar und bewundert, ist der deutliche Ausdruck für diese gelungene, sprunghafte Vermehrung. Sie haben so viel dazu getan, daß aus diesem übertragenen Massengefühl für Herden oder Korn etwas wie ein neues Selbstgefühl wird, und es mag ihnen oft zumute sein, als hätten sie allein es getan.

Während dieser ›Selbstzerstörung‹ der Xosas nun hat sich alles, was es an Vermehrungstendenzen für Menschen, Vieh und Korn bei ihnen gab, an ihre Vorstellung von den *Toten* gehängt. Zu ihrer Rache an den Weißen, die sie ihres Landes immer mehr beraubt hatten, zu einem aussichtsreichen Krieg gegen diese, nach allen erfolglosen Kriegen, die sie schon geführt hatten, bedurften sie eines: des Aufstandes ihrer Toten. Sobald man sich dieser wirklich versichert haben würde, sobald diese wirklich alle in unabsehbaren Scharen aufgestanden sein würden, konnte man den Krieg beginnen. Mit ihnen würden auch Vieh und Hirse von den Toten zurückkehren, viel mehr als man hinübergeschickt hatte, alles was sich an Vieh und Hirse von jeher bei den Toten angesammelt hatte.

Das Vieh, das man schlachtete, das Korn, das man zerstörte, hatte die Funktion eines Massenkristalls, an das sich alles Vieh und Korn drüben anhängen sollte. Zu anderen Zeiten hätte man zum selben Zwecke gewiß auch Menschen geopfert. An jenem großen Tage wären dann die Weiden voll von riesigen neuen Herden und auf den Feldern stünde die Hirse reif und zum Genusse bereit da.

Auf das Wiedererscheinen der Toten, mit allem, was zum Leben gehört, war also dieses ganze Unternehmen angelegt. Für diese größere Absicht gab man alles her. Man wurde bestärkt darin von den Angehörigen jener Welt, die man *erkannte*. Der Bruder des Propheten, die beiden Ratgeber des alten, verstorbenen Häuptlings waren die Bürgen für ein Abkommen, das man mit den Toten traf. Wer sich entgegenstellte oder zögerte, nahm der Masse etwas, das ihr gehörte, und störte ihre Einheit. Er wurde darum besser gleich zu den Feinden gestellt; mit diesen zusammen würde er untergehen.

Betrachtet man den katastrophalen Ausgang des Ereignisses, die Tatsache, daß am gelobten Tage nichts geschah, keine Hirsefelder, keine Herden, keine Totenheere erschienen, so ließe sich vom Glaubensstandpunkt der Xosas aus sehr wohl sagen, daß sie von ihren Toten getäuscht worden waren. Diese hatten das Abkommen nicht ernst gemeint, es war ihnen gar nicht um einen Sieg über die Weißen zu tun, sondern bloß darum, selber zuzunehmen. Durch falsche Vorspiegelungen hatten sie erst das Vieh und das Getreide der Lebenden an sich gebracht; dann waren die verhungerten Menschen selber nachgefolgt. Den Sieg hatten also die Toten doch errungen, wenn auch auf eine andere Weise und in einem anderen Krieg; zum Schluß standen sie als *die größte Masse* da.

Von besonderer Bedeutung für das Verhalten der Xosas erscheint aber auch der *Befehl*. Er hat etwas sehr Isoliertes und steht als Akt ganz für sich allein da. Die Toten, die ihn erteilen, brauchen einen

Mittelsmann zu seiner Weiterleitung. Sie anerkennen durchaus die irdische Hierarchie. Der Prophet soll sich an die Häuptlinge wenden und diese zur Entgegennahme der Geisterbefehle bewegen. Sobald Kreli, der oberste Häuptling, sich einmal für den Plan der Geister erklärt hat, nimmt alles weitere seinen normalen Befehlsverlauf. Die Boten werden ausgesandt an alle Xosa-Klans, auch an die, die unter ›falscher‹ Oberhoheit, der Engländer nämlich, stehen. Selbst die Ungläubigen, die sich lange gegen die Ausführung des Planes wehren, unter ihnen Krelis Onkel und sein oberster Ratgeber, fügen sich schließlich dem ›Befehl‹ des Häuptlings und geben dies ausdrücklich als einzigen Grund für ihre Unterwerfung an.

Noch merkwürdiger aber wird alles, wenn wir den *Inhalt* des Befehls in Erwägung ziehen. Es geht im wesentlichen um das *Schlachten* des Viehs, also um *Töten.* Je nachdrücklicher dieser Befehl wiederholt wird, je umfassender und massenhafter seine Anwendung gedacht ist, um so mehr nimmt er den Krieg selbst vorweg. Das Vieh steht, wenn man so sagen könnte, vom Befehl her gesehen für die *Feinde.* Es steht für sie und für ihr Vieh, wie das Getreide, das zerstört wird, für ihr Getreide. Der Krieg beginnt im eigenen Land, als wäre man schon in dem des Feindes; der Befehl aber rückt wieder nahe an seinen Ursprung zurück, da er noch *Todesurteil* war, das instinktive Todesurteil einer Gattung gegen die andere.

Über allen Tieren, die der Mensch gefangenhält, hängt sein Todesurteil. Es ist zwar – oft auf lange – *suspendiert,* doch begnadigt wird keines. So gibt der Mensch seinen eigenen Tod, dessen er sich sehr wohl bewußt ist, an seine Tiere ungestraft weiter. Die Spanne Lebens, die er ihnen gönnt, hat etwas von seiner eigenen; nur daß bei ihnen *er* aufpaßt, wann sie ihr Ende erreicht hat. Ihr Tod fällt ihm leichter, wenn er viele besitzt und einzelne aus der Herde zum Schlachten herauslöst. Seine beiden Ziele, die Vermehrung seiner Herden und die Tötung einzelner Tiere, die er braucht, lassen sich sehr wohl vereinen. Auf diese Weise, als Hirt, ist er mächtiger als jeder Jäger. Seine Tiere sind beisammen und entgehen ihm nicht. Die Dauer ihres Lebens liegt in seiner Hand. Er ist nicht von der Gelegenheit abhängig, die sie ihm zuführt, und muß sie nicht auf der Stelle töten. Aus der *Gewalt* des Jägers wird die *Macht* des Hirten.

Der Befehl nun, der den Xosas erteilt wird, ist Befehl in seiner Essenz: Die Vollstreckung des Todesurteils an ihrem Vieh soll der

Schlachtung ihrer Feinde vorausgehen, als wären beide im Grunde eins; sie sind es.

Es gibt zu denken, daß dieser Befehl zum Töten von den Toten selber ausgeht, als stünde ihnen die oberste Autorität darin zu. Letzten Endes beordern sie alles zu sich hinüber. Unter ihnen befinden sich alle, die früher Befehle erteilt haben, Generationen von Häuptlingen. Ihr vereinigtes Ansehen ist groß; es wäre gewiß auch groß, wenn sie, nicht als Tote, alle plötzlich unter den Menschen stünden. Aber man kann sich des Eindrucks nicht erwehren, daß ihre Macht sich durch den Tod noch gesteigert hat. Daß sie sich durch den Propheten bemerkbar machen können, daß sie überhaupt erscheinen und zu ihm sprechen, gibt ihnen zu ihrem früheren noch ein übernatürliches Ansehen; sie sind so um den Tod herumgekommen und auf eine eindrucksvolle Weise noch *aktiv*. Das *Umgehen* des Todes, der Wunsch, ihm *auszuweichen*, gehört zu den ältesten und zähesten Tendenzen aller Machthaber. Es ist in diesem Zusammenhang von Bedeutung, nachzutragen, daß der Häuptling Kreli das Hungersterben seines Volkes um viele Jahre überlebt hat.

Die Eingeweide der Macht

Ergreifen und Einverleiben

Die Psychologie des Ergreifens und Einverleibens – wie die des Essens im allgemeinen – ist noch völlig ununtersucht; es ist uns da alles extrem selbstverständlich. Viele Vorgänge rätselhafter Art spielen sich da ab, über die wir nie nachdenken. Es gibt nichts an uns, das altertümlicher wäre; daß wir so vieles an diesen Vorgängen mit den Tieren teilen, hat sie uns bis jetzt nicht erstaunlicher gemacht.

Die Annäherung eines Geschöpfes ans andere, auf das es feindliche Absichten hat, geschieht in verschiedenen Akten, deren jeder seine besondere traditionelle Bedeutung hat. Da ist einmal das *Belauern* der Beute: sie ist unter Verfolgung gesetzt, lange bevor sie unserer Absicht gewahr wird. Mit einem Gefühl der Billigung und des Wohlgefallens wird sie betrachtet, beobachtet, bewacht; als Fleisch gesehen, da sie noch lebt; so intensiv und unwiderruflich als Fleisch gesehen, daß nichts einen je davon abbringen könnte, es auch zu erlangen. Während dieser ganzen Zeit, in der man um sie herumstreicht, fühlt man schon, wie sehr sie einem gehört; von dem Augenblick an, da man sie zur Beute bestimmt hat, ist sie einem in der Vorstellung schon einverleibt.

Das Belauern ist ein Zustand so eigentümlicher Spannung, daß es dann abgelöst, für sich, Bedeutung gewinnen kann. Man verlängert es; später führt man es als Zustand an sich herbei, unabhängig von der Beute, die schließlich winkt. Nicht ungestraft liegt der Mensch auf der Lauer und gibt sich der Verfolgung hin. Alles, was er in dieser Richtung aktiv betreibt, erlebt er passiv genau so an sich selbst; aber verstärkt, denn seine größere Intelligenz gewahrt mehr Gefahren und macht ihm das Verfolgtwerden zur größeren Qual.

Nicht immer ist der Mensch stark genug, seine Beute direkt zu erlangen. Seine Verfolgung, auf ihre Weise kenntnisreich und genau, hat zu den kompliziertesten Fallen geführt. Oft bedient er sich auch der Verwandlung, die seine eigentliche Begabung ist, und richtet sich genau so her wie das Tier, auf das er aus ist. Er vermag es so gut zu agieren, daß es ihm glaubt. Diese Art des Auflauerns kann man als Schmeichelei bezeichnen. Man sagt dem Tier: ›Ich bin dir gleich, ich bin du. Du kannst mich in deine Nähe lassen.‹

Nach dem Heranschleichen und dem Sprung – der in anderem Zusammenhang behandelt wird – erfolgt dann die erste *Berührung*. Sie ist vielleicht das, was man am meisten fürchtet. Die Finger tasten, was dem Körper bald ganz gehören wird. Das Ergreifen durch die anderen Sinne, des Sehens, des Hörens, des Riechens, ist lange nicht so gefährlich. Sie lassen noch Raum zwischen sich und ihrem Opfer; solange dieser Raum besteht, gibt es noch eine Gelegenheit zu entkommen und alles ist unentschieden. Das Tasten aber als Berührung ist der Vorbote des Schmeckens. Die Hexe im Märchen läßt sich einen Finger herausstrecken, um zu fühlen, ob ihr Opfer fett genug ist.

Die Absicht des einen Körpers auf den anderen wird vom Augenblick der Berührung an konkret. Schon bei den tiefsten Formen des Lebens hat jener Moment etwas Entscheidendes. Er enthält die ältesten Schrecken; wir träumen von ihm; wir dichten ihn; unser Leben in der Zivilisation ist nichts als eine einzige Anstrengung, ihn zu vermeiden. Ob ein Widerstand von diesem Augenblick an fortgesetzt oder ganz aufgegeben wird, hängt vom Machtverhältnis zwischen Berührendem und Berührtem ab; aber mehr noch als vom wirklichen Machtverhältnis von der Vorstellung, die der Berührte sich davon macht. Meist wird er sich seiner Haut noch zu wehren suchen; und nur gegen eine Macht, die ihm überwältigend erscheint, wird er nichts mehr unternehmen. Die endgültige Berührung, die Berührung, in die man sich findet, weil jeder Widerstand, und besonders der in der Zukunft, als aussichtslos erscheint, ist in unserem sozialen Leben zur *Verhaftung* geworden. Es genügt, die Hand dessen auf der Schulter zu spüren, der zur Verhaftung legitimiert ist, und man ergibt sich gewöhnlich, noch bevor es zum eigentlichen Ergreifen kommt. Man duckt sich, man geht mit; man führt sich gefaßt auf; und doch ist es keineswegs überall so, daß man den weiteren Vorgängen mit Ruhe und Vertrauen entgegensehen kann.

Der nächste Grad der Annäherung ist das *Ergreifen*. Die Finger der Hand bilden einen Hohlraum, in den sie einen Teil des berührten Geschöpfs hineinzupressen suchen. Sie tun es unbekümmert um die Gliederung, den organischen Zusammenhang der Beute. Ob sie sie in diesem Stadium verletzen oder nicht, ist eigentlich gleichgültig. Aber etwas von ihrem Körper muß in den gebildeten Raum hinein, als Pfand fürs ganze. Der Raum innerhalb der gekrümmten Hand ist der Vor-Raum des Mauls und des Magens, durch den die Beute dann endgültig einverleibt wird. Bei vielen Tieren ist es, statt Kralle oder Hand, gleich das bewaffnete Maul, das die Ergreifung besorgt. Bei den Menschen wird die Hand, die nicht mehr losläßt, zum eigentlichen Sinnbild der Macht. ›Er gab ihn in seine Hand.‹ ›Es stand in seiner Hand.‹ ›Es ist in Gottes Hand.‹ Ähnliche Ausdrücke sind in allen Sprachen häufig und vertraut.

Für den Vorgang des Ergreifens selbst ist der *Druck*, den die menschliche Hand ausübt, das eigentlich Wichtige. Die Finger ziehen sich um das Gefaßte zusammen, der Hohlraum, in den man es gezerrt hat, verengt sich. Man will es mit der ganzen inneren Oberfläche der Hand fühlen, man will es kräftiger fühlen. Das Leichte und Sachte der Berührung hat sich erst verbreitet, dann verstärkt und konzentriert sich schließlich, bis man das Stück Beute so dicht zusammengepreßt hält, wie es sich pressen läßt. Diese Art von Druck hat dem Zerreißen durch Krallen den Rang abgelaufen. In altertümlichen Kulten wurde das Zerreißen noch geübt; aber es galt als tierisch; es war ein Spiel unter Tieren. Für den Ernstfall hat man es längst an die Zähne überwiesen.

Das Drücken kann sich bis zum *Zerquetschen* steigern. Wie weit man mit seinem Drucke geht, ob wirklich bis zum Zerquetschen, hängt von der Gefährlichkeit der Beute ab. Hatte man einen harten Kampf mit ihr zu bestehen, war man ernsthaft von ihr bedroht, hat sie einen in Wut versetzt oder gar verletzt, so wird man es sie gern spüren lassen und fester drücken, als es zu ihrer Versicherung notwendig wäre.

Aber noch mehr als Gefährlichkeit und Wut treibt einen Verachtung in die Richtung des Zerquetschens. Etwas sehr Kleines, das kaum zählt, ein *Insekt*, wird zerquetscht, weil man sonst nicht wüßte, was damit geschehen ist. Einen Hohlraum, der dafür eng genug wäre, kann die menschliche Hand nicht bilden. Aber abgesehen davon, daß man einen Plagegeist loswerden will und auch wissen möchte, daß man ihn wirklich losgeworden ist, verrät dieses Verhalten zu einer Fliege oder einem Floh die Verachtung fürs völlig Wehrlose, das in einer ganz andern Größen- und Machtordnung lebt als wir, mit dem wir nichts gemein haben, in das wir uns nie verwandeln, das wir nie fürchten, es sei denn, es tritt plötzlich in Massen auf. Die Zerstörung dieser winzigen Geschöpfe sind die einzigen Akte der Gewalt, die auch *in* uns ganz ungestraft bleiben. Ihr Blut kommt nie über unser Haupt, es erinnert nicht an das unsere. Wir blicken nicht in ihr brechendes Auge. Wir essen sie nicht. Sie sind, wenigstens bei uns im Westen, ins wachsende, wenn auch nicht sehr wirkungsvolle Reich der Menschlichkeit nie einbezogen worden. Sie sind, mit einem Worte, vogelfrei: floh- und fliegenfrei wäre besser dafür. Wenn ich zu jemand sage: ›Ich zerquetsche dich in der bloßen Hand‹, so drücke ich damit die größte Verachtung aus, die überhaupt denkbar ist, ich sage ungefähr: ›Du bist ein Insekt. Du bedeutest mir nichts. Ich kann mit dir machen, was ich will, und du bedeutest mir auch dann nichts. Du bedeutest niemandem etwas. Man kann dich ungestraft vernichten. Niemand würde es bemerken. Niemand würde sich's merken. Ich auch nicht.‹

Der höchste Grad von Zerstörung durch Druck, die *Zermalmung*, ist der Hand nicht mehr möglich; dafür ist sie zu weich. Die Zermalmung setzt ein sehr großes, mechanisches Übergewicht voraus, ein hartes Oben und Unten, zwischen denen zermalmt wird. Die Zähne leisten hier, was die Hände nicht vermögen. Im allgemeinen denkt man nicht mehr an etwas Lebendes, wenn von Zermalmung die Rede ist; der Prozeß als solcher ist schon weit ins Anorganische gerückt. Am ehesten wird man das Wort in Verbindung mit Naturkatastrophen gebrauchen; große Felsen, die sich losgelöst haben, mögen viel kleinere Geschöpfe zermalmen. Übertragen wird der Ausdruck wohl angewandt, aber nicht ganz ernst genommen. Er vermittelt die Vorstellung einer zerstörenden Macht, die zu seinen Werkzeugen, aber nicht recht zum Menschen selbst gehört. Es ist etwas Sachliches in der Zermalmung; der Leib allein, als Äußerliches, ist ihrer nicht fähig und verzichtet großmütig darauf. Das Stärkste, dessen er fähig ist, ist der ›eherne‹ Griff.

Es ist merkwürdig, welche hohe Achtung der *Griff* genießt. Die Funktionen der Hand sind so vielfältig, daß man sich über die mannigfachen sprachlichen Wendungen, die mit ihr zusammenhängen, nicht verwundern kann. Aber ihren eigentlichen Nimbus bezieht sie doch aus dem Griff, jenem zentralen und am höchsten gefeierten Akt der Macht. ›Ergriffenheit‹, ein Wort, das im Range kaum höher stehen könnte, ist vielleicht das eindrucksvollste Zeugnis dafür. Es drückt das Vollständige und ganz Eingeschlossene aus, in Verbindung mit einer Kraft, auf die man keinen Einfluß hat. Der ›Ergriffene‹ ist von einer Riesenhand gepackt, von ihr ganz eingefaßt und tut nichts, um sich gegen sie, deren Absichten er nicht kennen kann, zu wehren.

Es liegt nahe, den entscheidenden Akt der Macht dort zu finden, wo er seit altersher unter Tieren wie Menschen am auffallendsten ist: eben im *Ergreifen*. Das abergläubische Ansehen, das die Katzenraubtiere, Tiger wie Löwe, unter den Menschen genießen, beruht darauf.

Sie sind die großen Ergreifer; und sie besorgen das Ergreifen allein. Das Lauern, der Sprung, das Einschlagen der Tatzen, das Zerfleischen, alles ist bei ihnen noch in einem beisammen. Die Wucht dieses Vorganges, seine Unerbittlichkeit, die Sicherheit, mit der er ausgeführt wird, die nie angezweifelte Überlegenheit des Ausführenden, die Tatsache, daß, was immer er will, das Verschiedenste ihm zur Beute werden kann: alles trägt zu seinem gewaltigen Ansehen bei. Von welchem Standpunkt immer man es betrachtet, hier ist Macht in höchster Konzentration. Sie hat auf den Menschen in dieser Form einen unauslöschlichen Eindruck gemacht, alle Könige wären gern Löwen. Es war der Akt des Ergreifens selbst, den man bewunderte und lobte, sein Erfolg. Überall hat man als Tapferkeit und Größe bezeichnet, was doch auf weit überlegener Kraft beruhte.

Der Löwe muß sich *nicht verwandeln*, um seine Beute zu erlangen; er erlangt sie als *er selbst*. Er gibt sich, bevor er auszieht, durch Brüllen zu erkennen; er, der einzige, kann seine Absicht preisgeben, indem er sie laut und jedem Geschöpfe hörbar ankündigt. Es ist darin ein unwandelbarer Eigensinn enthalten, der nie zu etwas anderem wird und dadurch nur noch größeren Schrecken verbreitet. Macht in ihrem Kern und auf ihrem Gipfel verachtet Verwandlung. Sie tut sich selbst Genüge; sie will nur sich. In dieser Form ist sie dem Menschen bemerkenswert erschienen; absolut und unverantwortlich, ist sie nichts und niemand anderem zuliebe da. Ihren höchsten Glanz hatte sie für ihn, wann immer sie in dieser Form auftrat; und bis heute ist noch nichts imstande, ihr Immer-wieder-Erscheinen in dieser Form zu verhindern.

Es ist aber ein zweiter Akt der Macht, wenn auch nicht so glanzvoll, so doch gewiß nicht weniger wesentlich. Über dem großartigen Eindruck des Ergreifens vergißt man manchmal, daß etwas ebenso Wichtiges parallel damit läuft: es kommt auch darauf an, *sich nicht ergreifen zu lassen.*

Aller freie Raum, den der Machthaber um sich schafft, dient dieser zweiten Tendenz. Jeder, auch der niedrigste, sucht zu verhindern, daß man ihm zu nahe kommt. Wo immer eine Form des Zusammenlebens sich zwischen Menschen etabliert hat, drückt sie sich in Abständen aus, die ihnen diese unablässige Angst des Gepackt- und Ergriffenwerdens benehmen. Das Symmetrische, das in manchen alten Zivilisationen so auffallend ist, leitet sich auch vom gleichmäßigen Abstand her, den der Mensch auf allen Seiten um sich schafft. Die Sicherheit in diesen

Zivilisationen ist die des Abstandes und drückt sich auch bildlich so aus. Der Machthaber, von dessen Existenz die der übrigen abhängt, erfreut sich des größten, des deutlichsten Abstands; darin, nicht nur in seinem Glanz, ist er die Sonne oder, weiträumiger noch, wie bei den Chinesen, der Himmel. Der Zugang zu ihm ist erschwert, Paläste mit immer mehr Räumen werden um ihn erbaut. Jedes Tor, jede Tür ist auf das schärfste bewacht; es ist unmöglich, gegen seinen Willen einzudringen. Er, von seiner entfernten Sicherheit aus, kann jeden, wo immer er ist, ergreifen lassen. Wie aber soll man ihn, den hundertfach Abgesonderten, ergreifen? –

Die eigentliche *Einverleibung* der Beute beginnt im Mund. Dorthin führte ursprünglich der Weg alles dessen, was genießbar war, von der Hand in den Mund. Bei vielen Geschöpfen, die keine Arme zum Greifen haben, wird das Greifen vom Munde selbst, seinen Zähnen oder von einem ihm vorgesetzten Schnabel besorgt.

Das auffälligste Instrument der Macht, das der Mensch und auch sehr viele Tiere an sich tragen, sind die *Zähne*. Die Reihe, in der sie angeordnet sind, ihre leuchtende Glätte, sind mit nichts anderem, was sonst zu einem Körper gehört und an ihm in Aktion gesehen wird, zu vergleichen. Man möchte sie als die erste *Ordnung* überhaupt bezeichnen, eine, die nach allgemeiner Anerkennung förmlich schreit; eine Ordnung, die als Drohung nach außen wirkt, nicht immer sichtbar, aber immer sichtbar, wenn der Mund sich öffnet, und das ist sehr oft. Das Material der Zähne ist verschieden von den übrigen augenfälligen Bestandteilen des Körpers; es wäre eindrucksvoll, wenn man auch nur zwei Zähne trüge. Sie sind glatt, sie sind hart, sie geben nicht nach; man kann sie zusammenpressen, ohne daß ihr Volumen sich verändert; sie wirken wie eingesetzte und wohlpolierte Steine.

Sehr früh schon hat sich der Mensch aller möglichen Steine zu Waffen und Werkzeugen bedient, aber es dauerte lange, bis er sie so schön zu polieren verstand, daß sie die Glätte von Zähnen hatten. Es ist wahrscheinlich, daß ihm bei dieser Verbesserung in der Konstitution seiner Werkzeuge die Zähne als Vorbild dienten. Viele Zähne größerer Tiere waren ihm seit jeher nützlich. Er mochte sie unter Lebensgefahr erbeutet haben; und etwas von der Macht des Tieres, das ihn damit bedrohte, schien ihm noch darin enthalten zu sein. Als Trophäen und Talismane hing er sie sich um; sie mochten an andere den Schrekken weitergeben, den er selbst vor ihnen gefühlt hatte. Die Narben, die ihm von Zähnen verursacht worden waren, trug er stolz an seinem Körper; sie galten als Ehrenzeichen und waren so begehrt, daß man sie später künstlich erzeugte.

So reich und vielfältig ist die Wirkung von Zähnen auf den Menschen; die der fremden, stärkeren Tiere, und auch seine eigenen. Ihrem Charakter nach standen sie zwischen einem eingeborenen Glied des Körpers und einem Werkzeug; daß sie ausfallen oder ausgeschlagen werden konnten, machte sie noch mehr einem Werkzeug ähnlich.

Glätte und *Ordnung*, als manifeste Eigenschaften der Zähne, sind in das Wesen der Macht überhaupt eingegangen. Sie sind unzertrennlich von ihr und an jeder Form der Macht das erste, das sich feststellen läßt. Mit den primitiven Werkzeugen fing es an; aber mit dem Wachstum der Macht sind auch diese ihre frühen Eigenschaften gewachsen. Der Sprung vom Stein zum Metall war vielleicht der größte Sprung in dieser Richtung zunehmender Glätte. Der Stein mochte noch so gut geschliffen sein, das Schwert, erst aus Bronze und dann aus Eisen, war glatter. Es ist das eigentlich Anziehende und Bestechende am Metall, daß es so glatt ist wie sonst nichts. In den Maschinen und Fahrzeugen unserer modernen Welt hat sich diese Glätte gesteigert; sie ist zu einer Glätte der Funktion überhaupt geworden. Die Sprache drückt den Sachverhalt am einfachsten aus, man sagt, daß etwas glatt geht oder glatt funktioniert. Man meint damit, daß man einen Vorgang, welcher Art immer, völlig und ungestört in der Gewalt hat. Der Hang zur Glätte im modernen Leben hat auf Gebieten überhand genommen, in denen man sie früher zu vermeiden suchte. Häuser und Einrichtungen waren meist geschmückt wie der Körper und die Glieder des Menschen. Der Schmuck hat gewechselt, aber er war immer da; man hielt hartnäckig an ihm fest, auch als seine symbolische Bedeutung schon verloren war. Heute hat die Glätte auch die Häuser erobert, ihre Mauern, ihre Wände, die Gegenstände, die man in sie stellt, Zierat und Schmuck sind verachtet und gelten als Zeichen schlechten Geschmacks. Man spricht von Funktion, von Klarheit und Nützlichkeit, aber was in Wirklichkeit triumphiert hat, ist die *Glätte* und das geheime Prestige der Macht, die ihr innewohnt.

Aus diesem Beispiel der neuen Architektur wird bereits ersichtlich, wie schwer es wäre, hier Glätte von Ordnung zu trennen. Ihre gemeinsame Geschichte ist alt, so alt wie die Zähne. Die Gleichheit einer ganzen Reihe von Vorderzähnen, die sauberen Abstände, in denen sie eingesetzt sind, waren vorbildlich für viele Anordnungen. Geregelte Gruppen aller Art, die uns heute selbstverständlich sind, mochten ursprünglich daraus abzuleiten sein. Die Anordnung von Truppen-Abteilungen, wie der Mensch selber sie künstlich schafft, wird von der Sage mit Zähnen in Verbindung gebracht. Die Soldaten des Kadmos, die aus dem Boden sprangen, waren als Drachenzähne gesät.

Es gibt nun gewiß auch andere Anordnungen, die der Mensch in der Natur schon vorgefunden hat, die der Gräser zum Beispiel und die härteren der Bäume. Aber er fand sie nicht wie die Zähne an sich selbst; sie waren nicht so unmittelbar und unaufhörlich mit seiner Nahrungsaufnahme verknüpft, und sie waren auch nicht so handlich. Es ist ihre Tätigkeit als Organe des Beißens, was den Menschen so nachdrücklich auf ihre Ordnung verwies. Es ist der Ausfall mehrerer von ihnen und die schmerzlichen Folgen, die ihm die Bedeutung dieser Ordnung zum Bewußtsein brachten.

Die Zähne sind die bewaffneten Hüter des *Mundes*. In diesem Raum ist es wirklich eng, er ist das Urbild aller *Gefängnisse*. Was da hineingerät, ist verloren; vieles gerät noch lebend hinein. Eine große Zahl von Tieren tötet seine Beute erst im Maul, manche nicht einmal dort. Die Bereitwilligkeit, mit der Maul oder Mund sich öffnen, wenn sie nicht überhaupt schon offen auf der Lauer sind, die Endgültigkeit, mit der sie, einmal zugemacht, geschlossen bleiben, erinnert an die gefürchteten Haupteigenschaften des Gefängnisses. Man wird nicht fehlgehen in der Annahme, daß eine dunkle Beeinflussung dieser durch das Vorbild des Mauls wirklich stattgefunden hat. Bestimmt gab es für die frühen Menschen nicht nur Walfische, in deren Maul sie Platz genug hatten. An diesem furchtbaren Orte kann nichts gedeihen, auch wenn man Zeit hätte, ihn zu bewohnen. Er ist verdorrt und verbietet die Saaten. Als man das Maul und die Drachen beinahe ausgerottet hatte, fand man einen symbolischen Ersatz dafür: die Gefängnisse. Früher, als sie noch Folterkammern waren, glichen sie dem feindlichen Maul bis in viele Einzelheiten. Die Hölle sieht heute noch so aus. Die eigentlichen Gefängnisse dagegen sind puritanisch geworden: die Glätte der Zähne hat die Welt erobert, die Wände der Zellen sind eine einzige Glätte, und nur sehr gering ist die Luke für Licht. Freiheit ist für den Gefangenen aller Raum jenseits der zusammengepreßten Zähne, für die jetzt die kahlen Wände einer Zelle stehen.

Der enge *Schlund*, durch den dann alles Erbeutete hindurch muß, ist für die wenigen, die noch so lange leben, der letzte aller Schrecken. Immer war die Phantasie des Menschen mit diesen Etappen der Einverleibung beschäftigt. Das starrend geöffnete Maul der großen Bestien, die ihn bedrohten, hat ihn bis in seine Träume und Mythen verfolgt. Entdeckungsfahrten ihren Rachen hinunter waren ihm nicht weniger wichtig als die übers Meer und sicher ebenso gefährlich. Manche, die keine Hoffnung mehr hatten, sind noch lebend aus dem Maul dieser Bestien gezogen worden und trugen die Narben ihrer Zähne ein Leben lang an sich.

Es ist ein langer Weg, den die Beute durch den Körper geht. Auf diesem Wege wird sie langsam ausgesogen; was immer verwendbar an ihr ist, wird ihr entzogen. Was übrigbleibt, ist Abfall und Gestank.

Dieser Vorgang, der am Ende jeder animalischen Bemächtigung steht, ist aufschlußreich für das Wesen der Macht überhaupt. Wer über Menschen herrschen will, sucht sie zu erniedrigen; ihren Widerstand und ihre Rechte ihnen abzulisten, bis sie ohnmächtig vor ihm sind wie Tiere. Als Tiere verwendet er sie; wenn er es ihnen auch nicht sagt, *in sich* hat er immer Klarheit darüber, wie wenig sie ihm bedeuten; seinen Vertrauten gegenüber wird er sie als Schafe oder Vieh bezeichnen. Sein letztes Ziel ist es immer, sie sich ›einzuverleiben‹ und auszusaugen. Es ist ihm gleichgültig, was von ihnen übrigbleibt. Je ärger er ihnen mitgespielt hat, um so mehr verachtet er sie. Wenn sie zu gar nichts mehr nutze sind, tut er sie heimlich ab wie seinen Kot und sorgt dafür, daß sie die Luft seines Hauses nicht verpesten.

Nicht in all seinen einzelnen Stadien wird er diesen Prozeß vor sich zu identifizieren wagen. Die Herabwürdigung der Menschen, die er sich verschafft, zu Tieren mag er, wenn er kühne Äußerungen liebt, vor seinen Vertrauten noch zugeben. Aber da er seine Untertanen nicht in Schlachthäusern schlachten läßt und auch nicht zur faktischen Nahrung seines Leibes verwendet, wird er leugnen, daß er sie aussaugt und *verdaut*. Es ist im Gegenteil er, der ihnen zu essen gibt. So leicht ist es, am Kern dieser Vorgänge vorbeizusehen, seit der Mensch auch Tiere hält, die er nicht gleich oder gar nicht tötet, da sie ihm zu anderem nützlicher sind.

Aber auch abgesehen vom Machthaber, der so viel in seiner Hand zu konzentrieren versteht, gehört die Beziehung jedes Menschen zum eigenen Kot in die Sphäre der Macht. Nichts hat so sehr zu einem gehört, als was zu Kot geworden ist. Der konstante Druck, unter dem die Speise gewordene Beute steht, während der ganzen langen Weile, die sie durch den Leib wandert, ihre Auflösung und die innige Verbindung, die sie mit dem Verdauenden eingeht, das vollkommene und endgültige Verschwinden erst aller Funktionen, dann aller Formen, die einmal ihre eigene Existenz ausgemacht haben, die Angleichung oder Assimilation an das, was vom Verdauenden als Leib bereits vorhanden ist – all das läßt sich sehr wohl als der zentralste, wenn auch verborgenste Vorgang der Macht sehen. Er ist so selbstverständlich, selbsttätig und jenseits alles Bewußten, daß man seine Bedeutung unterschätzt. Man neigt dazu, nur die tausendfachen Späße der Macht zu sehen, die sich oberirdisch abspielen; aber sie sind ihr kleinster Teil. Darunter wird tagaus, tagein verdaut und weiterverdaut. Etwas Fremdes wird ergriffen, zerkleinert, einverleibt und einem selber von innen her angeglichen; durch diesen Vorgang allein lebt man. Setzt er aus, so ist man selber bald am Ende; soviel davon weiß man immer. Aber es ist klar, daß *alle* Phasen dieses Vorgangs, nicht nur die äußerlichen und halbbewußten, sich auch im Seelischen abzeichnen müssen. Ihre Entsprechungen hier zu finden, ist nicht ganz leicht; manche wichtigen Spuren werden sich im Lauf dieser Untersuchung wie von selber zur Verfolgung anbieten. Besonders aufschlußreich sind hier, wie sich zeigen wird, die Krankheitserscheinungen der *Melancholie.*

Der Kot, der von allem übrigbleibt, ist mit unserer ganzen Blutschuld beladen. An ihm läßt sich erkennen, was wir gemordet haben. Er ist die zusammengepreßte Summe sämtlicher Indizien gegen uns. Als unsere tägliche, fortgesetzte, als unsere nie unterbrochene Sünde stinkt und schreit er zum Himmel. Es ist auffallend, wie man sich mit ihm isoliert. In eigenen, nur dazu dienenden Räumen entledigt man sich seiner; der privateste Augenblick ist jener der Absonderung; wirklich allein ist man nur mit seinem Kot. Es ist klar, daß man sich seiner schämt. Er ist das uralte Siegel jenes Machtprozesses der Verdauung, der sich im Verborgenen abspielt und ohne dieses Siegel verborgen *bliebe.*

Die Hand

Die Hand verdankt ihre Entstehung dem Leben auf Bäumen. Ihr erstes Kennzeichen ist die Absonderung des Daumens: seine kräftige Ausbildung und der größere Zwischenraum, der sich zwischen ihm und den übrigen Fingern bildet, erlaubt die Verwendung dessen, was einmal Kralle war, zum Ergreifen ganzer Äste. Die Fortbewegung auf Bäumen in jeder Richtung wird dadurch zu einer leichten und natürlichen Angelegenheit; an den *Affen* sieht man, was Hände wert sind. Dieser älteste Sinn der Hand ist allgemein bekannt und dürfte kaum noch von jemand angezweifelt werden.

Was man aber in seiner Tragweite nicht genugsam bedenkt, ist die verschiedenartige Funktion der Hände beim Klettern. Sie tun keineswegs dasselbe zur selben Zeit. Während die eine nach einem neuen Aste langt, hält die andere am alten fest. Dieses Festhalten ist von kardinaler Wichtigkeit; bei rascher Fortbewegung verhindert es allein das Fallen. Unter keinen Umständen darf die Hand, an der das ganze Körpergewicht hängt, *loslassen,* was sie hält. Sie gewinnt eine große Hartnäckigkeit darin, die aber vom alten Festhalten der Beute wohl zu unterscheiden ist. Denn sobald der andere Arm den neuen Ast erreicht hat, muß der alte von der haltenden Hand *losgelassen* werden. Wenn das nicht sehr rasch geschieht, kommt das kletternde Geschöpf nicht recht von der Stelle. Das blitzartige Loslassen ist es also, was als neue Fähigkeit der Hand dazukommt; die Beute früher wurde nie losgelassen, nur unter äußerstem Zwang und sehr gegen alle Gewohnheit und Lust.

Die Leistung beim Klettern besteht also für jede Hand einzeln aus zwei aufeinanderfolgenden Phasen: Ergreifen, Loslassen; Ergreifen, Loslassen. Die andere Hand tut zwar dasselbe, aber um eine Phase verschoben. In ein und demselben Augenblick tut jede das Umgekehrte von der anderen. Was den Affen von anderen Tieren unterscheidet, ist die rasche Aufeinanderfolge beider Bewegungen. Ergreifen und Loslassen jagen hintereinander her und verleihen den Affen etwas von der Leichtigkeit, die man an ihnen so bewundert.

Auch die höheren Affen, die von den Bäumen wieder zur Erde herabgestiegen sind, haben sich diese wesentliche Fähigkeit der Hände, gleichsam ineinanderzuspielen, immer bewahrt. Eine weitverbreitete Übung des Menschen erinnert in der ganzen Art, wie sie in Erscheinung tritt, sehr deutlich daran: der *Handel.*

Er besteht darin, daß man für etwas, was man bekommt, etwas Bestimmtes hergibt. Die eine Hand hält zäh an dem Gegenstand fest, mit dem sie den Partner zum Handel verlocken will. Die andere streckt sich verlangend nach dem zweiten Gegenstand aus, den sie gern für ihren eigenen haben möchte. Sobald sie diesen berührt, läßt die erste Hand ihren Besitz los; vorher nicht, sonst könnte sie ganz darum gebracht werden. Diese krassere Form des Betrugs, wo einem etwas ohne jeden Gegenwert weggenommen wird, entspricht, in die Vorgänge des Kletterns übersetzt, dem Fallen vom Baume. Um ihn zu verhindern, bleibt man während des ganzen Handels auf der Hut und beobachtet jede Bewegung des Partners. Die weitverbreitete und tiefe Freude des Menschen am Handel läßt sich also zum Teil auch daraus erklären, daß er so eine seiner ältesten Bewegungskonfigurationen als seelische Haltung fortsetzt. In nichts ist der Mensch dem Affen noch heute so nahe wie im Handel.

Aber kehren wir von diesem Ausflug in eine viel spätere Zeit zur Hand selbst und ihren Anfängen zurück. An den Ästen der Bäume hat die Hand eine Art von Halten gelernt, die nicht mehr der nächsten Nahrung gilt. Der kurze und wenig abwechslungsreiche Weg von der Hand in den Mund war dadurch unterbrochen. Als der Ast in der Hand abbrach, entstand der *Stock*. Mit ihm konnte man sich Feinde vom Leibe halten. Er schuf Raum schon um ein frühes Geschöpf, das dem Menschen vielleicht nicht mehr als ähnlich sah. Vom Baume aus betrachtet war der Stock die naheliegendste Waffe. Der Mensch hat ihm seine Treue bewahrt, der Stock ist nie aufgegeben worden. Man schlug mit ihm; man spitzte ihn zum Speere zu; man bog ihn und band ihn zusammen; man schnitt ihn zu Pfeilen zurecht. Aber hinter all diesen Verwandlungen blieb er immer auch, was er zu Anfang gewesen war: ein Instrument, mit dem man Distanz schafft; das die Berührung und den gefürchteten Griff vom Menschen fernhält. So wie das Aufrechtstehen sein Pathos nie ganz verloren hat, so hat sich auch der Stock bei all seinen Verwandlungsformen nie völlig ernüchtert: als Zauberstab und als Zepter ist er das Attribut zweier wichtiger Formen von Macht geblieben.

Über die Geduld der Hände

Alle heftigen Aktivitäten der Hand empfindet man als altertümlich. Es ist nicht das Greifen in feindseliger Absicht allein, von dem man

Plötzlichkeit und Grausamkeit erwartet. Viele Vorgänge, die sich erst später abgeleitet haben, das Schlagen, das Stechen, das Stoßen, Werfen und Schießen, sie mögen sich noch so sehr verzweigt und technisch kompliziert haben, rechnet man alle unwillkürlich dazu. Ihre Raschheit und Präzision mögen zugenommen haben, aber ihr Sinn wie ihre Absicht sind die alten. Für den Jäger und Krieger sind sie wichtig geworden; der eigentlichen *Glorie* der menschlichen Hand haben sie nichts hinzugefügt.

Zu ihrer Vervollkommnung hat sie es auf anderen Wegen gebracht, nämlich überall dort, wo sie auf Gewalt und Beute verzichtet. Die wahre *Größe der Hände* ist in ihrer *Geduld.* Die ruhigen, die verlangsamten Prozesse der Hand haben die Welt, in der wir leben möchten, geschaffen. Der Töpfer, dessen Hände den Ton zu formen verstehen, steht als Schöpfer ganz am Anfang der Bibel.

Wie aber sind die Hände geduldig geworden? Wie haben sie das Feingefühl ihrer Finger gewonnen? Eine der frühesten Beschäftigungen, von denen man weiß, ist das Kraulen im *Fell* ihrer Freunde, das die Affen so lieben. Man meint, sie suchen nach etwas, und da sie unzweifelhaft manchmal etwas finden, hat man dieser Tätigkeit einen viel zu engen, einen nichts als nützlichen Zweck unterschoben. In Wirklichkeit ist es ihnen hauptsächlich um das angenehme Gefühl zu tun, das die einzelnen Finger an den Haaren des Fells empfinden. Diese Fingerübungen sind die ursprünglichsten, die man kennt. Sie machen die Finger erst zu dem feinen Instrument, als das wir sie heute bewundern.

Von den Fingerübungen der Affen

Die sorgfältige, gegenseitige Prüfung des Fells ist noch jedem Beobachter von Affen aufgefallen. Das genaue Abfühlen und Betrachten jedes einzelnen Haares gibt den Eindruck, daß sie nach Ungeziefer suchen. Die Haltung der Tiere erinnert an Menschen, die sich um Flöhe bemühen; oft führen sie ihre Finger vorsichtig zum Munde; also haben sie etwas gefunden. Daß dies so häufig und ergiebig geschieht, scheint die Notwendigkeit einer solchen Suche zu beweisen. Dies ist denn auch die populäre Auffassung immer gewesen. Erst in neuerer Zeit ist der Vorgang von Zoologen genauer gedeutet worden.

Eine zusammenhängende Darstellung und Untersuchung dieser Affensitte findet sich in *Zuckermans* Buch über das ›*Soziale Leben der*

Affen und Menschenaffen‹. Sie ist so aufschlußreich, daß ich sie hier in Übersetzung folgen lasse:

›Flöhefangen, gleichgültig, was Soziologen sagen mögen, ist die fundamentalste und eigentümlichste Form des geselligen Verkehrs zwischen Rhesusaffen. Affen, und in geringerem Maße Menschenaffen, verbringen einen großen Teil des Tages mit gegenseitiger Pflege. Ein Tier wird das Fell seines Genossen sorgfältig mit den Fingern untersuchen und viel von dem vermischten Kleinzeug, das es findet, aufessen. Es führt seine Funde in den Mund, sei es mit der Hand, sei es, nachdem es ein Büschelchen Haare abgeleckt hat, durch direktes Abnagen. Der Vorgang erfordert ganz besonders wohlkoordinierte Bewegungen der Finger, verbunden mit exakter Akkomodation und Konvergenz der Augen. Dieses Benehmen wird gewöhnlich als Versuch, Läuse zu entfernen, mißdeutet. In Wirklichkeit findet sich Ungeziefer selten, bei Affen in Gefangenschaft so selten wie bei solchen in Freiheit. Die Früchte der Suche sind, wie sich gewöhnlich herausstellt, kleine, lose Hautschüppchen, Teilchen von Haut und Ausscheidungen, Dornen und andere Fremdkörper. Wenn sie mit nichts anderem beschäftigt sind, reagieren Affen auf die Gegenwart von Fell sofort mit »Absuchen«. Auf Anreiz von Haar reagiert ein Affe, sobald er geboren ist, und dieser Anreiz bleibt mächtig und wirksam in allen Phasen seines Wachstums. Falls es ihm an einem Gefährten mangelt, wird ein gesunder Affe sein eigenes Fell absuchen. Zwei und manchmal sogar drei Affen mögen in einer Gruppe einen ihrer Genossen absuchen. Gewöhnlich verhält sich der, der geputzt wird, passiv, mit Ausnahme von Bewegungen, die die Nachforschungen der anderen erleichtern. Manchmal aber mag es gleichzeitig mit einem anderen Tier beschäftigt sein, dessen Fell es durchsucht. Affen beschränken ihre Pflegetätigkeit nicht auf ihre Artgenossen. Jeder haarige Gegenstand, belebt oder unbelebt, mag sie zu ihren Nachforschungen anreizen. Sie sind sofort dabei, das Haar eines menschlichen Freundes abzusuchen. Der Vorgang scheint eine sexuelle Bedeutung zu haben, nicht nur wegen der leisen Stimulierung zahlreicher Nervenendigungen in der Haut, sondern auch weil er manchmal von direkter sexueller Tätigkeit begleitet ist. Aus diesem Grunde und wegen seiner Häufigkeit ist es vielleicht erlaubt, die Suchreaktionen und den Anreiz von Haar als Faktoren zu betrachten, die dem Zusammenhalte einer sozialen Gruppe bei den niederen Primaten dienen.‹

Nichts könnte überraschender sein als die sexuelle Deutung dieses Vorgangs, nachdem man die Darstellung gelesen hat, die Zuckerman selbst von ihm gibt. Er spricht davon, daß mehrere Affen zugleich sich um das Fell eines anderen bemühen. Er unterstreicht die Bedeutung von Fell aller Art für sie. An späteren Stellen seines Buches konstruiert er einen *Gegensatz* zwischen dem Absuchen von Fell und sexuellen Vorgängen. So erwähnt er, daß Tiere in Zeiten sexueller Ruhe, wenn sie Interesse dieser Art nur wenig zeigen, doch ans Gitter kommen, um sich kraulen zu lassen. Über die frühe Bedeutung von Fell für das Affenjunge hat er ziemlich viel zu sagen.

Die allererste Sinneserfahrung, die ein Affe habe, sei eben die von Haar. Gleich nach der Geburt werde das Junge von der Mutter an die Brust gezogen; seine Finger ergreifen und halten ihr Fell. Nach der Zitze sucht das Tier so lange, bis es sie findet; die Mutter hilft ihm nicht dabei. ›Während des ersten Monats lebt es ganz von Milch und wird von der Mutter überall herumgetragen. Sitzt die Mutter, so hält sich das Kind dicht an sie gedrückt, seine Füße klammern sich ans Haar ihres Bauches. Die Hände hat es ins Fell ihrer Brust vergraben. Wenn sie herumgeht, hängt das Junge auf dieselbe Art an ihr, sozusagen unter ihr durchgeschlungen. Gewöhnlich hält es sich selber fest, ohne daß man ihm hilft, aber manchmal umfaßt es die Mutter mit einem Arm, während sie auf drei »Beinen« herumhopst. Beim Sitzen umarmt sie manchmal das Kind mit beiden Armen. Das Junge äußert ein starkes Interesse für Fell. Es krault über das Fell der Mutter, nach einer Woche kratzt es vielleicht schon den eigenen Körper. Ich habe ein Äffchen beobachtet, das eine Woche alt war, wie es mit vagen Bewegungen der Hand das Fell seines Vaters erforschte, der gleich neben der Mutter saß. Manchmal zeigt sich die Mutter durch die Art, wie das Kleine ihr Fell gepackt hält, irritiert und zieht seine Hände und Füße weg.‹

Das Benehmen einer säugenden Affenmutter ändert sich nicht, wenn ihr Junges stirbt. Sie hält es weiter an ihre Brust gedrückt und trägt es überall in ihren Armen herum. ›Anfangs legt sie es nicht nieder und durchsucht sein Fell weiter, wie sie es zu seinen Lebzeiten tat. Sie untersucht Mund und Augen, Nase und Ohren. In einigen Tagen bemerkt man eine Veränderung in ihrem Verhalten. Ein Körper, der nun schon leicht in Auflösung begriffen ist, hängt über ihren Arm herunter. Nur wenn sie sich herumbewegt, preßt sie es jetzt noch an ihre

Brust. Obwohl sie das Fell noch immer pflegt und in die Haut beißt, legt sie den Körper jetzt häufiger auf den Boden. Die Verwesung schreitet fort, Mumifizierung setzt ein, aber ihre Untersuchung von Haut und Fell geht weiter. Der vertrocknete Körper beginnt jetzt auseinanderzufallen, und man bemerkt, daß ein Bein oder ein Arm fehlt, bald ist das Ganze nur ein vertrocknetes Stück Haut. Die Mutter beißt häufiger Stücke ab, es ist unbekannt, ob sie sie schluckt. Dann mag sie von selber aufgeben, was von den vertrockneten Resten übriggeblieben ist.‹

Viele Gegenstände aus Fell und Federn werden von Affen gern zurückbehalten. Ein einjähriges Pavianweibchen, das unter Zuckermans Beobachtung stand, packte ein Kätzchen, tötete es und hielt den Körper während des ganzen Tages fest in seinen Armen, ging durch sein Fell und wehrte sich heftig, als man es ihm abends wegnahm. Affen im Londoner Zoologischen Garten kann man manchmal dabei beobachten, wie sie die Federn von Spatzen durchsuchen, die sie getötet haben. Es ist auch in der Literatur der Fall einer toten Ratte überliefert, die von einem Affen ebenso umständlich bemuttert wurde wie jenes tote Affenjunge, von dem oben die Rede war.

Zuckerman schließt aus allem, was er angeführt hat, darauf, daß man drei Faktoren im wirksamen mütterlichen Verhalten unterscheiden müsse. Die ersten beiden seien im Grunde von sozialer Bedeutung, nämlich einmal die Anziehung eines kleinen, haarigen Gegenstandes, und dann die starke Anziehung des mütterlichen Fells für das Junge. Der dritte Faktor sei der Saugreflex des jungen Tieres, das durch seine Aktivität die Spannung in den Brüsten der Mutter erleichtere.

Die Reaktion auf Fell sei also ein grundlegender Faktor im sozialen Verhalten überhaupt. Seine Bedeutung könne man auch daraus entnehmen, daß ein junger Affe sich nach dem Tode seiner Mutter weiter an ihrem Fell festklammere. Aber es gehe ihm nicht um diesen ganz bestimmten Körper, die Leiche jedes anderen toten Affen, an die man es festsetze, beruhige es ebensosehr. »Die fundamentale Natur der Reaktion auf Fell ist vielleicht auch aus der schweren Abgrenzbarkeit ihres Charakters zu entnehmen und aus der Verschiedenartigkeit der Situation, in denen sie hervorgerufen werden kann. Federn, Mäuse, Kätzchen könne alle gleichmäßig als Anreiz dienen. Es ist sehr wahrscheinlich, daß der soziale Vorgang der ›Pflege‹, des ›Absuchens‹ aus einer angeborenen Reaktion auf Fell abzuleiten ist, und daß sie immer eines der fundamentalen Bande bleibt, von denen Affen zusammengehalten werden.«

Es wird – nach diesen reichlichen Zitaten aus seinem Buch – nicht mehr zweifelhaft erscheinen, daß der Autor selbst eine spezifisch sexuelle Deutung für die Fellpflege der Affen untereinander nicht ernst nimmt. Er ist sich klar darüber, daß Fell als solches für Affen in allen Lebensumständen eine besondere Anziehung hat. Das Vergnügen, das ihnen die Beschäftigung mit Haaren gewährt, muß eines ganz eigener Art sein; sie holen es sich überall an Lebenden wie an Toten, an Artgenossen so gut wie an Fremden. Auf die Größe des gepflegten Tieres kommt es nicht an. Das Junge bedeutet in dieser Hinsicht so viel für die Mutter wie die Mutter fürs Junge. Liebespaare und Freunde geben sich gleichmäßig dazu her. Mehrere Tiere können sich zugleich dem Fell eines einzelnen widmen.

Dieses Vergnügen ist eines der *Finger*. Sie können von Haaren nie genug bekommen; Stunden und Stunden können sie damit zubringen, Haare durch die Finger zu ziehen. Es sind dieselben Tiere, deren Lebendigkeit und Sprunghaftigkeit sprichwörtlich geworden ist; nach einer alten chinesischen Überlieferung haben die Affen gar keinen Magen und verdauen ihre Nahrung durch Herumspringen. Der Kontrast zu der unendlichen Geduld, die sie bei dieser Art von Pflege zeigen, ist um so auffallender. Die Finger werden dabei immer empfindlicher; die vielen Haarenden, die sie zugleich zu spüren bekommen, züchten ein besonderes Tastgefühl heran, das sich von den roheren Sensationen des Zupackens und Ergreifens ganz wesentlich unterscheidet. Man kann nicht umhin, an alle die späteren Beschäftigungen des Menschen zu denken, bei denen es auf die *Feinheit* und *Geduld* seiner Finger ankommt. Die noch unbekannten Ahnen des Menschen wie alle Affen haben eine lange Periode solcher Fingerübungen hinter sich. Ohne sie hätte unsere Hand es nicht so weit gebracht. In den Ursprung dieser Pflege mag Verschiedenes eingeflossen sein, sei es erst wirklich eine Suche nach Insekten, seien es die frühen Erlebnisse des Affenkindes an der behaarten Brust seiner Mutter. Aber der Vorgang als solcher, wie er heute fertig ausgebildet an allen Affen zu beobachten ist, hat bereits seine Einheit und seinen Sinn. Ohne ihn hätten wir nie *formen*, nie nähen und auch nie *streicheln* gelernt. Das wirkliche Eigenleben der Hand beginnt mit ihm. Ohne die Betrachtung der Konstellationen, die die Finger dabei bilden und die sich dem Suchenden allmählich einprägen mußten, hätten wir es wahrscheinlich auch nie zu Zeichen für die Dinge, also auch nicht zur *Sprache* gebracht.

Die Hände und die Geburt der Gegenstände

Die Hand, die Wasser schöpft, ist das erste Gefäß. Die Finger der beiden Hände, die sich ineinander verflechten, bilden den ersten Korb. Die reiche Entwicklung aller Arten von Verflechtungen, von Schnurspielen bis zum Weben, scheint mir hier ihren Anfang zu haben. Man hat das Gefühl, daß die Hände ihr eigenes Verwandlungsleben führen. Es ist nicht genug, daß dies oder jenes Gebilde in der Umwelt bereits vorhanden ist. Bevor der frühe Mensch es selber einmal zu formen versucht, müssen seine Hände und Finger es erst *spielen*. Geleerte Fruchtschalen wie Kokosnüsse mag es lange gegeben haben, sie wurden achtlos weggeworfen. Erst die Finger, die einen Hohlraum bilden zum Wasserschöpfen, machten die Schale wahr. Man könnte sich vorstellen, daß Gegenstände in unserem Sinne, Gegenstände, denen ein Wert zukommt, weil wir sie selber gemacht haben, erst als *Zeichen der Hände* bestanden. Es scheint einen ungeheuer wichtigen zentralen Punkt zu geben, wo die Entstehung der Zeichensprache für Dinge jene Lust, sie selber zu formen, mitenthielt, lange bevor man es wirklich versuchte. Was man mit Hilfe der Hände spielte, wurde erst später, wenn es oft genug gespielt worden war, auch wirklich gemacht. *Worte* und *Gegenstände* wären demnach Ausfluß und Ergebnis eines einzigen einheitlichen Erlebnisses, eben der *Darstellung durch die Hände*. Alles, was der Mensch ist und kann, alles, was in einem repräsentativen Sinne seine Kultur ausmacht, hat er sich durch Verwandlungen erst einverleibt. Hände und Gesicht waren die eigentlichen Vehikel dieser Einverleibung. Ihre Bedeutung nahm – im Verhältnis zum übrigen Körper – immer mehr zu. Das Eigenleben der Hände, in diesem ursprünglichsten Sinne, hat sich im Gestikulieren noch am reinsten erhalten.

Die Zerstörungssucht bei Affen und Menschen

Die Zerstörungssucht bei Affen und Menschen kann man sehr wohl als *Härteübungen* von Hand und Fingern betrachten. Die Verwendung von Ästen brachte den kletternden Affen und seine Hände in ständige Verbindung mit einem Material, das härter war als sie selber. Um die Äste zu meistern, mußte er sich an sie halten, aber er mußte sie auch *abzubrechen* verstehen. Das Prüfen seines ›Grundes‹ war ein Prüfen der Zweige und Äste; was er leicht abbrach, war ein falscher Boden für seine Fortbewegung. Die Erforschung dieser Welt der Äste war eine unaufhörliche Konfrontation mit ihrer Härte; ihre Erprobung blieb eine Notwendigkeit, auch als er schon große Erfahrung darin gewonnen hatte. Der Stock, der ihm wie dem Menschen zur ersten Waffe wurde, begann die Reihe der *harten* Instrumente. Man maß seine Hände an ihm, wie später auch an den Steinen. Die Früchte und das Fleisch der Tiere waren weich, am weichsten das Fell. Im Kraulen und Lausen des Fells übte man die Feinheit der Finger, im Zerbrechen von allem, was ihnen unterkam, ihre Härte.

Es gibt also eine separate *Zerstörungssucht* der Hände, die nicht unmittelbar auf Beute und Töten ausgeht. Sie ist rein mechanischer Art und hat sich in mechanischen Erfindungen fortgesetzt. Sie ist eben in ihrer Unschuld besonders gefährlich geworden. Sie weiß sich von der Absicht zu töten frei und kann sich darum jede Unternehmung erlauben. Was sie treibt, sieht so aus, als ginge es die Hände allein an, ihre Agilität und Leistungsfähigkeit, ihren harmlosen Nutzen. Wo immer diese mechanische Zerstörungssucht der Hände, nun zu einem komplexen, technischen System ausgewachsen, sich mit der wirklichen Absicht zu töten verbindet, liefert sie den automatischen, den gedankenlosen Teil des resultierenden Vorgangs, das Leere und für uns besonders Unheimliche daran; denn niemand hat es eigentlich so gemeint, es ist alles wie von selber so gekommen.

Im privaten und kleinen erlebt jeder denselben Vorgang an sich, beim gedankenlosen Spiel der Finger, wenn sie Zündhölzchen zerbrechen oder Papier zerknüllen. Die mannigfachen Verzweigungen, die dieser mechanische Zerstörungstrieb beim Menschen aufweist, hängen eng zusammen mit der Entwicklung seiner Werkzeugtechnik. Er hat es zwar gelernt, das Harte mit dem Harten zu meistern, aber letzte Instanz für alles bleibt ihm doch die Hand. Ihr Eigenleben hat auch hier die ungeheuerlichsten Folgen gehabt. Sie war in mehr als einer Hinsicht unser Schicksal.

Die Töter bleiben immer die Mächtigen

Nicht nur als Ganzes hat die Hand vorbildlich und anregend gewirkt. Auch die Finger im einzelnen, ganz besonders der ausgestreckte Zeigefinger, haben Bedeutung gewonnen. Der Finger war an seinem Ende verjüngt und mit einem Nagel bewaffnet; das aktive Gefühl des *Stechens* gab zuerst er. Der Dolch, der sich aus ihm entwickelt hat, ist ein härterer und besser zugespitzter Finger. Eine Kreuzung aus Vogel und Finger war der Pfeil. Um tiefer eindringen zu können, verlängerte er sich; um besser zu fliegen, mußte er sich verdünnen. Schnabel und Dorn sind in seine Komposition mit eingeflossen, der Schnabel war ohnehin dem Geflügelten eigentümlich. Der zugespitzte Stock aber wurde zum Speer: ein Arm, der in einen einzigen Finger ausläuft.

Allen Waffen dieser Art ist gemeinsam die Konzentration auf einen Punkt. Von harten und großen Dornen wurde der Mensch selbst gestochen; mit seinen Fingern zog er sie heraus. Der Finger, der sich von der übrigen Hand löst und einen Dorn spielt, der das Stechen weitergibt, ist psychologisch der Ursprung dieser Art von Waffe. Der Gestochene sticht selbst, durch seine Finger und die künstlichen Finger, die er allmählich machen lernt.

Von den Verrichtungen der Hand verleihen nicht alle gleichviel Macht; ihr Ansehen ist sehr verschieden. Manches, das für das faktische Leben einer Gruppe von Menschen besonders wichtig ist, mag hoch bewertet werden. Das höchste Ansehen aber hat immer, was in die Richtung des *Tötens* geht. Was bis zum Töten gehen kann, wird gefürchtet, was nicht unmittelbar dem Töten dient, ist bloß nützlich. Alle geduldigen Verrichtungen der Hand bringen denen, die sich auf sie beschränken, nichts als Unterwerfung ein. Doch die anderen, die sich dem Töten widmen, haben die Macht.

Zur Psychologie des Essens

Alles, was gegessen wird, ist Gegenstand der Macht. Der Hungrige fühlt leeren Raum in sich. Das Unbehagen, das ihm diese innere Leere verursacht, überwindet er, indem er sich mit Speise füllt. Je voller er ist, um so besser ist ihm zumute. Schwer und voller Behagen liegt er da, der am meisten fressen kann, der *Meistesser.* Es gibt Gruppen von Menschen, die in einem solchen Meistesser ihren Häuptling sehen. Sein immer gestillter Appetit erscheint ihnen als eine Gewähr dafür, daß sie selber nie lange Hunger leiden werden. Sie verlassen sich auf seinen gefüllten Bauch, als hätte er ihn für sie alle mitgefüllt. Der Zusammenhang von Verdauung und Macht tritt hier klar zutage.

In anderen Formen der Herrschaft rückt der Respekt vor der Leiblichkeit des Meistessers ein wenig in den Hintergrund. Es ist nicht mehr notwendig, daß er ein Faßbreit dicker als die anderen ist. Aber er ißt und zecht mit den ausgewählten Leuten seiner Umgebung, und was er ihnen vorsetzen läßt, *gehört ihm.* Wenn er schon nicht selbst der stärkste Esser ist, so müssen doch seine Vorräte die größten sein; er besitzt das meiste Vieh und das meiste Korn. Er könnte, wenn er nur wollte, immer der Meistesser sein. Aber er überträgt dieses Behagen des Vollseins auf seinen Hof, auf alle, die mit ihm zu Tische gehen, und behält sich bloß das Recht vor, von allem als erster zu nehmen. Die Figur des meistessenden Königs ist nie ganz ausgestorben. Immer wieder ist es vorgekommen, daß einer sie seinen entzückten Untertanen vorgespielt hat. Auch herrschende Gruppen als Ganze haben sich dem Schwelgen gern überlassen; sprichwörtlich ist, was man sich von den Römern in dieser Hinsicht erzählt. Alle sicher etablierte Familienmacht hat sich in dieser Form oft zur Schau gestellt und wurde später von denen, die neu hochgekommen waren, nachgeahmt und übertrumpft.

Die Möglichkeit zu *verschwenden* und die Kraft dazu hat sich in manchen Gesellschaften bis zu förmlichen, rituell festgelegten Orgien der Zerstörung gesteigert. Am berühmtesten ist der *Potlatsch* der nordwestamerikanischen Indianer geworden; er besteht aus großen, festlichen Zusammenkünften der ganzen Gemeinschaft, die in Zerstörungs-Wettbewerben der Häuptlinge untereinander gipfeln. Jeder Häuptling prahlt damit, wieviel von seinem Besitz er zu zerstören bereit ist; wer wirklich am meisten zerstören läßt, ist der Sieger und genießt von allen den größten Ruhm. Schon das Meistessen setzt die Zerstörung von tierischem Leben, das einem gehört, voraus. Man hat den Eindruck, daß im Potlatsch diese Zerstörung sich auf den Teil des Besitzes übertragen hat, der nicht genießbar ist. Der Häuptling kann so noch viel mehr prahlen, als wenn er es alles zu essen hätte, und erspart sich die leiblichen Unannehmlichkeiten.

Es ist vielleicht nützlich, einen Blick auf die *Essenden* überhaupt zu werfen, gleichgültig, wie hoch oder tief sie im Range stehen. Eine gewisse Achtung der Zusammen-Essenden voreinander ist unverkennbar. Sie drückt sich schon darin aus, daß sie *teilen.* Die Speise, die in der gemeinsamen Schüssel vor ihnen liegt, gehört allen zusammen. Jeder nimmt etwas davon in sich auf; jeder sieht, daß auch die anderen davon genommen haben. Man gibt sich Mühe, gerecht zu sein und keinen zu übervorteilen. Am stärksten ist der Zusammenhang, der zwischen den Essenden entsteht, wenn sie von *einem* Tier genießen, einem Leib, den sie auch lebend als Einheit gekannt haben, oder von einem einzigen Laib Brot. Aber die leichte Feierlichkeit in ihrer Haltung ist damit allein nicht erklärt: ihre Achtung bedeutet auch, daß sie *einander* nicht essen werden. Zwar besteht die Gewähr dafür unter Menschen, die in einer Gruppe zusammenleben, immer. Doch erst im Augenblick des Essens drückt sie sich überzeugend aus. Man sitzt beisammen, man entblößt seine Zähne, man ißt, und sogar in diesem kritischen Augenblick überkommt einen kein Appetit auf den anderen. Man achtet sich dafür, und man achtet auch den anderen für seine Zurückhaltung, die der eigenen ebenbürtig ist.

Für die *Familie* trägt der Mann seinen Teil der Nahrung bei, und die Frau bereitet ihm die Speise. Daß er von ihrer Speise regelmäßig genießt, macht das stärkste Band zwischen ihnen aus. Am innigsten ist das Leben der Familie dort, wo man am häufigsten zusammen ißt. Das Bild vor Augen, wenn man an sie denkt, ist das der um einen Tisch versammelten Eltern und Kinder. Alles erscheint als Vorbereitung auf diesen Augenblick; je öfter und gleichmäßiger er wiederkehrt, um so mehr fühlen sich die Zusammen-Essenden als Familie. Die Aufnahme an diesem Tisch kommt praktisch der Aufnahme in die Familie gleich.

Vielleicht ist hier die beste Gelegenheit, etwas über das Kern- und Herzstück dieser Institution zu sagen: die *Mutter*. Mutter ist jene, die ihren eigenen Leib zu essen gibt. Sie hat das Kind in sich genährt und bietet ihm dann ihre Milch. Diese Tendenz setzt sich in abgemilderter Form während vieler Jahre fort; ihre Gedanken, soweit sie eben Mutter ist, kreisen um die Nahrung, deren das heranwachsende Kind bedarf. Es muß nicht ihr eigenes Kind sein; man kann ihr ein fremdes unterschieben; sie kann eines adoptieren. Ihre Leidenschaft ist, zu essen zu geben; zu sehen, daß es ißt; zu sehen, daß das Essen bei ihm zu etwas wird. Sein Wachstum und die Zunahme seines Gewichts sind ihr unabänderliches Ziel. Ihr Gebaren wirkt selbstlos und ist es auch, wenn man sie als abgesonderte Einheit, als einen Menschen für sich betrachtet. In Wirklichkeit aber hat sich ihr Magen verdoppelt, und sie behält über beide Kontrolle. Am neuen Magen wie am neuen, unentwickelten Leib ist sie anfangs mehr interessiert als am eigenen, was während der Schwangerschaft geschah, ist bloß veräußerlicht worden. An der Auffassung von der Verdauung als einem zentralen Vorgang der Macht, wie sie hier vertreten wird, muß man auch für die Mutter festhalten; aber sie verteilt diesen Vorgang auf mehr als einen Leib, und die Tatsache, daß der neue Leib, für dessen Nahrung sie sorgt, von ihrem eigenen abgesondert ist, macht den Vorgang im ganzen deutlicher und bewußter. Die Macht der Mutter über das Kind, in seinen frühen Stadien, ist absolut, nicht nur weil sein Leben von ihr abhängig ist, sondern weil sie auch selber den stärksten Drang verspürt, diese Macht unaufhörlich auszuüben. Die Konzentration dieser Herrschaftsgelüste auf ein so kleines Gebilde gibt ihr ein Gefühl von Übermacht, das sich schwerlich durch ein anderes normales Verhältnis unter Menschen überbieten läßt.

Die Kontinuität dieser Herrschaft, mit der sie Tag und Nacht beschäftigt ist, die ungeheuerliche Zahl von Details, aus denen sie sich zusammensetzt, geben ihr eine Vollkommenheit und Rundheit, wie sie keiner anderen Art von Herrschaft eignet. Sie beschränkt sich nicht auf die Erteilung von Befehlen, die anfangs gar nicht verstanden werden könnten. Sie bedeutet, daß man ein Geschöpf gefangenhalten kann, wenn auch in diesem Fall wirklich zu seinem eigenen Nutzen; daß man – ohne zu begreifen, was man tut – weitergeben kann, was man vor Jahrzehnten selber unter Druck empfangen und als unzerstörbaren Stachel zurückbehalten hat; daß man *wachsen* machen kann, etwas, was einem Herrscher nur durch künstliche Rangerhöhung gelingt. Für die Mutter vereinigt das Kind die Eigenschaften von Pflanze und Tier. Es gestattet ihr den Genuß von Hoheitsrechten, die der Mensch sonst getrennt ausübt: über Pflanzen, indem er sie zum Wachstum veranlaßt, so wie er sie haben will; über Tiere, die er gefangenhält und deren Bewegungen er kontrolliert. Das Kind wächst wie Korn unter den Händen der Mutter heran; wie ein Haustier vollführt es die Bewegungen, die sie ihm erlaubt; es nimmt ihr etwas von den alten Befehlslasten ab, an denen jedes gesittete Geschöpf schwer trägt; und es wird außerdem ein Mensch, ein neuer und voller Mensch, für dessen Zubringung die Gruppe, in der sie lebt, ihr immer zu Dank verpflichtet bleibt. Es gibt keine intensivere Form von Macht. Daß man die Rolle der Mutter gewöhnlich nicht so sieht, hat einen zwiefachen Grund. Jeder Mensch trägt in seiner Erinnerung vor allem die Zeit der *Abnahme* dieser Macht; und jedem erscheinen die auffälligen, aber lange nicht so wesentlichen Hoheitsrechte des Vaters bedeutender.

Starr und hart wird die Familie dort, wo sie andere von ihrem Essen ausschließt; die, für die man zu sorgen hat, sind ein natürlicher Vorwand zur Ausschließung anderer. Die Hohlheit dieses Vorwands wird an Familien ersichtlich, die keine Kinder haben und doch nicht die leisesten Anstalten treffen, ihr Essen mit anderen zu teilen: Die Familie zu zweit ist das verächtlichste Gebilde, das die Menschheit hervorgebracht hat. Aber auch wo Kinder vorhanden sind, spürt man oft, wie sehr sie zum bloßen Aushängeschild der nacktesten Selbstsucht dienen. ›Für seine Kinder‹ spart man und läßt andere hungern. In Wirklichkeit hat man aber dadurch alles, solange man lebt, für sich.

Es ist dem modernen Menschen angenehm, in Restaurants zu speisen, an Tischen abgesondert, in seiner eigenen kleinen Gruppe, für die man dann zahlt. Da die anderen im Lokal dasselbe tun, gefällt man sich während der Mahlzeit in der Illusion, daß überhaupt alle zu essen haben. Für länger bedürfen auch feinere Naturen dieser Illusion nicht; gesättigt kann man ruhig über Hungrige stolpern.

Der Essende nimmt zu an Gewicht, er fühlt sich schwerer. Es liegt darin eine Prahlerei; er kann nicht mehr wachsen, aber zunehmen kann er, an Ort und Stelle, vor den Augen der anderen. Auch darum ißt er gern mit ihnen gemeinsam, es ist wie ein Wettbewerb im Vollerwerden. Das Behagen des Vollseins, wenn man nicht mehr kann, ist ein äußerster Punkt, den man gern erreicht. Ursprünglich hat sich niemand seiner geschämt: Eine große Beute mußte bald verzehrt sein, man aß, soviel man konnte, und trug seinen Vorrat in sich.

Wer für sich allein ißt, verzichtet damit auf das Ansehen, das ihm diese Prozedur bei den andern verschafft. Die Entblößung der Zähne für die Speise allein, wenn niemand dabei ist, macht niemand Eindruck. Zusammen sieht man, wie jeder einzeln den Mund öffnet, und während man selber mit seinen Zähnen operiert, gewahrt man die der andern. Es ist verächtlich, keine zu haben; es hat etwas Asketisches, die nicht zu zeigen, die man hat. Die natürliche Gelegenheit, damit zu paradieren, ist bei der gemeinsamen Mahlzeit gegeben. Unsere moderne Gesittung verlangt, daß man mit geschlossenem Munde ißt. Eben die leise Bedrohung, die im naiven Öffnen des Mundes lag, wird dadurch auf ein Mindestmaß herabgedrückt. Aber auch mit unserer Harmlosigkeit ist es nicht gar so weit her. Man ißt mit Gabel und

Messer; zwei Instrumenten, die leicht zum Angriff dienen könnten. Jeder hat seine eigenen vor sich, unter Umständen trägt man sie mit sich herum. Das Stückchen Speise aber, das man sich herunterschneidet und möglichst zurückhaltend in den Mund hineinschiebt, heißt auch in modernen Sprachen der *Biß*.

Das *Lachen* ist als vulgär beanstandet worden, weil man dabei den Mund weit öffnet und die Zähne entblößt. Gewiß enthält das Lachen in seinem Ursprung die Freude an einer Beute oder Speise, die einem als sicher erscheint. Ein Mensch, der fällt, erinnert an ein Tier, auf das man aus war und das man selber zu Fall gebracht hat. Jeder Sturz, der Lachen erregt, erinnert an die Hilflosigkeit des Gestürzten; man könnte es, wenn man wollte, als Beute behandeln. Man würde *nicht* lachen, wenn man in der Reihe der geschilderten Vorgänge weitergehen und sich's wirklich einverleiben würde. Man lacht, *anstatt* es zu essen. Die entgangene Speise ist es, die zum Lachen reizt; das plötzliche Gefühl der Überlegenheit, wie schon Hobbes gesagt hat. Doch hat er nicht hinzugefügt, daß sich dieses Gefühl nur dann zum Lachen steigert, wenn die Folge dieser Überlegenheit ausbleibt. Hobbes' Auffassung des Lachens kommt der Wahrheit auf halbem Wege entgegen; zu ihrem eigentlich ›animalischen‹ Ursprung ist er aber nicht vorgedrungen, vielleicht weil Tiere nicht lachen. Aber Tiere versagen sich auch keine Speise, die ihnen erreichbar ist, wenn sie wirklich Lust auf sie haben. Der Mensch allein hat es gelernt, den vollkommenen Prozeß der Einverleibung durch einen symbolischen Akt zu ersetzen. Es scheint, daß die Bewegungen, die vom Zwerchfell ausgehen und fürs Lachen charakteristisch sind, eine Reihe von inneren Schlingbewegungen des Leibes zusammenfassend ersetzen.

Unter Tieren gibt allein die Hyäne einen Laut von sich, der unserem Lachen wirklich nahekommt. Man kann ihn künstlich erzeugen, indem man einer gefangenen Hyäne etwas zum Fressen vorsetzt und dann rasch entzieht, bevor sie Zeit zum Zupacken hatte. Es ist nicht müßig, daran zu erinnern, daß ihre Nahrung in der Freiheit aus Aas besteht; man kann sich vorstellen, wie oft vieles, worauf sie Lust hatte, ihr von anderen unter den Augen weggeschnappt wird.

Der Überlebende

Der Überlebende

Der Augenblick des *Überlebens* ist der Augenblick der Macht. Der Schrecken über den Anblick des Todes löst sich in Befriedigung auf, denn man ist nicht selbst der Tote. Dieser liegt, der Überlebende steht. Es ist so, als wäre ein Kampf vorausgegangen und als hätte man den Toten selbst gefällt. Im Überleben ist jeder des anderen Feind, an diesem elementaren Triumph gemessen, ist aller Schmerz gering. Es ist aber wichtig, daß der Überlebende *allein* einem oder mehreren Toten gegenübertritt. Er sieht sich allein, er fühlt sich allein, und wenn von der Macht die Rede ist, die dieser Augenblick ihm verleiht, so darf nie vergessen werden, daß sie sich aus seiner *Einzigkeit* und aus ihr allein herleitet.

Alle Absichten des Menschen auf Unsterblichkeit enthalten etwas von der Sucht, zu überleben. Man will nicht nur immer da sein, man will da sein, wenn andere nicht mehr da sind. Jeder will der Älteste werden und es wissen, und wenn er selbst nicht mehr da ist, soll man es von seinem Namen wissen.

Die niedrigste Form des Überlebens ist die des *Tötens*. So wie man das Tier getötet hat, von dem man sich nährt, so wie es vor einem wehrlos daliegt, und man kann es in Stücke schneiden und verteilen, als Beute, die man sich und den Seinen einverleibt, so will man auch den Menschen töten, der einem im Wege ist, der sich einem entgegenstellt, der aufrecht als Feind vor einem dasteht. Man will ihn fällen, um zu fühlen, daß man noch da ist und er nicht mehr. Er soll aber nicht ganz verschwunden sein, seine leibliche Anwesenheit als Leiche ist für dieses Gefühl des Triumphes unerläßlich. Nun kann man mit ihm tun, was man will, und er kann einem gar nichts anhaben. Er liegt, er wird immer liegen bleiben; nie wird er sich wieder erheben. Man kann ihm seine Waffe wegnehmen; man kann sich Teile seines Leibes herausschneiden und als Trophäen für immer bewahren. Dieser Augenblick der Konfrontation mit dem Getöteten erfüllt den Überlebenden mit einer ganz eigentümlichen Art von Kraft, die keiner anderen Art von Kraft zu vergleichen ist. Es gibt keinen Augenblick, der mehr nach seiner Wiederholung ruft.

Denn der Überlebende weiß von vielen Toten. War er in der Schlacht, so hat er mitangesehen, wie die anderen um ihn gefallen sind. In der wohlbewußten Absicht, sich gegen die Feinde zu behaupten, ist er in die Schlacht gezogen. Es war sein erklärtes Ziel, möglichst viele von ihnen zu erlegen, und siegen kann er nur, wenn ihm das gelingt. *Sieg* und *Überleben* fallen für ihn zusammen. Aber auch die Sieger haben ihren Preis zu zahlen. Unter den Toten liegen viele ihrer eigenen Leute. Freund und Feind vermischt machen das Blachfeld aus, der Haufe der Toten ist ein gemeinsamer. Manchmal geht es in Schlachten derart zu, daß die Toten beider Seiten voneinander nicht mehr zu trennen sind: *Ein* Massengrab mag dann ihre Überreste vereinigen.

Diesen Haufen von Gefallenen ringsum steht der Überlebende als Glücklicher und Bevorzugter gegenüber. Daß er sein Leben noch hat und so viele andere, die eben noch mit ihm waren, nicht, ist eine ungeheure Tatsache. Hilflos liegen die Toten, unter ihnen steht aufgerichtet er, und es ist, als wäre die Schlacht geschlagen worden, damit er überlebt. Der Tod ist von ihm auf die anderen abgelenkt worden. Nicht daß er die Gefahr gemieden hätte. Mitten unter seinen Freunden hat er sich dem Tod gestellt. Sie sind gefallen. Er steht und prahlt.

Dieses Gefühl der Erhabenheit über die Toten kennt jeder, der in Kriegen war. Es mag durch Trauer um Kameraden verdeckt sein; aber dieser sind wenige, der Toten immer viele. Das Kraftgefühl, gegen diese lebend zu stehen, ist im Grunde stärker als jede Trauer, es ist ein Gefühl der *Auserwähltheit* unter vielen, deren Schicksal ein manifest gleiches ist. Auf irgendeine Weise fühlt man sich, bloß weil man noch da ist, als der *Bessere*. Man hat sich bewährt, denn man lebt. Man hat sich unter vielen bewährt, denn alle, die liegen, leben nicht. Wem dieses Überleben oft gelingt, der ist ein *Held*. Er ist stärker. Er hat mehr Leben in sich. Die höheren Mächte sind ihm gewogen.

Überleben und Unverletzlichkeit

Der Leib des Menschen ist nackt und anfällig; in seiner Weichheit jedem Zugriff ausgesetzt. Was er sich in der Nähe mit Kunst und Mühe vom Leibe hält, kann ihn aus der Ferne mit Leichtigkeit ereilen. Schwert, Speer und Pfeil vermögen in ihn einzudringen. Er hat Schild und Rüstung erfunden, Mauern und ganze Festungen um sich erbaut. Aber was er sich von allen Sicherungen am meisten wünscht, ist ein Gefühl der *Unverletzlichkeit*.

Auf zwei verschiedenen Wegen hat er es zu erwerben gesucht. Sie sind einander genau entgegengesetzt und ihre Ergebnisse darum auch sehr verschieden. Er hat einmal die Gefahr von sich zu entfernen gesucht, große Räume zwischen sich und sie gelegt, die überschaubar waren und sich bewachen ließen. Er hat sich sozusagen vor der Gefahr verborgen, und er hat die Gefahr gebannt.

Der andere Weg aber ist der, auf den er immer stolzer war. Alle frühe Überlieferung ist voll des Prahlens und Sichberühmens über ihn: Er hat die Gefahr aufgesucht und sich ihr gestellt. Er hat sie so nahe wie möglich an sich herankommen lassen und alles auf die Entscheidung gesetzt. Von allen möglichen Situationen hat er die der Anfälligkeit herausgegriffen und auf die Spitze getrieben. Er hat sich jemand zum Feind gemacht und ihn herausgefordert. Vielleicht war er schon sein Feind, vielleicht hat er ihn erst dazu ernannt. Wie immer es im einzelnen zugegangen ist, die Absicht ging auf die höchste Gefahr und auf Unaufschiebbarkeit der Entscheidung.

Es ist der Weg des *Helden.* Was will der Held? Worauf ist er wirklich aus? Der Ruhm, den alle Völker ihren Helden gezollt haben, ein zäher, schwervergänglicher Ruhm, sofern ihre Taten Abwechslung boten oder rasch genug aufeinanderfolgten, täuscht über die tieferen Motive zu diesen Taten hinweg. Man nimmt an, daß es ihnen um den Ruhm allein zu tun war, aber ich glaube, daß es ihnen ursprünglich um etwas anderes ging: um das Gefühl der Unverletzlichkeit, das sich auf diese Weise in rascher Steigerung gewinnen ließ.

Die konkrete Situation, in welcher der Held sich nach bestandener Gefahr befindet, ist die des Überlebenden. Der Feind ging ihm ans Leben wie er dem Feind. Mit diesem erklärten und unverrückbaren Ziel ist man gegeneinander angetreten. Der Feind ist erlegen. Dem Helden aber ist während des Kampfes nichts geschehen. Von der ungeheuren Tatsache seines Überlebens erfüllt, stürzt er sich in den nächsten Kampf. Es war ihm nichts anzuhaben, es wird ihm nichts anzuhaben sein. Von Sieg zu Sieg, von einem toten Feinde zum anderen fühlt er sich sicherer: Seine Unverletzlichkeit nimmt zu, eine immer bessere Rüstung.

Das Gefühl von ihr läßt sich nicht anders gewinnen. Wer die Gefahr gebannt hat, wer sich vor ihr verbirgt, der hat die Entscheidung bloß hinausgeschoben. Wer sich der Entscheidung stellt, wer wirklich überlebt, wer sich wieder stellt, wer die Augenblicke des Überlebens häuft, der kann das Gefühl von Unverletzlichkeit erlangen. Er ist eigentlich erst ein Held, sobald er es hat. Nun wagt er alles, zu fürchten hat er nichts. Vielleicht würden wir dazu neigen, ihn mehr zu bewundern, solange er noch Grund zur Furcht hatte. Aber das ist die Auffassung des Betrachters, der außerhalb steht. Das Volk will seinen Helden unverletzlich.

Es ist nun aber keineswegs so, daß die Taten des Helden sich in ausgesuchten Zweikämpfen erschöpfen. Er kann es mit einer ganzen Meute von Feinden zu tun haben, daß er sie trotzdem angreift, daß er ihnen nicht nur entkommt, daß er sie alle tötet, kann das Gefühl seiner Unverletzlichkeit wie mit einem Schlage etablieren.

Dschingis-Khan wurde von einem seiner ältesten und treuesten Gefährten gefragt: »Du bist der Herrscher, und man nennt dich einen Helden. Welche Zeichen von Eroberung und Sieg trägst du an deiner Hand?« Dschingis-Khan antwortete ihm: »Bevor ich den Thron des Reiches bestieg, ritt ich einmal auf einer Straße daher. Da stieß ich auf sechs Männer, die beim Übergang über eine Brücke im Hinterhalt lagen und mir nach dem Leben trachteten. Als ich näher kam, zog ich mein Schwert und griff sie an. Sie überschütteten mich mit einem Hagel von Pfeilen, aber alle Pfeile verfehlten ihr Ziel, und kein einziger berührte mich. Ich schlug sie alle mit meinem Schwerte tot und ritt unverletzt weiter. Auf dem Rückweg kam ich an dem Orte vorbei, wo ich die sechs Männer erschlagen hatte. Ihre sechs Pferde irrten herrenlos umher. Ich trieb sie alle zu mir nach Hause.«

Diese Unverletzlichkeit im Kampf gegen sechs Feinde zugleich betrachtet Dschingis-Khan als die sichere Ankündigung von Eroberung und Sieg.

Überleben als Leidenschaft

Die Genugtuung des Überlebens, die eine Art von Lust ist, kann zu einer gefährlichen und unersättlichen Leidenschaft werden. Sie wächst an ihren Gelegenheiten. Je größer der Haufen der Toten ist, unter denen man lebend steht, je öfter man solche Haufen erlebt, um so stärker und unabweislicher wird das Bedürfnis nach ihm. Die Karrieren von Helden und Söldnern sprechen dafür, daß eine Art von Süchtigkeit entsteht, der nicht mehr abzuhelfen ist. Die übliche Erklärung, die dafür gegeben wird, lautet: daß solche Menschen nur noch in Gefahren atmen können; alles gefahrlose Dasein sei ihnen trüb und schal; einem friedlichen Leben könnten sie keinen Geschmack mehr abgewinnen. Es soll der Reiz der Gefahr nicht unterschätzt werden. Aber man vergißt, daß diese Leute nicht allein auf ihre Abenteuer ausgehen; daß andere mit ihnen sind, die der Gefahr erliegen. Was sie wirklich brauchen, was sie nicht mehr entbehren können, ist die wieder und wieder erneuerte Lust am Überleben.

Es ist aber auch nicht so, daß man sich zur Befriedigung dieser Lust der Gefahr immer selber aussetzen muß. Keiner kann allein genug Menschen fällen. Auf den Schlachtfeldern sind unzählige im selben Sinne tätig, und wenn man ihr Befehlshaber ist, wenn man ihre Bewegungen kontrolliert, wenn die Schlacht das Resultat persönlichsten Entschlusses ist, kann man sich auch das Ergebnis, für das man die Verantwortung hat, mit Haut und Haaren sämtlicher Leichen aneignen. Der Feldherr trägt nicht umsonst seinen stolzen Namen. Er befiehlt: er schickt seine Leute gegen den Feind, in den Tod. Wenn er siegt, gehört ihm das ganze Blachfeld von Toten. Die einen sind für ihn, die anderen gegen ihn gefallen. Von Sieg zu Sieg überlebt er sie alle. Die Triumphe, die er feiert, drücken auf das genaueste aus, worauf er aus war. Ihre Bedeutung wird an der Zahl der Toten gemessen. Es ist ein lächerlicher Triumph, wenn der Feind sich ohne rechten Kampf ergeben hat, wenn nur wenige Tote beisammen sind. Es ist ein glorreicher Triumph, wenn der Feind sich tapfer gewehrt hat, wenn der Sieg schwer erstritten wurde und eine große Zahl von Opfern gekostet hat.

»Alle Kriegshelden und Feldherren zusammen übertraf Cäsar dadurch, daß er die meisten Schlachten geliefert und die größte Menge von Feinden erlegt hat. Denn in nicht vollen zehn Jahren, während welchen er den Krieg mit Gallien führte, hat er über 800 Städte im Sturm erobert, 300 Völkerschaften unterjocht, sich nach und nach mit drei Millionen Menschen geschlagen und von diesen eine Million im Streite getötet und ebensoviel zu Gefangenen gemacht.«

Dieses Urteil stammt von Plutarch, dem man weder Kriegslust noch Blutdurst nachsagen kann, von einem der humansten Geister, die die Menschheit hervorgebracht hat. Es hat darum seinen Wert, weil es die Bilanz so scharf zieht. Gegen drei Millionen Feinde hat Cäsar gekämpft, eine Million hat er getötet, eine Million gefangen. Er ist von späteren Feldherrn, Mongolen und Nichtmongolen, übertroffen worden. Aber dieses antike Urteil ist auch für die Naivität bezeichnend, mit der alles, was geschehen ist, dem Feldherrn allein zugeschrieben wird. Die im Sturm eroberten Städte, die unterjochten Völkerschaften, die Millionen geschlagener, getöteter, gefangener Feinde gehören alle dem Cäsar zu. Es ist nicht die Naivität des Plutarch, die sich so ausdrückt, es ist die Naivität der Geschichte. Seit den Kriegsberichten der ägyptischen Pharaonen ist man an sie gewöhnt; bis zum heutigen Tage hat sich daran kaum etwas geändert.

So viele Feinde also hat Cäsar glücklich überlebt. Es gilt als taktlos, bei solchen Gelegenheiten die eigenen Verluste aufzurechnen. Man kennt sie, aber man wirft sie dem großen Mann nicht vor. In den Kriegen Cäsars waren es, an der Zahl der erlegten Feinde gemessen, nicht allzu viele. Aber immerhin, er hat einige Tausend Verbündete und Römer überlebt, ganz leer ist er auch in dieser Hinsicht nicht ausgegangen.

Von Generation zu Generation sind diese stolzen Bilanzen weitergegeben worden; in jeder haben sich potentielle kriegerische Helden gefunden. Ihre Leidenschaft, massenhaft Menschen zu überleben, ist durch sie bis zum Wahnwitz angefacht worden. Das Urteil der Geschichte schien ihr Vorhaben, noch bevor es ihnen geglückt war, zu rechtfertigen. Die sich am besten auf diese Art des Überlebens verstehen, haben den größten und sichersten Platz in ihr. Für diese Art des Nachruhms kommt es letzten Endes mehr als auf Sieg oder Niederlage auf die ungeheuerliche Zahl der Opfer an. Es ist fraglich, wie Napoleon während des Feldzugs in Rußland wirklich zumute war.

Der Machthaber als Überlebender

Als den paranoischen Typus des Machthabers könnte man den bezeichnen, der sich die Gefahr mit allen Mitteln vom Leibe hält. Statt sie herauszufordern und zu konfrontieren, statt es im Kampfe mit ihr auf eine Entscheidung ankommen zu lassen, die auch ungünstig ausfallen könnte, sucht er ihr den Weg mit List und Umsicht zu verstellen. Er wird freien Raum um sich schaffen, den er übersehen kann, und jedes Zeichen ihrer Annäherung bemerken und erwägen. Er wird dies auf allen Seiten tun, denn das Bewußtsein, daß er es mit vielen zu tun hat, die alle zugleich gegen ihn angehen könnten, hält eine Angst vor Umstellung in ihm wach. Die Gefahr ist überall, nicht nur *vor* ihm. Sie ist sogar größer in seinem Rücken, wo er sie nicht rasch genug bemerken könnte. So hat er seine Augen überall, und auch das leiseste Geräusch darf ihm nicht entgehen, denn es könnte eine feindliche Absicht enthalten.

Der Inbegriff aller Gefahren ist natürlich der Tod. Es ist wichtig, genau zu erkunden, wie er sich zu ihm stellt. Das erste und entscheidende Merkmal des Machthabers ist sein Recht über Leben und Tod. An ihn darf niemand heran; wer eine Botschaft für ihn bringt, wer in seine Nähe gelangen muß, wird auf Waffen hin durchsucht. Von ihm wird der Tod planmäßig ferngehalten: er selber darf und soll ihn verhängen. Er darf ihn so oft verhängen wie er will. Sein Todesurteil wird immer ausgeführt. Es ist das Siegel seiner Macht; sie ist absolut nur, solange sein Recht auf Verhängen des Todes ihm unbestritten bleibt.

Denn wirklich unterworfen ist ihm nur, wer sich von ihm töten läßt. Die letzte Probe des Gehorsams, auf die es ankommt, bleibt immer dieselbe. Zu einer Art von doppelter Bereitschaft werden seine Soldaten erzogen: Sie werden ausgesandt, um seine Feinde zu töten, und sie sind bereit, für ihn selber den Tod zu empfangen. Aber auch alle seine anderen Untertanen, die nicht Soldaten sind, wissen, daß er jederzeit über sie herfallen kann. Der Schrecken, den er verbreitet, kommt ihm zu; er ist sein Recht, und für dieses Recht wird er aufs höchste verehrt. In einer extremen Form wird er angebetet. Gott selbst hat über alle Menschen jetzt, und alle, die noch leben werden, ein für allemal das Todesurteil verhängt. Von seiner Laune hängt es ab, wann es vollstreckt wird. Es fällt niemand ein, sich dagegen aufzulehnen – ein aussichtsloses Beginnen.

Doch haben es die irdischen Machthaber weniger leicht als Gott. Sie sind nicht für immer da; ihre Untertanen wissen, daß auch ihren Tagen ein Ende gesetzt ist. Dieses Ende läßt sich sogar beschleunigen. Wie das jedes anderen führt Gewalt es herbei. Wer den Gehorsam verweigert, der hat sich zum Kampf gestellt. Kein Herrscher ist des Gehorsams seiner Leute für immer sicher. Solange sie sich von ihm töten lassen, kann er ruhig schlafen. Sobald aber einer sich seinem Urteil entzieht, ist der Herrscher gefährdet.

Das Gefühl von dieser Gefahr ist im Machthaber immer rege. Es wird sich später zeigen, wenn von der Natur des Befehls die Rede ist, daß seine Ängste sich vergrößern *müssen,* je mehr seiner Befehle ausgeführt worden sind. Er kann seine Zweifel nur beruhigen, indem er ein Exempel setzt. Er wird eine Hinrichtung um ihrer selbst willen verfügen, ohne daß es so sehr auf die Schuld des Opfers ankommt. Er wird von Zeit zu Zeit Hinrichtungen brauchen, desto mehr, je rascher seine Zweifel wachsen. Seine sichersten, man möchte sagen seine vollkommensten Untertanen sind die, die für ihn in den Tod gegangen sind.

Denn jede Hinrichtung, für die er verantwortlich ist, verleiht ihm etwas an Kraft. Es ist die Kraft des *Überlebens,* die er sich so verschafft. Seine Opfer müssen nicht wirklich gegen ihn angetreten sein, aber sie hätten gegen ihn antreten können. Seine Angst verwandelt sie – vielleicht erst nachträglich – in Feinde, die gegen ihn gekämpft haben. Er hat sie verurteilt, sie sind erlegen, er hat sie überlebt. Das Recht, Todesurteile zu fällen, wird in seiner Hand zu einer Waffe wie jede andere, aber viel wirksamer. Auf die Häufung solcher Opfer in ihrer nächsten Nähe, so daß sie sie immer vor Augen hatten, haben barbarische und orientalische Herrscher oft großen Wert gelegt. Aber auch wo die Sitte einer solchen Häufung entgegenstand, waren die Gedanken von Machthabern doch mit ihr beschäftigt. Ein unheimliches Spiel dieser Art wird vom römischen Kaiser *Domitian* berichtet. Das Bankett, das er sich ausgedacht hat und das gewiß nie wieder in derselben Weise gegeben wurde, macht die tiefere Natur des paranoischen Machthabers überaus anschaulich. Der Bericht darüber, der sich bei *Cassius Dio* findet, lautet:

»Bei einer anderen Gelegenheit unterhielt Domitian die vornehmsten unter den Senatoren und Rittern auf folgende Weise. Er richtete einen Raum her, an dem alles, Decke, Wände und Boden, pechschwarz war, und bereitete kahle Lager in derselben Farbe vor, die auf dem unbedeckten Fußboden ruhten. Seine Gäste lud er bei Nacht und ohne ihr Gefolge ein. Neben jeden ließ er zuerst eine Scheibe stellen, die die Form eines Grabsteines hatte und den Namen des Gastes trug; dazu kam eine kleine Lampe, wie sie in Gräbern hängen. Wohlgestaltete, nackte Knaben betraten dann den Raum, gleichfalls schwarz bemalt, wie Gespenster. Sie vollführten einen schauerlichen Tanz um die Gäste und stellten sich dann zu ihren Füßen auf. Dann wurden die Speisen, die man gewöhnlich bei den Opfern für die Geister der Verstorbenen aufträgt, den Gästen vorgesetzt, alles schwarz und in Schüsseln von gleicher Farbe. Jeder von den Gästen begann zu zittern und zu zagen und erwartete, daß man ihm im nächsten Augenblick die Kehle durchschneiden würde. Außer Domitian waren alle verstummt. Es herrschte tödliches Schweigen, als ob man sich bereits im Reiche der Toten befinde. Der Kaiser selbst erging sich in lauten Gesprächen über Tod und Gemetzel. Schließlich entließ er sie. Aber ihre Sklaven, die im Vorraum auf sie warteten, hatte er zuerst entfernt. Er überantwortete die Gäste nun anderen Sklaven, die ihnen unbekannt waren, und hieß sie in Wagen oder Sänften fortführen. Auf diese Weise erfüllte er sie mit noch viel größerer Angst. Kaum hatte jeder Gast sein Haus erreicht und aufzuatmen begonnen, als ein Bote des Kaisers angemeldet wurde. Während jeder von ihnen jetzt sicher war, daß seine letzte Stunde gekommen sei, brachte jemand die Scheibe herein, die aus Silber war. Andere kamen mit verschiedenen Gegenständen, darunter die Schüsseln aus kostbarem Material, die man ihnen beim Essen vorgesetzt hatte. Schließlich erschien noch bei jedem Gast der Knabe, der ihm als sein besonderer Geist aufgewartet hatte, aber jetzt gewaschen und geschmückt. Nachdem sie die ganze Nacht in Todesangst verbracht hatten, empfingen sie nun die Geschenke.«

Dies also war das ›Leichenbankett des Domitian‹, wie es das Volk nannte.

Der unaufhörliche Schrecken, in dem er seine Gäste hielt, hatte sie zum Verstummen gebracht. Er allein sprach, und er sprach über Tod und Töten. So war es, als wären sie tot und er allein noch am Leben. Bei diesem Gastmahl hatte er seine Opfer, denn als solche mußten sie sich vorkommen, alle vereinigt. Als Gastgeber verkleidet, aber in Wahrheit als Überlebender, sprach er zu seinen als Gäste verkleideten Opfern. Aber die Situation des Überlebenden war nicht nur gehäuft, sie war auch auf eine raffinierte Weise gesteigert. Sie sind zwar *wie tot,* doch er kann sie noch immer töten. Der eigentliche *Prozeß* des Überlebens ist so eingefangen. Wenn er sie entläßt, hat er sie begnadigt. Er läßt sie wieder zittern, da er sie fremden Sklaven übergibt. Sie langen zu Hause an: er sendet ihnen nochmals Todesboten. Diese bringen ihnen Geschenke und damit das größte Geschenk, ihr Leben. Er kann sie sozusagen vom Leben zum Tode befördern und dann wieder vom Tod ins Leben zurückbringen. Er ergötzt sich mehrmals an diesem Spiel. Es gibt ihm das höchste Gefühl von Macht, ein höheres ist nicht auszudenken.

Die Rettung des Flavius Josephus

Aus der Geschichte des Krieges zwischen Römern und Juden, der in die Jugendzeit Domitians fällt, wird ein Vorfall berichtet, der die Natur des Überlebenden auf vollkommene Weise erleuchtet. Den Oberbefehl auf römischer Seite führte Vespasian, der der Vater Domitians war, und es war während dieses Krieges, daß Flavier die Kaiserwürde erlangten.

Die Juden waren schon seit einiger Zeit über die Herrschaft der Römer aufgebracht. Als ihr Aufstand gegen sie im Ernst losbrach, wurden von den Juden Befehlshaber für die verschiedenen Teile des Landes ernannt. Sie sollten die Leute zum Krieg versammeln und die Städte in einen guten Zustand versetzen, damit sie sich der römischen Legionen, die sicher bald eintreffen würden, mit Aussicht auf Erfolg erwehren könnten. Josephus, noch jung, kaum dreißig Jahre alt, bekam Galiläa zur Provinz. Er machte sich mit großem Eifer an die Durchführung seiner Aufgabe. In seiner ›Geschichte des Jüdischen Krieges‹ schilderte er die Hindernisse, gegen die er zu kämpfen hatte: Uneinigkeit unter den Bürgern; Rivalen, die gegen ihn intrigierten und Truppen auf eigene Faust versammelten; Städte, die sich weigerten, seinen Oberbefehl anzuerkennen, oder die nach einiger Zeit wieder abfielen. Aber mit erstaunlicher Energie stellte er eine wenn auch schlecht bewaffnete Armee auf die Beine und bereitete Festungen für den Empfang der Römer vor.

Sie kamen denn auch, unter dem Befehl des Vespasian, der seinen jungen Sohn Titus, einen Altersgenossen des Josephus, bei sich hatte. In Rom war damals Nero noch Kaiser. Vespasian hatte den Ruf eines alten, erfahrenen Generals, er hatte sich auf mehreren Kriegsschauplätzen ausgezeichnet. Er drang in Galiläa ein und schnitt Josephus mit der Armee der Juden in der Festung Jotapata ab. Die Juden setzten sich mit größtem Mut zur Wehr, Josephus war erfinderisch und wußte jeden Angriff abzuschlagen; die Römer erlitten schwere Verluste. 47 Tage lang dauerte die Verteidigung. Als es den Römern schließlich gelang, durch List bei Nacht einzudringen – alles schlief, und man bemerkte sie erst, als der Tag anbrach –, gerieten die Juden in furchtbare Verzweiflung und brachten sich in hellen Scharen selber um.

Josephus entkam. Seine Schicksale nach der Einnahme der Stadt will ich in seinen eigenen Worten anführen. Denn es gibt meines

Wissens in der Weltliteratur keinen zweiten solchen Bericht eines Überlebenden. Josephus schildert mit merkwürdiger Bewußtheit, mit einer Art von Einsicht in das Wesen des Überlebens alles, was er unternahm, um davonzukommen. Seine Ehrlichkeit fiel ihm nicht schwer, denn er schrieb diesen Bericht *später,* als er bereits in hoher Gunst bei den Römern stand.

»Nach dem Falle Jotapatas suchten die Römer teils aus Erbitterung gegen Josephus, teil weil der Feldherr auf seine Gefangennahme sehr erpicht war – fast als wäre sie entscheidend für den Ausgang des Krieges –, unter den Toten und in allen verborgenen Schlupfwinkeln der Stadt nach, um den Verhaßten zu finden. Er aber hatte sich während ihrer Einnahme wie unter göttlichem Beistand mitten durch die Feinde geschlichen und war in eine tiefe Zisterne hinabgesprungen, die sich seitwärts zu einer von oben unsichtbaren, geräumigen Höhle erweiterte. In diesem Versteck traf er vierzig vornehme Männer an, die für eine Reihe von Tagen mit Lebensmitteln versehen waren. Bei Tage nun hielt er sich verborgen, weil die Feinde alles ringsum besetzt hatten; bei Nacht dagegen stieg er hinauf, um einen Weg zur Flucht ausfindig zu machen und sich nach den Posten umzusehen. Da aber um seinetwillen die Umgebung von allen Seiten so scharf bewacht wurde, daß an ein heimliches Entschlüpfen nicht zu denken war, begab er sich wieder in die Höhle zurück. Zwei Tage lang entging er so den Nachforschungen; am dritten aber wurde er von einer Frau, die sich erst bei ihnen aufgehalten hatte und dann gefangengenommen wurde, verraten. Unverzüglich schickte Vespasian zwei Tribunen mit dem Auftrag ab, dem Josephus Sicherheit zu versprechen und ihn zum Verlassen der Höhle zu bewegen.

Die Tribunen gingen hin, redeten ihm zu und verbürgten ihm sein Leben. Sie konnten aber nichts bei ihm ausrichten; denn er meinte zu wissen, was er für die mannigfachen Schädigungen der Römer zu erwarten hätte. Der milde Charakter derer, die ihm zuredeten, änderte keineswegs seine Meinung über das Los, das ihm bevorstand. Er konnte sich der Befürchtung nicht erwehren, daß man ihn nur hervorlocken wolle, um ihn hinzurichten. Schließlich sandte Vespasian einen dritten Boten in der Person des Tribuns Nikanor, der dem Josephus gut bekannt, ja von früher her sogar mit ihm befreundet war. Dieser kam und schilderte das milde Verfahren der Römer gegen besiegte Feinde, erklärte auch, daß die Heerführer den Josephus um seiner

Tapferkeit willen mehr bewunderten als haßten, und daß der Feldherr keineswegs beabsichtige, ihn hinrichten zu lassen; denn er könne ja diese Strafe an ihm vollziehen, auch ohne daß er hervorkäme; er sei vielmehr entschlossen, ihm als einem tapferen Manne das Leben zu schenken. Übrigens sei es unvorstellbar, daß Vespasian dem Josephus seinen Freund in tückischer Absicht zusende, um einen Wortbruch mit Freundschaft zu maskieren; und ebensowenig hätte er, Nikanor, sich zum Betrug an einem Freunde hergegeben.

Da aber Josephus auch dem Nikanor gegenüber zu keinem Entschluß gelangen konnte, trafen die Soldaten in ihrer Wut Anstalten, Feuer in die Höhle zu werfen. Ihr Anführer hielt sie zurück, da ihm sehr viel daran lag, den Mann lebend in seine Gewalt zu bekommen. Während nun Nikanor in ihn drang und die feindliche Truppe unaufhörlich Drohungen ausstieß, stiegen in der Erinnerung des Josephus gewaltige Träume auf, in denen Gott ihm das bevorstehende Unglück der Juden und das künftige Schicksal der römischen Imperatoren offenbart hatte. Josephus verstand sich nämlich auf die Auslegung von Träumen. Als Priester und Sohn eines Priesters war er mit den Weissagungen der heiligen Bücher wohlvertraut, und er konnte auch die Verkündigungen erklären, die die Gottheit zweideutig belassen hatte. Genau in diesem Augenblicke nun wurde er von göttlicher Begeisterung ergriffen, die Schrecken der Träume, die er vor kurzem gehabt hatte, standen vor seinem inneren Gesicht, und er sandte im stillen folgendes Gebet zu Gott: ›Da Du beschlossen hast, das Volk der Juden zu beugen, das Du geschaffen, da alles Glück zu den Römern gewandert ist und Du meine Seele erwählt hast, die Zukunft zu offenbaren, so biete ich den Römern die Hand und bleibe am Leben. Dich aber rufe ich zum Zeugen an, daß ich nicht als Verräter, sondern als Dein Diener zu ihnen übergehe.‹

Nach diesem Gebet sagte er dem Nikanor zu. Als die Juden, die sich im Versteck mit ihm befanden, merkten, daß er entschlossen sei, dem Zureden der Feinde nachzugeben, umringten sie ihn in einem dichten Haufen und bestürmten ihn mit Anklagen. Sie erinnerten ihn daran, wie viele Juden auf sein Zureden hin für die Freiheit gestorben waren. Er, dessen Ruf von Tapferkeit so groß gewesen sei, wolle nun als Sklave weiterleben. Er, dessen Klugheit so viel galt, hoffe auf Gnade von denen, gegen die er mit solcher Hartnäckigkeit gekämpft habe. Ob er sich selber ganz vergessen habe? Das Gesetz der Väter werde schwer über ihn aufseufzen, und er verletze Gott, wenn ihm sein Leben so lieb sei. *Er* möge vom Glück der Römer geblendet sein – *sie* blieben der Ehre ihres Volkes eingedenk. Sie boten ihm Arm und Schwert an, damit er freiwillig als Heerführer der Juden falle; wenn nicht, so solle er unfreiwillig als Verräter fallen. Sie zückten ihre Schwerter gegen ihn und drohten, ihn niederzustoßen, wenn er sich den Römern ergebe.

Josephus fürchtete sich vor ihnen, aber es schien ihm ein Verrat an den Aufträgen Gottes, wenn er vor deren Verkündigung sterbe. Im Drange seiner Not suchte er Vernunftgründe gegen sie geltend zu machen. Es sei schön, im Kriege zu sterben, aber nach Kriegsbrauch von der Hand des Siegers. Die schlimmste Feigheit aber sei es, sich selbst zu töten. Selbstmord widerstrebe dem innersten Wesen alles Lebendigen und sei zugleich ein Frevel gegen Gott den Schöpfer. Von Gott habe man das Dasein empfangen, ihm müsse man auch sein Ende anheimstellen. Die mit eigener Hand gegen sich gewütet haben, die hasse Gott, und er strafe sie noch in ihren Nachkommen. Es zieme sich nicht, dem Unglück, das sie als Menschen betroffen, auch noch einen Frevel gegen den Schöpfer hinzuzufügen. Ihrer Rettung, wenn sie möglich sei, sollten sie nichts in den Weg legen. Eine Schande sei es für sie nicht, am Leben zu bleiben, ihre Tapferkeit hätten sie durch Taten genügend bewiesen. Wenn ihnen aber der Tod bevorstehe, so sollten sie ihn durch die Sieger erleiden. Er denke nicht daran, zu den Feinden überzugehen und so zu einem Verräter an sich selbst zu werden. Wohl aber wünsche er sich einen Verrat von seiten der Römer. Er werde freudig sterben, wenn sie ihn ihrem gegebenen Worte zum Trotz umbrächten, und ihr Wortbruch, für den Gottes Strafe sie treffen werde, wäre ihm ein größerer Trost als der Sieg.

So kam Josephus auf alles mögliche, um seine Gefährten vom Selbstmord abzubringen. Aber die Verzweiflung machte sie gegen alle Vorstellungen taub. Sie hatten sich längst dem Tode geweiht, und seine Worte vermochten ihre Erbitterung nur zu steigern. Sie beschuldigten ihn der Feigheit und drangen von allen Seiten mit gezückten Schwertern auf ihn ein. Jeder schien bereit, ihn auf der Stelle niederzustoßen. In seiner Not, die die entgegengesetztesten Gefühle in ihm aufkommen ließ, rief er den einen bei seinem Namen an und sah dem anderen mit dem Blicke des Feldherrn ins Auge; einen dritten ergriff er bei der Hand, einen vierten stimmte er mit Bitten um. So gelang es ihm, noch jedesmal das Mordschwert von sich abzuwehren. Er war wie das eingekreiste Wild, das sich stets gegen den wendet, der es gerade anzugreifen Miene macht. Da sie selbst in dieser äußersten Bedrängnis noch den Feldherrn in ihm achteten, waren ihre Arme wie gelähmt, die Dolche entglitten ihren Händen und viele, die das Schwert gegen ihn erhoben hatten, steckten es aus freien Stücken wieder ein.

Trotz dieser verzweifelten Lage verließ übrigens den Josephus seine Besonnenheit nicht; vielmehr setzte er im Vertrauen auf Gottes Fürsorge sein Leben aufs Spiel und sprach folgendes zu seinen Gefährten: ›Da wir den Beschluß gefaßt haben, zu sterben, und dieser Beschluß nun einmal feststeht, wollen wir das Los darüber entscheiden lassen, wer von uns jeweils den anderen niederstoßen soll. Jeder, den das Los trifft, soll von der Hand dessen fallen, der als der nächste bezeichnet wird. Auf diese Weise wird das Todeslos alle treffen und keiner ist darauf angewiesen, sich selbst zu töten. Es wäre aber ein großes Unrecht, wenn nach dem Tode seiner Gefährten der letzte sich's plötzlich gereuen ließe und sein Leben rettete.‹

Dieser Vorschlag verschaffte ihm wieder Zutrauen und nachdem alle sich damit einverstanden erklärt hatten, loste er selber mit. So wie nun ein jeder vom Los getroffen wurde, ließ er sich willig von dem Nächstfolgenden ums Leben bringen. Sie wußten ja, daß gleich darauf auch der Feldherr sterben müsse, der Tod mit Josephus erschien ihnen besser als das Leben. Übrig blieb schließlich eben Josephus selbst, sage man durch glücklichen Zufall oder durch göttliche Fügung, mit noch einem Gefährten; und da er weder selber vom Lose getroffen werden, noch, wenn er als der allerletzte herauskäme, seine Hand mit dem Blute eines Landsmannes beflecken mochte, überredete er diesen, sich den Römern zu ergeben und dadurch sein Leben zu retten.

Nachdem Josephus so aus dem Kampf mit den Römern wie auch dem mit seinen eigenen Leuten heil hervorgegangen war, wurde er von Nikanor zu Vespasian geführt. Alle Römer strömten herbei, um den Feldherrn der Juden zu sehen, und die Menge, die sich um ihn drängte, erhob ein großes Geschrei. Die einen frohlockten über seine Gefangennahme, andere stießen Drohungen aus, wieder andere bahnten sich mit Gewalt einen Weg, um ihn aus der Nähe besser sehen zu können. Die weiter Entfernten schrien, man solle den Feind hinrichten, die näher Stehenden gedachten seiner Taten und staunten über den Wechsel in seinem Schicksal. Unter den Offizieren gab es aber keinen, der aller früheren Erbitterung gegen ihn zum Trotz nicht jetzt über seinen Anblick Rührung empfunden hätte. Besonders war es der edle, ihm gleichaltrige Titus, den die Ausdauer des Josephus im Unglück und das Mitgefühl mit seiner Jugend mächtig ergriffen. Er wollte ihm das Leben retten und verwandte sich auf das nachdrücklichste für ihn bei seinem Vater. Vespasian aber ließ ihn in strengsten Gewahrsam nehmen; er hatte die Absicht, ihn unverzüglich dem Nero zuzusenden.

Als Josephus davon hörte, verlangte er mit Vespasian ein Wort unter vier Augen zu reden. Der Feldherr befahl allen Anwesenden, sich zu entfernen, mit Ausnahme seines Sohnes Titus und zweier vertrauter Freunde. Josephus aber sprach so zu ihm:

›Du glaubst, Vespasian, daß ich nichts als ein Kriegsgefangener bin, den du in deine Gewalt bekommen hast. Du irrst dich: ich stehe vor dir als Verkünder wichtiger Dinge. Ich, Josephus, habe mich eines Auftrages von Gott an dich zu entledigen. Wäre es nicht so, ich hätte wohl gewußt, was das Gesetz der Juden verlangt und wie ein Feldherr sterben soll. Du willst mich an Nero schicken? Wozu? Seine Nachfolger, die noch vor dir auf den Thron kommen sollen, werden ihn nicht lange behaupten. Du selbst, Vespasian, wirst Cäsar und Imperator werden, und dein Sohn hier nach dir! Laß mich jetzt sicherer fesseln und bewahre mich für später, für dich. Denn du wirst Cäsar und Gebieter sein, nicht nur über mich, sondern über Erde und Meer und das ganze Menschengeschlecht. Laß mich auf das schärfste bewachen und laß mich dann, wenn ich im Namen Gottes leichtfertig gesprochen habe, so hinrichten, wie es mir gebührt!‹

Vespasian traute diesen Worten erst nicht ganz und neigte dazu, sie für eine List des Josephus zu halten, durch die er sich das Leben zu retten suchte. Allmählich aber begann er doch daran zu glauben; Gott selbst hatte Gedanken an den Thron in ihm wachgerufen und seine künftige Herrschaft war ihm auch durch andere Zeichen angedeutet worden. Auch erfuhr er, daß sein Gefangener schon in anderen Fällen richtig geweissagt habe. Einer der Freunde Vespasians, der bei der geheimen Unterredung anwesend war, sprach sein Erstaunen darüber aus, daß Josephus weder die Zerstörung Jotapatas noch seine eigene Gefangennahme vorausgesagt habe: was er jetzt vorbringe, sei vielleicht leeres Geschwätz, um die Gunst des Feindes zu gewinnen. Josephus erwiderte darauf, was er den Leuten von Jotapata vorausgesagt habe: daß sie nach 47 Tagen in Feindeshand fallen und er selbst lebendig gefangen werden würde. Vespasian ließ insgeheim bei den Gefangenen Erkundigungen einziehen; als die Angaben des Josephus sich bestätigten, begann er auch der Weissagung über seine eigene Person Glauben zu schenken. Er beließ den Josephus zwar noch im Gefängnis und in Fesseln, beschenkte ihn aber mit einem Prachtgewand und anderen Kostbarkeiten. Auch in der Folge wurde er freundlich behandelt, was er alles dem Titus zu verdanken hatte.‹ –

Die Selbstbehauptung des Josephus zerfällt in drei verschiedene Akte. Einmal entkommt er dem Gemetzel in der eroberten Festung Jotapata. Die Verteidiger der Stadt, soweit sie sich nicht selber töten, werden von den Römern umgebracht; einige werden gefangengenommen. Josephus rettet sich in die Höhle neben der Zisterne. Er findet hier vierzig Männer vor, die er ausdrücklich als ›Vornehme‹ bezeichnet. Sie sind alle Überlebende wie er. Sie haben sich mit Lebensmitteln eingedeckt und hoffen sich hier vor den Römern verborgenzuhalten, bis sich ihnen ein Weg zum Entkommen bietet.

Aber der Aufenthalt des Josephus, nach dem man eigentlich sucht, wird den Römern von einer Frau verraten. Damit ist die Situation von Grund auf verändert, und der zweite Akt beginnt, der weitaus interessanteste des ganzen Berichtes: man kann ihn wegen der Offenheit, mit der er vom Hauptakteur dargestellt wird, als einzigartig bezeichnen.

Die Römer versprechen ihm sein Leben. Sobald er ihnen glaubt, sind sie nicht mehr seine Feinde. Es ist, im tiefsten Sinne gesehen, eine Frage des Glaubens. Ein prophetisches Traumgesicht fällt ihm im rechten Augenblick ein. Er ist gewarnt worden, daß die Juden erliegen werden. Sie sind erlegen, vorläufig zwar nur in der Festung, die er befehligt hat. Das Glück ist auf der Seite der Römer. Das Gesicht, in dem ihm dies angekündigt wurde, kam von Gott. Mit Gottes Hilfe wird er auch den Weg zu den Römern finden. Er empfiehlt sich Gott und wendet sich nun seinen neuen Feinden zu, den Juden, die mit ihm zusammen in der Höhle sind. Sie wollen Selbstmord begehen, um nicht in die Hände der Römer zu fallen. Er, ihr Führer, der sie zum Kampfe aufgemuntert hatte, sollte als erster zu dieser Art des Unterganges bereit sein. Er ist aber fest entschlossen, zu leben. Er redet auf sie ein, durch hundert Argumente sucht er ihnen die Lust am Tode zu nehmen. Er hat keinen Erfolg. Was immer er gegen den Tod sagt, steigert ihre blinde Entschlossenheit und auch ihren Zorn gegen ihn, der sich entziehen will. Er sieht, daß er nur entkommen kann, wenn sie einander gegenseitig umbringen und er als letzter übrigbleibt. Er gibt ihnen also zum Scheine nach und verfällt auf die Idee des *Auslosens*.

Man wird sich seine Gedanken über die Art dieses Losens machen, es fällt schwer, nicht an einen Betrug zu glauben. Es ist die einzige Stelle seines Berichts, wo Josephus unklar bleibt. Er schreibt den erstaunlichen Ausgang dieser Todeslotterie der Gottheit oder dem Zufall zu, aber es wirkt so, als stelle er es der Klugheit des Lesers anheim, den wahren Hergang der Sache zu erraten. Denn was nun folgt, ist ungeheuerlich: vor seinen Augen schlachten sich seine Leute gegenseitig ab. Es geschieht aber nicht auf einmal; es geht alles der Reihe nach vor sich. Zwischen jedem Mord wird das Los geworfen. Jeder hat einen Genossen mit eigener Hand zu töten und wird dann vom nächsten, den das Los bezeichnet, selber umgebracht. Die religiösen Skrupel, die Josephus gegen den Selbstmord vorgebracht hat, gelten offenbar nicht für Mord. Mit jedem, den er fallen sieht, steigt bei ihm die Hoffnung auf seine eigene Errettung. Jeden einzelnen von ihnen und alle zusammen wünscht er tot; für sich selbst wünscht er nichts als Leben. Sie sterben gern in der Meinung, daß er, ihr Feldherr, mit ihnen stirbt. Sie können nicht annehmen, daß er als der letzte von allen übrigbleiben wird. Es ist nicht wahrscheinlich, daß sie sich diese Möglichkeit auch nur vorgestellt haben. Da aber einer doch der letzte sein muß, hat er auch dagegen vorgebaut: es wäre ein großes Unrecht, sagt er zu ihnen, wenn nach dem Tode seiner Gefährten der letzte sich's plötzlich reuen ließe und sein Leben rettete. Auf genau dieses Unrecht hatte er es abgesehen. Was man am wenigsten tun könnte, nach dem Tode aller Gefährten, das will er selber tun. Unter dem Vorwande, in diesem letzten Augenblick ganz zu ihnen zu gehören, einer der Ihren zu sein, schickt er sie alle in den Tod und rettet sich so das Leben. Sie ahnen nicht, was er fühlt, wenn er ihnen beim Sterben zusieht. Sie sind ganz im gemeinsamen Schicksal enthalten und glauben ihn auch darin; er aber steht außerhalb und hat es nur ihnen zugedacht. Sie sterben, damit er sich rettet.

Die Täuschung ist vollkommen. Es ist die Täuschung aller Führer. Sie geben sich so, als gingen sie ihren Leuten in den Tod voran. In Wahrheit aber schicken sie sie in den Tod voraus, um selber länger am

Leben zu bleiben. Die List ist immer dieselbe. Der Führer will überleben; er kräftigt sich daran. Wenn er Feinde zum Überleben hat, ist es gut; wenn nicht, hat er eigene Leute. Auf alle Fälle gebraucht er beide, abwechselnd oder zugleich. Die Feinde gebraucht er offen, dazu sind sie ja Feinde. Seine eigenen Leute kann er nur versteckt gebrauchen.

In der Höhle des Josephus wird diese List offenbar. Draußen stehen die Feinde. Sie sind die Sieger, aber ihre alte Drohung hat sich nun in eine Verheißung verwandelt. Drinnen in der Höhle stehen die Freunde. Sie setzen die alte Gesinnung ihres Führers fort, mit der er selbst sie erfüllt hat, und weigern sich, die neue Verheißung anzunehmen. So wird die Höhle, in der sich der Führer retten wollte, für ihn zur großen Gefahr. Er überlistet seine Freunde, die sich an ihm wie an sich selber vergreifen wollen, und schickt sie in den gemeinsamen Tod voraus. Von allem Anfang an entzieht er sich diesem in Gedanken und schließlich auch in der Tat. Er bleibt mit einem einzigen Genossen zusammen übrig. Da er, wie er sagt, seine Hände nicht mit dem Blute eines Landsmanns beflecken will, überredet er diesen, sich den Römern zu ergeben. Ihn allein kann er zum Leben überreden. Vierzig waren ihm zuviel gewesen. Die beiden retten sich zu den Römern.

So ist er auch aus dem Kampf mit seinen eigenen Leuten heil hervorgegangen. Genau das ist es, was er den Römern bringt: das erhöhte Gefühl seines eigenen Lebens, durch den Untergang seiner Leute genährt. Die Übermittlung dieser neu erworbenen Macht an Vespasian ist der dritte Akt in der Rettung des Josephus. Sie drückt sich in einer prophetischen Verheißung aus. Den Römern war der starre Gottesglaube der Juden sehr wohl bekannt. Sie wußten, daß es das Letzte war, wozu ein Jude sich bringen würde: leichtfertig im Namen Gottes zu sprechen. Josephus mußte sich sehr wünschen, Vespasian statt Nero als Kaiser zu sehen. Nero, zu dem man ihn senden wollte, hatte ihm sein Leben nicht zugesagt. Von Vespasian hatte er immerhin ein Wort. Es war ihm auch bekannt, daß Nero den viel älteren Vespasian, der bei seinen Gesangsdarbietungen einzuschlafen pflegte, verachtete. Er hatte ihn oft ungnädig behandelt und nur jetzt, da die Erhebung der Juden gefährliche Ausmaße annahm, als alten, erfahrenen General wieder hervorgeholt. Vespasian hatte allen Grund, Nero zu mißtrauen. Die Verheißung künftiger Herrschaft mußte ihm willkommen sein.

Josephus dürfte an diese Botschaft, die er Vespasian von Gott zu überbringen hatte, selber geglaubt haben. Das Prophezeien lag ihm im Blut. Er hielt sich für einen guten Propheten. Er brachte so den Römern etwas zu, was sie selber nicht hatten. Ihre Götter nahm er nicht ernst; was von ihnen kam, galt ihm als Aberglaube. Aber er wußte auch, daß er Vespasian, der wie jeder Römer die Juden und ihren Glauben verachtete, vom Ernst und der Gültigkeit seiner Botschaft überzeugen mußte. Die Sicherheit, mit der er auftrat, die Kraft, mit der er sich äußerte – er, ein einziger allein unter Feinden, denen er das Schlimmste zugefügt, die ihm vor kurzem noch geflucht hatten –, den Glauben an sich selbst, der stärker in ihm war als jeder andere Glaube, verdankte er dem Überleben unter seinen eigenen Leuten. Was ihm in der Höhle gelungen war, übertrug er auf Vespasian, der den dreißig Jahre jüngeren Nero und seine Nachfolger, deren nicht weniger als drei waren, alle überlebte. Jeder von ihnen fiel sozusagen von der Hand des anderen und Vespasian wurde römischer Kaiser.

Abneigung von Machthabern gegen Überlebende

Herrscher und Nachfolger

Muhammad Tughlah, der Sultan von Delhi, hatte verschiedene Pläne, die jene Alexanders oder Napoleons an Großartigkeit übertrafen: darunter war auch die Eroberung von China durch Überquerung des Himalaja. Eine Reiterarmee von 100 000 Mann wurde aufgestellt. Im Jahre 1337 zog diese Armee aus: sie ging im Hochgebirge grausam zugrunde. *Zehn* Mann davon, nicht mehr, gelang es, sich zu retten. Sie brachten die Nachricht vom Untergang aller anderen nach Delhi zurück. Diese zehn Mann wurden auf Befehl des Sultans *hingerichtet*.

Die Abneigung von Machthabern gegen Überlebende ist allgemein. Alles faktische Überleben betrachten sie als ihnen allein zugehörig, es ist ihr eigentlicher Reichtum, ihr kostbarster Besitz. Wer sich auf auffallende Weise erlaubt, unter gefährlichen Umständen, ganz besonders aber unter vielen anderen zu überleben, der pfuscht ihnen ins Handwerk, gegen den richtet sich ihr Haß.

Wo eine absolute Form von Herrschaft unangezweifelt bestand, im islamischen Orient zum Beispiel, da konnte die Wut von Machthabern auf Überlebende sich offen äußern. Die Vorwände, die sie für ihre Vernichtung vielleicht noch finden mußten, verschleierten nur dünn den nackten Affekt, von dem sie erfüllt waren.

Durch Abfall von Delhi bildete sich ein anderes islamisches Reich im Dekkan. Ein Sultan dieser neuen Dynastie, Muhammad Schah, stand während seiner ganzen Regierung im heftigsten Kampfe gegen die benachbarten Hindukönige. Eines Tages gelang den Hindus die Eroberung der wichtigen Stadt Mudkal. Alle ihre Bewohner, Männer, Frauen und Kinder, wurden umgebracht. Ein einziger Mann entkam und brachte die Nachricht in die Hauptstadt des Sultans. »Als dieser davon hörte«, sagt der Chronist, »wurde er von Schmerz und Wut überwältigt: er befahl, daß der unglückselige Bote sofort hingerichtet werde. Unmöglich könne er einen Elenden in seiner Gegenwart ertragen, der das Gemetzel so vieler tapferer Genossen mitangesehen und überlebt habe.«

Hier kann man immerhin noch von einem Vorwand sprechen, und es ist wahrscheinlich, daß dieser Sultan nicht wirklich wußte, warum er den Anblick des einzigen Geretteten nicht ertrug. Der Kalif von Ägypten, *Hakim*, der um das Jahr 1000 regierte, war sich über die Spiele der Macht viel klarer und genoß sie auf eine Weise, die an den Kaiser Domitian erinnert. Hakim liebte es, nachts unter allerhand Verkleidungen herumzustreifen. Bei einer seiner nächtlichen Wanderungen traf er auf einem Berge in der Nähe von Kairo zehn wohlbewaffnete Männer, die ihn erkannten und um Geld ansprachen. Er sagte zu ihnen: »Trennt euch in zwei Abteilungen und kämpft miteinander, wer den Sieg davonträgt, dem werde ich Geld geben.« Sie gehorchten und fochten so heftig, daß neun ums Leben kamen. Dem zehnten, der übrig war, warf nun Hakim aus seinem Ärmel eine große Menge Goldstücke hin. Aber während er sich niederbeugte, um sie aufzulesen, ließ ihn Hakim von seinen Fußbedienten in Stücke hauen. – Er bewies so eine klare Einsicht in den *Vorgang* des Überlebens; er genoß ihn als eine Art Vorführung, die er selbst heraufbeschwor, und hatte zum Schluß noch die Freude an der Vernichtung des Überlebenden.

Am eigentümlichsten ist die Beziehung des Machthabers zu seinem *Nachfolger*. Wenn es um eine Dynastie geht und der Nachfolger sein Sohn ist, wird die Beziehung zu diesem doppelt schwierig. Es ist natürlich, daß der Sohn ihn überlebt, wie jeder Sohn, und es ist natürlich, daß der Sohn die Passion fürs Überleben früh in sich steigert –

er soll selbst ein Machthaber werden. Beide haben jeden Grund, einander zu hassen. Ihre Rivalität, die von ungleichen Voraussetzungen ausgeht, steigert sich eben an dieser Ungleichheit zu besonderer Schärfe. Der eine, der die Macht in Händen hat, weiß, daß er vor dem anderen sterben soll. Der andere, der die Macht noch nicht hat, fühlt sich des Überlebens sicher. Der Tod des Älteren, der von allen Menschen am wenigsten sterben will – er wäre ja sonst kein Machthaber –, wird glühend herbeigesehnt. Andererseits wird der Regierungsantritt des Jüngeren mit allen Mitteln hinausgeschoben. Es ist ein Konflikt, für den es keine wirkliche Lösung gibt. Die Geschichte ist voll von Aufständen solcher Söhne gegen ihre Väter. Manchen gelingt es, die Väter zu stürzen, andere werden von ihnen besiegt und begnadigt oder umgebracht.

Es ist zu erwarten, daß in einer Dynastie von langlebigen und absoluten Herrschern die Aufstände der Söhne gegen ihre Väter zu einer Art von Einrichtung werden. Ein Blick auf die Moghul-Kaiser in Indien ist hier aufschlußreich. Prinz *Salim*, der älteste Sohn des Kaisers *Akbar*, ›brannte darauf, die Zügel der Regierung selbst in die Hand zu nehmen, und war wütend über das lange Leben seines Vaters, durch das er vom Genuß der hohen Würden ferngehalten wurde. Er beschloß, diese zu usurpieren, legte sich aus eigenem Gutdünken den Namen eines Königs bei und maßte sich die Rechte eines solchen an‹. So heißt es in einem zeitgenössischen Bericht der Jesuiten, die Vater und Sohn gut kannten und um beide warben. Prinz Salim bildete einen eigenen Hof. Er mietete Mörder, die den vertrautesten Freund und Ratgeber seines Vaters auf einer Reise aus dem Hinterhalt überfielen und töteten. Drei Jahre dauerte die Auflehnung des Sohnes; während dieser Zeit kam es einmal zu einer erheuchelten Versöhnung. Schließlich wurde Salim mit der Einsetzung eines anderen Thronerben bedroht und nahm unter diesem Druck eine Einladung an den Hof seines Vaters an. Er wurde erst mit Herzlichkeit empfangen; dann zog ihn sein Vater in ein inneres Gemach, ohrfeigte ihn und sperrte ihn in ein Badezimmer ein. Er übergab ihn einem Arzte und zwei Dienern, als sei er geisteskrank; der Wein, dem er sehr zugetan war, wurde ihm entzogen. Um diese Zeit war der Prinz in seinem 36. Jahr. Nach einigen Tagen entließ ihn Akbar und setzte ihn wieder in seine Würde als Thronfolger ein. Im nächsten Jahre starb Akbar an einer Dysenterie. Man sprach davon, daß sein Sohn ihn vergiftet habe; doch ist

Sicherheit über diese Vermutung heute nicht mehr zu gewinnen. ›Nach dem Tode seines Vaters, den er so sehr ersehnt hatte‹, wurde Prinz Salim endlich Kaiser; er nannte sich Jahangir.

Akbar hatte 45 Jahre regiert, *Jahangir* regierte 22 Jahre. Aber in dieser halb so langen Regierungszeit erlebte er genau dasselbe wie sein Vater. Sein Lieblingssohn *Shah Jahan*, den er selbst zu seinem Thronfolger ernannt hatte, erhob sich gegen ihn und führte drei Jahre lang gegen ihn Krieg. Shah Jahan wurde geschlagen und suchte bei seinem Vater um Frieden nach. Er wurde unter einer harten Bedingung begnadigt: er mußte seine zwei eigenen Söhne als Geiseln an den kaiserlichen Hof entsenden. Er selber hütete sich wohl, seinem Vater je wieder unter die Augen zu kommen, und wartete seinen Tod ab. Zwei Jahre nach dem Friedensschluß starb Jahangir und Shah Jahan wurde Kaiser.

Shah Jahan regierte 30 Jahre. Was er seinem Vater angetan hatte, das geschah nun ihm; aber sein Sohn hatte mehr Glück. *Aurangzeb*, der Jüngere der beiden, die einmal als Geiseln am Hofe des Großvaters gelebt hatten, erhob sich gegen seinen Vater und den älteren Bruder. Der berühmte ›Nachfolgekrieg‹, der sich nun entspann und von europäischen Augenzeugen geschildert worden ist, endete mit einem Siege Aurangzebs. Den Bruder ließ er hinrichten, den Vater hielt er acht Jahre lang, bis zu seinem Tode, in Gefangenschaft.

Aurangzeb machte sich bald nach seinem Siege selbst zum Kaiser und regierte ein halbes Jahrhundert. Seinem eigenen Lieblingssohn riß schon lange vorher die Geduld. Er rebellierte gegen den Vater, aber der Alte war viel schlauer als der Sohn und verstand es, ihm seine Bundesgenossen abspenstig zu machen. Der Sohn mußte nach Persien flüchten und starb noch vor ihm im Exil.

Faßt man die dynastische Geschichte des Moghulreiches als Ganzes ins Auge, so bietet sich ein erstaunlich uniformes Bild. Die Zeit seines Glanzes dauert 150 Jahre; in dieser Zeit regieren nicht mehr als vier Kaiser, einer der Sohn des anderen, jeder von ihnen zäh und langlebig und mit allen Fasern seines Herzens an der Macht hängend. Ihre Regierungszeiten sind von auffallender Dauer, Akbar regiert 45, sein Sohn 22, sein Enkel 30 und sein Urenkel 50 Jahre. Von Akbar angefangen hält keiner der Söhne die Wartezeit aus, jeder, der später Kaiser wird, erhebt sich als Prinz gegen seinen Vater. Diese Aufstände gehen verschieden aus, Jahangir und Shah Jahan werden geschlagen und von ihren Vätern begnadigt. Aurangzeb nimmt seinen Vater gefangen und setzt ihn ab. Sein eigener Sohn später stirbt erfolglos im Exil. Mit dem Tod Aurangzebs selbst ist die Macht des Moghulreiches zu Ende.

In dieser langlebigen Dynastie ist jeder Sohn gegen seinen Vater aufgestanden, und jeder Vater hat gegen seinen Sohn Krieg geführt.

Das extremste Gefühl von Macht besteht dort, wo der Herrscher gar keinen Sohn *will*. Am besten bezeugt ist der Fall *Shakas*, der im ersten Drittel des vorigen Jahrhunderts die Nation und das Reich der *Zulus* in Südafrika begründete. Er war ein großer Feldherr, man hat ihn mit Napoleon verglichen, und einen nackteren Machthaber als ihn hat es kaum je gegeben. Er weigerte sich zu heiraten, weil er keinen legitimen Erben wollte. Auch die inständigen Bitten seiner Mutter, die er immer mit Auszeichnung behandelte, vermochten ihn nicht umzustimmen. Sie wünschte sich nichts mehr als einen Enkel, er beharrte bei seinem Entschluß. Sein Harem bestand aus Hunderten von Frauen, zuletzt waren es ihrer 1200; ihr offizieller Titel lautete ›Schwestern‹. Es war ihnen verboten, schwanger zu sein oder gar ein Kind zu gebären. Sie standen unter strenger Kontrolle. Jede schwangere ›Schwester‹, die sich ertappen ließ, wurde mit dem Tode bestraft. Das Kind einer dieser Frauen, das ihm verheimlicht worden war, tötete Shaka mit eigener Hand. Er tat sich viel auf seine Liebeskunst zugute, er hatte sich immer in der Gewalt und war darum des Glaubens, daß keine Frau von ihm empfangen könne. So geriet er nicht in die Lage, sich vor einem heranwachsenden Sohn zu fürchten. – Er wurde im Alter von 41 Jahren von zweien seiner Brüder umgebracht.

Wenn es erlaubt wäre, von irdischen auf göttliche Machthaber abzuschweifen, so ließe sich hier des Gottes Mohammeds gedenken, dessen Alleinherrschaft von allen Göttern die unbestrittenste ist. Er steht von allem Anfang an auf seiner Höhe und hat nicht erst wie der Gott des Alten Testaments gegen ernsthafte Nebenbuhler zu kämpfen. Im Koran wird immer wieder auf das heftigste beteuert, daß er von keinem gezeugt wurde, aber auch *keinen zeugt*. Die Polemik gegen das Christentum, die sich darin ausdrückt, entspringt dem Gefühl für die Einheit und Unteilbarkeit seiner Macht.

Im Gegensatz dazu gibt es orientalische Herrscher mit Hunderten von Söhnen, die es erst untereinander auskämpfen müssen, wer wirklich Nachfolger wird. Es ist anzunehmen, daß das Bewußtsein ihrer

Feindschaft untereinander dem Vater etwas von der Bitterkeit über die Nachfolge irgendeines von ihnen benimmt.

Vom tieferen Sinn der Nachfolge, ihrer Absicht und ihrem Vorteil ist in anderem Zusammenhang die Rede. Hier soll nur bemerkt werden, daß Machthaber und Nachfolger in einer besonderen Art von Feindschaft zueinander stehen, die eben mit der Stärke dieser eigentümlichsten Leidenschaft der Macht, der Leidenschaft für das Überleben, zunehmen muß.

Die Formen des Überlebens

Eine Betrachtung der Formen des Überlebens ist nicht müßig, es gibt ihrer viele, und es ist wichtig, keine von ihnen außer acht zu lassen.

Der früheste Vorgang im Leben jedes Menschen, lange vor der Geburt und ihr an Bedeutung gewiß überlegen, der Vorgang der *Zeugung*, ist unter diesem wichtigen Aspekt des Überlebens noch nicht gesehen worden. Von dem Augenblick an, da die Samenzelle in die Eizelle eingedrungen ist, weiß man viel, man möchte sagen bald alles. Man hat sich aber kaum Gedanken darüber gemacht, daß es eine überwältigende Zahl von Zellen gibt, die bei der Zeugung nicht ans Ziel kommen, obwohl sie am Gesamtvorgang intensiv beteiligt sind. Es ist nicht *eine* vereinzelte Samenzelle, die ihren Weg zum Ei sucht. Es sind ihrer etwa 200 Millionen. In *einem* Erguß werden sie zusammen ausgestoßen und bewegen sich nun dicht gedrängt auf *ein* Ziel hin.

Ihre Zahl ist also ungeheuer. Da sie alle durch Teilung entstanden sind, sind sie untereinander gleich; ihre Dichte könnte kaum größer sein, und sie haben alle ein und dasselbe Ziel. Man wird sich erinnern, daß es eben diese vier Züge sind, die als die wesentlichen Eigenschaften der Masse bezeichnet wurden.

Es erübrigt sich zu betonen, daß eine Masse, die aus Samenzellen besteht, nicht dasselbe sein kann wie eine Masse aus Menschen. Aber eine Analogie und vielleicht mehr als eine bloße Analogie zwischen beiden Phänomenen ist unzweifelhaft gegeben.

Alle diese Samenzellen gehen, sei es auf dem Wege zum Ziel, sei es später in seiner unmittelbaren Nähe, *zugrunde*. Ein einziger Same dringt in die Eizelle ein. Man kann ihn sehr wohl als den Überlebenden bezeichnen. Er ist sozusagen ihr Führer, und ihm ist gelungen, worauf jeder Führer offen oder heimlich hofft: es ist ihm gelungen, alle, die er geführt hat, zu überleben. Aus diesem Überlebenden von 200 Millionen seinesgleichen entsteht jeder Mensch.

Von dieser elementaren, wenn auch nie erwogenen Form gehen wir auf andere über, die vertrauter sind. In den vorangehenden Abschnitten war besonders viel vom *Töten* die Rede. Man steht gegen Feinde: gegen einen einzelnen Feind, in Mord und heimlichem Überfall oder im Zweikampf; gegen eine Meute, von der man sich umzingelt fühlt, oder schließlich gegen eine ganze Masse. Hier ist man nicht allein, mit den eigenen Leuten zusammen stürzt man sich in die Schlacht. Doch empfindet man das Überleben um so mehr als einem allein zugehörig, je höher man im Rang steht. Der ›Feldherr‹ siegt. Aber da von den eigenen Leuten auch viele gefallen sind, ist der Haufen der Toten ein gemischter, aus Freund und Feind bestehend; die Schlacht leitet über zum ›neutralen‹ Falle der *Epidemie.*

Das Töten grenzt hier ans *Sterben*, und zwar an seinen ungeheuerlichsten Fall, das Sterben in Epidemien und Naturkatastrophen. Hier überlebt man alle, die sterblich sind, Freund und Feind zugleich. Alle Beziehungen lösen sich auf, das Sterben kann so allgemein werden, daß man nicht mehr weiß, wer begraben wird. Sehr bezeichnend sind die immer wiederkehrenden Geschichten von Menschen, die unter den Toten, mitten in ihrem Haufen, zum Leben zurückkommen: sie wachen unter Toten auf. Solche Leute neigen dazu, sich für unverletzlich zu halten, Pesthelden sozusagen.

Eine maßvollere und verdeckte Genugtuung folgt aus dem *vereinzelten* Sterben der Menschen. Es handelt sich um Angehörige und Freunde. Man tötet nicht selbst, man fühlt sich nicht angegriffen. Man tut nichts dazu, aber man erwartet den Tod der anderen. Die Jüngeren überleben die Älteren, der Sohn den Vater.

Der Sohn findet es natürlich, daß der Vater vor ihm stirbt. Die Pflicht gebietet ihm, an sein Sterbelager zu eilen, ihm die Augen zuzudrücken und ihn zu Grabe zu tragen. Während dieser Vorgänge, die über Tage ausgebreitet sind, liegt der eigene Vater tot vor ihm da. Der ihm befehlen konnte wie kaum ein Mensch ist verstummt. Hilflos muß er sich alle Hantierungen an seinem Leib gefallen lassen, und der Sohn, der einst während vieler Jahre am meisten in seiner Gewalt war, ordnet sie an.

Die Genugtuung am Überleben ist selbst hier vorhanden. Sie ergibt sich aus dem Verhältnis der beiden, von denen der eine während vieler Jahre selber schwach und hilflos und ganz in der Gewalt des anderen war, und dieser, der ehemals Allmächtige ist es, der nun gestürzt und ausgelöscht ist, und jener verfügt über seine leblosen Reste.

Alles, was der Vater hinterläßt, stärkt den Sohn. Die Erbschaft ist seine Beute. Er kann damit alles anders tun, als der Vater es getan hätte. War dieser sparsam, so kann der Sohn ein Verschwender, war er klug, so kann der Sohn kopflos sein. Es ist wie ein neues Gesetz, dessen Gültigkeit nun erklärt wird. Der Bruch ist gewaltig, er ist irreparabel. Durch Überleben ist er zustande gekommen; es ist die persönlichste und intimste Form davon.

Ganz anders ist das Überleben *unter Gleichaltrigen,* den eigenen Altersgenossen, beschaffen. Die Tendenz zu überleben wird hier, da es um die eigene Gruppe geht, durch mildere Formen der Rivalität verdeckt. Eine Gruppe von Gleichaltrigen wird zu einer Altersklasse zusammengefaßt. In bestimmten Riten, die aus schweren und oft grausamen Prüfungen bestehen, steigen die jungen Menschen von einer Klasse in die nächsthöhere auf. Man kann – doch das ist die Ausnahme – an einer solchen Prüfung zugrunde gehen.

Die *Alten,* die Männer, die nach Ablauf einer gewissen Anzahl von Jahren noch am Leben sind, genießen schon unter den Naturvölkern ein sehr hohes Ansehen. Bei diesen sterben die Menschen im allgemeinen früher; sie leben unter größeren Gefahren und sind Krankheiten viel mehr ausgesetzt als wir. Es ist für sie eine Leistung, ein gewisses Alter zu erreichen, und sie hat ihren Lohn in sich. Nicht nur wissen diese Alten mehr, nicht nur haben sie in mehr Situationen Erfahrung erworben, sie haben sich auch bewährt, weil sie noch da sind. Sie müssen Glück gehabt haben, um aus Jagden, Kriegen und Unglücksfällen davongekommen zu sein. Im Laufe all dieser Gefahren ist ihr Ansehen gewachsen. Ihre Siege über Feinde können sie durch Trophäen ausweisen. Ihre kontinuierliche Existenz als Mitglied einer Horde, die nie aus sehr vielen Menschen besteht, ist für diese besonders auffallend. Viele Anlässe zur Klage haben sie miterlebt. Sie aber sind noch da, und die Tode der Angehörigen ihrer eigenen Altersgruppe tragen zu ihrem Ansehen bei. Dieser Sachverhalt mag den Mitgliedern einer Gruppe nicht so klar bewußt sein wie die Bewertung von Siegen über Feinde. Eines aber ist unbestreitbar: der elementarste und augenscheinlichste Erfolg ist der, noch am Leben zu sein. Die Alten sind nicht nur da, sie sind *noch* da. Sie können sich nach Belieben junge Frauen nehmen, während die Burschen sich manchmal mit alten zufriedengeben müssen. Es ist Sache der alten Männer, zu bestimmen, wohin man wandert, gegen wen man Krieg führt, mit wem man sich verbündet. Soweit unter solchen Lebensverhältnissen von Regierung die Rede sein kann, sind sie es, die Alten, die zusammen regieren.

Der Wunsch nach einem langen Leben, der in den meisten Kulturen eine große Rolle spielt, bedeutet in Wirklichkeit, daß man die eigenen Altersgenossen überleben will. Man weiß, daß viele früh sterben, und will für sich ein anderes Schicksal. Indem man die Götter um ein langes Leben bittet, nimmt man sich von seinen Genossen aus. Im Gebet erwähnt man diese zwar nicht, aber was man sich vorstellt, ist, daß man älter wird als sie. Das ›gesunde‹ Phänomen der Langlebigkeit ist ein *Patriarch*, der viele Geschlechter von seinen Nachkommen überschauen kann. Man denkt an keinen anderen Patriarchen daneben. Es ist, als beginne ein neues Geschlecht mit ihm. Solange Enkel und Urenkel von ihm am Leben sind, schadet es auch gar nichts, wenn ihm einzelne seiner Söhne in den Tod vorangegangen sind; es erhöht sein Ansehen, daß sein Leben zäher war als das ihre.

In der Klasse der Ältesten bleibt zum Schlusse ein einziger, eben der Allerälteste, übrig. Nach seiner Lebensdauer wird das *etruskische Jahrhundert* bestimmt. Es verlohnt sich, einige Worte darüber zu verlieren.

Das ›Jahrhundert‹ bei den Etruskern ist von wechselnder Länge, bald kurz, bald gedehnt, und muß jedesmal in seiner Dauer erst bestimmt werden. In jeder Generation gibt es einen Mann, der älter als alle übrigen wird. Wenn dieser Älteste, der die anderen alle überlebt hat, stirbt, geben die Götter den Menschen gewisse Zeichen. Nach diesem Zeitpunkt seines Todes richtet sich die Länge des Jahrhunderts: war der Überlebende 110 Jahre alt, so zählt dieses Jahrhundert 110 Jahre; starb er mit 105, so kommt nur ein kürzeres Säkulum von 105 Jahren zustande. Der Überlebende *ist* das Jahrhundert, die Jahre seines Lebens machen es aus.

Jede Stadt und jedes Volk hat eine vorbestimmte Dauer. Der Nation der Etrusker stehen zehn solcher Jahrhunderte zu; sie werden von der Gründung einer Stadt an gerechnet. Wenn der Überlebende jeder Generation besonders lange aushält, so wird die Nation als ganze um vieles älter. Dieser Zusammenhang ist auffallend; als religiöse Institution ist er einzigartig.

Das Überleben auf *zeitliche Distanz* ist die einzige Form, in der man unschuldig bleibt. Menschen, die lange vor einem da waren, die man selbst nicht gekannt hat, kann man nicht getötet, man kann ihren Tod nicht erwünscht, man kann ihn nicht abgewartet haben. Man erfährt, daß sie da waren, wenn sie schon nicht mehr sind. Durch das Bewußtsein von ihnen verhilft man ihnen sogar zu einer allerdings sehr gelinden und oft auch leeren Form des Überlebens. Man dient ihnen in dieser Hinsicht vielleicht mehr, als man sich ihrer bedient. Doch läßt sich zeigen, daß auch sie zum eigenen Gefühl des Überlebens beisteuern.

Es gibt so das Überleben der *Vorfahren*, die man nicht selbst gekannt, und das der *vorausgegangenen Menschheit* überhaupt. Das Erlebnis des letzteren Falles hat man auf Friedhöfen. Es berührt sich mit dem Überleben in einer Epidemie: statt der Pest ist diese Epidemie der Tod überhaupt, und sie ist aus vielen Zeiten an einen einzigen Ort zusammengetragen worden.

Es ließe sich einwenden, daß in dieser Untersuchung des Überlebenden nichts anderes behandelt wird, als was unter dem älteren Begriff des *Selbsterhaltungs*-Triebes immer schon bekannt war.

Aber deckt sich das eine wirklich mit dem anderen? Sind sie dasselbe? Wie stellt man sich die Wirksamkeit des Selbsterhaltungstriebes vor? Es scheint mir, daß dieser Begriff schon darum nicht treffend ist, weil er den einzelnen Menschen *allein* setzt. Der Akzent liegt einmal auf *Selbst.* Wichtiger noch ist der zweite Teil des Wortes, die ›Erhaltung‹. Man meint damit eigentlich zweierlei: einmal, daß jedes Geschöpf *essen* muß, um am Leben zu bleiben, und zweitens, daß es sich gegen Angriffe, auf welche Art immer, *verteidigt.* Man sieht sozusagen ein Geschöpf als Monument erstarrt vor sich, das mit der einen Hand Nahrung zu sich nimmt und mit der anderen sich einen Feind vom Leibe hält. Ein friedliches Geschöpf im Grunde! Wenn man es in Ruhe ließe, würde es eine Handvoll Kräuter fressen und niemandem das geringste zuleide tun.

Gibt es eine Vorstellung, die dem Menschen unangemessener, die verfehlter und lächerlicher wäre? Es ist wahr, der Mensch ißt, aber nicht dasselbe wie eine Kuh, und er wird auch nicht auf die Weide geführt. Die Art, wie er sich seine Beute verschafft, ist tückisch, blutig und zäh, und schon gar nicht ist er passiv dabei. Feinde hält er sich nicht mild vom Leib, sondern er greift sie schon an, wenn er sie in der Ferne wittert. Seine Angriffswaffen sind besser entwickelt als die Waffen, die der Verteidigung dienen. Der Mensch will sich erhalten, gewiß, aber es gibt andere Dinge, die er zugleich will und die davon nicht abzulösen sind. Der Mensch will töten, um andere zu überleben. Er will nicht sterben, um von anderen nicht überlebt zu werden. Wenn man beides als Selbsterhaltung zusammenfassen könnte, so hätte der Ausdruck einen Sinn. Es ist aber nicht einzusehen, warum man an einem so ungefähren Begriffe festhalten soll, wenn ein anderer mehr von der Sache faßt.

Alle aufgezählten Formen des Überlebens sind uralt, sie finden sich schon, wie im folgenden nachgewiesen wird, bei den Naturvölkern.

Der Überlebende im Glauben der Naturvölker

Unter *Mana* versteht man in der Südsee eine Art von übernatürlicher und unpersönlicher Macht, die von einem Menschen auf den anderen übergehen kann. Sie ist sehr erstrebenswert, und es ist möglich, sie in einzelnen Individuen anzureichern. Ein tapferer Krieger kann sie in hohem Maße erwerben. Er verdankt sie aber nicht seiner Erfahrenheit im Kampfe oder seiner Körperkraft, sondern sie geht als das Mana seines erschlagenen Feindes auf ihn über.

›So konnte auf den *Marquesas* ein Stammeszugehöriger durch persönliche Tapferkeit zum Kriegshäuptling werden. Man nahm an, daß der Krieger in seinem Leibe das Mana aller derer enthalte, die er getötet hatte. Im Verhältnis zu seiner Tapferkeit wuchs sein eigenes Mana. Doch war in der Vorstellung des Eingeborenen seine Tapferkeit das *Ergebnis* und nicht die Ursache seines Mana. Mit jeder Tötung, die ihm gelang, wuchs auch das Mana seines Speers. Der Sieger im Kampfe von Mann zu Mann nahm den Namen des erschlagenen Feindes an: dies war das Zeichen dafür, daß seine Macht nun ihm gehöre. Um sich sein Mana unmittelbar einzuverleiben, aß er von seinem Fleisch; und um diesen Zuwachs an Macht in einer Schlacht an sich zu fesseln, um sich des intimen Rapports mit dem erbeuteten Mana zu versichern, trug er als Teil seiner Kriegsausrüstung irgendein körperliches Überbleibsel des besiegten Feindes an sich – einen Knochen, eine vertrocknete Hand, manchmal sogar einen ganzen Schädel.‹

Die Wirkung des Sieges auf den Überlebenden läßt sich nicht klarer fassen. Indem er den anderen getötet hat, ist er stärker geworden, und der Zuwachs an Mana macht ihn zu neuen Siegen fähig. Es ist eine Art von Segen, den er dem Feinde entreißt, aber er kann ihn nur bekommen, wenn dieser tot ist. Die physische Gegenwart des Feindes, lebend und tot, ist unerläßlich. Es muß gekämpft und es muß getötet worden sein; auf den eigenen Akt des Tötens kommt alles an. Die handlichen Teile der Leiche, deren der Sieger sich versichert, die er sich einverleibt, mit denen er sich behängt, erinnern ihn immer an den Zuwachs seiner Macht. Er fühlt sich stärker durch sie und erregt mit ihnen Schrecken: jeder neue Feind, den er herausfordert, zittert vor ihm und sieht sein eigenes Schicksal furchtbar vor sich.

Eine mehr persönliche, aber ebenso vorteilhafte Beziehung zwischen dem Töter und dem Erschlagenen besteht nach dem Glauben der *Murngin* im australischen *Arnhem*-Land. Der Geist des Erschlagenen geht in den Körper des Töters ein und verleiht ihm doppelte Stärke, er wird tatsächlich *größer*. Es läßt sich denken, daß dieser Gewinn die jungen Männer zum Kriege anreizt. Jeder sucht sich einen Feind, um sich seiner Kraft zu bemächtigen. Doch gelingt ihm seine Absicht nur, wenn er ihn *nachts* erschlägt, denn bei Tag hat das Opfer seinen Mörder gesehen und ist dann viel zu zornig, um in seinen Leib einzugehen.

Dieser Vorgang des ›Eingehens‹ ist genau geschildert worden. Er ist so merkwürdig, daß ein guter Teil der Schilderung hier folgen soll.

›Wenn ein Mann während eines Krieges einen anderen getötet hat, kehrt er heim und nimmt keine gekochte Nahrung zu sich, bis die Seele des Toten sich ihm nähert. Er kann sie kommen *hören,* denn der Schaft des Speeres hängt noch an der Steinspitze, die im Toten steckt; er schleift am Boden, schlägt gegen Büsche und Bäume und macht beim Gehen Lärm. Sobald der Geist ganz nahe ist, hört der Töter Laute, die aus der Wunde des Toten kommen.

Er faßt den Speer, entfernt die Spitze und legt dieses Ende des Schafts zwischen die große und die zweite Zehe. Das andere Ende des Schafts wird gegen die Schulter gelehnt. Die Seele betritt nun die Vertiefung, in der die Speerspitze früher lag, nimmt ihren Weg ins Bein des Töters hinauf und dann in seinen Leib. Sie geht wie eine

Ameise. Sie tritt in den Magen ein und verschließt ihn. Dem Manne wird übel, und er hat Fieber im Bauch. Er reibt seinen Magen und ruft laut den Eigennamen des Mannes, den er getötet hat. Das heilt ihn, und er fühlt sich wieder gesund: denn der Geist verläßt den Magen und betritt das Herz. Sobald er im Herzen ist, hat das die Wirkung, als ob das Blut des Toten nun im Töter wäre. Es ist, als habe der Mann, bevor er starb, sein Lebensblut dem andern gegeben, der ihn töten würde.

Der Töter, der nun größer und ganz besonders stark geworden ist, erwirbt alle Lebenskraft, die der Tote einst besaß. Träumt er, so sagt ihm die Seele, daß sie Nahrung für ihn habe, und gibt ihm die Richtung an, wo er sie finden könne. »Dort unten beim Fluß«, sagt sie, »wirst du viele Känguruhs finden«, oder »in jenem alten Baum drüben ist ein großes Nest von Honigbienen«, oder »gleich bei der Sandbank dort wirst du eine große Schildkröte speeren, und am Strand wirst du viele Eier finden.«

Der Töter horcht, und nach einer kleinen Weile schleicht er sich vom Lager weg und geht in den Busch hinaus, wo er die Seele des Toten trifft. Die Seele kommt ganz nahe heran und legt sich nieder. Der Töter erschrickt und ruft: »Wer ist das? Da ist jemand?« Er wendet sich an die Stelle, wo der Geist des Toten war, und findet da ein Känguruh. Es ist ein ungewöhnlich kleines Tier. Er betrachtet es und versteht, was das bedeutet: es ist genau an der Stelle, wo er die Bewegungen des Geistes gehört hatte. Er nimmt Schweiß aus seiner Achselhöhle und reibt ihn auf den Arm. Er hebt seinen Speer, ruft laut den Namen des Toten und trifft das Tier. Es ist gleich tot, aber es wächst sehr im Sterben. Er versucht es zu heben, aber er findet das unmöglich, weil es so groß geworden ist. Er läßt die Beute liegen und kehrt ins Lager zurück, um es seinen Freunden zu sagen. »Ich habe eben die Seele des toten Mannes getötet«, sagt er. »Laßt niemand davon wissen, er könnte wieder zornig werden.« Seine engeren Freunde und Verwandten gehen mit ihm zurück, um ihm beim Häuten des Tieres zu helfen und es zum Essen herzurichten. Beim Aufschneiden finden sie überall Fett, und das gilt als einer der größten Leckerbissen. Erst werden nur ganz kleine Stücke aufs Feuer gelegt. Man kostet vorsichtig davon, und immer schmeckt das Fleisch unangenehm.

Dann wird das ganze Tier gekocht, und die Teile, die man mehr schätzt, werden genossen. Der Rest wird zum Hauptlager zurückgetragen. Die alten Männer sehen sich's an: es ist ein ungeheuer großes Tier. Sie stellen sich rundherum auf, einer fragt:

»Wo hast du es getötet?«

»Dort oben beim Fluß.«

Die Alten wissen wohl, daß es sich um keine gewöhnliche Beute handelt, denn überall ist Fett. Nach einer kurzen Weile fragt einer der Alten:

»Hast du eine gewisse Seele draußen im Busch gesehen?«

»Nein«, lügt der junge Mann.

Die Alten kosten vom Fleisch, aber es hat einen anderen Geschmack, es ist nicht wie ein gewöhnliches Känguruh.

Die Alten schütteln zustimmend die Köpfe und schnalzen mit den Zungen: »Und du hast doch die Seele des Toten gesehen!«‹ –

Der Überlebende verschafft sich hier die Kraft und das Blut seines Feindes. Nicht nur er selbst schwillt an, auch seine tierische Beute wird fetter und größer. Es ist ein persönlicher und sehr unmittelbarer Gewinn, den er vom Feinde bezieht. So ist das Denken des jungen Mannes schon sehr früh auf Krieg gerichtet. Doch da sich das ganze Geschäft heimlich und bei Nacht abspielt, hat es mit den Vorstellungen von Helden, wie sie bei uns überliefert sind, recht wenig gemein.

Den Helden, wie wir ihn kennen, der sich furchtlos und ganz allein mitten unter die Feinde stürzt, trifft man auf den *Fidschi*-Inseln. In einer Sage wird von einem Knaben berichtet, der bei seiner Mutter aufwächst, ohne seinen Vater zu kennen. Unter Drohungen zwingt er sie, ihm den Namen seines Vaters zu nennen. Sobald er erfahren hat, daß es der Himmelskönig ist, macht er sich auf den Weg zu ihm. Der Vater ist enttäuscht über ihn, weil er so klein ist. Er braucht Männer, keine Knaben, denn er führt gerade Krieg. Die Männer um den König lachen über das Kind, da spaltet dieses mit einer Keule einem der Lacher den Schädel. Der König ist ganz entzückt und fordert ihn auf zu bleiben.

›Am nächsten Morgen in aller Frühe kamen die Feinde mit Kriegsgeschrei zur Stadt herauf und riefen: »Komm heraus zu uns, o Himmelskönig, denn wir sind hungrig. Komm heraus zu uns, damit wir essen.«

Da erhob sich der Knabe und sagte: »Niemand möge mir folgen. Bleibt ihr alle in der Stadt!« Er nahm seine selbstgefertigte Keule in die Hand, stürzte hinaus mitten unter die Feinde und schlug wütend um sich, nach rechts und nach links. Mit jedem Schlage tötete er einen, bis sie schließlich vor ihm flohen. Er setzte sich auf einen Haufen von Leichen und rief seine Leute in der Stadt: »Kommt heraus und schleppt die Erschlagenen fort!« Sie kamen heraus, sie sangen den Todesgesang, sie schleppten die 42 Leichen der Erschlagenen fort, während in der Stadt die Trommeln schlugen.

Viermal noch schlug der Knabe die Feinde seines Vaters, so daß ihre Seelen klein wurden und sie mit Friedensangeboten zum Himmelskönig kamen: »Erbarme dich unser, o Herr, laß uns am Leben!« So war er ohne Feind, und seine Herrschaft erstreckte sich über den ganzen Himmel.‹

Der Knabe nimmt es hier allein mit allen Feinden auf, keiner seiner Schläge ist vergebens. Am Ende sieht man ihn auf einem Leichenhaufen sitzen, und jeden, auf dem er sitzt, hat er persönlich umgebracht. Aber man denke nicht, daß es nur in der Sage so zugeht. Es gibt vier ganz verschiedene Fidschi-Namen für Helden. Koroi ist der Töter *eines* Menschen. Koli heißt, wer zehn, Visa, wer zwanzig, und Wangka einer, der dreißig Leute erschlagen hat. Ein berühmter Häuptling, der mehr geleistet hatte, hieß Koli-Visa-Wangka, er war der Töter von zehn + zwanzig + dreißig, also von sechzig Menschen.

Die Leistungen solcher Großhelden sind vielleicht noch imponierender als die der unseren, denn nachdem sie sie getötet haben, essen sie ihre Feinde auch auf. Ein Häuptling, der einen besonderen Haß gegen jemand gefaßt hat, behält sich vor, diesen ganz allein aufzuessen, und gibt dann wirklich niemand ein Stück von ihm ab.

Aber der Held, wird man einwenden, zieht nicht nur gegen Feinde aus. Seine Hauptdomäne in der Sage sind gefährliche Ungeheuer, von denen er sein Volk befreit. Das Ungeheuer zehrt allmählich ein ganzes Volk auf, und niemand vermag sich seiner zu erwehren. Im besten Fall kommt es zu einer Regelung des Schreckens: soundso viele Menschen werden ihm jährlich zum Fraße ausgeliefert. Da erbarmt sich der Held seines Volkes, zieht ganz allein aus und erschlägt eigenhändig unter großen Gefahren das Monstrum. Das Volk ist ihm dankbar, sein Andenken wird treu bewahrt. In seiner Unverletzlichkeit, durch die er die andern alle gerettet hat, erscheint er als Lichtgestalt.

Doch gibt es Mythen, in denen der Zusammenhang dieser Lichtgestalt mit Leichenhaufen, und nicht nur solchen von Feinden, klar erkannt wird. Die konzentrierteste dieser Mythen stammt vom südamerikanischen Volk der *Uitoto.* Sie findet sich in der bedeutenden und noch viel zu wenig beachteten Sammlung von *K. Th. Preuss* und folgt hier, soweit sie sich auf unseren Gegenstand bezieht, in gekürzter Form.

›Zwei Mädchen, die mit ihrem Vater am Ufer eines Flusses wohnten, sahen eines Tages im Wasser eine sehr hübsche, winzige Schlange und versuchten, sie zu fangen. Sie entschlüpfte ihnen aber immer wieder, bis ihr Vater ihnen auf ihr Bitten ein ganz feinmaschiges Sieb flocht. Darin fingen sie das Tierchen und brachten es nach Haus. Sie taten es in einen kleinen Topf mit Wasser und setzten ihm allerhand Nahrung vor, aber es verschmähte alles. Erst als der Vater durch einen Traum auf den Gedanken kam, die Schlange mit einer besonderen Art von Stärke zu füttern, begann sie richtig zu fressen. Sie wurde nun dick wie ein Faden und dann wie eine Fingerspitze, und die Mädchen setzten sie in einen größeren Topf. Das Tier fraß weiter Stärke und wurde dick wie ein Arm. Nun setzten sie es in einen kleinen See: Es fraß immer gieriger Stärke, und bei der Fütterung war es so hungrig, daß es mit der Nahrung gleich die Hand und den Arm des fütternden Mädchens in den Rachen faßte. Bald war es groß wie ein Baum, der ins Wasser gefallen ist. Es begann, aufs Ufer zu gehen und Hirsche und andere Tiere zu fressen, aber auf Lockrufe kam es noch immer herbei, um die ungeheuren Mengen von Stärke zu verschlingen, die die Schwestern ihm bereiteten. Es machte sich eine Höhle unter den Dörfern und Stämmen und begann, die Vorfahren der Menschen zu fressen, die ersten Leute auf der Welt. »Liebling, komm fressen«, riefen die Mädchen, da kam die Schlange hervor, faßte den Behälter mit der Stärke, den eine der Schwestern im Arme hielt, bis zu ihrem Kopf, verschlang das Mädchen und schleppte es fort.

Die andere Schwester ging weinend es dem Vater erzählen. Er beschloß, sich zu rächen. Er leckte Tabak, wie man es bei diesen Leuten immer tut, wenn man den Tod eines Wesens beschließt, berauschte sich, und im Traume fiel ihm ein Mittel ein, wie er sich rächen könne. Er bereitete Stärke, um sie der Schlange als Futter zu reichen, rief sie, die seine Tochter verschlungen hatte, und sagte ihr: »Verschlinge mich!« Er war bereit, alles zu ertragen, und trank aus dem Tabakbehälter an seinem Hals, um sie zu töten. Auf seinen Ruf kam die Schlange hervor und faßte die Schale mit Stärke, die er empor hielt. Da sprang er in den Rachen hinein und setzte sich nieder. »Ich habe ihn getötet«, dachte sie und zog und schleppte den Vater fort.

Darauf fraß sie einen ganzen Stamm, und auf seinem Körper verfaulten die Menschen. Dann ging sie einen anderen Stamm verschlingen, die Leute verfaulten auf seinem Körper. Während er dort saß, verwesten sie auf ihm, und er mußte den Gestank aushalten. Sie verschlang alle Stämme am Fluß und räumte mit ihnen auf, so daß keiner übrigblieb. Er hatte eine Muschel von Hause mitgenommen, um ihr den Bauch aufzuschneiden, schnitt aber und spaltete ihn nur ein wenig, worauf die Schlange Schmerzen fühlte. Dann fraß sie die Stämme an einem anderen Fluß. Die Menschen hatten Angst und gingen nicht in die Pflanzungen hinaus, sondern blieben immer zu Hause. Es war auch gar nicht möglich, herumzugehen, denn mitten auf dem Wege hatte die Schlange ihre Höhle, und wenn einer vom Felde kam, ergriff sie ihn und schleppte ihn fort. Man weinte und fürchtete sich, daß die Schlange einen fresse, und tat keinen Schritt mehr hinaus. Wenn sie nur aus der Hängematte stiegen, fürchteten sie schon, daß die Schlange da ihre Höhle habe und sie ergreifen und fortschleppen werde.

Auf seinem Körper stanken und verwesten die Menschen. Er trank Tabaksaft aus dem Behälter und machte Schnitte in der Mitte des Leibes, so daß die Schlange große Schmerzen hatte. »Wie ist mir? Ich habe Deihoma verschluckt, den ›Schneidenden‹, ich fühle Schmerzen«, sagte die Schlange und schrie auf.

Nun ging sie zu einem anderen Stamm, kam dort aus der Erde hervor und ergriff alle Leute. Sie konnten nirgends hingehen und begaben sich nicht an den Fluß. Wenn sie vom Hafen Wasser holten, so ergriff die Schlange sie und schleppte sie fort. Schon wenn sie sich des Morgens auf den Fußboden stellten, faßte sie sie und nahm sie mit. Er schlitzte den Bauch mit der Muschel auf, und sie schrie: »Wie kommt es, daß ich Schmerzen leide? Ich habe Deihoma verschlungen, den Schneidenden, und deshalb schmerzt es.«

Da warnten ihn seine Schutzgeister: »Deihoma, dies ist noch nicht der Hafen an dem Fluß, wo du wohnst, sei vorsichtig mit dem Aufschneiden. Sehr weit ist noch dein Hafen entfernt.« Nach diesen Worten hörte er mit dem Schneiden auf. Die Schlange aber ging zu den Leuten fressen, bei denen sie vorher gefressen hatte, und ergriff sie sofort. »Sie hat noch nicht aufgehört! Wo bleiben wir? Sie hat unsere Leute ausgerottet«, sagten die Bewohner der Dörfer. Sie magerten ab. Was hatten sie auch zu essen?

Die Menschen gingen zugrunde und verwesten auf seinem Leibe. Währenddessen trank er aus der Tabakdose und schnitt den Leib der Schlange. So saß Deihoma dauernd in ihrem Innern da. Seit undenklicher Zeit hatte der Unglückliche nichts genossen und nur Tabaksaft getrunken, denn was sollte er essen? Er trank Tabaksaft und blieb trotz allen Verwesungsgestankes ruhig.

Die Stämme waren nicht mehr vorhanden, und die Leiber aller vom Fluß am Fuße des Himmels hatte sie gefressen, so daß Menschen jetzt nicht mehr bestanden. Seine Hilfsgeister sprachen zu ihm: »Deihoma, dies ist dein Hafen an dem Fluß, wo du wohnst, schneide jetzt kräftig drauflos, nach zwei Windungen des Flusses bist du zu Hause.« Da schnitt er. »Schneide, Deihoma, schneide kräftig!« sprachen sie. Da schnitt Deihoma zu, spaltete und öffnete das Bauchfell im Hafen und sprang durch die Öffnung heraus.

Sobald er draußen war, ließ er sich nieder. Da hatte sich sein Kopf gänzlich abgeschält, und er war haarlos. Die Schlange wälzte sich dort hin und her. Jetzt kam er zurück, nachdem er undenkliche Zeit dort im Inneren der Schlange unglücklich gewesen war. Er wusch sich gründlich in seinem Hafen, gelangte zu seiner Hütte und sah seine Töchter wieder, die sich über den Vater freuten.‹ –

Im vollen Wortlaut dieses Mythus, der hier beträchtlich gekürzt worden ist, wird an nicht weniger als fünfzehn separaten Stellen geschildert, wie die Menschen in der Schlange auf dem Helden verfaulen. Dieses Bild, das so vordringlich ist, hat etwas Zwingendes; neben dem Fressen ist es das, was im Mythus am häufigsten wiederkehrt. Durch das Trinken von Tabaksaft hält sich Deihoma am Leben. Diese Ruhe und Unerschütterlichkeit inmitten der Verwesung kennzeichnet den Helden. Alle Menschen der Welt könnten auf ihm verwesen, er wäre immer noch da, als einziger inmitten der allgemeinen Fäulnis, aufrecht und seinem Ziele zugewandt. Er ist, wenn man so will, ein unschuldiger Held, denn keinen der Faulenden hat er auf dem Gewissen. Aber er erträgt die Fäulnis, er ist mitten in ihr. Sie schlägt ihn nicht nieder, sie ist es, möchte man sagen, die ihn aufrechthält. Die Dichte dieses Mythus, wo sich alles wirklich Wichtige im Leib der Schlange abspielt, ist unabweisbar, er ist die Wahrheit selbst.

Der Held ist der, der bei gefährlichen Gelegenheiten immer wieder durch Erschlagen überlebt. Aber nicht nur der Held überlebt. Es gibt einen gleichwertigen Vorgang in der Masse der eigenen Leute, wenn sie nämlich alle zugrunde gegangen sind.

Wie bringt es einer fertig, sich im Krieg zu retten, wenn alle, die zu ihm gehören, umgekommen sind, und wie ist ihm dann, dem einzigen, zumute? Darüber gibt eine Stelle aus einem Indianermythus Auskunft, der von *Koch-Grünberg* bei den *Taulipang* in Südamerika aufgezeichnet wurde.

›Die Feinde kamen und griffen sie an. Sie kamen an das Dorf, das aus fünf Häusern bestand, und zündeten es an zwei Stellen an, bei Nacht, damit es hell wurde und die Bewohner nicht im Dunkel entfliehen konnten. Sie töteten viele mit der Keule, als sie aus den Häusern entweichen wollten.

Ein Mann namens Maitchaule legte sich unversehrt zwischen einen Haufen Toter und bestrich das Gesicht und den Leib mit Blut, um die Feinde zu täuschen. Sie glaubten, alle seien tot, und gingen weg. Der Mann blieb allein zurück. Dann ging er weg, badete und ging nach einem anderen Hause, das nicht weit entfernt war. Er dachte, es seien Leute dort, aber er fand niemand. Alle waren geflohen. Er fand nur Maniokfladen und alten Rostbraten und aß. Dann dachte er nach, er ging aus dem Haus hinaus und weit weg. Dann setzte er sich hin und dachte nach. Er dachte an seinen Vater und an seine Mutter, die von den Feinden getötet worden waren, und daß er nun niemand mehr habe. Dann sagte er: »Ich will mich zu meinen Gefährten legen, die tot sind!« Er kehrte voller Furcht nach dem verbrannten Dorfe zurück. Dort waren sehr viele Aasgeier. Maitchaule war ein Zauberarzt und hatte von einem schönen Mädchen geträumt. Er verscheuchte die Aasgeier und legte sich neben seine toten Gefährten. Er hatte sich wieder mit Blut beschmiert. Er hielt die Hände an den Kopf, damit er sofort zugreifen könnte. Dann kamen die Aasgeier wieder und stritten sich um die Leichen. Da kam die Tochter des Königsgeiers. Was tat nun die Tochter des Königsgeiers? Sie setzte sich Maitchaule auf die Brust. Als sie ihm in den Leib hacken wollte, ergriff er sie. Die Aasgeier flogen weg. Er sagte zur Tochter des Königsgeiers: »Verwandle dich in eine Frau! Ich bin so allein hier und habe niemand, der mir hilft.« Er nahm sie mit nach dem verlassenen Haus. Dort hielt er sie wie einen zahmen Vogel. Er sagte zu ihr: »Ich gehe jetzt fischen.

Wenn ich zurückkehre, will ich dich in eine Frau verwandelt wiederfinden!«‹ –

Erst legt er sich unter die Toten, um zu entkommen. Er richtet sich wie ein solcher her, um nicht gefunden zu werden. Dann entdeckt er, daß er als der einzige übriggeblieben ist, und es wird ihm traurig und bang zumute. Er beschließt, sich wieder unter seine toten Gefährten zu legen. Vielleicht spielt er erst mit dem Gedanken, ihr Schicksal zu teilen. Aber sehr ernst kann es ihm damit nicht sein, denn er hat von einem schönen Mädchen geträumt, und da er nichts Lebendes außer Geiern um sich sieht, fängt er sich einen Aasgeier zur Frau. Man mag hinzufügen, daß der Vogel sich auf seinen Wunsch dann auch in eine Frau verwandelt.

Es ist auffallend, wie viele Stämme – und zwar auf der ganzen Erde – sich von einem Paar herleiten, das nach einer großen Katastrophe allein am Leben geblieben ist. Der wohlvertraute Fall der biblischen Sintflut ist gemildert durch das Anrecht Noahs auf seine ganze Familie. Es wird ihm erlaubt, seine Sippe in die Arche mitzunehmen, und von jeder Art Lebewesen ein Paar. Aber er selber ist es, der Gnade vor den Augen Gottes gefunden hat; die Tugend zum Überleben, die in diesem Falle eine religiöse ist, hat *er*, und nur ihm zuliebe dürfen die andern in die Arche. Es gibt nacktere Exempel derselben Sage, Erzählungen, in denen außer dem Stammelternpaar alle übrigen Menschen zugrunde gehen. Diese Erzählungen sind nicht immer mit der Vorstellung einer Sintflut verbunden. Oft sind es Epidemien, in denen alle aussterben bis auf einen einzigen Mann, der suchend umherirrt, bis er irgendwo auf eine einzelne oder vielleicht zwei Frauen stößt, die er heiratet und mit denen er dann ein neues Geschlecht begründet.

Es gehört zur Kraft und zum Ruhm dieses Ahnen, daß er einmal als einziger übrig war. Es ist, auch wenn es nicht ausgesprochen wird, eine Art Verdienst von ihm, daß er nicht mit den anderen seinesgleichen zugrunde ging. Zum Ansehen, daß er als der Ahne aller nach ihm Kommenden genießt, gesellt sich der Respekt vor der glücklichen Kraft seines Überlebens. Solange er noch unter vielen seinesgleichen lebte, mag er sich nicht besonders ausgezeichnet haben, ein Mensch wie alle andern. Dann aber plötzlich ist er ganz allein. Die Zeit seiner einsamen Wanderung wird in mancherlei Einzelheiten geschildert. Den breitesten Raum nimmt seine Suche nach Lebenden ein, statt deren er überall Leichen findet. Die wachsende Gewißheit, daß außer ihm wirklich niemand da ist, erfüllt ihn mit Verzweiflung. Aber eine andere Note ist doch auch unverkennbar: Die Menschheit, die wieder mit ihm beginnt, ist auf ihn allein gestellt, ohne ihn und seinen Mut, allein wieder zu beginnen, wäre sie überhaupt nicht da.

Eine der schlichtesten Überlieferungen dieser Art ist die vom Ursprung der *Kutenai.* Sie folgt im Wortlaut:

›Die Leute lebten dort, und auf einmal kam eine Seuche. Sie starben. Alle starben. Sie gingen umher und brachten einander die Nachricht. Unter allen Kutenai herrschte die Krankheit. Sie kamen an einem Orte an und erzählten es einander. Es war überall dasselbe. An einem Orte sahen sie niemand. Alle waren tot. Nur eine Person war übrig. Eines Tages war der eine, der übrig war, geheilt. Es war ein Mann. Er war allein. Er dachte: »Ich werde in der Welt umherwandern und sehen, ob es noch irgendwo jemand gibt. Wenn niemand da ist, will ich nicht mehr zurück. Es ist niemand hier, und keiner kommt je zu Besuch.« Er fuhr in seinem Kanu und kam ins letzte Lager der Kutenai. Als er ankam, wo gewöhnlich Leute am Ufer standen, war da niemand; und als er herumging, sah er nur Tote, nirgends ein Lebenszeichen. Da wußte er, daß niemand übrig war. Er fuhr in seinem Kanu wieder fort. Er kam an eine Ortschaft, stieg aus und fand wieder nur Tote. Im ganzen Ort war niemand. Er machte sich auf den Rückweg. Er kam an die letzte Siedlung, wo Kutenai gelebt hatten. Er ging in den Ort. In den Zelten waren lauter Leichen aufgehäuft. So ging er immer umher und sah, daß alle Leute weg waren. Er weinte im Gehen. »Ich bin der einzige, der übrig ist«, sagte er sich, »sogar die Hunde sind tot.« Als er ins fernste Dorf gelangte, sah er Fußspuren von Menschen. Da war ein Zelt. Es lagen keine Leichen darin. Weiter drüben war das Dorf. Nun wußte er, daß zwei oder drei Menschen am Leben waren. Er sah größere und kleinere Spuren, er hätte nicht sagen können, ob es ihrer drei waren. Aber es gab jemand, der gerettet war. Er fuhr in seinem Kanu weiter und dachte: »Ich werde in diese Richtung rudern. Die früher hier lebten, pflegten in diese Richtung zu rudern. Wenn es ein Mann ist, ist er vielleicht weitergezogen.«

Als er so in seinem Kanu saß, sah er oben in einiger Entfernung vor sich zwei schwarze Bären, wie sie Beeren aßen. Er dachte: »Ich gehe sie schießen. Wenn ich sie geschossen habe, esse ich sie. Ich werde ihr Fleisch trocknen. Dann werde ich mich umsehen, ob irgendwer übrig ist. Erst trockne ich das Fleisch, dann suche ich nach ihnen. Ich habe doch Spuren von Leuten gesehen. Es sind vielleicht hungrige Männer oder Weiber. Sie sollen auch was zu essen haben.« Er ging in die Richtung der Bären. Er kam in ihre Nähe und sah, daß es nicht Bären waren, sondern Frauen. Die eine war älter und die andere war ein Mädchen. Er dachte: »Ich bin froh, Menschen zu sehen. Ich werde diese Frau zum Weibe nehmen.« Er ging hin und faßte das Mädchen. Das Mädchen sprach zu seiner Mutter: »Mutter, ich sehe einen Mann.« Die Mutter blickte auf. Sie sah, daß ihre Tochter die Wahrheit sprach. Sie sah, wie ein Mann ihre Tochter nahm. Da weinten die Frau, das Mädchen und der junge Mann, denn alle Kutenai waren tot. Als sie einander anblickten, weinten sie zusammen. Die Frau sagte: »Nimm nicht meine Tochter. Sie ist noch klein. Nimm mich. Du sollst mein Mann sein. Später, wenn meine Tochter groß ist, soll sie deine Frau werden. Dann wirst du Kinder haben.« Der junge Mann heiratete die ältere Frau. Es dauerte nicht lange, und sie sagte: »Jetzt ist meine Tochter erwachsen. Jetzt kann sie deine Frau sein. Es ist gut, wenn ihr Kinder habt. Ihr Leib ist jetzt stark.« Da nahm der junge Mann das Mädchen zum Weib. Von da an vermehrten sich die Kutenai.‹ –

Eine dritte Art von Katastrophe, manchmal die Folge von Seuche und Krieg, der *Massenselbstmord,* hat auch seine Überlebenden hervorgebracht. Hier soll eine Legende der *Ba-ila* ihre Stelle finden, eines Bantuvolkes in Rhodesien.

Zwei Klans dieser Ba-ila, von denen der eine sich nach den Ziegen und der andere nach den Hornissen benannte, hatten einen schweren Disput miteinander. Es ging darum, welchem Klan das Recht auf die Besetzung der Häuptlingswürde zustehe. Der Ziegenklan, der den Vorrang genossen hatte, verlor diese Stellung, und seine Mitglieder beschlossen aus gekränktem Stolz, sich alle zusammen im See zu ertränken. Sie drehten einen sehr langen Strick, Männer, Frauen und Kinder. Dann versammelten sie sich am Ufer, banden sich alle der Reihe nach den Strick um den Hals und stürzten sich zusammen ins Wasser. Ein Mann, der aus einem dritten Klan, dem der Löwen, stammte, hatte eine Frau des Ziegenklans geheiratet. Er versuchte sie vom Selbstmord abzuhalten; als ihm das nicht gelang, beschloß er, mit ihr zu sterben. Zufällig waren sie die letzten, die sich an den Strick gebunden hatten. Sie wurden mitgezogen und waren am Ertrinken, als es dem Manne plötzlich leid tat; er schnitt den Strick durch und befreite sich und seine Frau. Sie versuchte von ihm loszukommen und schrie: »Laß mich los! Laß mich los!« Aber er gab nicht nach und brachte sie an Land. Darum sagen bis zum heutigen Tage die Leute vom Löwenklan zu den Ziegenleuten: »*Wir* haben euch vor dem Aussterben bewahrt, wir!«

Schließlich soll noch einer bewußten Verwendung von Überlebenden gedacht werden, die aus historischer Zeit stammt und wohlbeglaubigt ist. In einem Ausrottungskampfe zwischen zwei Indianerstämmen in Südamerika wird ein einziger Mann der geschlagenen Seite von den Feinden am Leben gelassen und an seine Leute zurückgesandt. Er soll ihnen sagen, was er gesehen hat, und er soll ihnen jeden Mut zu weiterem Kampfe nehmen. Hören wir in *Humboldts* Worten den Bericht über diesen Boten des Entsetzens:

›Der lange Widerstand, den die unter einem tapferen Führer vereinigten *Cabres* den *Caraiben* geleistet, hatte jenen nach dem Jahre 1720 zum Verderben gereicht. Sie hatten ihre Feinde an der Mündung des Flusses geschlagen; eine Menge Caraiben wurden auf ihrer eigenen Flucht zwischen Stromschnellen und einer Insel getötet. Die Gefangenen wurden verzehrt; aber mit jener raffinierten Verschlagenheit und Grausamkeit, wie sie den Völkern Süd- wie Nordamerikas eigen ist, ließen sie *einen* Caraiben am Leben, der, um Zeuge des barbarischen Auftritts zu sein, auf einen Baum steigen und sofort den Geschlagenen die Kenntnis davon überbringen mußte. Der Siegesrausch des Häuptlings der Cabres war von kurzer Dauer. Die Caraiben kamen in solchen Massen wieder, daß nur kümmerliche Reste der menschenfressenden Cabres übrigblieben.‹

Dieser eine, den man zum Hohn am Leben gelassen hat, sieht von einem Baume aus zu, wie seine Leute gegessen werden. Alle Krieger, mit denen er zusammen ausgezogen ist, sind im Kampfe gefallen oder in die Mägen der Feinde gewandert. Als Zwangsüberlebender, mit den Bildern des Entsetzens im Auge, wird er an seine Leute zurückgeschickt. Der Sinn seiner Botschaft, wie die Feinde sie sich denken, wäre: ›Einer von euch ist übrig. So mächtig sind wir. Wagt es nicht wieder, mit uns zu kämpfen!‹ Aber die Kraft des Gesehenen in ihm ist so groß, seine erzwungene Einzigkeit so eindrucksvoll, daß er im Gegenteil seine Leute zur Rache aufreizt. Die Caraiben strömen von überall in Massen herbei und bereiten den Cabres für immer ein Ende.

Diese Überlieferung, nicht die einzige ihrer Art, zeigt, mit welcher Klarheit diese Naturvölker den Überlebenden sehen. Das Eigentümliche seiner Situation ist ihnen vollkommen bewußt. Sie rechnen mit ihr und versuchen sie für ihre besonderen Zwecke zu verwenden. Auf beiden Seiten, bei Feind und bei Freund, hat der Caraibe, der auf dem Baum oben war, seine Rolle richtig gespielt. Aus seiner doppelten Funktion, wenn man sie mutig bedenkt, läßt sich unendlich viel lernen.

Die Toten als die Überlebten

Niemand, der sich mit den originalen Zeugnissen religiösen Lebens befaßt, wird verfehlen, über die Macht der Toten zu staunen. Das Dasein vieler Stämme ist von Riten ganz erfüllt, die sich auf die Toten beziehen.

Was zuerst einmal und überall auffällt, ist die *Furcht* vor den Toten. Sie sind unzufrieden und voll von Neid auf die Angehörigen, die sie zurückgelassen haben. Sie versuchen, sich an ihnen zu rächen, manchmal für Beleidigungen, die man ihnen noch zu Lebzeiten zugefügt hat, oft aber auch für die bloße Tatsache, daß sie nicht mehr am Leben sind. Der Neid der Toten ist es, den die Lebenden am meisten fürchten. Sie suchen sie zu beschwichtigen, indem sie ihnen schmeicheln und Nahrung anbieten. Sie geben ihnen alles mit, was sie für den Weg ins Land der Toten brauchen, nur damit sie weit fort sind und nicht mehr zurückkommen, um Schaden zu stiften und die Hinterbliebenen zu quälen. Die Geister der Toten entsenden Krankheiten oder bringen sie selber mit, sie haben Einfluß auf das Gedeihen des Wildes und der Ernten, auf hundert Arten greifen sie ins Leben ein.

Eine wahre Leidenschaft von ihnen, die immer wieder hervorbricht, ist es, die Lebenden zu sich herüberzuholen. Da sie diesen alle Gegenstände des täglichen Daseins neiden, die sie zurücklassen müssen, war es ursprünglich Sitte, nichts oder möglichst wenig von solchen Gegenständen zu behalten. Man gab ihnen alles ins Grab mit oder verbrannte es mit ihnen. Man verließ die Hütte, in der sie gehaust hatten, und kehrte nie wieder dahin zurück. Oft begrub man sie in ihrem Hause mit allen Habseligkeiten und machte ihnen damit klar, daß man nichts davon für sich behalten wolle. Doch genügte auch das nicht, um ihren Zorn ganz abzuwenden. Denn der größere Neid der Toten galt nicht den Gegenständen, die sich wieder herstellen oder erwerben ließen, er galt dem Leben selbst.

Es ist nun gewiß auffallend, daß man überall, unter den verschiedensten Verhältnissen, den Toten dieses gleiche Gefühl zuschreibt. Die gleiche Empfindung, scheint es, beherrscht die Verstorbenen aller Völker. Immer wären sie lieber am Leben geblieben. In den Augen derer, die noch da sind, hat jeder, der es nicht ist, eine Niederlage erlitten: sie besteht darin, daß er *überlebt* worden ist. Er kann sich damit nicht abfinden, und es ist natürlich, daß er dieses Schmerzlichste, das ihm angetan worden ist, nun selber anderen zufügen möchte.

Jeder Tote ist also ein *Überlebter*. Nur in jenen großen, relativ seltenen Katastrophen, bei denen alle zusammen zugrunde gehen, ist das Verhältnis ein anderes. Der vereinzelte Tod, um den es uns hier geht, spielt sich so ab, daß *ein* Mensch seiner Familie und seiner Gruppe entrissen wird. Es ist eine ganze Schar von Überlebenden vorhanden, und alle, die irgendein Anrecht auf den Toten haben, formen sich zu einer Trauermeute, die um ihn klagt. Zum Gefühl der Schwächung durch seinen Tod tritt jenes der Liebe, die man für ihn hatte, und eines ist vom anderen oft gar nicht zu trennen. Man klagt auf die leidenschaftlichste Weise um ihn, und diese Klage ist in ihrem Kern gewiß ein echtes Gefühl. Wenn Außenstehende dazu neigen, die Manifestationen dieser Klage zu verdächtigen, so liegt das an der komplexen Natur, an der Vieldeutigkeit der Situation als solcher.

Denn dieselben Menschen, die Grund zur Klage haben, sind auch Überlebende. Als Verlustträger klagen sie, als Überlebende empfinden sie eine Art von Genugtuung. Sie werden sich dieses ungehörige Gefühl für gewöhnlich nicht eingestehen. Wohl aber wissen sie immer genau, wie der Tote es empfindet. Er muß sie hassen, denn das Leben, das er nicht mehr hat, haben sie. Sie rufen seine Seele zurück, um ihn davon zu überzeugen, daß sie seinen Tod nicht wollten. Sie erinnern ihn daran, wie gut sie zu ihm waren, als er noch unter ihnen weilte. Sie zählen die praktischen Beweise dafür auf, daß sie alles so tun, wie er es gewollt hätte. Seine ausdrücklichen, letzten Wünsche führen sie gewissenhaft aus. Vielerorts hat sein letzter Wille Gesetzeskraft. In allem, was sie tun, ist eines unerschütterlich vorausgesetzt: sein Groll gegen die Tatsache ihres Überlebens.

Ein Indianerkind in *Demerera* hatte die Gewohnheit angenommen, Sand zu essen, und starb daran. Nun lag seine Leiche im offenen

Sarg, den sein Vater von einem Zimmermann in der Nachbarschaft besorgt hatte. Vor dem Begräbnis stellte sich die Großmutter des Kindes zum Sarg und sprach mit klagender Stimme:

»Mein Kind, ich hab dir immer gesagt, du sollst keinen Sand essen. Ich hab dir nie Sand gegeben, ich wußte, es ist nicht gut für dich. Du hast ihn dir immer selbst gesucht. Ich hab dir gesagt, es ist schlecht. Jetzt siehst du, es hat dich getötet. Tu mir nichts, du hast dir das selber angetan, etwas Böses hat dir eingegeben, Sand zu essen. Sieh, ich leg dir deinen Pfeil und Bogen an die Seite, daß du dich damit vergnügst. Ich war immer gut zu dir. Jetzt sei auch du gut zu mir und tu mir nichts.«

Dann trat die Mutter weinend dazu und sprach in einer Art von Singsang:

»Mein Kind, ich hab dich in die Welt gebracht, damit du alle guten Dinge siehst und dich an ihnen freust. Diese Brust hat dich genährt, solange du nach ihr verlangt hast. Ich habe dir hübsche Sachen und Hemdchen gemacht. Ich hab für dich gesorgt und dich genährt und mit dir gespielt und hab dich nie geschlagen. Du mußt gut sein und nichts Böses auf mich bringen.«

Der Vater des toten Kindes näherte sich auch und sagte:

»Mein Junge, als ich dir sagte, daß der Sand dich töten wird, hast du nicht auf mich hören wollen, und jetzt siehst du, du bist tot. Ich bin ausgegangen und hab einen schönen Sarg für dich besorgt. Ich werde arbeiten müssen, um ihn zu bezahlen. Ich hab dir dein Grab an einem schönen Ort gemacht, wo du gern gespielt hast. Ich werde dich zurechtlegen und dir Sand zum Essen mitgeben, jetzt kann er dir nicht mehr schaden, und ich weiß, wie gern du ihn hast. Du darfst mir kein Unglück bringen, such lieber nach dem, der dich Sand essen machte.«

Großmutter, Mutter und Vater haben dieses Kind geliebt, und obwohl es so klein ist, fürchten sie seinen Groll, denn *sie* sind noch am Leben. Sie beteuern ihm, daß sie an seinem Tod nicht schuldig sind. Die Großmutter gibt ihm Pfeil und Bogen mit. Der Vater hat ihm einen teuren Sarg gekauft, er legt ihm auch Sand zum Essen ins Grab, weil er weiß, wie gern er ihn hat. Die schlichte Zärtlichkeit, die sie dem Kinde beweisen, ist ergreifend; und doch hat sie etwas Unheimliches, denn sie durchdringt sich mit Furcht.

Bei manchen Völkern ist aus dem Glauben an das Fortleben der Toten ein *Ahnenkult* entstanden. Wo immer er feste Formen angenommen hat, wirkt er so, als habe man die eigenen Toten, auf die es einem ankommt, zu bändigen verstanden. Indem man ihnen regelmäßig gibt, was sie sich wünschen, Ehre und Nahrung, hält man sie zufrieden. Ihre Pflege, wenn sie nach allen Regeln der Überlieferung durchgeführt wird, macht sie zu Bundesgenossen. Was sie in diesem Leben waren, das sind sie auch später; sie nehmen ihre frühere Stelle ein. Wer auf Erden ein mächtiger Häuptling war, der ist es dann auch unter der Erde. Bei Opfern und Anrufungen wird er an erster Stelle genannt. Seine Empfindlichkeit wird mit Bedacht geschont; wenn man sie verletzt, kann er sehr gefährlich werden. Er interessiert sich für das Gedeihen seiner Nachkommen, viel hängt von ihm ab, seine gute Laune ist unerläßlich. Er hält sich gern in der Nähe seiner Nachkommen auf, und man darf nichts tun, was ihn von dort vertreiben könnte.

Bei den *Zulus* in Südafrika hat dieses Zusammenleben mit den Ahnen eine besonders intime Form. Die Berichte, die der englische Missionar *Callaway* vor etwa hundert Jahren bei ihnen gesammelt und herausgegeben hat, sind das echteste Zeugnis, das sich über ihren Ahnenkult findet. Er läßt seine Gewährsmänner selber sprechen und zeichnet ihre Äußerungen in ihrer eigenen Sprache auf. Sein Buch ›The Religious System of the Amazulu‹ ist rar und aus diesem Grunde zu wenig bekannt: es gehört unter die wesentlichen Dokumente der Menschheit.

Die Ahnen der Zulus werden zu Schlangen und gehen unter die Erde. Es sind aber nicht, wie man etwa meinen könnte, mythische Schlangen, die man nie zu Gesicht bekommt. Es sind wohlvertraute Arten, und sie tummeln sich gern in der Nähe der Hütten umher, die sie auch oft betreten. Manche dieser Schlangen erinnern in körperlichen Eigenheiten an ganz bestimmte Ahnen und werden von den Lebenden als diese erkannt.

Sie sind aber nicht nur Schlangen, denn in Träumen erscheinen sie den Lebenden in ihrer menschlichen Gestalt und sprechen zu ihnen. Man wartet auf diese Träume, ohne sie wird das Dasein den Menschen unbehaglich. Sie *wollen* mit ihren Toten sprechen, es liegt ihnen daran, sie in ihren Träumen hell und klar zu sehen. Manchmal trübt sich das Bild der Ahnen und wird dunkel; dann muß man durch bestimmte Riten dafür sorgen, daß es wieder klar wird. Von Zeit zu Zeit, aber ganz besonders bei allen wichtigen Gelegenheiten, werden ihnen Opfer dargebracht. Man schlachtet ihnen Ziegen und Ochsen und ruft sie auf feierliche Weise herbei, damit sie davon genießen. Man nennt sie laut bei ihren Ruhmestiteln, auf die sie großen Wert legen; sie sind sehr ehrliebend, und es gilt als beleidigend, diese Ruhmestitel zu vergessen oder zu verschweigen. Das Tier, das geopfert wird, soll laut aufschreien, damit sie es hören, die Ahnen lieben diesen Schrei. Schafe, die stumm sterben, sind darum als Opfer nicht zu gebrauchen. Das Opfer ist hier nichts anderes als ein Mahl, an dem Tote und Lebende gemeinsam teilnehmen, eine Art von Kommunion der Lebenden mit den Toten.

Wenn man so lebt, wie die Ahnen es gewohnt waren, die alten Sitten und Gebräuche hält und nichts daran ändert; wenn man ihnen die Opfer regelmäßig bringt, sind sie es zufrieden und fördern das Wohlergehen ihrer Nachkommen. Sobald aber einer erkrankt, weiß er, daß er die Unzufriedenheit eines seiner Ahnen erregt hat, und er wird alles daransetzen, den Grund zu dieser Unzufriedenheit in Erfahrung zu bringen.

Denn die Toten sind keineswegs immer gerecht. Sie waren Menschen, die man gekannt hat, an deren Schwächen und Fehler man sich wohl erinnert. In den Träumen treten sie so auf, wie es ihrem Charakter entspricht. Es ist der Mühe wert, hier einen Fall herauszugreifen, der sich bei Callaway in einiger Ausführlichkeit verzeichnet findet. Er zeigt, daß auch solche wohlverpflegte und gerühmte Tote manchmal ein Groll auf ihre Hinterbliebenen packt, bloß weil diese noch am Leben sind. Die Geschichte eines solchen Grolls, wie man sie nun vernehmen wird, entspricht, in unsere Verhältnisse übertragen, dem Verlauf einer gefährlichen Krankheit.

Ein älterer Bruder ist gestorben. Sein Besitz und ganz besonders alles Vieh, das hier als der eigentliche Besitz gilt, ist auf seinen jüngeren Bruder übergegangen. Diese Erbfolge ist die übliche; der jüngere Bruder, der die Erbschaft angetreten und alle Opfer so ausgeführt hat, wie es sich gehört, ist sich keiner Verfehlung gegen den Toten bewußt. Aber plötzlich erkrankt er schwer, und im Traum erscheint ihm der ältere Bruder.

›Ich habe geträumt, daß er mich schlägt und zu mir sagt: »Wie kommt es, daß du nicht mehr weißt, daß ich bin?« Ich antwortete: »Was kann ich tun, damit du siehst, daß ich dich kenne? Ich weiß, daß du mein Bruder bist!« Er fragte: »Wenn du einen Ochsen opferst, warum rufst du mich nicht?« Ich erwiderte: »Aber ich rufe dich doch an und ehre dich mit deinen Ruhmestiteln. Nenne mir doch nur den Ochsen, den ich getötet habe, ohne dich anzurufen.« Er antwortete: »Ich will Fleisch.« Ich schlug es ihm ab und sagte: »Nein, mein Bruder, ich hab keinen Ochsen. Siehst du einen in der Viehhürde?« »Wenn's auch nur einen einzigen gibt«, sagte er, »ich verlange ihn.« Als ich aufwachte, hatte ich einen Schmerz in der Seite. Ich versuchte zu atmen und konnte nicht, mein Atem war kurz.‹

Der Mann war eigensinnig, er wollte keinen Ochsen opfern. Er sagte: »Ich bin wirklich krank und ich kenne die Krankheit, mit der ich geschlagen bin.« Die Leute sprachen zu ihm: »Wenn du sie kennst, warum wirst du sie nicht los? Kann ein Mann absichtlich seine Krankheit verursachen? Wenn er weiß, was es ist – will er sterben? Denn wenn der Geist mit einem Manne zornig ist, zerstört er ihn.«

Er erwiderte: »Nein, meine Herren! Ich bin von einem Manne krank gemacht worden. Ich seh' ihn im Schlafe, wenn ich mich niederlege. Weil er Lust auf Fleisch hat, kommt er mir mit Schlichen und sagt, daß ich ihn nicht anrufe, wenn ich Vieh töte. Das überrascht mich sehr, denn ich habe so viel Vieh getötet, und nicht ein einziges, ohne ihn anzurufen. Wenn er Lust auf Fleisch hat, könnte er mir einfach sagen: ›Mein Bruder, ich möchte Fleisch.‹ Er aber sagt mir, daß ich ihn nicht ehre. Ich bin zornig auf ihn, ich glaube, er will mich nur umbringen.«

Die Leute sagten: »Denkst du, daß der Geist sich noch aufs Reden versteht? Wo ist er, damit wir ihm unsere Meinung sagen? Wir waren immer dabei, wenn du Vieh geschlachtet hast. Du hast ihn gepriesen und bei seinen Ruhmestiteln gerufen, die er für seine Tapferkeit empfangen hat. Wir haben's gehört und wenn es möglich wäre, daß dieser Bruder von dir oder irgendein anderer Mann, der tot ist, wiederaufersteht, so könnten wir ihn zur Rede stellen und fragen: ›Warum sagst du solche Sachen?‹«

Der kranke Mann erwiderte: »Ach, mein Bruder führt sich auf diese prahlerische Weise auf, weil er der Älteste ist. Ich bin jünger als er. Ich wundere mich, wenn er verlangt, daß ich alles Vieh vernichte. Hat er selbst kein Vieh hinterlassen, als er starb?«

Die Leute sagten: »Der Mann ist gestorben. Wir aber reden noch wirklich mit dir, und deine Augen blicken noch wirklich auf uns. So sagen wir dir, was jenen anlangt: sprich einfach in Ruhe mit ihm, und wenn du auch nur eine Ziege hast, bring sie ihm dar. Es ist eine Schande, daß er da kommt und dich umbringt. Warum siehst du immerzu deinen Bruder im Schlaf und wirst krank? Es sollte so sein, daß ein Mann von seinem Bruder träumt und gesund aufwacht.«

Er sagte: »Gut, meine Herren, ich will ihm das Fleisch geben, das er liebt. Er verlangt Fleisch. Er bringt mich um. Er tut mir Unrecht. Täglich träume ich von ihm, und dann wache ich mit Schmerzen auf. Er ist kein Mann, er war immer ein elender Kerl, ein Raufbold. Denn so war er: ein Wort, ein Schlag. Wenn jemand zu ihm sprach, fuhr er gleich auf ihn los. Dann gab's Streit, er war die Ursache davon und schlug sich. Er sah es nie ein und gab nie zu: ›Ich hab' einen Fehler begangen, ich hätte mich mit diesen Leuten nicht schlagen sollen.‹ Sein Geist ist wie er. Er ist schlecht, er ist immer zornig. Aber ich will ihm das Fleisch geben, das er verlangt. Wenn ich sehe, daß er von mir läßt und ich gesund bin, werde ich morgen Vieh für ihn töten. Er soll mich gesund werden lassen und atmen, wenn er es ist. Mein Atem soll mich nicht mehr schneiden wie jetzt.«

Die Leute stimmten bei: »Ja, wenn du morgen gesund bist, dann wissen wir, daß es der Geist deines Bruders ist. Wenn du aber morgen noch krank bist, werden wir nicht sagen, daß es dein Bruder ist; dann ist es nur eine gewöhnliche Krankheit.«

Als die Sonne unterging, beklagte er sich noch über Schmerzen. Aber als die Zeit kam, die Kühe zu melken, bat er um Essen. Er verlangte einen wäßrigen Brei und konnte etwas davon schlucken. Dann sagte er: »Gebt mir ein wenig Bier. Ich bin durstig.« Seine Frauen gaben ihm Bier und fühlten Vertrauen im Herzen. Sie freuten sich, denn sie waren voller Angst gewesen und hatten sich gefragt: ›Ist die Krankheit so schlimm, daß er gar nichts ißt?‹ Sie freuten sich im stillen; sie sprachen ihre Freude nicht aus, sondern blickten einander nur an. Er trank das Bier und sagte: »Gebt mir ein wenig Schnupftabak, laßt mich ein ganz klein wenig davon nehmen.« Sie gaben ihm davon, er nahm es und legte sich nieder. Dann schlief er wieder ein.

In der Nacht kam sein Bruder und sagte: »Nun, hast du schon das Vieh für mich bestimmt? Wirst du es am Morgen töten?«

Der Schläfer sagte: »Ja, ich werde ein Stück Vieh für dich töten. Warum sagst du mir, mein Bruder, daß ich dich nie rufe, da ich dich doch immer mit deinen Ruhmestiteln ehre, wenn ich Vieh töte. Denn tapfer warst du und ein guter Krieger.«

Er erwiderte: »Ich sage es mit Grund, wenn ich Lust auf Fleisch habe. *Ich bin doch gestorben und hab' dir ein Dorf hinterlassen.* Du hast ein großes Dorf.«

»Gut, gut, mein Bruder, du hast mir ein Dorf hinterlassen. Aber als du mir das Dorf ließest und starbst – hattest du da all dein Vieh getötet?«

»Nein, ich hatte nicht alles getötet.«

»Nun denn, Kind meines Vaters, verlangst du von mir, daß ich alles vernichte?«

»Nein, ich verlange nicht von dir, daß du alles vernichtest. Aber ich sage dir: töte, damit dein Dorf groß sei!«

Er erwachte, er fühlte sich gut, der Schmerz an der Seite war vergangen. Er saß und stieß seine Frau: »Steh auf, mach ein Feuer.« Seine Frau erwachte und blies das Feuer hoch. Sie fragte ihn, wie er sich fühle. »Sei ruhig«, sagte er, »als ich aufwachte, hatte ich ein leichtes Gefühl im Körper. Ich habe mit meinem Bruder gesprochen. Als ich erwachte, war ich gesund.« Er nahm etwas Schnupftabak und schlief wieder ein. Der Geist seines Bruders kam wieder. Er sagte: »Sieh, ich habe dich jetzt geheilt. Töte das Vieh am Morgen!«

Am Morgen erhob er sich und ging in die Viehhürde. Er hatte noch einige jüngere Brüder und rief sie, sie gingen mit ihm. »Ich rufe euch, ich bin jetzt gesund. Mein Bruder sagt, daß er mich geheilt hat.« Dann hieß er sie einen Ochsen bringen. Sie brachten ihn. »Bringt jene unfruchtbare Kuh!« Sie brachten beide. Sie kamen in den oberen Teil der Hürde und standen da neben ihm. Er betete in folgenden Worten:

»Nun denn, esset, ihr Leute unseres Hauses. Ein guter Geist weile bei uns, auf daß die Kinder gedeihen und die Leute gesund bleiben. Ich frage dich, der du mein Bruder bist, warum kommst du wieder und wieder im Schlafe zu mir, warum träume ich von dir und bin dann krank? Ein Geist, der gut ist, kommt und bringt gute Nachrichten. Ich habe die ganze Zeit über Krankheit zu klagen. Was für Vieh ist das, das sein Besitzer verschlingen muß, wonach er immer wieder krank wird? Ich sage dir, höre auf! Höre auf, mich krank zu machen! Ich sage dir: komm zu mir im Schlaf, sprich in Ruhe zu mir und sage mir, was du möchtest! – Du aber kommst zu mir, um mich umzubringen! Es ist klar, daß du im Leben ein schlechter Kerl warst. Bist du unter der Erde noch immer ein schlechter Kerl? Ich habe ja gar nicht erwartet, daß dein Geist mir freundlich kommen und mir gute Nachrichten bringen wird. Warum aber kommst du mit Schlechtigkeit, du, mein ältester Bruder, der dem Dorfe Gutes bringen sollte, daß nichts Böses darauf falle, der du doch der Besitzer des Dorfes bist!«

Dann sprach er folgende Worte über das Vieh und sagte Dank: »Da ist das Vieh, das ich dir opfere, da ist ein roter Ochse, da ist eine rot und weiße, unfruchtbare Kuh. Töte sie! Ich sage: sprich freundlich zu mir, daß ich ohne Schmerzen erwache. Ich sage: laß alle Geister unseres Hauses sich hier um dich versammeln, der du Fleisch so gern hast!«

Dann befahl er: »Erstecht sie!« Einer seiner Brüder nahm einen Speer und erstach die unfruchtbare Kuh; sie fiel nieder. Er erstach den Ochsen; er fiel nieder. Beide brüllten. Er tötete sie, sie starben. Er befahl ihnen, sie zu häuten. Sie wurden gehäutet; das Fell war ihnen abgezogen. Sie aßen sie in der Viehhürde. Alle Männer versammelten sich und baten um Nahrung. Sie trugen Stück um Stück davon. Sie aßen und waren zufrieden. Sie sagten Dank und sprachen: »Wir danken dir, Sohn des Soundso. Wenn ein Geist dich krank macht, werden wir wissen, daß es dein elender Bruder ist. Wir wußten nicht, während deiner schweren Krankheit, ob wir noch Fleisch mit dir essen würden. Wir sehen jetzt, daß der Elende dich umbringen will. Wir freuen uns, daß du wieder gesund bist.« –

»Ich bin doch gestorben«, sagt der ältere Bruder, und in diesem Satz hat man den Kern ihres Disputes, der gefährlichen Krankheit, des Berichts überhaupt gefaßt. Wie immer der Tote sich aufführt, was immer er verlangt, er ist doch gestorben und hat so zur Bitterkeit Grund genug. »Ich habe dir ein Dorf hinterlassen«, sagt er und fügt gleich hinzu: »Du hast ein großes Dorf.« Das Leben des anderen ist dieses Dorf, er hätte auch sagen können: »Ich bin tot, und du bist noch am Leben.«

Es ist dieser Vorwurf, den der Lebende fürchtet, und indem er ihn träumt, gibt er dem Toten recht: er *hat* ihn überlebt. Die Größe dieses Unrechts, neben dem jedes andere Unrecht verblaßt, gibt dem Toten die Macht, Vorwurf und Bitterkeit in eine schwere Krankheit zu verwandeln. »Er will mich töten«, sagt der jüngere Bruder – denn er ist doch gestorben, denkt er sich. Er weiß also sehr wohl, warum er sich vor ihm fürchtet, und um ihn zu versöhnen, willigt er schließlich in das Opfer ein.

Das Überleben der Toten ist, wie man sieht, für die Hinterbliebenen mit beträchtlichem Unbehagen verbunden. Auch wo sich eine Form regulärer Verehrung eingebürgert hat, kann man ihnen doch nie ganz trauen. Je mächtiger einer hier unter den Menschen war, um so größer und gefährlicher ist sein Groll drüben.

Im Königreich *Uganda* hat man einen Weg gefunden, den Geist des verstorbenen Königs hierzubehalten, unter seinen ergebenen Untertanen. Er konnte nicht vergehen, er wurde nicht fortgeschickt, in dieser Welt hier mußte er bleiben. Nach seinem Tode wurde ein Medium, ein ›Mandwa‹ ernannt, in dem der Geist des Königs Aufenthalt nahm. Das Medium, das die Funktion eines Priesters hatte, mußte wie der König aussehen und sich ganz wie er gebaren. Es ahmte alle Eigentümlichkeiten seiner Sprache nach, und wenn es um einen König längstvergangener Zeiten ging, so gebrauchte es, wie in einem Falle sicher beglaubigt ist, die archaische Sprache von vor 300 Jahren. Denn wenn das Medium starb, ging der Geist des Königs in ein anderes Mitglied desselben Klans ein. So übernahm ein ›Mandwa‹ vom anderen sein Amt, und der Geist des Königs hatte immer einen Wohnsitz. Es konnte also vorkommen, daß ein Medium Worte gebrauchte, die niemand sonst verstand, nicht einmal seine Kollegen.

Man darf sich aber nicht vorstellen, daß das Medium immerwährend den König spielte. Von Zeit zu Zeit ›nahm ihn‹, wie man sagte, ›der König beim Kopf‹. Er geriet in einen Zustand von Besessenheit und verkörperte den Toten in jeder Einzelheit. In den Klans, die für die Beistellung von Medien verantwortlich waren, wurden die Eigenheiten des Königs zur Zeit seines Todes durch Wort und Nachahmung überliefert. Der König Kigala war in hohem Alter gestorben; sein Medium war ein recht junger Mann. Wenn der König ihn aber ›beim Kopfe nahm‹, verwandelte er sich in einen Alten: sein Gesicht legte sich in Falten, der Speichel floß ihm vom Mund und er hinkte.

Diese Anfälle wurden mit der größten Ehrfurcht betrachtet. Es galt als Ehre, bei einem von ihnen anwesend zu sein, man war in Gegenwart des toten Königs und *erkannte* ihn. Er aber, der sich nach Wunsch manifestieren konnte, im Leib eines Menschen, dessen Amt dies war und der nur dazu diente, durfte den Groll des Überlebten nicht im selben Maße empfinden wie andere, die aus unserer Welt ganz ausgestoßen werden.

Am folgenreichsten ist die Ausbildung des Ahnenkultes bei den *Chinesen*. Um zu verstehen, was ein Ahne bei ihnen ist, muß man auf ihre Seelenvorstellungen ein wenig eingehen.

Sie glaubten, daß jeder Mensch im Besitze von zwei Seelen sei. Die eine, *po*, entstand durch das *Sperma* und war also seit dem Augenblick der Zeugung vorhanden; ihr wurde das Gedächtnis zugerechnet. Die andere Seele, *hun*, entstand durch die *Luft*, die nach der Geburt eingeatmet wurde, und bildete sich dann allmählich. Sie hatte die Gestalt des Körpers, den sie belebte, aber sie war unsichtbar. Die Intelligenz, die ihr zugehörte, wuchs mit ihr, es war die überlegene Seele.

Nach dem Tode stieg diese Atemseele zum Himmel auf, während die Spermaseele bei der Leiche im Grabe blieb. Es war diese, die niedere Seele, die man am meisten fürchtete. Sie war bösartig und neidisch und suchte die Lebenden mit sich in den Tod zu ziehen. Während der Körper sich zersetzte, löste sich auch die Spermaseele allmählich auf und verlor so schließlich die Macht zu schaden.

Die höhere Atemseele dagegen blieb bestehen. Sie brauchte Nahrung, denn ihr Weg in die Welt der Toten war weit. Wenn die Nachkommen ihr keine Nahrung boten, mußte sie schrecklich leiden. Sie war unglücklich, wenn es ihr nicht gelang, den Weg zu finden, und dann wurde sie so gefährlich wie eine Spermaseele.

Die Begräbnisriten hatten ein doppeltes Ziel: sie wollten die Lebenden vor der Aktion der Toten schützen und den Seelen der Toten zugleich ein Überleben sichern. Denn die Verbindung mit der Welt der Toten war gefährlich, wenn diese die Initiative ergriffen. Sie war günstig, wenn sie als Ahnenkult in Erscheinung trat, nach den Vorschriften der Tradition eingerichtet und in den gehörigen Zeitabschnitten ausgeführt.

Das Überleben der Seele hing ab von der physischen und moralischen Kraft, die sie während des Lebens erworben hatte. Man gewann diese durch *Nahrung* und durch *Studium*. Ganz besonders wichtig war der Unterschied zwischen der Seele des Herrn, der ein ›Fleischesser‹ war und sich zeitlebens gut genährt hatte, und der eines gewöhnlichen, billig und schlecht genährten Bauern. ›Nur die Herren‹, sagt *Granet*, ›haben eine Seele im eigentlichen Sinne des Wortes. Auch das Alter verbraucht diese Seele nicht, es bereichert sie. Der Herr bereitet sich auf den Tod vor, indem er sich mit exquisiten Speisen und belebenden Getränken anfüllt. Im Laufe seines Lebens hat er sich eine Unzahl von Essenzen einverleibt, um so mehr, je weiter und je üppiger seine Herrschaft ist. Er hat die reiche Substanz seiner Ahnen noch vermehrt, die selbst schon mit Fleisch und Wildbret vollgegessen waren. Seine Seele zerstreute sich nicht, als er starb, wie eine gemeine Seele, sie entwich aus dem Leichnam voller Kraft.

Wenn der Herr sein Leben nach den Regeln seines Standes geführt hat, besitzt seine Seele, noch geadelt und gereinigt durch die Trauerriten, nach seinem Tode eine erhabene und helle Macht. Sie besitzt die wohltätige Kraft eines Schutzgeistes und bewahrt sich zugleich alle Züge einer dauerhaften und heiligen Person. Sie ist zur *Ahnenseele* geworden.‹

Nun wird ihr in einem besonderen Tempel ein eigener Kult gewidmet. Sie hat teil an den Zeremonien der Jahreszeiten, am Leben der Natur und am Leben des Landes. Wenn die Jagd ergiebig ist, bekommt sie gut zu essen. Sie fastet, wenn die Ernte schlecht ist. Die Ahnenseele nährt sich vom Korn, vom Fleisch, vom Wildbret der herrschaftlichen Gründe, die ihre Heimat sind. Aber so reich die Persönlichkeit einer solchen Ahnenseele ist, so lange sie in ihrer gesammelten Kraft weiterlebt – es kommt auch für sie der Moment, da sie sich zerstreut und erlischt. Nach vier oder fünf Generationen verliert die Ahnentafel, an die sie durch gewisse Riten gebunden war, ihr Anrecht auf ein besonderes Heiligtum. Sie wird in eine Steintruhe gelegt, zu den Tafeln aller älteren Ahnen, deren persönliches Andenken bereits verlorengegangen ist. Der Ahne, den sie vorstellte und dessen Namen sie trug, wird nicht mehr wie ein Herr geehrt. Seine kräftige Individualität, die sich lange deutlich abhob, schwindet. Seine Laufbahn ist zu Ende, seine Rolle als Ahne ausgespielt. Durch den Kult, den man ihm angedeihen ließ, war er während langer Jahre dem Schicksal gewöhnlicher Toter entgangen. Nun kehrt er in die Masse aller anderen Toten zurück und wird anonym wie diese.

Nicht alle Ahnen überdauern vier oder fünf Generationen. Es hängt von ihrem besonderen Range ab, ob man ihre Tafel so lange aufrechthält und die Seele herbeiruft und bittet, Nahrung anzunehmen. Manche werden schon nach einer einzigen Generation weggelegt. Aber wie lange sie sich immer halten, die Tatsache, daß es sie überhaupt gibt, ändert in mancher Hinsicht den Charakter des Überlebens.

Es ist nun keineswegs mehr ein geheimer Triumph für den Sohn, daß er noch am Leben ist und der Vater nicht. Denn als Ahne bleibt der Vater gegenwärtig; der Sohn dankt ihm alles, was er hat, und er muß sich seine günstige Gesinnung erhalten. Auch als Toten muß er seinen Vater ernähren, und er wird sich wohl hüten, überheblich gegen ihn zu sein. Solange der Sohn lebt, ist auf alle Fälle auch die Ahnenseele des Vaters vorhanden, und wie man gesehen hat, behält sie sämtliche Züge einer bestimmten, erkennbaren Person. Dem Vater aber ist sehr daran gelegen, verehrt und ernährt zu werden. Für seine neue Existenz als Ahne ist es von wesentlicher Bedeutung, daß der Sohn am Leben ist: hätte er keine Nachkommen, so wäre niemand da, ihn zu verehren. Er wünscht sich, daß der Sohn und weitere Generationen ihn überleben. Er wünscht sich, daß es ihnen gutgeht, denn von ihrem Gedeihen hängt seine eigene Existenz als Ahne ab. Er fordert, daß man lebt, solange man bereit ist, seiner zu gedenken. Es entsteht eine innige und glückliche Verbindung zwischen der gemäßigten Form des Fortlebens, die die Ahnen gewinnen, und dem Stolz der Nachkommen, die da sind, es ihnen zu verschaffen.

Es ist auch von Bedeutung, daß die Ahnen auf einige Generationen hin *vereinzelt* bleiben. Als Individuen sind sie bekannt, als solche werden sie verehrt; und nur in einer ferneren Vergangenheit fließen sie zu einer Masse zusammen. Der Nachkomme, der jetzt lebt, ist von der Masse seiner Ahnen getrennt, eben durch alle, wie etwa Vater und Großvater, die als vereinzelte und wohlabgegrenzte Individuen dazwischenstehen. Soweit eine Genugtuung darüber, daß er *da* ist, in die Verehrung des Sohnes einfließt, ist sie überaus milder und gemäßigter Art. Sie kann ihn, der ganzen Natur des Verhältnisses nach, nicht dazu anreizen, die Zahl der Toten zu vermehren. Er selbst erst wird es sein, der ihre Zahl um einen vermehrt, und er wünscht sich, daß das noch lange nicht geschieht. Die Situation des Überlebens ist so aller massenhaften Züge entkleidet. Als Leidenschaft wäre es widersinnig und unverständlich, alle mörderischen Züge sind ihm abhanden gekommen. Gedenken und Selbstgefühl sind ein Bündnis eingegangen. Eines hat aufs andere abgefärbt, aber das Bessere von beiden hat sich bewahrt.

Wer die Gestalt des idealen Machthabers betrachtet, wie sie sich in Geschichte und Denken der Chinesen ausgebildet hat, ist betroffen von ihrer Menschlichkeit. Es ist anzunehmen, daß der Mangel an Gewalttätigkeit in diesem Bilde auf die Rechnung dieser Art der Ahnenverehrung zu setzen ist.

Epidemien

Die beste Schilderung der *Pest* hat *Thukydides* gegeben, der sie am eigenen Leib erlebte und von ihr genas. In ihrer Knappheit und Genauigkeit enthält sie jeden für diese Krankheit wesentlichen Zug, und es ist ratsam, das Wichtigste daraus hierherzusetzen.

›Die Menschen starben wie die Fliegen. Die Körper der Sterbenden wurden alle aufeinandergehäuft. Man sah halbtote Geschöpfe in den Straßen umhertaumeln oder in ihrer Begierde nach Wasser sich um die Brunnen scharen. Die Tempel, in denen sie Aufenthalt nahmen, waren voll von den Leichen der Leute, die da gestorben waren.

In manchen Haushalten waren die Menschen von der Last ihrer Unglücksfälle so überwältigt, daß sie die Totenklagen abzuhalten versäumten.

Alle Begräbniszeremonien gerieten durcheinander; man begrub die Toten, so gut es ging. Manche Leute, in deren Familien so viele Todesfälle sich ereignet hatten, daß sie für keine Begräbniskosten mehr aufkommen konnten, verfielen auf die schamlosesten Schliche. Sie kamen als erste bei einem Scheiterhaufen an, den andere errichtet hatten, legten ihren eigenen Toten darauf und zündeten das Holz an; oder wenn ein Feuer schon brannte, warfen sie die Leiche, die sie trugen, auf die anderen drauf und machten sich davon.

Keine Furcht vor göttlichen oder menschlichen Gesetzen hielt sie in Schranken. Was die Götter anbelangt, so schien es auf dasselbe herauszukommen, ob man ihnen Verehrung erwies oder nicht, denn man sah, wie Gute und Böse gleichermaßen starben. Man fürchtete nicht, für Vergehen gegen das menschliche Gesetz zur Rechenschaft gezogen zu werden: niemand erwartete, noch so lange zu leben. Jeder fühlte, daß ein viel schwereres Urteil über ihn schon gefällt worden war. Vor seiner Vollstreckung wollte er noch etwas wie ein Vergnügen vom Leben haben.

Am meisten Mitleid für die Kranken und Sterbenden empfanden noch die, die selber an der Pest gelitten hatten und wieder gesund geworden waren. Nicht nur kannten sie sich in der Sache aus, sie fühlten sich auch sicher, denn niemand bekam die Krankheit ein zweites Mal, oder wenn einer sie bekam, dann war die zweite Attacke nie lebensgefährlich. Solche Leute wurden von allen Seiten beglückwünscht, und sie selber fühlten sich über ihre Genesung so gehoben, daß sie meinten, sie könnten auch in Zukunft nie mehr an einer Krankheit sterben.‹

Unter allen Unglücksfällen, von denen die Menschheit seit jeher heimgesucht worden ist, haben die großen Epidemien eine besonders lebendige Erinnerung hinterlassen. Sie setzen mit der Plötzlichkeit von Naturkatastrophen ein, aber während ein Erdbeben sich meist in wenigen, kurzen Stößen erschöpft, hat die Epidemie eine Dauer, die sich über Monate oder gar ein Jahr erstrecken kann. Das Erdbeben richtet mit einem Schlage das Schrecklichste an, seine Opfer gehen alle zugleich zugrunde. Eine Pestepidemie dagegen hat eine *kumulative* Wirkung, erst werden nur wenige von ihr ergriffen, dann vermehren sich die Fälle; Tote sind überall sichtbar; bald sieht man mehr Tote als Lebende beisammen. Das Ergebnis der Epidemie mag schließlich dasselbe sein wie das eines Erdbebens. Aber die Menschen sind *Zeugen* des großen Sterbens, es spielt sich zunehmend vor ihren Augen ab. Sie sind wie die Teilnehmer an einer Schlacht, die länger dauert als alle bekannten Schlachten. Aber der Feind ist geheim, er ist nirgends zu sehen; ihn kann man nicht treffen. Man wartet nur darauf, von ihm getroffen zu werden. Der Kampf wird von der gegnerischen Seite allein geführt. Sie schlägt, wen sie will. Sie schlägt so viele, daß man bald fürchten muß, sie werde alle schlagen.

Sobald die Epidemie anerkannt ist, kann sie in nichts anderes münden als in den einen, gemeinsamen Tod aller. Die von ihr ergriffen werden, erwarten – da es kein Mittel gegen sie gibt – die Ausführung des Urteils, das über sie verhängt ist. Nur die von der Epidemie Ergriffenen sind *Masse*: sie sind *gleich* in bezug auf das Schicksal, das sie erwartet. Ihre Zahl nimmt mit wachsender Beschleunigung zu. Das Ziel, auf das sie sich hinbewegen, ist in wenigen Tagen erreicht. Sie enden in der größten Dichte, die menschlichen Leibern erlangbar ist, alle zusammen auf einem Leichenhaufen. Diese stockende Masse der Toten ist nach den religiösen Vorstellungen mancher nur vorläufig tot. Sie wird in einem einzigen Augenblick wiederauferstehen und dicht beieinander geschart vor Gott antreten zum Jüngsten Gericht. Aber auch wenn man von dem weiteren Schicksal der Toten absieht – denn nicht überall sind die Glaubensvorstellungen darüber dieselben –, so bleibt eines unbestreitbar: die Epidemie mündet in die Masse der Sterbenden und Toten. ›Straßen und Tempel‹ sind davon voll. Es ist oft nicht mehr möglich, die Opfer einzeln zu begraben, wie es sich gehört;

in riesigen Massengräbern werden sie übereinandergelegt, Tausende von ihnen in einem Grabe beisammen.

Es gibt dreierlei bedeutende, der Menschheit wohlvertraute Phänomene, deren Ziel in Leichenhaufen besteht. Sie sind einander nahe verwandt und es ist darum besonders wichtig, sie gegeneinander abzugrenzen. Diese drei sind die Schlacht, der Massenselbstmord und die Epidemie.

In der *Schlacht* hat man es auf den Leichenhaufen der Feinde abgesehen. Man will die Zahl der lebenden Feinde verringern, damit an ihr gemessen die Zahl der eigenen Leute um so größer sei. Daß auch eigene Leute dabei umkommen, ist unvermeidlich, aber es ist nicht, was man wünscht. Das Ziel ist der Haufen feindlicher Toter. Man bewirkt ihn aktiv, durch eigene Tätigkeit, die Kraft des eigenen Armes.

Im *Massenselbstmord* wendet sich diese Aktivität gegen die eigenen Leute. Mann, Weib, Kind, alles bringt einander gegenseitig um, bis nichts mehr da ist als der Haufen der eigenen Toten. Damit niemand in die Hände des Feindes gerate, damit die Zerstörung vollständig sei, wird Feuer zu Hilfe genommen.

In der *Epidemie* ist das Ergebnis dasselbe wie im Massenselbstmord, aber es ist nicht willkürlich und scheint durch eine unbekannte Macht von außen auferlegt. Es dauert länger, bis das Ziel erreicht ist; so lebt man in einer Gleichheit schrecklicher Erwartung, neben der alle üblichen Bindungen der Menschen sich lösen.

Das Element der Ansteckung, das in der Epidemie von solcher Wichtigkeit ist, hat die Wirkung, daß die Menschen sich voneinander absondern. Das sicherste ist, niemand zu nahe zu kommen, denn er könnte die Ansteckung schon in sich haben. Manche fliehen aus der Stadt und zerstreuen sich auf ihre Güter. Andere schließen sich in ihre Häuser ein und lassen niemand zu. Einer vermeidet den anderen. Das Einhalten von Distanz wird zur letzten Hoffnung. Die Aussicht auf Leben, das Leben selbst drückt sich sozusagen in der Distanz zu den Kranken aus. Die Verseuchten formen sich allmählich zu toter Masse um – die Unverseuchten halten sich von jedermann, oft auch ihren nächsten Angehörigen, ihren Eltern, ihren Gatten, ihren Kindern fern. Es ist merkwürdig, wie die Hoffnung, zu überleben, den Menschen hier zu einem Einzelnen macht, ihm gegenüber steht die Masse aller Opfer.

Aber in dieser allgemeinen Verdammtheit, der jeder von der Krankheit Erfaßte als verloren gilt, ereignet sich das Erstaunlichste: es gibt einige Gezählte, die von der Pest genesen. Es läßt sich denken, wie ihnen unter den anderen zumute sein muß. Sie haben überlebt, und sie fühlen sich als *unverletzlich.* So können sie auch Mitgefühl für die Kranken und Sterbenden aufbringen, von denen sie umgeben sind. »Solche Leute«, sagt Thukydides, »fühlten sich über ihre Genesung so gehoben, daß sie meinten, sie könnten auch in Zukunft nie mehr an einer Krankheit sterben.«

Über das Friedhofsgefühl

Friedhöfe haben eine starke Anziehung; man sucht sie auf, auch wenn man keinen Angehörigen dort liegen hat. In fremden Städten pilgert man zu ihnen hin; man läßt sich Zeit für sie; man ergeht sich darin, als wären sie für einen angelegt worden. Es ist auch in der Fremde nicht immer das Grab eines verehrten Mannes, das einen hinzieht. Aber selbst wenn der Besuch ursprünglich einem solchen galt, so wird doch immer mehr daraus. Man gerät auf dem Friedhof sehr bald in eine Stimmung ganz eigener Art. Es ist fromme Sitte, sich über die Natur dieser Stimmung zu täuschen. Denn der Ernst, den man fühlt und den man noch mehr zur Schau trägt, verdeckt eine geheime Genugtuung.

Was tut der Besucher eigentlich, wenn er sich auf einem Friedhof befindet? Wie bewegt er sich und womit ist er beschäftigt? Er geht langsam zwischen den Gräbern hin und her, besieht sich diesen oder jenen Stein, liest die Namen und fühlt sich von manchen von ihnen angezogen. Dann beginnt er, sich dafür zu interessieren, was unter den Namen steht. Da ist ein Paar, das lange beisammen gelebt hat und nun, wie es sich gehört, nebeneinander ruht. Da ist ein Kind, das ganz klein starb. Da ist ein junges Mädchen, das eben noch seinen 18. Geburtstag erreichte. Mehr und mehr werden es Zeitabläufe, die den Besucher fesseln. Mehr und mehr lösen sie sich von rührenden Besonderheiten ab und werden zu Zeitabläufen als solchen.

Da ist einer 32 Jahre alt geworden und ein anderer drüben 45 Jahre. Der Besucher ist schon jetzt älter, und jene sind sozusagen aus dem Rennen. Er findet viele, die es nicht so weit gebracht haben wie er selbst, und wenn sie nicht ganz besonders jung gestorben sind, erweckt ihr Schicksal durchaus kein Bedauern. Es gibt aber auch viele, die ihn übertreffen. Da finden sich Männer von 70, und hie und da ist auch einer, der über 80 Jahre alt geworden ist. Diese kann er noch erreichen. Sie reizen ihn dazu, es ihnen gleichzutun. Noch ist für ihn alles offen. Das Unbestimmte des eigenen, noch zu erwartenden Lebens ist ein großer Vorteil, den er vor ihnen hat, und mit einiger Kraftanstrengung könnte er sie sogar übertreffen. Es ist sehr aussichtsreich, sich mit ihnen zu messen, denn einen Vorteil hat er schon jetzt vor ihnen: ihr Ziel ist erreicht, sie leben nicht mehr. Mit welchem von ihnen immer er wetteifern mag, alle Kraft ist auf seiner Seite. Denn dort ist keine Kraft, nur das bezeichnete Ziel. Die Überlegenen sind erlegt. Schon jetzt können sie einem nicht mehr von Mann zu Mann ins Auge sehen, und sie flößen einem die Stärke ein, für immer *mehr* als sie zu werden. Der 89jährige, der dort liegt, ist wie ein höchster Ansporn. Was hindert einen, 90 zu werden?

Aber dies ist nicht die einzige Art der Rechnung, auf die man unter einer solchen Fülle von Gräbern verfällt. Man beginnt darauf zu achten, wie lange manche Menschen schon hier liegen. Die Zeit, die einen von ihrem Tode trennt, hat etwas Beruhigendes: um so viel länger ist man schon auf der Welt. Friedhöfe, die noch ganz alte Steine haben, die bis ins 18. oder gar bis ins 17. Jahrhundert zurückgehen, haben etwas Erhebendes. Man steht geduldig vor den verwischten Inschriften und geht nicht von der Stelle, bis sie entziffert sind. Die Zeitrechnung, deren man sich sonst nur zu praktischen Zwecken bedient, erhält plötzlich ein starkes, tiefsinniges Leben. Alle die Jahrhunderte, von denen man weiß, gehören einem zu. Der da unten liegt, ahnt nichts davon, daß der Stehende die Spanne seines Lebens betrachtet. Die Zeitrechnung ist für ihn zu Ende mit der Jahreszahl seines Todes; für den Betrachter ist sie aber weitergegangen, bis zu ihm selbst. Wieviel gäbe der alte Tote darum, könnte er noch neben dem Betrachter dastehen! 200 Jahre sind es her, seit jener starb: man ist sozusagen um 200 Jahre älter geworden als er. Denn vieles aus der Zeit, die seither verstrich, ist einem durch Überlieferung jeder Art wohl bewußt. Man hat darüber gelesen, man hat davon erzählen hören, und einiges hat man auch selbst erlebt. Es ist schwer, hier keine Überlegenheit zu fühlen; der naive Mensch, in dieser Situation, fühlt sie.

Noch mehr aber fühlt er, daß er hier allein spazierengeht. Zu seinen Füßen liegen viele Unbekannte, alle dicht beisammen. Ihre Zahl ist unbestimmt, doch groß, und es werden ihrer immer mehr. Sie können nicht voneinander fort, sie bleiben wie auf einem Haufen. Er allein kommt und geht, wie es ihm beliebt. Er allein unter den Liegenden steht aufrecht.

Von der Unsterblichkeit

Es ist gut, von einem Manne wie Stendhal auszugehen, wenn von dieser Art privater oder literarischer Unsterblichkeit die Rede ist. Ein Mann, der den landläufigen Glaubensvorstellungen mehr abgeneigt ist, wäre schwer zu finden. Er ist vollkommen frei von allen Bindungen und Verheißungen irgendeiner Religion. Seine Empfindungen und Gedanken sind ausschließlich diesem Leben hier zugewandt. Er hat es auf das genaueste und tiefste empfunden und genossen. Er hat sich über alles ausgebreitet, das ihm Freude geben konnte, und er ist darum nicht schal geworden, weil er das *Vereinzelte* auf sich beruhen ließ. Er hat nichts zu fragwürdigen Einheiten zusammengefaßt. Sein Mißtrauen galt allem, das er nicht zu *empfinden* vermochte. Er hat viel gedacht, aber es gibt keinen kalten Gedanken bei ihm. Alles, was er verzeichnet, alles, was er gestaltet, bleibt dem heißen Augenblick seines Ursprungs nahe. Er hat vieles geliebt und an allerhand geglaubt, aber es blieb alles auf eine wunderbare Weise greifbar. Was immer es war, er konnte es gleich in sich finden, ohne daß er der Tricks irgendeiner Ordnung bedurfte.

Dieser Mann, der nichts voraussetzt, der auf alles selber stoßen wollte, der das Leben selbst war, soweit es Gefühl und Geist ist, der sich im Herzen jeder Begebenheit befand und sie darum auch von außen betrachten durfte, bei dem Wort und Gehalt sich auf die natürlichste Weise decken, als hätte er die Sprache auf eigene Faust zu reinigen unternommen, dieser seltene und wahrhaft freie Mann hatte doch einen *Glauben,* von dem er so leicht und selbstverständlich spricht wie von einer Geliebten.

Er begnügte sich ohne Wehleidigkeit damit, für wenige zu schreiben, aber er war ganz sicher, daß in hundert Jahren sehr viele ihn lesen würden. Klarer und isolierter und ohne jede Anmaßung ist der Glaube an literarische Unsterblichkeit in modernen Zeiten nicht zu fassen. Was bedeutet dieser Glaube? Was ist sein Inhalt? Er bedeutet, daß man da sein wird, wenn alle andern, die zur selben Zeit gelebt haben, nicht mehr da sind. Es ist nicht, daß man den Lebenden als solchen übel gesinnt ist. Man räumt sie nicht aus dem Weg, man tut nichts gegen sie, man stellt sich ihnen nicht einmal zum Kampfe. Man verachtet die, die zu falschem Ruhme gelangt sind, aber man verachtet es auch, sie mit ihren eigenen Waffen zu bekämpfen. Man grollt ihnen nicht einmal, denn man weiß, wie sehr sie sich geirrt haben. Man wählt sich die Gesellschaft derer, zu denen man selbst einmal gehören wird: alle jene aus vergangenen Zeiten, deren Werk noch heute lebt, die zu einem sprechen, von denen man sich nährt. Die Dankbarkeit, die man für sie fühlt, ist eine Dankbarkeit für das Leben selbst.

Töten, um zu überleben, kann einer solchen Gesinnung nichts bedeuten, denn man will nicht *jetzt* überleben. Man tritt erst in hundert Jahren in die Schranken, wenn man selbst nicht mehr lebt und so nicht töten kann. Es ist Werk gegen Werk, was sich dann mißt, und es ist zu spät, etwas dazu zu tun. Die eigentliche Rivalität, um die es einem geht, beginnt, wenn die Rivalen nicht mehr da sind. Sie können dem Kampfe, den ihre Werke führen, nicht einmal zusehen. Aber dieses Werk muß da sein, und damit es da ist, muß es das größte und reinste Maß von Leben enthalten. Nicht nur hat man es verschmäht, zu töten, man hat alle, die mit einem waren, mitgenommen in jene Unsterblichkeit, in der alles wirksam wird, das geringste wie das größte.

Es ist das genaue Gegenbild jener Machthaber, bei deren Tod ihre Umgebung mitsterben muß, damit sie in einem jenseitigen Dasein der Toten alles wiederfinden, woran sie je gewöhnt waren. Durch nichts wird ihre tiefinnerliche Ohnmacht furchtbarer bezeichnet. Sie töten im Leben, sie töten im Tod, ein Gefolge von Getöteten geleitet sie ins Jenseits.

Wer aber Stendhal aufschlägt, findet ihn selbst und alles wieder, das um ihn war, und er findet es hier in diesem Leben. So bieten sich die Toten den Lebenden als edelste Speise dar. Ihre Unsterblichkeit kommt den Lebenden zugute: in dieser Umkehrung des Totenopfers fahren alle wohl. Das Überleben hat seinen Stachel verloren, und das Reich der Feindschaft ist zu Ende.

Elemente der Macht

Gewalt und Macht

Mit *Gewalt* verbindet man die Vorstellung von etwas, das nah und gegenwärtig ist. Sie ist zwingender und unmittelbarer als die Macht. Man spricht, verstärkend, von physischer Gewalt. Macht auf tieferen und mehr animalischen Stufen ist besser als Gewalt zu bezeichnen. Eine Beute wird mit Gewalt ergriffen und mit Gewalt in den Mund geführt. Wenn die Gewalt sich mehr Zeit läßt, wird sie zur Macht. Aber im akuten Augenblick, der dann doch einmal kommt, im Augenblick der Entscheidung und Unwiderruflichkeit, ist sie wieder reine Gewalt. Macht ist allgemeiner und geräumiger als Gewalt, sie *enthält* viel mehr, und sie ist nicht mehr ganz so dynamisch. Sie ist umständlicher und hat sogar ein gewisses Maß von Geduld. Das Wort selbst leitet sich aus einer alten gotischen Wurzel ›magan‹ für ›können, vermögen‹ her und ist mit dem Stamm ›machen‹ überhaupt nicht verwandt.

Der Unterschied zwischen Gewalt und Macht läßt sich auf sehr einfache Weise darstellen, nämlich am Verhältnis zwischen *Katze und Maus.*

Die Maus, einmal gefangen, ist in der Gewalt der Katze. Sie hat sie ergriffen, sie hält sie gepackt, sie wird sie töten. Aber sobald sie mit ihr zu *spielen* beginnt, kommt etwas Neues dazu. Sie läßt sie los und erlaubt ihr, ein Stück weiterzulaufen. Kaum hat die Maus ihr den Rükken gekehrt und läuft, ist sie nicht mehr in ihrer Gewalt. Wohl aber steht es in der *Macht* der Katze, sie sich zurückzuholen. Läßt sie sie ganz laufen, so hat sie sie auch aus ihrem Machtbereich entlassen. Bis zum Punkte aber, wo sie ihr sicher erreichbar ist, bleibt sie in ihrer Macht. Der Raum, den die Katze überschattet, die Augenblicke der Hoffnung, die sie der Maus läßt, aber unter genauester Bewachung, ohne daß sie ihr Interesse an ihr und ihrer Zerstörung verliert, das alles zusammen, Raum, Hoffnung, Bewachung und Zerstörungs-Interesse, könnte man als den eigentlichen Leib der Macht oder einfach als die Macht selbst bezeichnen.

Es gehört also dazu – im Gegensatz zur Gewalt – eine gewisse Verbreiterung, mehr Raum und auch etwas mehr Zeit. Es ist die Vermutung geäußert worden, daß man das *Gefängnis* vom *Maul* herleiten könne; die Beziehung dieser beiden zueinander drückt das Verhältnis von Macht zu Gewalt aus. Im Maul bleibt keine wirkliche Hoffnung mehr, es ist keine Zeit und es ist kein Raum um einen. In allen diesen Richtungen ist das Gefängnis wie eine Erweiterung des Mauls. Man kann einige Schritte hin und her gehen, wie die Maus unter den Augen der Katze; und manchmal sind die Augen des Wächters im Rücken. Man hat Zeit vor sich und Hoffnung, noch innerhalb dieser Zeit zu entkommen oder entlassen zu werden; und man spürt immerwährend das Zerstörungs-Interesse des Apparates, in dessen Zelle man sich befindet, auch wenn es suspendiert erscheint.

Aber auch in einer ganz anderen Sphäre, an den mannigfachen Schattierungen religiöser Hingabe wird der Unterschied zwischen Macht und Gewalt ersichtlich. Jeder Gottgläubige steht immer in Gottes Macht und hat sich auf seine Weise damit abgefunden. Aber manchen ist das nicht genug. Sie warten auf seinen scharfen Eingriff, einen unmittelbaren Akt der göttlichen Gewalt, die sie als solche erkennen und fühlen können. Sie befinden sich im Zustand der Befehlserwartung, Gott hat für sie die krasseren Züge des Herrschers. Sein aktiver Wille, ihre aktive Unterwerfung in jedem einzelnen Falle, in jeder Äußerung wird ihnen zum Kernstück des Glaubens. Religionen dieser Art neigen zur Betonung der göttlichen Prädestination; ihre Anhänger haben dadurch Gelegenheit, alles, was ihnen geschieht, als unmittelbaren Ausdruck des göttlichen Willens zu fühlen. Sie können sich häufiger unterwerfen, und bis zum Schluß. Es ist, als lebten sie schon in Gottes Mund, der sie im nächsten Augenblick zermalmen wird. Sie aber haben in dieser furchtbaren Gegenwart unerschrocken weiterzuleben und das Rechte zu tun.

Der Islam und der Calvinismus sind am besten für diese Tendenz bekannt. Seine Anhänger lechzen nach der göttlichen *Gewalt*. Seine Macht allein genügt ihnen nicht, sie bleibt zu allgemein und fern und überläßt ihnen selber zu vieles. Die Wirkung dieser ständigen Befehlserwartung auf Menschen, die sich ihr ein für allemal überlassen haben, ist einschneidend und hat für ihr eigenes Verhalten anderen gegenüber die schwerwiegendsten Folgen. Sie schafft den soldatischen Typus des Gläubigen, für den die *Schlacht* der genaueste Ausdruck des Lebens ist; der sich in ihr nicht fürchtet, weil er sich immer in ihr fühlt. Es ist, im Zusammenhang mit der Untersuchung des *Befehls*, von diesem Typus ausführlicher die Rede.

Macht und Geschwindigkeit

Alle Geschwindigkeit, soweit sie in den Bereich der Macht gehört, ist eine des *Ereilens* oder des *Ergreifens*. Dem Menschen sind Tiere für beides Vorbild gewesen. Das Ereilen hat er an Lauf-Raubtieren, besonders am Wolf, erlernt. Das Ergreifen durch plötzlichen Sprung haben ihm die Katzen vorgemacht, ihre beneideten und bewunderten Meister darin waren Löwe, Leopard und Tiger. Die Raubvögel vereinigen beides, Ereilen und Ergreifen. Am Raubvogel, der allein und sichtbar fliegt und auf weite Distanz zustößt, prägt sich der Vorgang vollkommen aus. Er hat dem Menschen die Waffe des Pfeils eingegeben, für lange die größte Geschwindigkeit, deren er habhaft wurde: in seinen Pfeilen erfliegt der Mensch seine Beute.

Diese Tiere dienen denn auch schon früh als Symbole der Macht. Sie stellen, seien es die Götter, seien es die Ahnen des Machthabers vor. Ein Wolf war der Ahne des Dschingis-Khan. Der Horusfalke ist der Gott des ägyptischen Pharao. In den afrikanischen Reichen sind Löwe und Leopard die heiligen Tiere der Königssippe. Aus den Flammen, in denen der Leichnam des römischen Kaisers verbrannt wurde, flog seine Seele als Adler zum Himmel.

Das Schnellste aber ist, was schon immer das Schnellste war: der *Blitz*. Die abergläubische Angst vor dem Blitz, vor dem es keinen Schutz gibt, ist weit verbreitet. Die Mongolen, sagt der Franziskanermönch Rubruk, der als Gesandter Ludwigs des Heiligen zu ihnen kam, fürchten den Donner und Blitz über alles. Sie jagen dann alle Fremden aus ihren Jurten, hüllen sich selbst in schwarzen Filz ein und verstecken sich darin, bis alles vorüber ist. – Sie hüten sich davor, berichtet der persische Historiker Raschid, der in ihren Diensten stand, das Fleisch eines vom Blitz getroffenen Tieres zu essen, ja, sie wagen sich nicht einmal in seine Nähe. Alle möglichen Verbote dienen bei den Mongolen dazu, den Blitz günstig zu stimmen. Es soll alles vermieden werden, was ihn hervorlocken könnte. Der Blitz ist oft die Hauptwaffe des mächtigsten Gottes.

Sein plötzliches Aufscheinen aus dem Dunkel hat den Charakter einer Offenbarung. Der Blitz ereilt und erhellt. Aus seinem besonderen Verhalten sucht man Schlüsse auf den Willen der Götter zu ziehen. In welcher Gestalt scheint er auf und an welcher Stelle des Himmels? Woher kommt er? Wohin geht er? Bei den Etruskern ist seine Enträtselung Aufgabe einer besonderen Klasse von Priestern, die als ›Fulguratores‹ von den Römern übernommen wurde.

›Die Macht des Herrschers‹, heißt es in einem alten chinesischen Text, ›ähnelt dem Blitzstrahl, wenn sie ihm auch an Wucht nachsteht.‹ Es ist erstaunlich, wie häufig Machthaber vom Blitzstrahl erschlagen werden. Die Erzählungen darüber können nicht immer auf Wahrheit beruhen. Aber die Herstellung des Zusammenhangs ist an sich schon bezeichnend. Nachrichten dieser Art sind zahlreich bei den Römern und bei den Mongolen. Beide Völker glauben an einen höchsten Himmelsgott, beide haben einen stark entwickelten Sinn für Macht. Der Blitz wird hier als ein übernatürlicher Befehl aufgefaßt. Wenn er trifft, *soll* er treffen. Wenn er einen Mächtigen trifft, ist er von einem Mächtigeren entsandt worden. Er dient als die rascheste und plötzlichste, aber auch als die offensichtlichste Strafe.

Er ist von den Menschen nachgemacht und zu einer Art von Waffe ausgebildet worden: die Feuerwaffe. Das Aufblitzen und Donnern des Schusses, das Gewehr und besonders die Kanone haben den Schrecken der Völker erregt, die sie nicht besaßen; sie sind von ihnen als Blitz empfunden worden.

Aber schon früher war die Bemühung des Menschen dahin gegangen, sich selbst zu einem geschwinderen Tiere zu machen. Die Unterwerfung des Pferdes und die Ausbildung der Reiterheere in ihrer vollkommensten Form haben zu den großen historischen Einbrüchen aus dem Osten geführt. In jedem zeitgenössischen Bericht über die Mongolen wird hervorgehoben, wie *rasch* sie da waren. Immer kam ihr Auftauchen unerwartet: sie erschienen so plötzlich, wie sie verschwanden, und erschienen noch plötzlicher wieder. Selbst die Eile der Flucht wußten sie zum Angriff zu verwenden; kaum glaubte man sie geflohen, war man von ihnen umstellt.

Die physische Geschwindigkeit als Eigenschaft der Macht hat sich seither in jeder Weise gesteigert. Es erübrigt sich, auf ihre Wirkungen in unserem technischen Zeitalter einzugehen.

In die Sphäre des Ergreifens gehört eine ganz andere Art von Raschheit, die der *Entlarvung*. Ein harmloses oder ergebenes Wesen steht vor einem; man reißt ihm die Maske herunter: es steckt ein Feind dahinter. Um zu wirken, muß die Entlarvung plötzlich geschehen. Diese Art der Geschwindigkeit läßt sich als die *dramatische* bezeichnen. Das Ereilen beschränkt sich hier auf einen ganz kleinen Raum, es konzentriert sich. Der Maskensprung als Mittel der Verstellung ist uralt, sein Negativ ist die Entlarvung. Von Maske zu Maske lassen sich entscheidende Verschiebungen von Machtverhältnissen erreichen. Die Verstellung des Feindes wird durch eigene Verstellung bekämpft. Ein Herrscher lädt militärische oder zivile Notabeln zu einem Gastmahl ein. Plötzlich, wenn sie am wenigsten Feindschaft erwarten, werden sie alle niedergemacht. Der Wechsel von einer Haltung zur anderen entspricht genau einem Maskensprung. Die Raschheit des Vorgangs ist auf das äußerste zugespitzt; von ihr allein hängt das Gelingen des Vorhabens ab. Der Machthaber, seiner konstanten eigenen Verstellung wohl bewußt, kann immer nur dasselbe im anderen erwarten. Jede Raschheit, mit der er ihr zuvorkommt, erscheint ihm erlaubt und geboten. Es wird ihn wenig berühren, wenn er sich an einem Unschuldigen vergreift: Im komplexen Wesen der Masken kann man sich irren. Es wird ihn tief erregen, wenn ihm durch mangelnde Raschheit ein Feind entgeht.

Frage und Antwort

Alles Fragen ist ein Eindringen. Wo es als Mittel der Macht geübt wird, schneidet es wie ein Messer in den Leib des Gefragten. Es ist bekannt, was man da finden *kann*; man will es aber wirklich finden und berühren. Mit der Sicherheit eines Chirurgen geht man auf die inneren Organe los. Der Chirurg hält sein Opfer am Leben, um Genaueres über es zu erfahren. Er ist eine besondere Art von Chirurg, der bewußt mit lokaler Schmerz*erregung* arbeitet. Er reizt gewisse Partien des Opfers, um über andere Sicheres zu erfahren.

Fragen sind auf Antworten bedacht; solche, auf die keine Antwort erfolgt, sind wie in die Luft verschossene Pfeile. Die unschuldigste Frage ist eine, die isoliert bleibt und keine weitere nach sich zieht. Man erkundigt sich bei einem Fremden nach einem Gebäude. Es wird einem gewiesen. Man begnügt sich mit dieser Antwort und geht seiner Wege. Man hat den Fremden für einen Augenblick festgehalten. Man hat ihn gezwungen, sich zu besinnen. Je klarer und bündiger seine Antwort war, um so rascher ist er einen losgeworden. Er gab, was man erwartete, und er muß einen nie wiedersehen.

Ein Fragender könnte aber damit nicht zufrieden sein und weitere Fragen stellen. Wenn sie sich häufen, erregen sie bald den Unmut des

Gefragten. Nicht nur wird er äußerlich festgehalten; mit jeder Antwort zeigt er ein Stück mehr von sich. Es mag Unwichtiges sein, das an der Oberfläche liegt, aber es ist ihm von einem Unbekannten abgefordert worden. Es hängt mit anderem zusammen, das verborgener liegt und das er viel höher einschätzt. Der Unmut, den er empfindet, schlägt bald in Mißtrauen um.

Denn die Wirkung der Fragen auf den Fragenden ist eine Hebung seines Machtgefühls; sie geben ihm Lust, noch mehr und mehr zu stellen. Der Antwortende unterwirft sich um so mehr, je häufiger er den Fragen nachgibt. Die Freiheit der Person liegt zum guten Teil in einem Schutz vor Fragen. Die stärkste Tyrannei ist es, die sich die stärkste Frage erlaubt.

Klug ist eine Antwort, die dem Fragen ein Ende macht. Wer es sich erlauben kann, kommt mit Gegenfragen; unter Gleichen ist dies ein erprobtes Mittel der Abwehr. Wem seine Stellung keine Entgegnung erlaubt, der muß entweder eine erschöpfende Antwort geben und mit dem herausrücken, worauf der andere zielt; oder er muß ihm durch List die Lust auf weiteres Eindringen benehmen. Er mag durch eine Schmeichelei die aktuelle Überlegenheit des Fragenden anerkennen, so daß dieser sie nicht selbst zu manifestieren braucht. Er mag auf andere ablenken, die zu fragen interessanter oder ergiebiger wäre. Wenn er sich gut auf Verstellung versteht, mag er seine Identität verwischen. Die Frage hat dann sozusagen einem anderen gegolten, und er selber wäre für die Antwort gar nicht zuständig.

Die Frage, die letzten Endes auf Zerlegung aus ist, beginnt mit Berührung. Sie berührt dann an mehr und an verschiedenen Stellen. Wo sie wenig Widerstand findet, da dringt sie ein. Was sie herausholt, wird beiseite gelegt zu späterer Verwendung; es wird nicht gleich genossen. Sie muß erst das ganz Bestimmte finden, auf das sie aus ist. Hinter der Frage steckt immer ein wohlbewußtes Ziel. Unbestimmte Fragen, die eines Kindes oder eines Narren, haben keine Kraft und lassen sich leicht abspeisen.

Wo kurze, knappe Antworten gefordert werden, da ist die Situation am gefährlichsten. Eine überzeugende Verstellung oder Fluchtverwandlung in wenig Worten ist dann schwierig, wenn nicht unmöglich. Die krüdeste Art der Abwehr ist, sich taub zu stellen oder nicht zu verstehen. Aber sie hilft nur unter Gleichen. Sonst, von Stärkeren an Schwächere, läßt sich die Frage schriftlich stellen oder übersetzen. Eine

Antwort darauf ist dann viel verbindlicher. Sie ist nachzuweisen, und der Gegner kann sich auf sie berufen.

Wer außen wehrlos ist, der zieht sich auf seine innere Rüstung zurück: Diese innere Rüstung gegen die Frage ist das *Geheimnis*. Es steckt wie ein zweiter, besser geschützter Körper in einem ersten drin; wer ihm zu nah kommt, macht sich auf unliebsame Überraschungen gefaßt. Als etwas *Dichteres* wird das Geheimnis von seiner Umgebung abgesondert und in einem Dunkel gehalten, das nur wenige zu erleuchten vermögen. Das Gefährliche des Geheimnisses wird immer über seinen eigentlichen Inhalt gestellt. Das Wichtigste, man möchte sagen das Dichteste am Geheimnis ist die wirksame Abwehr der Frage.

Das *Schweigen* auf eine Frage ist wie das Abprallen einer Waffe an Schild oder Rüstung. Verstummen ist eine extreme Form der Abwehr; wobei Vor- und Nachteile sich die Waage halten. Der Verstummte gibt sich zwar nicht preis, doch dafür wirkt er gefährlicher, als er ist. Man vermutet mehr in ihm, als er verschweigt. Er ist verstummt nur, weil er viel zu verschweigen hat; um so wichtiger ist es, ihn nicht loszulassen. Hartnäckiges Schweigen führt zur peinlichen Befragung, zur Tortur.

Aber immer, auch unter gewöhnlichen Umständen, legt die Antwort einen fest. Man kann sie nicht mehr ohne weiteres verlassen. Sie zwingt einen, sich an einen bestimmten Ort zu stellen und da zu bleiben, während der Fragende von überall zielen kann; er geht sozusagen um einen herum und sucht den eigenen Standort aus, wie es ihm paßt. Er kann um den anderen kreisen, ihn überraschen und in Verwirrung setzen. Der Wechsel des Standorts gibt ihm eine Art von Freiheit, die der andere nicht haben kann. Er greift nach ihm mit der Frage, und wenn es ihm gelingt, ihn damit zu berühren, nämlich zur Antwort zu zwingen, hat er ihn gebannt, an einen Ort festgebannt. »Wer bist du?« »Ich bin der.« Schon kann er niemand anderer sein, oder seine Lüge verstrickt ihn in Schwierigkeiten. Schon ist ihm die Möglichkeit genommen worden, durch Verwandlung zu entkommen. Der Vorgang, wenn er sich eine Weile fortsetzt, läßt sich als eine Art von *Fesselung* betrachten.

Die erste Frage gilt der Identität, die zweite gilt dem Orte. Da sie beide *Sprache* voraussetzen, möchte man wissen, ob eine archaische Situation erdenklich ist, die vor der Frage in Worten lag und dieser entspricht. Ort und Identität müßten in ihr noch zusammenfallen; eines ohne das andere müßte sinnlos sein. Diese archaische Situation hat sich gefunden: Es ist die zweifelnde Berührung der Beute. Wer bist du? Kann man dich essen? Das Tier, unaufhörlich auf Nahrungssuche aus, berührt und beschnüffelt alles, was es findet. Es steckt seine Nase in alles hinein: Kann man dich essen? Wie schmeckst du? Die Antwort ist ein Geruch, ein Gegendruck, eine leblose Starre. Der fremde Leib ist hier sein eigener Ort, und durch Schnüffeln und Berühren macht man sich mit ihm vertraut oder, in unsere menschlichen Sitten übersetzt: man benennt es.

In der frühen Erziehung des Kindes scheinen zwei Vorgänge, die sich kreuzen, ins Maßlose gesteigert; sie wirken disproportioniert und gehören doch eng zusammen. Es ist so, daß unaufhörlich Befehle starker und nachdrücklicher Art von den Eltern ausgehen, vom Kinde aber eine Unsumme von Fragen. Diese frühen Fragen des Kindes sind wie sein Schrei nach Nahrung, in einer zweiten und nun schon höheren Form. Sie sind harmlos, da sie dem Kinde auf keinen Fall das volle Wissen der Eltern geben; deren Überlegenheit bleibt ungeheuer.

Welches sind die Fragen, mit denen das Kind beginnt? Zu den frühesten gehören solche, die sich auf einen Ort beziehen: »Wo ist ...?« Andere frühe Fragen sind: »Was ist das?« und: »Wer?« Man sieht, welche Rolle Ort und Identität schon spielen. Sie sind wirklich das erste, wonach das Kind sich erkundigt. Erst später, am Ende des dritten Jahres, beginnen die Fragen mit »Warum?«, und viel später noch »Wann?« und »Wie lang?«, die Fragen nach der Zeit. Es dauert eine ganze Weile, bis das Kind sich genaue Vorstellungen über Zeit macht.

Die Frage, die mit zweifelnder Berührung beginnt, sucht, wie schon gesagt wurde, weiter einzudringen. Sie hat etwas Trennendes, sie wirkt wie ein Messer. Man erkennt das am Widerstand, den sehr kleine Kinder Doppelfragen entgegensetzen. »Was möchtest du lieber, einen Apfel oder eine Birne?« Das Kind wird schweigen oder es wird ›Birne‹ sagen, weil dies das letzte Wort ist. Aber eine wirkliche Entscheidung, die eine Trennung zwischen Apfel und Birne wäre, fällt ihm schwer, im Grunde möchte es beides.

Ihre eigentliche Schärfe erreicht die Trennung dort, wo nur die beiden einfachsten aller Antworten möglich sind, ja oder nein. Da sie einander genau entgegengesetzt sind, da alles zwischen ihnen ausgelassen wird, ist die Entscheidung für die eine oder die andere von besonderer Verbindlichkeit und Tragweite.

Bevor die Frage einem gestellt worden ist, weiß man oft nicht, was man denkt. Sie zwingt einen, das Für und Wider zu sondern. Soweit sie höflich ist und einen nicht bedrängt, überläßt sie einem die Entscheidung.

Sokrates wird in den platonischen Dialogen zu einer Art König des Fragens gekrönt. Er verschmäht jede übliche Art von Macht und weicht allem, was daran gemahnen könnte, beflissen aus. Die Weisheit, die seine Überlegenheit ist, kann sich, wer immer will, bei ihm holen. Er teilt sie aber nicht oft in zusammenhängender Rede mit, sondern er stellt seine Fragen. In den Dialogen ist dafür gesorgt, daß er die meisten und die wichtigsten Fragen stellt. So läßt er seine Hörer nicht mehr los und zwingt sie zu Trennungen mannigfachster Art. Seine Herrschaft über sie erlangt er ausschließlich durch Fragen.

Wichtig sind die Formen der Gesittung, die das Fragen *einschränken.* Nach gewissen Dingen darf man einen Fremden nicht fragen. Tut man es doch, so rückt man ihm an den Leib, man dringt in ihn ein; er hat Anlaß, sich verletzt zu fühlen. Zurückhaltung aber soll ihn davon überzeugen, wie sehr man ihn achtet. Der Fremde wird so behandelt, als ob er ein Stärkerer wäre, eine Form der Schmeichelei, die ihn zu derselben Haltung veranlaßt. Nur so, in einer gewissen Distanz voneinander, von Fragen nicht gefährdet, als wären sie alle Starke und in dieser Stärke gleich, fühlen sich Menschen sicher und geben Frieden.

Eine ungeheure Frage ist die nach der *Zukunft.* Man könnte sie die höchste aller Fragen nennen; es ist auch die intensivste. Die Götter, an die sie gerichtet ist, sind nicht zur Antwort verpflichtet. Diese Frage an das Stärkste ist eine verzweifelte Frage. Die Götter legen sich nie fest, man kann nie weiter in sie dringen. Ihre Äußerungen sind zweideutig, sie lassen sich nicht zerlegen. Alle Fragen an sie bleiben *erste* Fragen, auf die nur *eine* Antwort gegeben wird. Sehr oft besteht die Antwort bloß aus Zeichen. Sie werden von den Priestern mancher Völker in großen Systemen gesammelt. Von den Babyloniern sind Tausende von solchen Zeichen überliefert. Es fällt auf, daß jedes von diesen Zeichen isoliert neben dem anderen steht. Sie folgen nicht auseinander, sie haben keinen inneren Zusammenhang. Es sind Listen von Zeichen, nicht mehr, auch wer sie alle kennt, kann doch immer nur aus jedem einzelnen von ihnen separat auf etwas Separates in der Zukunft schließen.

Das *Verhör,* genau im Gegensatz dazu, stellt die *Vergangenheit* wieder her, und zwar in der Vollkommenheit ihres Ablaufes. Es ist gegen einen Schwächeren gerichtet. Aber bevor man sich der Deutung des Verhörs zuwendet, ist es geraten, einige Worte über eine Einrichtung zu verlieren, die sich heute in den meisten Ländern durchgesetzt hat, die allgemeine *polizeiliche Erfassung* der Menschen. Eine bestimmte Gruppe von Fragen hat sich herausgebildet, die überall dieselben sind und die im wesentlichen der Sicherung und der Ordnung dienen. Man will wissen, wie gefährlich jemand werden könnte, und wenn er es wird, will man ihn gleich packen können. Die erste Frage, die amtlich an einen Menschen gerichtet wird, ist die nach seinem Namen; die zweite gilt seinem Wohnort, der Adresse. Es sind, wie man nun schon weiß, die beiden ältesten Fragen, die nach Identität und Ort. Der Beruf, als nächstes, verrät seine Tätigkeit; daraus und aus dem Alter schließt man auf Einfluß und Prestige: wie ist er anzufassen? Der Stand gibt seinen engeren Menschenbesitz an, seien es Mann, Frau oder Kinder. Herkunft und Nationalität liefern einen Hinweis auf seine mögliche Gesinnung; im Zeitalter fanatischer Nationalismen, heute, bezeichnender als der Glaube, der an Bedeutung verloren hat. Mit alledem – zu Bild und Unterschrift – ist schon viel festgesetzt.

Antworten auf solche Fragen werden hingenommen. Sie stehen vorläufig nicht unter Verdacht. Erst im Verhör, das auf ein bestimmtes Ziel gerichtet ist, lädt sich die Frage mit Mißtrauen. Da bildet sich dann ein System von Fragen heraus, das der Kontrolle der Antworten dient; an sich könnte jetzt jede falsch sein. Der Verhörte steht in einem Verhältnis der Feindschaft zum Verhörenden. Als der weitaus Schwächere entschlüpft er nur, wenn er glaubhaft macht, daß er kein Feind ist.

Bei gerichtlichen Untersuchungen stellt das Fragen *nachträglich* eine Allwissenheit des Fragenden als des Mächtigen her. Die Wege, die einer ging, die Räume, in denen er war, die Stunden, die er erlebt hat, die alle damals frei und unverfolgt schienen, werden plötzlich unter Verfolgung gesetzt. Alle Wege müssen wieder begangen, alle Räume wieder betreten werden, bis möglichst wenig von jener alten und vergangenen Freiheit übrig ist. Der Richter soll sehr viel wissen, bevor er urteilen darf. Seine Macht ganz besonders ist auf Allwissenheit gegründet. Sie zu erwerben, hat er das Recht auf jede Frage: »Wo warst du? Wann warst du da? Was hast du getan?« In der Beantwortung, die dem Alibi dient, wird Ort gegen Ort, Identität gegen Identität gesetzt. »Ich war zu der Zeit an einem anderen Ort. Ich bin nicht der, der es getan hat.«

›Einst lag‹, so heißt es in einer wendischen Sage, ›um die Mittagszeit bei Dehsa ein junges Bauernmädchen im Grase und schlief. Ihr Bräutigam saß neben ihr. Er dachte bei sich nach, wie er seine Braut loswerden könne. Da kam die Mittagsfrau und legte ihm Fragen vor. Soviel er auch antwortete, immer stellte sie neue Fragen. Als die Glocke eins schlug, stand sein Herz still. Die Mittagsfrau hatte ihn zu Tode gefragt.‹

Das Geheimnis

Das Geheimnis ist im innersten Kern der Macht. Der Akt des *Belauerns* ist seiner Natur nach geheim. Man verbirgt sich oder gleicht sich der Umgebung an und gibt sich durch keine Regung zu erkennen. Das ganze lauernde Geschöpf verschwindet, es hüllt sich ins Geheimnis wie in eine andere Haut und verharrt auf lange in ihrem Schutze. Eine eigentümliche Verquickung von Ungeduld und Geduld kennzeichnet das Geschöpf in dieser Verfassung. Je länger es in ihr verbleibt, um so heftiger wird die Hoffnung auf das plötzliche Gelingen. Aber damit zum Schlusse etwas gelingt, muß seine Geduld ins Endlose wachsen. Geht sie ihm um einen Augenblick zu früh aus, so war alles umsonst, und es muß, mit der Enttäuschung belastet, von vorne beginnen.

Während das Ergreifen selbst sich dann öffentlich manifestiert, denn es will durch den Schrecken seine Wirkung steigern, spielt sich vom Beginne der Einverleibung an alles wieder im Dunkel ab. Der Mund ist dunkel, und finster sind Magen und Darm. Niemand erfährt und niemand bedenkt, was da unaufhörlich in seinem Inneren geschieht. Von diesem ursprünglichsten Vorgang der Einverleibung bleibt der weitaus größte Teil ein Geheimnis. Mit dem Geheimnisse, das man selber schafft, beginnt es aktiv im Belauern; es endet unbekannt und passiv im geheimen Dunkel des Leibes. Nur der Augenblick des Ergreifens leuchtet dazwischen heftig auf, einem Blitze gleich, seinen eigenen, flüchtigen Moment erhellend.

Das eigentlichste Geheimnis ist, was sich im Körperinneren abspielt. Ein *Medizinmann*, der durch seine Kenntnis von Körpervorgängen wirkt, muß sich, bevor er seinen Beruf ausübt, ganz sonderbare Operationen an seinem Leibe gefallen lassen.

Bei den *Aranda* in Australien begibt sich ein Mann, der zum Medizinmann geweiht werden will, vor die Höhle, in der die Geister hausen. Da wird ihm erst einmal die Zunge durchbohrt. Er ist ganz allein, und zu seiner Weihe gehört es, daß er sich vor den Geistern sehr fürchtet. Mut zur Einsamkeit, und das gerade an einem Ort, wo es besonders gefährlich ist, scheint die Voraussetzung zu diesem Beruf zu sein. Später wird er, wie er glaubt, durch einen Speerwurf von Ohr zu Ohr, der ihm den Kopf durchdringt, getötet und von den Geistern in ihre Höhle hineingelegt, wo sie in einer Art von Jenseits beisammenhausen. Für unsere Welt ist er bewußtlos, in jener werden ihm alle seine inneren Organe herausgenommen, und statt ihrer bekommt er neue. Man muß annehmen, daß dies bessere Organe sind als die üblichen, vielleicht unverletzliche oder doch solche, die zauberischen Eingriffen weniger ausgesetzt sind. Er wird so zu seinem Beruf gestärkt, aber von innen her, seine neue Macht beginnt in seinen Eingeweiden. Er war tot, bevor er beginnen darf, aber sein Tod dient der vollkommenen Durchdringung seines Leibes. Sein Geheimnis ist nur ihm und den Geistern bekannt; es liegt in seinem Leibe.

Ein merkwürdiger Zug ist die Ausstattung des Zauberers mit vielen kleinen Kristallen. Er trägt sie bei sich im Körper herum, für seinen Beruf sind sie unerläßlich: Bei allen Krankenbehandlungen findet ein eifriges Treiben mit diesen Steinchen statt. Einmal teilt der Zauberer selbst solche aus, dann wieder zieht er welche aus den leidenden Partien des Kranken hervor. Fremde, feste Bestandteile im Körper des Kranken haben das Leiden verursacht. Es ist wie ein sonderbares Krankheitsgeld, dessen Kurs nur den Zauberern bekannt ist.

Abgesehen von dieser überaus intimen Behandlung Kranker erfolgt die Zauberei immer auf die Ferne. Man bereitet insgeheim alle möglichen Arten von spitzen Zauberhölzern vor und richtet sie dann aus weiter Entfernung auf das Opfer, das ahnungslos von der furchtbaren Wirkung der Zauberei befallen wird. Hier ist es das Geheimnis des Lauerns, das man sich zunutze macht. Kleine Speere werden abgeschossen, in böser Absicht, manchmal werden sie als Kometen am Himmel sichtbar. Der eigentliche Akt ist rasch, doch die Wirkung kann einige Zeit auf sich warten lassen.

Die Verübung von Bösem durch Zauberei in individuellen Akten ist jedem Aranda möglich. Die Abwehr des Bösen haben nur die Medizinmänner in der Hand. Durch Einweihung und Praxis sind sie anders geschützt. Manche sehr alte Medizinmänner können Böses auf ganze Gruppen von Menschen herabbeschwören. Es gibt also etwas wie drei Grade in der Steigerung von Macht. Wer viele zugleich krank machen kann, ist der Mächtigste.

Sehr gefürchtet ist die Zaubermacht von Fremden, die an entfernten Orten wohnen. Es ist wahrscheinlich, daß man diese mehr fürchtet, weil man die Gegenmittel gegen ihre Zauberei nicht so gut kennt wie die eigenen. Außerdem entfällt hier jede Verantwortlichkeit für Übeltaten, die innerhalb der eigenen Gruppe immer besteht.

In der Abwehr des Bösen, in der Behandlung von Krankheiten gilt die Macht des Medizinmannes als eine gute. Aber Hand in Hand mit ihr geht die Verübung von Bösem in großem Maßstab. Nichts Schlechtes kommt von selbst, alles ist von einem übelwollenden Menschen oder Geist veranlaßt worden. Was immer wir *Ursache* nennen würden, ist bei ihnen *Schuld*. Jeder Tod ist ein Mord, und als Mord muß er gerächt werden.

Die Nähe zur Welt des *Paranoikers* in jeder Hinsicht ist erstaunlich. In den beiden Kapiteln über den *Fall Schreber*, die sich am Schlusse dieses Buches finden, wird man Genaueres darüber erfahren. Selbst der Angriff gegen die inneren Organe ist dort im einzelnen geschildert; nach ihrer völligen Zerstörung, nach langen Leiden etablieren sie sich neu in Unverletzlichkeit.

Der doppelte Charakter des Geheimnisses haftet ihm auch weiterhin an, in allen höheren Erscheinungsformen der Macht. Vom primitiven Medizinmann zum Paranoiker ist es kaum ein Schritt. Es ist nicht weiter von beiden zum *Machthaber*, wie er sich historisch in vielen, wohlbekannten Exemplaren ausgebildet hat.

Das Geheimnis hat hier einmal seinen aktiven Bereich. Der Machthaber, der sich seiner bedient, kennt es genau und versteht sehr wohl, es nach seiner jeweiligen Bedeutung abzuschätzen. Er weiß, worauf er lauert, wenn er etwas erlangen will, und er weiß, wen er unter seinen Helfern zum Lauern verwendet. Er hat viele Geheimnisse, da er vieles will, und bringt sie in ein System, in dem sie sich untereinander verwahren. Er vertraut dem einen dieses, dem anderen jenes an und sorgt dafür, daß sie sich nie verbinden können.

Jeder, der etwas weiß, wird von einem anderen bewacht, der aber nie erfährt, was es eigentlich ist, das er im anderen bewacht. Er hat jedes Wort und jede Bewegung des ihm Zugewiesenen zu verzeichnen; indem er des öfteren über sie berichtet, vermittelt er dem Herrscher ein Bild von der Gesinnung des Überwachten. Doch der Wächter selbst wird auch überwacht, und der Bericht eines anderen korrigiert den seinen. So ist der Machthaber über die Verläßlichkeit der Gefäße, denen er seine Geheimnisse anvertraut, über ihre Sicherheit immer auf dem laufenden und vermag abzuschätzen, welches dieser Gefäße so voll geworden ist, daß es überfließen könnte. Zum kompletten Schachtelsystem der Geheimnisse hat er allein den Schlüssel. Er fühlt sich gefährdet, wenn er ihn einem anderen ganz anvertraut.

Zur Macht gehört eine ungleiche Verteilung des *Durchschauens*. Der Mächtige durchschaut, aber er läßt sich nicht durchschauen. Am verschwiegensten muß er selber sein. Seine Gesinnung wie seine Absichten darf keiner kennen.

Ein klassischer Fall solcher Unergründlichkeit war *Filippo Maria*, der letzte *Visconti*. Sein Herzogtum Mailand war eine Großmacht im Italien des 15. Jahrhunderts. Keiner kam ihm an Fähigkeit gleich, sein Innerstes zu verbergen. Nie sagte er offen, was er wollte, sondern verhüllte alles durch eine eigentümliche Art, sich auszudrücken. Wenn er jemand nicht mehr mochte, lobte er ihn weiter; hatte er jemand durch Ehren und Geschenke ausgezeichnet, so beschuldigte er ihn der Heftigkeit oder der Dummheit und ließ ihn fühlen, daß er seines Glückes nicht würdig sei. Wollte er jemand in seiner Umgebung haben, so zog er ihn für lange an sich heran, machte ihm Hoffnungen und ließ ihn dann fallen. Wenn der Betreffende dann glaubte, vergessen zu sein, rief er ihn zu sich zurück. Verlieh er Leuten, die sich um ihn verdient gemacht hatten, eine Gnade, so befragte er in merkwürdiger Verschlagenheit andere, als wüßte er nichts von der gewährten Wohltat. In der Regel gab er etwas anderes als das Erbetene, und immer auf andere Weise, als erwünscht war. Wollte er jemand ein Geschenk oder eine Ehrung zukommen lassen, so pflegte er ihn viele Tage zuvor über die gleichgültigsten Dinge zu befragen, so daß jener seine Absicht nicht zu erraten vermochte. Ja, um seine innerste

Absicht niemandem zu offenbaren, beklagte er sich oft über die Verleihungen von Gnaden, die er selbst gespendet, oder auch über die Vollstreckung von Todesstrafen, die er selbst verfügt.

In diesem letzten Falle wirkt er so, als suche er seine Geheimnisse sogar vor sich selbst zu haben. Ihr bewußter und aktiver Charakter verliert sich ihm, es drängt ihn nach jener passiven Form des Geheimnisses, das man im Dunkel der eigenen Leibeshöhle trägt; das man dort verwahrt, wo es sich nie mehr erfahren läßt; das man selbst vergißt.

›Es ist ein Recht der Könige, ihre Geheimnisse vor Vater, Mutter, Brüdern, Frauen und Freunden zu bewahren.‹ So heißt es im arabischen ›Buch von der Krone‹, das viele, alte Traditionen vom Hofe der *Sassaniden* enthält.

Der persische König *Chosroes II.*, der Siegreiche, hatte ganz besondere Methoden erfunden, um die Diskretion von Menschen, die er verwenden wollte, zu erproben. Wenn er wußte, daß zwei Personen aus seiner Umgebung in inniger Freundschaft verbunden und sich in allem und gegen alles einig waren, schloß er sich mit einem der beiden ein und vertraute ihm ein Geheimnis an, daß sich auf seinen Freund bezog: Er teilte ihm mit, daß er beschlossen habe, ihn hinrichten zu lassen, und untersagte ihm unter Androhung von Strafe, dieses Geheimnis dem Betroffenen zu enthüllen. Von da an beobachtete er die Haltung des Gefährdeten beim Kommen und Gehen im Palast, die Farbe seines Gesichts und sein Benehmen, wenn er vor dem König stand. Stellte er fest, daß sein Benehmen sich in nichts geändert habe, so wußte er, daß der andere ihm das Geheimnis nicht verraten hatte. Er zog diesen dann in sein näheres Vertrauen, behandelte ihn mit besonderer Auszeichnung, erhöhte seinen Rang und ließ ihn seine Gunst fühlen. Später, wenn er mit ihm allein war, sagte er zu ihm: »Ich hatte vor, jenen Menschen hinrichten zu lassen, wegen gewisser Nachrichten, die mir über ihn zugekommen waren; aber auf nähere Erkundigungen hat es sich alles als falsch herausgestellt.«

Wenn er aber bemerkte, daß der Bedrohte Schrecken zeigte, sich abseits hielt und sein Gesicht wegwandte, so begriff er, daß sein Geheimnis verraten war. Dann stürzte Chosroes den Verräter in Ungnade, degradierte ihn und behandelte ihn mit Härte. Den anderen aber ließ er wissen, er habe seinen Freund nur erproben wollen, indem er ihm ein Geheimnis anvertraute.

So traute er der Verschwiegenheit eines Höflings nur, wenn er ihn zum tödlichen Verrat an seinem besten Freunde gezwungen hatte. Die höchste Verschwiegenheit sicherte er sich selbst. »Wer sich nicht dazu eignet, dem König zu dienen«, sagte er, »der ist auch für sich nichts wert, und wer für sich nichts wert ist, aus dem ist kein Gewinn zu ziehen.«

Die Macht des Schweigens wird immer hoch eingeschätzt. Sie bedeutet, daß man allen äußeren Anlässen zur Rede, deren unzählige sind, widerstehen kann. Man gibt auf nichts Antwort, als wäre man nie gefragt. Man läßt sich nicht merken, wie einem dies oder jenes gefällt. Man ist stumm, ohne zu verstummen. Aber man hat gehört. Die stoische Tugend der Unerschütterlichkeit müßte in ihrem extremen Falle zum Schweigen führen.

Das Schweigen setzt eine genaue Kenntnis dessen voraus, was man verschweigt. Da man praktisch nicht für immer verstummt, trifft man eine Wahl zwischen dem, was sich sagen läßt, und dem, was man verschweigt. Das Verschwiegene ist das besser Bekannte. Es ist präziser, und es ist kostbarer. Es wird durch das Schweigen nicht nur geschützt, es konzentriert sich daran. Ein Mann, der viel schweigt, wirkt auf alle Fälle konzentrierter. Man vermutet, daß er sehr viel weiß, wenn er schweigt. Man vermutet, daß er viel an sein Geheimnis denkt. Es begegnet ihm jedesmal, wenn er es zu schützen hat.

Das Geheimnis darf also im Schweigenden nicht vergessen sein. Man achtet ihn dafür, daß es ihn stärker und stärker brennt, daß es in ihm zunimmt und er es doch nicht preisgibt.

Das Schweigen isoliert: Wer schweigt, steht mehr allein als die Sprechenden. So schreibt sich ihm die Macht der Vereinzelung zu. Er ist der Hüter eines Schatzes, und der Schatz ist *in ihm.*

Das Schweigen wirkt der *Verwandlung* entgegen. Wer auf seinem inneren Posten steht, kann sich nicht davon entfernen. Der Schweigende kann sich verstellen, aber auf eine starre Weise. Er kann eine bestimmte Maske tragen, aber an ihr hält er fest. Die Fluidität der Verwandlung ist ihm versagt. Ihre Wirkung ist zu ungewiß, es ist nicht abzusehen, wohin man gerät, wenn man sich ihr überläßt. Man schweigt überall dort, wo man sich nicht verwandeln will. Im Verstummen reißen alle Anlässe zur Verwandlung ab. Durch Sprechen spinnt sich alles zwischen Menschen an, im Schweigen erstarrt es.

Der Schweigende hat den Vorteil, daß man seine Äußerung mehr erwartet. Man legt auf sie mehr Gewicht. Sie ist knapp und isoliert und nähert sich so dem Befehl.

Das Verhältnis künstlicher Gattungsverschiedenheit zwischen dem Befehlenden und dem, der ihm zu gehorchen hat, bedeutet, daß sie keine gemeinsame Sprache haben. Sie sollen nicht miteinander sprechen, als könnten sie es nicht. Die Fiktion, daß es kein Verständnis zwischen ihnen gibt außerhalb des Befehls, wird unter allen Umständen aufrechterhalten. So werden Befehlshaber innerhalb der Sphäre ihrer Funktion zu Schweigern. So gewöhnt man sich aber auch daran, von Schweigern, wenn sie endlich sprechen, Äußerungen zu erwarten, die wie Befehle sind.

Der Zweifel, den man allen freieren Formen des Regierens entgegenbringt, eine Verachtung für sie, so als könnten sie gar nicht ernsthaft funktionieren, hängt mit ihrem Mangel an Geheimnis zusammen. Debatten im Parlament spielen sich unter Hunderten von Menschen ab, ihr eigentlicher Sinn ist ihre Öffentlichkeit. Meinungen der entgegengesetztesten Art deklarieren sich und messen sich aneinander. Selbst Sitzungen, die für geheim erklärt worden sind, bleiben es schwerlich ganz. Die berufliche Neugier der Presse, das Interesse der Finanz führen häufig zu Indiskretionen.

Der einzelne, meint man, oder eine sehr kleine Gruppe von Kreaturen um ihn, kann ein Geheimnis bewahren. Am sichersten scheint es, die Beratungen spielen sich in ganz kleinen Gruppen ab, die auf Geheimhaltung hin gebildet worden sind und allerschwerste Sanktionen auf Verrat gesetzt haben. Der Beschluß aber liege am besten bei einem einzelnen. Dieser könne ihn ja selbst nicht kennen, bevor er ihn gefaßt hat, und einmal gefaßt, findet er als Befehl seine rasche Ausführung.

Ein guter Teil des Ansehens, das Diktaturen anhaftet, liegt darin, daß man ihnen die konzentrierte Kraft des Geheimnisses zubilligt, das sich in Demokratien auf viele verteilt und verdünnt. Mit Hohn hebt man hervor, daß in diesen alles *zerredet* werde. Jeder schwatze daher, jeder mische sich in alles ein, es geschehe nichts, da alles vorher bekannt sei. Es sieht so aus, als beklage man sich über den Mangel an Entschlossenheit, in Wahrheit gilt die Enttäuschung dem Mangel an Geheimnis.

Man ist vieles zu ertragen bereit, solange es gewaltig und unbekannt daherkommt. Es scheint ein sklavischer Kitzel ganz eigener Art zu sein, da man selber nichts ist, in einem mächtigen Bauche zu landen. Man weiß nicht, was wirklich geschieht, man weiß nicht wann; andere mögen den Vortritt ins Ungeheuer haben. Man wartet ergeben und bebt und hofft, das auserkorene Opfer zu werden. Man kann in dieser Haltung eine Apotheose des Geheimnisses sehen. Seiner Glorifizierung wird alles übrige untergeordnet. Es kommt nicht so sehr darauf an, *was* geschieht, wenn es nur mit der heißen Plötzlichkeit eines Vulkans geschieht, unerwartet und unwiderstehlich.

Aber alle Geheimnisse auf einer Seite und in einer Hand müssen schließlich fatal sein: für ihren Inhaber, was an sich nicht wichtig wäre, aber ebenso für die Betroffenen alle, und das ist von ungeheurer Bedeutung. Jedes Geheimnis ist explosiv und steigert sich an seiner inneren Hitze. Der Schwur als sein Verschluß ist eben die Stelle, an der es sich auch wieder öffnet.

Wie gefährlich das Geheimnis werden kann, vermag man erst heute ganz zu erkennen. In verschiedenen Sphären, die nur scheinbar voneinander unabhängig sind, hat es sich mit immer größerer Macht geladen. Der eigentliche Diktator, gegen den die Welt vereinigt Krieg führte, war kaum tot – da war es in der Form der Atombombe wieder da, gefährlicher als je und in ihren Abkömmlingen sich rapid steigernd.

Als die *Konzentration* des Geheimnisses bezeichne man das Verhältnis zwischen der Zahl derer, die es betrifft, und der Zahl derer, die es bewahren. Es ist nach dieser Definition leicht einzusehen, daß unsere modernen technischen Geheimnisse die konzentriertesten und gefährlichsten sind, die es je gegeben. Sie betreffen *alle*, aber nur eine winzige Zahl weiß über sie Bescheid, und von fünf oder zehn Menschen hängt es ab, ob sie verwendet werden.

Urteilen und Aburteilen

Es ist geraten, von einem Phänomen auszugehen, das allen vertraut ist, der *Freude am Aburteilen.* ›Ein schlechtes Buch‹, sagt jemand, oder ›ein schlechtes Bild‹, und er gibt sich den Anschein, als habe er etwas Sachliches zu sagen. Immerhin verrät seine Miene dabei, daß er es gerne sagt. Denn die Form der Äußerung täuscht, und sie geht sehr bald in eine persönliche über. ›Ein schlechter Dichter‹ oder ›ein schlechter Maler‹ heißt es dann gleich, und es klingt, als sage man ›ein schlechter Mensch‹. Überall hat man Gelegenheit, Bekannte, Unbekannte, sich selbst bei diesem Prozeß des Aburteilens zu ertappen. Die Freude am negativen Urteil ist immer unverkennbar.

Es ist eine harte und grausame Freude, die sich durch nichts beirren läßt. Das Urteil ist nur ein Urteil, wenn es mit etwas wie unheimlicher Sicherheit abgegeben wird. Es kennt keine Milde, wie es keine Vorsicht kennt. Es wird rasch gefunden; es ist seinem Wesen am meisten gemäß, wenn es ohne Überlegung zustande kommt. Die Leidenschaft, die es verrät, hängt an seiner Raschheit. Das bedingungslose und das rasche Urteil sind es, die sich als Lust auf den Zügen des Urteilenden malen.

Worin besteht diese Lust? Man schiebt etwas von sich weg, in eine Gruppe des Geringeren, wobei vorausgesetzt ist, daß man selbst zu einer Gruppe des Besseren gehört. Man erhöht sich, indem man das andere erniedrigt. Der Bestand von zweierlei, das entgegengesetzte Werte vertritt, wird als natürlich und notwendig angenommen. Was immer das Gute ist, es ist da, damit es sich vom Schlechten abhebt. Man selber bestimmt, was zum einen und was zum anderen gehört.

Es ist die Macht des *Richters*, die man sich auf diese Weise zubilligt. Denn nur scheinbar steht der Richter *zwischen* den beiden Lagern, auf der Grenze, die das Gute vom Bösen trennt. Er rechnet sich dem Guten zu, auf jeden Fall; die Legitimierung zu seinem Amt beruht großenteils darauf, daß er unerschütterlich ins Reich des Guten gehört, als wäre er dort geboren. Er urteilt sozusagen immerzu. Sein Urteil ist bindend. Es sind ganz bestimmte Dinge, über die er zu richten hat; sein ausgebreitetes Wissen über Böse und Gut entstammt einer langen Erfahrung. Aber auch solche, die nicht Richter sind, die niemand dazu bestellt hat, die niemand bei gesunden Sinnen dazu bestellen würde, nehmen sich unaufhörlich Urteile heraus, auf allen Gebieten. Keine Sachkenntnis wird dazu vorausgesetzt: Die sich der Urteile enthalten, weil sie sich ihrer schämen, sind an den Fingern abzuzählen.

Die Urteilskrankheit ist eine der verbreitetsten, die es unter Menschen gibt, und praktisch alle sind von ihr befallen. Versuchen wir, ihre Wurzel bloßzulegen.

Der Mensch hat ein tiefes Bedürfnis danach, alle Leute, die er sich vorstellen kann, immer wieder umzugruppieren. Indem er die lockere, amorphe Zahl der Vorhandenen in zwei Gruppen abteilt und als solche gegeneinander aufstellt, gibt er ihnen etwas wie *Dichte*. Er zieht sie zusammen, als hätten sie miteinander zu kämpfen; er macht sie exklusiv und erfüllt sie mit Feindschaft. So wie er sie sich vorstellt, so wie er sie will, können sie nur gegeneinander sein. Das Urteilen über ›Gut‹ und ›Schlecht‹ ist das uralte Mittel einer dualistischen Klassifikation, die aber nie ganz begrifflich und nie ganz friedlich ist. Es kommt auf die Spannung zwischen ihnen an, und der Urteilende schafft und erneuert diese Spannung.

Es ist die Neigung zur feindlichen Meutenbildung, die diesem Prozesse zugrunde liegt. Sie muß letzten Endes zur Kriegsmeute führen. Indem sie sich auf alle möglichen Gebiete und Tätigkeiten des Lebens bezieht, *verdünnt* sie sich. Aber auch wenn sie sich friedlich abspielt, auch wenn sie in ein oder zwei Urteilsworten abgetan erscheint, die Neigung, sie weiterzutreiben, zur aktiven und blutigen Feindschaft zweier Meuten, ist immer im Keime vorhanden.

Jeder, der mitten in den tausend Beziehungen seines Lebens steht, gehört so unzähligen Gruppen von ›Guten‹ an, die genau so viel Gruppen von ›Schlechten‹ entgegenstehen. Es hängt von bloßen Anlässen ab, ob eine oder die andere dieser Gruppen sich zur Meute erhitzt und auf ihre feindliche Meute losgeht, bevor diese ihr zuvorkommt.

Aus scheinbar friedlichen Urteilen werden dann Todesurteile gegen den Feind. Die Grenzen der Guten sind dann genau abgesteckt, und wehe dem Schlechten, der sie überschreitet. Er hat bei den Guten nichts zu suchen und muß vernichtet werden.

Die Macht der Verzeihung · Gnade

Die Macht der Verzeihung ist eine Macht, die sich jeder vorbehält und die jeder hat. Es wäre merkwürdig, ein Leben nach den Akten der Verzeihung aufzubauen, die sich einer erlaubt. Der Mensch *paranoischer* Struktur ist einer, der sehr schwer oder gar nicht verzeihen kann; der es lange erwägt; der nie etwas vergißt, wo es zu verzeihen gibt; der sich fiktive, feindliche Akte konstruiert, um sie nicht zu vergeben. Der Hauptwiderstand im Leben von Menschen solcher Art richtet sich gegen jede Form von Vergebung. Wo sie es aber zu Macht bringen und um ihrer Behauptung willen die Vergebung aussprechen *müssen*, geschieht es nur zum Schein. Der Machthaber verzeiht nie wirklich. Jeder feindselige Akt bleibt genau verzeichnet, er wird verdeckt oder aufgespart. Gegen echte Unterwerfung wird er manchmal eingetauscht; großmütige Akte von Machthabern geschehen immer in diesem Sinn. Sie sehnen sich so sehr nach der Unterwerfung alles dessen, was ihnen entgegensteht, daß sie oft einen übertrieben hohen Preis dafür bezahlen.

Der Ohnmächtige, dem der Machthaber ungeheuer stark erscheint, sieht nicht, wie wichtig diesem eine vollzählige Unterwerfung aller ist. Er kann einen Machtzuwachs, wenn er überhaupt ein Gefühl dafür hat, nur nach seinem wirklichen Gewicht abschätzen und wird nie begreifen, was die Kniebeuge des letzten, vergessenen, armseligen Untertans dem glänzenden König bedeutet. Das Interesse des biblischen Gottes an jedem, die Zähigkeit und Sorge, mit der er keine Seele vergißt, mag als hohes Vorbild für jeden Mächtigen dienen. Er hat auch den verwickelten Handel mit Vergebungen eingerichtet, wer sich ihm unterwirft, den nimmt er wieder in Gnade auf. Aber er sieht sich das Gebaren des Versklavten genau daraufhin an, und bei seiner Allwissenheit ist es ihm ein leichtes, zu bemerken, wie weit man ihn täuscht.

Es kann gar keinem Zweifel unterliegen, daß viele Verbote nur dazu da sind, die Macht derer zu stützen, die ihre Übertretung ahnden und vergeben können. Die *Gnade* ist ein sehr hoher und konzentrierter Akt der Macht, denn sie setzt die Verurteilung voraus; ohne daß eine solche vorausgegangen ist, kann kein Gnadenakt stattfinden. In der Gnade liegt auch eine *Erwählung*. Es ist nicht Sitte, mehr als eine bestimmte, beschränkte Zahl von Verurteilten zu begnadigen. Der Strafende wird sich wohl hüten, zu mild zu sein, und selbst wenn er sich den Anschein gibt, als ob ihm die Härte der Vollstreckung gegen die innerste Natur geht, wird er einen Zwang dazu in der heiligen Notwendigkeit des Strafens selber sehen und damit alles begründen. Aber er wird auch immer den Weg zur Gnade offenlassen, sei es, daß er sich selber in ausgewählten Fällen dazu entschließt, sei es, daß er einer höheren Instanz, die damit betraut ist, Gnade empfiehlt.

In ihrer höchsten Steigerung erscheint die Macht dort, wo die Begnadigung im letzten möglichen Augenblick erfolgt. Wenn der Tod, den man verhängt hat, eben vollstreckt werden soll, unter dem Galgen oder vor der Salve derer, die zum Erschießen detachiert sind, erscheint die Begnadigung wie ein neues Leben. Es ist die Grenze der Macht, daß sie keine Toten wirklich wieder zum Leben zurückholen kann; aber im lange hingehaltenen Akt der Gnade kommt sich der Machthaber oft so vor, als hätte er diese Grenze überschritten.

Der Befehl

Der Befehl: Flucht und Stachel

›Befehl ist Befehl‹: der Charakter des Endgültigen und Indiskutablen, der dem Befehl anhaftet, mag auch bewirkt haben, daß man über ihn so wenig nachgedacht hat. Man nimmt ihn hin als etwas, das immer so da war, er erscheint so natürlich wie unentbehrlich. Von klein auf ist man an Befehle gewöhnt, aus ihnen besteht zum guten Teil, was man Erziehung nennt; auch das ganze erwachsene Leben ist von ihnen durchsetzt, ob es nun um die Sphären der Arbeit, des Kampfes oder des Glaubens geht. Man hat sich kaum gefragt, was denn ein Befehl eigentlich ist; ob er wirklich so einfach ist, wie er erscheint; ob er der Raschheit und Glätte zum Trotz, mit der er das Erwartete bewirkt, nicht andere, tiefere, vielleicht sogar feindliche Spuren im Menschen zurückläßt, der ihm gehorcht.

Der Befehl ist älter als die Sprache, sonst könnten ihn Hunde nicht verstehen. Das Dressieren von Tieren beruht eben darauf, daß sie, ohne eine Sprache zu kennen, begreifen lernen, was man von ihnen will. In kurzen, sehr deutlichen Befehlen, die sich prinzipiell in nichts von denen an Menschen unterscheiden, wird ihnen der Wille des Dompteurs kundgegeben. Sie befolgen ihn, wie sie sich auch an Verbote halten. Man hat also alles Recht, nach sehr alten Wurzeln für den Befehl zu suchen; zumindest ist es klar, daß es ihn in irgendwelcher Form auch außerhalb der menschlichen Gesellschaft gibt.

Die älteste Wirkungsform des Befehls ist die *Flucht.* Sie wird dem Tier von einem Stärkeren, einem Geschöpf *außer* ihm, diktiert. Die Flucht ist nur scheinbar spontan; immer hat die Gefahr eine Gestalt; und ohne diese zu vermuten, wird kein Tier fliehen. Der Befehl zur Flucht ist so stark und direkt wie der Blick.

Von Anfang an gehört zum Wesen der Flucht die Verschiedenartigkeit der beiden Geschöpfe, die auf diese Weise miteinander in Beziehung treten. Das eine gibt nur kund, daß es das andere fressen will; daher der tödliche Ernst der Flucht. Der ›Befehl‹ zwingt das schwächere Tier zur Bewegung, gleichgültig, ob es dann wirklich verfolgt wird oder nicht. Auf die Stärke der Drohung allein kommt es an: des Blickes, der Stimme, der schreckhaften Gestalt.

Der Befehl leitet sich also vom *Fluchtbefehl* her: er spielt sich in seiner ursprünglichsten Form zwischen zwei Tieren verschiedener Gattung ab, von denen das eine das andere bedroht. Die große Machtverschiedenheit dieser beiden, die Tatsache, daß das eine – man möchte sagen – gewohnt ist, dem anderen als Beute zu dienen, die Unerschütterlichkeit dieses Verhältnisses, das wie von jeher etabliert erscheint, alles das zusammen gibt dem Vorgang etwas Absolutes und Unwiderrufliches. Die Flucht ist die einzige und letzte Instanz, an die gegen dieses Todesurteil appelliert werden kann. Das Brüllen eines Löwen, der auf Raub ausgeht, ist wirklich ein Todesurteil: es ist der *eine* Laut seiner Sprache, den alle seine Opfer verstehen; und es mag diese Drohung das einzige sein, das ihnen, den untereinander so sehr Verschiedenen, gemeinsam ist. Der älteste Befehl – und einer, der viel früher erteilt worden ist, als es Menschen gibt – ist ein Todesurteil und zwingt das Opfer zur Flucht. Man wird gut tun, daran zu denken, wenn vom Befehl unter Menschen die Rede ist. Das Todesurteil und seine erbarmungslose Furchtbarkeit schimmert unter jedem Befehle durch. Das System der Befehle unter den Menschen ist so angelegt, daß man dem Tode für gewöhnlich entkommt; aber der Schrecken vor ihm, die Drohung, ist immer darin enthalten; und die Aufrechterhaltung und Vollstreckung von wirklichen Todesurteilen halten den Schrecken vor jedem Befehl, vor Befehlen überhaupt wach.

Vergessen wir aber nun für einen Augenblick, was wir über den Ursprung des Befehls gefunden haben, und sehen wir ihn unvoreingenommen an, als wäre er zum erstenmal Gegenstand der Betrachtung.

Das erste, was am Befehl auffällt, ist, daß er eine Handlung auslöst. Ein ausgestreckter Finger, der in eine Richtung zeigt, kann die Wirkung eines Befehls haben: Alle Augen, die des Fingers gewahr werden, drehen sich in dieselbe Richtung. Es sieht so aus, als ob die ausgelöste Handlung, deren Richtung bestimmt ist, alles ist, worauf es dem Befehl ankäme. Die Ausbreitung in einer Richtung ist besonders wichtig; ihre Umkehrung ist so unstatthaft wie ihre Änderung.

Zum Befehl gehört es, daß er keinen Widerspruch erlaubt. Er darf nicht diskutiert, nicht erklärt oder angezweifelt werden. Er ist knapp und klar, denn er muß auf der Stelle verstanden werden. Eine Verzögerung in der Aufnahme beeinträchtigt seine Kraft. Mit jeder Wiederholung des Befehls, die nicht von seiner Ausführung gefolgt ist, verliert er etwas von seinem Leben; nach einiger Zeit liegt er dann erschöpft und ohnmächtig am Boden, und es ist besser, ihn unter solchen Umständen nicht mehr zu beleben. Denn die Handlung, die der Befehl auslöst, ist an ihren Augenblick gebunden. Sie kann auch für später festgelegt sein, aber *bestimmt* muß sie sein, sei es ausgesprochen, sei es durch die Natur des Befehls klar gegeben.

Die Handlung, die unter Befehl ausgeführt ist, ist von allen anderen Handlungen verschieden. Sie wird als etwas *Fremdes* empfunden; die Erinnerung an sie hat etwas Streifendes. Etwas, das nicht zu einem gehört, weht wie ein fremder Wind rasch an einem vorüber. Die Eile in der Ausführung, die ein Befehl verlangt, mag zu der Fremdheit, mit der man sich an sie erinnert, beitragen; doch reicht dies zur Erklärung allein nicht aus. Es ist wichtig für den Befehl, daß er von *außen* kommt. Allein wäre man nicht auf ihn verfallen. Er gehört zu den Elementen des Lebens, die *auferlegt* sind; niemand entwickelt sie in sich selbst. Selbst dort, wo einsame Menschen mit einer ungeheuerlichen Häufung von Befehlen plötzlich hervortreten und einen neuen Glauben zu begründen, einen alten zu erneuern versuchen, wird der Schein einer fremden, auferlegten Last immer streng gewahrt. Sie werden nie im eigenen Namen sprechen. Was sie von den anderen verlangen, ist ihnen aufgetragen worden; und so sehr sie in manchem lügen mögen, in diesem einen Punkt sind sie immer ehrlich; sie glauben, daß sie *geschickt* sind.

Der Ursprung des Befehls, der ein Fremdes ist, muß aber auch als *Stärkeres* anerkannt sein. Man gehorcht, weil man nicht mit Aussicht auf Erfolg kämpfen könnte; wer siegen würde, befiehlt. Die Macht des Befehls muß unangezweifelt sein; hat sie nachgelassen, so muß sie bereit sein, sich durch Kämpfen wieder zu bewähren. Meist bleibt sie auf lange hin anerkannt. Es ist erstaunlich, wie selten neue Entscheidungen gefordert werden; die Wirkungen der alten halten vor. Siegreiche Kämpfe leben in Befehlen weiter; in jedem befolgten Befehl wird ein alter Sieg erneuert.

Äußerlich besehen, wächst die Macht des Befehlenden unaufhörlich. Der kleinste Befehl fügt etwas hinzu. Nicht nur wird er gewöhnlich so gegeben, daß er dem nützlich ist, der sich seiner bedient: es ist auch in der Natur des Befehles selbst, in der Anerkennung, die er findet, im Raum, den er durcheilt, in seiner schneidenden Pünktlichkeit – es ist in alledem etwas, das der Macht Sicherheit und Wachstum ihres Bereiches verbürgt. Die Macht sendet Befehle aus wie eine Wolke von magischen Pfeilen: die Opfer, die davon getroffen werden, bringen sich selber dem Mächtigen dar, von den Pfeilen gerufen, berührt und geführt.

Doch die Einfachheit und Einheit des Befehls, die auf den erst Blick absolut und unbezweifelbar erscheint, ist genauer besehen ei scheinbare. Der Befehl läßt sich zerlegen. Es ist notwendig, ihn zu ze legen, da man ihn sonst nie wirklich begreifen lernt.

Jeder Befehl besteht aus einem *Antrieb* und einem *Stachel*. Der Ar trieb zwingt den Empfänger zur Ausführung, und zwar so, wie es de Inhalt des Befehls gemäß ist. Der Stachel bleibt in dem zurück, der den Befehl ausführt. Wenn Befehle normal funktionieren, so wie man es von ihnen erwartet, ist vom Stachel nichts zu sehen. Er ist geheim, man vermutet ihn nicht; vielleicht äußert er sich, kaum bemerkt, in einem leisen Widerstand, bevor dem Befehle gehorcht wird.

Aber der Stachel senkt sich tief in den Menschen, der einen Befehl ausgeführt hat, und bleibt dort unverändert liegen. Es gibt unter allen seelischen Gebilden nichts, das weniger veränderlich wäre. Der Inhalt des Befehls bleibt im Stachel erhalten; seine Kraft, seine Tragweite, seine Begrenzung, alles ist für immer vorgebildet worden, in dem Augenblick, da der Befehl erteilt wird. Es kann Jahre und Jahrzehnte dauern, bis jener versenkte und gespeicherte Teil des Befehls, im kleinen sein genaues Ebenbild, wieder zum Vorschein kommt. Aber es ist wichtig zu wissen, daß kein Befehl je verlorengeht; nie ist es mit seiner Ausführung wirklich um ihn geschehen, er wird für immer gespeichert.

Die Befehlsempfänger, denen am gründlichsten mitgespielt wird, sind Kinder. Daß sie unter der Last von Befehlen nicht zusammenbrechen, daß sie das Treiben ihrer Erzieher überleben, erscheint wie ein Wunder. Daß sie es alles, nicht weniger grausam als jene, später an ihre eigenen Kinder weitergeben, ist so natürlich wie Beißen und Sprechen. Aber was einen immer überraschen wird, ist die Unverletztheit, mit der sich Befehle aus der frühesten Kindheit erhalten haben: sie sind zur Stelle, sobald die nächste Generation ihre Opfer vorschickt. An keinem Befehl ist ein Jota anders geworden; sie könnten vor einer Stunde erteilt worden sein, und doch ist es in Wirklichkeit zwanzig, dreißig oder noch mehr Jahre her. Die Kraft, mit der das Kind Befehle empfängt, die Zähigkeit und Treue, mit der es sie bewahrt, ist nicht ein individuelles Verdienst. Intelligenz oder besondere Begabung haben damit nichts zu schaffen. Jedes, auch das gewöhnlichste Kind, verliert und vergibt keinen der Befehle, mit denen es mißhandelt wurde.

Eher verwandelt sich das Aussehen eines Menschen, das, woran ihn die anderen erkennen, die Haltung des Kopfes, der Ausdruck des Mundes, die Art seines Blickes, als die Gestalt des Befehls, der als Stachel in ihm zurückgeblieben ist und unveränderlich gespeichert wurde. Unverändert wird er wieder ausgestoßen, aber die Gelegenheit dazu muß da sein; die neue Situation, in der er sich ablöst, muß der alten, in der er empfangen wurde, zum Verwechseln ähnlich sein. Das Wiederherstellen solcher frühen Situationen, aber in *Umkehrung*, ist eine der großen Quellen seelischer Energie im Leben des Menschen. Der ›Ansporn‹, wie man so sagt, dies oder jenes zu erreichen, ist der tiefste Drang, an Befehlen loszuwerden, was man einmal empfangen hat.

Nur der *ausgeführte* Befehl läßt seinen Stachel in dem, der ihn befolgt hat, haften. Wer Befehlen ausweicht, der muß sie auch nicht speichern. Der ›freie‹ Mensch ist nur der, der es verstanden hat, Befehlen auszuweichen, und nicht jener, der sich erst nachträglich von ihnen befreit. Aber wer am längsten zu dieser Befreiung braucht oder es überhaupt nicht vermag, der zweifellos ist der Unfreieste.

Kein unbefangener Mensch empfindet es als Unfreiheit, seinen eigenen Trieben zu folgen. Selbst dort, wo sie am stärksten werden und ihre Befriedigung zu den gefährlichsten Verwicklungen führt, wird der Betroffene das Gefühl haben, daß er aus sich heraus handelt. Wohl aber wendet sich jeder in sich gegen den Befehl, der ihm von außen zugesandt worden ist und den er ausführen mußte: da spricht jeder von Druck und behält sich ein Recht auf Umkehrung oder Rebellion vor.

Die Domestikation des Befehls

Der Fluchtbefehl, der eine Todesdrohung enthält, setzt eine große Machtverschiedenheit zwischen den Beteiligten voraus. Wer den anderen in die Flucht schlägt, der könnte ihn töten. Die Grundsituation in der Natur ergibt sich aus der Tatsache, daß sehr viele Tierarten sich von den Tieren nähren. Es sind *andere* Arten, von denen sie leben. So fühlen sich die meisten Tiere von solchen anderer Art bedroht und empfangen von ihnen, Fremden und Feinden, den Befehl zur Flucht.

Was wir aber im gewöhnlichen Leben Befehl nennen, spielt sich unter *Menschen* ab: ein Herr befiehlt seinem Sklaven, eine Mutter befiehlt ihrem Kind. Der Befehl, wie wir ihn kennen, hat sich von seinem biologischen Ursprung, dem Fluchtbefehl, sehr weit wegentwickelt. Er hat sich domestiziert. Man verwendet ihn für allgemein gesellschaftliche, aber auch für die intimen Verhältnisse menschlichen Zusammenlebens; im Staate spielt er eine nicht geringere Rolle als in der Familie. Er sieht ganz anders aus als das, was wir unter Fluchtbefehl geschildert haben. Der Herr ruft seinem Sklaven: er kommt, obwohl er weiß, daß er einen Befehl empfangen wird. Die Mutter ruft ihrem Kind: es läuft nicht immer davon. Obwohl sie es mit Befehlen aller Art überschüttet, behält es im großen und ganzen seine Zutraulichkeit. Es bleibt in ihrer Nähe, es kommt auf sie zugelaufen. Dasselbe gilt für den *Hund*: er bleibt bei seinem Herrn, auf seinen Pfiff kommt er gleich gelaufen.

Wie ist es zu dieser Domestikation des Befehls gekommen? Was hat die Todesdrohung harmlos gemacht? Die Erklärung für diese Entwicklung liegt darin, daß in jedem dieser Fälle eine Art von Bestechung geübt wird. Der Herr gibt seinem Hund oder Sklaven zu essen, die Mutter nährt ihr Kind. Das Geschöpf, das im Verhältnis der Untertänigkeit steht, wird daran gewöhnt, seine Nahrung nur von einer Hand zu empfangen. Der Sklave oder der Hund bekommen Nahrung von ihrem Herrn allein, niemand anderer ist dazu verpflichtet, eigentlich *darf* ihnen niemand anderer Nahrung geben. Das Eigentumsverhältnis besteht zum Teil darin, daß alle Nahrung ihnen nur von der Hand ihres Herrn zukommt. Das Kind aber kann sich gar nicht selbst ernähren. Von allem Anfang an hängt es an der Brust seiner Mutter.

Zwischen dem Gewähren von Nahrung und dem Befehl ist ein enger Zusammenhang geschaffen worden. Sehr rein kommt dieser Zusammenhang in der Praxis der Tierdressur heraus. Wenn das Tier getan hat, was es tun soll, bekommt es seinen Leckerbissen von der Hand des Dompteurs. Die Domestikation des Befehls macht aus ihm eine Verheißung von Nahrung. Statt mit dem Tod zu drohen und in die Flucht zu schlagen, verspricht man, was jedes Geschöpf zuallererst will, und hält dieses Versprechen strikt ein. Statt seinem Herrn als Nahrung zu dienen, statt gefressen zu werden, bekommt das Geschöpf, dem diese Art von Befehl erteilt wird, selbst zu essen.

Diese Denaturierung des biologischen Fluchtbefehls erzieht Menschen und Tiere zu einer Art freiwilliger Gefangenschaft, von der es alle möglichen Grade und Abstufungen gibt. Sie verändert aber nicht vollständig das Wesen des Befehls. Die Drohung bleibt immer in jedem Befehl erhalten. Sie ist gemildert, aber es gibt erklärte Sanktionen, die auf Nichtbefolgung stehen: sie können sehr streng sein; die strengste ist die ursprüngliche, ist der Tod.

Rückstoß und Befehlsangst

Ein Befehl ist wie ein Pfeil. Er wird abgeschossen und trifft. Der Befehlshaber zielt, bevor er ihn abschießt. Er wird jemand ganz Bestimmten mit seinem Befehl treffen, immer hat der Pfeil eine gewählte Richtung. Er bleibt im Getroffenen stecken; dieser muß ihn herausziehen und weitergeben, um sich von seiner Drohung zu befreien. Tatsächlich spielt sich der Vorgang der Befehls-Weitergabe so ab, als ob der Empfänger ihn herauszöge, seinen eigenen Bogen spannte und nun denselben Pfeil wieder abschösse. Die Wunde in seinem eigenen Körper verheilt, aber sie hinterläßt eine Narbe. Jede Narbe hat eine Geschichte, es ist die Spur dieses einen bestimmten Pfeils.

Aber der Befehlshaber, der ihn abschießt, spürt einen leichten *Rückstoß* davon. Den eigentlichen, man möchte sagen seelischen Rückstoß spürt er erst, wenn er sieht, daß er getroffen hat. Hier hört die Analogie mit dem physischen Pfeil auf. Aber es ist um so wichtiger, auf die Spuren einzugehen, die der erfolgreiche Abschuß im glücklichen Schützen hinterläßt.

Die Genugtuung über ausgeführte, also über erfolgreich erteilte Befehle täuscht über manches andere hinweg, das sich im Schützen abspielt. Es ist immer etwas wie die Empfindung eines Rückstoßes da; was man getan hat, prägt sich einem selber auch ein, nicht nur dem Opfer. Viele Rückstöße sammeln sich an zu *Angst*. Es ist eine besondere Art von Angst, die sich aus der häufigen Wiederholung von Befehlen ergibt: ich nenne sie darum *Befehlsangst*. Sie ist gering in dem, der Befehle nur weitergibt. Sie ist größer, je näher der Befehlende der eigentlichen Befehlsquelle steht.

Es ist nicht schwer zu begreifen, wie diese Befehlsangst zustande kommt. Ein Schuß, der ein isoliertes Wesen tötet, hinterläßt keine Gefahr. Der Getötete kann einem nichts mehr anhaben. Ein Befehl, der zwar mit dem Tode droht, aber dann doch nicht tötet, hinterläßt die Erinnerung an die Drohung. Manche Drohungen gehen fehl, und manche treffen; diese sind es, die nie vergessen werden. Wer vor der Drohung geflohen ist oder ihr nachgegeben hat, der wird sich verläßlich rächen. Er hat sich noch immer gerächt, wenn der Augenblick kam, und der, von dem die Drohung ausging, ist sich dessen bewußt: er muß alles daransetzen, daß eine Umkehrung unmöglich wird.

Das Gefühl von Gefahr – daß alles, dem man befohlen hat, alles mit dem Tode Bedrohte *lebt* und *sich erinnert* –, Gefahr, in der man wäre, wenn die vielen mit dem Tode Bedrohten sich gegen einen zusammenschließen würden: dieses tiefbegründete Gefühl, das aber unbestimmt bleibt, weil man nie weiß, wann die Bedrohten von Erinnerung zur Aktion übergehen werden, dieses quälende, unversiegliche und unbegrenzte Gefühl von Gefahr bezeichne ich als Befehlsangst.

Es ist am größten in dem, der zuhöchst steht. An der Quelle des Befehls, in dem, der die Befehle aus sich heraus erteilt, der sie von niemand empfängt, der sie sozusagen selbst erzeugt, da ist die Konzentration von Befehlsangst die größte. Sie kann in Machthabern lange gebändigt und verborgen bleiben. Sie kann sich im Laufe eines Herrscherlebens steigern und als Cäsarenwahn zutage treten.

Der Befehl an viele

Es ist zu unterscheiden zwischen dem Befehl, der *einzelnen*, und dem, der *vielen* zugleich erteilt wird.

Schon im biologischen Ursprung des Befehls ist dieser Unterschied gegeben. Manche Tiere leben einzeln und empfangen die Drohung ihrer Feinde einzeln. Andere leben in Herden und werden als solche bedroht. Im ersten Falle flieht oder verbirgt sich ein Tier allein. Im zweiten Falle flieht eine ganze Herde. Ein Tier, das für gewöhnlich in Herden lebt, aber von seinem Feinde durch Zufall allein überrascht wird, trachtet zu seiner Herde hin zu fliehen. Einzelflucht und Massenflucht sind von Grund auf verschieden. Die Massenangst einer fliehenden Herde ist der älteste und – man möchte sagen – vertrauteste Massenzustand, den man überhaupt kennt.

Aus diesem Zustand der Massenangst leitet sich sehr wahrscheinlich das *Opfer* her. Ein Löwe, der hinter einer Herde von Gazellen her ist, die alle zusammen in Angst vor ihm fliehen, stellt seine Verfolgung ein, sobald es ihm gelungen ist, eines der Tiere zu packen. Dieses Tier ist sein Opfer auch im weiteren Sinne des Wortes. Es verschafft den anderen Herdengenossen Ruhe. Sobald der Löwe hat, was er will, und sobald sie es merken, legt sich ihre Angst. Aus der Massenflucht treten sie wieder in den gewöhnlichen Zustand der Herde ein, jedes Tier grast frei und tut, was ihm beliebt. Hätten die Gazellen einen Glauben, wäre der Löwe ihr Gott, so könnten sie ihm, um seine Gier zu stillen, von sich aus freiwillig eine Gazelle ausliefern. Genau das ist es, was bei den Menschen geschieht: aus der Verfassung der Massenangst bei ihnen leitet sich das religiöse Opfer her. Es hält den Lauf und den Hunger der gefährlichen Macht für eine Weile auf.

Die Masse im Zustand der Angst will *beisammen* bleiben. In ihrer akuten Gefahr fühlt sie sich nur geschützt, wenn sie die Nähe der anderen fühlt. Sie ist Masse ganz besonders durch die Richtung ihrer Flucht. Ein Tier, das herausspringt und eine eigene Richtung einschlägt, ist mehr gefährdet als die anderen. Ganz besonders aber fühlt es die Gefahr mehr, weil es allein ist, seine Angst ist größer. Die gemeinsame Richtung der gemeinsam fliehenden Tiere könnte man ihre ›Gesinnung‹ nennen; was sie zusammenhält, treibt sie kräftiger vorwärts. Sie sind nicht in Panik, solange sie nicht verlassen sind, solange jedes Tier neben jedem dasselbe tut, genau dieselben Bewegungen vollführt. Diese Massenflucht, durch die parallele Bewegung der Beine, der Hälse, des Kopfs, gleicht dem, was ich unter Menschen als *zuckende* oder *rhythmische* Masse bezeichne.

Sobald die Tiere aber umstellt sind, ändert sich das Bild. Eine gemeinsame Richtung der Flucht ist nicht mehr möglich. Aus der Massenflucht wird nun eine *Panik*: jedes Tier sucht sich für sich allein zu retten und eines ist dem anderen hinderlich dabei. Der Ring um sie zieht sich eng zusammen. Im Gemetzel, das nun beginnt, ist jedes Tier des anderen Feind, denn jedes verstellt dem anderen den Weg zur Rettung.

Aber kehren wir nun zum Befehle selbst zurück. Der Befehl an einzelne, wurde gesagt, ist anders als der Befehl an viele. Bevor dieser Satz begründet wird, ist es geraten, von seiner wichtigsten Ausnahme zu sprechen.

Eine künstliche Ansammlung vieler hat man in der Armee vor sich. In ihr hebt sich die Verschiedenartigkeit der Befehle auf, darin gerade besteht ihr Wesen. Ob der Befehl sich an einzelne, an mehrere oder an viele richtet, hier bedeutet er immer genau dasselbe. Eine Armee besteht nur, wenn der Befehl gleichwertig und konstant ist. Er kommt von oben, er bleibt streng isoliert. So darf die Armee nie Masse sein.

Denn in der Masse breitet sich der Befehl horizontal, zwischen ihren Mitgliedern aus. Zu Beginn mag er einen einzelnen von oben treffen. Aber da andere seinesgleichen in seiner Nähe sind, gibt er ihn sogleich an diese weiter. In seiner Angst rückt er näher an sie heran. Im Nu sind die anderen davon angesteckt. Erst geraten einige in Bewegung, dann mehr, dann alle. Durch die sofortige Ausbreitung desselben Befehls sind sie zu einer Masse geworden. Nun fliehen alle zusammen.

Da der Befehl sich sogleich zerstreut, bildet sich kein Stachel. Es ist gar keine Zeit dazu, was zu einem bleibenden Bestandteil geworden wäre, löst sich sofort auf. Der Befehl an die Masse hinterläßt keinen Stachel. Die Drohung, die zur Massenflucht führt, löst sich eben in dieser Flucht wieder auf.

Es ist die *isolierte* Befehlssituation allein, die zur Bildung des Befehls-Stachels führt. Die Drohung, die im Befehl an einen einzelnen mitgegeben wird, *kann* sich nicht ganz auflösen. Wer immer für sich allein einen Befehl ausgeführt hat, behält seinen Widerstand dagegen als Stachel in sich zurück, einen harten Kristall der Ranküne. Er kann ihn nur loswerden, indem er den gleichen Befehl selber erteilt. Sein Stachel ist nichts anderes als das verborgene Ebenbild des Befehls, den er bekommen und nicht auf der Stelle weitergeben konnte. Nur in der Form dieses Ebenbilds vermag er sich von ihm zu befreien.

Ein Befehl an viele hat also einen ganz eigenen Charakter. Er bezweckt, aus den vielen eine Masse zu machen, und soweit ihm das gelingt, weckt er keine Angst. Das Schlagwort des Redners, das den versammelten Menschen eine Richtung aufzwingt, hat genau diese Funktion und läßt sich als ein Befehl an viele auffassen. Vom Standpunkt der Masse aus, die rasch entstehen und sich als Einheit bewahren möchte, sind solche Schlagworte nützlich und unentbehrlich. Die Kunst des Redners besteht darin, daß er alles, was er bezweckt, in Schlagworten zusammenfaßt und kräftig vorbringt, die der Masse zu Entstehung und Bestand verhelfen. Er *erzeugt* die Masse und hält sie durch einen übergeordneten Befehl am Leben. Wenn er das nur fertiggebracht hat, ist es kaum von Bedeutung, was er dann wirklich von ihr verlangt. Der Redner kann eine Ansammlung von einzelnen auf das furchtbarste beschimpfen und bedrohen, sie werden ihn lieben, wenn es ihm auf diese Weise gelingt, sie zur Masse zu formen.

Befehlserwartung

Der Soldat im Dienst handelt nur auf Befehl. Er mag auf dies oder jenes Lust verspüren; da er Soldat ist, zählt es nicht, er hat es sich zu versagen. Er kann vor keinem Scheidewege stehen: denn selbst wenn er davorstünde, ist es nicht er, der entscheidet, welchen der Wege er betritt. Sein aktives Leben ist auf allen Seiten eingeschränkt. Er tut, was alle die anderen Soldaten *mit* ihm tun; und er tut, was ihm anbefohlen wird. Das Ausfallen aller übrigen Handlungen, die andere Menschen, wie sie glauben, frei ausführen, macht ihn hungrig nach den Handlungen, die er ausführen *muß*.

Eine Schildwache, die stundenlang regungslos auf ihrem Posten steht, ist der beste Ausdruck für die psychische Verfassung des Soldaten. Er darf nicht weg; er darf nicht einschlafen; er darf sich nicht bewegen, außer wenn ihm gewisse, genau abgesteckte Bewegungen vorgeschrieben sind. Seine eigentliche Leistung ist der Widerstand gegen jede Verlockung, seinen Posten zu verlassen, in welcher Form immer sie an ihn herantreten möge. Dieser *Negativismus* des Soldaten, wie man es sehr wohl nennen kann, ist sein Rückgrat. Alle die fließenden Anlässe zu Unternehmungen, wie Lust, Furcht, Unruhe, aus denen das Leben der Menschen so wesentlich besteht, unterdrückt er in sich. Er bekämpft sie am besten, indem er sie sich nicht einmal zugesteht.

Jede Handlung, die er dann noch wirklich ausführt, muß sanktioniert sein: durch einen Befehl. Da es schwer ist für einen Menschen, *nichts* zu unternehmen, sammelt sich viel Erwartung in ihm an, für das, was er unternehmen darf. Die Aktionslust staut sich und wächst ins Ungemessene. Aber weil vor der Aktion ein Befehl steht, wendet sich die Erwartung diesem zu: der gute Soldat ist immer in einem Zustand bewußter *Befehlserwartung*. Sie wird durch seine Erziehung auf jede Weise gesteigert; in militärischen Haltungen und Formeln kommt sie klar zum Ausdruck. Der vitale Augenblick im Leben des Soldaten ist jener der Habt-Acht-Stellung vor seinem Vorgesetzten. In größter Spannung und Aufnahmebereitschaft steht er vor ihm da, und die

Formel, die er ausspricht: »Zu Befehl!«, drückt sehr genau aus, worauf es ankommt.

Die Erziehung des Soldaten beginnt damit, daß ihm viel mehr *verboten* wird als anderen Menschen. Auf die kleinsten Übertretungen stehen schwere Strafen. Die Sphäre des Nicht-Erlaubten, mit der jeder schon als Kind vertraut gemacht wird, erweitert sich für den Soldaten ins Riesenhafte. Mauern über Mauern werden um ihn errichtet; man leuchtet sie für ihn ab, man läßt sie vor ihm wachsen. Ihre Höhe und Strenge kommt ihrer Deutlichkeit gleich. Es ist von ihnen immer die Rede, er kann nicht sagen, daß er sie nicht kennt. Er beginnt, sich so zu bewegen, als ob er sie immer um sich fühlte. Das *Eckige* des Soldaten ist wie das Echo seines Körpers auf ihre Härte und Glätte; er bekommt etwas von einer stereometrischen Figur. Er ist ein Gefangener, der sich seinen Mauern angepaßt hat; ein Gefangener, der es zufrieden ist; der sich gegen seinen Zustand so wenig wehrt, daß die Mauern ihn formen. Während andere Gefangene nur einen Gedanken kennen: wie sie ihre Mauern übersteigen oder durchbrechen könnten, hat er sie als eine neue Natur, als natürliche Umgebung anerkannt, der man sich anpaßt, zu der man selber wird.

Wer sich das volle Maß des Verbotenen auf diese intensive Weise einverleibt hat, wer durch die Verrichtungen eines vollen Tages – und Tag für Tag – beweist, daß er dem Verbotenen auf das genaueste auszuweichen versteht, der erst ist wirklich ein Soldat. Für einen solchen hat dann auch der Befehl einen erhöhten Wert. Er ist wie der Ausfall aus einer Festung, in der man zu lange liegt. Er trifft wie ein Blitz, der einen über die Mauern des Verbotenen hinüberschleudert; wie ein Blitz, der nur manchmal tötet. In dieser massenhaften Öde des Verbotenen, das sich auf allen Seiten um ihn erstreckt, kommt der Befehl als Erlösung: die stereometrische Figur belebt sich und setzt sich auf Befehl in Bewegung.

Zur Erziehung des Soldaten gehört es, daß er auf zweierlei Arten Befehle entgegennehmen lernt: allein oder mit den anderen zusammen. Das Exerzieren hat ihn an Bewegungen gewöhnt, die er mit den anderen zusammen ausführt; sie haben bei allen auf genau dieselbe Weise zu geschehen. Es geht dabei um eine Art von Präzision, die man durch Nachahmung der anderen besser erlernt als allein. Man wird dadurch wie sie; es wird eine Gleichheit hergestellt, die gelegentlich dazu verwendet werden kann, die Heeresabteilung in eine Masse überzuführen. Für gewöhnlich aber wünscht man das Gegenteil davon: die Soldaten einander soweit wie möglich anzugleichen, *ohne* daß aus ihnen eine Masse wird.

Wenn sie als Einheit zusammen sind, agieren sie auf alle gemeinsam erteilten Befehle. Aber es soll möglich bleiben, sie zu *trennen*; ein, zwei, drei Mann, die Hälfte, so viel der Vorgesetzte will, abzuberufen. Daß sie zusammen marschieren, soll äußerlich sein; die Spaltbarkeit der Abteilung macht ihre Verwendbarkeit aus. Der Befehl muß welche Zahl immer treffen können: einen, zwanzig oder die ganze Abteilung. Seine Wirksamkeit darf nicht davon abhängen, an wie viele er sich richtet. Es ist derselbe Befehl, ob einer oder alle ihn entgegennehmen. Diese gleichbleibende Natur des Befehls ist von größter Bedeutung; sie entrückt ihn allen Einflüssen von der Masse her.

Wer in einer Armee Befehle zu erteilen hat, muß sich von jeder Masse – *außer* ihm, *in* ihm – freihalten können. Er hat es gelernt, indem er zu Befehlserwartung erzogen wurde.

Befehlserwartung der Pilger auf Arafat

Der wichtigste Moment während der Pilgerfahrt nach Mekka, ihr eigentlicher Höhepunkt, ist der *Wukuf* oder das ›Stehen auf Arafat‹, die Station vor Allah, in einigen Stunden Entfernung von Mekka. Eine ungeheure Menge von Pilgern – manchmal sechshunderttausend oder siebenhunderttausend Menschen – ist in einem Talbecken gelagert, das von kahlen Höhen umgeben ist, und drängt gegen den ›Berg des Erbarmens‹ in seiner Mitte. Ein Prediger steht oben auf der Stelle, wo einst der Prophet stand, und hält eine feierliche Predigt.

Die Menge entgegnet ihm mit dem Ruf: »Labbeika ya Rabbi, labbeika! Wir harren deiner Befehle, Herr, wir harren deiner Befehle!« Dieser Ruf wird während des ganzen Tages unaufhörlich wiederholt und bis zum Wahnsinn gesteigert. Dann, in einer Art von plötzlicher Massenangst – *Ifadha* oder ›Fluß‹ genannt –, fliehen alle zusammen wie besessen von Arafat bis zum nächsten Ort, Mozdalifa, wo sie die Nacht verbringen, und am nächsten Morgen weiter von Mozdalifa nach Mina. Alles rennt drunter und drüber, man stößt sich und tritt aufeinander, dieses Rennen kostet gewöhnlich mehreren Pilgern das Leben. In Mina werden dann eine Unmenge von Tieren geschlachtet und als Opfer dargebracht; ihr Fleisch wird sogleich gemeinsam verzehrt. Der Boden ist mit Blut getränkt und mit Überresten übersät.

Das Stehen auf Arafat ist der Moment, in dem die *Befehlserwartung* der gläubigen Massen ihre höchste Intensität erreicht. Die tausendmal und in dieser Dichte wiederholte Formel »Wir harren deiner Befehle, Herr, wir harren deiner Befehle!« spricht es klar aus. Der Islam, die *Hingabe*, ist hier auf seinen einfachsten Nenner gebracht, einen Zustand, in dem die Menschen an nichts anderes mehr denken als an die Befehle des Herrn und sie mit aller Gewalt herbeirufen. Für die plötzliche Angst, die dann auf ein Zeichen einsetzt und zu einer Massenflucht ohnegleichen führt, gibt es eine zwingende Erklärung: Der alte Charakter des Befehls, der ein *Fluchtbefehl* ist, bricht durch, aber ohne daß die Gläubigen wissen können, warum es so ist. Die Intensität ihrer Erwartung als Masse steigert die Wirkung des göttlichen Befehls aufs höchste, bis er in das umschlägt, was jeder Befehl ursprünglich war: ein Befehl zur Flucht. Gottes Befehl schlägt die Menschen in die Flucht. Die Fortsetzung dieser Flucht am nächsten Tage, nachdem sie die Nacht in Mozdalifa verbracht haben, beweist, daß die Wirkung des Befehls sich noch immer nicht erschöpft hat.

Es ist nach islamischer Auffassung der unmittelbare Befehl Gottes, der den Menschen den Tod bringt. Diesem Tode suchen sie zu entrinnen; sie geben ihn aber weiter an die Tiere, die in Mina, dem Endpunkt ihrer Flucht, geschlachtet werden. Die Tiere kommen hier an Stelle der Menschen um, eine Unterschiebung, die von vielen Religionen her geläufig ist; man denke an Abrahams Opfer. So entrinnen die Menschen dem Blutbad, das Gott ihnen selber zugedacht hat. Sie haben sich seinem Befehl ergeben, so sehr, daß sie vor ihm geflohen sind, und doch haben sie ihn nicht um sein Blut gebracht: der Boden ist schließlich vom Blute der massenhaft geschlachteten Tiere getränkt.

Es gibt keinen anderen religiösen Brauch, der die eigentlichste Natur des Befehls so zwingend zur Anschauung bringt wie das Stehen auf Arafat, der Wukuf, und die darauf folgende Massenflucht Ifadha. Der Islam, in dem das religiöse Gebot noch viel von der Unmittelbarkeit des Befehls selbst hat, Befehlserwartung und Befehl überhaupt haben sich in Wukuf und Ifadha auf das reinste dargestellt.

Befehlsstachel und Disziplin

Die Disziplin macht das Wesen der Armee aus. Aber es ist zweierlei Disziplin, eine offene und eine geheime. Die offene Disziplin ist die des Befehls: es ist gezeigt worden, wie die Einengung der Befehlsquelle zur Bildung eines höchst merkwürdigen Geschöpfes führt, mehr stereometrische Figur als Geschöpf, des Soldaten. Was ihn vor allem kennzeichnet, ist, daß er immer im Zustand der Befehlserwartung lebt. Dieser Zustand prägt sich aus in Haltung und Gestalt; der Soldat, der aus ihm heraustritt, ist nicht im Dienst und trägt seine Uniform nur zum Schein. Die Verfassung des Soldaten ist jedem erkennbar, sie könnte nicht öffentlicher sein.

Aber diese manifeste Disziplin ist nicht alles. Es gibt daneben eine, von der er nicht spricht und die sich auch gar nicht zeigen soll, eine geheime. Manchen stumpferen Typen mag sie nur selten zum Bewußtsein kommen. Doch in den meisten Soldaten, besonders unserer Zeit, ist sie auf ihre verborgene Weise immer wach. Es ist die Disziplin der *Beförderung.*

Man mag es befremdlich finden, daß etwas so allgemein Vertrautes wie die Beförderung als geheim bezeichnet wird. Aber die Beförderung ist nur der öffentliche Ausdruck für etwas Tieferes, das schon darum geheim bleibt, weil es in der Art seiner Funktion von den wenigsten begriffen wird. Die Beförderung ist der Ausdruck für das verborgene Wirken der *Befehlsstacheln.*

Es ist klar, daß diese Stacheln sich im Soldaten auf eine geradezu ungeheuerliche Weise ansammeln müssen. Alles, was er tut, geschieht auf Befehl; er tut nichts anderes, er soll nichts anderes tun; genau das ist es, was die offene Disziplin von ihm verlangt. Seine spontanen eigenen Regungen sind unterdrückt. Er schluckt und schluckt Befehle, und wie immer ihm dabei zumute ist, er darf ihrer nie müde werden. Für jeden Befehl, den er ausführt – und er führt sie alle aus –, bleibt ein Stachel in ihm zurück.

Ihre Anreicherung in ihm ist ein Prozeß, der rapid fortschreitet. Dient er als einfacher Soldat, auf der niedrigsten Stufe der militärischen Hierarchie, so ist ihm jede Gelegenheit versagt, seine Stacheln loszuwerden, denn er selber kann keine Befehle erteilen. Er kann immer nur tun, was ihm geheißen wird. Er gehorcht und wird im Gehorchen immer starrer.

Eine Änderung dieses Zustandes, der etwas Gewaltsames hat, ist nur möglich durch eine Beförderung. Sobald er befördert ist, hat er selbst zu befehlen, und indem er es tut, beginnt er sich eines Teils seiner Stacheln zu entledigen. Seine Situation hat sich – wenn auch auf sehr eingeschränkte Weise – ins Gegenteil verkehrt. Er muß Dinge verlangen, die einmal von ihm selbst verlangt worden sind. Das Modell der Situation ist genau dasselbe geblieben, geändert hat sich nur seine eigene Position darin. Seine Stacheln kommen nun als Befehle zum Vorschein. Was früher sein unmittelbarer Vorgesetzter ihm zu befehlen pflegte, das befiehlt er nun selber. Es ist nicht seiner Laune überlassen, sich seiner Stacheln zu entledigen, aber er wird in die Situation versetzt, die genau die richtige dafür ist: er muß befehlen. Jede Stellung ist dieselbe geblieben, jedes Wort ist genau das gleiche. Man steht vor ihm in der gleichen Haltung, in der er früher selber dastand. Man hört von ihm genau die gleiche Formel, die er selber hörte, im gleichen Ton, mit derselben Energie geladen. Die Identität der Situation hat etwas Unheimliches; es ist, als wäre sie für die Bedürfnisse seiner Befehlsstacheln erfunden worden. Was ihn damals traf, damit trifft er nun endlich andere.

Aber während er nun so weit ist, daß seine alten Befehlsstacheln zur Sprache kommen, während von ihm sozusagen verlangt wird, daß sie sprechen, empfängt er weiterhin Befehle von oben. Der Vorgang wird jetzt zu einem doppelten: indes er die alten loswird, sammeln sich neue Stacheln in ihm an. Sie sind nun etwas leichter erträglich als früher, denn der Prozeß der Beförderung, der begonnen hat, verleiht ihnen Flügel: die bewährte Hoffnung, daß man sie loswerden wird.

Faßt man diesen Vorgang zusammen, so läßt sich folgendes von ihm sagen: die offene Disziplin der Armee drückt sich aus in der aktuellen Erteilung von Befehlen, die geheime Disziplin besteht in der Verwertung von gespeicherten Befehlsstacheln.

Befehl · Pferd · Pfeil

An der Geschichte der Mongolen ist auffallend der strenge und ursprüngliche Zusammenhang zwischen Befehl, Pferd und Pfeil. In dieser Verbindung ist ein Hauptgrund für den plötzlichen, rapiden Aufschwung ihrer Macht zu sehen. Eine Betrachtung dieses Zusammenhangs ist unerläßlich und soll hier in wenigen Worten versucht werden.

Der Befehl leitet sich, wie man weiß, biologisch vom Fluchtbefehl her. Das Pferd wie alle ihm ähnlichen Huftiere war in seiner ganzen Geschichte auf diese Flucht eingestellt, man möchte sagen, sein eigentlicher Gegenstand. Es hat immer in Herden gelebt, und diese Herden waren es gewohnt, *zusammen zu fliehen*. Der Befehl dazu wurde ihnen von gefährlichen Raubtieren gegeben, die es auf ihr Leben abgesehen hatten. Massenflucht ist eines der häufigsten Erlebnisse und etwas wie eine natürliche Eigenschaft von Pferden geworden. Sobald die Gefahr vorüber ist oder sie sie vorüber glauben, fallen sie in den sorglosen Zustand des Herdenlebens zurück, da jedes Tier für sich unternimmt, was ihm behagt.

Der Mensch, der sich des Pferdes bemächtigt, der es gezähmt hat, bildet eine neue *Einheit* mit ihm. Er hat eine Reihe von Verrichtungen eingelernt, die man sehr wohl als Befehle auffassen kann. Sie bestehen zum geringsten Teil aus Lauten, zum größeren aus ganz bestimmten Druck- oder Zugbewegungen, die dem Pferd den Willen des Reiters übermitteln. Es versteht die Willensimpulse des Reiters und gehorcht ihnen. Das Pferd ist bei diesen Reitervölkern seinem Herrn so notwendig und vertraut, daß sich eine ganz persönliche Beziehung zwischen ihnen ausgebildet hat, eine Untertanenschaft von einer Intimität, wie sie sonst nicht möglich ist.

Die physische Distanz, die gewöhnlich zwischen Befehlshaber und Empfänger besteht, auch zwischen Herr und Hund zum Beispiel, ist hier aufgehoben. Es ist der Körper des Reiters, der dem Körper des Pferdes seine Anweisungen erteilt. Der Befehls*raum* ist so auf ein Minimum reduziert. Das Ferne, Fremde, Streifende, das zum ursprünglichen Charakter des Befehls gehört, verschwindet. Der Befehl ist hier auf eine ganz besondere Weise domestiziert, ein neues Agens ist in die Beziehungsgeschichte von Geschöpfen eingeführt worden: das Reittier; der Diener, auf dem man sitzt, der Diener, der der physischen Schwere des Herrn ausgesetzt ist und jedem Drucke seines Körpers nachgibt.

Wie wirkt sich diese Beziehung zum Pferd auf den Befehlshaushalt des Reiters aus? Da ist erst festzustellen, daß der Reiter die Möglichkeit hat, Befehle, die er von einem Vorgesetzten bekommt, an sein

Pferd weiterzuleiten. Ein Ziel, das ihm gesetzt wird, erreicht er nicht, indem er selbst hinrennt: Er gibt seinem Pferd die Anweisung, es zu erreichen. Da das sofort geschieht, behält er von diesem Befehl keinen Stachel zurück. Er hat ihn durch die Weiterleitung ans Pferd umgangen. Das besondere Stück Unfreiheit, das ihm dieser Befehl verursacht hätte, ist er losgeworden, bevor er sie recht fühlen konnte. Je rascher er seinen Auftrag ausführt, je rascher er aufsitzt, je rascher er reitet, um so weniger Stachel bleibt in ihm zurück. Die eigentliche Kunst dieser Reiter, sobald sie militärischen Charakter annehmen, besteht darin, daß sie eine viel größere Masse von Befehlsempfängern abzurichten vermögen, an die sie alles, was sie selber von oben empfangen, unverzüglich weiterleiten.

Zur Heeresorganisation der Mongolen gehörte eine besonders strikte Disziplin. Den Völkern, über die sie herfielen und die sich ihnen unterwerfen mußten, die Gelegenheit hatten, sie aus der Nähe zu beobachten, erschien diese Disziplin als das Erstaunlichste und Strengste, das ihnen je begegnet war. Ob es Perser, Araber oder Chinesen, Russen, Ungarn oder jene Franziskanermönche waren, die zu ihnen als Gesandte des Papstes kamen – allen war es gleich unbegreiflich, daß Menschen so unbedingt gehorchen könnten. Diese Disziplin wurde von den Mongolen oder Tataren, wie man sie meist nannte, *leicht* getragen, denn der Teil ihres Volkes, der die Hauptlast davon trug, waren *Pferde*.

Schon zwei- oder dreijährige Kinder wurden von den Mongolen auf Pferde gesetzt und im Reiten abgerichtet. Es ist davon gesprochen worden, wie früh das Kind im Laufe seiner Erziehung von Befehls-Stacheln vollgepfropft wird. Ganz besonders früh und in seiner nächsten Nähe die Mutter, aber aus etwas größerer Entfernung später auch der Vater, ja, jeder, dem seine Erziehung anvertraut wird, eigentlich jeder Erwachsene oder Ältere in seiner Umgebung, kann sich in Anweisungen, Befehlen, Verboten ans Kind kaum Genüge tun. Von früh auf sammeln sich Stacheln jeder Art im Kinde an; sie sind es, die zu den Engen und Zwängen seines späteren Lebens werden. Er muß nach anderen Geschöpfen suchen, an die er seine Stacheln loswerden kann. Sein Leben wird ein einziges Abenteuer des Sie-Loswerden-, des Sie-Verlierenmüssens. Er weiß nicht, warum er diese oder jene unerklärliche Tat begeht, warum er diese oder jene scheinbar sinnlose Beziehung eingeht.

Das mongolische oder kirgisische Kind, das so früh zu reiten lernt, hat nun, gemessen am Kinde seßhafter und höherer Kulturen, eine Freiheit ganz eigener Art. Sobald es sich auf Pferde versteht, kann es an diese all das weiterleiten, was ihm befohlen wird. Sehr früh entlädt es sich der Stacheln, die – in viel geringerem Maße – auch zu seiner Erziehung gehören. Das Pferd tut, was das Kind will, bevor irgendein Mensch tut, was es will. Es gewöhnt sich an diesen Gehorsam, und es lebt so leichter, aber es erwartet später von unterjochten Menschen dasselbe, eine physische Unterwerfung absoluter Natur.

Zu dieser für den Befehlshaushalt des Menschen entscheidenden Beziehung zum Pferd kommt nun als zweites bei den Mongolen die Bedeutung des *Pfeils*. Er ist das genaue Abbild des ursprünglichen, nicht domestizierten Befehls.

Der Pfeil ist *feindlich*, er soll töten. Er durchmißt geradlinig eine große Entfernung. Man soll ihm ausweichen. Wem das nicht gelingt, in dem bleibt er *stecken*. Er kann herausgezogen werden, aber selbst wenn er nicht abbricht, eine Wunde bleibt zurück. (Es gibt manche Erzählungen über Pfeilwunden in der ›Geheimen Geschichte der Mongolen‹.) Die Zahl der Pfeile, die sich abschießen läßt, ist unbegrenzt; der Pfeil ist die Hauptwaffe der Mongolen. Sie töten auf Entfernung; aber sie töten auch in Bewegung, von den Rücken ihrer Pferde her.

Es ist bemerkt worden, daß jedem Befehl von seinem biologischen Ursprung her der Charakter eines Todesurteils anhaftet. Was nicht flieht, wird ereilt. Was ereilt wird, wird zerrissen.

Bei den Mongolen hat der Befehl den Charakter des Todesurteils noch in höchstem Maße behalten. Sie schlachten Menschen wie Tiere. Töten ist ihre dritte Natur, so wie Reiten die zweite.

Ihre Schlächtereien von Menschen gleichen aufs Haar ihren Treibjagden, den Schlächtereien von Tieren. Wenn sie nicht Krieg führen, jagen sie, ihre *Manöver* sind Jagden. Es muß höchst erstaunlich für sie gewesen sein, bei ihren weitläufigen Eroberungszügen auf Buddhisten und auf Christen zu stoßen, deren Priester vom besonderen Wert jeglichen Lebens zu ihnen sprachen. Einen größeren Kontrast hat es wohl nie gegeben: Die Meister des nackten Befehls, die diesen instinktiv verkörpern, geraten an jene, die ihn durch ihren Glauben so abschwächen oder abwandeln wollen, daß er seine Tödlichkeit verliert und *human* wird.

Religiöse Entmannungen: Die Skopzen

Von manchen religiösen Kulten, die mit besonderer Intensität gefeiert werden, wird berichtet, daß sie zu Entmannungen führen. Im Altertum waren die Priester der Großen Mutter *Kybele* dafür bekannt. Es gab Tausende, die sich in einem Anfall von Raserei ihrer Göttin zu Ehren selbst kastriert hatten. Zehntausend Menschen dieser Art standen ihr in *Comana* am Pontus zu Diensten, wo ein berühmtes Heiligtum von ihr bestand. Nicht nur Männer hatten sich so geweiht. Frauen, die ihre Verehrung ausdrücken wollten, schnitten sich die Brüste ab und schlossen sich dann dem Hofstaat der Göttin an. *Lukian* schildert in seiner Schrift ›Über die Syrische Göttin‹, wie die Gläubigen bei ihren Versammlungen in Raserei geraten und wie dann mitten unter ihnen einer, an den die Reihe gekommen ist, sich entmannt. Es ist ein Opfer, das man der Göttin bringt, um ihr ein für allemal zu beweisen, wie sehr man an ihr hängt und daß einem keine Liebe, außer der zu ihr, im Leben noch etwas bedeuten wird.

Derselbe Vorgang wird von der russischen Sekte der *Skopzen*, der »Weißen Tauben«, berichtet, deren Stifter *Seliwanow* zur Zeit der Kaiserin Katharina II. durch die Erfolge seiner Predigten das größte Aufsehen erregte. Auch unter seinem Einfluß kastrierten sich Männer zu Hunderten, vielleicht Tausenden, und Frauen schnitten sich ihrem Glauben zuliebe die Brüste ab. Es ist kaum anzunehmen, daß ein historischer Zusammenhang zwischen diesen beiden Glaubensgebilden besteht. Die letztere Sekte ist aus dem russischen Christentum hervorgegangen, vielleicht 1500 Jahre, nachdem die Exzesse der phrygisch-syrischen Priester zu Ende gegangen waren.

Konzentration auf eine geringe Zahl von Geboten und Verboten zeichnet diese Skopzen aus; auch auf kleine Gruppen von Anhängern, die sich genau kennen. Aufs höchste konzentriert ist auch ihre Disziplin, die Anerkennung und Anbetung ihres einen lebenden Christus unter ihnen.

Sie fürchten die Zerstreuung durch Bücher und Lesen kaum. In der Bibel sind es ganz wenige Stellen, die ihnen etwas bedeuten.

Ihr Leben untereinander ist sehr dicht, mehrfach geschützt durch heilige Schwüre. Denn eine ganz außerordentliche und entscheidende Rolle spielt für sie das *Geheimnis*. Ihr kultisches Leben spielt sich hauptsächlich bei *Nacht* ab, abgeschlossen und verborgen von der

Außenwelt. Das Zentrum ihres Lebens ist, was sie am meisten geheimhalten müssen, eben die *Kastration,* die sie die *Weißung* nennen.

Sie sollen – durch die besondere Operation – rein und weiß und zu Engeln werden. Sie leben schon jetzt wie im Himmel. Die umständliche Verehrung, die sie einander erweisen, ihre Verbeugungen und Anbetungen, Verheißungen und Lobpreisungen sind so, wie Engel sie füreinander haben könnten.

Die Verstümmelung, der sie sich unterziehen müssen, hat den scharfen Charakter eines Befehls. Es ist ein Befehl von oben, sie leiten ihn von Worten Christi in den Evangelien und einem Worte Gottes an Jesaja her.

Sie empfangen diesen Befehl mit ungeheurer Kraft, und mit derselben Kraft müssen sie ihn weitergeben. Die Lehre vom *Stachel* ließe sich sehr wohl auf sie anwenden. Der Befehl wird hier am Empfänger selber ausgeführt. Was immer einer sonst tut, das Eigentliche, was er zu tun hätte, ist, daß er sich kastriert.

Um hier Klarheit zu schaffen, wird es notwendig sein, eine Reihe von Befehlen besonderer Art zu untersuchen.

Da es um Befehle geht, die innerhalb des Bereiches einer strengen Disziplin gegeben werden, lassen sie sich mit *militärischen* Befehlen vergleichen. Auch der Soldat wird dazu erzogen, sich einer Gefahr auszusetzen. Aller Drill dient dazu, daß er sich letzten Endes auf Befehl dem Feinde *stellt,* obwohl ihm dieser mit dem Tode droht. Daß er ihn selbst zu töten versucht, ist nicht wichtiger, als daß er ihm standhält, und ohne dieses wäre er nie zu jenem fähig.

Der Soldat wie der Skopze bieten sich als Opfer dar. Sie hoffen beide, zu überleben, aber sie sind auf Verwundung, auf Schmerz, Blut und Verstümmelung gefaßt. Durch die Schlacht hofft der Soldat zum Sieger zu werden. Durch die Kastration wird der Skopze zum Engel und hat ein Anrecht auf den Himmel, in dem er dann eigentlich schon lebt.

Es geht aber, innerhalb dieser Disziplin, um einen *Geheimbefehl,* und so ist er nur der Situation zu vergleichen, in der ein unter militärischem Zwang Stehender sich befindet, der für sich allein und ohne daß andere darum wissen, einen Geheimbefehl auszuführen hat. Zu diesem Zwecke darf er an seiner Uniform nicht kenntlich sein und muß sich also verkleiden. Die Uniform des Skopzen, das, was ihn den anderen, zu denen er gehört, gleichmacht, *ist* seine Kastration, und diese bleibt der Natur der Sache nach immer geheim, er darf sie nie verraten.

Man könnte also sagen, daß der Skopze einem Mitglied jener gefürchteten Sekte der *Assassinen* gleicht, der von seinem Oberhaupt mit einem Mordauftrag betraut worden ist, von dem nie ein Mensch erfahren wird. Selbst wenn seine Ausführung gelungen ist, darf nie ein Mensch erfahren, wie er zustande kam. Das Opfer mag gefällt und der Mörder nach seiner Tat ergriffen sein – nie darf der eigentliche Hergang klarwerden. Der Befehl ist hier ein Todesurteil und seinem biologischen Ursprung so sehr nahe. Der Ausgesandte wird in seinen sicheren Tod geschickt, aber davon ist eigentlich gar nicht die Rede. Denn sein Tod, zu dem er sich willig hergibt, wird dazu verwendet, einen anderen zu treffen, das namentliche Opfer. Der Befehl erweitert sich zu einem *doppelten* Todesurteil: Das eine bleibt unausgesprochen, obwohl man mit ihm rechnet, auf das andere wird mit vollem und klarstem Bewußtsein gezielt. Der Stachel, der mit dem Untergebenen mitvergehen würde, wird so *verwendet,* bevor er vergeht.

Die Mongolen haben einen sehr anschaulichen Ausdruck für dieses eilige Töten eines anderen, bevor man selber getötet wird. Die Helden in ihrer ›Geheimgeschichte‹ sagen über einen Feind, den sie in ihrem eigenen letzten Augenblick töten wollen: »Ich nehme ihn als mein Kopfkissen mit.«

Aber wenn wir uns durch diese Betrachtung der Assassinen der Situation des Skopzen genähert haben, so haben wir sie damit noch nicht präzis gefaßt. Denn dieser hat sich *selbst* zu treffen oder zu verstümmeln. Den Befehl, den er angenommen hat, kann er nur an sich selber ausführen, und erst indem er ihn ausführt, wird er ein wirkliches Mitglied seiner geheimen Armee.

Man darf sich an diesem Befund nicht irremachen lassen durch die Tatsache, daß die Kastration praktisch meist von anderen ausgeführt wird. Ihr Sinn ist, daß er sich ihr selber stellt. Sobald er sich dazu bereit erklärt hat, kommt es nicht mehr wirklich darauf an, *wie* sie geschieht. Er wird sie später auf alle Fälle weitergeben wollen, sein Stachel dazu bleibt immer derselben Art, denn er hat den Befehl von auswärts empfangen.

Selbst wenn es, wie es wahrscheinlich ist, einen ersten gibt, der damit an sich selber begonnen hat, so hat auch er auf einen vermeintlichen Befehl vom Himmel her gehandelt. Von diesem ist er fest überzeugt.

Die Bibelstellen, durch die er andere bekehrt, haben erst ihn selber bekehrt: was er empfangen hat, gibt er weiter.

Der Stachel hat hier die sichtbare Form einer körperlichen Narbe. Sie ist weniger geheim als der Stachel des Befehls gewöhnlich. Aber sie bleibt geheim vor allen, die nicht zur Sekte gehören.

Negativismus und Schizophrenie

Ein Mensch kann Befehlen ausweichen, indem er sie nicht hört; er kann ihnen ausweichen, indem er sie nicht ausführt. Der Stachel – man kann das nie genug betonen – entsteht nur durch *Ausführung* von Befehlen. Es ist die Aktion selbst, die unter fremdem Drucke von außen erfolgt, was im Menschen zur Bildung von Stacheln führt. Der Befehl, der bis zur Aktion getrieben wird, prägt sich in seiner genauen Form dem Ausführenden ein; von der Kraft, mit der er gegeben wird, und seiner jeweiligen Gestalt, seiner Übermacht und seinem Inhalt also, hängt es ab, wie tief und wie hart er sich einprägt. Er bleibt immer als etwas *Isoliertes* zurück, und so ist es unvermeidlich, daß jeder Mensch schließlich einen Haufen von Stacheln in sich enthält, die ebenso isoliert sind, wie es die Befehle waren. Ihre Haftfähigkeit im Menschen ist erstaunlich, nichts senkt sich so gründlich in ihn ein, und nichts ist so unauflösbar. Es kann ein Augenblick kommen, da einer von Stacheln so sehr erfüllt ist, daß er für nichts mehr Sinn hat und außer ihnen nichts empfindet.

Seine Abwehr gegen neue Befehle wird dann zu einer Lebensfrage. Er versucht sie nicht zu hören, um sie nicht annehmen zu müssen. Muß er sie hören, so versteht er sie nicht. Wenn er sie verstehen muß, weicht er ihnen auf frappante Weise aus, indem er das Gegenteil von dem tut, was sie ihn heißen. Sagt man ihm, er soll vortreten, so tritt er zurück. Sagt man ihm, er soll zurücktreten, so tritt er vor. Man kann nicht behaupten, daß er so vom Befehl frei ist. Es ist eine ungeschickte, man möchte sagen ohnmächtige Reaktion, denn auf ihre Weise wird sie doch vom Inhalt des Befehls bestimmt. Sie ist es, was man in der Psychiatrie als *Negativismus* bezeichnet; er spielt eine besonders wichtige Rolle bei Schizophrenen.

An Schizophrenen fällt am meisten ein Mangel an *Kontakt* auf. Sie sind um vieles isolierter als andere Menschen. Sie wirken oft so, als wären sie zu sich selbst erstarrt; als bestünde keine Verbindung zwischen ihnen und anderen Menschen; als verstünden sie nichts; als wollten sie nichts verstehen. Ihr Eigensinn ist wie der von Bildwerken aus Stein. Es gibt keine Position, zu der sie nicht erstarren könnten. Aber diese selben Menschen verhalten sich in anderen Gezeiten ihrer Krankheit plötzlich genau umgekehrt. Sie zeigen sich von einer *Beeinflußbarkeit*, die phantastische Ausmaße annimmt. Sie tun, was man ihnen vormacht oder was man von ihnen verlangt, so rasch, so vollkommen, als stecke man selbst in ihnen und tue es für sie. Es sind Anfälle von Servilität, die plötzlich über sie kommen. ›Suggestionssklaverei‹ hat es einer von ihnen selbst genannt. Aus Statuen werden sie zu dienstbeflissenen Sklaven, und sie treiben, was immer man von ihnen will, in einer Weise, die oft lächerlich erscheint, auf die Spitze.

Der Gegensatz zwischen diesen beiden Haltungen ist so groß, daß man ihn schwer begreift. Sieht man aber vorläufig davon ab, wie sich diese Haltungen in ihnen selber malen, betrachtet man sie sozusagen ganz von *außen,* so läßt sich nicht leugnen, daß beide Zustände auch im Leben der ›Normalen‹ wohlbekannt sind. Nur dienen sie hier einem bestimmten Zweck und wirken weniger übertrieben.

Der Soldat, der auf keine Anregung von außen eingeht, der starr dort steht, wohin man ihn gestellt hat, der seinen Posten nicht verläßt, den nichts verlocken kann, etwas zu tun, was er sonst gern täte und oft getan hat – der richtig trainierte Soldat im Dienst befindet sich künstlich in einem Zustand des Negativismus. Es ist wahr, daß er unter Umständen auch handeln kann, auf Befehl seines Vorgesetzten nämlich, aber niemals sonst. Damit er auf bestimmte Befehle allein agiert, ist er zu einem Zustand des Negativismus abgerichtet worden. Es ist ein Negativismus, der sich manipulieren läßt, denn in der Willkür und Macht des Vorgesetzten ist es gelegen, ihn in den extremen Gegenzustand zu versetzen. Sobald dem Soldaten von der richtigen Instanz etwas befohlen wird, benimmt er sich so diensteifrig und servil wie der Schizophrene in *seinem* Gegenzustand.

Man muß hinzufügen, daß der Soldat wohl weiß, warum er auf seine Weise handelt. Er gehorcht, weil er unter Todesdrohung steht. Wie er sich allmählich an diesen Zustand gewöhnt und schließlich ihm von innen her entspricht, ist in einem früheren Kapitel geschildert worden. Hier ist nur eines festzuhalten: die unverkennbare *äußere*

Ähnlichkeit, die zwischen dem Soldaten im Dienst und dem Schizophrenen besteht.

Aber ein ganz anderer Gedanke drängt sich hier noch auf und erscheint mir nicht weniger wichtig. Der Schizophrene im Zustand extremer Suggestibilität verhält sich wie das Mitglied einer *Masse*. Er ist genau so beeindruckbar, er gibt genau so jeder Anregung von außen nach. Man kommt aber nicht darauf, daß er in dieser Verfassung sein könnte, weil er *allein* ist. Da man keine Masse um ihn sieht, fällt es einem nicht ein, anzunehmen, daß er – von sich aus gesehen – sich wie in einer befindet: er ist ein *ausgebrochenes Stück Masse*. Diese Behauptung ist nur zu beweisen, wenn man auf die inneren Vorstellungen von Kranken eingeht. Zahllos sind die Beispiele, die sich hier heranziehen lassen. Eine Frau erklärt, ›sie habe alle Menschen im Leibe‹. Eine andere hörte ›die Mücken reden‹. Ein Mann hörte ›729 000 Mädchen‹, ein anderer ›flüsternde Stimmen von der ganzen Menschheit‹. In den Vorstellungen der Schizophrenen kommen – unter mannigfaltigen Verkleidungen – alle Arten von Massen vor, die es gibt: Es wäre sogar möglich, mit einer Untersuchung der Masse von hier aus zu beginnen. Es soll Aufgabe einer besonderen Arbeit sein, die Massenvorstellungen von Schizophrenen zu sammeln und zu sichten. Ihre Klassifikation wird zeigen, von welch großartiger Vollständigkeit sie sind.

Man wird sich fragen, warum die beiden Gegenzustände, die hier angeführt wurden, für den Schizophrenen notwendig sind. Um sie zu begreifen, muß man sich daran erinnern, was mit einem Individuum geschieht, sobald es in die Masse eintritt. Die Befreiung von den Distanzlasten ist geschildert und als *Entladung* bezeichnet worden. Es ist ergänzend hinzuzufügen, daß zu diesen Distanzlasten die Befehlsstacheln gehören, die in jedem Individuum aufgehäuft sind. In der Masse sind alle einzelnen gleich, keiner hat ein Recht, dem anderen zu befehlen, oder man könnte auch sagen: jeder befiehlt jedem. Nicht nur entstehen keine neuen Stacheln; man ist auch die alten alle – vorläufig – los. Man ist sozusagen aus seinem Haus geschlüpft und hat sie im Keller, wo sie aufgehäuft lagen, zurückgelassen. Dieses *Heraustreten* aus allem, was seine rigiden Bindungen, seine Grenzen und Lasten ausmacht, ist der eigentliche Grund für das Hochgefühl, das der Mensch in der Masse empfindet. Er fühlt sich nirgends freier, und wenn er so verzweifelt gern Masse bleiben möchte, so deshalb, weil er weiß, was ihm nachher bevorsteht. Wenn er zu *sich*, in sein ›Haus‹, zurückkehrt, findet er es alles wieder vor, Grenzen, Lasten und Stacheln.

Der Schizophrene, der mit Stacheln überlastet ist, so sehr, daß er zuzeiten an ihnen erstarrt, dieser Kaktus seiner Qual und Hilflosigkeit, verfällt in die Illusion des entgegengesetzten Zustandes, den der Masse. Solange er sich in diesem befindet, fühlt er die Stacheln nicht. Er ist, so meint er, aus sich herausgetreten, und wenn es auch in unsicherer und zweifelhafter Weise geschieht, eine temporäre Erleichterung wenigstens von der Qual der Stacheln scheint er daraus zu beziehen: Es ist ihm, als hänge er wieder mit anderen zusammen. Der Wert dieser Erlösung ist freilich illusorisch. Eben dort, wo er seine Befreiung antritt, erwarten ihn neue und stärkere Zwänge. Das vollständige Wesen der Schizophrenie ist es nicht, womit wir uns hier zu befassen haben. Es mag genügen, das eine festzuhalten: Niemand braucht die Masse mehr als der von Befehlsstacheln strotzende, an ihnen erstickende Schizophrene. Er kann die Masse außen nicht finden, er überläßt sich ihr *in sich*.

Die Umkehrung

»Denn welche Speise der Mensch in dieser Welt ißt, die ißt ihn in jener Welt wieder.« Dieser rätselhafte und unheimliche Satz findet sich im Schatapatha-Brahmana, einem der alten Opfertraktate der Inder. Er wird an Unheimlichkeit durch eine Erzählung übertroffen, die aus demselben Traktat stammt. Es ist die Erzählung von der Wanderung des Sehers Bhrigu ins Jenseits.

Bhrigu, ein Heiliger, war ein Sohn des Gottes Varuna; er hatte sich ein großes brahmanisches Wissen erworben, und es war ihm zu Kopf gestiegen. Er wurde überheblich und stellte sich über seinen eigenen göttlichen Vater. Dieser wollte ihm zeigen, wie wenig er wisse, und empfahl ihm, nacheinander in die verschiedenen Himmelsgegenden, nach Osten, Süden, Westen und Norden, zu wandern. Da solle er genau auf alles achten, was es zu sehen gäbe, und ihm bei der Rückkehr erzählen, was er gesehen.

›Erstlich nämlich, im Osten, sah Bhrigu Menschen, welche anderen Menschen die Glieder eins nach dem anderen abhackten und die Stücke untereinander verteilten und dazu sagten: »Das gehört dir, das gehört mir.« Als Bhrigu das sah, war er ganz entsetzt, und die Leute, die da die anderen in Stücke hackten, gaben ihm die Erklärung, diese hätten es mit ihnen in der anderen Welt ebenso gemacht, und sie täten nun nichts weiter, als mit ihnen entsprechend zu verfahren ...

Daraufhin trat Bhrigu die Wanderung nach Süden an und sah dort Menschen, die anderen Menschen die Glieder eines nach dem anderen abschnitten und mit »Das gehört dir, das gehört mir« unter sich verteilten. Auf seine Frage erhielt Bhrigu wieder dieselbe Antwort: Die jetzt zerschnitten wurden, hatten es mit denen, die sie zerschnitten, in der anderen Welt ebenso gemacht. Im Westen darauf sah Bhrigu Leute, die schweigend andere Leute aufaßen, wobei die Aufgefressenen sich ebenfalls schweigend verhielten. So nämlich hätten es diese in der anderen Welt mit jenen gemacht. Im Norden aber sah er Menschen, die, laut schreiend, andere Menschen aufaßen, die dabei auch laut schrien, so wie diese es jenen in der anderen Welt angetan hätten.‹

Nach seiner Rückkehr wurde Bhrigu von seinem Vater Varuna aufgefordert, seine Lektion herzusagen wie ein Schüler. Bhrigu aber sagte: »Was soll ich denn rezitieren? Es gibt ja gar nichts!« Er hatte zu schreckliche Dinge gesehen, und alles erschien ihm nichtig.

Da wußte Varuna, daß Bhrigu diese Dinge gesehen hatte, und erklärte: »Die Menschen im Osten, die den anderen die Glieder abhackten, das waren die Bäume. Die Menschen im Süden, die den anderen Menschen die Glieder abschnitten, das waren die Rinder. Die Menschen im Westen, die schweigend schweigende Menschen aufaßen, das waren die Kräuter. Die Menschen im Norden, die, laut schreiend, laut schreiende Menschen verzehrten, das waren die Gewässer.«

Für alle diese Fälle wußte er Gegenmittel. Durch bestimmte Opfer, die er seinem Sohn angab, könnte man sich der Folgen seiner Handlungen im Jenseits entziehen.

In einem anderen Opfertraktat, dem Jaiminiya-Brahmana, wird dieselbe Geschichte des Bhrigu etwas anders erzählt. Er wandert nicht in verschiedene Himmelsrichtungen, sondern von einer Welt in die andere. Statt der vier Bilder, die man kennengelernt hat, sind es nur drei. Zuerst sieht Bhrigu Bäume, die im Jenseits Menschengestalt angenommen haben und nun Menschen in Stücke schneiden und aufessen. Als zweites sieht Bhrigu einen Menschen, der einen schreienden

Menschen verzehrt. Er wird darüber belehrt: »Vieh, das hier geschlachtet und gegessen worden ist, hat drüben menschliche Gestalt angenommen und tut nun dem Menschen, was dieser dem Vieh getan hat.« Als drittes sieht er einen Mann, der einen verzehrt, welcher nichts sagt. Reis und Gerste haben menschliche Gestalt angenommen und vergelten so, was sie erlitten haben.

Auch hier werden bestimmte Opfer angegeben. Wer sie richtig vollzieht, entgeht dem Schicksal, im Jenseits von Bäumen, Vieh oder Reis und Gerste aufgegessen zu werden. Aber was uns hier interessiert, sind nicht die Gegenmittel gegen dieses Schicksal. Wichtig vielmehr ist die volkstümliche Vorstellung, die sich unter der priesterlichen Verkleidung verbirgt. Was man hier getan hat, wird einem dort selber angetan. Es werden keine besonderen Diener der Gerechtigkeit eingesetzt, die diese Strafe vollziehen, sondern jeder bestraft seinen eigenen Feind. Es geht auch nicht um irgendwelche Handlungen, sondern um das, was man selber gegessen hat. ›Ganz ebenso, wie in dieser Welt Menschen Tiere essen und sie verspeisen, geradeso essen die Tiere in jener Welt die Menschen und verspeisen sie.‹

Dieser Satz aus einem anderen Brahmana, dem ähnlich, den wir an den Anfang unserer Betrachtung gestellt haben, findet eine merkwürdige Bestätigung im Gesetzbuch des Manu. Da wird erklärt, daß es keine Sünde sei, Fleisch zu essen, denn das sei die natürliche Art der Geschöpfe. Aber wer sich des Fleisches enthalte, dem wird besonderer Lohn verheißen. Das Sanskritwort für Fleisch, das *mamsa* lautet, wird durch Zerlegung in seine Silben erklärt: ›mam‹ heißt ›mich‹, ›sa‹ heißt ›er‹; ›mamsa‹ bedeutet demnach ›mich-er‹, ›mich‹ wird ›er‹ dort im Jenseits verzehren, dessen Fleisch ich hier gegessen habe; das erklären die Weisen für die ›Fleischheit des Fleisches‹. Darin besteht die Fleischnatur des Fleisches, das ist der wahre Sinn des Wortes Fleisch.

Die *Umkehrung* wird hier auf die knappste aller Formeln gebracht und im Bilde des Fleisches gefaßt. Ich esse ihn: mich er. Der zweite Teil, die Folge dessen, was ich getan habe, ist dann geradezu das Wort für Fleisch. Das Tier, das man gegessen hat, merkt sich, wer es war. Mit seinem Tode ist es um dieses Tier nicht getan. Seine Seele lebt weiter und wird im Jenseits zu einem Menschen. Dieser wartet geduldig auf den Tod seines Verzehrers. Sobald er stirbt und im Jenseits ankommt, kehrt sich die ursprüngliche Situation in ihr Gegenteil um. Das Opfer findet seinen Verzehrer, packt ihn, zerschneidet ihn und ißt ihn auf.

Der Zusammenhang mit unserer Auffassung vom Befehl und dem Stachel, den er hinterläßt, ist hier mit Händen zu greifen. Doch ist alles so sehr auf die Spitze getrieben, so konkret geworden, daß man erst davor erschrickt. Statt in diesem Leben erfolgt die Umkehrung erst in jenem. Statt des Befehls, der mit dem Tode bloß droht und auf diese Weise allerhand Leistungen erpreßt, geht es wirklich um den Tod in seiner extremsten Form, in der das Getötete verzehrt wird.

Nach unserer Anschauung, die ein jenseitiges Dasein nicht mehr ernsthaft ins Auge faßt, ist der Stachel, den die Todesdrohung hervorruft, so lange da, als das Opfer lebt. Ob ihm eine Umkehrung gelingt, ist zweifelhaft, es wird jedenfalls immer nach ihr trachten. Von seinen Stacheln wird der Mensch schließlich ganz regiert, seine innere Physiognomie ist von ihnen bestimmt, ob eine Befreiung erfolgt oder nicht, sie sind sein Schicksal. Nach der *indischen* Auffassung, der das Jenseits sicher erscheint, bleibt der Stachel als der harte Kern der Seele auch nach dem Tode bestehen, die Umkehrung erfolgt auf jeden Fall, sie wird zum eigentlichen Geschäft des jenseitigen Daseins. Man tut genau dasselbe, was einem angetan worden ist, und man tut es selber.

Daß die Gestaltveränderung der Umkehrung nicht hinderlich ist, erscheint dabei besonders bezeichnend. Es ist nicht mehr das Rind, das man gegessen hat, was einen im Jenseits ergreift und zerschneidet: es ist ein Mensch mit der Seele jenes Rindes. Das Geschöpf hat sich äußerlich vollkommen gewandelt, der Stachel ist unveränderlich derselbe. In den Schreckensbildern, die Bhrigu auf seiner Wanderung zu sehen bekommt, erscheint der Stachel als das Hauptanliegen der Seele, man möchte sagen, daß sie ganz aus ihm besteht. Das eigentliche Wesen des Stachels, von dem in dieser Untersuchung des Befehls so viel die Rede war, seine absolute Unveränderlichkeit und die Genauigkeit der Umkehr, nach der er strebt, haben in dieser Vorstellung der Inder vom Gegessenen, das zurückessen muß, seine zwingendste Ausprägung erfahren.

Die Auflösung des Stachels

Der Stachel entsteht *während* der Ausführung des Befehls. Er löst sich von diesem ab und prägt sich in der genauen Gestalt des Befehls dem Ausführenden ein. Er ist klein, verborgen und unbekannt; seine wesentlichste Eigenschaft, von der nun schon oft die Rede war, ist seine absolute Unveränderlichkeit. Er bleibt isoliert vom Rest des Menschen, ein Fremdkörper in seinem Fleische. So tief er in diesem eingesunken sein mag, so verkapselt die Existenz ist, die er dann führt, er bleibt seinem Inhaber immer lästig. Er hängt auf geheimnisvolle Weise in ihm drin, in einer Art von Fremde gefangen.

Er selber will weg, aber er kommt schwer los. Es ist nicht möglich, ihn auf irgendeine Weise loszuwerden. Die Kraft, mit der er sich befreit, muß jener, mit der er beim Eindringen empfangen wurde, gleich sein. Aus einem reduzierten muß er wieder zu einem vollen Befehl werden. Zur Erlangung dieser Kraft bedarf es einer Umkehrung der Situation, wie sie ursprünglich war: ihre genaue Wiederherstellung ist unerläßlich. Es ist, als habe der Stachel seine eigene Erinnerung in sich und als bestünde diese aus einem einzigen Vorgang; als lauere er Monate, Jahre, Jahrzehnte darauf, bis die alte Situation da ist, bis er sie erkennt. Er muß sie erkennen, da er nur aus ihr besteht, sie ist das einzige, das er erkennen kann. Plötzlich ist alles wieder genau, wie es damals war, doch die Rollen sind vollkommen vertauscht. In diesem Augenblick ergreift er die Gelegenheit und schnellt mit aller Kraft auf sein Opfer los: Die Umkehrung hat endlich stattgefunden.

Dieser Fall, den man den reinen nennen möchte, ist aber nicht der einzige, der möglich ist. Ein Befehl kann oft wiederholt werden, vom selben Urheber an dasselbe Opfer, so daß gleichartige Stacheln sich immer wieder bilden. Diese identischen Stacheln bleiben nicht isoliert, sie müssen sich untereinander verbinden. Das neue Gebilde wächst zusehends an und kann vom Inhaber nicht mehr vergessen werden. Es ist immer auffallend, immer schwer, es ragt sozusagen ganz über Wasser.

Es kann aber auch *derselbe* Befehl von *verschiedenen* Urhebern erteilt und wiederholt werden. Geschieht das sehr oft und in einer unerbittlichen Folge, so verliert der Stachel seine reine Gestalt und entwickelt sich, man kann es kaum anders nennen, zu einem lebensgefährlichen Monstrum. Er nimmt enorme Proportionen an und wird zum Hauptgehalt seines Besitzers. Immer seiner eingedenk, trägt er ihn mit sich herum und versucht ihn bei jeder Gelegenheit loszuwerden. Unzählige Situationen kommen ihm dann wie die ursprüngliche vor, und sie scheinen ihm zur Umkehrung geeignet. Sie sind es aber nicht, denn durch Wiederholung und Überkreuzung ist alles ungenau geworden, er hat den Schlüssel zur originalen Situation verloren. *Eine* Erinnerung hat sich über die andere gelegt, wie ein Stachel an den anderen. Seine Last ist in ihre Bestandteile nicht mehr aufzulösen. Was immer er versucht, es bleibt alles wie zuvor, allein kann er sich von seiner Last nie mehr befreien.

Der Nachdruck liegt hier auf ›allein‹. Denn es gibt eine Befreiung von allen Stacheln, auch den monströsesten – diese Befreiung ist in der Masse. Von der *Umkehrungsmasse* war wiederholt die Rede. Es war nicht möglich, ihr eigentliches Wesen klarzumachen, bevor die Wirkungsweise des Befehls ergründet war.

Die Umkehrungsmasse bildet sich aus vielen zur gemeinsamen Befreiung von Befehlsstacheln, denen sie als einzelne hoffnungslos ausgeliefert sind. Eine große Zahl von Menschen schließt sich zusammen und wendet sich gegen eine Gruppe von anderen, in denen sie die Urheber aller Befehle sehen, an welchen sie seit langem getragen haben. Sind es etwa Soldaten, so tritt jeder Offizier für die ein, unter deren Befehl sie wirklich standen. Sind es Arbeiter, so kann es jeder Unternehmer sein, an Stelle derer, für die sie wirklich gearbeitet haben. Klassen und Kasten werden in solchen Augenblicken wahr, sie führen sich so auf, als ob sie aus Gleichen bestünden. Die untere Klasse, die sich erhoben hat, formt sich zu einer überall zusammenhängenden Masse, die obere, die gefährdet ist, von einer Überzahl umstellt, bildet eine Reihe von angstvollen und auf Flucht bedachten Meuten.

In denen, die nun zur Masse gehören, findet jeder einzelne Stachel, komplex und nach vielen verschiedenen Gelegenheiten zusammengeschossen, eine Reihe möglicher Ursprünge zugleich vor. Die Angegriffenen stehen da vor ihnen, einzeln oder eng aneinandergedrückt, und sie scheinen sehr wohl zu wissen, warum sie solche Furcht empfinden. Sie müssen nicht die wirklichen Urheber dieses oder jenes Stachels sein, aber ob sie es sind oder nicht, sie stehen dafür und werden allen Ernstes als solche behandelt. Die Umkehrung, die sich hier gegen viele zugleich richtet, zersetzt auch den schwersten Stachel.

Im konzentriertesten Falle dieser Art, wenn es gegen ein einziges Oberhaupt, einen König etwa, geht, ist, was die Masse empfindet, von größter Klarheit. Die letzte Quelle *aller* Befehle war der König, seine Würdenträger und der Adel um ihn waren an ihrer Weiterleitung und Durchführung beteiligt. Die einzelnen, aus denen die aufständische Masse besteht, waren während langer Jahre durch Drohung in Distanz und durch Verbote in Gehorsam gehalten worden. In einer Art von rückläufiger Bewegung heben sie nun die Distanzen auf: sie dringen in den Palast, der ihnen verboten war, ein. Sie betrachten sich, was er enthält, Räume, Insassen, Mobiliar, aus nächster Nähe. Die Flucht, in die sie der königliche Befehl früher schlug, kehrt sich um zu intimer Vertrautheit. Läßt er aus Furcht diese Annäherung geschehen, so mag es vorläufig damit sein Bewenden haben; aber nicht für lange. Der generelle Prozeß einer Befreiung von Stacheln, der einmal eingesetzt hat, geht unaufhaltsam weiter. Man muß bedenken, wie viel geschehen ist, um Menschen in Gehorsam zu halten, und was sich während langer Jahre an Stacheln in ihnen angesammelt hat.

Die eigentliche Bedrohung der Untertanen, die unaufhörlich über ihren Häupten hing, war die durch den Tod. In Hinrichtungen wurde sie von Zeit zu Zeit erneuert und ihr Ernst unmißverständlich bewiesen. Auf eine einzige Weise ist diese Bedrohung ganz gutzumachen: Der König, der köpfen ließ, wird selbst geköpft. Damit ist der oberste, der umfassendste Stachel, der scheinbar alle übrigen in sich begreift, aus denen entfernt, die ihn zusammen zu tragen hatten.

Nicht immer ist der Sinn der Umkehrung so deutlich zu fassen, und nicht immer führt sie sich selbst in solcher Vollkommenheit auf die Spitze. Wenn der Aufstand mißlingt und die Menschen ihre eigentlichen Stacheln nicht wirklich losgeworden sind, so behalten sie doch die Erinnerung an die Zeit, in der sie Masse waren. Während dieses Zustandes wenigstens waren sie von Stacheln frei, und sie werden immer mit Sehnsucht seiner gedenken.

Befehl und Exekution · Der zufriedene Henker

In dieser Untersuchung ist bisher *ein* Fall mit Bedacht ausgelassen worden. Der Befehl ist als Todesdrohung erklärt; es wurde gesagt, daß er sich vom Fluchtbefehl herleitet. Der domestizierte Befehl, wie wir ihn kennen, verbindet die Drohung mit einem Lohne: Die Fütterung stärkt den Effekt der Drohung, doch ändert sie nichts an ihrem Charakter. Die Drohung wird nie vergessen. In ihrer ursprünglichen Gestalt bleibt sie für immer bestehen, bis eine Gelegenheit da ist, sie loszuwerden, indem man sie an andere weitergibt.

Der Befehl kann aber auch ein Auftrag zum Töten sein und führt dann zur Exekution. Hier geschieht wirklich, was sonst nur angedroht wird. Doch der Vorgang ist auf zwei Menschen verteilt. Einer empfängt den Befehl, ein anderer wird hingerichtet.

Der *Henker* steht wie jeder, der sich einem Befehl unterwirft, unter Todesdrohung. Aber er befreit sich von dieser Drohung, indem er selber tötet. Er gibt gleich weiter, was ihm geschehen könnte, und nimmt so die äußerste Sanktion, der er selbst untersteht, vorweg. Es ist ihm gesagt worden: Du mußt töten, und er tötet. Er ist nicht in der Lage, sich gegen einen solchen Befehl zur Wehr zu setzen; er wird ihm von einem erteilt, dessen überlegene Macht er anerkennt. Es hat rasch zu geschehen, gewöhnlich geschieht es gleich. Für die Bildung eines *Stachels* ist keine Zeit.

Aber selbst wenn Zeit dazu gegeben wäre, so ist für die Bildung eines Stachels auch kein *Anlaß*. Denn der Henker gibt genau das weiter, was er empfängt. Er hat nichts zu fürchten, es bleibt nichts in ihm zurück. In diesem Falle, und nur in diesem, geht die Rechnung des Befehls glatt auf. Seine tiefere Natur und die Aktion, die er veranlaßt, sind identisch. Für seine Ausführbarkeit ist vorgesorgt; nichts kann dazwischenkommen, es ist unwahrscheinlich, daß das Opfer entrinnt. All dieser Umstände ist sich der Henker von Anfang an bewußt. Er kann dem Befehl mit Ruhe entgegensehen: er vertraut ihm. Er weiß, daß sich durch seine Ausführung in ihm nichts ändern wird. Er geht sozusagen glatt durch ihn hindurch, er selber bleibt vollkommen unberührt von ihm. Der Henker ist der zufriedenste, der stachelloseste der Menschen.

Es ist eine ungeheuerliche Situation, und man hat sie nie ernsthaft ins Auge gefaßt. Sie ist zu begreifen nur, wenn man die wahre Natur des Befehls bedenkt. Mit der Androhung des Todes steht und fällt der Befehl, aus ihr bezieht er seine ganze Kraft. Der Überschuß an dieser Kraft, der unvermeidlich ist, erklärt die Bildung des Stachels. Jene Befehle aber, denen es mit dem Tode ernst ist, die es auf ihn abgesehen haben und die wirklich bis zu ihm führen, hinterlassen im Empfänger am wenigsten Spuren.

Der Henker ist ein Mensch, dem man mit dem Tode droht, damit er tötet. Er darf nur die töten, die er töten soll. Wenn er sich genau an seine Befehle hält, kann ihm nichts geschehen. Gewiß wird er in ihre Ausführung auch einiges einfließen lassen, womit er bei anderen Gelegenheiten bedroht worden ist. Es ist anzunehmen, daß er an seine Exekution manches hängt, was an Stacheln ganz anderer Herkunft in ihm gespeichert vorliegt. Aber wesentlich bleibt doch der Mechanismus seines eigentlichen Auftrags. Indem er selber tötet, befreit er sich vom Tod. Für ihn ist es ein reinliches und kein unheimliches Geschäft. Das Grauen, das er in anderen erweckt, hat er nicht in sich. Es ist wichtig, sich darüber klarzusein: die offiziellen Töter sind um so zufriedener in sich, je mehr ihrer Befehle direkt zum Tode führen. Selbst ein Gefängniswärter hat es schwerer als ein Henker.

Es ist wahr, daß die Gesellschaft ihm das Behagen an seinem Beruf durch eine Art von Ächtung heimzahlt. Aber auch diese ist nicht eigentlich von Nachteil für ihn begleitet. Er überlebt, ohne ›etwas dafür zu können‹, jedes seiner Opfer. Etwas vom Ansehen des Überlebenden fällt selbst auf ihn, der nur ein Werkzeug ist, und wiegt jene Ächtung vollkommen auf. Er findet eine Frau, er hat Kinder, er führt ein Familienleben.

Befehl und Verantwortung

Es ist bekannt, daß Menschen, die unter Befehl handeln, der furchtbarsten Taten fähig sind. Wenn die Befehlsquelle verschüttet ist und man sie zwingt, auf ihre Tat zurückzublicken, erkennen sie sich selber nicht. Sie sagen: Das habe ich nicht getan, und sie sind sich keineswegs immer klar darüber, daß sie lügen. Wenn sie durch Zeugen überführt werden und ins Schwanken geraten, sagen sie noch: So bin ich nicht, das kann ich nicht getan haben. Sie suchen nach den Spuren der Tat in sich und können sie nicht finden. Man staunt, wie unberührt von ihr sie geblieben sind. Das Leben, das sie später führen, ist wirklich ein anderes und von der Tat in keiner Weise gefärbt. Sie fühlen sich nicht schuldig, sie bereuen nichts. Die Tat ist nicht in sie eingegangen.

Es sind Menschen, die sonst sehr wohl dazu imstande sind, ihre Handlungen abzuschätzen. Was sie aus sich heraus tun, hinterläßt bei ihnen die Spuren, die man erwartet. Sie würden sich schämen, ein unbekanntes und wehrloses Geschöpf, das sie nicht herausgefordert hat, umzubringen. Sie empfänden Ekel davor, irgendwen zu foltern. Sie sind nicht besser, aber auch nicht schlechter als die anderen, unter denen sie leben. Mancher, der sie aus täglichem Umgang intim kennt, wäre bereit, einen Eid darauf abzulegen, daß man sie zu Unrecht beschuldigt.

Wenn dann die lange Reihe der Zeugen aufmarschiert, der Opfer, die sehr wohl wissen, wovon sie reden, wenn einer nach dem anderen den Täter erkennt und ihm jede Einzelheit seines Verhaltens ins Gedächtnis zurückruft, da wird jeder Zweifel absurd und man steht vor einem unauflöslichen Rätsel.

Es ist für uns kein Rätsel mehr, da wir die Natur des Befehls kennen. Für jeden Befehl, den der Täter ausgeführt hat, ist ein Stachel in ihm zurückgeblieben. Aber dieser ist so fremd, wie der Befehl selber war, als er erteilt wurde. Wie lange auch der Stachel im Menschen haftet, er assimiliert sich nie, er bleibt ein Fremdkörper. Es ist zwar möglich, wie an anderer Stelle gezeigt worden ist, daß mehrere Stacheln sich zusammenschließen und zu einem neuen monströsen Gebilde im Betroffenen weiterwachsen, aber immer bleiben sie deutlich von ihrer Umgebung abgesetzt. Der Stachel ist ein Eindringling, er bürgert sich niemals ein. Er ist unerwünscht, man will ihn los sein. Er ist, was man begangen hat, er hat, wie man weiß, die genaue Gestalt des Befehls. Als fremde Instanz lebt er im Empfänger weiter und nimmt ihm jedes Gefühl von Schuld. Der Täter klagt sich nicht selber an, sondern den Stachel, die fremde Instanz, den wahren Täter sozusagen, den er immer mit sich herumträgt. Je fremder einem der Befehl war, um so weniger Schuld fühlt man seinetwegen, um so deutlicher für sich abgesetzt besteht er als Stachel weiter. Er ist der immerwährende Zeuge dafür, daß man es nicht selber war, der dies oder jenes getan hat. Man empfindet *sich* als sein Opfer und hat darum für das wahre und eigentliche Opfer überhaupt kein Gefühl.

Es ist also wahr, daß Menschen, die unter Befehl gehandelt haben, sich für vollkommen unschuldig halten. Wenn sie imstande sind, ihre Lage ins Auge zu fassen, mögen sie etwas wie Staunen darüber empfinden, daß sie einmal so vollkommen unter der Gewalt von Befehlen standen. Aber selbst diese einsichtige Regung ist wertlos, da sie sich viel zu spät meldet, wenn alles längst vorüber ist. Was geschehen ist, kann wieder geschehen, ein Schutz gegen neue Situationen, die der alten aufs Haar gleichen, bildet sich in ihnen nicht aus. Sie bleiben dem Befehl wehrlos ausgeliefert, seiner Gefährlichkeit nur sehr dunkel bewußt. Im klarsten Falle, der zum Glück selten ist, machen sie aus ihm eine Fatalität und setzen dann ihren Stolz darein, daß blind mit ihnen umgesprungen wird, als gehöre ein besonderes männliches Wesen dazu, sich in diese Blindheit zu ergeben.

Von welcher Seite immer man ihn betrachtet, der Befehl in seiner kompakten, fertigen Form, wie er sie nach einer langen Geschichte heute hat, ist das gefährlichste einzelne Element im Zusammenleben von Menschen geworden. Man muß den Mut haben, sich ihm entgegenzustellen und seine Herrschaft zu erschüttern. Es müssen Mittel und Wege gefunden werden, den größeren Teil des Menschen von ihm freizuhalten. Man darf ihm nicht erlauben, mehr als die Haut zu ritzen. Aus seinen Stacheln müssen Kletten werden, die mit leichter Bewegung abzustreifen sind.

Die Verwandlung

Vorgefühl und Verwandlung bei den Buschmännern

Die Fähigkeit des Menschen zur Verwandlung, die ihm so viel Macht über alle übrigen Geschöpfe gegeben hat, ist noch kaum ins Auge gefaßt und begriffen worden. Sie gehört zu den größten Rätseln: jeder hat sie, jeder wendet sie an, jeder hält sie für ganz natürlich. Aber wenige legen sich Rechenschaft darüber ab, daß sie ihr das Beste von dem, was sie sind, verdanken. Es ist ungemein schwierig, das Wesen der Verwandlung zu ergründen, und man muß sich ihr von verschiedenen Seiten nähern.

In einem Werk über *Buschmann-Folklore,* das ich für das kostbarste Dokument der frühen Menschheit halte und das noch völlig unerschöpft ist – obwohl es vor 100 Jahren von *Bleek* aufgezeichnet wurde und seit bald 50 Jahren gedruckt vorliegt –, findet sich ein Abschnitt über die *Vorgefühle* der Buschmänner, aus dem sich wichtige Aufschlüsse gewinnen lassen. Es handelt sich, wie sich zeigen wird, bei diesen Vorgefühlen um *Ansätze* zu Verwandlungen in einer überaus einfachen Form. Die Buschmänner spüren das Kommen von Menschen, die sie weder sehen noch hören können, aus der Ferne. Sie haben auch ein Gefühl dafür, daß Wild sich nähert, und schildern die Zeichen an ihrem eigenen Körper, durch die sie diese Annäherung erkennen. Einige Beispiele dafür folgen im genauen Wortlaut.

›Ein Mann sagt zu seinen Kindern, sie sollen nach ihrem Großvater Ausschau halten. »Seht euch um, mir scheint, daß Großvater sich nähert. Denn ich spüre die Stelle der alten Wunde an seinem Körper.« Die Kinder halten Ausschau. Sie sehen einen Mann in der Ferne. Sie sagen zu ihrem Vater: »Ein Mann kommt dort.« Der Vater sagt zu ihnen: »Das ist euer Großvater, der dort kommt. Ich wußte, daß er kommt. Ich habe sein Kommen gespürt an der Stelle seiner alten Wunde. Ich wollte, daß ihr's selber seht: er kommt wirklich. Ihr glaubt meinem Vorgefühl nicht. Es sagt aber die Wahrheit.«‹

Was sich hier abgespielt hat, ist von großartiger Einfachheit. Der alte Mann, der der Großvater dieser Kinder ist, war offenbar weit weg. Er hat an einer bestimmten Stelle seines Körpers eine alte Wunde. Diese Stelle ist seinem erwachsenen Sohn, dem Vater der Kinder, genau bekannt. Es ist eine von jenen Wunden, die sich immer wieder melden. Man hat den Alten oft davon sprechen gehört. Sie ist das, was wir an ihm das ›Charakteristische‹ nennen würden. Wenn der Sohn an seinen Vater denkt, denkt er an seine Wunde. Es ist aber mehr als ein bloßes Denken. Er stellt sich nicht nur die Wunde vor, die genaue Stelle des Körpers, an der sie war, er *spürt* sie an der entsprechenden Stelle seines eigenen Leibes. Sobald er sie spürt, nimmt er an, daß sein Vater, den er eine Weile nicht gesehen hat, sich nähert. Er fühlt, daß er sich nähert, weil er seine Wunde fühlt. Er sagt es den Kindern, und es scheint, daß sie ihm nicht recht glauben. Sie haben es vielleicht noch nicht gelernt, an die Richtigkeit solcher Vorgefühle zu glauben. Er läßt sie Ausschau halten, und richtig, es nähert sich ein Mann. Das kann nur der Großvater sein, er ist es. Der Vater hat recht behalten. Das Gefühl in seinem Körper hat ihn nicht betrogen.

Eine Frau verläßt das Haus. Sie trägt ihr Kind mit sich, an einem Gurt über die Schulter geschlungen. Der Mann, der zurückgeblieben ist, sitzt ruhig da. Die Frau ist etwas besorgen gegangen und bleibt lange aus. Plötzlich spürt der Mann ihren Gurt auf seiner Schulter. ›Er hat das Gefühl dort.‹ Es ist, als ob er sein Kind selber trüge. Sobald er den Gurt spürt, weiß er: Die Frau kehrt mit dem Kind zurück.

Dieselben Vorgefühle beziehen sich auch auf Tiere. Es sind die Tiere, die für den Buschmann so wichtig sind wie seine nächsten Angehörigen, seine nächsten Tiere sozusagen, die er jagt und von denen er sich nährt.

Ein Strauß geht in der warmen Sonne spazieren. Ein schwarzes Insekt beißt ihn, das die Buschmänner die ›Laus des Straußes‹ nennen. Der Strauß kratzt sich hinten am Nacken mit dem Fuß. Der Buschmann fühlt etwas am tieferen Teil seines eigenen Nackens, am selben Ort, wo der Strauß sich kratzt. Es ist ein Gefühl wie ein Klopfen. Dieses Gefühl sagt dem Buschmann, daß ein Strauß in der Nähe ist.

Ein ganz besonders wichtiges Tier für den Buschmann ist der Springbock. Da gibt es nun viele Vorgefühle, und sie beziehen sich auf alle möglichen Bewegungen und Eigenschaften des Springbocks.

»Wir haben eine Empfindung in den Füßen, wir spüren das Rascheln mit ihren Füßen im Gebüsch.« Diese Empfindung in den Füßen bedeutet, daß die Springböcke kommen. Es ist nicht etwa so, daß man sie rascheln *gehört* hat. Sie sind noch zu weit entfernt. Aber die Füße der Buschmänner selber rascheln, denn die der Springböcke rascheln in der Ferne. Doch das ist nicht alles, es ist noch viel mehr als die Bewegung der Füße, was vom Springbock auf den Buschmann übergeht. »Wir haben ein Gefühl im Gesicht, wegen dem schwarzen Streifen auf dem Gesicht des Springbocks.« Dieser schwarze Streifen beginnt in der Mitte der Stirn und erstreckt sich bis zum Ende der Nase herunter. Dem Buschmann ist zumute, als hätte er den schwarzen Streifen auf seinem eigenen Gesicht. »Wir haben ein Gefühl an den Augen, wegen der schwarzen Zeichen auf den Augen des Springbocks.«

Einer fühlt ein Klopfen an seinen Rippen und sagt zu seinen Kindern: »Es scheint, daß der Springbock kommt, ich spüre das schwarze Haar. Geht auf den Hügel drüben und seht euch nach allen Seiten um. Ich habe das Springbock-Gefühl.« Dieses schwarze Haar hat der Springbock an seinen Flanken. Das Klopfen an seinen eigenen Rippen bedeutet für den Buschmann das schwarze Haar an den Seiten des Tieres.

Ein anderer, der anwesend ist, während über diese Erscheinungen gesprochen wird, stimmt mit ihm überein. Auch er hat ein Vorgefühl, das sich auf Springböcke bezieht, aber es ist nicht dasselbe: Er spürt das Blut des erlegten Tieres.

»Ich habe ein Gefühl an den Waden meiner Beine, wenn das Blut des Springbocks daran herunterrinnen wird. Ich spüre immer Blut, wenn ich den Springbock töten werde. Ich sitze und habe ein Gefühl im Rücken, wo das Blut herunterrinnt, wenn ich einen Springbock trage. Das Haar des Springbocks liegt auf meinem Rücken.«

Einmal heißt es: »Wir spüren es in unseren Köpfen, wenn wir daran sind, die Hörner des Springbocks abzuschlagen.« Ein andermal: »Die Dinge, die zahlreich sind, pflegen zuerst zu kommen, wenn wir im Schatten der Hütte liegen. Sie denken, daß wir wahrscheinlich unseren Mittagsschlaf halten. Wir legen uns gewöhnlich zu einem Mittagsschlaf nieder. Aber wir halten unseren Mittagsschlaf nicht, wenn die Dinge gehen und ihre Beine bewegen. Wir spüren etwas in den Höhlen unter den Knien, wo das Blut hintropft, wenn wir das Wild tragen.«

Aus diesen Äußerungen von Buschmännern ersieht man, welche Bedeutung sie solchen Vorgefühlen oder Ahnungen beilegen. Sie fühlen es in ihren Körpern, wenn gewisse Ereignisse bevorstehen. Eine Art von Klopfen in ihrem Fleisch spricht zu ihnen und macht ihnen Mitteilung davon. Ihre Buchstaben, wie sie sagen, sind in ihrem Körper. Diese Buchstaben sprechen und bewegen sich und veranlassen sie selbst zur Bewegung. Ein Mann gebietet den anderen Schweigen und verhält sich ganz still, wenn er merkt, daß es in seinem Körper klopft. Das Vorgefühl spricht die Wahrheit. Die dumm sind, verstehen die Lehren nicht und geraten ins Unglück, sie werden von einem Löwen getötet, oder es geschieht ihnen sonst etwas Schlimmes. Die Klopfzeichen sagen denen, die sie verstehen, welchen Weg sie nicht gehen, welche Pfeile sie nicht verwenden sollen. Sie warnen sie, wenn viele Leute auf einem Wagen sich dem Haus nähern. Wenn man auf der Suche nach jemandem ist, sagen einem die Klopfzeichen, auf welchem Weg man ihn suchen soll, um ihn zu finden.

Es ist nicht unsere Sache, hier zu untersuchen, ob die Ahnungen der Buschmänner sich bewähren oder ob sie trügerisch sind. Sie mögen Fähigkeiten ausgebildet haben und in ihrem täglichen Leben üben, die uns abhanden gekommen sind. Sie mögen Grund haben, weiter an ihre Ahnungen zu glauben, auch wenn sie von ihnen zuweilen betrogen worden sind. Wie immer es damit steht, ihre Äußerungen über die Art, wie die Vorgefühle sich bei ihnen melden, gehören zu den kostbarsten Dokumenten über das Wesen der *Verwandlung*. Es gibt nichts, das sich ihnen an die Seite stellen ließe. Denn gegen alles, was man darüber aus Mythen oder Märchen erfährt, läßt sich der Einwand erheben, daß es erdichtet sei. Hier aber erfahren wir, wie einem Buschmann in seinem wirklichen Leben zumute ist, wenn er an einen Strauß oder einen Springbock in der Ferne denkt; was ihm dabei geschieht; was das überhaupt bedeutet, an ein Geschöpf zu denken, das nicht er selber ist.

Die Zeichen, an denen sie die Annäherung eines Tiers oder auch eines anderen Menschen erkennen, sind Zeichen an ihrem eigenen Körper. Diese Vorgefühle sind, wie gesagt, *Ansätze zu Verwandlungen*. Wenn man den Zeichen ihren Wert für eine Untersuchung der Verwandlung belassen will, muß man sich vor allem davor hüten, etwas Fremdes in die Welt des Buschmanns hineinzutragen. Man muß diese Zeichen so einfach und konkret belassen, wie sie wirklich sind. Wir entnehmen sie dem Zusammenhang der zitierten Äußerungen und zählen sie einmal der Reihe nach auf:

1. Ein Sohn spürt die alte Wunde seines Vaters an genau derselben Stelle des Körpers, an welcher der Vater sie empfangen hat.
2. Ein Mann spürt den Gurt, an dem die Frau ihr Kind trägt, auf seiner eigenen Schulter.

3. Ein Strauß kratzt sich hinten im Nacken mit dem Fuß, wo ihn eine ›Laus‹ beißt. Der Buschmann spürt dieselbe Stelle im eigenen Nakken, da, wo der Strauß sich kratzt.
4. Ein Mann fühlt das Rascheln der Springböcke im Gebüsch in seinen eigenen Füßen. Den schwarzen Streifen des Springbocks, von der Stirn bis zur Nase herunter, fühlt er auf seinem Gesicht. Er spürt an den eigenen Augen die schwarzen Zeichen auf den Augen des Springbocks. Das schwarze Haar an den Flanken des Tieres spürt er an seinen Rippen.
5. Ein Buschmann fühlt Blut an den Waden und im Rücken. Es ist das Blut des zu erlegenden Springbocks, den er am Rücken tragen wird. Da spürt er auch das Haar des Tieres. Man spürt im Kopf, wo man die Hörner des Springbocks abschlagen wird. Man spürt das Blut unter den Kniehöhlen, wohin es vom erlegten Tiere, das man trägt, herunterzutropfen pflegt.

Alles, was unter 5. steht, bezieht sich auf das tote Tier. Die Lust auf sein Blut bestimmt hier den Charakter der Verwandlung. Sie ist weniger einfach als in den früheren vier Fällen; darum ist es besser, zunächst einmal nur diese zu betrachten. Das Elementarste an ihnen allen ist, daß *ein Körper dem anderen gleichgestellt* wird. Der Körper des Sohnes ist der Körper des Vaters; so findet sich die alte Wunde an derselben Stelle. Der Körper des Mannes ist der Körper seiner Frau: Der Gurt, an dem sie das Kind getragen hat, drückt ihn an derselben Schulter. Der Körper des Buschmannes ist der Körper des Straußes: Die ›Laus‹ beißt ihn an derselben Stelle seines Nackens, und er kratzt sich dort.

In diesen drei Fällen ist es immer je ein einzelner Zug, an dem die Gleichsetzung der Körper in Erscheinung tritt. Es sind sehr verschiedenartige Züge: bei der Wunde eine alte Eigenheit des Leibes, die sich von Zeit zu Zeit meldet; beim Gurt ein bestimmter, bleibender Druck gegen ihn; und im Falle des Kratzens eine isolierte Bewegung.

Am interessantesten ist der Fall des Springbocks. Da sind es vier oder fünf Züge, die zusammentreffen und der Gleichsetzung eines Körpers mit dem anderen etwas sehr Vollständiges geben. Da ist einmal die Bewegung in den Füßen; das schwarze Haar an den Flanken; der schwarze Streifen von der Stirn zur Nase herunter; die schwarzen Zeichen auf den Augen; und schließlich die Stelle des Kopfes, wo die

Hörner sitzen, so als trüge man die Hörner selbst. Zur Bewegung, die hier statt des Kratzens eine der Füße ist, kommt also etwas, was einer kompletten Maske gleicht. Das Auffallendste am Kopf des Tieres, die Hörner und dann alles sehr Schwarze, nämlich der Streifen und die Zeichen an den Augen, fügen sich zu einer auf das Einfachste reduzierten Maske zusammen. Man trägt sie als eigenen Kopf und doch wie den Kopf des Tieres. Die schwarzen Haare an den Flanken fühlt man, als hätte man ein Fell des Tieres um; es ist aber die eigene Haut.

Der Körper ein und desselben Buschmannes wird zum Körper seines Vaters, seiner Frau, eines Straußes, eines Springbocks. Daß er sie alle sein kann, zu verschiedenen Zeiten, und dann immer wieder er selbst, ist von ungeheurer Bedeutung. Die Verwandlungen, die sich folgen, wechseln je nach den äußeren Anlässen. Es sind saubere Verwandlungen: Jedes Geschöpf, dessen Kommen er spürt, bleibt, was es ist. Er hält sie auseinander, sonst hätten sie keine Bedeutung. Der Vater mit der Wunde ist nicht die Frau mit dem Gurt. Der Strauß ist nicht der Springbock. Die eigene Identität, die der Buschmann aufgeben kann, bleibt in der Verwandlung gewahrt. Er kann dies oder jenes sein, aber dies oder jenes bleiben voneinander getrennt, denn dazwischen ist er immer wieder er selbst.

Die einzelnen, sehr einfachen Züge, die die Verwandlung bestimmen, könnte man als ihre Knotenpunkte bezeichnen. Die alte Wunde des Vaters, der Schultergurt der Frau, der schwarze Streifen des Springbocks sind dann solche Knotenpunkte. Es sind die hervorstechenden Züge des anderen Geschöpfes, von denen oft die Rede ist oder die man immer gut gewahrt. Es sind die Züge, auf die man achtet, wenn man dieses Geschöpf erwartet.

Das Tier, auf das man Jagd macht, ist aber ein besonderer Fall. Was man wirklich will, ist sein Fleisch und Blut. Die Verfassung, in der man sich befindet, nachdem man es erlegt hat, während man es nach Hause trägt, ist eine besonders glückliche. Der Leib des getöteten Tieres, das einem als Beute über den Rücken herunterhängt, ist einem noch wichtiger als sein lebender Körper. Man spürt sein Blut, das einem die Waden herunterrinnt, man spürt es unter den Kniehöhlen; man spürt sein Blut im Rücken, und da spürt man auch sein Haar. Dieser tote Körper, den man trägt, ist nicht der eigene; er kann nicht der eigene sein, denn man will ihn essen.

Die Vorgefühle des Buschmannes, die sich auf den Springbock beziehen, enthalten also verschiedene Phasen. Er fühlt auf die geschilderte Weise das lebende Tier, sein Körper wird zum Körper des Tieres, das sich bewegt und schaut. Er fühlt aber auch das tote Tier, als anderen, fremden Körper, dicht an seinem eigenen, im Zustand, in dem es ihm nicht mehr entgehen kann. Diese beiden Phasen sind auswechselbar. Der eine Mann mag sich zuerst in der früheren glauben, der andere in der späteren. Sie können einander folgen. Sie können dicht hintereinander auftreten. Zusammen enthalten sie seine ganze Beziehung zum Tier, den vollständigen Prozeß der Jagd, vom Rascheln bis zum Blut.

Fluchtverwandlungen
Hysterie, Manie und Melancholie

Verwandlungen zur *Flucht*, um einem Feinde zu entkommen, sind allgemein. Man findet sie in Mythen und Märchen, die über die ganze Erde verbreitet sind. Im folgenden ist von vier Beispielen die Rede, an denen die verschiedenen Formen, die Fluchtverwandlungen annehmen, sich deutlich machen lassen.

Als die beiden Hauptformen unterscheide ich die *lineare* von der *zirkulären* Verwandlungsflucht. Die lineare Form ist die sehr gewöhnliche der *Jagd*. Ein Geschöpf ist hinter dem anderen her, ihre Entfernung verringert sich, in dem Augenblick, da dieses gepackt werden soll, verwandelt es sich in etwas anderes und entspringt. Die Jagd geht weiter oder eigentlich beginnt sie von vorn. Die Gefahr steigert sich wieder. Der Angreifer kommt immer näher, vielleicht gelingt es ihm sogar, seine Beute zu packen. Da verwandelt sie sich, nun in etwas anderes, und entkommt wieder im letzten Augenblick. Derselbe Vorgang kann sich unzählige Male wiederholen, es kommt nur darauf an, daß immer neue Verwandlungen gefunden werden. Sie müssen unerwartet sein, um den Verfolger zu überraschen. Dieser ist als Jäger auf eine ganz bestimmte, wohlvertraute Beute aus. Er kennt ihre Art zu fliehen, er kennt ihre Gestalt und weiß, wie und wo er sie greifen kann. Der Augenblick der Verwandlung setzt ihn in Verwirrung. Er muß sich auf eine neue Art der Jagd besinnen. Die veränderte Beute erfordert eine veränderte Jagd. Der Jäger muß sich selber verwandeln. Theoretisch ist für eine solche Folge von Verwandlungen kein Ende abzusehen. Das Märchen liebt es, sie lange auszuspinnen. Es ist meist auf der Seite des Verfolgten und endet gern mit der Niederlage oder Vernichtung des Verfolgers.

Einen scheinbar einfachen Fall einer linearen Verwandlungsflucht hat man im australischen Mythus der *Loritja* vor sich. Die ›Ewigen, Ungeschaffenen‹, *Tukutitas*, die die Ahnen der Totems sind, steigen in menschlicher Gestalt aus der Erde hervor. Sie bleiben Menschen, bis eines Tages ein monströser, schwarz-weißer Hund erscheint, der es auf sie abgesehen hat und hinter ihnen herjagt. Sie fliehen, aber sie fürchten, daß sie nicht rasch genug sind. Um besser fliehen zu können, verwandeln sie sich in alle möglichen Tiere, Känguruhs, Emus und Adler werden erwähnt. Es ist aber zu bemerken, daß hier jeder sich in *ein* bestimmtes Tier verwandelt und dessen Gestalt behält, solange er auf der Flucht ist. Zwei andere Ahnen, ihnen ähnlich, erscheinen, die offenbar stärker oder mutiger sind. Diese schlagen den Hund in die Flucht und töten ihn. Nun nehmen die meisten Tukutitas ihre menschliche Gestalt wieder an, die Gefahr ist vorüber, und sie haben nichts mehr zu fürchten. Aber sie behalten die Fähigkeit, sich nach Belieben in die Tiere zu verwandeln, deren Namen sie tragen, die Tiere also, die sie während ihrer Flucht gewesen waren.

Die Beschränkung auf eine einzige tierische Verwandlung macht das Wesen dieser Totem-Ahnen aus. In anderem Zusammenhang ist von diesen Doppelfiguren ausführlich die Rede. An dieser Stelle mag es genügen, hervorzuheben, daß die Verwandlung, die sie erfahren und deren Ausübung ihnen für immer möglich bleibt, durch *Flucht* zustande gekommen ist.

Ein reichhaltiger linearer Fall ist der des *georgischen* Märchens vom *Meister und seinem Schüler*. Der böse Meister, der der Teufel selbst ist, hat den Jungen in die Lehre bekommen und ihm allerhand Zauber beigebracht. Er will ihn aber nie wieder freilassen und ganz in seinen Diensten verwenden. Der Junge entkommt, aber er wird wieder eingefangen und vom Meister in einen dunklen Stall gesperrt. Da sinnt er auf Befreiung und kommt auf nichts, die Zeit vergeht, und er wird immer trauriger.

Eines Tages bemerkt er einen Sonnenstrahl in seinem Stall. Er sieht nach und findet einen Spalt in der Tür, durch den der Sonnenstrahl eingedrungen ist. Rasch verwandelt er sich in eine Maus und schlüpft zum Spalt hinaus. Der Meister bemerkt, daß er fort ist, verwandelt sich in eine Katze und läuft der Maus nach.

Nun beginnt eine wilde Reihe von Verwandlungen. Die Katze öffnet schon den Rachen, um die Maus zu töten, da verwandelt sich diese in einen Fisch und springt ins Wasser. Der Meister wird im Nu zu einem Netz und schwimmt hinter dem Fisch her. Fast hat er ihn gefangen, da wird der Fisch zu einem Fasan. Der Meister macht als Falke auf ihn Jagd. Schon fühlt der Fasan die Klauen seines Feindes, da läßt er sich in Gestalt eines rotbackigen Apfels gerade in den Schoß des Königs fallen. Der Meister wird zum Messer und der König hält es plötzlich in der Hand. Der König will zugreifen und den Apfel zerschneiden, da ist der Apfel gar nicht mehr da und statt seiner ein Häufchen Hirse. Davor steht eine Henne mit ihren Küken – der Meister. Sie picken und picken die Körner auf, bis ein einziges Körnchen übrigbleibt. Das wird im letzten Augenblick zu einer Nadel. Das Huhn und die Kücken aber werden alle zusammen zu einem Faden im Öhr der Nadel. Nun flammt die Nadel auf, der Faden verbrennt. Der Meister ist tot. Die Nadel verwandelt sich in den Jungen zurück, und er geht heim zu seinem Vater.

Die Reihe der Verwandlungspaare hier ist: Maus und Katze, Fisch und Netz, Fasan und Falke, Apfel und Messer, Hirse und Henne und Kücken, Nadel und Faden. In diesen Paaren ist jeder Teil auf den anderen abgestellt, ob es um Tiere oder um Gegenstände geht. Immer ist der eine, der den Meister vorstellt, auf den anderen aus, der als der Junge gilt, und immer rettet sich dieser im letzten Augenblick durch eine Verwandlung. Es ist eine tolle und eben durch ihre Art der Verwandlungen sehr sprunghafte Jagd. Die Lokalitäten ändern sich so rasch wie die Gestalten.

Wenden wir uns der *zirkulären* Form zu, so fällt uns die klassische Geschichte des Proteus ein, wie sie sich in der Odyssee findet. Proteus, der weise Meergreis, ist der Herr der Seehunde und steigt wie sie einmal des Tages an Land. Erst kommen die Seehunde, dann kommt er. Er zählt sie alle genau, seine Herde, und legt sich dann mitten unter ihnen schlafen. Menelaos ist auf seiner Rückkehr von Troja von widrigen Winden an die Küste Ägyptens verschlagen worden, wo Proteus haust, und kommt mit seinen Gefährten nicht vom Fleck. Jahre sind vergangen, und er ist sehr verzweifelt. Da erbarmt sich die Tochter des

Proteus seiner und sagt ihm, was er tun muß, um ihren Vater, der weissagen kann, zu packen und zum Sprechen zu zwingen. Sie stattet Menelaos und zwei seiner Gefährten mit Seehundfellen aus, gräbt Löcher am Strand, in die sich die drei hineinlegen, und bedeckt sie mit den Seehundfellen. Da warten sie nun geduldig, trotz des Gestanks, bis die Herde der Seehunde kommt, unter denen sie dann harmlos verkleidet liegen. Proteus taucht aus dem Meer, zählt seine Herde und legt sich beruhigt unter sie schlafen. Der Augenblick für Menelaos und seine Gefährten ist gekommen, sie packen den Alten im Schlaf und lassen ihn nicht mehr los. Er sucht sich ihnen zu entwinden, indem er sich in alles mögliche verwandelt, erst in einen Löwen mit einer mächtigen Mähne, dann in eine Schlange: sie halten ihn fest. Er wird zu einem Leoparden und zu einem gewaltigen Eber, sie halten ihn fest. Er verwandelt sich in Wasser und dann in einen reich belaubten Baum, sie lassen nicht locker. Alle Verwandlungen, die er versucht, geschehen unter ihrem festen Griff. Schließlich wird er es müde. Er nimmt wieder seine Gestalt an, die des Meergreises Proteus, fragt sie, was sie wollen, und steht ihnen Rede und Antwort.

Man sieht, warum diese Art der Verwandlungsflucht sich als die *zirkuläre* bezeichnen läßt. Alles geschieht an einem Fleck. Jede Verwandlung ist ein Versuch, in einer anderen Gestalt, in einer anderen Richtung sozusagen, auszubrechen; jede ist vergeblich und geschieht immer unter dem Griff des Menelaos und seiner Freunde. Von einer Jagd kann keine Rede mehr sein, sie ist zu Ende, die Beute ist gepackt, und die Verwandlungen sind eine Reihe von immer wieder vereitelten Fluchtversuchen des *Gefangenen*. So muß er sich schließlich in sein Schicksal fügen und tun, was man von ihm verlangt.

Als letztes möchte ich hier die Geschichte des Peleus und der Thetis anführen, die als die Eltern des Achilles keine geringe Berühmtheit erlangt haben. Peleus ist ein Sterblicher, Thetis eine Göttin, und sie wehrt sich gegen eine Verbindung mit ihm, da er ihrer nicht würdig erscheint. Er überrascht sie schlafend in einer Höhle, packt sie und läßt sie nicht los. Sie versucht es wie Proteus mit allen möglichen Verwandlungen. Sie wird zu Feuer und zu Wasser; zu einem Löwen und einer Schlange: er läßt sie nicht los. Sie verwandelt sich in einen ungeheuren schlüpfrigen Tintenfisch und bespritzt ihn mit Tinte. Es nützt ihr alles nichts. Sie muß sich ihm ergeben und wird später nach einigen Versuchen, sich seiner Nachkommenschaft zu entledigen, zur Mutter des Achilles.

Die Art der Verwandlungen ist hier ganz ähnlich wie bei Proteus, die Situation die der Gefangenschaft als solche, der Angreifer hält sie gepackt und läßt sie nicht mehr los. Jede ihrer Verwandlungen ist ein Versuch, in eine neue Richtung zu entkommen. Sie geht sozusagen im Kreise herum, um eine Stelle zu finden, wo sie losgelassen wird. Es gelingt ihr aber nirgends, den Zirkel zu überschreiten, sie bleibt gefangen, und sie ergibt sich schließlich im Zentrum aller Verwandlungen, als Thetis selbst.

Die Geschichte der Thetis fügt also der des Proteus eigentlich nichts Neues hinzu. Sie ist um ihrer erotischen Färbung willen angeführt worden. Sie erinnert an die Ausbrüche einer Krankheitsform, die häufig und allgemein bekannt ist: an die *Hysterie*. Die großen Anfälle dieser Krankheit sind nichts anderes als eine Reihe von heftigen Verwandlungen zur Flucht. Die Betroffene fühlt sich von einer überlegenen Macht gepackt, die sie nicht mehr losläßt. Es kann ein Mann sein, dem sie entkommen will, ein Mann, der sie geliebt hat und besitzt, oder ein Mann wie Peleus, der sie erst besitzen wird. Es kann ein Priester sein, der die Kranke im Namen eines Gottes gefangenhält; es kann ein Geist oder der Gott selber sein. In jedem Falle ist es wichtig, daß das Opfer die physische Nähe der überlegenen Macht fühlt, ihren unmittelbaren Griff auf sich. Alles, was es tut, und ganz besonders jede Verwandlung, die es unternimmt, ist darauf berechnet, diesen Griff zu lockern. Der Reichtum der Verwandlungen, die dabei versucht werden und von denen viele nur in ihren Ansätzen manifest werden, ist erstaunlich. Eine der häufigsten ist die Verwandlung in *Tote*; sie ist altbewährt und schon von vielen Tieren her bekannt. Man hofft, daß man als Toter losgelassen wird. Man bleibt liegen, und der Feind geht weg. Diese Verwandlung ist die *zentralste* von allen: man wird so sehr zum Zentrum, daß man sich nicht mehr regt. Man verzichtet auf jede Bewegung, als wäre man tot, und das andere entfernt sich. Wie nützlich es gerade für Thetis und Proteus gewesen wäre, sich tot zu stellen, wenn man sie nicht als Götter gekannt hätte, ist leicht einzusehen. Thetis wäre nicht geliebt und Proteus wäre nicht zum Wahrsagen gezwungen worden. Aber sie waren beide Götter und als solche unsterblich. Sie hätten sich noch so gut verstellen können – ihr Tod ist das einzige, das ihnen niemand je geglaubt hätte.

Die zirkuläre Form der Fluchtverwandlung ist es also, die der Hysterie ihre charakteristische Färbung gibt. Sie erklärt auch den

Reichtum an Übergängen von Vorgängen erotischer zu solchen religiöser Natur, die bei dieser Krankheit so auffallend sind. Jede Art des Gepacktseins kann zur Flucht reizen, und immer kann der Versuch zur Flucht gleich vergeblich sein, wenn das Packende die Kraft hat, nicht loszulassen.

Ein Gegenbild zur Fluchtverwandlung hat man in den Anfällen der *Schamanen* vor sich. Auch sie halten sich während einer ganzen Séance an einem Orte auf. Sie sind von einem Kreis von Menschen umgeben, die ihnen zusehen. Was immer ihnen im Geiste geschieht, ihr sichtbarer Körper soll da bleiben, wo er ist. Manchmal lassen sie sich fesseln aus Angst, daß ihr Leib mit ihrem Geiste durchgehen könnte. Das Zirkuläre der Séance ist also sehr betont, sei es durch die Notwendigkeit, an ihrem irdischen Zentrum haften zu bleiben, wo sie wirken, sei es durch die Anwesenheit eines Kreises von Anhängern. Die Verwandlungen folgen einander rasch und erreichen eine große Intensität und Häufung. Sie sollen aber, und das ist der wesentliche Unterschied vom üblichen hysterischen Anfall, keineswegs der Flucht dienen. Der Schamane holt sich durch seine Verwandlungen *Hilfsgeister* herbei, die ihm gehorchen. Er selber packt sie und zwingt sie, ihm bei seinen Unternehmungen zu helfen. Der Schamane ist *aktiv*, seine Verwandlungen dienen der Steigerung seiner eigenen Macht und nicht der Flucht vor anderen, die mächtiger sind als er. Auf den Reisen, die sein Geist unternimmt, während sein Leib scheinbar bewußtlos daliegt, dringt er in die entferntesten Welten des Himmels und der Unterwelt ein. Er fliegt und steigt, so hoch er will, wobei er wie ein Vogel mit den Flügeln schlägt. Er taucht und sinkt, so tief er will, bis an den Grund des Meeres hinab, und erzwingt sich den Eintritt ins Haus einer Göttin, gegen die er ein wichtiges Anliegen auf dem Herzen hat. Immer kehrt er ins Zentrum zurück, wo seine Anhänger ängstlich auf seine Botschaft warten. Es mag auch vorkommen, daß er einmal irgendwo in die Flucht geschlagen oder gezwungen wird, durch eine Verwandlung zu entkommen – im großen ist die Richtung seiner Aktion eine Ausgreifend-Herrische, und die Verwandtschaft mit den Fällen des Proteus und der Thetis beruht allein auf der zirkulären Natur seiner gehäuften Verwandlungen.

Es lohnt sich, von hier zur linearen Form zurückzukehren, wie wir sie im georgischen Märchen vom Meister und seinem Schüler kennengelernt haben. Man entsinnt sich, daß der Meister zur Katze wurde, um den Schüler zu fangen, der als Maus entkommen war. Später wird der Meister zum Netz, zum Falken, zum Messer, zu einer Henne mit ihren Kücken. Jede seiner Verwandlungen dient einer neuen Art von Jagd. Vom Meister aus gesehen handelt es sich um eine rasche Folge von aggressiven Verwandlungen, um einen Wechsel nicht nur der Art, sondern auch der Räumlichkeiten der Jagd. Das Sprunghafte und Weitausgebreitete der Ereignisse, in Verbindung mit der gefährlichen Absicht, der sie entstammen, hat eine auffallende Verwandtschaft mit den Vorgängen bei einer anderen seelischen Erkrankung, der *Manie*. Die Verwandlungen des Manischen haben eine ungeheure Leichtigkeit. Sie haben das Lineare und Streifende des Jägers und auch das Sprunghafte seiner wechselnden Ziele, wenn er nicht erlangt hat, was er will, aber von der Jagd nicht abläßt. Sie haben das Gehobene und Heitere seiner Stimmung, die aber – gleichgültig, wohin er gerät – doch immer intensiv und gerichtet bleibt. Der Schüler im Märchen stellt die wechselnde Beute vor, die alles sein kann und im Grunde doch immer dasselbe ist, eben Beute. Die Manie ist ein Paroxysmus des Beutemachens. Es kommt ihr auf das Gewahren, Erjagen und Ergreifen an. Die Einverleibung selbst ist in der Manie nicht so wichtig. Die Jagd des Meisters gewinnt ihren vollen Charakter erst, als der Schüler aus dem dunklen Stalle entkommt. Sie wäre zu Ende und damit auch sozusagen der manische Anfall vorüber, wenn der Meister ihn wieder sicher im Stalle hätte.

Im Stalle war es, wo wir den Schüler zuerst vorgefunden haben. »Er sann auf Befreiung und kam auf nichts; die Zeit verging und er wurde immer trauriger.« Hier erleben wir den Beginn des Gegenzustandes zur Manie, nämlich der *Melancholie*. Es mag angebracht sein, da viel von der Manie die Rede war, auch einiges über den Zustand der Melancholie zu sagen.

Sie beginnt, wenn die Fluchtverwandlungen zu Ende sind und man sie alle als vergeblich empfindet. In der Melancholie ist man das Ereilte und bereits Ergriffene. Man kann nicht mehr entkommen. Man verwandelt sich nicht mehr. Alles, was man versucht hat, war umsonst. Man ist in sein Schicksal ergeben und sieht sich als Beute. Man ist in absteigender Linie: Beute, Fraß, Aas oder Kot. Die Entwertungsvorgänge, die aus der eigenen Person immer weniger machen, drükken sich in übertragener Form als Schuldgefühle aus. Eine *Schuld* bedeutete ursprünglich, daß man in der Macht eines anderen war. Ob man sich schuldig fühlt oder als Beute, kommt im Grunde auf dasselbe heraus. Der Melancholische will nicht *essen*, und als Grund für seine Weigerung mag er vorbringen, daß er es nicht *verdient*. In Wirklichkeit will er nicht essen, weil er meint, daß er selber gegessen wird. Zwingt man ihn zu essen, so erinnert man ihn daran: sein Mund richtet sich gegen ihn, es ist, als hielte man ihm einen Spiegel vor. Er sieht darin einen Mund, und er sieht, daß gegessen wird. Aber das, was gegessen wird, ist er selber. Die furchtbare Strafe dafür, daß man immer gegessen hat, ist plötzlich und unabwendbar da. – Im Grunde handelt es sich hier um die allerletzte Verwandlung, die am Ende aller Fluchten steht, die in das Gegessene, und um sie zu vermeiden, geschieht es, daß alles Lebende in jeder Gestalt, die sich ihm bietet, flieht.

Selbstvermehrung und Selbstverzehrung
Die Doppelgestalt des Totems

Unter den Mythen, die der jüngere *Strehlow* bei den nördlichen *Aranda* in Zentral-Australien aufgezeichnet hat, sind es besonders zwei, die unser Interesse beanspruchen. Der erste, der Bandicoot- oder Beutelratten-Mythus, lautet in deutscher Übersetzung:

›Im Anfang ruhte alles in ewiger Dunkelheit. Nacht lastete auf der Erde wie ein undurchdringliches Dickicht. Der Ahne – sein Name war Karora – lag schlafend in immerwährender Nacht zu unterst am Boden des Tümpels von Ilbalintja. Es war aber noch kein Wasser darin, alles war trockener Boden. Die Erde über ihm war rot von Blumen und mit vielerlei Gräsern überwachsen, und ein großer Pfahl schwankte über ihm in der Höhe. Dieser Pfahl war mitten im Beet der purpurnen Blumen entsprungen, die im Tümpel von Ilbalintja wuchsen. An seiner Wurzel ruhte das Haupt von Karora selbst. Von da stieg der Pfahl gegen den Himmel an, als würde er bis an sein Gewölbe stoßen. Er war ein lebendes Geschöpf, mit einer glatten Haut bedeckt, wie die Haut eines Mannes.

Karoras Haupt lag an der Wurzel des großen Pfahls: so war er von Anfang an gelegen.

Karora dachte, und Wünsche und Begierden gingen ihm durch den Kopf. Da plötzlich kamen ihm Bandicoots aus dem Nabel und unter den Armhöhlen heraus. Sie brachen durch die Kruste über ihm und sprangen ins Leben.

Und jetzt begann es zu dämmern. Von allen Seiten sahen die Menschen, wie ein neues Licht erschien: Die Sonne selbst fing an sich zu erheben und überflutete alles mit ihrem Licht. Dann fiel es dem Ahnen ein, sich zu erheben, jetzt da die Sonne höher stieg. Er brach durch die Kruste, die ihn bedeckt hatte, und das offene Loch, das er hinter sich ließ, wurde zum Tümpel von Ilbalintja und füllte sich mit dem dunklen, süßen Saft der Geißblattknospen. Der Ahne erhob sich und spürte Hunger, da zauberische Kräfte von seinem Körper ausgeströmt waren.

Noch fühlt er sich betäubt; langsam beginnen seine Augenlider zu zittern, dann öffnet er sie ein wenig. Er tastet umher in seinem betäubten Zustand. Überall um sich spürt er eine Masse von Bandicoots, die sich bewegen. Jetzt steht er fester auf seinen Füßen. Er denkt, er hat Begierde. In seinem großen Hunger ergreift er zwei junge Bandicoots. Er kocht sie ein wenig weiter weg, nahe an dem Ort, wo die Sonne steht, im glühend heißen Boden, den die Sonne erhitzt hat. Die Finger der Sonne allein versorgen ihn mit Feuer und heißer Asche.

Sobald sein Hunger gestillt ist, wenden sich seine Gedanken einem Genossen zu, der ihm helfen könnte. Aber jetzt nähert sich der Abend; die Sonne verbirgt ihr Gesicht mit einem Schleier aus Haarschnur, bedeckt ihren Leib mit Gehängen aus Haarschnur und entschwindet den Augen der Menschen. Karora verfällt in Schlaf, seine Arme zu beiden Seiten ausgestreckt.

Während er schläft, taucht unter seiner Achselhöhle etwas in Gestalt eines Schwirrholzes hervor. Es nimmt die Gestalt eines Menschen an und wächst in einer Nacht zu einem erwachsenen jungen Mann heran: dies ist sein erstgeborener Sohn. In jener Nacht wacht Karora auf, denn er fühlt, daß etwas Schweres auf seinem Arm lastet: er sieht seinen erstgeborenen Sohn an seiner Seite, sein Kopf ruht auf der Schulter des Vaters.

Es dämmert. Karora erhebt sich. Er läßt einen lauten, schwingenden Ruf vernehmen: der Sohn erwacht dadurch zum Leben. Er erhebt sich; er tanzt den zeremoniellen Tanz um seinen Vater, der dasitzt, geschmückt mit allen Abzeichen aus Blut und Federn. Der Sohn torkelt und schwankt, er ist erst halb wach. Der Vater versetzt Rumpf und Brust in ein heftiges Zittern. Dann legt der Sohn seine Hände auf ihn. Die erste Zeremonie ist beendet.

Der Sohn wird jetzt von seinem Vater ausgesandt, um noch einige Bandicoots zu töten. Sie spielen friedlich im Schatten in der Nähe. Der Sohn bringt sie zurück zum Vater, der sie im sonnenglühenden Boden kocht wie zuvor und das gekochte Fleisch mit seinem Sohne teilt. Der Abend kommt heran, und bald schlafen sie beide. Noch zwei Söhne werden in dieser Nacht dem Vater geboren, aus seinen Achselhöhlen. Diese ruft er am nächsten Morgen ins Leben durch den lauten, schwingenden Ruf wie zuvor.

Dieser Vorgang wiederholt sich viele Tage und Nächte. Die Söhne besorgen das Jagen, und der Vater bringt jede Nacht eine wachsende Zahl von Söhnen zur Welt – in manchen Nächten sind es ihrer fünfzig. Aber das Ende läßt nicht lange auf sich warten. Bald sind Vater und Söhne so weit, daß sie alle Bandicoots verzehrt haben, die ursprünglich aus dem Leibe Karoras gekommen waren. In ihrem Hunger schickt der Vater seine Söhne auf eine dreitägige Jagd. Sie durchqueren die große Ebene. Lange Stunden suchen sie geduldig im hohen, weißen Gras, im Halbdunkel der fast endlosen Wälder. Aber das weite Dickicht enthält keine Bandicoots, und sie müssen umkehren.

Es ist der dritte Tag. Die Söhne sind auf dem Rückweg, hungrig und müde, in der großen Stille. Plötzlich trifft ein Geräusch auf ihre Ohren, ein Laut wie von einem sausenden Schwirrholz. Sie horchen; sie beginnen, nach dem Manne zu suchen, der es schwingen mag. Sie suchen und suchen und suchen. Sie stechen mit ihren Stecken in alle Bandicoot-Nester und -Ruheplätze. Plötzlich springt etwas Dunkles und Haariges auf und ist weg. Ein Ruf ertönt: »Da läuft ein Sandhügel-Wallaby.« Sie schleudern ihre Stöcke in die Richtung und brechen ihm ein Bein. Und dann hören sie die Worte eines Liedes, die von dem verletzten Tier kommen:

»Ich, Tjenterama, bin jetzt lahm,
Ja, lahm, und das purpurn Immerdauernde klebt an mir.
Ich bin ein Mann wie ihr. Ich bin kein Bandicoot.«

Mit diesen Worten hinkt der lahme Tjenterama davon.

Die erstaunten Brüder setzen ihren Weg zu ihrem Vater fort. Bald sehen sie ihn, wie er sich nähert. Er führt sie zum Tümpel zurück. Sie sitzen an seinem Rand in Kreisen, ein Kreis um den anderen, wie Wellen in Wasser, das in Bewegung gesetzt worden ist. Und dann kommt die große Flut süßen Honigs von den Geißblattknospen aus dem

Osten und überschwemmt sie; sie schwemmt sie zurück in den Ilbalintja-Tümpel.

Der alte Karora bleibt hier. Die Söhne aber werden von der Flut unter der Erde weitergetragen bis an einen Ort im Dickicht. Da stoßen sie auf den großen Tjenterama, dem sie das Bein unwissentlich mit ihren Stöcken zerbrochen haben. Er wird ein großer Häuptling. Karora aber schläft weiter seinen ewigen Schlaf am Grunde des Ilbalintja-Tümpels.‹

Der zweite ist der Lukara-Mythus:

›Im weitberühmten Lukara, am Rand des großen Wasserlochs, lag zu Urbeginn ein alter Mann in tiefem Schlaf am Fuß eines Strauches von Witchetty-Larven. Ewigkeiten waren über ihn hinweggegangen; er war da ungestört gelegen, wie ein Mann in einem unaufhörlichen Zustand von Halbschlaf. Seit dem Anfang hatte er sich nicht geregt, er hatte keine Bewegung gemacht; immer war er auf seinem rechten Arm gelegen. Ewigkeiten waren über ihn hinweggegangen, in seinem immerwährenden Schlaf.

Als er in seinem ewigen Schlummer nickte, krochen die weißen Larven über ihn. Sie waren immer auf seinem Körper gewesen. Der alte Mann bewegte sich nicht, und er wachte auch nicht auf. Er lag da in einem tiefen Traum. Die Larven bewegten sich über seinen ganzen Körper wie ein Schwarm von Ameisen, und der alte Mann wischte hie und da sanft einige von ihnen weg, ohne aus seinem Schlummer zu erwachen. Sie kehrten aber zurück, sie krochen über seinen Körper; sie gruben sich in ihn ein. Er erwachte nicht. Ewigkeiten gingen weiter.

Und dann, eines Nachts, während der alte Mann, auf seinen rechten Arm gelehnt, schlief, fiel etwas unter seiner rechten Achselhöhle heraus, etwas, das wie eine Witchetty-Larve geformt war. Es fiel auf den Boden, nahm menschliche Gestalt an und wuchs rasch. Als der Morgen kam, öffnete der alte Mann seine Augen und blickte voll Staunen auf seinen erstgeborenen Sohn.‹

Der Mythus erzählt nun weiter, wie ein großer Schwarm von Männern auf dieselbe Weise ›geboren‹ wurde. Ihr Vater regte sich nicht. Das einzige Lebenszeichen, das er je von sich gab, war, daß er die Augen öffnete. Er wies sogar alle Nahrung zurück, die seine Söhne ihm anboten. Die Söhne aber machten sich eifrig daran, Witchetty-Larven aus den Wurzeln der nahegelegenen Sträucher herauszugraben. Sie rösteten und aßen sie. Manchmal verspürten sie selbst den

Wunsch, wieder zu Larven zu werden. Dann sangen sie einen Zauberspruch, verwandelten sich in Larven und gingen wieder in die Wurzeln der Sträucher ein. Von da kamen sie wieder an die Oberfläche hervor und nahmen nochmals menschliche Gestalt an.

›Nun kommt ein Fremder, selbst ein Mann wie sie, aber vom fernen Mboringka. Er sieht die fetten Larven der Lukara-Brüder, und es gelüstet ihn danach. Er bietet ihnen seine eigenen Larven, die lang, mager und armselig waren, zum Austausch an. Die Lukara-Brüder stießen mit ihren Grabstöcken verächtlich sein Bündel beiseite und sprachen kein Wort. Der Fremde war beleidigt. Er griff kühn nach dem Bündel der Lukara-Brüder und rannte davon, bevor sie ihn daran hindern konnten.

Entsetzt kehrten sie zu ihrem Vater zurück. Er hatte den Verlust des Bündels mit den Larven schon gefühlt, bevor sie ankamen. Als der Räuber die Larven wegriß, hatte er einen scharfen Schmerz im Körper gespürt. Langsam erhob er sich und ging mit taumelnden Schritten dem Dieb nach. Aber er erlangte das Bündel nicht wieder, der Dieb trug die Larven nach dem fernen Mboringka davon. Der Vater sank nieder, sein Leib verwandelte sich in ein lebendes Tjurunga (einen heiligen Gedenkstein). Die Söhne wurden alle zu Tjurungas; und das Bündel mit gestohlenen Larven wurde auch zu Tjurungas.‹

Diese beiden Mythen handeln von zwei ganz verschiedenen Ahnen: Der eine ist der Vater der Bandicoots oder Beutelratten, der andere der Vater der Witchetty-Larven. Beides sind wichtige Totems der Aranda. Bis zum Tage, da die Legenden aufgezeichnet wurden, bestanden diese Totems und wurden ihre Zeremonien gefeiert. Ich möchte einige auffallende Züge hervorheben, die beiden Mythen gemeinsam sind.

Karora, der Vater der Bandicoots, ist erst lange allein. Er liegt in ewiger Finsternis und schläft unter einer Kruste am Boden des Teiches. Er ist nicht bei sich und hat noch gar nichts getan. Plötzlich entstehen in seinem Leib eine Menge von Beutelratten. Sie kommen aus seinem Nabel und aus seinen Achselhöhlen hervor. Die Sonne erscheint, und ihr Licht veranlaßt ihn, durch die Kruste zu brechen. Er ist hungrig, aber er fühlt sich betäubt. Er greift in dieser betäubten Verfassung um sich, und das erste, was er fühlt, ist *eine lebende Masse von Beutelratten, die ihn auf allen Seiten umgibt.*

Im anderen Mythus liegt der Vater der Larven, dessen Name nicht angegeben ist, am Fuße eines Strauches und schläft. Er hat schon ewig geschlafen. Über seinen Körper kriechen die weißen Larven. Sie sind überall, wie ein Schwarm von Ameisen. Hie und da, ohne aufzuwachen, streift er einige von ihnen sachte weg. Sie kriechen zurück und graben sich in seinen Körper ein. Er schläft in ihrem wimmelnden Haufen weiter.

Beide Mythen beginnen mit Schlaf. Bei beiden hat die erste Beziehung zu anderen Geschöpfen den Charakter eines Massen-Gefühls. Es ist das dichteste und unmittelbarste Massengefühl, das der *Haut*. Der eine spürt die Beutelratten, da er in halbwachem Zustand zum erstenmal um sich greift. Der andere spürt die Larven auf seiner Haut noch im Schlaf und streift sie von sich, doch ohne sie loszuwerden. Sie kommen zurück und graben sich in seinem Körper ein.

Dieses Gefühl, daß man von ungeheuren Schwärmen kleiner Insekten überzogen ist, die man am ganzen Körper fühlt, ist natürlich allgemein bekannt. Es ist kein beliebtes Gefühl. Es tritt häufig in Halluzinationen auf, zum Beispiel bei Delirium Tremens. Wenn es nicht Insekten sind, so sind es Mäuse oder Ratten. Das Kribbeln auf der Haut oder das Nagen an ihr wird auf die Aktivität von Insekten oder kleine Nagetiere zurückgeführt. Im nächsten Kapitel wird ausführlich davon gesprochen: Der Ausdruck ›Massengefühl der Haut‹ wird dort erklärt und gerechtfertigt. Aber ein wichtiger Unterschied zwischen diesen und jenen Fällen bleibt zu bemerken. In den Aranda-Mythen ist dieses Gefühl ein angenehmes. Was der Ahne hier fühlt, ist etwas, das ihm selber entstammt, und nicht etwas Feindliches, das ihn von außen angreift.

Denn im ersten Mythus wird erzählt, wie die Beutelratten aus dem Nabel oder den Achselhöhlen des Ahnen hervorkommen. Sie waren erst in ihm selbst enthalten. Dieser Vater ist ein höchst sonderbares Wesen: man möchte ihn als Massen-*Mutter* bezeichnen. Unzähliges entspringt zugleich seinem Leib, aus Stellen von ihm, die nicht die für Geburten üblichen sind. Er kommt einem wie eine Termitenkönigin vor, aber eine, die ihre Eier aus ganz verschiedenen Teilen ihres Körpers hervorbringt. – Im zweiten Mythus wird gesagt, daß die Larven schon immer da waren. Es wird – vorläufig – nicht erwähnt, daß sie aus dem Leib des Ahnen selbst hervorgekommen sind, sie sind auf ihm oder sie graben sich in ihn ein. Aber im weiteren Verlauf des Mythus ergeben sich Züge, die einen doch vermuten lassen, daß die Larven ursprünglich ihm entstammen, daß er selber eigentlich ganz aus ihnen besteht.

Denn die Geburten, von denen hier die Rede ist, sind nicht nur merkwürdig, weil ein Vater der Gebärer ist und weil es dabei um solche Massen geht, sie setzen sich fort, und nun wird etwas ganz anderes geboren.

Nachdem Karora, der Vater der Beutelratten, seinen Hunger gestillt hat, wird es Nacht, und er schläft wieder ein. Unter einer Achselhöhle kommt ein Schwirrholz hervor. Es nimmt die Gestalt eines Menschen an und wächst in einer einzigen Nacht zu einem jungen Mann heran. Karora fühlt das Gewicht von etwas Schwerem auf seinem Arm. Er erwacht: an seiner Seite liegt sein erstgeborener Sohn. In der nächsten Nacht werden ihm zwei Söhne aus den Achselhöhlen geboren. Das geht nun viele Nächte so weiter. Jedesmal werden es ihrer mehr; in manchen Nächten bringt der Vater fünfzig Söhne zur Welt. Den ganzen Vorgang kann man, auch im allerengsten Sinne des Wortes, als die *Selbstvermehrung* Karoras bezeichnen.

Etwas sehr Ähnliches geschieht im zweiten Mythus. Der alte Mann schläft immer noch, auf seinen rechten Arm gestützt: Da plötzlich fällt eines Nachts etwas aus seiner rechten Achselhöhle heraus, das die Gestalt einer Witchetty-Larve hat. Es fällt auf den Boden, nimmt menschliche Gestalt an und wächst rasch heran. Als der Morgen kommt, öffnet der alte Mann die Augen und blickt mit Staunen auf seinen erstgeborenen Sohn. Derselbe Vorgang wiederholt sich, und eine große Zahl von ›Larven-Männern‹ wird ebenso geboren. Es ist wichtig, schon jetzt darauf hinzuweisen, daß diese Männer sich je nach Wunsch in eine bestimmte Art von Larven verwandeln und dann wieder in Menschen zurückverwandeln können.

In beiden Mythen geht es also um Selbstvermehrung, und in beiden geht es um eine *doppelte Geburt*. Zwei verschiedene Arten von Geschöpfen entstehen aus einem Ahnen. Der Beutelratten-Vater bringt erst eine große Anzahl von Beutelratten und dann eine große Anzahl von Menschen hervor. Sie entstehen auf dieselbe Weise. Sie müssen sich als nahe verwandt betrachten, denn sie haben *einen* Vater. Sie benennen sich mit demselben Namen: Bandicoot. Als Name eines *Totems* bedeutet er, daß jeder Mensch, der dazu gehört, ein jüngerer Bruder der Beutelratten ist, die zuerst geboren wurden.

Genau dasselbe gilt für den Ahnen der Witchetty-Larven. Er ist einmal der Vater dieser Larven und dann auch der Menschen. Die Menschen sind die jüngeren Brüder der Larven. Alle zusammen sind sie die sichtbare Verkörperung der Fruchtbarkeit, mit der der große Ahne des betreffenden Totems ausgestattet ist. Strehlow, dem man für die Aufzeichnung dieser wichtigen Mythen zu sehr großem Dank verpflichtet ist, hat einen glücklichen Ausdruck dafür gefunden. »Der Ahne«, sagt er, »stellt die Gesamtsumme an lebender Essenz der Witchetty-Larven dar, der tierischen wie der menschlichen, als ein Ganzes betrachtet. Jede Zelle, wenn man so sagen dürfte, im Leibe des ursprünglichen Ahnen ist ein lebendes Tier *oder* ein lebendes menschliches Wesen. Wenn der Ahne ein ›Witchetty-Larven-Mann‹ ist, dann ist jede Zelle in seinem Körper potentiell entweder eine separate lebende Witchetty-Larve oder ein separater lebender Mensch des Witchetty-Larven-Totems.«

Dieser doppelte Aspekt des Totems tritt besonders klar darin hervor, daß die menschlichen Söhne manchmal den Wunsch verspüren, wieder zu Larven zu werden. Dann singen sie einen Zauberspruch, verwandeln sich in Larven und kriechen in die Wurzeln der Büsche zurück, wo diese Larven gewöhnlich hausen. Von da können sie wieder hervorkommen und nach Wunsch die Gestalt von Menschen annehmen. Die separaten Gestalten bleiben durchaus klar, es sind entweder Larven oder Menschen, aber sie können sich ineinander verwandeln. Die *Beschränkung* auf diese bestimmte Verwandlung, denn schließlich wären ja unzählige andere möglich, ist es, was die Natur des Totems ausmacht. Der Ahne, der sie hervorgebracht hat, hat es nur mit diesen beiden Arten von Geschöpfen und keinem anderen zu tun. Er repräsentiert ihre uralte Verwandtschaft mit Ausschluß jeder anderen, die es sonst auf der Welt noch geben mag. Seine Söhne verspüren Lust, bald die eine, bald die andere Gestalt anzunehmen. Durch die Anwendung eines Zauberspruches können sie diesem Gelüste nachgeben und diese eine Verwandlung als die ihnen angeborene *üben*.

Man kann die Bedeutung dieser Doppelgestalt des Totems gar nicht genug betonen. Die Verwandlung selbst, aber *eine ganz bestimmte* Verwandlung, wird in der Figur des Totems fixiert und an die Nachkommen weitergegeben. In wichtigen Zeremonien, die der Vermehrung des Totems dienen, wird dieses auf dramatische Weise dargestellt. Das bedeutet, daß immer auch die Verwandlung dargestellt wird, die dieses Totem in sich verkörpert. Die Lust der Larven, zu Menschen zu werden – und die der Menschen, zu Larven –, hat sich von den Ahnen auf die lebenden Angehörigen des Totem-Klans weitervererbt, und sie betrachten es als heilige Pflicht, dieser Lust in ihren dramatischen Zeremonien zu frönen. Zum Gelingen des Vermehrungsritus gehört es, daß diese ganz bestimmte Verwandlung richtig, auf immer dieselbe Weise, gespielt wird. Jeder Teilnehmer weiß, wen er vor sich hat oder wen er darstellt, wenn Vorgänge aus dem Leben der Larven aufgeführt werden. Er heißt nach ihnen, aber er kann auch zu ihnen werden. Solange er sich nach ihnen benennt, wird er die althergebrachte Verwandlung üben. Ihr Wert für ihn ist ein ungeheuer großer: die Vermehrung der Larven hängt davon ab, aber auch seine eigene, denn eins ist von dem anderen nicht zu trennen; das Leben seines Klans ist in jeder Richtung durch das Festhalten an dieser Verwandlung bestimmt.

Ein anderer, sehr wichtiger Aspekt dieser Legenden bezieht sich auf das, was ich die *Selbstverzehrung* nennen möchte. Der Ahne der Beutelratten und seine Söhne ernähren sich von Beutelratten, die Söhne des Larven-Ahnen nähren sich von Larven. Es ist, als gäbe es gar keine andere Nahrung, oder zumindest, als wären sie an keiner anderen interessiert. Der Prozeß der Nahrungsaufnahme ist durch den der Verwandlung vorbestimmt. Die Richtung beider ist dieselbe, sie fallen ganz zusammen. Vom Ahnen aus gesehen ist es so, als würde er sich von sich selber nähren.

Betrachten wir diesen Vorgang etwas genauer. Nachdem Karora die Bandicoots zur Welt gebracht und die Sonne zu scheinen begonnen hat, bricht er durch die Kruste über sich, erhebt sich und verspürt Hunger. Aus Hunger greift er noch halb betäubt um sich: das ist der Augenblick, da er überall die lebende Masse von Beutelratten fühlt. Jetzt steht er fester auf seinen Beinen. Er denkt, er hat Begierde. In seinem großen Hunger ergreift er zwei junge Beutelratten und kocht sie ein wenig weiter weg, da, wo die Sonne steht, am Boden, den sie bis zum Glühen erhitzt hat. Dann, wenn sein Hunger gestillt ist, und erst dann, wenden sich seine Gedanken einem Genossen zu, der ihm helfen könnte.

Die Beutelratten, die er als Masse um sich fühlt, sind ihm selbst entsprungen, Teile seines eigenen Leibes, Fleisch von seinem Fleisch. Aus Hunger empfindet er sie als *Nahrung*. Er ergreift zwei von ihnen, die noch dazu als Junge bezeichnet werden, und kocht sie. Es ist so, als hätte er zwei von seinen eigenen Söhnen jung verzehrt.

In der Nacht darauf bringt er seinen erstgeborenen *menschlichen* Sohn zur Welt. Am Morgen flößt er ihm durch jenen lauten schwingenden Ruf Leben ein und bringt ihn auf die Beine. Sie halten gemeinsam eine Zeremonie ab, in der sich ihre Beziehung als Vater und Sohn etabliert. Gleich darauf schickt ihn der Vater aus, um mehr Beutelratten zu töten. Es sind seine anderen, früher geborenen Kinder, und sie spielen in der Nähe friedlich im Schatten. Der Sohn bringt, was er getötet hat, zum Vater zurück. Dieser kocht sie wie am Tag zuvor in der Sonne und teilt das gekochte Fleisch mit seinem Sohn. Was der Sohn jetzt ißt, ist das Fleisch seiner Brüder und eigentlich das seines Vaters. Der Vater selbst richtet ihn dazu ab, sie zu töten, und zeigt ihm, wie man sie kocht. Es ist die erste Nahrung des Sohns, wie es auch die erste Nahrung des Vaters war. Von einer anderen Nahrung ist in der ganzen Legende überhaupt nie die Rede.

In der Nacht werden Karora zwei neue menschliche Söhne geboren. Am Morgen werden sie ins Leben gerufen, und nun werden alle drei auf die Jagd nach Beutelratten ausgesandt. Sie bringen die Beute zurück, der Vater kocht das Fleisch und teilt es mit ihnen. Die Zahl der Söhne mehrt sich, jede Nacht kommen mehr menschliche Söhne zur Welt, in einer einzigen Nacht gleich fünfzig. Sie werden alle auf die Jagd geschickt. Während aber der Menschensöhne immer mehr werden, bringt Karora keine Beutelratten mehr hervor. Diese sind zu Beginn und auf einmal entstanden. So sind sie schließlich alle aufgezehrt, der Vater und seine Söhne zusammen haben sie alle gegessen.

Nun sind sie hungrig. Der Vater schickt die Söhne auf eine dreitägige Jagd in die Ferne. Sie suchen überall geduldig, immer nur nach Beutelratten, aber sie finden keine. Auf dem Rückweg verletzen sie ein Wesen am Bein, das sie für ein Tier gehalten haben. Plötzlich hören sie es singen: »Ich bin ein Mensch wie ihr. Ich bin kein Bandicoot.« Dann hinkt es davon. Die Brüder, es müssen ihrer nun sehr viele sein, kehren zu ihrem Vater zurück. Die Jagd ist zu Ende.

Der Vater hat also erst einmal eine ganz bestimmte Nahrung für sich und seine späteren Söhne zur Welt gebracht, eben die Beutelratten. Es ist ein einmaliger Akt, und er wird in der Legende nicht wiederholt. Dann kommen allmählich alle die Menschensöhne zur Welt, und zusammen mit dem Vater essen sie diese Nahrung auf, bis nichts mehr da ist. Er lehrt sie nichts anderes fangen, er weist sie auf nichts anderes hin. Man hat den Eindruck, daß er sie nur mit seinem eigenen Fleische, den ihm entsprungenen Beutelratten, ernähren will. In der Art, wie alles andere ausgelassen wird, wie er sie und sich gegen alles andere abgrenzt, ist etwas wie Eifersucht zu spüren. Es kommt kein anderes Wesen in der Legende vor, nur zum Schluß das Geschöpf, dessen Bein sie verletzen, ein Mensch wie sie, im übrigen selbst ein großer Ahne, dem sie sich denn auch später zum Schluß der Legende zuwenden.

In der zweiten Geschichte, die vom Vater der Larven handelt, ist der Zusammenhang zwischen Nachkommenschaft und Nahrung ein ähnlicher, aber doch nicht ganz derselbe. Der erste Sohn fällt als Larve aus der Achselhöhle des Vaters und nimmt menschliche Gestalt an, sobald er den Boden berührt. Der Vater bewegt sich nicht, er bleibt ganz still. Er verlangt nichts vom Sohne, und er lehrt ihn nichts. Viele Söhne kommen auf dieselbe Weise nach, alles, was der Vater tut, ist, daß er die Augen öffnet und seine Söhne betrachtet. Er weigert sich, Nahrung von ihnen anzunehmen. Sie aber machen sich eifrig daran, Larven aus den Wurzeln der nahegelegenen Büsche auszugraben; sie rösten sie und essen von ihnen. Das Merkwürdige ist nun, daß sie manchmal ein Gelüste verspüren, sich in dieselbe Art von Larven zu verwandeln, von denen sie genießen. Wenn das geschehen ist, kriechen sie selbst in die Wurzeln der Büsche zurück und leben da wie die Larven. Sie sind bald das eine, bald das andere, bald Menschen, bald Larven; aber wenn sie Menschen sind, nähren sie sich von diesen Larven, und keine andere Nahrung wird erwähnt.

Hier ist die Selbstverzehrung eine der *Söhne*. Der alte Mann weigert sich, von den Larven zu essen, als deren Vater er sich fühlt, die sein eigenes Fleisch sind. Um so leichter fällt diese Selbstverzehrung den Söhnen. Man hat den Eindruck, daß Verwandlung und Nahrung bei ihnen eng zusammengehören. Es ist, als erwache ihr Gelüste, zu Larven zu werden, daran, daß sie sie so gerne essen. Sie graben nach ihnen, rösten, verzehren sie; dann werden sie selber wieder zu Larven. Nach einiger Zeit kriechen sie an die Oberfläche und nehmen nochmals menschliche Gestalt an. Wenn sie jetzt von den Larven genießen, ist es, als ob sie sich selber äßen.

Zu den beiden Fällen der Selbstverzehrung, dem des Bandicootvaters und dem der Larvensöhne, gesellt sich noch ein dritter, der wieder etwas anders gewendet ist. Er kommt in einer dritten Legende vor, die von Strehlow nur sehr kurz resümiert wird.

Es ist die Geschichte eines anderen Larven-Ahnen, dem vom Mboringka. Er geht regelmäßig auf Raub aus, um Larvenmänner zu töten, die seine eigenen Söhne sind. Von diesen wird ausdrücklich gesagt, daß sie menschliche Gestalt haben. Er röstet und verzehrt sie mit Genuß; er findet Geschmack an ihrem süßen Fleische. Eines Tages verwandelt sich ihr Fleisch in seinen Eingeweiden zu Larven. Diese zehren nun an ihrem Vater von innen her, und so wird er zum Schluß von seinen Söhnen, die er selber geschlachtet hat, aufgefressen.

Dieser Fall von Selbstverzehrung führt so zu einer merkwürdigen Steigerung. *Das Gegessene ißt zurück.* Der Vater ißt seine Söhne, und dieselben Söhne essen ihn, noch während er daran ist, sie zu verdauen. Der Kannibalismus ist ein doppelter und gegenseitiger. Aber das Erstaunlichste daran ist, daß die Antwort von *innen* erfolgt, aus den Eingeweiden des Vaters. Damit das möglich ist, ist eine Verwandlung der gegessenen Söhne notwendig. Er ißt sie als Menschen, als Larven oder Würmer essen sie ihn. Es ist ein extremer und auf seine Weise sehr kompletter Fall. Kannibalismus und Verwandlung sind hier das engste Bündnis eingegangen. Die Nahrung bleibt bis zum Schlusse lebendig und ißt selber gern. Ihre Verwandlung zu Larven im Magen des Vaters ist eine Art von Wiederbelebung. Diese aber dient dem Gelüste auf das Fleisch des Vaters.

Die Verwandlungen, welche den Menschen mit den Tieren, die er ißt, verbinden, sind stark wie Ketten. Ohne sich in Tiere zu verwandeln, hätte er sie nie essen gelernt. Jeder dieser Mythen enthält eine wesentliche Erfahrung: den Gewinn einer bestimmten Tierart, die als Nahrung dient; ihre Entstehung durch Verwandlung; ihr Genuß und die Verwandlung ihrer Reste zu neuem Leben. Die Erinnerung daran, wie man die Nahrung gewann, nämlich eben durch Metamorphose, ist noch in späteren sakralen Kommunionen enthalten. Das Fleisch, von dem man gemeinsam genießt, ist nicht, was es vorstellt, es steht für ein anderes Fleisch und *wird* zu diesem, wenn man es sich einverleibt.

Es ist wichtig zu bemerken, daß die Selbstverzehrung, von der hier die Rede ist, zwar in den Ursprungslegenden der Aranda geläufig ist, aber nicht in ihrem täglichen Leben. Das wirkliche Verhältnis der Mitglieder eines Totem-Klans zu dem Tier, nach dem sie sich benennen, ist ein ganz anderes als in den Ursprungslegenden. Gerade die Mitglieder eines Klans ernähren sich nicht von ihrem Totem. Es ist ihnen verboten, dieses Tier zu töten oder zu essen: sie sollen es als ihren älteren Bruder betrachten. Nur während der Zeremonien, die der Vermehrung des Totems dienen, bei denen die alten Mythen dargestellt werden und Mitglieder des Klans als ihre eigenen Ahnen auftreten, wird ihnen auf feierliche Weise ganz wenig vom Fleische ihres Totems mitgeteilt. Es wird ihnen gesagt, daß sie nur *wenig* davon zu sich nehmen dürfen. Als solider Nahrung haben gerade sie sich seiner zu enthalten; wenn ihnen aber doch ein solches Tier in die Hände fällt, so dürfen sie sein Blut nicht vergießen. Sie müssen es solchen Mitgliedern ihrer Familie oder der Horde übergeben, die *anderen* Totems angehören; diese dürfen es essen.

In der späteren Zeit, die auf die mythische der Ahnen folgt und die man vom Standpunkt der lebenden Aranda aus als die heutige bezeichnen kann, ist also an die Stelle der Selbstverzehrung ein anderes Prinzip getreten, das der *Schonung*. Die nächsten Verwandten unter den Tieren ißt man so wenig, wie man Menschen ißt. Die Periode des Totem-Kannibalismus – denn so könnte man das Verzehren der eigenen Totems bezeichnen – ist vorüber. Leuten, die anderen Klans angehören, erlaubt man, die eigenen Verwandten, die man unter den Tieren hat, zu essen; so wie sie es zulassen müssen, daß man *ihre* Verwandten ißt. Es ist mehr als eine Erlaubnis. Man leistet Vorschub dabei, indem man dafür sorgt, daß das eigene Totemtier sich vermehrt. Die Riten zu dieser Vermehrung sind einem überliefert und anvertraut worden, man hat die Pflicht, sie zu üben. Die Tiere, die zu viel gejagt worden sind, haben die Neigung fortzuwandern oder auszusterben. Man entsinnt sich des Augenblicks in der ersten Legende, da alle Bandicoots weit und breit verschwunden waren; unzählige Söhne Karoras waren hinter ihnen hergewesen, und so tüchtig hatten sie gejagt, daß auf eine Entfernung von drei Tagereisen kein Bandicoot mehr zu finden war. In diesem Augenblick des Hungers wäre es notwendig gewesen, neue Bandicoots hervorzubringen. Die Selbstverzehrung war zu weit gegangen, alle älteren Brüder, die *ersten* Söhne Karoras, waren aufgegessen. Es wäre nun wichtig gewesen, daß die Selbstverzehrung wieder in die Selbstvermehrung umschlüge, mit der alles begonnen hatte.

Genau dieser Umschlag ist es, was man in den heutigen Riten zur Vermehrung der Totemtiere vor sich hat. Mit dem eigenen Totemtier ist man so nahe verwandt, daß *seine* Vermehrung und die eigene nicht recht zu trennen sind. Ein wesentlicher und immer wiederholter Teil der Riten ist die Darstellung der Ahnen, die beides waren, bald Mensch, bald dieses bestimmte Tier. Sie verwandeln sich nach Belieben vom einen ins andere, man kann sie nur darstellen, wenn man diese Verwandlung beherrscht. Als die Doppelfiguren, von denen oben die Rede war, treten die Ahnen auf. Die Verwandlung ist der wesentliche Teil der Darstellung. Solange sie richtig statt hat, bleibt die Verwandtschaft eine wohlbegründete, und man kann das Tier, das man selber ist, auf diese Weise zur Vermehrung zwingen.

Masse und Verwandlung im Delirium tremens

Eine Gelegenheit, die Masse zu studieren, so wie sie in den Vorstellungen des einzelnen erscheint, bieten die *Halluzinationen* der *Trinker*. Gewiß handelt es sich hier um Vergiftungserscheinungen; aber sie sind jedem zugänglich, innerhalb gewisser Grenzen kann man sie experimentell herbeiführen. Ihr *allgemeiner* Charakter ist unleugbar: Menschen sehr verschiedener Herkunft und Anlage haben bestimmte, elementare Züge in ihren Halluzinationen gemein. Ihre größte Häufung und Intensität erreichen sie im *Delirium tremens*. Seine Betrachtung ist in zweierlei Richtungen ergiebig. Verwandlungs- und Massenvorgänge sind im Delir auf eigentümliche Weise verflochten; nirgends lassen sie sich so schwer trennen wie hier. Über Verwandlung erfährt man vom Delir so viel wie über Masse; und man bleibt – nach vielfachen Überlegungen – mit der Überzeugung zurück, daß es richtiger wäre, die beiden überhaupt nicht oder möglichst wenig voneinander zu trennen.

Um einen Begriff von der Natur dieser Halluzinationen zu geben, soll erst die Schilderung *Kräpelins* und dann die von *Bleuler* angeführt werden. Ihre Betrachtungsweise ist nicht ganz dieselbe; was sich bei beiden deckt, wird für unsere Zwecke um so mehr Beweiskraft haben.

›Unter den Trugwahrnehmungen des Delirium tremens‹, sagt Kräpelin, ›pflegen diejenigen des *Gesichts* zu überwiegen. Die Täuschungen sind meist von großer sinnlicher Deutlichkeit, seltener schattenhaft, unbestimmt, vielfach schreckhaft und unangenehmen Inhalts. Sie werden von den Kranken bald als Wirklichkeit, bald als künstliche Vorspiegelungen – Laterna magica, Kinematograph – betrachtet, die sie belustigen oder erschrecken sollen. Vielfach sehen sie *massenhaft* kleinere und größere Gegenstände, Staub, Flocken, Münzen, Schnapsgläschen, Flaschen, Stangen. Fast immer zeigen die Gesichtsbilder mehr oder weniger lebhafte Bewegung ...; auch Doppelt-Sehen wird beobachtet. Aus dieser Unstetigkeit der Trugwahrnehmungen erklärt sich vielleicht die Häufigkeit, mit der schlüpfende, huschende Tiere gesehen werden. Sie drängen sich zwischen die Beine, schwirren in der Luft herum, bedecken das Essen; alles wimmelt von Spinnen ›mit goldenen Flügeln‹, Käfern, Wanzen, Schlangen, Gewürm mit langen Stacheln, Ratten, Hunden, Raubtieren ... Große Menschenmengen dringen auf die Kranken ein, feindliche Reiter, sogar »auf Stelzen«, Gendarmen, oder marschieren in langen, abenteuerlich gruppierten Zügen an ihnen vorbei; einzelne gefahrdrohende Spukgestalten, Mißgeburten, kleine Männer, Teufel, »Feuerrüpel«, Gespenster stecken den Kopf in die Türe, huschen unter den Möbeln herum, steigen auf Leitern in die Höhe. Seltener sind geputzte lachende Mädchen oder schlüpfrige Vorgänge, Fastnachtsscherze, Theateraufführungen ...‹

›... Durch verschiedenartige, absonderliche Empfindungen auf der Haut entsteht bei dem Kranken die Idee, daß Ameisen, Kröten, Spinnen auf ihr entlangkriechen ... Er fühlt sich von feinen Fäden eingesponnen, mit Wasser angespritzt, gebissen, gestochen, geschossen. Er sammelt Geld, das er massenhaft herumliegen sieht und deutlich in der Hand fühlt, aber es zerrinnt wie Quecksilber. Was er anfaßt, schwindet, kriecht zusammen oder wächst ins Ungeheure, um wieder zu zerfallen, fortzurollen, wegzufließen ...

Die kleinen Knoten und Unregelmäßigkeiten des Gewebes erscheinen wie Flöhe auf dem Bettzeug, die Schrammen der Tischplatte als Nadeln; in den Wänden öffnen sich geheime Türen ...

Der Kranke ist völlig außerstande, sich wirklich geordnet zu beschäftigen, wird vielmehr durch die Täuschungen vollkommen in Anspruch genommen. Selten läßt er diese einfach an sich vorüberziehen; meist veranlassen sie ihn zu lebhaften Äußerungen. Er bleibt nicht im Bett, drängt zur Türe hinaus, weil es bereits die höchste Zeit zu seiner Hinrichtung sei und alle schon auf ihn warten. Über die wunderlichen Tiere belustigt er sich, schreckt vor den schwirrenden Vögeln zurück, sucht das Gewürm wegzuwischen, die Käfer zu zertreten, greift mit gespreizten Fingern nach den Flöhen, sammelt das überall herumliegende Geld auf, sucht die ihn umspinnenden Fäden zu zerreißen, hüpft mit peinlicher Anstrengung über die an der Erde gezogenen Drähte hinweg.‹

›Am Trinkerdelirium‹, sagt Kräpelin an einer anderen Stelle zusammenfassend, ›ist bemerkenswert die *Massenhaftigkeit der gleichartigen Trugwahrnehmungen* und ihre vielfache, lebhafte Bewegung, das Auftauchen, Schwinden, Zerfließen.‹

Bleulers Schilderung des Delirium tremens ist nicht weniger eindrucksvoll:

›Im Vordergrund stehen Halluzinationen ganz charakteristischer Färbung: sie betreffen in erster Linie *Gesicht* und *Getast*. Die Visionen sind *multipel*, beweglich, meist farblos und haben die Neigung zu Verkleinerungen. Getast- und Gesichtshalluzinationen haben ferner beide sehr oft den Charakter von Drähten, Fäden, Wasserstrahlen und andern langgezogenen Dingen. Elementare Visionen, wie Funken und Schatten, sind häufig. Sind Gehörshalluzinationen vorhanden, so wird am meisten Musik – besonders oft mit scharf markiertem Takt – gehört, was bei andern Psychosen sehr selten ist. Während des ganzen Krankheitsverlaufes können Deliranten mit Hunderten von halluzinierten Personen, die alle stumm sind, in Beziehung treten . . .‹

›Kleine bewegliche und multiple Dinge sind in der Realität gewöhnlich durch kleine Tiere, wie Mäuse und Insekten, vertreten. Solche gehören auch zu den häufigsten Säuferhalluzinationen; aber auch sonst sind Tiervisionen verschiedenster Art gar nicht selten; Schweine, Pferde, Löwen, Kamele können verkleinert oder in Lebensgröße auftauchen; manchmal auch Tiere, die es gar nicht gibt, in ganz phantastischen Kombinationen. Auffallend oft habe ich in ganz gleicher Weise auf einem halluzinierten Brett an der Wand vorüberziehende Menagerien von allen möglichen, für gewöhnlich großen, hier aber auf etwa Katzengröße verkleinerten Tieren schildern hören, die die Patienten sehr gut unterhalten. Auch Menschen sind häufig verkleinert – »die Männeken sehen« heißt delirieren –, sie können aber auch in Lebensgröße erscheinen.

Die Halluzinationen der verschiedenen Sinne kombinieren sich leicht; die Mäuse und Insekten werden nicht nur gesehen, sondern auch *getastet*, wenn der Patient sie *faßt* oder wenn sie über seine Haut krabbeln. Geld wird zusammengelesen und sorgfältig in eine halluzinierte Tasche gesteckt. Der Kranke sieht vorübergehende Soldaten und hört die Marschmusik; er sieht und hört auf sich schießen; er prügelt sich mit halluzinierten Angreifern herum, die er sprechen hört und – seltener – auch tastet.‹

Beim Abklingen des Delirs ›blassen die Halluzinationen allmählich ab und werden weniger. Oft verlieren sie aber zunächst den Realitätswert: die Vögel sind nicht mehr lebendig, sondern ausgestopft, die Szenen werden extra gespielt und schließlich nur noch optisch, wie durch die Zauberlaterne, an die Wand geworfen; das Kino existierte für die Deliranten von jeher.‹

Über ihre eigene Person ›sind alle bloßen Deliranten orientiert: sie wissen, wer sie sind, was für eine Stellung ihnen im Leben zukommt, was sie für eine Familie haben und wo sie wohnen‹.

Diese Schilderungen sind eine summarische Zusammenfassung vieler, einzeln beobachteter Fälle. Der erste wichtige Punkt, den man herausheben möchte, ist der Zusammenhang zwischen *taktilen* und *visuellen* Halluzinationen. Das Jucken und Kribbeln auf der Haut wird so empfunden, als ob es von vielen, sehr kleinen Geschöpfen zugleich ausgelöst würde. Die physiologische Erklärung dafür kann uns hier nicht interessieren; wesentlich ist, daß der Betrunkene an Insekten, Ameisen zum Beispiel, denkt und sich vorstellt, daß seine Haut von Tausenden dieser Tierchen angegangen wird. Sie überziehen ihn in großen Heeren; da er ihre Bewegung auf sich fühlt, neigt er dazu, sie überall anzunehmen. Wo immer er hingreift, sind sie da; der Boden zu Füßen wie die Luft um ihn sind von allem voll, was sich als vielfaches greifen läßt.

Dieses *Massengefühl der Haut*, wie man es nennen möchte, ist uns nicht nur vom Delirium her bekannt. Jeder hat es, eben im Zusammenhang mit Insekten oder durch Kitzeln, an sich erlebt. Es wird als traditionelle Strafe für bestimmte Arten von Verbrechen – bei manchen afrikanischen Völkern etwa – geradezu verhängt. Man gräbt lebende Menschen nackt in Ameisenhügel ein und beläßt sie dort, bis sie tot sind. – Auch im Delir kann sich dieses Gefühl zu stärkeren Empfindungen als bloßem Kribbeln steigern. Wenn der Angriff gegen die Haut nachhaltiger wird, sich auf größere Einzelareale bezieht und tiefer dringt, steigert sich das Kribbeln zu einem *Nagen.* Es ist dann so, als ob viele kleine Zähne an einem beschäftigt wären, aus den Insekten werden Nagetiere. Nicht umsonst sind es immer Mäuse und Ratten, von denen die Trinker hauptsächlich sprechen. Die Flinkheit ihrer Bewegungen vereinigt sich mit der vertrauten Art und Aktivität ihrer

Zähne; die Vorstellung von ihrer Fruchtbarkeit kommt dazu, man weiß, in wie großen Mengen sie auftreten.

Beim Kokain-Delir, wo die taktilen Halluzinationen viel mehr im Vordergrunde sind, scheinen sie *in* der Haut lokalisiert, von wo der Patient sie herausschneiden möchte. Die Gesichtstäuschungen aber werden oft ›mikroskopisch‹. Zahllose, winzige Einzelheiten werden wahrgenommen, Tierchen, Löcher in der Wand, Pünktchen. Von einem Kokainisten wird berichtet, daß er ›Katzen, Mäuse, Ratten sah, die in der Zelle herumsprangen und an seinen Beinen knabberten, so daß er schreiend hin und her hüpfte; er fühlte ihre Zähne. Es war Spiritismus; sie waren auf hypnotischem Wege durch die Wände gekommen‹. Man kann annehmen, daß die Katzen in solchen Fällen sich von den Mäusen oder Ratten angezogen fühlen und dazu dienen, deren Bewegungen zu beschleunigen.

Das Massengefühl der Haut ist also das erste; es scheint manche der visuellen Halluzinationen geradezu hervorzurufen. Der zweite Punkt, vielleicht damit zusammenhängend, ist die Neigung zu *Verkleinerungen.* Nicht nur gewahrt und fühlt man, was wirklich klein ist, nicht nur bildet sich eine Welt, in der alles, was als klein bekannt ist, vorherrscht: auch das Große verkleinert sich, um in diese Welt hineinzufinden. Männer sieht man als Männchen, die Tiere des zoologischen Gartens reduzieren sich zu Katzengröße. Es wird alles *viel,* und es wird alles *klein.* Der Betroffene selbst aber behält seine natürliche Größe, auch mitten im Delir weiß er immer genau, wer und was er ist. Er selber ist gleichgeblieben, und nur die Umgebung hat sich ihm radikal verändert. Die ungeheuerliche Bewegung, in die sie plötzlich geraten ist, ist eine massenhafter Kleinigkeiten, und das weitaus meiste davon erscheint ihm belebt. Auf jede Weise ist *mehr* Leben um ihn; aber es berührt ihn so, als wäre er ein *Riese.* Es ist genau der *Liliput-Effekt*; nur ist hier Gulliver, der selber keineswegs gewachsen ist, in eine viel dichtere und erfülltere, aber auch in eine viel fluidere Welt versetzt.

Diese veränderten Proportionen sind nicht so erstaunlich, wie es auf den ersten Blick erscheinen möchte. Man bedenke, aus wie vielen und wie kleinen Zellen der menschliche Körper zusammengesetzt ist. Es sind Zellen sehr verschiedener Art, und sie stehen in einem unaufhörlichen Verkehr miteinander. Sie werden von Bazillen und anderen winzigen Geschöpfen angegriffen, die sich massenhaft darin ansiedeln. Diese Bazillen sind immer auf ihre Weise tätig, denn sie leben. Man kann den Verdacht nicht von der Hand weisen, daß ein dunkles Gefühl für diese primitiven Verhältnisse des Körpers in den Halluzinationen der Trinker zum Ausdruck kommt. Sie sind während des Delirs von ihrer Umwelt weitgehend abgelöst, ganz auf sich abgestellt und von den merkwürdigsten Sensationen erfüllt. *Dissoziative* Körpergefühle sind von anderen Krankheiten her genau bekannt. Die beharrliche Tendenz des Delirs auf das Konkrete und Kleine hin, die sich im Kokain-Delir zum ›mikroskopisch‹ Kleinen steigern kann, hat etwas von einer Dissoziation des Körpers in seine Zellen.

Das Kinoartige der Halluzinationen wird, wie wir sehen, oft betont. Man möchte auch etwas über den *Inhalt* dieser Projektionen hinzufügen: es sind die Verhältnisse und Ereignisse seines *Körpers,* in die ihm geläufige Vorstellungswelt übertragen, die sich der Trinker hier betrachtet, und unter ihnen vorwiegend alle jene, die mit dem Massenhaften seiner Körperstruktur im Zusammenhang stehen. Um mehr als eine Vermutung kann es sich hier nicht handeln. Aber es ist gewiß nicht müßig, daran zu erinnern, daß in bestimmten und unvermeidlichen Perioden das ganze Leben des ›Riesen‹ Mensch mit all seinen Eigenschaften, mit seiner vollen Erbmasse in Einzelzellen konzentriert ist, die massenhaft auftreten: den *Samentierchen* des *Sperma.*

Doch gleichgültig, wieviel Glauben man dieser Deutung schenkt, die Grundsituation des Delirs als solche, die Situation des großen Einzelnen, der sich einer Unzahl von ganz kleinen Angreifern gegenübersieht, ist vorhanden und hat sich in der Geschichte der Menschheit auf eine höchst bezeichnende Weise zugespitzt. Sie beginnt mit dem eigentümlichen Gefühl für *Ungeziefer,* von dem alle Säugetiere, um nur von diesen zu sprechen, geplagt sind. Ob es Moskitos oder Läuse, Heuschrecken oder Ameisen waren, die Phantasie des Menschen war von jeher mit ihnen beschäftigt. Ihre Gefährlichkeit bestand immer in ihrer Massenhaftigkeit und in der Plötzlichkeit, mit der diese Massen auftraten. Vielfach sind sie zu Massensymbolen geworden. Es ist sehr wohl möglich, daß überhaupt sie es waren, die dem Menschen dazu verhalfen, in wirklich großen Massen zu *denken*; seine allerersten ›Tausender‹ und ›Millionen‹ waren vielleicht *Insekten.*

Die Macht und Vorstellung des Menschen von sich selber war schon ins Riesenhafte gewachsen, als er dann auf die *Bazillen* stieß. Der Gegensatz selbst war nun unvergleichlich größer: Der Mensch hielt mehr von sich, als Individuum sah er sich vereinzelt, von seinen Mitmenschen abgelöst. Die Bazillen aber waren viel kleiner als Ungeziefer, mit bloßen Augen nicht mehr zu sehen und vermehrten sich noch rascher. Einem größeren und isolierteren *Menschen* stand eine größere Masse von verschwindend *kleinen Geschöpfen* gegenüber. Die Bedeutung dieser Vorstellung ist schwerlich zu überschätzen. Ihre Ausbildung gehört zu den zentralen Mythen der Geistesgeschichte. Sie ist das eigentliche Modell für die Dynamik der *Macht.* Alles, was sich ihm entgegenstellte, entschloß sich der Mensch gern als *Ungeziefer* zu sehen. Als solches empfand und behandelte er alle Tiere, die ihm nicht von Nutzen waren. Der *Machthaber* aber, der Menschen zu Tieren *degradiert,* der es nur darum lernt, sie zu beherrschen, weil er sie als tiefere Gattung ansieht, degradierte alles, was sich zum Beherrschtwerden nicht eignete, bis zum Ungeziefer herab und vernichtete es schließlich in Millionen.

Als dritten wichtigen Aspekt der Trinker-Halluzinationen möchte man einiges über die Natur ihrer Verwandlungen sagen. Sie spielen sich immer außerhalb des Kranken ab; auch wenn er sie als Wirklichkeit erlebt, verwandeln sie nicht ihn selber. Am liebsten sieht er ihnen von einiger Entfernung zu. Wenn sie ihn nicht bedrohen, so daß er Stellung zu ihnen nehmen muß, freut er sich an ihrer Fluidität und Leichtigkeit. Aber sie erreichen oft einen Grad, der ihm jeden Rest auch einer scheinbaren Orientierung unmöglich macht; wenn alles unaufhörlich schwankt und zerfließt, wird ihm selber natürlich sehr unbehaglich zumute. Man bemerkt zwei Arten von Verwandlungen, die einen ganz verschiedenen Charakter tragen. Einmal verwandeln sich *Massen in andere Massen.* Ameisen können zu Käfern und Käfer zu Münzen werden; beim Einsammeln fließen diese wieder als Quecksilbertropfen zusammen. Über diesen Vorgang, bei dem *ein* Vielfaches zu einem anderen Vielfachen wird, wird man später mehr erfahren.

Die andere Art der Verwandlung ist es, die zu monströsen *Zwitter*bildungen führt: *ein* einzelnes Geschöpf tut sich mit einem einzelnen anderen zusammen, und es entsteht daraus etwas Neues, wie wenn sie übereinander photographiert worden wären. In den vorüberziehenden Menagerien, von denen oben die Rede war, erscheinen ›manchmal auch Tiere, die es gar nicht gibt, in ganz phantastischen Kombinationen‹: Mißgeburten und ›Feuerrüpel‹ erinnern an die ›Versuchung des Heiligen Antonius‹ von Grünewald oder an die Geschöpfe, mit denen Hieronymus Bosch seine Bilder bevölkert.

Um zu genaueren Eindrücken zu gelangen, wird es notwendig sein, ein oder zwei Fälle von Delirium tremens im Zusammenhang zu behandeln. Nur dann wird man wirklich sehen, *wer* sich in *was* verwandelt, und vielleicht lassen sich dann einige Vermutungen darüber äußern, wie und warum es geschieht. Der volle Ablauf eines Delirs, wie man besonders am zweiten Beispiel erkennen wird, verhilft einem auch zu tieferen Einsichten in die Natur der Massenvorgänge.

Der erste Fall ist der eines Gastwirtes, der von Kräpelin behandelt wurde. Folgendes ist, ganz kurz zusammengefaßt, der Inhalt seines Delirs, das etwa sechs Tage andauerte:

›Ihm war, als sei »Papustag«, an dem der Teufel umgehe. Er rannte mit dem Kopf plötzlich gegen eine Marmorsäule, wollte ausweichen, aber auch quer über die Gasse stellte sich ihm eine mächtige Marmorplatte entgegen, ebenso, als er sich rückwärts wenden wollte. Beide Platten fielen drohend gegen ihn zusammen. Zwei verwegene Gestalten brachten ihn auf einem Karren in den »Ochsen« und legten ihn auf das Totenbett. Ein Zeremonienmeister sandte mittels einer glühenden Schere heiße Strahlen gegen seinen Mund, so daß seine Lebenskraft allmählich schwand. Auf seine Bitte erhielt er ein Glas Rotwein; ein weiteres Glas wurde von Satan selbst mit grinsendem Lächeln abgeschlagen. Er sagte dann unter allerlei frommen Ermahnungen den Umstehenden Lebwohl und verschied; gleichzeitig wurden ihm auch die Leichen seiner drei Töchter an die Seite gelegt. Im Jenseits wurde er nun damit bestraft, womit er auf Erden gesündigt hatte; er fühlte beständig einen unheimlichen Durst; sooft er aber nach Krug oder Glas griff, verschwanden sie aus seiner Hand.

Am nächsten Morgen lag er wieder lebendig auf der Totenbahre im »Ochsen«, die Kinder ebenfalls, in Gestalt von weißen Hasen. Es fand *Umzug der Katholiken* statt; dabei mußte er mitwirken, indem er während des Absingens von Litaneien im Nebenzimmer der »Krone« auf eine Unzahl am Boden liegender goldener Brillen drücken mußte; es gab jedesmal einen Schuß. *Die Teilnehmer am Umzug berieten* nun, ob er bloß durchgehauen oder ganz totgeschlagen werden solle; die Kronenwirtin war für das erstere, unter der Bedingung, daß er dauernd bei ihr wohnen müsse. Er wollte aber fortkommen, weil er kein Bier bekam; dann kam ein Wachtmeister zu seiner Befreiung; der Kronenwirt schoß auf diesen mit dem Revolver und wurde ins Gefängnis überführt.

An einem andern Abende war die *ganze protestantische Gemeinde* in der Kirche bei einer Feierlichkeit; deren Mittelpunkt bildete ein Korpsstudent, der vor Beginn des Gottesdienstes mit fünfzig Kommilitonen auf kleinen Pferden eine Art *Zirkusvorstellung* gab. Später bemerkte der Kranke, daß seine Frau sich mit einem Verwandten in einen Kirchenstuhl zurückzog; er beobachtete darauf, mit einer barmherzigen Schwester hinter der Orgel versteckt, wie jene das Heiligtum entweihten. Sodann war er in der Kirche eingeschlossen; schließlich sägte der Glaser ein Loch in das Kirchenfenster, damit wenigstens Bier hereingereicht werden könnte. Beim Ankleiden waren alle Ärmel und Löcher verstopft und zugenäht, die Taschen aufgetrennt, im Bade sah sich dann der Kranke von sieben unter Wasser schwebenden Hasen umgeben, die ihn beständig bespritzten und benagten.‹

Die neue, reale Umgebung, von der der Kranke während des Delirs nichts weiß und gegen die er wirklich mit dem Kopf stößt, übersetzt sich ihm in Marmor. In seiner halluzinierten Welt befindet er sich gern *unter vielen*, und zwar als ihr ausgesuchtes und gefährdetes Objekt. Auf seinem Totenbett im ›Ochsen‹ wird er seiner Lebenskraft langsam beraubt. Es ist wie eine lange hinausgezogene Hinrichtung, die er dazu verwendet, Zuschauer um sich zu versammeln, die er mit frommen Ermahnungen zusammenhält. Für alle individuellen Begierden springt sein Durst ein; im Jenseits erlebt er die vertraute Strafe des Tantalus. Seine drei Töchter, die man als Leichen neben ihn gelegt hatte, werden wie er am nächsten Morgen wieder lebendig, aber als weiße Hasen. Darin ist ihre Unschuld enthalten, aber auch die Gewissensbisse, die er sich um ihretwillen macht und die an seinem Trinkerherzen nagen.

Der Umzug der Katholiken ist dann das erste eigentliche Massenereignis. Er wird zur Mitwirkung gezwungen, aber ohne in der Menge wirklich aufzugehen, von einem Nebenzimmer her; da liegen unzählige goldene Brillen am Boden, die für das Massenhafte der Prozessionsteilnehmer stehen. Jedesmal, wenn er drückt, gibt es einen Schuß – sie mögen als Böllerschüsse gedacht sein, zur Erhöhung der Festesfreude. Aber in seiner verstockten Bosheit ist ihm zumute, als schieße er Katholiken tot. Die Teilnehmer am Umzug, die ihn durchschauen, formen sich zu einer Art von Versammlung, die über seine Strafe berät. Es ist die Fortsetzung der Totenbett-Situation; eine diesmal größere Gruppe von Menschen um ihn sitzt über ihn zu Gericht. Man könnte annehmen, daß er für Katholiken wenig übrig habe; aber die protestantische Gemeinde, die sich an einem anderen Abend bald darauf zu einer Feierlichkeit versammelt, behandelt er kaum mit mehr Respekt: er verbindet sie mit einer Zirkusvorstellung. Hier ist ein auffallendes Beispiel für den Übergang einer Masse in eine andere. *Die Gemeinde verwandelt sich in den Zirkus.* Der Korpsstudent, der vielleicht für den Geistlichen steht, hat nicht weniger als fünfzig Kommilitonen; die Pferde, wie zu erwarten, haben sich verkleinert; es ist möglich, daß der Kranke ihren Hufschlag *fühlt.*

Für die Neigung zu einer betrachtenden Haltung im Delir ist sehr bezeichnend, wie er seiner Frau bei ihrem Vergehen zusieht. Merkwürdig erscheint die Beziehung zu seinen Kleidern: auch sie verwandeln sich; alle Ärmel und Löcher sind verstopft und zugenäht, die Taschen aufgetrennt; sie sind zu monströsen Gebilden geworden, ihre einzelnen Organe funktionieren nicht, wie sie sollten. Eine Menagerie von verwandelten Kleidern wäre im Delirium durchaus möglich und von den Tieren gar nicht so fern. Die sieben Hasen im Bade schließlich haben zusammen hübsch viel Zähne und sorgen für eine Belästigung seiner Haut.

Der zweite Fall, den ich hier in einem größeren Zusammenhang heranziehen möchte, ist von *Bleuler* behandelt worden. Der Kranke, ein Schizophrener, beschrieb seine Erlebnisse während eines Anfalls von Delirium tremens auf 36 Seiten. Man könnte einwenden, daß das Beispiel eines solchen ›abnormen‹ Deliranten nicht typisch sei. Es scheint mir im Gegenteil, daß sich gerade aus diesem Falle besonders viel über Massen-Vorstellungen im Delir erfahren läßt. Die Halluzinationen haben etwas mehr Zusammenhang, die Verwandlungen sind ruhiger geworden; das Ganze hat eigentlich den Charakter einer dichterischen Äußerung. Selbst in den schmalen Auszügen, die folgen, ist noch etwas davon zu spüren.

›Was ich da auf einmal anschauen mußte, machte meine Haare zu Berge stehen ... *Wälder, Flüsse, Meere* mit allen schrecklichen Tier- und Menschengestalten, die noch kein Menschenauge je gesehen, schwirrten unaufhörlich vorüber, abwechselnd mit *Werkstätten aller Professionen,* darinnen arbeitende, schreckliche Geistergestalten ... Die Wände zu beiden Seiten waren alles nur ein Meer, mit *Tausenden von kleinen Schiffen* darin; die Insassen waren *alles nackte Männer und Weiber,* die ihrer Lust nach dem Takte der Musik frönten, wobei jedesmal nach deren Befriedigung eine Gestalt hintennach das Paar mit einem langen Spieß erdolchte, daß das Meer sich blutrot färbte, aber es kamen *immer neue Scharen* ... Ein Personenzug, aus dem *viele Leute ausstiegen.* Unter diesen hörte ich die Stimmen meines Vaters und meiner Schwester K., welche kamen, um mich zu befreien. Ich hörte sie deutlich miteinander reden. Dann hörte ich meine Schwester wieder mit einer alten Frau flüstern; ich rief ihr nach Leibeskräften, sie solle mich befreien. Sie rief, sie wolle es tun, jedoch die alte Frau ließ sie nicht gehen, indem sie meiner Schwester beteuerte, sie würde dadurch das ganze Haus ins Unglück bringen, mir aber geschehe hier nichts ... Ich erwartete unter Gebetstränen meinen Tod. Es herrschte auch eine Totenstille, und *Geistergestalten umgaben mich scharenweise* ... Endlich kam einer der Geister und hielt mir in einer gewissen Entfernung seine Uhr vor die Augen, indem er mir bedeutete, daß es noch nicht drei Uhr wäre, denn sprechen durfte keine der Gestalten ...‹

Nun gab es lange Unterhandlungen zwischen den Verwandten des Patienten, die ihn loskaufen wollten, zuerst mit kleinen Summen, dann mit höheren. Andere Stimmen berieten, wie sie den Patienten umbringen wollten. Dann wurden die Verwandten auf Leitern gelockt und in den Burggraben geworfen, wo man sie schreien und röcheln hörte. Die Frau des Gefängniswärters kam, schnitt Stück für Stück, von seinen Füßen anfangend, von seinem Fleisch ab bis zur Brust herauf, briet und aß es. Auf seine Wunden streute sie Salz. Der Patient wurde auf einem stark schwankenden Gerüste in die verschiedenen Himmel bis in den achten hinaufgezogen, an *Posaunenchören* vorbei, die *seinen Namen* ausriefen. Schließlich wurde er wegen irgendeines Fehlers wieder zur Erde befördert ... Leute saßen an einem Tisch und aßen und tranken von Dingen mit dem köstlichsten Aroma; aber wenn man ihm ein Glas reichte, so war es in nichts verschwunden, und er litt großen Durst. Hierauf mußte er stundenlang laut zählen und rechnen. Man reichte ihm in einem Fläschchen Himmelstrank; wenn er es aber nehmen wollte, so zerbrach es, und der Inhalt floß ihm zwischen den Fingern hindurch wie Leimfäden. Später wurde zwischen seinen Peinigern und seinen Verwandten eine *große Schlacht* geschlagen, von der er nichts sah, aber Schlag und Stöhnen hörte.‹

Die ›Wälder, Flüsse und Meere‹, die hier erscheinen, sind uns als Massensymbole bekannt. Aber als wären sie erst im Zustande ihrer

Umbildung zu Symbolen, sind sie noch nicht ganz losgelöst von den Massen, für die sie so häufig stehen. Sie sind belebt mit allen ›schrecklichen Tier- und Menschengestalten, die noch kein Menschenauge je gesehen‹. Die Entstehung neuer Geschöpfe durch die Kombination von alten, in so großer Zahl, ist das Werk der Verwandlung. Wieder wird der Delirant selbst in die Verwandlung gar nicht einbezogen; um so rühriger mischt und verändert sich dafür die Welt. Alle diese neuen Geschöpfe sind aber auch für ihn gleich *massenhaft* da. Es ist merkwürdig, daß er die vertrauten Einheiten von Wald, Fluß und Meer, in denen dieses Leben auf natürliche Weise entsteht, abwechseln läßt mit ›Werkstätten aller Professionen‹. Die *Produktion* wird also der *Verwandlung* gleichgestellt, eine Auffassung, die manche Primitive mit diesem Deliranten teilen. Die Professionen sind getrennt wie Geschöpfe verschiedener Gattung, aber was sie erzeugen, geht erst recht ins Massenhafte, und man hat das Gefühl, daß sie eigentlich nur dazu da sind, um Massen von Dingen auf eine raschere Art zustande zu bringen. Es handelt sich um die Arbeitsprozesse als Abstrakta und um ihre Ergebnisse; sie werden ausgeführt von jenen komplizierten Geistergestalten.

Dann kommen wieder die Wände als ein einziges Meer, statt mit ›Tier- und Menschengestalten‹ diesmal mit Tausenden von kleinen Schiffen belebt. Darin sind nackte Männer und Frauen, bis auf ihre Geschlechtsverschiedenheit also durch ihre Nacktheit *gleich,* und auch gleich in ihrer Abhängigkeit vom Takte der Musik. Die Massenhaftigkeit, um die es hier geht, ist die der *Paare* und des *Paarens.* Als Paare werden sie erdolcht, das Blut von ihnen allen fließt ins Meer und färbt es rot. Aber es kommen immer neue Scharen von Paaren.

Der ›Personenzug, aus dem viele Leute aussteigen‹, bedarf einer etwas näheren Erklärung. In einem Zug stellt man sich viele Menschen zusammen vor, die eine lange Strecke in einer Richtung gefahren sind, durch Abteilungswände zwar voneinander getrennt, aber unter Umständen, die ihnen nicht erlauben, sich willkürlich voneinander zu trennen, es sei denn, auf den Stationen. Dort, wo sie ankommen, haben sie ein Ziel erreicht, das ihnen gemeinsam war, auch wenn sie von ganz verschiedenen Orten kamen. In den Augenblicken vor ihrer Ankunft, wenn sie sich der Endstation schon sehr nahe fühlen, stehen sie auf, drängen auf den Gang und stellen sich an die Fenster. Eine ganz milde Form von Massen-Erregung ist dann bei ihnen zu bemerken:

sie gehen sozusagen gemeinsam durchs Ziel. Die Bewegung, in die sie geraten, wenn sie aussteigen und das allerletzte Stück ihrer Reise, den Weg zum neutralen Bahnhof hinaus, selber *gehen*, ist das Abklingen dieser milden Masse, ein Stück gemeinsamen Marsches auf dem Perron.

Für den Zuschauer hat die Entleerung des Zuges, unmittelbar nachdem viele unbekannte Gesichter dicht an Fenster und Türen gedrängt zu sehen waren, eine Massenwirkung anderer Art als für den Reisenden selbst. Es geht darum, unter all diesen fremden Gesichtern ein oder zwei vertraute zu finden, eben jene, auf die man gewartet hat. Der ›Personenzug, aus dem viele Leute aussteigen‹ kommt also für die Delirien der *Betrachtung*, von denen wir hier handeln, wie gerufen. Es ist hinzuzufügen, daß man sich diesen Vorgang in einem großen Bahnhof vorstellt, wo viele Linien einlaufen.

Das Wort ›*Tod*‹ etwas später führt zu ›*Totenstille*‹. Aber während wir darunter nur noch eine besonders tiefe Stille verstehen, lösen sich für den Kranken die ›Toten‹ aus dem Wort heraus und umgeben ihn *scharenweise* als Geistergestalten.

Auf seinem Wege in die Himmel, in die er hinaufgezogen wird, kommt er an *Posaunenchören* vorbei, die seinen *Ruhm* ausrufen. Nichts bezeichnet das Wesen des Ruhmes besser. Wer Ruhm will, wünscht sich genau dieses: Chöre von Geschöpfen, am liebsten Menschen, die nichts anderes tun, als seinen Namen rufen. Auch diese Art der Masse hat etwas Mildes. Der Chor, einmal aufgestellt, bleibt, wo er ist, und so laut er sich auch gehaben mag, er kommt einem nicht näher als bis zum Namen.

Durch den ganzen Bericht zieht sich ein Streit zwischen zwei feindlichen Gruppen: auf der einen Seite sind die Verwandten des Kranken, die ihn befreien und loskaufen, auf der anderen seine Feinde, die ihn umbringen möchten. Er ist der Gegenstand, um den gestritten wird, genau genommen ist es sein *Leib*. Mit langwierigen Verhandlungen beginnt es, von kleineren Summen springt man zu höheren, er wird seinen Verwandten immer mehr wert. Seine Partei wird in einen Burggraben gelockt, wo er sie schreien und röcheln hört; über den *Haufen der Sterbenden und Toten* ist bei Gelegenheit der Untersuchung des Krieges ausführlich gehandelt worden. Als Gefangener wird der Patient auf kannibalische Weise gefoltert und gegessen. Der Gegensatz zwischen seinen Peinigern und Verwandten führt noch zu einer großen Schlacht; er hört sie, er hört wieder das Stöhnen der Verwundeten. Dieses Delir enthält also, zu allem übrigen, die uns vertraute *Doppelmasse* und ihre Entladung im Krieg. Die konkreten Phasen in der Entwicklung bis zur Schlacht erinnern im einzelnen sehr an die entsprechenden Vorgänge in der Kriegführung von Primitiven.

Man möchte sagen, daß in diesem Falle kaum eine Massen-Erscheinung fehlt. Sie finden sich nicht oft in solcher Konzentration und Deutlichkeit beisammen.

Nachahmung und Verstellung

›Nachahmung‹ und ›Verwandlung‹ werden oft wahllos und unscharf für dieselben Vorgänge gebraucht. Es ist aber ratsam, sie auseinanderzuhalten. Sie bedeuten keineswegs dasselbe, und ihre vorsichtige Trennung kann zur Aufhellung des eigentlichen Vorganges der Verwandlung selbst einiges beitragen.

Nachahmung ist etwas *Äußerliches*, sie setzt etwas voraus, das man vor Augen hat, dessen Bewegungen man kopiert. Wenn es um Laute geht, bedeutet Nachahmung nicht mehr, als daß man genau dieselben Laute reproduziert. Über die *innere* Verfassung dessen, der nachahmt, ist damit nichts ausgesagt. Affen und Papageien ahmen nach, es ist anzunehmen, daß sie bei diesem Prozesse sich in keiner Weise verändern. Man könnte sagen, daß sie nicht wissen, was es ist, das sie nachahmen; sie haben es nie von innen her erlebt. So können sie auch von einem zum anderen springen, ohne daß die *Folge*, in der es geschieht, von der geringsten Bedeutung für sie ist. Ein Mangel an Nachhaltigkeit erleichtert die Nachahmung. Gewöhnlich bezieht sie sich auf einen einzelnen Zug. Da es der Natur der Sache nach ein auffallender Zug ist, täuscht die Nachahmung oft eine Fähigkeit des ›Charakterisierens‹ vor, die in Wirklichkeit gar nicht vorhanden ist.

Eine Person mag an bestimmten Formeln zu erkennen sein, die sie häufig gebraucht, und ein Papagei, der sie nachahmt, mag äußerlich an die Person gemahnen. Aber diese Formeln müssen gar nicht die für die Person charakteristischen sein. Es können bestimmte Sätze sein, die sie für den Papagei allein gebraucht. In diesem Falle ahmt der Papagei etwas nach, das ganz unwichtig ist, und niemand, der nicht eingeweiht ist, würde die Person daran erkennen.

Nachahmung oder Imitation ist mit einem Wort nichts als ein allererster Ansatz zur Verwandlung, der sofort wieder fallengelassen wird. Solche Ansätze sind in rascher Folge und an den verschiedensten Gegenständen hintereinander möglich. An Affen läßt sich das besonders schön beobachten. Gerade die Leichtigkeit der Imitation verhindert hier ihre Vertiefung.

Denn die Verwandlung selbst ist etwas wie ein *Leib* im Verhältnis zum Zweidimensionalen der Nachahmung. Eine Übergangsform, von der Nachahmung zur Verwandlung, die bewußt auf halbem Wege stehenbleibt, ist die *Verstellung*.

Das Heranmachen als Freund, in feindlicher Absicht – in alle späteren Formen der Macht eingegangen –, ist eine frühe und wichtige Art der Verwandlung. Sie ist oberflächlich und bezieht sich auf die äußere Erscheinung allein, auf Fell, Hörner, Stimme, Gang. Darunter, unberührt, unberührbar, in tödlicher Absicht, die durch nichts zu beeinflussen ist, steckt der Jäger. Diese extreme Trennung von Innerem und Äußerem, die verschiedener gar nicht sein könnten, hat im Maskenwesen seine Vollkommenheit erlangt. Der Jäger hat sich und seine Waffe ganz in der Hand. Er beherrscht aber auch die Gestalt des Tieres, das er darstellt. Über beides hat er in jedem Augenblick Gewalt. Er ist sozusagen zugleich zwei Geschöpfe und hält, bis er sein Ziel erreicht hat, an beiden fest. Der Fluß der Verwandlungen, deren er fähig wäre, ist zum Stillstand gekommen: Er steht auf zwei scharf umgrenzten Orten, der eine *im* anderen, dieser von jenem deutlich abgesetzt. Es ist dabei wesentlich, daß das Innere hinter dem Äußeren streng verborgen bleiben muß. Das Freundlich-Harmlose ist *außen*, das Feindlich-Tödliche *innen*. Das Tödliche verrät sich erst in seinem endgültigen Akt.

Diese Duplizität ist die extreme Form dessen, was man gemeinhin *Verstellung* nennt. Der Ausdruck, in seinem vollen Wortsinn genommen, könnte gar nicht anschaulicher sein, als er ist. Doch ist er auf so viele Vorgänge schwächerer Art angewandt worden, daß er einen guten Teil seiner Kraft eingebüßt hat. Ich will ihn wieder auf seinen engeren Sinn begrenzen und bezeichne als *Verstellung* die freundliche Gestalt, in der sich eine feindliche verbirgt.

›Ein Wäscher hatte einen Esel, welcher imstande war, ganz außerordentliche Lasten zu tragen. Um ihn zu ernähren, bedeckte ihn der Wäscher mit einem Tigerfell und führte ihn dann, wenn es Nacht wurde, in anderer Leute Getreide; und der Esel ließ sich anderer Leute Getreide nach Herzenslust schmecken, denn kein Mensch wagte es, zu ihm zu gehen und ihn zu verjagen, weil jeder ihn für einen Tiger hielt. Einst aber lauerte ihm ein Feldwächter auf. Er hatte einen staubgrauen Mantel über seinen Körper geworfen und hielt seinen Bogen bereit, um das Raubtier zu töten. Als der Esel ihn von weitem sah, regte sich in ihm die Liebe, und er hielt den Mann für eine Eselin. Darum schrie er auf und lief auf ihn zu. Der Feldwächter aber erkannte den Esel als solchen an seiner Stimme und tötete ihn.‹

Diese indische Geschichte vom ›Esel im Tigerfell‹ enthält in wenigen Sätzen ein kleines Lehrbuch der Verstellung. Es ist noch niemand gelungen, auf so knappem Raum so viel darüber zu sagen. Man muß zugeben, daß es sich dabei um ihre Anwendungen und nicht um ihre Ursprünge handelt. Aber manche dieser Anwendungen sind von den Ursprüngen gar nicht so weit entfernt.

Es fängt mit dem Beruf des Wäschers an, der Kleidungsstücke reinigt; diese sind eine zweite *Haut* der Menschen. Er ist ein tüchtiger Wäscher und hat einen Esel gefunden, der ihm viel Lasten trägt. Es ist anzunehmen, daß der Esel die Wäsche austrägt, die sein Herr gereinigt hat. Unter den Häuten, mit denen der Wäscher beruflich zu tun hat, mag sich auch das Tigerfell gefunden haben, von dem die Geschichte eigentlich handelt.

Der Esel, der so gut arbeitet, ist hungrig und braucht viel Nahrung. Sein Herr bekleidet ihn mit dem Tigerfell und führt ihn in anderer Leute Getreide. Da kann er nach Herzenslust fressen, die Leute fürchten sich vor ihm, sie halten ihn für einen Tiger. Das harmlose Geschöpf ist hier mit dem Fell eines sehr gefährlichen Tieres bekleidet. Es weiß aber nicht, was mit ihm geschehen ist. Der Schrecken, den es einflößt, kann ihm nicht begreiflich sein. Es frißt nach Herzenslust und ungestört. Die Menschen, die sich ihm nicht zu nähern wagen, können gar nicht wissen, was er da tut. Ihre Scheu ist die vor einem mächtigeren Wesen, sie hat etwas von gläubiger Verehrung. Ihre Scheu hält sie davon ab, den Tiger als Esel zu durchschauen. Sie bleiben ihm fern, und solange er nur schweigt, kann er weiterfressen. Nun aber tritt ein Feldwächter auf, der kein gewöhnlicher Mann ist; er hat den Mut eines Jägers und hält seinen Bogen bereit, um den Tiger zu erlegen. Er will ihn in seine Nähe locken und verkleidet sich als Beute, die den Tiger interessieren könnte. Er wirft sich einen staubgrauen Mantel um, vielleicht ist es das Fell eines Esels, und jedenfalls möchte er von dem vermeintlichen Tiger für einen Esel gehalten werden. Seine Verstellung ist die des Gefährlichen, das sich für etwas Harmloses ausgibt. Schon die frühesten Jäger haben sich dieses Mittels bedient, um sich an ihre Beute heranzumachen.

Der Witz der Geschichte liegt nun darin, daß der Esel, der zwar gut gefressen hat, sich einsam fühlt. Sobald er in der Ferne etwas sieht, das ihn an einen Esel erinnert, möchte er, daß es eine Eselin sei. Er schreit auf und läuft auf die vermeintliche Eselin zu. Durch seine Stimme gibt er sich als Esel zu erkennen und wird vom Feldwächter getötet. – Statt als Beute, die ein Tiger gern fressen würde, hat der Feldwächter ahnungslos als Eselin gewirkt. Statt der Liebe, um die es ihm zu tun war, findet der Esel seinen Tod.

Die Geschichte ist als eine Folge von Täuschungen aufgebaut. Durch Verstellung zu einem Geschöpf, das man nicht ist, sucht man andere Geschöpfe zu täuschen. Die Handlung ergibt sich daraus, daß die Verstellungen bald anders wirken, als sie beabsichtigt waren. Der Mensch allein ist es, der die Verstellung bewußt anwendet. Er kann sich selbst verstellen wie der Feldwächter, er kann ein anderes Geschöpf maskieren wie der Wäscher seinen Esel. Das Tier kann nur als passives Opfer der Verstellung dienen. Die Trennung von Mensch und Tier in dieser Geschichte ist vollkommen. Die mythischen Zeiten, da sie voneinander nicht zu trennen waren, da Menschen wie wirkliche Tiere handelten und Tiere wie Menschen sprachen, ist vorüber. Der Mensch hat es – eben durch seine mythischen Erlebnisse als Tier – gelernt, fast alle Tiere zu verwenden, wie es ihm paßt. Seine Verwandlungen sind zu Verstellungen geworden. In den Masken und Häuten, die er sich umlegt, bleibt er sich seiner Ziele wohl bewußt, bleibt er er selbst, der Herr der Tiere. Wen er sich nicht unterjochen konnte, den *verehrt* er, wie den Tiger. Aber auch diesem versuchen besonders Mutige durch Verstellung beizukommen, und vielleicht wäre es dem Feldwächter gelungen, durch seine List auch einen wahrhaftigen Tiger zu erlegen.

Es ist gewiß erstaunlich, daß eine kurze Geschichte so viele wesentliche Beziehungen ausdrücken kann. Es ist auch nicht ohne Bedeutung, daß sie mit einem Wäscher beginnt: er manipuliert mit Kleidern, den letzten, man möchte sagen entseelten Ausläufern der Haut, durch deren Anlegen in Mythen oft Verwandlungen bewirkt werden. Das

Tigerfell, das er zu seiner List verwendet, belebt die harmlose Wäsche, mit der er sonst hantiert.

Die Verstellung, dieser beschränkte Aspekt der Verwandlung, ist als einziger dem Machthaber bis zum heutigen Tage geläufig. Weiter *kann* sich der Machthaber gar nicht verwandeln. Er bleibt er selbst, solange er sich seiner feindlichen inneren Gesinnung bewußt ist. Er ist auf Verwandlungen beschränkt, die diesen inneren Kern, seine eigentliche Gestalt, immer und vollkommen intakt halten. Er mag es für günstig erachten, manchmal den Schrecken, der sich von seiner wahren Gestalt verbreitet, zu verbergen. Er kann sich verschiedener Masken dazu bedienen. Er wird sie immer nur zeitweilig anlegen; und nie werden sie an seiner inneren Gestalt, die seine Natur ist, das geringste verändern.

Die Figur und die Maske

Ein Endzustand der Verwandlung ist die *Figur*. Es gehört zu ihr, daß sie eine weitere Verwandlung nicht mehr gestattet. Die Figur ist in allen ihren Zügen begrenzt und klar. Sie ist nicht natürlich, ein Geschöpf des Menschen. Sie ist eine Rettung aus der unaufhörlichen Fluidität der Verwandlung. Sie ist nicht mit dem zu verwechseln, was die moderne Wissenschaft als eine Art oder eine Gattung bezeichnet.

Man kommt ihrem Wesen am nächsten, wenn man an die Götterfiguren sehr alter Religionen denkt. Es lohnt sich, daraufhin einige Götter der Ägypter zu betrachten. Die Göttin Sechmet ist ein Weib mit dem Kopfe einer Löwin, Anubis ein Mann mit dem Kopf eines Schakals, Thot ein Mann mit dem eines Ibis. Die Göttin Hathor hat den Kopf einer Kuh, der Gott Horus den eines Falken. Diese Figuren in ihrer bestimmten, unveränderlichen Form, die eine menschlich-tierische Doppelform ist, haben jahrtausendelang die religiösen Vorstellungen der Ägypter beherrscht. In dieser Form sind sie überall abgebildet, in dieser Form sind sie angebetet worden. Ihre Konstanz ist erstaunlich; aber schon lange bevor rigide Göttersysteme dieser Art sich ausgebildet hatten, waren menschlich-tierische Doppelgebilde bei unzähligen Völkern der Erde, die in keiner Verbindung miteinander standen, gang und gäbe.

Die mythischen Ahnen der Australier sind Mensch und Tier zugleich, manchmal Mensch und Pflanze. Man bezeichnet diese Figuren als Totems: Es gibt ein Känguruh-, ein Opossum-, ein Emu-Totem. Jede von ihnen ist dadurch ausgezeichnet, daß sie Mensch und Tier zugleich ist; sie handelt wie ein Mensch und wie ein ganz bestimmtes Tier, sie gilt auch als der Ahne beider.

Wie sind diese urtümlichen Figuren aufzufassen? Was eigentlich stellen sie dar? Um sie zu begreifen, muß man sich vor Augen halten, daß sie als Bewohner der mythischen Urzeit gelten, einer Zeit, in der Verwandlung eine allgemeine Gabe der Geschöpfe war und unaufhörlich stattfand. Die *Fluidität* der damaligen Welt ist oft hervorgehoben worden. Man konnte sich selbst in alles mögliche verwandeln; aber man hatte auch die Macht, andere zu verwandeln. Aus diesem allgemeinen Flusse heben sich einzelne Figuren ab, die nichts anderes als die Fixierung bestimmter Verwandlungen sind. Die Figur, an die man sich sozusagen hält, die zur lebenspendenden Tradition wird, die man immer wieder darstellt, von der man immer wieder erzählt, ist nicht, was wir heute eine Tierart nennen würden, nicht ein Känguruh, nicht ein Emu, sondern zweierlei zugleich: ein Känguruh, das sich mit einem Menschen durchdringt, ein Mensch, der nach Belieben zum Emu wird.

Der *Vorgang* der Verwandlung wird so zur ältesten Figur. Aus der Vielfalt unzähliger und unaufhörlicher Verwandlungen, die alle möglich sind, wird eine ganz bestimmte herausgelöst und zur Figur fixiert. Der Prozeß der Verwandlung selbst, aber *ein* solcher Prozeß, wird festgelegt, und dadurch im Vergleich zu allen anderen, die ausgeschlossen werden, mit besonderem Werte erfüllt. Diese Doppelfigur, die die Verwandlung von Mensch in Känguruh und Känguruh in Mensch enthält und bewährt, die sich für immer gleichbleibt, ist die erste und älteste Figur, ihr Ursprung.

Sie ist, man möchte sagen noch eine *freie* Figur. Ihre beiden Aspekte sind gleichwertig. Es wird keiner dem anderen vorangesetzt, es wird keiner hinter dem anderen verborgen. Sie reicht in die Vorzeit zurück, aber in ihrer sinnreichen Wirkung ist sie immer gegenwärtig. Es gibt einen Zugang zu ihr; durch Darstellung der Mythen, in die sie gehört, hat man an ihr teil.

Auch für uns ist es wichtig, Klarheit über diese älteste Art von Figur zu gewinnen. Es ist wichtig, zu begreifen, daß die Figur mit etwas beginnt, das gar nicht einfach ist, das uns als komplex erscheint und im Gegensatz zu dem, was wir uns heute als Figur vorstellen, den *Vorgang* einer Verwandlung zugleich mit deren *Ergebnis* ausdrückt.

Die *Maske* unterscheidet sich durch ihre Starrheit von allen übrigen Endzuständen der Verwandlung. An die Stelle eines nie zur Ruhe kommenden, immer in Bewegung befindlichen Mienenspiels setzt sie das genaue Gegenteil davon, eine vollkommene Starre und Konstanz. Im Mienenspiel besonders drückt sich die unaufhörliche Verwandlungsbereitschaft des Menschen aus. Unter allen Geschöpfen hat er das weitaus reichste Mienenspiel; er hat auch das reichste Verwandlungsleben. Es ist unfaßbar, was im Verlaufe einer einzigen Stunde über das Gesicht des Menschen geht. Wäre einem mehr Zeit gegeben, alle Regungen und Stimmungen, die über ein Gesicht gleiten, genauer zu betrachten, so würde man staunen über die unzähligen Ansätze zu Verwandlungen, die sich da erkennen und sondern ließen.

Die Sitte hat nicht überall dieselbe Einstellung zum freien Spiel des Gesichts. In manchen Zivilisationen wird die Freiheit des Gesichts weitgehend eingeschränkt. Es gilt als unstatthaft, Schmerz oder Freude *sofort* zu zeigen, man verschließt sie in sich, und das Gesicht bleibt ruhig. Der tiefere Grund für diese Einstellung ist die Forderung nach einer konstanten Autonomie des Menschen. Man erlaubt es niemand, in einen einzudringen, und man dringt auch selber nicht in einen andern ein. Der Mensch soll die Kraft haben, für sich zu sein; und der Mensch soll die Kraft haben, sich gleichzubleiben. Eines geht mit dem anderen Hand in Hand. Denn es ist die Einwirkung eines Menschen auf den anderen, die zu unaufhörlichen, flüchtigen Verwandlungen reizt. Diese drücken sich in Gestikulation und Mienenspiel aus; wo beides verpönt ist, wird jede Verwandlung erschwert, und schließlich wird sie so ganz unterbunden.

Ein wenig Erfahrung im starren Wesen solcher ›stoischer‹ Unnaturen bringt einen bald dazu, den Sinn der Maske überhaupt zu erkennen: sie ist ein Endzustand. Das fluide Treiben unklarer, halb ausgegorener Verwandlungen, deren wunderbarer Ausdruck jedes natürliche, menschliche Antlitz ist, mündet in die Maske; es endet in ihr. Sobald sie einmal da ist, zeigt sich nichts, was *beginnt,* nichts, was noch formlos unbewußter Ansatz ist. Die Maske ist *klar,* sie drückt etwas ganz Bestimmtes aus, nicht mehr, nicht weniger. Die Maske ist *starr:* dieses Bestimmte ändert sich nicht.

Es ist wahr, daß hinter dieser Maske eine andere sein kann. Nichts hindert den Darsteller, eine Maske unter der anderen zu tragen. Von vielen Völkern kennt man Doppelmasken: man öffnet die eine, eine andere erscheint darunter. Aber auch diese ist eine Maske, ein eigener Endzustand. Es ist ein *Sprung*, der von einer zur anderen führt. Was immer dazwischen sein könnte, ist ausgeschaltet; es gibt keinen mildernden Übergang, wie er sich etwa auf dem *Gesicht* eines Menschen abspielen möchte. Das neue, das andere ist plötzlich da. Es ist genau so klar und genau so starr, wie das frühere war. Von Maske zu Maske ist alles möglich, aber nur im *Maskensprung*, auf die eine, gleiche, konzentrierte Weise.

Die Wirkung der Maske ist hauptsächlich eine nach *außen*. Sie schafft eine *Figur*. Die Maske ist unantastbar und setzt eine Distanz zwischen den Beschauer und sich. Sie kann, in einem Tanze vielleicht, an den Beschauer näher herankommen. Aber dieser, von sich aus, muß bleiben, wo er ist. Die Starrheit der Form wird zur Starrheit auch der Distanz: daß sie sich gar nicht verändert, ist das *Bannende* an ihr.

Denn gleich hinter der Maske beginnt das Geheimnis. In den strengen, voll ausgebildeten Fällen, von denen hier die Rede ist, also dort, wo die Maske ernst genommen wird, darf man nicht wissen, was sich hinter ihr befindet. Sie drückt viel aus, aber sie verbirgt noch mehr. Sie ist eine *Trennung:* Mit einem gefährlichen Gehalt geladen, den man nicht kennen darf, zu dem eine Beziehung der Vertrautheit nicht möglich ist, kommt sie sehr nahe an einen heran; aber sie bleibt, in eben dieser Nähe, scharf von einem abgesondert. Sie droht mit ihrem Geheimnis, das sich hinter ihr staut. Da ein fließendes Ablesen wie von einem Gesicht von ihr nicht möglich ist, vermutet und fürchtet man Unbekanntes dahinter.

Es ist, in der Sphäre des Visuellen, dieselbe Erfahrung, die jedem vom Akustischen her vertraut ist. Man kommt in ein Land, dessen Sprache einem ganz und gar unbekannt ist. Man ist von Menschen umgeben, die auf einen einreden. Je weniger man versteht, um so mehr vermutet man. Man vermutet lauter Unbekanntes. Man fürchtet Feindschaft. Aber man ist ungläubig, erlöst und schließlich ein wenig enttäuscht, wenn die Worte des Fremden in die einer vertrauten Sprache übersetzt werden. Wie harmlos! Wie ungefährlich! Jede völlig fremde Sprache ist eine *akustische* Maske; sobald man sie versteht, wird sie zu einem deutbaren und bald vertraulichen *Gesicht*.

Die Maske ist also eben das, was sich nicht verwandelt, unverwechselbar und dauernd, ein Bleibendes im immer wechselnden Spiel der Verwandlung. Zu ihrer reinlichen Wirkung gehört es, daß sie alles hinter ihr Befindliche verbirgt. Ihre Vollkommenheit beruht darauf, daß sie ausschließlich da ist und alles, was hinter ihr ist, unerkennbar bleibt. Je deutlicher sie selber ist, um so dunkler ist alles dahinter. Niemand weiß, was hinter der Maske hervorbrechen könnte. Die Spannung zwischen der Starrheit der Erscheinung und dem Geheimnis dahinter kann ein ungeheures Ausmaß erreichen. Sie ist der eigentliche Grund für das *Bedrohliche* der Maske. »Ich bin genau, was du siehst«, sagt die Maske, »und alles, was du fürchtest, dahinter.« Sie fasziniert, und zugleich erzwingt sie einen Abstand. Niemand wagt es, sich an ihr zu vergreifen. Auf ihr Herunterreißen durch einen anderen ist die Todesstrafe gesetzt. Sie ist – während der Dauer ihrer Aktivität – unberührbar, unverletzbar, heilig. Das *Gewisse* der Maske, ihre Deutlichkeit, ist von Ungewissem geladen. Ihre Macht beruht darauf, daß man sie genau kennt, ohne je wissen zu können, was sie enthält. Man kennt sie von außen, sozusagen nur von *vorn.*

Doch wenn die Maske während gewisser Zeremonien sich genau so verhält, wie man es von ihr gewohnt ist und erwartet, kann sie auch beruhigend wirken. Denn sie steht *zwischen* dem Gefährlichen, das hinter ihr ist, und dem Beschauer. So kann sie, wenn sie richtig gehandhabt wird, das Gefährliche für diesen bannen. Sie kann das Gefährliche in sich sammeln und gesammelt halten. Sie wird es nur so von sich ausfließen lassen, wie es ihrer Gestalt entspricht. Man kann sich richtig zu ihr benehmen, sobald man ein Verhältnis zu ihr hat. Sie ist eine *Figur* mit eigenen Verhaltensweisen. Sobald man diese erlernt hat und kennt, sobald man weiß, welchen Abstand sie von einem erfordert, schützt sie einen vor dem Gefährlichen, das sie selbst enthält.

Über diese Wirkung der Maske, die zur Figur geworden ist, wäre viel zu sagen: Mit ihr beginnt und mit ihr steht und fällt das *Drama.* Aber hier geht es uns nur um die Maske selbst. Es ist notwendig zu sehen, was sie *auf der anderen Seite* ist, denn sie hat nicht nur ihre Wirkung nach *außen,* auf die, die nicht wissen, was sie enthält: sie wird getragen von Menschen, die in ihr stecken.

Diese sind sich dessen sehr wohl bewußt, was sie sind. Aber ihre Aufgabe ist es, die Maske zu spielen und während dieses Spieles innerhalb bestimmter Grenzen zu bleiben, eben denen, welchen die Maske entspricht.

Die Maske ist aufgesetzt und außen. Als materielles Gebilde ist sie von dem, der sie trägt, deutlich abgesetzt. Er fühlt sie an sich, als ein Fremdes, nie kann er sie ganz als seinen eigenen Körper empfinden. Sie stört ihn, sie engt ihn ein. Solange er sie spielt, ist er immer zweierlei, er selber und sie. Je öfter er sie getragen hat, je besser er sie kennt, um so mehr von ihm wird, während er spielt, in die Figur der Maske einfließen. Es wird aber trotzdem ein Rest seiner Person von ihr abgetrennt bleiben: der Teil, der *Entdeckung* fürchtet; der Teil, der weiß, daß er eine Furcht verbreitet, die ihm selbst nicht zukommt. Das Geheimnis, das er für die Außenstehenden vorstellt, muß auch auf ihn, der sich innen befindet, seine Wirkung haben: es ist, wie sich denken läßt, nicht dieselbe Wirkung. *Sie* fürchten, was sie nicht kennen, *er* fürchtet Entlarvung. Es ist diese Furcht, die ihm nicht erlaubt, sich ganz aufzugeben. Seine Verwandlung kann sehr weit gehen, sie ist nie vollkommen. Die Maske, die sich dann doch herunterreißen läßt, ist die störende Grenze der Verwandlung. Er muß darauf achten, daß er sie nicht verliert. Sie darf nicht herunterfallen, sie darf sich nicht öffnen, auf jede Weise ist er mit Sorge um ihr Schicksal erfüllt. So bleibt die Maske selbst noch außerhalb seiner Verwandlung wie eine Waffe oder ein Gerät, das er handhaben muß. Seine Alltagsperson hantiert mit ihr, während er als Darsteller zugleich sich in sie verwandelt. Er ist also *zweierlei* und muß während der ganzen Dauer seiner Vorführung zweierlei bleiben.

Die Entwandlung

Der Machthaber, der sich seiner feindlichen inneren Gesinnung bewußt ist, kann nicht alle durch Verstellung täuschen. Es gibt andere, die auf Macht aus sind wie er selbst, die ihn nicht anerkennen und sich als seine Rivalen fühlen. Vor diesen ist er immer auf der Hut, sie können ihm gefährlich werden. Er wartet auf den richtigen Augenblick, um ihnen die ›Maske vom Gesicht zu reißen‹. Dahinter wird dann ihre wahre Gesinnung sichtbar, die er so gut von sich selber kennt. Hat er sie entlarvt, so kann er sie unschädlich machen. Er mag sie, falls es zu seinen Zwecken stimmt, fürs erste Mal am Leben lassen. Aber er wird darauf achten, daß ihnen keine neue Verstellung gelingt, und sie in ihrer wahren Gestalt genau im Auge behalten.

Verwandlungen, die er nicht selber den anderen aufzwingt, sind ihm unbehaglich. Er mag Leute, die ihm nützlich sind, zu höheren Posten befördern. Aber die soziale Verwandlung, die er so bewirkt, muß scharf umgrenzt, unabänderlich und ganz in seiner eigenen Hand sein. Durch Erhöhen und Erniedrigen *setzt er fest,* und niemand darf aus eigenem einen Sprung riskieren.

Der Machthaber führt einen unaufhörlichen Kampf gegen spontane und unkontrollierte Verwandlung. Die Entlarvung, das Mittel, dessen er sich bei diesem Kampfe bedient, ist dem Prozesse der Verwandlung genau entgegengesetzt und läßt sich als *Entwandlung* bezeichnen. Der Vorgang ist dem Leser nicht mehr unbekannt. Menelaos unternahm es, den Meergreis Proteus zu entwandeln, als er sich von keiner seiner Fluchtgestalten erschrecken ließ und ihn so lange festhielt, bis er wieder als Proteus dastand.

Es gehört zum Wesen der Entwandlung, daß man immer genau weiß, was man nach ihr findet. Das Erwartete ist einem zuerst bewußt; mit furchtbarer Sicherheit geht man darauf los und verachtet alle Verwandlungen, die man durchdringt, als eitle und trügerische Mache. Man kann es in einem einzelnen Falle tun wie Menelaos, dem es um die Weisheit des Proteus ging. Man kann es häufig tun, und es kann schließlich zu einer Leidenschaft werden.

Die gehäufte Entwandlung führt zu einer Reduktion der Welt. Der Reichtum ihrer Erscheinungsformen gilt ihr nichts, alle Vielfalt ist ihr verdächtig. Alle Blätter sind gleich und dürr und Staub, alle Strahlen erlöschen in einer Nacht von Feindschaft.

In einer geistigen Erkrankung, die der Macht so nahe verwandt ist, daß man sie ihren Zwilling nennen möchte, hat die Entwandlung eine Art von Tyrannis angetreten. Die *Paranoia* zeichnet sich besonders durch zwei Eigenschaften aus. Die eine wird von der Psychiatrie als Dissimulation bezeichnet. Sie ist nichts anderes als die Verstellung, genau im Sinn, in dem dieser Ausdruck hier verwendet wurde. Paranoiker können sich so gut verstellen, daß man von vielen von ihnen überhaupt nie erfährt, wie sehr sie Paranoiker sind. Die andere Eigenschaft ist ein unaufhörliches Demaskieren von Feinden. Sie sind überall, in den friedlichsten und harmlosesten Verkleidungen, aber der Paranoiker, der die Gabe des Durchschauens hat, weiß genau, was dahintersteckt. Er reißt ihnen die Maske vom Gesicht herunter, und es stellt sich heraus, daß es im Grunde immer ein und derselbe Feind ist. Der Paranoiker ist der Entwandlung ganz und gar verfallen wie kein anderer Mensch und erweist sich darin als ein *erstarrter Machthaber.* Die Stellung, die er einzunehmen glaubt, die Bedeutung, die er sich beimißt, sind in den Augen der anderen gewiß fiktiv; er wird sie trotzdem durch eine unausgesetzte Anwendung des doppelten und zusammengehörigen Prozesses von Verstellung und Demaskierung verteidigen.

Eine genaue und gültige Betrachtung der Entwandlung ist nur im Zusammenhang eines konkreten, individuellen Falles von Paranoia möglich. Sie findet sich in den letzten Kapiteln dieses Buches über den ›Fall Schreber‹.

Verwandlungsverbote

Eine soziale und religiöse Erscheinung von größtem Gewicht ist die *verbotene Verwandlung.* Sie ist noch kaum ernsthaft betrachtet, geschweige denn begriffen worden. Auch der folgende Versuch einer Annäherung ist ein allererstes Tasten.

Bei den Totem-Zeremonien der Aranda hat nur der ein Recht mitzuwirken, der dem Totem angehört. Die Verwandlung in die Doppelfigur eines Ahnen aus der mythischen Urzeit ist ein Prärogativ, das nur bestimmten Personen zukommt. Niemand darf sich die Verwandlung, die als fester Besitz überliefert wird, ohne ein Recht auf sie aneignen. Sie ist so geschützt wie die Worte und Laute der heiligen Gesänge, die zu ihr gehören. Eben die Genauigkeit, in der diese Doppelfigur sich ausgebildet hat, ihre klare Bestimmtheit und Abgegrenztheit, macht es leicht, sie zu schützen. Das Verbot auf ihre Aneignung wird streng eingehalten; es liegt eine volle religiöse Sanktion darauf. Nur nach langen und komplizierten Initiationen wird ein junger Mann in die Gruppe derer aufgenommen, denen bei bestimmten Gelegenheiten diese Verwandlung erlaubt ist. Für Weiber und Kinder wird das Verbot unbedingt und immer aufrechterhalten. Für Initiierte anderer Totems wird es manchmal als Ausdruck besonderer Courtoisie aufgehoben. Aber das sind einmalige Gelegenheiten, und wenn sie vorüber sind, gilt das alte Verbot so strikt wie zuvor.

Es ist ein großer Sprung von dieser Religion zur christlichen, in der die Figur des *Teufels* allen gleichermaßen verboten ist. Seine Gefährlichkeit wird auf jede Art beteuert; in hundert warnenden Geschichten wird vorgeführt, was Leuten geschieht, die sich mit ihm einlassen. Die ewigen Qualen ihrer Seelen in der Hölle sind in allen Einzelheiten ausgemalt und angedroht worden. Die Intensität dieses Verbots ist ungeheuer; sie ist am auffallendsten dort, wo Menschen einen Zwang verspüren, ihm zuwider zu handeln. Geschichten von Besessenen, die plötzlich als der Teufel selbst oder gar als mehrere Teufel agierten, sind gut bekannt. Es gibt Selbstdarstellungen solcher Menschen, eine der berühmtesten ist die der Äbtissin Jeanne des Anges im Ursulinerinnen-Kloster zu Loudun und die des Paters Surin, der sie zu exorzieren hatte, bis der Teufel in ihn selber fuhr. Hier werden Menschen, die sich dem besonderen Dienste an Gott verschrieben hatten, denen jede Annäherung, geschweige denn Verwandlung in den Teufel in noch höherem Grade als gewöhnlichen Laien verboten war, von ihm besessen: Die verbotene Verwandlung hat sie vollkommen überwältigt. Man geht kaum fehl, wenn man die Kraft, mit der die Verwandlung auftritt, auf die Stärke des Verbots zurückführt, dem sie unterlag.

Der sexuelle Aspekt des Verwandlungsverbots, an den man hier geraten ist, wird deutlicher in einer Betrachtung des *Hexen*wesens. Die eigentliche Sünde der Hexen ist ihre geschlechtliche Verbindung mit dem Teufel. Was immer sie sonst treiben, ihre geheime Existenz mündet in Orgien, an denen der Teufel beteiligt ist. Sie sind Hexen, weil sie es mit ihm halten; zu ihrer Verwandlung gehört als wesentlicher Bestandteil die Tatsache, daß sie ihm geschlechtlich ergeben sind.

Die Vorstellung einer *Verwandlung durch Beischlaf* ist uralt. Da jedes Geschöpf sich für gewöhnlich nur mit dem anderen Geschlecht seiner eigenen Art abgibt, ist es sehr wohl denkbar, daß ein Abweichen davon als Verwandlung empfunden wird. In diesem Falle wären schon die ältesten Ehegesetze als eine Form von Verwandlungsverboten aufzufassen, d. h. ein Verbot aller übrigen außer bestimmten, wohlstatuierten Verwandlungen, die erlaubt und erwünscht sind. Dieser geschlechtlichen Form der Verwandlung wäre im einzelnen nachzugehen. Es scheint mir, daß sie zu sehr wichtigen Aufschlüssen führen müßte.

Vielleicht die wichtigsten aller Verwandlungsverbote sind die *sozialen.* Jede Hierarchie ist nur möglich unter Voraussetzung von solchen Verboten, die es den Angehörigen einer Klasse unmöglich machen, sich einer höheren Klasse verwandt oder gleich zu fühlen. Schon bei den *Altersklassen* der Naturvölker hat man sein Augenmerk auf diese Verbote zu richten. Die Trennungen, die einmal ausgebildet worden sind, werden immer schärfer betont. Der Aufstieg von der tieferen in die höhere Klasse wird auf jede Weise erschwert. Er ist möglich nur mittels besonderer Initiationen, und diese werden allerdings als Verwandlungen im eigentlichen Sinne des Wortes empfunden. Oft denkt man sich den Aufstieg so, daß man in der niederen Klasse erst sterben muß, bevor man in der höheren wieder zum Leben geweckt wird. Der Tod selbst ist zwischen Klasse und Klasse gesetzt, eine sehr ernste Grenze. Aus der Verwandlung wird ein langwieriger und gefährlicher Weg. Man hat alle möglichen Prüfungen und Schrecken zu bestehen, es wird dem Kandidaten nichts geschenkt. Aber alles, was er jung erlitten hat, kann er später, wenn er der höheren Klasse angehört, den Novizen wieder antun, die *er* dann prüft. Die Idee der höheren Klasse hat so etwas streng Abgelöstes bekommen, sie ist wie ein eigenes und ganzes Leben für sich. Die Kenntnis heiliger Lieder und Mythen, manchmal eine eigene Sprache, sind mit ihr verbunden. Die Angehörigen der niederen Klassen wie die Frauen, die ganz von allen höheren Klassen ausgeschlossen sind, werden durch furchtbare Masken und unheimliche Laute in Schrecken und Gehorsam erhalten.

Am starrsten ist die Trennung der Klassen im *Kastensystem* durchgeführt. Hier schließt die Zugehörigkeit zu einer Kaste jede soziale Verwandlung absolut aus. Man sondert sich auf das genaueste nach unten und oben hin ab. Jede Berührung mit einem Tieferen ist strikt verboten. Man heiratet nur untereinander, man hat denselben Beruf. Es ist also nicht einmal möglich, sich durch die Art der Arbeit in ein Wesen anderen Standes zu verwandeln. Die Konsequenz dieses Systems ist erstaunlich; seine genaue Untersuchung allein müßte es ermöglichen, alle Ansätze zu sozialen Verwandlungen zu erkennen. Da sie alle zu vermeiden sind, werden sie sorgfältig registriert, beschrieben und erforscht. Aus einem vollkommenen System der Verbote ließe sich, ins Positive gewendet, genau ableiten, was als Verwandlung von einer Klasse in die höhere betrachtet wird. Ein ›Versuch über die Kasten‹ vom Standpunkt der Verwandlung aus ist unentbehrlich; er steht noch aus.

Eine *isolierte* Form des Verwandlungsverbotes, d. h. eine, die sich auf einen einzelnen Menschen bezieht, der an der Spitze einer Gesellschaft steht, findet sich in frühen Formen des *Königtums.* Es ist bemerkenswert, daß die beiden ausgeprägtesten Formen des Machthabers, die man in der älteren Menschheit kennt, sich durch ihre entgegengesetzte Einstellung zur Verwandlung unterscheiden.

Am einen Pole steht der *Meisterverwandler,* der jede Gestalt annehmen kann, wann immer es ihm beliebt, ob es nun um Tiere, Tiergeister oder um die Geister von Toten geht. Der *Trickster,* der alle anderen durch Verwandlungen hereinlegt, ist eine beliebte Figur des nordamerikanischen Indianermythus. Seine Macht beruht auf den zahllosen Gestalten, die er annehmen kann. Er überrascht, wie er auch verschwindet, er packt auf unerwartete Weise und läßt sich selber nur so packen, daß er wieder entwischt. Das wesentliche Mittel, mit dem er alle seine erstaunlichen Taten bewältigt, ist immer wieder die Verwandlung.

Zu wirklicher Macht gelangt der Meisterverwandler als *Schamane.* In seiner ekstatischen Séance holt er sich Geister herbei, die er sich unterwirft, er spricht ihre Sprache, er wird zu ihresgleichen und kann ihnen auf ihre Weise befehlen. Er wird zum Vogel, wenn er sich auf die Reise in den Himmel begibt, und als Tier des Meeres senkt er sich auf den Meeresgrund hinab. Alles ist ihm möglich, der Paroxysmus, den er erreicht, ergibt sich aus der gesteigerten, raschen Folge von Verwandlungen, die ihn so lange schütteln, bis er unter ihnen ausgesucht hat, was er zu seinen Zwecken eigentlich braucht.

Der Meisterverwandler ist ein *Meist*verwandler, und vergleicht man ihn mit der Gestalt des *sakralen Königs,* der hundert Beschränkungen unterliegt, der am gleichen Fleck bleiben und sich immer gleichbleiben soll, dem niemand in die Nähe kommen, der oft nicht einmal erblickt werden darf – so sieht man, daß ihr Unterschied, auf den einfachsten Nenner gebracht, eben in nichts anderem besteht als in einer entgegengesetzten Haltung zur Verwandlung. Bei dem einen, dem Schamanen, wird sie aufs äußerste gesteigert und bis ins letzte ausgenützt, beim anderen, dem König, wird sie verboten und unterbunden, bis er völlig erstarrt. Dieser muß sich so sehr gleichbleiben, daß er nicht einmal altern darf. Als ein Mann von immer gleichen Jahren, in seiner Reife, Kraft und Gesundheit, hat er zu bestehen, und wenn sich die ersten Spuren seines Alters zeigen, ein graues Haar, oder wenn seine Manneskraft nachläßt, wird er oft umgebracht.

Das *Statische* dieses Typus, dem die eigene Verwandlung verboten ist, obwohl von ihm unaufhörlich Befehle ausgehen, die die anderen immerzu verwandeln, ist in das Wesen der Macht eingegangen, und die Vorstellung, die der moderne Mensch von ihr hat, ist auf entscheidende Weise davon bestimmt worden. Der Nichtverwandler ist auf eine bestimmte Höhe, an einen bestimmten Ort gesetzt, der genau umgrenzt und unveränderlich ist. Er darf von seiner Höhe nicht herabsteigen, er darf niemand entgegenkommen, er ›vergibt sich nichts‹, wohl aber kann er andere erheben, indem er sie zu dieser und jener Stellung ernennt. Er kann andere verwandeln, indem er sie erhöht oder erniedrigt. Was ihm nicht geschehen darf, das soll er den anderen tun. Er, der Verwandlungslose, verwandelt die anderen nach seiner Willkür.

Diese rapide und flüchtige Aufzählung einiger Formen von Verwandlungsverboten, über die alles Genauere noch zu sagen bleibt, legt die Frage nahe, was es denn eigentlich mit diesem Verbot auf sich habe, warum immer wieder zu ihm gegriffen wird, welche tiefere Notwendigkeit den Menschen dazu treibt, es sich oder seinesgleichen aufzuerlegen. Man kann sich dieser Frage nur mit Vorsicht nähern.

Es scheint, daß eben die Begabung des Menschen zu Verwandlungen, das zunehmend Fluide seiner Natur es war, was ihn beunruhigte und nach festen und unveränderlichen Schranken greifen ließ. Daß er so vieles Fremde an seinem eigenen Leib fühlte – man denke an die Klopfzeichen der Buschmänner –, daß er diesem Fremden ausgeliefert war und zu ihm werden mußte, daß es ihm von außen noch auferlegt blieb, auch wenn er seinen Hunger dank dieser Begabung schon gestillt hatte, auch wenn er satt und ruhig war, daß es sozusagen nichts als Bewegung gab und sein eigenstes Gefühl, seine eigenste Form sich im ständigen Flusse befand – das mußte einen Drang nach Permanenz und Härte in ihm wecken, der ohne Verwandlungsverbote nicht zu stillen war.

Man ist geneigt, in diesem Zusammenhang an die Steinwirtschaft der Australier zu denken. Alle Taten und Erlebnisse, alle Wanderungen und Schicksale der Ahnen sind bei ihnen in die Landschaft eingegangen und zu festen, unveränderlichen Malen geworden. Es gibt kaum einen Felsen, der nicht ein Geschöpf bedeutet, das einmal hier lebte und große Dinge tat. Zu den äußeren und monumentalen Zügen der Landschaft, die unbeweglich bleiben, gesellen sich kleinere Steine, die man besitzt und an heiligen Orten aufhebt. Jeder dieser Steine wird von einer Generation zur anderen weitergegeben. Er bedeutet etwas ganz Bestimmtes: Sein Sinn oder seine Sage ist an ihn gebunden, er ist der sichtbare Ausdruck dieser Sage. Solange der Stein sich gleich erhält, verändert sich die Sage nicht. In dieser Konzentration auf das Permanente des Steins, etwas, das auch uns keineswegs fremd ist, scheint mir derselbe tiefe Wunsch, dieselbe Notwendigkeit enthalten zu sein, die zu allen Arten von Verwandlungsverboten geführt hat.

Sklaverei

Der Sklave ist Besitz, wie Vieh Besitz ist, und nicht wie eine leblose Sache. Seine Bewegungsfreiheit erinnert an die eines Tieres, das weiden und etwas wie eine Familie gründen darf.

Der eigentliche Charakter der *Sache* ist ihre Undurchdringlichkeit. Sie kann gestoßen und geschoben werden, aber sie kann keine Befehle speichern. Die juristische Bestimmung des Sklaven als Sache und Besitz ist also irreführend. Er ist *Tier und Besitz.* Man kann den einzelnen Sklaven am ehesten mit einem Hund vergleichen. Der gefangene Hund ist aus dem Verband seines Rudels herausgelöst, er ist *vereinzelt* worden. Er steht unter den Befehlen seines Herrn. Er gibt seine eigenen Unternehmungen auf, soweit sie diesen Befehlen zuwiderlaufen, und wird dafür vom Herrn gefüttert.

Nahrung und Befehl haben also für den Hund wie für den Sklaven *eine* Quelle, den Herrn, und insofern ist der Vergleich ihres Status mit dem der Kinder nicht ganz unangebracht. Was sie aber von diesen wesentlich unterscheidet, hängt mit dem Verwandlungshaushalt zusammen. Das Kind übt sich in allen Verwandlungen, die es später brauchen könnte. Bei seinen Übungen gehen ihm die Eltern an die Hand und regen es mit neuem Requisit zu immer neuen Spielen an. Das Kind wächst in viele Richtungen, und wenn es seine Verwandlungen gemeistert hat, wird es zum Lohn in einen höheren Stand aufgenommen.

Beim Sklaven geschieht das Umgekehrte. So wie der Herr seinem Hund nicht erlaubt zu jagen, was er will, sondern den Bereich dieser

Jagd je nach seinem überlegenen Nutzen einengt, so nimmt er auch dem Sklaven eine ausgebildete Verwandlung um die andere ab. Der Sklave darf dies und darf jenes nicht tun; ganz bestimmte Verrichtungen aber muß er wiederholen, und je eintöniger sie sind, um so lieber weist sein Herr sie ihm an. Die Arbeitsteilung ist für den Verwandlungshaushalt des Menschen nicht gefährlich, solange einer vielerlei Verrichtungen ausüben darf. Sobald er aber auf eine einzige beschränkt wird und außerdem in dieser möglichst viel in möglichst kurzer Zeit zustande bringen, also produktiv sein soll, wird er zu dem, was man recht eigentlich als Sklaven definieren müßte.

Von Anfang an muß es zwei sehr verschiedene Typen von Sklaven gegeben haben: die einen allein wie ein Haushund an einen Herrn gebunden, die anderen zusammen wie Herden auf der Weide. Diese Herden selbst sind natürlich als die ältesten Sklaven anzusehen.

Der Wunsch, Menschen zu Tieren zu machen, ist der stärkste Antrieb für die Ausbreitung der Sklaverei. Man kann die Energie dieses Wunsches so wenig überschätzen wie die des entgegengesetzten: Tiere in Menschen zu verwandeln. Diesem letzteren verdanken großartige geistige Gebilde, wie die Lehre von der Metempsychose und der Darwinismus, ihr Dasein, aber auch populäre Belustigungen wie das Zurschaustellen dressierter Tiere.

Sobald es Menschen gelungen war, so viel Sklaven beisammen zu haben wie Tiere in Herden, war der Grund zum Staat und zur Machthaberei gelegt; und es kann gar keinem Zweifel unterliegen, daß der Wunsch, das ganze Volk zu Sklaven oder Tieren zu haben, im Herrscher um so stärker wird, je mehr Leute das Volk ausmachen.

Aspekte der Macht

Von den Stellungen des Menschen: Was sie an Macht enthalten

Der Mensch, der so gerne aufgerichtet ist, kann, ohne von der Stelle zu weichen, auch sitzen, liegen, hocken oder knien. Alle diese Stellungen, und ganz besonders der Übergang von einer in die andere, drükken etwas Bestimmtes aus. Rang und Macht haben sich feste, traditionelle Positionen geschaffen. Aus der Art, wie Leute beieinander aufgestellt sind, ist die Verschiedenheit ihres Ansehens leicht abzuleiten. Wir wissen, was es bedeutet, wenn einer erhöht sitzt und alle anderen um ihn stehen. Wenn einer steht und alle anderen um ihn sitzen; wenn einer plötzlich erscheint und alle Versammelten sich vor ihm erheben; wenn jemand vor einem andern auf die Knie fällt; wenn man einen Eingetretenen nicht auffordert, sich zu setzen. Schon eine wahllose Aufzählung wie diese zeigt, wie viele stumme Konstellationen der Macht es gibt. Es wäre notwendig, auf sie einzugehen und ihre Bedeutung genauer zu bestimmen.

Jede neue Stellung, die man einnimmt, bezieht sich auf die vorige; nur wenn man diese kennt, läßt jene sich erschöpfend deuten. Ein Stehender kann eben von seinem Lager aufgesprungen sein, er kann sich von seinem Sitz erhoben haben. Im ersten Falle mag er eine Gefahr gewittert haben, im letzteren mag es seine Absicht sein, jemand zu ehren. Alle Lageveränderungen haben etwas Plötzliches. Sie können vertraut und erwartet sein und sich den Sitten einer bestimmten Gemeinschaft genau einfügen. Aber immer besteht auch die Möglichkeit einer unerwarteten Lageveränderung, die dann um so überraschender und ausdrucksvoller ist. Während eines Gottesdienstes in der Kirche wird viel gekniet; man ist es gewohnt, und selbst die, die es gerne tun, legen ihren häufigen Knieübungen keine allzu große Bedeutung bei. Aber es soll nur auf der Straße, vor einem Manne, der eben noch in der Kirche selber gekniet hat, ein Unbekannter plötzlich niederknien, und die Wirkung ist ungeheuer.

Doch trotz ihrer Vieldeutigkeit ist eine gewisse Tendenz zur Fixierung einzelner Stellungen des Menschen und ihrer Monumentalisierung unverkennbar. Ein Sitzender oder ein Stehender wirkt auch losgelöst aus seinem zeitlichen oder räumlichen Zusammenhang mit anderen, *für sich*. In Denkmälern sind manche dieser Stellungen so leer und banal geworden, daß man sie kaum mehr bemerkt. Um so wirksamer und wichtiger sind sie in unserem täglichen Leben.

Das Stehen

Der Stolz des Stehenden ist, daß er frei ist und sich an nichts lehnt. Ob im Stehen eine Erinnerung an das erstemal hineinfließt, da man als Kind allein stand; ob der Gedanke einer Überlegenheit über die Tiere mitspielt, von denen kaum eines auf zwei Beinen frei und natürlich steht: es ist immer so, daß der Stehende sich *selbständig* fühlt. Wer sich *erhoben* hat, steht am Ende einer gewissen Anstrengung und ist so groß, wie er überhaupt werden kann. Wer aber lange schon steht, drückt eine gewisse Widerstandskraft aus; sei es, daß er sich von seinem Platze nicht verdrängen läßt wie ein Baum, sei es, daß er ganz gesehen werden kann, ohne sich zu fürchten oder zu verbergen. Je ruhiger er steht, je weniger er sich wendet und in verschiedene Richtungen auslugt, um so sicherer wirkt er. Nicht einmal einen Angriff im Rücken fürchtet er, wo er doch keine Augen hat.

Eine gewisse Distanz der anderen um einen herum macht mehr aus dem Stehenden. Einer, der allein, durch eine Art von Entfernung getrennt, vielen anderen gegenübersteht, wirkt besonders groß, so als stünde er für sie alle zusammen allein. Rückt er mehr in ihre Nähe, so wird er trachten, *erhöht* zu stehen; und wenn er ganz unter sie gerät, so wird er in Fortsetzung seiner früheren Position auf die Schultern genommen und herumgetragen. Er verliert dadurch seine Selbständigkeit und kommt sozusagen auf sie alle zusammen zu sitzen.

Das Stehen macht den Eindruck noch unverbrauchter Energie, weil man es am Anfang aller Fortbewegung sieht: man steht gewöhnlich, bevor man sich zu gehen oder zu laufen anschickt. Es ist die *zentrale* Position, aus der man ohne Übergang, sei es in eine andere Position, sei es in irgendeine Form von Bewegung, hinüberwechseln kann. Man neigt also dazu, im Stehenden ein größeres Maß von Spannung anzunehmen, auch in Augenblicken, da seine Absichten ganz andere sein mögen; denn vielleicht wird er sich im nächsten Moment zum Schlafe niederlegen. Immer überschätzt man den Stehenden.

Eine gewisse Feierlichkeit ist immer da, wenn zwei Männer einander kennenlernen. Stehend tauschen sie ihre Namen aus, stehend reichen sie einander die Hand. Sie erweisen einander damit Ehre, aber sie messen sich auch, und was immer dann später geschieht, ihre erste, wirkliche Berührung, ›von Mann zu Mann‹, war im Stehen.

In Ländern, in denen die Selbständigkeit der Person so wichtig erscheint, daß man sie auf jede Weise ausbildet und betont, wird häufiger und länger gestanden. Lokale, in denen man stehend trinkt, sind in England zum Beispiel besonders beliebt. Der Gast kann jederzeit und ohne viel Umstände weggehen. Eine geringe und unauffällige Bewegung erlaubt ihm, sich von den anderen zu lösen. Er fühlt sich dadurch freier, als wenn er sich erst umständlich von einem Tisch zu erheben hätte. Das Erheben wäre wie eine Mitteilung seiner Absicht, sich zu entfernen, es schränkt seine Freiheit ein. Selbst bei ihren privaten Gesellschaften lieben es die Engländer zu stehen. Sie sagen damit schon beim Kommen, daß sie nicht lange bleiben werden. Sie bewegen sich frei und können sich, da sie stehen, ohne viel Umstände von einem loslösen und dem anderen zuwenden. Es ist nichts Auffallendes daran, und niemand ist beleidigt. Die *Gleichheit* innerhalb einer bestimmten Gesellschaftsgruppe, eine der wichtigsten und nützlichsten Fiktionen des englischen Lebens, wird ganz besonders betont, wenn alle die Vorteile des Stehens haben. Es wird so niemand ›über den andern gesetzt‹, und die sich sprechen wollen, können einander entgegenkommen.

Das Sitzen

Im Sitzen holt sich der Mensch fremde Beine zu Hilfe, an Stelle jener zwei, die er seiner Aufrichtung zuliebe aufgegeben hat. Der Stuhl in der Form, wie wir ihn heute kennen, leitet sich vom Thron ab; dieser aber setzt unterworfene Tiere oder Menschen voraus, die den Herrscher zu tragen haben. Die vier Beine eines Stuhles stehen für die Beine eines Tieres, Pferd, Rind oder Elefant; vom Sich-Niederlassen auf den Boden, dem Hocken, ist diese Art des Sitzens auf erhöhten Stühlen wohl zu unterscheiden. Sie hat einen ganz anderen Sinn, das Sitzen auf dem Stuhl war eine *Auszeichnung*. Wer saß, hatte sich auf den anderen niedergelassen, die seine Untertanen und Sklaven waren. Während er sitzen durfte, mußten *sie* stehen. Ihre Ermüdung fiel nicht ins Gewicht, solange *er* geschont wurde. Er war das Wichtigste; davon, daß seine heilige Kraft gespart wurde, hing das Wohlergehen aller übrigen ab.

Jeder Sitzende drückt gegen etwas, das wehrlos ist und keinen aktiven Gegendruck ausüben kann. Es sind die Eigenschaften des *Reitens,* die ins Sitzen eingegangen sind, aber die Bewegung des Reitens gibt immer den Eindruck, daß es nicht Selbstzweck ist, daß man reitend zum Ziel gelangen will, rascher, als es sonst möglich wäre. Die Erstarrung des Reitens zum Sitzen macht aus dem Verhältnis des Oberen zum Unteren etwas Abstraktes, als käme es darauf an, gerade dieses Verhältnis zum Ausdruck zu bringen. Das Untere, das nicht einmal lebt, wird wie für immer festgesetzt. Es hat überhaupt keinen Willen mehr, weniger noch als der Sklave, es ist Sklaverei in äußerster Konsequenz. Das Obere kann in aller Freiheit und Willkür handeln. Es kann kommen, sich setzen, bleiben, solange es will. Es kann weggehen, ohne das Zurückgelassene eines Gedankens zu würdigen. Es besteht eine unverkennbare Neigung, bei dieser Symbolik zu verharren. Der Mensch hält am vierbeinigen Stuhl hartnäckig fest; neuere Formen haben es schwer, sich dagegen durchzusetzen. Es ist anzunehmen, daß selbst das Reiten rascher verschwinden könnte als diese Form des Stuhls, die seinen Sinn so gut veranschaulicht.

Die *Würde* des Sitzens ist ganz besonders in seiner *Dauer* enthalten. Während man vom Stehenden vielerlei erwartet und die Vielfalt seiner Möglichkeiten zum Respekt vor ihm, vor seiner Regsamkeit und Lebendigkeit, ein Reichliches beiträgt, erwartet man vom Sitzenden, daß er sitzen bleibt. Der Druck, den er ausübt, befestigt sein Ansehen, und je länger er ihn ausübt, um so sicherer scheint er. Es gibt kaum eine menschliche Institution, die sich diese Qualität des Sitzens nicht zunutze macht; die es nicht zu ihrer Bewahrung und Befestigung verwendet.

Es ist die *leibliche Schwere* des Menschen, die im Sitzen zur Schau getragen wird. Sie bedarf des erhöhten Stuhles, um sich geltend zu machen. Zusammen mit den dünnen Beinen gesehen, wirkt der Sitzende tatsächlich schwer. Unmittelbar auf der Erde sieht er anders aus; *sie* ist schwerer und dichter als jedes Geschöpf, ein Druck gegen sie fällt überhaupt nicht ins Gewicht. Es gibt keine elementarere Form von Macht als die, die der Körper selber ausübt. Er kann sich durch *Größe* hervortun, und dazu muß er stehen. Er kann durch *Schwere* wirken, und dazu muß er einen sichtbaren Druck ausüben. Durch das Erheben von einem Sitz wird eins zum andern addiert. Der Richter, der während einer Verhandlung sitzend und möglichst bewegungslos verharrt und sich dann, wenn das Urteil bevorsteht, plötzlich erhebt, drückt dieses Verhältnis am reinsten aus.

Die Variationen des Sitzens sind im Grunde immer Variationen des Drucks. Gepolsterte Sitze sind nicht nur *weich*, sie vermitteln dem Sitzenden ein dunkles Gefühl davon, daß er auf *Lebendem* lastet: Das Nachgeben der Polsterung, ihre elastische Spannung hat etwas vom Nachgeben und der Spannung lebenden Fleisches. Die Abneigung mancher Menschen gegen zu weiche Sitze mag mit einer Ahnung davon zusammenhängen. Es ist erstaunlich, zu sehen, wie sehr sich die Bequemlichkeit des Sitzens auch bei Gruppen von Menschen ausgebildet hat, die sonst gar nicht verweichlicht sind. Es handelt sich in solchen Fällen um Menschen, denen das Herrschen zur zweiten Natur geworden ist und die es auf diese Weise, in einer symbolisch gemilderten Form, gerne und häufig zur Darstellung bringen.

Vom Liegen

Das Liegen ist eine Entwaffnung des Menschen. Eine Unmenge von Handlungen, Haltungen und Allüren, die einen in aufrechtem Zustand ganz bestimmen, werden abgelegt wie Kleider, als ob sie, um die er sich sonst so bemüht, gar nicht wirklich zu ihm gehörten. Dieser äußere Prozeß läuft parallel zu dem inneren des Einschlafens, da auch vieles abgestreift und beiseite geschoben wird, das sonst unentbehrlich scheint, bestimmte schützende Bahnen und Zwänge des Denkens, die Kleider des Geistes. Der Liegende entwaffnet sich so sehr, daß man überhaupt nicht begreift, wie die Menschheit es fertiggebracht hat, den Schlaf zu *überleben*. In ihrem wilderen Zustand hat sie nicht immer in Höhlen gehaust; und selbst diese waren gefährlich. Die armseligen Windfänge aus Zweigen und Blättern, mit denen viele Wilde sich für die Nacht zufriedengeben, sind überhaupt kein Schutz. Es ist ein Wunder, daß es noch Menschen gibt; sie hätten längst ausgerottet sein müssen, als ihrer noch wenige waren, lange bevor sie in dichten Reihen zur Selbstvernichtung antraten. Schon an dieser einen Tatsache des Schlafes, seiner Wehrlosigkeit, seiner Wiederkehr, seiner Dauer, wird die Hohlheit aller Anpassungstheorien deutlich, die für vieles, das unerklärlich ist, immer wieder die gleichen Scheinerklärungen vorzubringen suchen.

Aber nicht um diese tiefere und schwer ergründliche Frage geht es hier, wie denn die Menschheit im ganzen den Schlaf zu überleben vermocht hat, sondern um das Liegen und um das Maß von Macht, das es enthält, mit anderen Stellungen des Menschen verglichen. An dem einen Pol, wie wir sahen, sind der Stehende, der Größe und Selbständigkeit, und der Sitzende, der Schwere und Dauer ausdrückt; am anderen Pol ist der Liegende; seine Ohnmacht, besonders wenn er schläft, ist vollkommen. Aber es ist keine aktive Ohnmacht, sie ist unscheinbar und wirkt sich nicht tätig aus. Der Liegende löst sich mehr und mehr von seiner Umgebung ab. Er will auf jede Weise in sich verschwinden. Sein Zustand ist undramatisch. Unauffälligkeit mag ihm ein gewisses, wenn auch sehr geringes Maß von Sicherheit gewähren. Soviel er nur kann, bringt er von sich mit einem anderen Körper in Berührung; er liegt seiner ganzen Länge nach; überall oder an möglichst vielen Stellen rührt er an etwas, das nicht er selber ist. Der Stehende ist frei und lehnt sich an nichts; der Sitzende übt einen Druck aus; der Liegende ist nirgends frei, an alles, was sich ihm bietet, lehnt er sich, und seinen Druck verteilt er so, daß er ihn kaum mehr fühlt.

Die Möglichkeit, plötzlich aufzuspringen, aus einer so tiefen Lage in die höchste, ist nun gewiß sehr eindrucksvoll und verlockend. Sie zeigt, wie sehr man noch am Leben ist; wie wenig verschlafen man selbst im Schlafe ist; wie man selbst da noch alles bemerkt und hört, was wichtig ist; wie einen nichts wirklich überrascht. Viele Machthaber haben diesen Übergang von der liegenden in die aufrechte Haltung betont. Sie haben Geschichten darüber verbreiten lassen, mit welcher Blitzeseile dieser Wechsel bei ihnen vor sich ging. Sicher spielt hier auch der Wunsch nach dem Weiterwachsen des Körpers mit, das uns von einem gewissen Alter ab versagt ist. Alle Machthaber möchten im Grunde leiblich größer werden können; am liebsten die Fähigkeit dazu immer in ihrer Gewalt haben und je nach Bedarf anwenden; plötzlich und unerwartet in die Höhe wachsen, um die anderen, denen dasselbe nicht gegeben ist, zu erschrecken und zu überragen; dann wieder, ohne daß man ihnen dabei zuschaut, kleiner werden, um bei der nächsten Gelegenheit wieder öffentlich zu wachsen. Der Mensch, der eben erwacht vom Bette aufspringt, der vielleicht noch vor zwei Augenblicken wie im Mutterleibe zusammengekauert schlief, holt in dieser plötzlichen Bewegung sein ganzes Wachstum wieder nach, und wenn er auch zu seinem Leidwesen nicht größer werden kann, als er ist, so wird er doch wenigstens ganz so groß, wie er ist.

Aber es gibt auch, neben denen, die sich ausruhen, solche, die unfreiwillig liegen, die verwundet sind und die, so sehr sie es möchten, nicht aufstehen *können.*

Die unfreiwillig Liegenden haben das Unglück, den Aufrechten an das gejagte und getroffene Tier zu erinnern. Der Treffer, dem sie erlegen sind, ist wie ein Makel, ein großer Schritt auf der plötzlich abschüssig gewordenen Bahn zum Tod. Das Getroffene wird dann ›ganz erledigt‹. War es vorher sehr gefährlich, so ist es noch tot ein Gegenstand des Hasses. Man tritt darauf, da es sich nicht wehren kann, man stößt es beiseite. Es wird ihm übelgenommen, daß es einem tot noch im Wege ist; es sollte überhaupt nichts mehr, nicht einmal ein leerer Körper sein.

Der Sturz des Menschen, der tiefer fällt, scheint noch mehr Verachtung und Abneigung auszulösen als der Sturz des Tieres. Man könnte sagen, daß der Anblick des Getroffenen für den Aufrechten beides in sich vereinigt: den natürlichen und gewohnten Triumph über das getroffene Tier, den peinlichen Eindruck des gestürzten Menschen. Es ist hier die Rede von dem, was wirklich als erstes im Aufrechten vor sich geht, und nicht von dem, was in ihm vorgehen sollte. Diese Tendenz kann unter Umständen noch stärker werden. *Viele* Gestürzte haben auf den, der sie erlebt, eine furchtbare Wirkung. Es ist dann, als hätte er sie allein gefällt. Sein Machtgefühl wächst rapid und in Sprüngen, die nichts mehr niederhalten kann: er eignet sich den ganzen Haufen von Sterbenden oder Toten an. Er wird dann der einzige, der lebt, und alles übrige ist seine Beute. Es gibt kein gefährlicheres Triumphgefühl, wer es sich einmal erlaubt hat, wird auch in Zukunft alles an seine Wiederholung setzen.

Das zahlenmäßige Verhältnis von Liegenden und Stehenden ist hier von großer Bedeutung. Es ist auch nicht gleichgültig, bei welcher Gelegenheit man auf Liegende stößt. Krieg und Schlacht haben ihre eigenen Riten und sind als Massenvorgang gesondert behandelt worden. Die geschilderte Tendenz lebt sich dem Feinde gegenüber ganz frei aus; auf seinen Untergang steht keinerlei Sanktion. Ihm gegenüber darf man so fühlen, wie es natürlich scheint.

Im Frieden der Großstadt hat der einzelne, der fällt und sich nicht erheben kann, auf die vielen, die ihm zusehen, eine andere Wirkung. Es wird sich jeder, je nach seinem Augenblick und seiner Art, in verschiedenem Maße mit ihm gleichsetzen. Man wird, vielleicht mit schlechtem Gewissen, weitergehen, oder man wird sich die Mühe nehmen, ihm zu helfen. Vermag er es, sich bald wieder auf den Beinen zu halten, so werden alle Zuschauer über diese Wiederaufrichtung des Menschen, der sie selber sind, Genugtuung empfinden. Vermag er es nicht, so wird er der zuständigen Institution übergeben. Es ist, auch bei sehr gesitteten Menschen, immer ein ganz leises Gefühl von Verachtung dabei für den, der es soweit gebracht hat. Man verschafft ihm die Hilfe, die er braucht, aber man stößt ihn damit aus der Gesamtheit der Aufrechten aus, und eine Weile wird er nicht mehr für voll genommen.

Das Hocken

Das Hocken drückt eine Bedürfnislosigkeit aus, einen Rückzug auf sich selbst. Man macht sich so rund wie möglich und erwartet nichts von den andern. Man verzichtet auf jede Aktivität, die sich zu einer gegenseitigen fortsetzen würde. Es geschieht nichts, das eine Gegenhandlung auslösen könnte. Der Hockende erscheint ruhig und zufrieden; man erwartet keinen Angriff von ihm, er ist zufrieden, sei es, daß er alles hat, was er braucht; sei es, daß er für sich nichts mehr verlangt. Der hokkende Bettler drückt aus, daß er mit allem zufrieden wäre, was man ihm gibt; er macht keine Unterschiede.

Die orientalische Form des Hockens, zu dem reiche Leute mit ihren Besuchern sich niederlassen, enthält etwas von ihrer eigentümlichen Einstellung zum Besitz. Sie wirken so, als trügen sie diesen ganz in sich, seiner völlig sicher; solange sie hocken, zeigen sie keinerlei Ängstlichkeit oder Sorge, seiner beraubt zu werden oder ihn sonstwie zu verlieren. Sie lassen sich bedienen, und es ist, als würde der Besitz bedient; der natürlichen Härte dieses Verhältnisses als eines persönlichen wird ausgewichen. Man stellt nicht zur Schau, daß man auf einem Geschöpfe sitzt, wie es alle die auf Stühlen Lastenden tun. Man ist wie ein schön geformter und bekleideter Sack, der alles enthält, was hineingehört, und die Diener kommen und warten des Sackes.

Aber auch die Ergebenheit in das, was noch geschehen kann, ist dieser Art des Hockens eigentümlich. Derselbe Mann würde als Bettler ebenso sitzen; und es wird damit gesagt, daß er auch dann kein anderer wäre. Das Hocken kann beides enthalten, den Besitz wie die Leere. Von diesem letzteren ausgehend ist es zur Grundstellung für die Kontemplation geworden und jedem, der den Osten kennt, ein vertrauter

Anblick. Der Hockende hat sich von den Menschen abgelöst, lastet auf niemand und ruht in sich.

Das Knien

Neben der passiven Form der Ohnmacht, die wir im Liegen kennengelernt haben, gibt es eine sehr aktive, die sich unmittelbar auf den anwesenden Mächtigen bezieht und die eigene Ohnmacht so dirigiert, daß sie seine Macht erhöht. Die Gebärde des *Kniens* ist als ein Flehen um Gnade zu deuten. Der zum Tode Verurteilte hält seinen Kopf hin; er hat sich darin ergeben, daß man ihn abschlagen will. Er unternimmt nichts dagegen; durch die Haltung seines Körpers erleichtert er die Durchführung jenes fremden Willens. Aber er faltet die Hände und bittet den Mächtigen im letzten Augenblick noch um Gnade. Das Knien ist immer ein Vorspielen des letzten Augenblicks, auch wenn es in Wirklichkeit um etwas ganz anderes geht, eine äußerste Schmeichelei, die Beachtung einträgt. Wer sich scheinbar darein ergibt, getötet zu werden, schreibt dem, vor dem er kniet, die größte Macht zu, nämlich die über Leben und Tod. Einem so Mächtigen muß es auch möglich sein, allerhand anderes zu gewähren. Die Gnade des Angeflehten soll der Wehrlosigkeit des Knienden gleichkommen. Der Abstand wird als ein so großer vorgetäuscht, daß eben nur die Größe des Mächtigen ihn überbrücken kann; und tut sie es nicht, so bleibt er vor sich selber geringer zurück als im Augenblick, da man vor ihm kniete.

Der Dirigent

Es gibt keinen anschaulicheren Ausdruck für Macht als die Tätigkeit des Dirigenten. Jede Einzelheit seines öffentlichen Verhaltens ist bezeichnend, was immer er tut, wirft Licht auf die Natur der Macht. Wer nichts über sie wüßte, könnte ihre Eigenschaften eine nach der anderen aus einer aufmerksamen Betrachtung des Dirigenten ableiten. Daß es nie geschehen ist, hat einen einleuchtenden Grund: Die Musik, die der Dirigent hervorruft, schien den Menschen die Hauptsache, und es galt als ausgemacht, daß man in Konzerte geht, um Symphonien zu hören. Der Dirigent selber ist davon am meisten überzeugt; sein Treiben, glaubt er, ist Dienst an der Musik und soll diese genau vermitteln, nichts sonst.

Der Dirigent hält sich für den ersten Diener an der Musik. Er ist von ihr so sehr erfüllt, daß ihm der Gedanke an einen zweiten, außermusikalischen Sinn für seine Tätigkeit gar nicht kommen kann. Über die folgende Deutung wäre niemand mehr erstaunt als er.

Der Dirigent *steht.* Die Aufrichtung des Menschen als alte Erinnerung ist in vielen Darstellungen der Macht noch von Bedeutung. Er steht *allein.* Um ihn herum sitzt sein Orchester, hinter ihm sitzen die Zuhörer, es ist auffallend, daß er allein steht. Er steht *erhöht* und ist von vorn und im Rücken sichtbar. Vorne wirken seine Bewegungen aufs Orchester, nach rückwärts auf die Zuhörer. Die eigentlichen Anordnungen gibt er mit der Hand allein oder mit Hand und Stab. Diese oder jene Stimme weckt er plötzlich zum Leben durch eine ganz kleine Bewegung, und was immer er will, verstummt. So hat er Macht über Leben und Tod der Stimmen. Eine Stimme, die lange tot ist, kann auf seinen Befehl wiederauferstehen. Die Verschiedenheit der Instrumente steht für die Verschiedenheit der Menschen. Das Orchester ist wie eine Versammlung all ihrer wichtigsten Typen. Ihre Bereitschaft zu gehorchen ermöglicht es dem Dirigenten, sie in eine Einheit zu verwandeln, die er dann allgemein sichtbar für sie vorstellt.

Das Werk, das er ausführt, auf alle Fälle komplexer Natur, erfordert von ihm, daß er scharf aufpaßt. Geistesgegenwart und Raschheit gehören zu seinen kardinalen Eigenschaften. Über Gesetzesbrecher muß er mit Blitzeseile herfallen. Die Gesetze werden ihm an die Hand gegeben als Partitur. Andere haben sie auch und können seine Durchführung kontrollieren, aber er ganz allein bestimmt, und er allein richtet auf der Stelle über Fehler. Daß dies öffentlich geschieht, in jeder Einzelheit allgemein sichtbar, gibt dem Dirigenten ein Selbstgefühl eigener Art. Er gewöhnt sich daran, immer *gesehen* zu werden, und kann es immer schwerer entbehren.

Das Stillsitzen der Zuhörer gehört so sehr zur Absicht des Dirigenten wie die Folgsamkeit des Orchesters. Es wird ein Zwang auf die Zuhörer ausgeübt, sich unbeweglich zu verhalten. Bevor er da ist, vor dem Konzert, sprechen und bewegen sie sich durcheinander. Die Anwesenheit der Musiker stört niemand, man beachtet sie kaum. Da erscheint der Dirigent. Es wird still. Er stellt sich auf; er räuspert sich; er hebt den Stab: alle verstummen und erstarren. Solange er dirigiert, dürfen sie sich nicht bewegen. Sobald er zu Ende ist, sollen sie klatschen. Alle ihre Bewegungslust, die durch die Musik geweckt und gesteigert wird, soll sich bis zum Ende stauen, dann aber losbrechen. Für die klatschenden Hände verneigt er sich. Für sie kehrt er immer wieder zurück, sooft die Hände es wollen. Ihnen, aber ihnen allein, ist er ausgeliefert, für sie lebt er wirklich. Es ist die alte Akklamation des Siegers, die ihm so zuteil wird. Die Größe des Sieges drückt sich im Maße des Beifalls aus. Sieg und Niederlage werden zur Form, in der sein seelischer Haushalt sich organisiert. Nichts außerhalb zählt, alles, was es sonst im Leben von anderen gibt, verwandelt sich hier in Sieg und Niederlage.

Während des Spiels ist der Dirigent für die Menge im Saal ein Führer. Er steht an ihrer Spitze und hat ihnen den Rücken zugekehrt. Er ist es, dem man folgt, denn er tut den ersten Schritt. Aber statt mit dem Fuße holt er mit der Hand aus. Der Ablauf innerhalb der Musik, den die Hand bewirkt, steht für den Weg, den er mit den Beinen voranschreiten würde. Der Haufen im Saal wird durch ihn entführt. Während eines ganzen Werkes bekommen sie sein Gesicht nie zu sehen. Er ist unerbittlich, Rast ist nicht erlaubt. Sein Rücken steht immer vor ihnen, als wäre er das Ziel. Würde er sich einmal wenden, ein einziges Mal, der Bann wäre gebrochen. Der Weg, den sie gehen, wäre nicht mehr ein Weg, und sie säßen enttäuscht in einem unbewegten Saal. Aber man kann sich darauf verlassen, daß er sich nicht umwendet. Denn während sie ihm folgen, hat er vorne eine kleine Armee von Berufsspielern zu meistern. Auch hier hilft ihm die Hand, aber sie gibt nicht nur Schritte an, wie für die Leute hinten, sie erteilt Befehle.

Sein Blick, so intensiv wie möglich, erfaßt das ganze Orchester. Jedes Mitglied fühlt sich von ihm gesehen, aber noch mehr von ihm gehört. Die Stimmen der Instrumente sind die Meinungen und Überzeugungen, auf die er schärfstens achtet. Er ist *allwissend*, denn während die Musiker nur ihre Stimmen vor sich liegen haben, hat er die vollständige Partitur im Kopf oder auf dem Pult. Es ist ihm genau bekannt, was jedem in jedem Augenblick erlaubt ist. Daß er auf alle zusammen achtet, gibt ihm das Ansehen der *Allgegenwärtigkeit*. Er ist sozusagen in jedermanns Kopf. Er weiß, was jeder machen soll, und er weiß auch, was jeder macht. Er, die lebende Sammlung der Gesetze, schaltet über beide Seiten der moralischen Welt. Er gibt an, was geschieht, durch das Gebot seiner Hand, und verhindert, was nicht geschehen soll. Sein Ohr sucht die Luft nach Verbotenem ab. Für das Orchester stellt der Dirigent so tatsächlich das ganze Werk vor, in seiner Gleichzeitigkeit und Aufeinanderfolge, und da während der Aufführung die Welt aus nichts anderem bestehen soll als aus dem Werk, ist er genau so lange der Herrscher der Welt.

Ruhm

Dem gesunden Ruhm ist es gleichgültig, in wessen Mund er gerät, er macht keinen Unterschied; wesentlich ist nur, daß *der Name ausgesprochen* wird. Die Gleichgültigkeit gegen die Aussprechenden, besonders aber ihre Gleichheit untereinander für den Ruhmsüchtigen, verrät die Herkunft seiner Sucht aus Massenvorgängen. *Sein Name sammelt sich eine Masse.* Ganz nebenher, und nur wenig im Zusammenhang mit dem, was ein Mensch wirklich ist, führt der Name sein eigenes, gieriges Leben.

Die Masse des Ruhmsüchtigen besteht aus Schatten; Geschöpfen nämlich, die noch gar nicht am Leben sein müssen, wenn sie nur einmal das einzige können werden: einen ganz bestimmten Namen sagen. Es ist erwünscht, daß sie ihn oft sagen, und es ist auch erwünscht, daß sie ihn vor vielen sagen, in einer Gemeinde also, damit viele ihn lernen und sich in seiner Aussprache bestärken. Aber was diese Schatten sonst treiben, ihre Größe, ihr Aussehen, ihre Nahrung, ihr Werk ist dem Berühmten gleichgültiger als Luft. Solange sich einer um die Inhaber von namensagenden Mündern bekümmert, um sie wirbt, sie besticht, antreibt oder peitscht, ist er noch gar nicht berühmt. Er ist dann erst dabei, die Kader für seine spätere Armee von Schatten zu trainieren. Den Ruhm hat er erst gewonnen, wenn er es sich erlauben kann, sie alle fallenzulassen, ohne etwas dabei zu verlieren.

Die Unterschiede zwischen dem *Reichen*, dem *Machthaber* und dem *Berühmten* sind etwa so zu fassen:

Der *Reiche* sammelt Haufen und Herden. Für diese steht das Geld. Um Menschen ist es ihm nicht zu tun; es genügt ihm, daß er sich solche kaufen kann.

Der *Machthaber* sammelt *Menschen*. Haufen und Herden bedeuten ihm nichts, es sei denn, er braucht sie für die Erwerbung von Menschen. Er will aber Menschen, die *leben*, um sie in seinen Tod vorauszuschikken oder mitzunehmen. Auf frühere Tote und die Nachgeborenen kommt es ihm nur mittelbar an.

Der *Berühmte* sammelt *Chöre*. Er will nur seinen Namen von ihnen hören. Sie können tot oder am Leben oder noch nicht am Leben sein, das ist gleichgültig, wenn sie nur groß sind und irgendeinmal auf seinen Namen eingeübt.

Die Ordnung der Zeit

Für alle größeren politischen Formationen wird die *Ordnung* wesentlich.

Die Ordnung der *Zeit* regelt alle gemeinsamen Aktivitäten der Menschen. Man könnte sagen, daß die Ordnung der Zeit das vornehmste Attribut aller Herrschaft sei. Eine neu entstandene Macht, die sich behaupten will, muß an eine Neuordnung der Zeit gehen. Es ist, als beginne mit ihr die Zeit; wichtiger noch ist jeder neuen Macht, daß sie nicht *vergeht*. Aus ihren zeitlichen Ansprüchen läßt sich die Größenvorstellung entnehmen, die eine Macht von sich hat. Hitler mochte es nicht unter einem Tausendjährigen Reich tun. Der Julianische Kalender Cäsars hat länger gedauert; noch länger besteht der Name des Monats, der nach ihm benannt wurde. Von historischen Figuren hat Augustus allein es zu einem *dauernden* Monatsnamen gebracht. Andere haben vorübergehend Monate nach ihrem Namen benennen lassen; aber mit ihren Standbildern sind auch ihre Namen gestürzt.

Die großartigste Wirkung auf die Rechnung der Zeit hat Christus gehabt; er hat darin Gott selbst übertroffen, von dessen Schöpfung der Welt die Juden die Zeit herrechnen. Die Römer zählten die Zeit nach der Gründung ihrer Stadt, eine Methode, die sie von den Etruskern übernommen hatten; es hat zum gewaltigen Schicksal Roms in den Augen der Welt nicht wenig beigetragen. Manche Eroberer begnügen sich damit, ihren Namen irgendwo in den Kalender einzuschieben. Napoleon soll sich mit Hoffnungen auf den 15. August getragen haben. Die Verbindung eines Namens mit der regelmäßigen Wiederkehr der Zeit übt eine unwiderstehliche Anziehung aus. Daß die ungeheure Mehrzahl der Menschen von dem Ursprung einer zeitlichen Bezeichnung kein Bewußtsein hat, scheint der Stärke des Wunsches von Machthabern, sich auf diese Art zu verewigen, keinen Abbruch zu tun. Zu einer ganzen Jahreszeit hat es noch niemand gebracht, wohl aber sind ganze Reihen von Jahrhunderten unter dem Namen einer Dynastie zusammengefaßt worden. Die chinesische Geschichte rechnet nach ihnen: man spricht von der Han- oder Tangzeit. Ihr Glanz kommt auch kleinen und erbärmlichen Dynastien zugute, die besser vergessen wären. Es ist eine Methode der Zeitrechnung im großen bei den Chinesen geworden, eine Verewigung mehr von Familien als einzelner Individuen.

Aber die Beziehung von Machthabern zur Zeit erschöpft sich nicht in der Eitelkeit ihrer Namen. Es geht auch um die *Ordnung* der Zeit selbst, und nicht bloß um das Umbenennen bereits vorhandener Einheiten. Die Geschichte der Chinesen beginnt mit einer solchen Ordnung. Das Ansehen der sagenhaften ältesten Herrscher beruht zum größten Teil auf der wirkungsvollen Einteilung der Zeit, die man ihnen zuschreibt. Zu ihrer Überwachung sind besondere Beamte eingesetzt. Sie werden bestraft, wenn sie ihr Amt vernachlässigt haben. Unter ihrer gemeinsamen Zeit haben sich die Chinesen erst eigentlich zu einem Volke zusammengeschlossen.

Nach Ordnungen der Zeit lassen sich Zivilisationen noch am ehesten umgrenzen. Ihre Bewährung besteht in der Dauer ihrer geregelten Überlieferung. Sie zerfallen, wenn niemand diese weiterführt. Ihre Zivilisation ist zu Ende, wenn es ihr mit ihrer Zeitrechnung nicht mehr ernst ist. In diesem Punkte ist eine Analogie mit dem Leben des einzelnen Menschen nicht unstatthaft. Ein Mensch, der nicht mehr wissen will, wie alt er ist, hat mit seinem Leben abgeschlossen, und er lebt nicht mehr, wenn er es nicht wissen kann. Perioden zeitlicher Desorientierung im Dasein einzelner wie dem ganzer Kulturen sind Perioden der *Scham*, die man, so rasch es nur angeht, auszumerzen sucht.

Die praktischen Gründe für diese überwältigende Bedeutung, die die Einteilung der Zeit bekommen hat, liegen auf der Hand. Sie faßt größere Einheiten von Menschen zusammen, die weit zerstreut leben und sich nicht mehr von Angesicht zu Angesicht gewahren können. In einer kleinen Horde, die aus fünfzig Mitgliedern besteht, weiß jeder immer, was der andere tut. Zu gemeinsamen Übungen finden sie sich leicht zusammen. Ihr Rhythmus spielt sich in gewissen Meuten-Zuständen ab. Sie *tanzen* ihre Dauer, wie sie vieles andere tanzen. Auf die Zeit von einer Meute zur andern kommt es nicht mehr an. Soweit es auf sie ankommt, ist sie leicht zu übermitteln, da man nah beeinander ist. Mit jeder Erweiterung des Zusammenhanges wird es notwendiger, sich um die rechte Zeit zu bekümmern. Trommel- und Feuerzeichen dienen hier der Übermittlung auf weite Entfernung.

Es ist bekannt, daß als die ersten zeitlichen Zusammenfassungen größerer Gruppen von Menschen das Leben einzelner Individuen diente. Die *Könige,* die es auf bestimmte Zeitabstände waren, verkörperten diese Zeit für *alle.* Ihr Tod, ob er nun mit dem Nachlassen ihrer vollen Kraft erfolgte oder später mehr der natürlichen Dauer ihres Lebens entsprechend, bezeichnete immer einen Abschnitt der Zeit. Sie *waren* die Zeit, zwischen einem und dem andern stand die Zeit still, und solche Zwischenperioden – Interregna – suchte man auf eine möglichst geringe Dauer zu beschränken.

Der Hof

Ein Hof ist vor allem als ein Zentrum gedacht, als ein Mittelpunkt, an dem man sich orientiert. Die Neigung, sich um einen Mittelpunkt zu bewegen, ist sehr alt, man hat sie schon bei Schimpansen beobachtet. Aber ursprünglich war auch dieser Mittelpunkt selbst beweglich. Er konnte da und dort entstehen, er wanderte mit denen, die sich um ihn bewegten. Erst allmählich setzte sich der Mittelpunkt *fest.* Große Steine und Bäume waren das Vorbild zu allem, was nicht von der Stelle wich. Aus Bäumen und Steinen sind denn auch später die festesten Residenzen errichtet worden. Das Bleibende daran wurde immer mehr betont. Die Schwierigkeit der Erbauung eines solchen Zentrums, das Herbeischleppen von Steinen aus großer Ferne, die Zahl der an dieser Arbeit beteiligten Menschen, die Zeitspanne selbst, die seine Errichtung erforderte, alles trug dazu bei, sein Ansehen als ein Bleibendes zu erhöhen.

Aber dieser dauernde Mittelpunkt einer kleinen Welt, die an ihm zu einer *Ordnung* wurde, war noch nicht ein Hof. Zum Hof gehört ein Kern von Menschen in nicht zu geringer Zahl, die ihm auf das Sorgfältigste eingegliedert sind, als wären sie selber ein Teil des Baues. Sie sind, wie die Räume selbst, in verschiedener Distanz und Höhe angeordnet. Ihre Pflichten sind präzis und erschöpfend festgelegt. Sie dürfen genau so viel und auf keinen Fall mehr tun. Aber zu bestimmten Zeiten versammeln sie sich, und ohne dabei aufzugeben, was sie sind, ohne ihren Platz zu vergessen, ihrer Beschränkung wohlbewußt, huldigen sie dem Herrscher.

Ihre Huldigung besteht darin, daß sie *da* sind, ihm zugewandt, um ihn geschart und ihm doch nicht zu nah, von ihm geblendet, ihn fürchtend und alles von ihm erwartend. In dieser eigentümlichen Atmosphäre, in der Glanz, Schrecken und Gunst sich gleichmäßig durchdringen, verbringen sie ihr Leben. Es gibt kaum etwas anderes für sie daneben. Sie haben sich sozusagen auf der Sonne selber angesiedelt und beweisen den übrigen Menschen damit, daß auch sie bewohnbar ist.

Die faszinierte Haltung der Höflinge, die den Herrscher immer im Auge behält, ist das einzige, das ihnen allen gemeinsam ist. Sie sind sich darin vom ersten bis zum letzten gleich. In dieser unveränderlichen Blickrichtung haben sie etwas von einer Masse; aber nur den ersten Ansatz dazu, nicht mehr; denn eben derselbe Blick erinnert jeden an seine Pflicht, die sich von der aller übrigen Höflinge unterscheidet.

Die Haltung der Höflinge soll auf die übrigen Untertanen ansteckend wirken. Was jene *immer* tun, dazu soll es diese *manchmal* treiben. Bei bestimmten Gelegenheiten, zum Beispiel wenn der König in die Stadt einzieht, sollen alle ihre Bewohner auf ihn warten, so wie die Höflinge sonst im Palast, und ihm die Huldigung, die sie lange schuldig geblieben sind, um so begeisterter auf einmal darbringen. Die Nähe des Hofes soll alle Untertanen in die Hauptstadt locken, wo man wirklich in großen, konzentrischen Kreisen um den inneren der Höflinge Aufstellung nimmt. Die Kapitale wächst um den Hof, ihre Häuser sind eine Dauerhuldigung an diesen. Der König, großmütig, wie es sich für ihn gebührt, revanchiert sich durch Prunkgebäude.

Der Hof ist ein gutes Exempel für einen *Massenkristall*. Die Menschen, die ihn bilden, haben ganz separate Funktionen und kommen sich untereinander sehr verschieden vor. Aber für die anderen haben sie – eben als Höflinge – alle etwas Gleiches und bilden eine Einheit, von der eine gleichmäßige Gesinnung ausstrahlt.

Der wachsende Thron des Kaisers von Byzanz

Immer hat *plötzliches Wachsen* auf Menschen einen gewaltigen Eindruck gemacht. Mehr als bleibende, körperliche Größe, mehr als rasches Sich-Erheben von einem Sitze wurde die kleine Gestalt angestaunt, die vor den Augen der Zuschauer ins Riesenhafte wuchs. Aus Mythologie und Märchendichtung vieler Völker sind solche Figuren wohlbekannt. Eine bewußte Verwendung dieses Gestaltwandels zu Zwecken der Macht wird aus dem *Byzanz* des 10. Jahrhunderts gemeldet. *Liudprand von Cremona*, der Gesandte Otto I., hat folgenden Bericht über seinen Empfang beim byzantinischen Kaiser hinterlassen.

›Vor dem Thron des Kaisers stand ein eherner, aber vergoldeter Baum, dessen Zweige erfüllt waren von Vögeln verschiedener Art, ebenfalls von Erz und vergoldet, die sämtlich, ein jeder nach seiner Art, den Gesang der verschiedenen Vögel ertönen ließen. Der Thron des Kaisers aber war so künstlich gebaut, daß er in einem Augenblick niedrig, im nächsten größer und gleich darauf hoch erhaben schien. Löwen von ungeheurer Größe, ich weiß nicht, ob aus Metall oder aus Holz, aber mit Gold überzogen, standen gleichsam als Wächter des Throns, indem sie mit dem Schweife auf den Boden schlugen und mit offenem Rachen und beweglicher Zunge ein Gebrüll erhoben. In diesem Saale also wurde ich, unterstützt von zwei Verschnittenen, vor das Antlitz des Kaisers geführt. Bei meinem Eintritt brüllten die Löwen, und die Vögel zwitscherten jeder nach seiner Weise, mich aber ergriff weder Furcht noch Staunen, da ich mich nach allem diesen bei Leuten, welche damit wohlbekannt waren, genau erkundigt hatte.

Als ich nun zum drittenmal niedergefallen war und den Kopf emporrichtete, da erblickte ich ihn, den ich vorher auf einer mäßigen Erhöhung hatte sitzen sehen, fast bis an die Decke der Halle emporgehoben und mit anderen Kleidern angetan als vorher. Wie dieses zugegangen, kann ich nicht begreifen, es sei denn, daß er in derselben Weise wie die Bäume der Kelterpressen gehoben wurde. Mit eigenem Mund sprach der Kaiser bei dieser Gelegenheit kein Wort: denn wenn er es auch gewollt hätte, so wäre solches wegen der großen Entfernung nicht anständig gewesen. Durch seinen Logotheten aber oder Kanzler erkundigte er sich nach Leben und Wohlergehen meines Herrn. Nachdem ich darauf in gebührender Weise geantwortet hatte, trat ich auf den Wink des Dolmetschers ab und ward in die mir angewiesene Herberge geführt.‹

Während der Gesandte niederfällt und mit dem Kopf den Boden berührt, wächst der Thron des Kaisers in die Höhe. Die *Erniedrigung* des einen wird zur *Erhöhung* des anderen verwendet. Der Abstand zwischen den beiden, der durch die Tatsache des Empfangs zu sehr verringert worden war, wird in der Vertikalen wiederhergestellt. Künstliches Vogelgezwitscher und künstliches Löwengebrüll wird durch die Kunst eines wachsenden Throns noch übertroffen. Dieses Wachstum versinnbildlicht das *Zunehmende* der Macht: ihre Drohung an den Abgesandten einer fremden Macht ist nicht zu verkennen.

Größenideen der Paralytiker

Was eigentlich versteht der Mensch unter ›Größe‹? Das Wort wird auf so vieldeutige Weise gebraucht, daß man daran verzweifeln könnte, ihm je einen klaren Sinn zu entnehmen. Was ist nicht alles schon als ›groß‹ bezeichnet worden! Das Gegensätzlichste und Lächerlichste findet sich hier zusammen, in nächster Nachbarschaft mit Leistungen, ohne die man sich ein menschenwürdiges Dasein überhaupt nicht vorstellen mag. Gerade in seiner Verwirrung drückt dieses Wort ›Größe‹ etwas aus, ohne das die Menschen nicht mehr leben können. Man muß es in seiner Vieldeutigkeit zu fassen suchen, und vielleicht ist es geraten, sich der ›Größe‹ im Kopfe einfacher Menschen zu nähern, wo sie in ihrer faßbarsten und äußerlichsten Form auftritt.

Eine Krankheit, die weitverbreitet und wohl studiert ist, kommt einem hier wie gerufen. Die *Paralyse* ist vielfach, und ganz besonders in ihrem klassischen Fall, durch eine massenhafte Erzeugung von *Größenideen* ausgezeichnet. Sie wechseln in buntester Folge ab und sind auch leicht von außen her anzuregen. Nicht jede Paralyse hat sie, es gibt auch depressive Formen dieser Krankheit, die sich durch Kleinheitsideen auszeichnen; in manchen Fällen jagt sich beides nebeneinander her. Aber nicht um eine Betrachtung dieser Krankheit als solcher geht es hier. Was uns interessiert, ist die konkrete Ansammlung von Größenideen in bestimmten, genau bekannten und geschilderten Fällen. Gerade die Fülle dieser Ideen, ihre Naivität und leichte Anregbarkeit, das, was sie für den ›Normalen‹, das heißt den nicht an Paralyse Erkrankten, so sinnlos macht, gibt erstaunliche Aufschlüsse über die ›Größe‹. Man muß sich bei den Aufzählungen, die nun folgen, ein wenig gedulden. Es ist notwendig, sie so komplett wie möglich anzuhören, bevor man darangehen kann, ihren Sinn zu ergründen. Die beiden Kranken, von denen im folgenden die Rede ist, gehören übrigens in die Zeit des wilhelminischen Deutschland, ein Umstand, der für manche ihrer Vorstellungen von Bedeutung ist.

Ein Kaufmann in mittleren Jahren, der in der Kräpelinschen Klinik vorgeführt wird, hat folgendes über sich zu sagen:

›Er sei verrückt gewesen durch Anstrengung und Hetzereien, jetzt aber geistig wieder völlig gesund, nur noch etwas nervös. Seine Arbeitskraft sei in der Klinik bei der guten Pflege sehr gewachsen, so daß er viel leisten könne. Deswegen habe er auch glänzende Aussichten, gedenke bei seiner bald bevorstehenden Entlassung eine große Papierfabrik anzulegen, zu der ihm ein Freund das nötige Geld gebe. Außerdem habe ihm Krupp, dessen guter Bekannter jener Freund sei, ein Gut bei Metz zur Verfügung gestellt, auf dem er im großen eine Gärtnerei betreiben wolle; auch für Weinberge sei die Gegend sehr geeignet. Ferner werde er vierzehn Pferde für den landwirtschaftlichen Betrieb anschaffen sowie einen schwunghaften Holzhandel einrichten, der ihm sicher ein hübsches Sümmchen eintragen müsse. Auf den Einwand, daß alle diese Geschäfte doch wohl nicht so glatt ablaufen würden und erhebliche Mittel erfordern, meint er zuversichtlich, daß er mit seiner großen Arbeitskraft das schon bewältigen werde; auch an Geld werde es ihm bei den vorzüglichen Gewinnaussichten nicht fehlen können. Zugleich läßt er durchblicken, daß der Kaiser sich für ihn interessiere und ihm gestatten werde, den Adel, den sein Großvater wegen Mittellosigkeit abgelegt habe, wieder anzunehmen; eigentlich dürfe er ihn jetzt schon tragen. Alle diese Mitteilungen macht der Kranke in ruhigem, sachlichem Ton; er benimmt sich dabei natürlich.‹

Es ist leicht, ihn zu einer Ausdehnung seiner Pläne anzuregen. ›Deutet man ihm an, daß wohl auch Geflügelzucht vorteilhaft sein könnte, so versichert er sofort, daß er selbstverständlich auch Truthühner, Perlhühner, Pfauen und Tauben halten, Gänse mästen, eine Fasanerie anlegen werde.‹

Seine Krankheit war zuerst durch große Einkäufe und Pläne aufgefallen. Als er in die Klinik aufgenommen wurde, ›fühlte er sich sehr zum Schaffen angeregt, geistig und körperlich so wohl wie nie. Er wollte hier, wo es ihm ausgezeichnet gefalle, dichten, was er besser könne als Goethe, Schiller und Heine ... Er wollte eine Unmasse neuer

Maschinen erfinden, die Klinik umbauen, einen Dom errichten, höher als der Kölner, einen Glaspanzer um die Anstalt ziehen. Er sei ein Genie, spreche alle Sprachen der Welt, gieße eine Kirche aus Gußstahl, verschaffe vom Kaiser die höchsten Orden, erfinde ein Mittel, die Narren zu bändigen, schenke der Anstaltsbücherei 1000 Bände, meist philosophische Werke, habe lauter göttliche Gedanken. Diese Größen-Ideen wechselten fortwährend, entstanden im Augenblick, um rasch von neuen abgelöst zu werden ... Der Kranke sprach, schrieb und zeichnete ohne Unterlaß, bestellte kurzerhand alles, was in den Anzeigen der Zeitungen angeboten wurde, Lebensmittel, Villen, Kleider, Zimmereinrichtungen. Bald war er Graf, bald Generalleutnant, bald schenkte er dem Kaiser ein ganzes Feldartillerie-Regiment. Er erbot sich, die Klinik oben auf einen Berg zu versetzen.‹

Versuchen wir etwas wie eine vorläufige Ordnung in dieses bunte Durcheinander zu bringen. Da ist einmal etwas, was man die *Höhentendenz* nennen könnte: Er will einen Dom errichten, der den Kölner an Höhe übertrifft, und die Klinik will er auf einen Berg hinauf versetzen. Diese Höhe, die er bewerkstelligt, kommt ihm dann selber zu. Auf menschliche Rangverhältnisse übertragen, drückt sich das im Adel seines Großvaters aus; er ist selber Graf; in der militärischen Hierarchie ist er Generalleutnant. Der Kaiser interessiert sich für ihn, er kann ihn zur Erteilung von Orden bewegen, er *beschenkt* ihn mit einem ganzen Regiment. Darin ist enthalten, daß er noch höher als der Kaiser hinaus will.

Derselbe Drang erstreckt sich auch auf die Sphäre des Geistigen: als Genie spricht er alle Sprachen der Welt, so als wären die Sprachen etwas wie die Untertanen des Genies, und die berühmtesten Dichter, die er kennt, Goethe, Schiller und Heine, wird *er* übertreffen. Man hat das Gefühl, daß es bei dieser Höhentendenz nicht darauf ankommt, oben zu *bleiben*, sondern *rasch hinaufzugelangen*. Immer wieder soll man plötzlich rasch in die Höhe klettern, jede Gelegenheit ist dazu recht. Es zeigt sich, daß, was bis jetzt als das Höchste galt, leicht zu übertreffen ist. Neue Höhenrekorde werden aufgestellt. Der Verdacht ist nicht abzuweisen, daß es sich bei diesen Höhenrekorden eigentlich um solche des *Wachstums* handelt.

Eine zweite Tendenz, die nicht weniger auffällig ist, ist die zum *Erwerb*. Es ist von einer Papierfabrik und einem Holzhandel die Rede, von einer großen Gärtnerei, Weinbergen und Pferden. Aber die Art, wie die Anregung zur Geflügelzucht aufgenommen wird, verrät, daß der Erwerb noch recht archaische Züge trägt. Es geht um ein *Mehrwerden* von allem Möglichen, besonders von allem Lebenden, das sich gern vermehrt. Truthühner, Perlhühner, Pfauen, Tauben, Gänse, Fasanen werden alle einzeln aufgezählt, als Gattungen, und bei jeder von diesen spielt die Vorstellung mit, daß sie sich durch Züchtung ins Ungemessene vermehren lassen. Der Erwerb ist hier noch, was er ursprünglich war: eine Beeinflussung natürlicher Massen zu ihrer Vermehrung, die einem dann zugute kommt.

Das dritte ist die Tendenz zur *Verschwendung*. Er bestellt alles, was in den Anzeigen der Zeitung angeboten wird, Lebensmittel, Villen, Kleider, Zimmereinrichtungen. Wäre er frei und hätte er wirklich Geld, so würde er alle diese Dinge *kaufen*. Man kann aber nicht sagen, daß er sie *aufhäufen* würde. Ganz bestimmt würde er mit ihnen so frei umgehen wie mit dem Geld, er würde sie an alle möglichen Leute verschenken. Das *Behalten* ist so wenig seine Sache wie das *Besitzen*. Er sieht wohl die Dinge, die er kaufen möchte, in Haufen vor sich, aber nur solange er sie nicht hat. Das Flüssige am Besitz ist ihm wichtiger als der Besitz selbst. Seine Geste, die als eine doppelte erscheint, ist im Grunde *eine*: ein *Herholen* und *Wegwerfen mit vollen Händen*. Es ist eine Geste der *Größe*.

Wenden wir uns nun einem zweiten Falle zu, einem andern, übrigens gleichaltrigen Kaufmann, dessen Form der Paralyse eine viel *erregtere* ist. Auch bei ihm begann es alles mit großen Plänen: Er kaufte plötzlich ohne Mittel eine Badeanstalt für 35 000 Mark, bestellte für 14 000 Mark Champagner und für 16 000 Mark Weißwein, um eine Wirtschaft einzurichten. In der Klinik schwatzt er unaufhörlich: ›Er will sich größer machen lassen, so daß er vier Zentner wiegt; er läßt sich Stahlstangen in die Arme setzen und trägt eiserne Orden von zwei Zentnern Gewicht; er macht sich 50 Negerinnen mit einer eisernen Maschine und wird immer 42 Jahre alt bleiben; er heiratet eine Gräfin von 16 Jahren mit 600 Millionen Vermögen, die vom Papste die Tugendrose bekommen hat. Pferde besitzt er, die keinen Hafer fressen, ferner hundert goldene Schlösser mit Schwänen und Walfischen aus dem Stoffe, aus dem man die kugelsicheren Panzer macht; er habe große Erfindungen gemacht, dem Kaiser ein Schloß für 100 Millionen gebaut, steht mit ihm auf du und du, hat vom Großherzog 124 Orden bekommen, schenkt jedem armen Teufel eine halbe Million.

Daneben bestehen Verfolgungsideen. Man hat ihn fünfmal morden wollen, saugt ihm jede Nacht zwei Kübel voll Blut aus dem Hintern, er wird daher die Wärter köpfen, von Hunden zerreißen lassen, baut sich eine Dampfguillotine.‹

Hier ist alles schon viel krüder und deutlicher: es geht um die Nacktheit des Wachsens, das Wachsen selbst, und am Vier-Zentner-Gewicht des Gewachsenen läßt es sich messen. Es geht um *Kraft*, er läßt sich Stahlstangen in die Arme setzen. Es geht um schwerste und unvergänglichste *Auszeichnung*: eiserne Orden von zwei Zentnern Gewicht; er ist stark genug, sie zu tragen. Es geht um *Potenz* und um Stillstand der Jahre: Für seine 50 Negerinnen wird er immer 42 Jahre bleiben. Die tugendhafteste und reichste, die jüngste Braut ist für ihn gut genug. Seinen Pferden ist Hafer zu gering. Die Schwäne in seinen 100 goldenen Schlössern sind wohl auch Frauen und jedenfalls ein Kontrast zu seinen Negerinnen; Walfische aber besitzt er als die größtmöglichen Geschöpfe. Auch auf seine Unverwundbarkeit ist er bedacht. Es ist – allerdings im Zusammenhang mit den Walfischen – von kugelsicheren Panzern, aber auch sonst sehr viel von Metallen die Rede. Hundert Millionen, über die er herrscht, kostet das Schloß für den Kaiser; so sind sie, über diese Millionen, auf du und du. Arme Teufel gibt es zu Millionen, jeder ist etwas Halbes; wahrscheinlich veranlaßt ihn dies dazu, jedem von ihnen eine halbe Million zu schenken. In seiner exaltierten Position ist er Verfolgungen natürlich ausgesetzt. Ein einziger Mordversuch kann einer so bedeutenden Persönlichkeit nicht genügen. Es ist sein Recht, die Wärter, die ihm das Blut saugen (von hinten, um ihre niedrige Stellung auszudrücken), für ihre Untaten köpfen und von Hunden zerreißen zu lassen. Aber rascher als die altmodische Meute der Hunde ist die Dampfguillotine, die er sich für Massenhinrichtungen erbaut.

Je teurer etwas ist, je höher der ausgesetzte Preis, je mehr von Tausendern dabei die Rede ist, um so mehr reizt es ihn. Das Geld hat wieder seinen alten Massencharakter. Es nimmt sprunghaft und mit größter Beschleunigung zu, gleich ist man bei der Million angelangt; einmal erreicht, spielen Millionen dann die ausschlaggebende Rolle. Die Bedeutung des Wortes hat etwas Schillerndes, es bezieht sich auf Menschen so gut wie auf Geldeinheiten. Die wichtigste Eigenschaft der Masse, *ihr Drang zu wachsen*, hat sich auch dem Gelde mitgeteilt. Der Große schaltet und waltet in Millionen.

Erwerb und Verschwendung sind, wie früher, der doppelte Aspekt einer einzigen Bewegung; Kaufen und Verschenken, wie alles übrige, Mittel zu seiner Expansion. Man könnte sie, im Unterschied zu jener Höhentendenz, als sein *Breitenwachstum* bezeichnen. Es ist für ihn kein Unterschied zwischen *Kaufen* und *Verschenken;* mit seinem massenhaften Geld überzieht er die Gegenstände, bis sie in ihn einbezogen, mit Geld und Gegenständen überzieht er die Menschen, bis sie für ihn gewonnen sind.

Auf eine naive und darum besonders überzeugende Weise findet sich hier jene traditionelle Eigenschaft der Könige wieder, die man aus den Märchen oder auch aus der Geschichte so gut kennt: die Freigebigkeit. Von einem westafrikanischen Negerkönig des 14. Jahrhunderts wird erzählt, daß er auf der Pilgerfahrt nach Mekka die ganze Stadt Kairo aufgekauft hat, eine Leistung, die ihm nie vergessen wurde. Die Prahlerei des Aufkaufens ist heute noch weitverbreitet, nicht weniger die Prahlerei der Verschwendung. Den vielfach angezweifelten Geldkönigen unserer Zeit ist von allen Manifestationen der Größe nichts anderes mehr wirklich gegönnt als das Riesenhafte ihrer öffentlichen Schenkungen. Unser Kranker wirft mit Schlössern zu 100 Millionen um sich und findet einen willigen Abnehmer im Kaiser.

Seine Größenideen sind gewiß sehr abwechslungsreich; aber man hat nicht den Eindruck, daß er sich an ihnen *verwandelt.* Er bleibt immer er selbst, auch wenn er vier Zentner wiegt, seine 16jährige Tugendgräfin heiratet oder mit dem Kaiser auf du und du ist. Es wird, im Gegenteil, alles, was von außen an ihn herankommt, für ihn selbst verwendet. Er ist der feste und zentrale Punkt im Universum; er erobert es, indem er ißt und wächst, aber er wird nie zu etwas anderem. Das Sprunghafte seiner Ideen liefert ihm Nahrung; deren Abwechslung und Varietät ist ihm gewiß wichtig, denn er will auf jede erdenkliche Art wachsen; aber mehr als die Verschiedenheit von Nahrung ist es nicht. Ihre Buntheit täuscht; es ist die Buntheit des Appetits, nichts weiter.

Die Vielfalt seiner Größenideen ist nur möglich, weil an keiner festgehalten wird. Es braucht eine nur aufzutauchen, und sie findet schon ihre Erfüllung. Es ist natürlich, seine Ziele zu wechseln, wenn man sie so rasch erreicht. Wie aber kommt es, daß der Kranke so gar keinen Widerstand gegen seine Ideen fühlt? Was immer ein Wort an Macht und Reichtum, an Möglichkeiten privater Expansion verheißt –

man braucht es ihm nur hinzuwerfen, und er glaubt alles, was es enthält, auch schon erreicht. Diese Leichtigkeit scheint damit zusammenzuhängen, daß er die *Masse* immer auf seiner Seite fühlt. In jeder ihrer Verkleidungen ist die Masse für ihn da, ob es um die 600 Millionen seiner Mitgift geht, die 100 goldenen Schlösser oder die 50 Negerinnen, die er mit einer eisernen Maschine produziert. Selbst wo er sich über etwas ärgert, wie über die Wärter zum Beispiel, hat er gleich eine Meute von Hunden zur Hand, die auf seinen Befehl über sie herfallen, um sie zu zerreißen. Wenn er aber ans Köpfen denkt, so erfindet er gleich eine Dampfguillotine, die es auf massenhafte Weise besorgt. Die Masse ist immer hinter ihm, nicht gegen ihn, und wenn sie einmal ausnahmsweise gegen ihn ist, besteht sie aus bereits Geköpften.

Vom früheren Falle her erinnern wir uns, wie alle Unternehmungen bereit waren, für den Kranken zu florieren, besonders die landwirtschaftlichen. Jede Art von Geflügel wartet nur darauf, sich ihm zuliebe zu vermehren, und wenn er Lust verspürte, für die Bücherei der Anstalt etwas zu tun, fanden sich gleich tausend Bände bei ihm ein. Zum Kaufen und Verschenken stellen sich beiden alle erdenklichen Tausender und Millionen zur Verfügung.

Es ist wichtig, auf diese positive Haltung der Masse im Paralytiker mit Größenideen, auf ihre günstige Gesinnung hinzuweisen. Sie stellt sich ihm nie entgegen; sie ist der eigentlich willige Stoff zu seinen Plänen, und was immer ihm durch den Kopf geht, realisiert sie für ihn. Er könnte nie zuviel wollen, denn ihr Wachstum ist so unbegrenzt wie das seine. Sie ist von einer bedingungslosen Loyalität gegen ihn, wie sie kein Herrscher noch an seinen Untertanen je erlebt hat. Man wird sehen, daß die Masse im *Paranoiker* ganz andere, nämlich *feindliche* Töne anschlägt. Die Größenideen bei den Paranoikern sind denn auch viel umstrittener und zeigen die Neigung, immer rigider zu werden. Wenn die feindlich gesinnte Masse die Oberhand behält, schlagen sie in Verfolgungsideen um.

Fassen wir nun zum Schluß vereinfachend zusammen, was sich aus den Größenideen der Paralytiker lernen läßt, so können wir sagen, daß es da um ein Immerweiter- und Wiederwachsen in zweierlei Richtung geht: einmal die der *Person* selbst; sie will physisch größer und schwerer werden und kann sich damit nicht zufriedengeben, daß ein Ende physischen Wachstums erreicht wird. Jede Art von Kraft, mit der sie als Einzelwesen begabt ist, soll mitwachsen. Die zweite Richtung ist die der *Millionen,* wozu aber alles gehören kann, das die Tendenz hat, sich sprunghaft – wie die Masse selbst – zu vermehren. Diese Millionen fließen dem Großen nach Wunsch und Willen durch die Hand, in jeder Richtung, und hören nur auf ihn.

In der *Größe,* von der die Menschen träumen, verbündet sich das Gefühl individuellen biologischen Wachstums mit dem Gefühl sprunghafter Zunahme, das die Masse kennzeichnet. Die Masse ist dabei das Untergeordnete, auf ihre *Art* kommt es nicht an, und jedes ihrer Substitute kann hier denselben Zweck erfüllen.

Herrschaft und Paranoia

Afrikanische Könige

Eine Betrachtung afrikanischer Könige wird Aspekte und Elemente der Macht, die getrennt untersucht worden sind, in ihrem Zusammenhang zeigen. An diesen Königen erscheint alles fremdartig und ungewohnt. Man mag sich erst versucht fühlen, sie als exotische Kuriosa abzutun. Sehr leicht wandelt einen Europäer ein Gefühl von Erhabenheit an, wenn er Berichte wie die folgenden auf sich wirken läßt. Es ist aber ratsam, sich in einiger Bescheidenheit zu gedulden, bis man mehr über sie erfahren hat. Es steht dem Europäer des 20. Jahrhunderts schlecht an, sich über Barbarei erhaben zu dünken. Die Mittel seiner Machthaber mögen wirksamer sein. Ihre Absichten unterscheiden sich oft in nichts von denen afrikanischer Könige.

Der Tod eines alten Königs und die Wahl eines neuen in *Gabun* ist von *Du Chaillu* geschildert worden.

›Während ich in Gabun war, starb der alte König Glass. Der Stamm war seines Königs müde geworden. Er galt als mächtiger und übler Zauberer; man sprach nicht offen davon, doch wenige hätten sich nachts in die Nähe seines Hauses gewagt. Als er schließlich krank wurde, schien jedermann sehr betrübt. Aber mehrere meiner Freunde sagten mir im Vertrauen, daß die ganze Stadt auf seinen Tod hoffe: Er starb denn auch. Eines Morgens wurde ich durch lautes Klagen und Jammern geweckt. Die ganze Stadt schien in Tränen aufgelöst, das Trauern und Klagen dauerte sechs Tage. Am zweiten wurde der alte König heimlich begraben. Einige der verläßlichsten Männer des Stammes brachten ihn an einen Ort, den sie allein kannten und der vor allen anderen immer verborgen blieb. Während der Trauertage waren die alten Männer des Dorfes mit der Wahl eines neuen Königs beschäftigt. Auch dieser Vorgang ist geheim, und sie teilen erst am siebenten Tage dem Volke mit, wann der neue König gekrönt werden soll. Dieser selbst wird bis zum Schluß in Unwissenheit gehalten.

Der Zufall wollte es, daß die Wahl auf Njogoni fiel, einen Freund von mir. Er stammte aus guter Familie und war beim Volke beliebt, so daß er die meisten Stimmen erhielt. Ich glaube nicht, daß Njogoni die geringste Ahnung von seiner Erhebung hatte. Als er am Morgen des siebenten Tages am Strande spazierenging, wurde er von der ganzen Bevölkerung überfallen. Man vollzog nun einen Brauch an ihm, der der Krönung vorangeht und der jedem außer einem sehr ehrgeizigen Manne die Lust auf den Thron benehmen muß. In einer dichten Masse umringten sie ihn und überhäuften ihn mit Schimpfworten, wie sie nur der wüsteste Pöbel ausdenken kann. Einige spuckten ihm ins Gesicht, einige schlugen ihn mit Fäusten, einige gaben ihm Fußtritte, andere warfen nach ihm mit ekelhaften Gegenständen, während die Bedauernswerten, die zu weit außen standen und den armen Burschen nur mit ihren Stimmen erreichen konnten, ihn, seinen Vater, seine Mutter, seine Brüder und Schwestern und seine Ahnen bis zu den entferntesten Geschlechtern zurück beschimpften. Ein Fremder hätte keinen Pfennig aufs Leben dessen gesetzt, der eben zum König gekrönt werden sollte.

Mitten in all dem Lärm und Kampf fing ich einige Worte auf, die mir zur Aufklärung dienten. Alle paar Minuten hörte man jemand, der ihm einen besonders heftigen Schlag oder Tritt versetzte, ausrufen: »Du bist noch nicht unser König. Jetzt können wir noch mit dir machen, was wir wollen. Dann werden wir dir schon folgen müssen.«

Njogoni hielt sich wie ein Mann und ein künftiger König. Er blieb ruhig und ertrug allen Schimpf mit lächelndem Gesicht. Nach etwa einer halben Stunde nahm man ihn ins Haus des alten Königs, hier mußte er sich setzen und noch einmal für kurz vom Volke beschimpfen lassen.

Dann wurde es still. Die Alten erhoben sich und sprachen feierlich, das Volk wiederholte ihre Worte: »Wir erwählen dich jetzt zu unserem König. Wir geloben, daß wir auf dich hören und dir gehorchen werden.«

Ein Schweigen folgte; ein Zylinderhut wurde hereingebracht, der hier als das Zeichen der Königswürde gilt, und auf Njogonis Haupt gesetzt. Er wurde in ein rotes Gewand gekleidet und empfing nun von allen, die ihn eben noch beschimpft hatten, die größten Zeichen der Verehrung.

Nun folgte ein Fest, das sechs Tage dauerte. Der König, der mit dem Amte auch den Namen seines Vorgängers angenommen hatte, mußte seine Untertanen in seinem eigenen Hause empfangen und durfte nicht ausgehen. Es waren sechs Tage einer unbeschreiblichen Völlerei, viehischer Trunkenheit und dröhnenden Festgetümmels. Eine Unmenge von Fremden kam aus den benachbarten Dörfern, um ihren Respekt zu bezeugen. Alle brachten mehr Rum, mehr Palmwein und

Essen. Was immer zur Hebung der Feststimmung beitrug, wurde ausgegeben, und wer immer kam, war willkommen.

Der alte König Glass war vergessen; und der neue König Glass, der Arme, war krank vor Erschöpfung. Tag und Nacht mußte er Leute empfangen, und zu jedem, der kam, mußte er höflich sein.

Endlich war der ganze Rum zu Ende, die festgesetzte Frist war abgelaufen, und es trat wieder Ruhe ein. Jetzt zum erstenmal durfte die neue Majestät ausgehen und ihr Reich besehen.‹

Die Folge der Ereignisse, soweit sie sich in Massen abspielen, ist hier ungemein wichtig. Alles beginnt mit der *Klagemeute* um den toten König, die sechs Tage andauert. Dann, ganz plötzlich, am siebenten Tage kommt der Überfall auf den Erwählten. Alle feindseligen Regungen gegen den Toten werden erst an seinem Nachfolger ausgelassen. Die *Hetzmasse*, die sich um ihn bildet, ist in Wirklichkeit eine *Umkehrungsmasse;* sie gilt nicht ihm, sondern dem Toten. Man befreit sich vom Haß gegen den Toten, der zu lange regiert hat und vor dem man zum Schluß nur noch Furcht empfand. Die neue Regierung beginnt mit der Situation, die jeder Machthaber am meisten fürchtet: als Umzingelung durch aufsässige Untertanen, die ihm gefährlich an den Leib rücken. Er bleibt aber ruhig, weil er weiß, daß diese Feindschaft eine *verschobene* ist, sie wird gespielt und gilt nicht wirklich seiner Person. Es muß alles trotzdem als peinlicher Beginn seiner Herrschaft immer in seiner Erinnerung bleiben, die Drohung dessen, was jederzeit geschehen könnte. Jeder König tritt hier sein Amt inmitten einer Revolution an. Es ist die nachträgliche Revolution gegen einen schon verstorbenen König, und der Neuerwählte als sein künftiger Stellvertreter ist nur ihr scheinbarer Gegenstand.

Die dritte wesentliche Situation ist das Fest, das, wie die Trauer vorher, auch sechs Tage dauert. Die Verteilung von Lebensmitteln und Getränken, ihr gemeinsamer, hemmungsloser Genuß sind Ausdruck der *Vermehrung*, die man vom neuen Machthaber erwartet. So wie jetzt zu Antritt seiner Regierung, so soll sein Reich auch später von Rum und Palmwein überfließen, und alle sollen mehr zu essen haben, als sie brauchen. Zur Erzielung einer solchen Vermehrung wird der König eingesetzt. Die Festmasse als der eigentliche Beginn seiner Regierung *verbürgt* die künftige Vermehrung.

Der Bericht Du Chaillus ist hundert Jahre alt. Er hat den Vorteil, daß er ganz von außen gesehen ist, er ist nicht von Einzelheiten überladen. Heute weiß man über afrikanische Könige viel mehr. Es ist nützlich, sich auch einen der neueren Berichte anzusehen.

Der *König von Jukun in Nigerien* war ein geheiligtes Wesen, dessen Leben sich in streng beobachteten Grenzen bewegte. Seine vornehmste Aufgabe war es nicht, als Krieger sein Volk in den Kampf zu führen oder durch weise Verwaltung seines Landes sich auszuzeichnen. Es kam nicht darauf an, daß er eine große Persönlichkeit war, er wurde vielmehr angesehen als der lebende Behälter, aus dem die Kräfte strömten, die der Erde Fruchtbarkeit und den Samen Gedeihen sichern und damit dem Volke Leben und Wohlfahrt geben. Der Erhaltung dieser Kräfte dienten die Zeremonien, die seinen Tages- und Jahreslauf bestimmten.

Der König erschien selten in der Öffentlichkeit. Sein nackter Fuß durfte nicht den Erdboden berühren, denn die Folge wäre das Verdorren der Feldfrüchte gewesen; er durfte auch nichts von der Erde aufheben. Fiel er vom Pferde, so wurde er in früherer Zeit getötet. Es war niemand erlaubt, zu erwähnen, daß er krank sei. Wenn ihn eine ernste Krankheit befiel, wurde er in aller Stille erdrosselt. Das Stöhnen eines kranken Königs zu hören, so sagte man, hätte Verwirrung im Volke geschaffen. Niesen war ihm gestattet: Wenn der König von Jukun nieste, so schlugen sich die anwesenden Männer unter Beifallsgemurmel auf die Schenkel. Es war unschicklich, von seinem ›Körper‹ zu sprechen oder den Eindruck zu geben, daß er einen gewöhnlichen, menschlichen Leib habe. Ein besonderes Wort wurde statt dessen gebraucht, das nur für seine Person stand. Dieses Wort bezeichnete jede Handlung von ihm, aber auch das Gebot, das seinem Munde entstammte.

Wenn der König sein Mahl einnehmen sollte, stießen besondere Beamte weittragende Rufe aus, andere schlugen sich ein dutzendmal laut auf die Schenkel. Im Palast wie in der ganzen Stadt trat dann Stille ein, Gespräche verstummten, jeder legte die Arbeit nieder. Das Mahl des Königs galt als heilig und wurde ihm wie einer Gottheit in feierlichem Zeremoniell verabreicht. War er fertig, so verkündigten neue Rufe und Schläge, die von Beamten im äußeren Hofe aufgenommen wurden, daß Arbeit und Rede wieder erlaubt seien.

Geriet der König in Zorn, zeigte er mit dem Finger auf jemand, stampfte er wütend mit dem Fuße auf, so war das von den furchtbarsten Folgen für das ganze Land begleitet. Es war dann unerläßlich, ihn mit allen Mitteln rechtzeitig zu beruhigen. Sein Speichel war heilig. Seine abgeschnittenen Haare und Nägel bewahrte er in einem Sacke selber auf, wenn er starb, wurden sie mit ihm begraben. In feierlicher Anrede nannte man ihn, mit Anspielung auf seine Fruchtbarkeitskräfte: ›Unser Guineakorn, unsere Erdnüsse, unsere Bohnen.‹ Man schrieb ihm Macht über Regen und Winde zu. Eine Folge von Dürre und schlechten Ernten zeugte für ein Nachlassen seiner Kraft, und er wurde dann heimlich bei Nacht erdrosselt.

Ein neuerwählter König mußte dreimal um einen Hügel laufen und wurde dabei von den Großen mit Stößen und Faustschlägen traktiert. Bei einer späteren Gelegenheit hatte er einen Sklaven zu töten oder er verwundete ihn bloß, und ein anderer tötete ihn dann mit Speer und Messer des Königs.

Bei der Krönung sagte der Führer der Königssippe zu ihm: »Heute haben wir dir das Haus deines Vaters gegeben. Die ganze Welt ist dein. Du bist unser Korn und unsere Bohnen, unsere Geister und unsere Götter. Fortan hast du weder Vater noch Mutter, aber du bist Vater und Mutter aller. Folge in den Fußtapfen deiner Vorväter und tue niemand Übles, daß dein Volk bei dir bleibe und du in Gesundheit das Ende deiner Regierung erreichst.«

Alles fiel vor dem neuen Herrscher zu Boden, warf sich Staub über den Kopf und sagte: »Unser Regen! Unsere Ernte! Unser Reichtum! Unser Heil!«

Die Gewalt des Königs war absolut, aber es war dafür gesorgt, daß sie nicht unerträglich wurde. Ein Rat der Adligen mit dem Abo oder Hauptminister an der Spitze fühlte sich mitverantwortlich. Wenn die Laune des Herrschers dem Lande zu schaden drohte oder etwa Mißwachs oder ein anderes nationales Unglück eintrat, konnte man ihm eine Verfehlung in seinen zahllosen magischen Pflichten nachweisen und damit seinen Übermut dämpfen. Der Abo hatte stets Zutritt zum König; er durfte ihn warnen und konnte ihn durch längere Abwesenheit vom Hof in arge Verlegenheit bringen.

An Kriegszügen nahm der König in der Regel nicht teil, doch galt alle Beute als sein Eigentum. Er gab aber ein Drittel oder die Hälfte der Beute dem Krieger, der sie gemacht hatte, zurück, als Zeichen der Anerkennung und Ausdruck der Erwartung, daß er sich im nächsten Treffen ebenso tapfer erweisen werde.

Hatte der König sich bewährt, so wurde er in älterer Zeit nach siebenjähriger Regierung am Erntefest erschlagen.

In seiner ›Geschichte Afrikas‹, dem ersten, ernsthaften Versuch dieser Art, spricht *Westermann* von der ›erstaunlichen Gleichmäßigkeit im Aufbau und den Einrichtungen dieser Reiche‹. Er findet eine bestimmte Anzahl von Merkmalen, die ihnen gemeinsam sind. Es ist der Mühe wert, eine auf das wesentlichste reduzierte Aufzählung von ihnen zu geben und ihre Deutung jeweils im Sinne der hier gewonnenen Einsichten zu versuchen.

›Der König besitzt Kräfte, die dem Boden Fruchtbarkeit verleihen. Von ihm hängt das Gedeihen der Feldfrüchte ab. Häufig ist er zugleich auch Regenmacher.‹ – Der König tritt hier als *Vermehrer* auf, es ist seine kardinale Eigenschaft. Man möchte sagen, daß es recht eigentlich um dieser Eigenschaft des Vermehrens willen zur Institution des Königtums gekommen ist. Befehle aller Art gehen von ihm aus; aber die eigentümlichste Form des Befehls, die sich bei ihm findet, ist die Nötigung zum Wachsen. ›Du bist Vater und Mutter aller‹, heißt es in dem Bericht über Jukun. Das bedeutet nicht nur, daß er alle nährt, er veranlaßt auch alle und alles, zu wachsen. Seine Macht in diesem Falle ist die der *Vermehrungsmeute.* Was sie als Ganzes zu bewirken hatte, ihre volle Substanz, ist auf ihn, einen einzelnen, übertragen worden. Er kann durch sein Verhalten eine Konstanz verbürgen, die der Vermehrungsmeute nicht möglich ist: sie besteht aus vielen und geht immer wieder auseinander. Er faßt wie ein Gefäß, deutlich nach außen abgegrenzt, alle Vermehrungskräfte in sich. Es ist seine heilige Pflicht, sie nicht entweichen zu lassen. Daraus ergeben sich auch die Merkmale, die unmittelbar folgen.

›Um seine Wachstumskraft zu erhalten und ihn vor Schaden zu bewahren, wird seine Person mit einer Unzahl von Vorschriften und Meidungen umgeben, die ihn nicht selten fast handlungsunfähig machen.‹ – Die Kostbarkeit des Königs, die eigentlich die Kostbarkeit seines Gehaltes ist, führt zu seiner *Erstarrung.* Er ist ein sehr volles Gefäß, und nichts darf überfließen.

›Er ist gar nicht oder nur zu gewissen Zeiten sichtbar. Er darf gar nicht oder nur nachts oder zu besonderen Gelegenheiten seinen Palastbezirk verlassen. Man sieht ihn nicht essen oder trinken.‹ – Seine Isoliertheit schützt ihn vor allem, was schädlich auf ihn einwirken könnte. Seine Seltenheit bedeutet: er existiert nur für ganz besondere Zwecke.

Essen und Trinken, als Verringerung, stehen ihm als Vermehrer nicht recht an. Er sollte durch die Kräfte, mit denen er geladen ist, allein bestehen können.

Entscheidend ist am König seine Einzigkeit. Dasselbe Volk, das viele Götter haben mag, hat *einen* König. Es ist wichtig – wie man gesehen hat –, daß er isoliert wird. Zwischen ihm und seinen Untertanen wird künstlich eine Distanz geschaffen, die mit allen Mitteln aufrechterhalten wird. Er zeigt sich selten oder gar nicht oder in irgendeiner Art von Vermummung, die ihn ganz oder doch einen guten Teil von ihm verbirgt. Seine Kostbarkeit wird auf jede Weise unterstrichen: einmal, indem er mit kostbaren Dingen bekleidet oder von ihnen umgeben ist, dann aber auch durch das Seltene seines Erscheinens. Er wird geschützt durch eine Leibgarde, die ihm blind ergeben ist, und durch immer weitere Räume. Die Erweiterung seines Gehöftes, die Schaffung immer größerer Räume darin dient der Distanzierung wie dem Schutze.

Einzigkeit, Isolierung, Distanz und Kostbarkeit sind also eine wichtige Gruppe von Zügen, die sich auf den ersten Blick feststellen lassen.

›Körperliche Äußerungen des Königs, Husten, Niesen, Schneuzen, werden nachgeahmt oder applaudiert.‹ – Wenn der König von Monomotapa irgendeine gute oder schlechte Eigenschaft besaß, irgendein körperliches Gebrechen, einen Fehler, ein Laster oder eine Tugend, so gaben sich seine Genossen und seine Dienerschaft Mühe, ihn hierin nachzuahmen. War der König gelähmt, so hinkten seine Genossen. Schon aus dem Altertum berichten Strabo und Diodor: Wenn der König von Äthiopien an irgendeinem Teile seines Körpers verstümmelt wurde, mußten alle seine Höflinge dieselbe Verstümmelung erleiden. Ein arabischer Reisender, der zu Beginn des vorigen Jahrhunderts den Hof von Darfur besuchte, erzählt über die Pflichten der Höflinge: Wenn der Sultan sich räuspert, so als ob er sprechen wolle, stoßen alle den Laut ›ts, ts‹ aus. Wenn er niest, ahmt die ganze Versammlung den Ruf des Jeko nach, es hört sich an, als ob jemand sein Pferd antreibe. Fällt der Sultan vom Pferd, so müssen alle seine Höflinge vom Pferde fallen. Wer das verabsäumte, wie hoch immer sein Rang, wurde auf den Boden gelegt und geschlagen. Wenn am Hofe von Uganda der König lachte, lachte jeder; wenn er nieste, nieste jeder; hatte er eine Verkühlung, so behauptete jeder, eine zu haben; wurde ihm das Haar geschnitten, so ließ sich jedermann das Haar schneiden. Diese Nachahmung von Königen beschränkt sich übrigens keineswegs auf Afrika. Am Hof von Boni auf Celebes war es Sitte, daß die Höflinge alles taten, was der König tat. Stand er, so standen sie; saß er, so saßen sie; fiel er von seinem Pferde, so fielen sie von dem ihren. Hatte er Lust zu baden, so badeten sie mit ihm. Passanten mußten, wie sie waren, ins Wasser gehen, gleichgültig wie gut oder schlecht das Kleid war, das sie trugen. – Aus China berichtet ein französischer Missionar: wenn der Kaiser von China lacht, lachen auch die Mandarine. Sobald er zu lachen aufhört, hören auch sie auf. Ist der Kaiser traurig, so fallen ihre Züge ein. Man möchte glauben, daß ihre Gesichter auf Federn sind und daß der Kaiser nach Belieben an diese Federn rühren und sie in Bewegung versetzen könne.

Die *Vorbildlichkeit* des Königs ist allgemein. Manchmal beschränkt man sich auf Bewunderung und Verehrung. Nichts, was er tut, ist bedeutungslos. In jeder seiner Äußerungen wird ein Sinn gesehen. Manchmal aber geht man weiter und empfindet jede Äußerung als *Befehl.* Daß er niest, heißt: Nieset! Daß er vom Pferd fällt: Fallet! Er ist von Befehlskraft so vollgeladen, daß nichts von ungefähr kommt. Der Befehl hat sich in diesem Falle vom Wort auf die vorbildliche Handlung zurückgezogen. Es kommt dazu, daß seine ganze Existenz auf Vervielfältigung angelegt ist, Vermehrung, wie gesagt, ist seine raison d'être. So hat auch jede Regung und Äußerung von ihm die Tendenz, ein Vielfaches von sich hervorzurufen. Man könnte sagen, daß bei solchen Gelegenheiten sein Hof zu einer Art von Vermehrungsmeute wird, wenn nicht seiner inneren Empfindung nach, so doch in seinem äußeren Gehaben. Jeder tut dasselbe, aber der König tut es zuerst. Der Hof, der ein Massenkristall geworden ist, findet so zu seinem Ursprung, der Vermehrungsmeute, zurück.

Auch Beifall und Applaus lassen sich als Ausdruck eines Vermehrungswillens betrachten. Bestimmte Regungen oder Äußerungen, die als vorbildlich gelten, werden durch Applaus gekräftigt und ihre Wiederholung veranlaßt. Dem Zwange, der von tausend klatschenden Händen ausgeht, vermögen nur wenige sich zu entziehen: Die Produktion des Applaudierten *muß* sich vervielfachen.

›Fängt der König an zu altern, so ist seine magische Kraft bedroht. Sie kann schwinden oder geschwächt werden, sie kann durch böse Mächte in ihr Gegenteil verkehrt werden. Deshalb muß man dem alternden König das Leben nehmen und seine magische Kraft auf den

Nachfolger übertragen.‹ – Die Person des Königs ist nur von Bedeutung, solange sie intakt ist. Als intaktes Gefäß vermag sie die Vermehrungskräfte zu halten. Der geringste Defekt macht ihn seinen Untertanen verdächtig. Er könnte etwas von der Substanz verlieren, die ihm anvertraut ist, und das Wohlergehen seiner Leute gefährden. Die Verfassung dieser Reiche ist die körperliche Verfassung des Königs selbst. Er ist sozusagen auf seine Kraft und Gesundheit eingeschworen. Ein König, der graue Haare zeigt, dessen Sehkraft nachläßt, der Zähne verliert, ein impotenter König wird umgebracht oder er muß Selbstmord begehen. Er nimmt Gift oder er wird erdrosselt. Diese Todesarten werden vorgezogen, denn es ist nicht erlaubt, sein Blut zu vergießen. Manchmal ist die Dauer seiner Regierung schon von vornherein auf eine bestimmte Anzahl von Jahren festgesetzt. Der König von Jukun, wie man gesehen hat, regierte ursprünglich sieben Jahre. Nach einer Tradition der Bambara bestimmte der neugewählte König selbst die Länge seiner Regierung. ›Ein Baumwollstreifen wurde ihm um den Hals gelegt und die beiden Enden von zwei Personen in entgegengesetzter Richtung gezogen, während er aus einer Kalebasse so viel Kiesel herausgriff, als er fassen konnte: sie zeigten die Jahre seier Regierung an, nach deren Ablauf er erdrosselt wurde.‹

Aber es ist nicht nur die Rettung seiner kostbaren Vermehrungssubstanz, die durch die künstliche Begrenzung seines Lebens erlangt wird. Seine Leidenschaft zu überleben, die während seiner Regierung gefährliche Ausmaße annehmen könnte, wird von Anfang an gedämpft und gebändigt. Er weiß, wann er sterben wird, früher als viele seiner Untertanen. Er hat den Zeitpunkt seines Todes immer klar vor sich, gerade darin ist er ihnen, die er beherrscht, um ein Beträchtliches unterlegen. Indem er die Regierung übernimmt, verzichtet er darauf, unter allen Umständen zu überleben. Es ist eine Art von Pakt, den er so mit ihnen eingeht. Die Würde, die er erlangt, ist eine wahre Bürde. Er erklärt sich bereit, sein Leben nach Ablauf einer gewissen Frist zum Opfer zu bringen.

Die Beschimpfungen und Schläge, denen er sich vor Antritt seiner Regierung unterwirft, sind eine Vorankündigung dessen, was ihm zum Schlusse bevorsteht. So wie er sich jetzt alles gefallen läßt, wird er sich auch später in sein Schicksal fügen. Das Ende des Königs wird vorweggenommen. Sei es, daß man ihn mit der Möglichkeit eines solchen Endes bedroht, sei es, daß es schon als feierlich festgesetzt gilt, die Hetzmasse, die sich vor Antritt seiner Regierung bildet, macht es ihm schmerzlich klar, daß er nicht um seiner selbst willen regiert. Von dem König der Yoruba heißt es, daß er zuerst einmal geprügelt wurde. Wenn er den Schmerz nicht mit Gelassenheit ertrug, wurde er verworfen. Die Wahl mochte auf einen der ärmeren Prinzen fallen, der still seinem Berufe nachging und keinerlei Absichten auf den Thron hatte: ein solcher wurde dann herbeordert und zu seinem eigenen Erstaunen mißhandelt. In Sierra Leone wurde früher ein Mann vor seiner Proklamation mit Ketten beladen und verdroschen. Man entsinnt sich der Schilderung Du Chaillus über eine Königswahl in Gabun.

Zwischen dem Tode eines Königs und der Einsetzung eines neuen herrschte ein Zustand der *Gesetzlosigkeit*. Als Mißhandlung dessen, der zum König erwählt war, drückte sie sich, wie man sah, noch sinnvoll aus. Sie konnte sich aber auch gegen Schwache und Schutzlose wenden. Bei den Mosi von Wagadugu wurden nach dem Tode des Königs alle Verbrecher aus den Gefängnissen entlassen. Morden und Plündern war erlaubt, und jeder tat, was ihm beliebte. In Aschanti waren die Mitglieder der Königsfamilie die Nutznießer dieser Periode der Anarchie: sie durften jeden Bürger töten und berauben. – In Uganda suchte man den Tod des Königs erst geheimzuhalten, dann, nach vielleicht zwei Tagen, wurde das heilige Feuer, das am Eingang zum königlichen Gehege brannte, ausgelöscht, und ein großes Jammern begann. Die Trommeln schlugen den Todesrhythmus, das Land wußte nun, was geschehen war. Doch durfte niemand vom Tod sprechen, es hieß nur: das Feuer ist ausgelöscht. Ein wilder Zustand der Unordnung folgte. Die Leute trachteten einander zu berauben, nur Häuptlinge mit starkem Gefolge konnten sich sicher fühlen. Kleinere Häuptlinge gerieten in Gefahr, durch stärkere Häuptlinge getötet zu werden, die während des kurzen Interregnums taten, was ihnen beliebte. Es ist klar, daß unter solchen Umständen Schwache und Hilflose am meisten zu leiden hatten. Mit dem neuen König kehrte die Ordnung wieder. Er stellte sie in seiner Person recht eigentlich vor.

Die *Nachfolge* war keineswegs immer klar geregelt. Aber selbst wenn sie es war, so hielt man sich nur daran, wenn man dazu gezwungen wurde. Eine eigenartige Auffassung von der Nachfolge fand sich in den Hima-Staaten. Sie ist von *Oberg* in seiner ausgezeichneten Studie über das Reich *Ankole* mit Einsicht gedeutet worden.

Auch hier mußte der König Gift nehmen, sobald seine Frauen und Häuptlinge Zeichen der Schwäche an ihm bemerkten. Auf seine Stärke wurde das größte Gewicht gelegt. Sie war auch für die Wahl des Nachfolgers bestimmend. Den herrschenden Hima war daran gelegen, daß der Stärkste von den vielen Söhnen des Königs die Nachfolge antrete. Eine Entscheidung darüber konnte nur im Kampfe gefällt werden. Während des Nachfolgekrieges, der so unvermeidlich war, konnte Ankole offiziell nicht ohne König bleiben. Nach den Trauerfeierlichkeiten für den verstorbenen Herrscher fand in seinem Kraal ein Kampf zwischen gewöhnlichen Hirten statt, der Sieger wurde als eine Art von Spottkönig ausgerufen. Die legitimen königlichen Brüder sahen diesem Kampfe zu, aber nachdem er entschieden war, sammelte jeder seine Anhänger um sich und zog auf die Suche nach den Königstrommeln aus. Trafen sie einander auf dem Wege, so kam es zum Kampf. Ein Prinz, der weniger Anhänger hatte, wurde getötet oder er floh in ein anderes Land. Jede Kriegslist war erlaubt; ein Bruder trachtete auszuspionieren, wo der andere war, um unter dem Schutze der Nacht heranzuschleichen und ihn unversehens zu überfallen. Man erstach ihn im Schlafe; man tat Gift in sein Essen. Man griff zu Zaubermitteln oder bediente sich auswärtiger Hilfe. Jeder Sohn wurde von seiner Mutter und Schwester unterstützt, die Zauber gegen seine Feinde anwandten und ihn vor den Geistern der Erschlagenen zu beschützen suchten. Der Lieblingssohn, auf den die Wahl des alten Königs gefallen war, hielt sich während dieses Kampfes verborgen.

Der Nachfolgekrieg konnte Monate dauern; während dieser Zeit war das Land in einem Zustand von Chaos. Jedermann hielt sich zum Schutz an seine Verwandten. Viel Vieh wurde gestohlen, wer immer einen Groll auf dem Herzen hatte, benutzte die Verwirrung des Landes, um sich an seinem Feinde zu rächen. Nur die großen Häuptlinge, die die Grenzen Ankoles bewachten, nahmen an diesem Krieg nicht teil und trachteten indessen das Land vor fremden Eindringlingen zu schützen.

Ein Prinz nach dem anderen wurde getötet oder ins Exil getrieben, bis ein einziger unter den Kämpfenden übrigblieb. Nun erst trat der Lieblingssohn des alten Königs aus seinem Versteck hervor und maß sich mit dem Sieger unter seinen Brüdern. Das eigentliche Ziel des Kampfes war der Besitz der Königstrommeln. Der Lieblingssohn gewann nicht immer, aber er hatte gewöhnlich die mächtigsten Zauberer und eine große Anhängerschaft auf seiner Seite. Wenn alle seine Brüder tot waren, zog der Überlebende mit den Königstrommeln, seiner Mutter und seiner Schwester zurück an den Hof. Der Spottkönig wurde umgebracht und der Sieger zum König ausgerufen.

So waren die Rivalen alle ausgerottet. Der Überlebende, als Sieger, galt als der Stärkste, und alles wandte sich ihm zu. Es ist anzunehmen, daß auch in anderen Hima-Staaten, wo Nachfolgekriege die Regel waren, dasselbe Prinzip ihnen zugrunde lag. Man wollte den *Überlebenden* zum König haben. Daß er so viele Feinde umgebracht hatte, verlieh ihm die Macht, die man sich von ihm wünschte.

Aber der Kampf um die Nachfolge war nicht das einzige Mittel, den König mit Kräften zu laden. Auch auf andere Weise wurde der neue Herrscher durch Überleben gestärkt. Im Reiche *Kitara,* das nördlich an Ankole grenzte, wurde der Kampf um die Nachfolge, nachdem er schon entschieden war, während der Krönung des neuen Königs in einem erstaunlichen Ritus zusammengefaßt. Man hat ihn zum letztenmal beim Regierungsantritt des Königs Kabarega erlebt, im Jahre 1871; ein Bericht darüber liegt vor.

Unter den Prinzen gab es immer auch Knaben, die sich als viel zu jung am Kampfe nicht beteiligt hatten. Sie waren noch am Leben, als ihre erwachsenen Brüder einander bis auf den Sieger ausgerottet hatten. Einer dieser jungen Brüder wurde vom obersten Häuptling, der als eine Art Regent fungierte, beredet, daß *er* der gewählte König sei; alle anwesenden Häuptlinge stimmten bei. Der Knabe aber wußte, was geplant war, und sagte: »Täuscht mich nicht, ich bin nicht König, ihr wollt mich nur töten.« Doch er mußte sich fügen und wurde auf den Thron gesetzt. Die Häuptlinge kamen, brachten ihm Geschenke dar und erwiesen ihm alle Ehre. Mit ihnen kam Kabarega, der Sieger, um dessen Krönung es wirklich ging, als einfacher Prinz gekleidet; er brachte eine Kuh als seine Gabe. Der Regent fragte ihn: »Wo ist meine Kuh?« Kabarega erwiderte: »Ich habe sie der Person gebracht, der sie gebührt, dem König.« Der Regent betrachtete diese Antwort als Beleidigung und schlug Kabarega mit einer Schnur über den Arm. Kabarega ging zornig hinaus und holte seine Krieger. Der Regent sah sie kommen und sagte zum Knaben auf dem Thron: »Kabarega kommt, zum Kampfe!« Der Knabe wollte weglaufen, da packte ihn der Regent, führte ihn in den hinteren Teil des Thronraumes und erdrosselte ihn. Er wurde im Gebäude begraben.

Der Streit zwischen dem Regenten und dem neuen Herrscher war gespielt. Das Schicksal des Königsknaben war vorausbestimmt: Er wurde immer während der Zeremonien gewählt und getötet, um, wie es hieß, ›den Tod zu täuschen‹. Der Krieg war entschieden. Die Rivalen waren alle tot; aber noch während der Krönung mußte der König einen Knaben, der sein Bruder war, *überleben,* und das Opfer wurde im innersten Raume, da, wo der Thron und die neuen Königstrommeln standen, begraben.

Von symbolischer Bedeutung im Reiche Kitara war der königliche *Bogen*; er mußte bei der Krönung neue Sehnen bekommen. Ein Mann wurde gewählt, der es als Ehre ansah, die Sehnen aus seinem eigenen Körper zu liefern. Er leitete selbst die Operation, bei der die Sehnen aus seiner rechten Seite entfernt wurden, und starb dann bald an den Folgen. Der Bogen und vier Pfeile wurden dem König eingehändigt. Er schoß je einen von ihnen in die vier Himmelsrichtungen ab und sagte dazu: »Ich erschieße die Nationen, um sie zu überwinden.« Zu jedem Pfeil nannte er Namen der Nationen, die in jener Richtung wohnten. Die Pfeile wurden gesucht, zurückgebracht und aufgehoben. Zu Beginn jedes Jahres wurde dieses ›Erschießen der Nationen‹ vom König wiederholt.

Das stärkste Nachbarreich von Kitara, mit dem es immer im Kriege lag, war *Uganda.* Wenn der König hier auf den Thron kam, hieß es, er habe ›Uganda gegessen‹ oder ›die Trommeln gegessen‹. Der Besitz von Trommeln war das Zeichen von Amt und Autorität. Es gab Königstrommeln und Häuptlingstrommeln. Jedes Amt war am Rhythmus seiner Trommeln kenntlich. Bei den Einweihungszeremonien sagte der König: »Ich bin der König von Uganda. Ich werde länger leben als meine Ahnen, um die Nationen zu regieren und Aufstände niederzuschlagen.«

Die erste Pflicht des neuen Herrschers war die Trauer um den toten König. Am Ende der Trauerzeit ließ der König die Trommeln schlagen. Tags darauf fand eine Jagd statt. Eine Gazelle wurde gebracht und freigelassen, der König mußte sie jagen. Dann fing man zwei Männer auf der Straße ab, zufällige Passanten: der eine wurde erdrosselt, dem anderen das Leben geschenkt. Am selben Abend bestieg der König den alten Königsstuhl. In die Hände eines hohen Würdenträgers legte er den Eid ab. Zwei starke Männer trugen ihn auf ihren Schultern im Lager umher, damit ihm das Volk huldige.

Dann brachte man zwei Männer mit verbundenen Augen vor den König. Den einen verletzte er leicht mit einem Pfeil und sandte ihn als eine Art von Sündenbock ins feindliche Land Kitara. Der zweite Mann wurde befreit und zum Aufseher über den inneren Hof des Königs und zum Wächter seiner Frauen ernannt. Diesen neuen Aufseher führte man mit acht Gefangenen zusammen an einen Opferplatz. Da verband man ihm die Augen, und sieben von den Gefangenen wurden in seiner Gegenwart mit Keulen erschlagen; den Tod des achten durfte er mit ansehen. Es hieß, daß diese Tode dem König Kraft zuführten. Dem Aufseher verliehen sie Stärke und Treue.

Nachdem der König zwei oder drei Jahre regiert hatte, führte man ihm wieder zwei Männer vor. Den einen verletzte er, dem anderen schenkte er das Leben. Der Verletzte wurde außerhalb des Geheges beim Haupteingang getötet. Der andere wurde zum Gehilfen des Aufsehers bestellt. Seine erste Aufgabe nach seiner Ernennung war es, die Leiche des Getöteten zu nehmen und in den nächsten Fluß zu werfen.

Auch diese Männer mordete man zur *Kräftigung* des Königs. Man tötete, um zu zeigen, daß er seine Herrschaft angetreten habe, und man tötete, damit er immer wieder überlebe. Aus dem Vorgang des Überlebens selbst bezog er Macht. Eine auffallende Sitte und vielleicht für Uganda eigentümlich war die Vorführung von Opfern in Paaren. Der eine stirbt, und der andere wird begnadigt. Der König übt das doppelte Recht, das ihm zusteht, gleichzeitig aus. Er holt sich Kraft beim einen; aber die Begnadigung des anderen kommt ihm ebenso zugute. Denn dieser ist Zeuge des Schicksals, das jenen befällt, er selber kräftigt sich durch Überleben und wird als der zur Begnadigung Erwählte ein um so treuerer Diener des Königs.

Es ist zu verwundern, daß nach all diesen Verrichtungen ein König in Uganda überhaupt noch starb. Auch bei anderen Gelegenheiten wurden ihm Leben geopfert. Die Vorstellung, daß er durch Überleben an Macht gewinne, hatte zur festen Einrichtung von Menschenopfern geführt. Aber es war eine religiöse Institution, sie blieb auch unabhängig von den privaten Gelüsten dieses oder jenes Königs bestehen. Daneben gab es seine eigenen, spontanen Launen, und es gehörte zu ihm, daß sie gefährlich waren.

Ein Hauptattribut des afrikanischen Königs war seine absolute Macht über Leben und Tod. Ungeheuer war der Schrecken, der von ihm ausging. ›Du bist nun Ata, du hast Macht über Leben und Tod.

Töte jeden, der sagt, er fürchte dich nicht‹, so heißt es in der Einsetzungsformel des Königs von Igara. Er tötete, wen er wollte, und ohne Angabe von Gründen. Seine Laune genügte, er hatte niemand Rechenschaft darüber abzugeben. In vielen Fällen durfte er selber kein Blut vergießen. Aber der Henker, der es für ihn tat, war das unentbehrlichste Amt am Hofe. Ob der Mann, der ursprünglich das Amt des Henkers hatte, schließlich zum ersten Minister des Landes wurde wie in Dahomey, ob er Hunderte von Henkern als eine Art von Kaste beschäftigte wie in Aschanti, oder ob sich das Hinrichten auf gelegentliche Fälle beschränkte – immer war die Fällung von Todesurteilen das unbestrittene Recht des Königs, und wenn er es lange oder überhaupt nicht ausgeübt hatte, war es um den wesentlichen Schrecken seiner Macht geschehen, er wurde nicht mehr gefürchtet und fiel der Verachtung anheim.

Der König wurde als *Löwe* oder *Leopard* gesehen, sei es, daß ein solches Tier als sein Ahne galt, sei es, daß er an seinen Eigenschaften teilhatte, ohne direkt von ihm abzustammen. Seine Löwen- oder Leopardennatur bedeutete, daß er wie diese Tiere töten müsse. Es war richtig und angemessen, daß er töte, sein Wille zu töten sollte ihm angeboren sein. Den Schrecken, der von diesen Tieren ausging, sollte er wie sie verbreiten.

Der König von Uganda *aß* allein, niemand durfte ihn beim Essen sehen. Eine seiner Frauen hatte ihm die Speisen zu reichen. Während seines Mahles mußte sie ihr Gesicht abwenden. »Der Löwe ißt allein«, sagte das Volk. Gefiel ihm sein Essen nicht oder brachte man es ihm nicht rasch genug, so ließ er den Schuldigen rufen und durchbohrte ihn mit einem Speer. Hustete die Aufwärterin während des Essens, so wurde sie mit dem Tode bestraft. Er hatte immer zwei Speere bei der Hand. Kam jemand zufällig herein und überraschte den König beim Essen, so wurde er auf der Stelle erstochen. Das Volk sagte dann: »Der Löwe beim Essen hat den oder den getötet.« Seine Speisereste durften von niemand angerührt werden, sie wurden seinen Lieblingshunden gegeben.

Der König von Kitara wurde von seinem Koch gefüttert. Er brachte das Mahl, steckte eine Gabel ins Fleisch, spießte ein Stück auf und steckte es in den Mund des Königs. Viermal wiederholte dies der Koch, und wenn er zufällig die Zähne des Königs mit der Gabel berührte, wurde er mit dem Tode bestraft.

Jeden Morgen, nach dem Melken der Kühe, saß der König von Kitara auf dem Thron und hielt Gericht ab. Er forderte Stille und ärgerte sich, wenn man sprach. Neben ihm stand ein Page, der über der rechten Schulter ein Löwenfell trug, der Kopf des Löwen hing herunter und verbarg das zweischneidige Schwert des Königs, das in seiner Scheide im Fell steckte. Wenn der König sein Schwert wollte, streckte er die Hand aus, und der Page legte es hinein. Dann hieb der König jemand im Hofe damit nieder. Auch sonst übte er innerhalb seines Palastgeheges summarische Justiz aus. Er ging herum, vom Pagen mit dem Schwert begleitet, wenn ihm etwas nicht paßte, streckte er die Hand aus und es war um jemand geschehen.

Allen seinen Befehlen hatte man unbedingt zu gehorchen. Auf ihre Nichtbeachtung stand die Sanktion des Todes. Der Befehl tritt hier in seiner reinsten und ältesten Form in Erscheinung, als das Todesurteil des Löwen gegen alle schwächeren Tiere, die unaufhörlich unter seiner Drohung stehen. Waren es Feinde, so sollten sie gleichsam vor ihm immer auf der Flucht sein. Waren es Untertanen, so waren sie gezwungen, ihm zu dienen. Er schickte seine Leute, wohin er wollte, und solange sie ihm gehorchten, schenkte er ihnen ihr Leben. Aber in Wirklichkeit blieb er immer ein Löwe, und wenn er Anlaß oder Lust hatte, schlug er zu.

Der Sultan von Delhi: Muhammad Tughlak

Von diesem Sultan von Delhi ist durch einen glücklichen Umstand ein scharfes Porträt auf uns gekommen, genauer als man es sonst von orientalischen Herrschern besitzt. Ein berühmter arabischer Reisender, *Ibn Batuta,* der die ganze islamische Welt seiner Zeit von Marokko bis nach China besuchte, verbrachte sieben Jahre an seinem Hof und in seinen Diensten. Er hat eine lebendige Beschreibung des Sultans hinterlassen, seines Charakters, seines Hofs und seiner Regierungsmaßnahmen. Ibn Batuta genoß lange die Gunst des Sultans; er lebte in tödlichem Schrecken vor ihm, als er in Ungnade fiel. Er hat sich erst, wie es Sitte war, bei ihm eingeschmeichelt und dann später, durch eine asketische Lebensführung, vor seinem Zorn zu retten versucht.

›Von allen Menschen macht dieser König am liebsten Geschenke und vergießt am liebsten Blut.‹ Ibn Batuta war sich nach seinen Erfahrungen an diesem Hofe über das Doppelantlitz der Macht, das spendende wie das mordende, so klar wie wenige Menschen. Für die psychologische Genauigkeit seines Berichtes hat man einen unwiderleglichen Beweis; es liegt ein zweiter Bericht vor, der sich mit ihm vergleichen läßt und der unabhängig von ihm entstanden ist. Ein hoher Beamter, der über 17 Jahre am Hofe Muhammads lebte, *Ziau-d din Barani,* schrieb nicht lange nach dem Tode des Herrschers eine Geschichte seiner Zeit in persischer Sprache, die zu den besten Werken dieser Art gehört. Unter vielem anderen sind darin drei Gespräche überliefert, die der spätere Historiker mit dem Sultan selber führte und die für die Auffassung, die dieser von seinen Untertanen und vom Regieren hatte, überaus bezeichnend sind. Die Darstellung, die nun folgt, stützt sich auf diese Quellen und macht von beiden ausgiebigen und vielfach wörtlichen Gebrauch.

Muhammad Tughlak stand auf der Höhe der Bildung seiner Zeit. Seine persischen und arabischen Briefe galten als Muster an Eleganz und wurden noch lange nach seinem Tode bewundert. Seine Kalligraphie wie sein Stil gaben den berühmtesten Lehrern dieser Künste nichts nach. Er hatte Phantasie und wußte mit Gleichnissen umzugehen; in der persischen Dichtung kannte er sich gründlich aus; er hatte ein ungewöhnliches Gedächtnis und wußte viele Gedichte auswendig, die er häufig und mit Geschmack zitierte. Auch mit der übrigen persischen Literatur war er wohlvertraut. Mathematik und Physik, Logik und die Philosophie der Griechen fesselten ihn gleichermaßen. ›Die Dogmen der Philosophen, die Gleichgültigkeit und Härte des Herzens, hatten einen mächtigen Einfluß auf ihn.‹ Aber er hatte auch die Wißbegier eines Arztes: er selber pflegte Kranke, wenn ihn ein ungewöhnliches Krankheitssymptom an ihnen interessierte. Kein Gelehrter, kein Kalligraph, kein Dichter, kein Arzt konnte in einer Diskussion auf seinem Spezialgebiet gegen ihn bestehen. Er war ein frommer Mann: Er hielt sich strikt an die Vorschriften seiner Religion und trank keinen Wein. Für die Höflinge war es ratsam, die Gebetszeiten zu respektieren; wer es nicht tat, wurde streng bestraft. Er gab viel auf Gerechtigkeit, nicht nur die rituellen, auch die moralischen Vorschriften des Islams nahm er ernst und erwartete von den andern dasselbe. Im Kriege zeichnete er sich durch Tapferkeit und Initiative aus; von seinen Kriegstaten noch unter der Regierung seines Vaters und der Vorgänger seines Vaters wurde allgemein gesprochen. Es ist nicht unwichtig, auf diese Vielseitigkeit seiner Natur hinzuweisen, denn alle Züge und Taten, durch die er seinen Zeitgenossen unheimlich und unbegreiflich wurde, standen in schroffstem Gegensatz zu jenen glänzenden Eigenschaften, die man so sehr bewunderte und die er immer behielt.

Wie sah der Hof dieses gerechten und fein gebildeten Fürsten aus? Um in das Innere des Palastes zu gelangen, mußte man durch drei Tore hindurch. Vor dem ersten stand eine Truppe auf Wache, neben Trompetern und Flötenbläsern. Wenn irgendein Emir oder sonst eine hohe Persönlichkeit ankam, bliesen sie ihre Instrumente und riefen: »Soundso ist gekommen, Soundso ist gekommen.« Außerhalb des ersten Tores waren Plattformen, auf denen die Scharfrichter saßen. Wenn der Sultan die Hinrichtung eines Mannes befahl, wurde das Urteil vorm Tor des Palastes vollstreckt. Die Leichen blieben hier drei Tage lang liegen. Wer sich dem Palaste näherte, stieß immer auf Leichen, Haufen und Berge von ihnen lagen hier. Straßenkehrer und Scharfrichter, die die Opfer herbeizuschleppen und umzubringen hatten, waren von ihrer schweren und unaufhörlichen Arbeit erschöpft. Zwischen dem zweiten und dritten Portal war eine Empfangshalle für das allgemeine Publikum. Vor dem dritten Tor saßen die ›Schreiber der Pforte‹, ohne die besondere Erlaubnis des Sultans durfte hier niemand durch. Wann immer jemand bei diesem Tor erschien, notierte der Schreiber: ›Soundso kam zur ersten Stunde‹ oder ›zur zweiten‹, je nachdem. Nach dem Abendgebet wurde dem Sultan darüber berichtet. Wer für drei Tage oder länger, mit oder ohne Entschuldigung, dem Palast ferngeblieben war, durfte ohne erneute Erlaubnis des Sultans nicht mehr eintreten. War er krank gewesen oder hatte er eine andere Entschuldigung, so brachte er dem Sultan ein seinem Range angemessenes Geschenk. Hinter diesem Tor war die eigentliche Audienzhalle des Sultans, die ›Halle der Tausend Pfeiler‹, ein riesiger Raum, mit einer wunderbar geschnitzten und bemalten Holzdecke.

Die Audienzen fanden gewöhnlich am Nachmittag statt, manchmal auch früh am Morgen. Der Sultan saß mit übereinandergespreizten Beinen auf seinem Thron unter einem weißbeschlagenen Baldachin, ein großes Kissen hinter sich, zwei andere als Armstützen auf beiden Seiten. Vor ihm stand der Wesir, dahinter die Sekretäre, dann die Kämmerer und so nach der Rangordnung des Hofes weiter. ›Während der Sultan sich niedersetzte, rufen Sekretäre und Kämmerer so laut sie können: »Bismillah! – In Gottes Namen!« Hundert Waffenträger stehen rechts, hundert links, mit Schildern, Schwertern und Bogen. Die übrigen Beamten und Würdenträger stellen sich zu beiden Seiten der Halle auf. Dann werden sechzig Pferde in königlichem Geschirr hereingebracht; sie werden rechts und links so angeordnet, daß der Sultan sie sehen kann. Als nächstes werden fünfzig mit Seidendecken geschmückte Elefanten hereingeführt; ihre Stoßzähne sind mit Eisen beschlagen, die beim Töten von Verbrechern sehr wirksam sind. Auf dem Nacken jedes Elefanten sitzt sein Führer, er hält eine Art von eiserner Axt, mit der er das Tier straft und lenkt. Auf seinem Rücken trägt jeder Elefant einen geräumigen Kasten, der je nach der Größe des Tieres zwanzig oder mehr Soldaten faßt. Diese Elefanten sind dazu abgerichtet, dem Sultan zu huldigen, und verneigen sich vor ihm. Jedesmal wenn sie sich verneigen, rufen die Kämmerer laut: »In Gottes Namen!« Auch sie werden zur Hälfte rechts und zur Hälfte links hinter den stehenden Personen angeordnet. Jede Person, die eintritt, hat einen bestimmten Platz und macht, sobald sie bei den Kämmerern angelangt ist, ihre Verbeugung. Diese sagen dann: »In Gottes Namen«, und regulieren die Lautstärke ihres Rufs nach dem Rang der betreffenden Person, die sich auf ihren Platz zurückzieht, den sie nie überschreitet. Wenn es einer der ungläubigen Hindus ist, der huldigen kommt, sagen ihm die Kämmerer: »Gott geleite dich!«‹

Auch der Einzug des Sultans in seine Hauptstadt ist vom arabischen Reisenden auf sehr anschauliche Weise geschildert worden.

›Wenn der Sultan von einer Reise zurückkehrt, werden die Elefanten herausgeschmückt; auf sechzehn von ihnen werden Sonnenschirme aufgestellt, manche sind aus Brokat und manche mit Juwelen besetzt. Hölzerne Pavillons werden erbaut, mehrere Stockwerke hoch und mit Seide behängt; auf jedem Stock befinden sich Sängerinnen und Tänzerinnen, wunderbar gekleidet und geschmückt. In der Mitte jedes Pavillons ist ein großer Behälter aus Bälgen mit Sirupwasser gefüllt. Alle, Fremde wie Einheimische, dürfen daraus trinken und nehmen zugleich Betelblätter und Arecanüsse in Empfang. Der Boden zwischen den Pavillons ist mit Seide bedeckt, worauf die Pferde des Sultans treten. Die Mauern der Straßen, durch die er zieht, vom Stadttor bis zum Tor des Palastes, sind mit Seidentüchern behängt. Vor ihm marschieren die Lakaien, mehrere tausend seiner Sklaven, dahinter kommt der Mob und die Soldaten. Auf einem seiner Einzüge in die Stadt sah ich, auf Elefanten oben, drei oder vier kleine Katapulte, die Gold- und

Silbermünzen unters Volk schleuderten, vom Augenblick, da er die Stadt betrat, bis er den Palast erreichte.‹

Besonders freigebig war Muhammad mit Fremden. Über jeden, der in einer der Grenzstädte seines Reiches anlangte, wurde er durch seinen Geheimdienst sofort unterrichtet. Sein Kurierdienst war vorbildlich eingerichtet; eine Wegstrecke, für die Reisende 50 Tage beanspruchten, wurde von seinen Läufern, die einander jede Drittelmeile ablösten, in fünf zurückgelegt. Nicht nur seine Briefe wurden so befördert, rares Obst aus Khurasan erreichte frisch seine Tafel. Staatsverbrecher wurden gefesselt auf Bahren gelegt, von den Läufern auf den Kopf genommen und gelangten so rasch zu ihm wie Briefe und Obst. Die Berichte über Fremde an der Grenze waren sehr genau: Aussehen und Kleidung, die Zahl der Begleiter, der Sklaven, Diener und Tiere, das Benehmen beim Stehen, Gehen oder Sitzen, was immer einer tat, war sorgfältig und in allen Einzelheiten niedergelegt. Der Sultan befaßte sich eingehend mit diesen Berichten. Der Fremde aber hatte in der Hauptstadt der Grenzprovinz so lange zu warten, bis Anweisung vom Sultan kam, ob er weiterreisen dürfe und mit wieviel Ehren er zu empfangen sei. Jeder wurde ausschließlich nach seinem eigenen Verhalten beurteilt. Denn von seiner Herkunft oder seiner Familie konnte man im fernen Indien schwerlich etwas wissen. Muhammad war an Fremden ganz besonders interessiert, er machte aus ihnen Gouverneure und Würdenträger. Die Mehrzahl seiner Höflinge, Beamten, Minister und Richter waren Fremde. Durch sein Dekret wurde ihnen insgesamt der Titel ›Ehrwürden‹ zugebilligt. Er ließ ihnen sehr große Summen zu ihrem Unterhalt auszahlen und beschenkte sie auch auf jede andere Weise. Durch sie wurde der Ruhm seiner Freigebigkeit in aller Welt verbreitet.

Aber mehr noch als von ihr sprach man von seiner Strenge. Er bestrafte große und kleine Vergehen ohne Ansehen der Person, ob es nun Männer von Gelehrsamkeit, Frömmigkeit oder hohem Range waren. Jeden Tag wurden Hunderte von Leuten, in Ketten, mit gefesselten Händen und Füßen vor ihn gebracht. Die einen wurden hingerichtet, die anderen gefoltert, die dritten geschlagen. Es war eine besondere Einrichtung von ihm, daß ihm täglich alle Insassen seiner Gefängnisse vorgeführt wurden, außer an Freitagen. Es war ein Tag der Erholung für sie, an dem sie sich reinigten und der Ruhe pflegten.

Eine der schwersten Anklagen gegen den Sultan war es, daß er die Einwohner von Delhi zwang, ihre Stadt zu verlassen. Er hatte, wie er glaubte, Grund, sie zu bestrafen. Sie pflegten ihm Briefe zu schreiben, in denen er beschimpft und beleidigt wurde. Sie versiegelten sie, adressierten sie: ›An den Herrn der Welt, nur von ihm persönlich zu lesen‹, und warfen sie nachts in die Audienzhalle. Wenn der Sultan das Siegel erbrach, fand er nichts als Schimpf und Beleidigungen. Er beschloß, Delhi in Trümmer zu legen, und nachdem er allen Einwohnern ihre Häuser und Wohnstätttten abgekauft und den vollen Preis dafür gezahlt hatte, befahl er ihnen, nach Daulatabad zu ziehen, das er als seine Hauptstadt einrichten wollte. Sie weigerten sich; er ließ darauf durch seinen Herold verkündigen, daß nach Ablauf von drei Tagen kein Mensch in der Stadt gefunden werden dürfe. Die Mehrzahl fügte sich dem Befehl, aber einige versteckten sich in ihren Häusern. Der Sultan ließ die Stadt nach Personen, die dageblieben seien, durchsuchen. Seine Sklaven fanden zwei Männer auf der Straße, einen Krüppel und einen Blinden. Sie wurden vor ihn gebracht; er befahl, daß der Krüppel aus einem Katapult hinausgeschossen und der Blinde von Delhi nach Daulatabad geschleift werden solle; das war eine Reise von vierzig Tagen. Auf dem Wege fiel er in Stücke und alles, was von ihm in Daulatabad anlangte, war ein Bein. Darauf verließ jedermann die Stadt und ließ Möbel und Besitz zurück, die Stadt blieb völlig verlassen. So vollkommen war die Zerstörung, daß nicht eine Katze, nicht ein Hund in den Gebäuden der Stadt, in den Palästen oder Vororten zurückblieb. ›Eine Person, zu der ich Vertrauen habe, erzählte mir, daß der Sultan eines Nachts auf das Dach seines Palastes stieg und über Delhi blickte, wo kein Feuer, kein Rauch, kein Licht zu sehen war, und sagte: »Jetzt ist mein Herz ruhig und mein Zorn beschwichtigt.« Danach schrieb er an die Einwohner anderer Städte und befahl ihnen, nach Delhi zu ziehen, um es wieder zu bevölkern. Das Ergebnis war nur der Ruin ihrer Städte. Delhi selbst blieb trotzdem leer, wegen seiner unermeßlichen Größe, es ist eine der größten Städte der Welt. In diesem Zustand fanden wir die Stadt bei unserer Ankunft vor, leer und mit Ausnahme von ein paar Einwohnern kaum bevölkert.‹

Diese Erbitterung des Sultans über seine Untertanen war nicht etwa erst das Ergebnis einer langen Regierung. Von allem Anfang an herrschte zwischen ihm und seinen Untertanen eine Spannung, die allerdings mit den Jahren noch wuchs. Der Befehl zum Verlassen Delhis kam schon im zweiten Jahr seiner Regierung. Über den Inhalt der Briefe, die man ihm in die Audienzhalle warf, kann man nur Vermutungen haben. Aber es spricht einiges dafür, daß sie sich auf die Art seines Regierungsantritts beziehen. Muhammads Vater, Tughlak Schah, war nach einer Regierung von bloß vier Jahren durch einen Unglücksfall ums Leben gekommen. Nur wenige Eingeweihte wußten, wie es dabei wirklich zugegangen war. Der alte Sultan, der von einer Expedition zurückkehrte, bestellte sich bei seinem Sohn einen Empfangspavillon. In drei Tagen stand er denn auch da, wie üblich aus Holz errichtet, aber so konstruiert, daß er durch einen Stoß an einer bestimmten Stelle sofort einstürzen mußte. Als der Sultan sich zusammen mit seinem jüngeren Sohn in den Pavillon begab, bat Muhammad um die Erlaubnis zu einer Elefanten-Parade. Sie wurde ihm gewährt. Die Elefanten wurden so geführt, daß sie beim Vorübergehen gegen die empfindliche Stelle des Holzbaues stießen. Der Pavillon stürzte ein und begrub den Sultan mit seinem Lieblingssohn. Die Rettungsarbeiten wurden von Muhammad so lange verzögert, bis es zu spät war. Beide wurden schließlich tot aufgefunden. Manche behaupteten, daß der Sultan, der sich über seinen Sohn gebeugt hatte, noch atmete und sozusagen ein zweitesmal ermordet wurde. Muhammad konnte den Thron ohne jeden Widerstand besteigen, aber über die bösen Zungen hatte er keine Macht. Er wurde von Anfang an als Mörder seines Vaters verdächtigt.

Das Sultanat von Delhi erreichte unter Muhammad Tughlak seine größte Ausdehnung. Es dauerte mehr als zweihundert Jahre, bis – unter Akbar – so große Teile Indiens wieder unter einer Hand vereinigt waren. Aber Muhammad war mit den rund zwei Dutzend Provinzen, die man ihm zuschrieb, keineswegs zufrieden. Er wollte die gesamte bewohnbare Welt unter seine Herrschaft bringen und trug sich mit großartigen Plänen, die der Ausführung seiner Absicht dienen sollten. Er weihte keinen seiner Ratgeber oder Freunde in diese Projekte ein, sondern behielt sie für sich, wie er sie allein erdachte. Was immer ihm einfiel, erschien ihm gut. Er hatte keinerlei Zweifel an sich, sein Ziel erschien ihm selbstverständlich, die Mittel, die er dazu in Bewegung setzte, als die einzig richtigen.

Von seinen Eroberungsplänen waren die ehrgeizigsten ein Angriff auf Khurasan und Irak, und ein anderer auf China. Für den ersten wurde eine Armee von 370 000 Reitern zusammengebracht. Die Würdenträger der gefährdeten Städte wurden mit riesigen Summen bestochen. Aber der Angriff kam nicht zur Ausführung oder mißlang im Keim; das Heer lief auseinander. Summen, die auch für Muhammads Verhältnisse als ungeheuer gelten mußten, waren umsonst vergeudet worden. Der andere Plan, die Eroberung Chinas, sollte über den Himalaja bewerkstelligt werden. 100 000 Reiter wurden ins höchste Gebirge entsandt, um ein ganzes Massiv mitsamt seiner wilden Bevölkerung zu unterwerfen und die Übergänge nach China zu sichern. Diese Armee ging bis auf zehn Mann zugrunde, die Delhi wieder erreichten und die der Sultan in seiner Enttäuschung hinrichten ließ.

Die Eroberung der Welt erforderte kolossale Armeen, und diese wieder erforderten mehr und mehr Geld. Zwar hatte Muhammad auch ungeheure Einnahmen. Von allen Seiten lief der Tribut der unterworfenen Hindukönige ein. Von seinem Vater hatte er unter anderem ein Reservoir geerbt, das mit einer soliden Masse geschmolzenen Goldes gefüllt war. Aber bald war er doch in Geldverlegenheit und suchte, wie es seine Art war, nach einem großartigen Mittel, um ihr mit einem Schlage abzuhelfen. Er hatte vom Papiergeld der Chinesen gehört und faßte den Plan, sich etwas Ähnliches mit Kupfer zu erlauben. Er ließ große Mengen von Kupfermünzen schlagen und setzte ihren Wert willkürlich auf den von Silber fest. Er befahl, daß sie an Stelle von Gold und Silber verwendet würden: man kaufte und verkaufte nun alles um Kupfer. Die Folge dieses Edikts war, daß das Haus jedes Hindus sich in eine Münze verwandelte. Die Hindus der verschiedenen Provinzen prägten privat Millionen von Kupfermünzen. Damit zahlten sie ihren Tribut, damit kauften sie Pferde und allerhand schöne Dinge. Fürsten, Dorfschulzen und Grundbesitzer bereicherten sich durch diese Kupfermünzen, der Staat verarmte. Bald sank der Wert des neuen Geldes rapid, während die alten Münzen, die nun sehr rar geworden waren, auf das Vier- oder Fünffache ihres früheren Wertes stiegen. Das Kupfer galt schließlich nicht mehr als Kieselsteine. Jeder hielt mit Ware zurück, der Handel stockte überall. Als der Sultan die Wirkung seines Edikts sah, widerrief er es in großem Zorn und erklärte, daß, wer immer Kupfermünzen besitze, sie zur Schatzkammer bringen solle, sie würden da gegen die alten umgetauscht werden. Die Leute holten nun ihr Kupfer aus allen Ecken, in die sie es verachtungsvoll geworfen hatten, heraus, und kamen zu Tausenden zur Schatzkammer, wo sie Gold und Silber dafür bekamen. Berge von Kupfermünzen häuften sich in Tughlakabad auf. Das Schatzamt verlor große Summen, der Geldmangel wurde akut. Als der Sultan zu übersehen vermochte, wieviel die Kupfermünzen seinen Schatz gekostet hatten, wandte er sich noch mehr gegen seine Untertanen.

Ein anderes Mittel, zu Geld zu gelangen, waren die Steuern. Schon unter seinen Vorgängern waren sie sehr hoch gewesen. Jetzt wurden sie noch erhöht, und ihre Eintreibung geschah mit rücksichtsloser Grausamkeit, die Bauern wurden zu Bettlern. Wer unter den Hindus etwas besaß, verließ sein Land und schlug sich in die Dschungel zu den Rebellen, von denen es kleinere oder größere Trupps überall gab. Der Boden lag brach, immer weniger Getreide wurde produziert. Es kam zu einer Hungersnot in den Kernprovinzen des Reiches. Als der Regen lange ausblieb, wurde die Hungersnot allgemein. Sie dauerte mehrere Jahre, Familien wurden auseinandergerissen, ganze Städte hatten nichts zu essen, und Tausende von Menschen gingen zugrunde.

Es war wohl diese Hungersnot, die die eigentliche Wendung im Schicksal des Reiches brachte. Die Aufstände mehrten sich. Eine Provinz nach der andern fiel von Delhi ab. Muhammad war unaufhörlich unterwegs, um die Aufstände niederzuschlagen. Seine Grausamkeit wuchs. Er rottete ganze Landstriche aus. Er ließ die Dschungel umzingeln, in die die Aufständischen geflohen waren, und wer immer dort gefangen wurde, Mann, Frau oder Kind, wurde umgebracht. Der Schrecken vor ihm war so groß, daß man sich überall, wo er erschien, unterwarf, falls man nicht zuvor schon geflohen war. Aber kaum hatte er irgendwo Ruhe oder eine Wüste geschaffen, brach der Aufstand in einem anderen Teil des Landes los. Gouverneuren, die von ihm abfielen, ließ er die Haut abziehen. Sie wurden mit Stroh ausgestopft, diese unheimlichen Puppen schickte er zur Abschreckung im ganzen Lande herum.

Muhammad hatte keine Gewissensbisse über seine Grausamkeit. Er war von der Richtigkeit seiner Maßnahmen überzeugt. Die Gespräche, die er mit dem Historiker Zia Barani darüber führte, sind so aufschlußreich, daß es sich wohl verlohnt, einiges daraus zu zitieren.

»Du siehst«, sagte der Sultan zu Barani, »wieviel Revolten entstehen. Ich habe kein Vergnügen an ihnen, obwohl die Leute sagen werden, daß sie alle durch meine übertriebene Strenge hervorgerufen werden. Aber ich werde mich von der Todesstrafe weder durch solche Bemerkungen noch durch Revolten abbringen lassen. Du hast viele

Geschichtswerke gelesen. Hast du gefunden, daß Könige unter Umständen die Todesstrafe verhängen?«

Barani zitierte in seiner Antwort eine hohe islamische Autorität, die die Todesstrafe unter sieben Umständen als erlaubt betrachtet. Alles, was darüber hinausgehe, führe zu Unruhen und Aufständen und sei schädlich fürs Land. Diese sieben seien: 1. Abfall von der wahren Religion. 2. Mord. 3. Ehebruch eines verheirateten Mannes mit der Frau eines anderen. 4. Verschwörung gegen den König. 5. Anführung einer Revolte. 6. Verbindung mit den Feinden des Königs und Übermittlung von Nachrichten an sie. 7. Ungehorsam, der zum Schaden des Staates gereiche, aber *kein anderer Ungehorsam.* Über drei von diesen Verbrechen: Abfall von der Religion, Mord an einem Muselmanen und Ehebruch mit einer verheirateten Frau, habe sich der Prophet selbst geäußert. Die Bestrafung der übrigen vier sei mehr eine Sache der Politik und guten Regierung. Aber die Autoritäten, meint Barani, hätten auch betont, daß Könige Wesire ernennen, die sie dann zu hohen Würden erheben und denen sie die Verwaltung ihres Reiches in die Hand geben. Diese Wesire seien dazu da, um für die richtigen Erlasse zu sorgen und das Land in so guter Ordnung zu halten, daß es dem König erspart bleibe, sich mit dem Blut irgendeines Menschen zu beflecken.

Der Sultan erwiderte darauf: »Die Strafen, die man damals vorschlug, waren jenem früheren Zustand der Welt angemessen. Heute gibt es viel mehr schlechte und aufsässige Menschen. Ich bestrafe sie auf den bloßen Verdacht oder die Vermutung ihrer rebellischen und verräterischen Absicht, und ich bestrafe den geringfügigsten Akt des Ungehorsams mit dem Tode. Das werde ich weiter tun, bis ich sterbe oder bis die Leute sich anständig benehmen und Rebellion und Ungehorsam aufgeben. Ich habe keinen solchen Wesir, der Regeln macht, um zu verhindern, daß ich Blut vergieße. Ich bestrafe die Leute, weil sie alle auf einmal meine Feinde und Widersacher geworden sind. Ich habe großen Reichtum unter sie verteilt, aber sie sind trotzdem nicht freundschaftlich und loyal geworden. Ihre Stimmung ist mir wohlbekannt, und ich sehe, daß sie unzufrieden und mir feindlich gesinnt sind.«

In einem späteren Gespräch bedauert er, daß er nicht früher alle umbringen ließ, die ihm durch ihre Aufstände dann so viel Scherereien bereitet haben. Ein anderes Mal – er hat eben eine seiner wichtigsten

Städte verloren, dieselbe, in die er damals alle Einwohner von Delhi zwangsweise beordert hatte – läßt er Barani kommen und fragt ihn, was für Heilmittel frühere Könige in solchen Fällen angewandt hätten. Sein Reich sei krank und kein Mittel nütze. Barani meint, Könige, die erkannt hätten, daß sie das Vertrauen ihres Volkes nicht mehr besäßen und Gegenstand allgemeiner Abneigung geworden seien, hätten abgedankt und die Regierung dem Würdigsten unter ihren Söhnen überlassen. Andere hätten sich der Jagd und den Vergnügungen zugewendet und die Staatsgeschäfte von ihren Wesiren und Beamten besorgen lassen. Wenn das Volk es zufrieden und der König nicht rachsüchtig sei, könne die Krankheit des Staates auf diese Weise noch kuriert werden. Von allen politischen Übeln sei das größte und furchtbarste ein allgemeines Gefühl der Abneigung und ein Mangel an Vertrauen in allen Schichten der Bevölkerung. Der Sultan war aber auch durch diese mutigen und kaum verhüllten Ratschläge Baranis nicht zu beirren. Wenn es ihm gelinge, die Angelegenheiten seines Reiches so zu regeln, wie er es wünsche, aber erst dann, werde er die Regierung drei bestimmten Leuten anvertrauen und auf eine Pilgerfahrt nach Mekka gehen. »Jetzt aber bin ich zornig mit meinen Untertanen, und sie sind böse auf mich. Meine Gefühle sind ihnen bekannt, so wie ich die ihren kenne. Jede Art von Behandlung, die ich versuche, bleibt wirkungslos. Meine Kur für Rebellen, Aufständische und Unzufriedene ist das Schwert. Ich verhänge die Todesstrafe und gebrauche das Schwert, um eine Kur durch Leiden zu erzielen. Je mehr die Leute widerstehen, um so mehr Strafen verhänge ich über sie.«

Die Zahl der Aufstände und die allgemeine Erschütterung seines Reiches hatten doch *eine* Wirkung aufs Gemüt des Sultans. Er begann sich Skrupel zu machen: nicht über die Leichenhaufen vor seinem Palast und in allen Provinzen und Städten, die er besuchte, wohl aber über die Legitimität seiner Herrschaft. Er war, wie hinreichend klar geworden ist, ein frommer und rechtlicher Mann und wollte für sein königliches Amt die höchste geistliche Sanktion erlangen, die der Islam zu vergeben hat. In früheren Jahrhunderten galten die Kalifen aus dem Hause der Abbasiden, die in Bagdad residierten, als die zuständige Instanz. Aber ihr Reich bestand nicht mehr. Im Jahr 1258 war Bagdad von den Mongolen erobert und der letzte Kalif umgebracht worden. Für Muhammad Tughlak, der im Jahre 1325 den Thron bestieg und dessen Skrupel gegen 1340 erwachten, als eine seiner Provinzen nach der anderen von ihm abzufallen begann, war es gar nicht leicht, herauszufinden, wer nun das Recht auf die Investitur besitze. Er stellte gewissenhafte Nachforschungen an. Alle Reisenden, die aus den westlichen Ländern des Islam an seinen Hof kamen, wurden auf das genaueste ausgefragt, bis er schließlich zu dem Ergebnis kam, daß der Kalif von Ägypten sein gewünschter ›Papst‹ sei. Er trat in Unterhandlungen mit ihm ein, Gesandtschaften gingen hin und her. In seinen Briefen an den Kalifen erlaubte er sich Schmeicheleien, die so überschwänglich waren, daß der Historiker Barani, der immerhin an einiges gewöhnt sein mußte, sie nicht zu wiederholen wagte. Dem Gesandten, der vom Kalifen zu ihm kam, ging Muhammad mit seinen höchsten Würdenträgern und Gottesgelehrten bis vor die Tore der Stadt entgegen und gab ihm dann eine Strecke barfuß das Geleit. Er ließ seinen eigenen Namen von allen Münzen entfernen und setzte dafür den des Kalifen ein. Im Freitags- und Feiertagsgebet wurde der Name des Kalifen genannt. Aber damit war Muhammad noch nicht zufrieden. Alle früheren Könige, die von den Kalifen nicht bestätigt worden waren, wurden aus dem Gebet gestrichen und ihre Herrschaft nachträglich für ungültig erklärt. Auf hohen Gebäuden wurde der Name des Kalifen eingeschrieben, kein anderer durfte daneben stehen. In einem feierlichen Diplom, das nach mehrjähriger Korrespondenz aus Ägypten anlangte, wurde Muhammad in aller Form zum Vertreter des Kalifen für Indien ernannt. Dieses Schriftstück bereitete Muhammad eine solche Freude, daß er es von seinen Hofdichtern in kunstvolle Verse bringen ließ.

Im übrigen blieb er bis zum Schluß derselbe. Seine Strenge wuchs mit seinen Mißerfolgen. Er kam nicht von der Hand eines Mörders um. Nach 26jähriger Regierung starb er an einem Fieber, das er sich auf einer Strafexpedition zuzog.

Er ist der reinste Fall eines paranoischen Machthabers. Das Fremdartige seines Daseins macht ihn für einen Europäer besonders lehrreich. Alles ist an ihm auffallend; man übersieht ihn besser. Der strenge Zusammenhang seiner Natur liegt klar zutage.

Viererlei Massen wirken in seinem Geiste: Sein Heer, sein Geld, seine Leichen und der Hof, an dem seine Hauptstadt hängt. Unaufhörlich manipuliert er mit ihnen; eines vergrößert sich auf Kosten des anderen. Mit dem Untergang der enormen Heere erschöpft sich der Schatz. Seine ganze Hauptstadt schickt er in die Verbannung. In dieser

Weltstadt bleibt er plötzlich befriedigt allein zurück. Vom Dache seines Palastes überblickt er die leere Metropole: Das Glück des Überlebenden hat er voll genossen.

Was immer er unternimmt, *eine* seiner Massen weiß er sich zu bewahren. Unter keinen Umständen läßt er vom Töten ab. Eine stehende Einrichtung ist der Leichenhaufen vor seinem Palast. Alle Gefangenen läßt er sich täglich vorführen: als Kandidaten der Exekution sind sie sein kostbarster Besitz. Im Laufe einer Regierung von 26 Jahren verbreiten sich die Leichenhaufen in jede Provinz seines Reiches. Seuchen und Hungersnot kommen ihm zu Hilfe. Wohl ärgert er sich über den unvermeidlichen Ausfall an Steuern. Aber solange die Zahl seiner Opfer wächst, vermag nichts sein Selbstbewußtsein ernsthaft zu erschüttern.

Um die Kraft zu seinen Befehlen, die nichts als Todesurteile sind, in ihrer absoluten Konzentration zu erhalten, sucht er sich eine höchste Instanz, die sie ihm sichert. Gott, an den er als frommer Mohammedaner glaubt, genügt ihm nicht. Er sucht die Investitur vom legalen Vertreter Gottes.

Muhammad Tughlak ist von modernen indischen Historikern verteidigt worden. An Lobrednern hat es der Macht nie gemangelt. Die Historiker, die professionell von ihr besessen sind, pflegen alles mit der *Zeit,* hinter der sie sich als Kenner leicht verbergen können, oder mit der *Notwendigkeit,* die unter ihren Händen jede Gestalt annimmt, zu erklären.

Solche Darstellungen stehen auch für Fälle zu erwarten, die uns näher sind als Muhammad Tughlak. Da mag es vorbeugend von Nutzen sein, die Prozesse der Macht noch in einem Manne bloßzulegen, der sie zum Glück für die Welt nur in seinem Wahn besaß.

Der Fall Schreber · Erster Teil

Ein Dokument, wie man es sich reichhaltiger und ergiebiger nicht wünschen könnte, sind die ›Denkwürdigkeiten‹ des früheren Dresdener Senatspräsidenten *Schreber.* Er war ein Mann von Bildung und Verstand; sein Beruf hatte ihn zu klaren Formulierungen erzogen. Er hatte sieben Jahre als Paranoiker in Heilanstalten verbracht, als er sich dazu entschloß, das, was der Welt als sein Wahnsystem erscheinen mußte, in allen Einzelheiten niederzuschreiben. Seine ›Denkwürdigkeiten eines Nervenkranken‹ sind ein ganzes Buch geworden. Er war von der Richtigkeit und Bedeutung seiner selbstgeschaffenen Religion so fest überzeugt, daß er sie nach der Aufhebung seiner Entmündigung im Druck erscheinen ließ. Die sprachlichen Mittel, die ihm zu Gebote stehen, sind für die Darstellung eines so eigentümlichen gedanklichen Gebildes wie geschaffen; er erfaßt damit gerade so viel, daß nichts Wesentliches im Dunkeln bleibt. Er plädiert und ist zum Glück kein Dichter: so kann man ihm überallhin folgen und ist doch vor ihm geschützt.

Ich will einige der auffallendsten Züge seines Systems herausheben, soweit das in Kürze möglich ist. Es scheint mir, daß man der Natur der Paranoia hier sehr nahekommen kann. Wenn andere, die dasselbe untersuchen, vielleicht zu anderen Ergebnissen gelangen, so mag das ein Beweis für den Reichtum dieser ›Denkwürdigkeiten‹ sein.

Der Anspruch, mit dem Schreber auftritt, wird dort am deutlichsten, wo er ihn scheinbar einschränkt. »Ich bin eben auch nur ein Mensch«, sagt er fast zu Beginn, »und daher an die Grenzen menschlicher Erkenntnis gebunden.« Nur soviel unterliegt für ihn keinem Zweifel, daß er der Wahrheit unendlich viel nähergekommen ist als alle anderen Menschen. – Dann geht er gleich auf die Ewigkeit über. Der Gedanke an sie durchzieht sein ganzes Buch, sie bedeutet ihm mehr als den gewöhnlichen Menschen. Er kennt sich in ihr aus und betrachtet sie als etwas, das ihm nicht nur gebührt, sondern angehört. Er rechnet in riesigen Zeiträumen: Die Erlebnisse, die er hat, erstrecken sich über Jahrhunderte. Es kommt ihm so vor, ›als ob einzelne Nächte die Dauer von Jahrhunderten gehabt hätten, so daß innerhalb dieser Zeit sehr wohl die tiefgreifendsten Veränderungen mit der ganzen Menschheit, mit der Erde selbst und dem ganzen Sonnensystem sich vollzogen haben könnten‹. Im Weltraum ist er nicht weniger zu Hause als in der Ewigkeit. Manche Sternbilder und einzelne Sterne: Kassiopeia, Wega, Capella, die Plejaden haben es ihm besonders angetan. Er spricht von ihnen, als wären es Autobusstationen gleich um die Ecke. Dabei ist er sich ihrer wirklichen Entfernungen von der Erde sehr wohl bewußt. Er hat astronomische Kenntnisse und verkleinert die Welt nicht. Es ist im Gegenteil so, daß ihn die Weltkörper gerade deswegen anziehen, weil sie so weit entfernt sind. Die Größe des Raumes lockt ihn; er will so weit sein wie dieser und sich ganz über ihn erstrecken.

Man hat aber nicht den Eindruck, daß es ihm um den Prozeß des Wachstums zu tun sei, es ist mehr ein *Ausstrecken* als ein Wachsen; er will die Weite, um sich in ihr zu befestigen und zu behaupten. Die *Position* als solche ist das Wichtige, und sie kann nicht groß und ewig genug sein. Als oberstes Prinzip gilt ihm die Weltordnung. Er stellt sie über Gott; wenn Gott ihr zuwiderzuhandeln versucht, gerät er in Schwierigkeiten. Von seinem eigenen, menschlichen *Körper* spricht Schreber oft, als ob er ein *Weltkörper* wäre. Die Ordnung des Planetensystems beschäftigt ihn so wie andere die ihrer Familie. Er wünscht sich in ihr enthalten, durch sie festgelegt zu sein. Die Unveränderlichkeit und Dauer der Sternkonstellationen, wie man sie nun wirklich seit Jahrtausenden schon kennt, mag ihn besonders auch zu ihnen hingezogen haben. Eine ›Stellung‹ unter ihnen war eine Stellung für die Ewigkeit.

Dieses *Positionsgefühl* des Paranoikers ist von wesentlicher Bedeutung: Immer geht es darum, eine exaltierte Stellung zu verteidigen und zu sichern. Auch beim Machthaber kann es, der Natur der Macht nach, nicht anders sein: Das subjektive Gefühl, das er für seine Position hat, unterscheidet sich in nichts von der des Paranoikers. Wer es vermag, umgibt sich mit Soldaten und schließt sich in Festungen ein. Schreber, der sich auf vielfache Weise bedroht fühlt, hält sich an den Sternen fest. Denn es geht, wie sich zeigen wird, drunter und drüber in der Welt. Um diese Gefahren begreiflich zu machen, ist es notwendig, einiges über die Bevölkerung seiner Welt zu sagen.

Die menschliche *Seele,* meint Schreber, ist in den *Nerven* des Körpers enthalten. Solange der Mensch lebt, ist er Körper und Seele zugleich. Wenn er aber stirbt, bleiben die Nerven als Seele übrig. Gott ist immer nur Nerv, nie Körper. Er ist also der menschlichen Seele verwandt, aber ihr unendlich überlegen, denn die Zahl der Gottesnerven ist unbeschränkt, und sie sind ewig. Die Gottesnerven haben die Eigenschaft, sich in Strahlen umzusetzen, die der Sonne und der Sterne zum Beispiel. Gott hat Freude an der Welt, die er erschaffen hat: doch greift er nicht unmittelbar in ihre Geschicke ein. Nach der Erschaffung hat er sich von ihr zurückgezogen und hält sich nun meist in der Ferne auf. Gott *darf* den Menschen gar nicht zu nahe kommen, denn die Nerven der Lebenden haben eine derartige Anziehungskraft für ihn, daß er von ihnen nicht mehr loskommen könnte und in seiner eigenen Existenz bedroht wäre. Er ist also immer auf der Hut vor den Lebenden, und wenn es doch einmal geschieht, daß er sich durch ein inbrünstiges Gebet oder durch einen Dichter in die Nähe locken läßt, so zieht er sich schleunigst wieder zurück, bevor es zu spät ist.

›Ein regelmäßiger Verkehr Gottes mit Menschenseelen fand erst nach dem Tode statt. Den Leichen konnte sich Gott ohne Gefahr nähern, um ihre Nerven aus dem Körper zu sich hinaufzuziehen und zu neuem himmlischem Leben zu erwecken.‹ Aber die Menschennerven mußten zu diesem Zwecke erst gesichtet und geläutert werden. Gott konnte nur reine Menschennerven brauchen, weil es ihre Bestimmung war, ihm selbst angegliedert und schließlich als ›Vorhöfe des Himmels zu Bestandteilen seiner selbst zu werden‹. Ein komplizierter Läuterungsprozeß war dazu nötig, den auch Schreber im einzelnen nicht zu beschreiben vermag. Wenn die Seelen dann durch diesen Prozeß hindurchgegangen und zum Himmel emporgestiegen waren, vergaßen sie allmählich, wer sie auf Erden waren; doch nicht alle gleich rasch. Bedeutende Menschen wie Goethe oder Bismarck behielten ihr Selbstbewußtsein vielleicht noch auf Jahrhunderte; aber niemand, auch der Größte nicht, für immer. Denn ›es war die Bestimmung aller Seelen schließlich, *verschmolzen mit anderen Seelen, in höheren Einheiten aufzugehen* und sich damit nur noch als Bestandteile Gottes – ›Vorhöfe des Himmels‹ – zu fühlen‹.

Die Verschmelzung der Seelen zu einer *Masse* wird hier als die höchste aller Seligkeiten gesetzt. Man entsinnt sich mancher bildlicher Darstellung aus dem christlichen Kreis: Engel und Heilige alle dicht beieinander wie Wolken, manchmal wirklich als Wolken, in denen nur bei genauerem Hinsehen Kopf neben Kopf zu erkennen ist. Diese Vorstellung ist so geläufig, daß man über ihre Bedeutung gar nicht nachdenkt. Sie drückt aus, daß die Seligkeit nicht nur in der Nähe zu Gott besteht, sondern im dichten Beisammensein der Gleichen. Mit der Bezeichnung ›Vorhöfe des Himmels‹ wird der Versuch unternommen, die Konsistenz dieser Masse seliger Seelen noch dichter zu gestalten, sie sind wirklich in ›höheren Einheiten‹ aufgegangen.

Von den lebenden Menschen verstehe Gott nicht viel. In späteren Teilen der ›Denkwürdigkeiten‹ wirft ihm Schreber immer wieder seine Unfähigkeit vor, den lebenden Menschen zu verstehen und namentlich seine Denktätigkeit richtig zu beurteilen. Er spricht von Gottes Verblendung, die auf seiner Unkenntnis der Menschennatur beruhe. Er sei eben nur den Umgang mit Leichen gewohnt und hüte sich wohl davor, den Lebenden zu nahe zu kommen. Die ewige göttliche Liebe bestehe im Grunde nur der Schöpfung als Ganzem gegenüber. Ein Wesen von jener absoluten Vollkommenheit, die ihm die meisten Religionen beilegen, ist Gott nicht. Sonst hätte er sich auch nicht zu der *Konspiration* gegen unschuldige Menschen verleiten lassen, die der eigentliche Kern der Krankheit Schrebers war. Denn in den ›wundervollen Aufbau‹ der Welt, wie sie eben geschildert wurde, ist plötzlich ein Riß gekommen. Über die Gottesreiche ist eine schwere Krise hereingebrochen, die mit dem persönlichen Schicksal Schrebers zusammenhängt.

Es handelt sich um nichts weniger als um einen Fall von Seelenmord. Schreber war schon einmal krank gewesen und hatte sich damals in die Behandlung des Leipziger Psychiaters Professor Flechsig begeben. Nach einem Jahr war er von diesem als geheilt entlassen worden und konnte seinen Beruf wieder aufnehmen. Schreber war dem Psychiater damals sehr dankbar gewesen, noch mehr seine Frau, ›die in Professor Flechsig geradezu den verehrte, der ihr ihren Mann wiedergeschenkt habe, und aus diesem Grunde sein Bildnis jahrelang auf ihrem Arbeitstische stehen hatte‹. Schreber verlebte nun acht gesunde, glückliche und sehr arbeitsreiche Jahre mit seiner Frau. Er hatte während dieser ganzen Zeit häufig Gelegenheit, das Bild Flechsigs auf dem Arbeitstisch seiner Frau wiederzusehen, und es muß ihn, ohne daß er sich darüber klar war, sehr beschäftigt haben. Denn als er von neuem erkrankte und man begreiflicherweise wieder zu Flechsig ging, der sich schon einmal so bewährt hatte, stellte es sich heraus, daß die Figur des Psychiaters in Schrebers Geist zu ganz gefährlichen Dimensionen angewachsen war.

Vielleicht hatte Schreber, der selbst als Richter einige Autorität besaß, es dem Psychiater heimlich nachgetragen, daß er ein Jahr lang in seiner Macht gewesen war. Sicher haßte er ihn jetzt dafür, daß er wieder in seine Macht geriet. Es bildete sich die Überzeugung in ihm heraus, daß Flechsig Seelenmord oder Seelenraub an ihm treibe. Die Vorstellung, daß es möglich sei, sich der Seele eines anderen zu bemächtigen, sei uralt und überall verbreitet. Auf solche Weise eigne man sich die geistigen Kräfte des Betroffenen an oder verschaffe sich selbst ein längeres Leben. Aus Ehrgeiz und Herrschsucht hatte Flechsig ein *Komplott* mit Gott geschmiedet und diesem einzureden versucht, daß es auf die Seele eines Schreber doch nicht ankommen könne. Vielleicht hatte es sich sogar schon um eine ältere Rivalität zwischen den beiden

Familien Schreber und Flechsig gehandelt. Irgendein Flechsig mag plötzlich das Gefühl gehabt haben, daß ein Mitglied der Familie Schreber der seinigen den Rang abgelaufen habe. Er stiftete darum eine Verschwörung mit Elementen der Gottesreiche, in der Richtung etwa, daß den Schrebers die Wahl bestimmter Berufe, die sie in nähere Beziehungen zu Gott führen konnten, versagt werden solle. Ein solcher Beruf war der eines Nervenarztes; bei der Bedeutung der Nerven als der eigentlichen Substanz, aus der Gott wie alle übrigen Seelen bestand, war es klar, welche Macht einem Nervenarzt zukam. So ergab es sich, daß kein Schreber Psychiater war, wohl aber ein Flechsig; der weitere Weg zum Seelenraub stand den Verschwörern offen; Schreber war in der Macht des Mörders seiner Seele.

Vielleicht ist es nützlich, schon hier auf die Bedeutung von Komplotten für den Paranoiker hinzuweisen. *Konspirationen* oder *Verschwörungen* sind bei ihm an der Tagesordnung, man ist sicher, auf alles zu stoßen, das auch nur entfernt ähnlich klingt. Der Paranoiker fühlt sich *umstellt.* Sein Hauptfeind wird sich nie damit begnügen, ihn allein anzugreifen. Er wird immer eine gehässige *Meute* gegen ihn aufzuregen suchen und sie im richtigen Augenblick auf ihn loslassen. Die zur Meute Gehörigen halten sich erst versteckt, sie können überall sein. Sie stellen sich harmlos und unschuldig, als wüßten sie nicht, worauf sie lauern. Aber die durchdringende Geisteskraft des Paranoikers vermag es, sie zu entlarven. Wo immer er hingreift, zieht er einen Verschworenen heraus. Immer, auch wenn sie gerade nicht kläfft, ist die Meute da; ihre Gesinnung ist unveränderlich. Einmal vom Feinde gewonnen, bleiben sie, was sie sind, seine treu ergebenen Hunde. Er kann mit ihnen umspringen, wie er will. An der Leine seiner Schlechtigkeit hält er sie auch auf große Entfernung fest. Er dirigiert sie, wie es ihm paßt, und sucht sie am liebsten so aus, daß sie von allen Seiten zugleich und in großer Übermacht auf den Betroffenen eindringen.

Da nun diese Konspiration gegen Schreber einmal zustande gebracht war, – wie spielte sich dann der Kampf gegen ihn wirklich ab? Was waren die Ziele der Verschworenen und was für Maßnahmen trafen sie, um ihre Ziele zu erreichen? Das wichtigste und eigentliche, aber nicht das einzige Ziel, von dem sie im Laufe langer Jahre nicht ablassen mochten, war die Zerstörung seines Verstandes. Er sollte blödsinnig gemacht werden. Die Erkrankung seiner Nerven sollte so weit getrieben werden, daß er ein für allemal als unheilbar erschien. Was konnte einen Mann von seiner Geistesart tiefer treffen? Seine Krankheit begann mit einer quälenden Schlaflosigkeit. Was immer dagegen unternommen wurde, war vergeblich. Von Anfang an, meint Schreber, bestand die Absicht, ihn am Schlaf zu hindern und durch Schlaflosigkeit seinen geistigen Zusammenbruch herbeizuführen. Als Mittel dazu wurden eine Unzahl von *Strahlen* auf ihn losgelassen. Sie stammten erst von Professor Flechsig; aber dann begannen sich auch die Seelen von Verstorbenen, die ihren Läuterungsprozeß noch nicht beendet hatten, ›geprüfte Seelen‹, wie sie Schreber nennt, in steigendem Maße für ihn zu interessieren, und drangen als Strahlen in ihn ein. Gott selbst beteiligte sich an dieser Einwirkung. Alle diese Strahlen *sprachen* nun zu ihm, aber so, daß sie anderen nicht vernehmlich waren. Es war wie bei einem Gebet, das man still in sich hersagt, ohne die Worte, aus denen es besteht, laut auszusprechen. Der peinliche Unterschied war nur der, daß die Worte eines solchen Gebets vom eigenen Willen abhängig sind, während die Strahlen, die ihm von außen aufgezwungen wurden, daherredeten, was *sie* wollten.

»Ich könnte hier Hunderte, wenn nicht Tausende von Namen nennen, die als Seelen mit mir verkehrten ... Alle diese Seelen sprachen als ›Stimmen‹ auf mich ein, jede von ihnen ohne von der Anwesenheit der anderen etwas zu wissen. Welcher heillose Wirrwarr dadurch in meinem Kopf entstand, wird jeder ermessen können ...

Infolge meiner ständig anwachsenden Nervosität und der dadurch gesteigerten Anziehungskraft fühlte sich eine immer größere Anzahl abgeschiedener Seelen zu mir angezogen, um sich dann auf meinem Kopfe oder in meinem Leibe zu verflüchtigen. Der Vorgang endete in sehr zahlreichen Fällen damit, daß die betreffenden Seelen zuletzt noch als sogenannte ›kleine Männer‹ – winzige Figürchen in Menschenform, aber vielleicht nur von der Größe einiger Millimeter – ein kurzes Dasein auf meinem Kopfe führten, um dann völlig zu verschwinden ... In sehr vielen Fällen wurden mir die Sterne oder Sternbilder genannt, von denen sie ausgingen oder ›unter denen sie hingen‹ ... Es gab Nächte, wo die Seelen schließlich als ›kleine Männer‹ zu Hunderten, wenn nicht zu Tausenden auf meinen Kopf herabträufelten. Dabei warnte ich immer vor der Annäherung, weil ich jedesmal nach früheren Vorgängen das Bewußtsein von der ins Maßlose gesteigerten Anziehungskraft meiner Nerven hatte, während die Seelen eine so bedrohliche Anziehungskraft immer zunächst für ganz unglaublich hielten.«

»In der Sprache der Seelen hieß ich ›Der Geisterseher‹, d. h. ein Mensch, der Geister sieht, mit Geistern oder abgeschiedenen Seelen Verkehr hat. In der Tat wird, seitdem die Welt steht, wohl kaum ein Fall wie der meinige vorgekommen sein, daß nämlich ein Mensch nicht bloß mit *einzelnen* abgeschiedenen Seelen, sondern mit der Gesamtheit aller Seelen und mit Gottes Allmacht selbst in kontinuierlichen Verkehr getreten wäre.«

Das Massenhafte dieser Vorgänge für Schreber ist evident. Der Weltraum bis zu den fernsten Sternen ist mit Seelen von Abgeschiedenen bevölkert. Sie haben alle ihren zugewiesenen Ort, an dem sie hausen, diesen oder jenen wohlbekannten Stern. Plötzlich, durch seine Krankheit, wird er zu ihrem Mittelpunkt. Trotz seinen Warnungen drängen sie sich an ihn heran. Seine Anziehung wird unwiderstehlich. Man könnte sagen, daß er sie als Masse um sich versammelt, und da es sich – wie er betont – um die Gesamtheit aller Seelen handelt, stellen sie die größte überhaupt denkbare Masse vor. Aber es ist nicht einfach so, daß sie als Masse um ihn versammelt bleiben, etwa wie ein ›Volk‹ um seinen ›Führer‹. Ganz im Gegenteil, es geschieht mit ihnen *gleich*, was die Völker, die sich um ihre Führer häufen, erst allmählich, im Laufe der Jahre, erfahren: sie werden an ihm immer *kleiner*. Sobald sie ihn erreicht haben, schrumpfen sie schleunigst ein, bis zur Größe von wenigen Millimetern, und das wahre Verhältnis zwischen ihnen kommt so auf das überzeugendste heraus: er, im Vergleich zu ihnen, ein Riese; sie, als winzige Kreaturen, um ihn bemüht. Auch dabei bleibt es nicht: Der große Mann schluckt sie. Sie gehen buchstäblich in ihn ein, um dann völlig zu verschwinden. Seine Wirkung auf sie ist vernichtend. Er zieht sie an und sammelt sie, er verkleinert sie und zehrt sie auf. Alles, was sie waren, kommt nun seinem eigenen Körper zugute. Nicht daß sie gekommen wären, um ihm Gutes zu tun. Ihre Absicht war eigentlich eine feindliche; sie waren ursprünglich ausgeschickt worden, um seinen Verstand zu verwirren und ihn so zugrunde zu richten. Aber gerade an dieser Gefahr war er gewachsen. Jetzt, da er sie zu *bändigen* versteht, ist er auf die Macht seiner Anziehung nicht wenig stolz.

Auf den ersten Blick könnte Schreber in der Sphäre seines Wahns wie eine Figur aus vergangenen Zeiten erscheinen, da der Geisterglaube allgemein war und die Seelen der Toten wie Fledermäuse um die Ohren der Lebenden schwirrten. Es ist, als übte er den Beruf eines Schamanen, der die Welten der Geister auf das genaueste kennt, sich mit ihnen in direkte Verbindung zu setzen versteht und sie allen möglichen menschlichen Zwecken dienstbar macht. Als ›Geisterseher‹ läßt er sich denn auch gern bezeichnen. Aber die Macht eines Schamanen reicht lange nicht so weit wie die Schrebers. Der Schamane hat die Geister manchmal wohl in sich. Aber sie lösen sich da nicht auf, immer behalten sie ihre separate Existenz, und es ist ausgemacht, daß er sie einmal wieder entlassen muß. In Schreber hingegen gehen sie ganz auf und verschwinden, als hätten sie nie für sich existiert. Sein Wahn, in der Verkleidung einer veralteten Weltauffassung, die eine Existenz von Geistern voraussetzt, ist in Wirklichkeit das genaue Modell der *politischen* Macht, die sich von der Masse nährt und aus ihr zusammensetzt. Jeder Versuch einer begrifflichen Analyse der Macht kann der Klarheit der Schreberschen Anschauung nur Abbruch tun. Alle Elemente der realen Verhältnisse sind in ihr gegeben: Die starke und vorhaltende Anziehung auf die einzelnen, die sich zu einer Masse versammeln sollen, ihre zweifelhafte Gesinnung, ihre Bändigung, indem man die zu ihr Gehörigen verkleinert, ihr Aufgehen in den Machthaber, der die politische Macht in seiner Person, seinem *Körper*, vorstellt; seine Größe, die sich auf diese Weise unaufhörlich *erneuern* muß; und schließlich ein letzter und sehr wichtiger Punkt, der bis jetzt noch nicht zur Sprache gekommen ist, das Gefühl des *Katastrophalen*, das damit verbunden ist, eine Gefährdung der Weltordnung, die sich eben aus jener rapid zunehmenden und unerwarteten, eigenen Anziehung herleitet.

Für dieses Gefühl sind in den ›Denkwürdigkeiten‹ reichlich Zeugnisse vorhanden. Schrebers Visionen vom Weltuntergang haben etwas Großartiges; hier soll vorerst eine Stelle herangezogen werden, die mit seiner Anziehungskraft auf die Seelen unmittelbar zusammenhängt. Die Seelen, die massenhaft von den Sternen auf ihn herabträufeln, bringen durch ihr Verhalten die Weltkörper, denen sie entstammen, selbst in Gefahr. Es scheint, daß die Sterne recht eigentlich aus diesen Seelen *bestehen*; wenn diese sich in großer Zahl davonmachen, um zu Schreber zu gelangen, löst sich alles auf.

»Von allen Seiten trafen Hiobsposten ein, daß nunmehr auch dieser oder jener Stern, dieses oder jenes Sternbild habe aufgegeben werden müssen; bald hieß es, nunmehr sei auch die Venus überflutet, bald, nunmehr müsse das ganze Sonnensystem abgehängt werden, bald, die Kassiopeia – das ganze Sternbild – habe zu einer einzigen Sonne zusammengezogen werden müssen, bald, nur die Plejaden seien vielleicht noch zu retten.«

Schrebers Besorgnis für den Bestand der Weltkörper war aber nur *ein* Aspekt seiner Katastrophenstimmung. Viel bedeutungsvoller war eine andere Tatsache, mit der seine Krankheit *begann*. Sie bezog sich nicht auf die Seelen der Abgeschiedenen, mit denen er, wie man nun weiß, in ununterbrochenem Verkehr stand, sie bezog sich auf seine Mitmenschen. Diese gab es nämlich überhaupt nicht mehr: *die ganze Menschheit war untergegangen.* Sich selbst hielt Schreber für den *einzigen* übriggebliebenen, wirklichen Menschen. Die wenigen menschlichen Gestalten, die er immer noch sah, seinen Arzt und die Wärter der Anstalt oder andere Patienten zum Beispiel, hielt er für puren Schein. Es waren ›flüchtig hingemachte Männer‹, die man ihm bloß vormachte, um ihn zu verwirren. Sie kamen wie Schatten oder Bilder und lösten sich wieder auf, er nahm sie natürlich nicht ernst. Die wirklichen Menschen waren alle untergegangen. *Der einzige, der lebte, war er.* Diese Tatsache wurde ihm nicht etwa in einzelnen Visionen offenbart, sie wurde nicht von entgegenstehenden Meinungen abgelöst; er war jahrelang fest von ihr überzeugt. Von diesem seinem eigentlichen Glauben waren alle seine Weltuntergangsvisionen gefärbt.

Er hielt es für möglich, daß die ganze Flechsigsche Anstalt und vielleicht die Stadt Leipzig mit ihr aus der Erde ›ausgehoben‹ und nach irgendeinem Weltkörper versetzt worden sei. Die Stimmen, die mit ihm redeten, fragten ihn manchmal, ob denn Leipzig noch stehe. Eine seiner Visionen führte ihn auf einem Fahrstuhl weit in die Tiefe der Erde hinein. Er erlebte dabei alle geologischen Perioden, bis er sich plötzlich in einem Steinkohlenwald befand. Beim zeitweiligen Verlassen des Gefährts wandelte er wie auf einem Friedhof, er kreuzte die Stätten, wo die Bewohnerschaft Leipzigs lag, auch das Grab seiner eigenen Frau. – Es ist hier zu bemerken, daß seine Frau noch am Leben war und ihn in der Anstalt wiederholt besuchte.

Auf mannigfache Arten malte sich Schreber aus, wie es zum Untergang der Menschheit gekommen sei. Er dachte an eine Verminderung der Sonnenwärme durch größere Entfernung der Sonne und eine damit eingetretene allgemeine Vereisung. Er dachte an Erdbeben: Es wurde ihm die Mitteilung gemacht, das große Erdbeben von Lissabon habe mit dem Fall eines Geistersehers in Zusammenhang gestanden, der dem seinen ähnlich war. Die Nachricht vom Auftreten eines Zauberers, eben des Professors Flechsig, in der modernen Welt und das plötzliche Verschwinden Schrebers, einer immerhin in weiteren Kreisen bekannten Persönlichkeit, habe Furcht und Schrecken unter den Menschen verbreitet und die Grundlagen der Religion zerstört. Eine allgemeine Nervosität und Unsittlichkeit habe um sich gegriffen und verheerende Seuchen seien über die Menschheit hereingebrochen. Es war von der Lepra und der Pest die Rede, zwei Krankheiten, die man in Europa kaum mehr kannte. An seinem eigenen Körper bemerkte er Symptome der Pest. Sie trat in verschiedenen Formen auf. Es gab die blaue, die braune, die weiße und die schwarze Pest.

Aber während die Menschen an allen diesen furchtbaren Seuchen zugrunde gingen, wurde Schreber selbst durch wohltätige Strahlen geheilt. Man müsse nämlich zwischen zwei verschiedenen Arten von Strahlen unterscheiden, den ›sehrenden‹ und den ›segnenden‹ Strahlen. Die ersteren waren mit Leichengiften oder einem anderen Fäulnisstoff beladen, sie trugen einen Krankheitskeim in den Körper hinein oder brachten eine sonstige zerstörende Wirkung in ihm hervor. Die segnenden oder reinen Strahlen heilten den Schaden wieder, den jene angerichtet hatten.

Man hat nicht den Eindruck, daß diese Katastrophen sehr gegen den Willen Schrebers über die Menschheit hereingebrochen sind. Er scheint im Gegenteil Genugtuung darüber zu empfinden, daß die Anfeindungen, denen er durch Professor Flechsig ausgesetzt war, zu solchen ungeheuerlichen Konsequenzen geführt haben. Die ganze Menschheit wird bestraft und ausgerottet, denn man hat sich erlaubt, *gegen ihn* zu sein. Nur er wird, durch die ›segnenden‹ Strahlen, vor den Wirkungen der Seuchen geschützt. Schreber bleibt als der einzige Überlebende zurück, weil er es selber so will. Er will der einzige sein, der auf einem riesigen Leichenfeld noch lebend steht, und dieses Leichenfeld enthält alle anderen Menschen. Darin erweist er sich nicht nur als Paranoiker; es ist die tiefste Tendenz in jedem ›idealen‹ *Machthaber*, als der letzte am Leben zu bleiben. Der Machthaber schickt die anderen in den Tod, um selber vom Tode verschont zu bleiben: er lenkt ihn von sich ab. Nicht nur ist ihm der Tod der andern gleichgültig; es treibt ihn alles dazu, ihn auf massenhafte Weise herbeizuführen. Ganz besonders greift er zu dieser radikalen Auskunft, wenn seine Herrschaft über die Lebenden angefochten ist. Sobald er sich bedroht fühlt, ist seine Leidenschaft, *alle* tot vor sich zu sehen, durch rationale Erwägungen kaum mehr zu bändigen.

Es ließe sich einwenden, daß diese ›politische‹ Auffassung Schrebers nicht am Platze sei. Seine apokalyptischen Visionen seien religiöser Natur. Auf Herrschaft über Lebende erhebe er überhaupt keinen Anspruch; die Macht eines Geistersehers sei ihrem Wesen nach eine andere. Da sein Wahn mit der Vorstellung *einsetze*, daß alle Menschen tot und umgekommen seien, könne man ihm ein Machtinteresse weltlicher Art doch wohl nicht zuschreiben.

Die Irrigkeit dieses Einwands wird sich sehr bald erweisen. Man wird ein politisches System bei Schreber finden, das einen unheimlich vertraut anmutet. Aber bevor es wiedergegeben wird, ist es ratsam, einiges über seine Auffassung der göttlichen Herrschaft zu sagen.

Gott selbst ist es gewesen, meint er, »der die gesamte Richtungslinie der gegen mich verfolgten Politik bestimmt hat...«. »Gott wäre jederzeit in der Lage gewesen, einen ihm unbequemen Menschen durch Zusendung einer todbringenden Krankheit oder durch Blitzschlag zu vernichten...« »Sobald eine Kollision der Interessen Gottes mit einzelnen Menschen oder Menschheitsgruppen, vielleicht sogar der ganzen Bewohnerschaft eines Planeten, sich ergab, mußte in Gott der Selbsterhaltungstrieb wie in jedem anderen belebten Wesen sich regen. Man denke an Sodom und Gomorrha! ...« »Es wäre undenkbar, daß Gott irgendeinem einzelnen Menschen das ihm gebührende Maß der Seligkeit versage, da jede Vermehrung der ›Vorhöfe des Himmels‹ nur dazu diente, seine eigene Macht zu erhöhen und die Schutzwehren gegen die aus der Annäherung an die Menschheit erwachsenden Gefahren zu verstärken. Eine Kollision der Interessen Gottes und einzelner Menschen konnte unter der Voraussetzung weltordnungsmäßigen Verhaltens der Menschen gar nicht eintreten.« Daß es in seinem Falle trotzdem zu einer solchen Interessenkollision gekommen sei, sei ein ganz einzigartiger Fall in der Weltgeschichte, der sich wohl nie wieder ereignen werde. Er spricht von der ›Wiederherstellung der Alleinherrschaft Gottes am Himmel‹; von ›einer Art Bundesgenossenschaft der Flechsigschen Seele mit Teilen Gottes‹, die ihre feindliche Spitze gegen ihn kehrten; die damit geschaffene Umwandlung der Parteiverhältnisse habe sich im wesentlichen bis zum heutigen Tage erhalten. Er erwähnt die ›kolossalen Kräfte auf der Seite von Gottes Allmacht‹ und den ›aussichtslosen Widerstand‹ auf seiner Seite. Er äußert die Mutmaßung, ›daß sich die Machtbefugnisse Professor Flechsigs als Verwalter einer Gottesprovinz bis nach Amerika erstreckt haben müssen‹. Dasselbe scheine für England zu gelten. Ein Wiener Nervenarzt wird erwähnt, der ›eine Art Verwalter der Gottesinteressen für eine andere Gottesprovinz, namentlich die slawischen Gebietsteile Österreichs, zu sein scheine‹. Zwischen ihm und Professor Flechsig habe sich ein Kampf um die Vorherrschaft entsponnen.

Aus diesen Zitaten, die sehr weit auseinanderliegenden Teilen der Denkwürdigkeiten entnommen sind, ergibt sich ein überaus klares Bild Gottes: Er ist nichts als Machthaber. Sein Reich hat Provinzen und Parteien. Die Interessen Gottes, wie sie kurz und schneidend bezeichnet werden, gehen auf eine Erhöhung seiner Macht. Dies und nichts anderes ist der Grund, warum er keinem Menschen das ihm gebührende Maß von Seligkeit vorenthalten würde. Unbequeme Menschen räumt er aus dem Wege. Es läßt sich nicht leugnen, dieser Gott sitzt als Spinne mitten im Netz seiner Politik. Es ist von da kein weiter Sprung zur eigenen Politik Schrebers.

Vielleicht sollte man vorausschicken, daß er in der alten protestantischen Tradition Sachsens aufgewachsen ist und alles katholische Bekehrungstreiben mit Mißtrauen betrachtet. Seine erste Äußerung über die *Deutschen* knüpft an den siegreichen Krieg von 1870/71 an.

Er habe ziemlich sichere Andeutungen darüber erhalten, daß der harte Winter des Jahres 1870/71 eine von Gott beschlossene Sache war, um das Kriegsglück auf seiten der Deutschen zu wenden. Gott habe aber auch eine Schwäche für die Sprache der Deutschen. Während ihrer Läuterung lernen die Seelen die von Gott selbst gesprochene ›Grundsprache‹, ein etwas altertümliches, aber kraftvolles Deutsch. Das solle nun nicht bedeuten, daß die Seligkeit nur für die Deutschen bestimmt sei. Aber immerhin seien die Deutschen in neuerer Zeit – seit der Reformation, vielleicht schon seit der Völkerwanderung – das auserwählte Volk Gottes, dessen Sprache er sich vorzugsweise bedient. Im Laufe der Geschichte seien nacheinander – als die jeweils sittlich tüchtigsten Völker – erst die alten Juden, dann die alten Perser, später die Graeco-Romanen und schließlich die Deutschen das auserwählte Volk Gottes geworden.

Dieses auserwählte Volk der Deutschen ist natürlich von Gefahren bedroht. An erster Stelle stehen hier die Umtriebe der Katholiken. Man entsinnt sich jener Hunderte, wenn nicht Tausende von Namen, die er nennen könnte, lauter Seelen, die als Strahlen mit ihm im Verkehr standen und die alle zu ihm sprachen. Bei sehr vielen Trägern dieser Namen stand das religiöse Interesse im Vordergrund, namentlich waren sehr viel Katholiken darunter, die eine Förderung des Katholizismus, insbesondere eine Katholisierung Sachsens und Leipzigs, erwarteten; hierher gehören Pfarrer St. in Leipzig, ›14 Leipziger Katholiken‹ (vermutlich ein katholischer Verein), Jesuitenpater S. in Dresden, die Kardinäle Rampolla, Galimberti und Casati, der Papst selbst, endlich zahlreiche Mönche und Nonnen; bei einer bestimmten Gelegenheit zogen auf einmal 240 Benediktinermönche unter Führung eines Paters ›als Seelen in meinen Kopf ein, um darin ihren Untergang zu finden‹. Unter den Seelen fand sich aber auch ein Wiener Nervenarzt, ein getaufter Jude und Slawophile, der durch Schreber Deutschland slawisch machen und gleichzeitig die Herrschaft des Judentums begründen wollte.

Der Katholizismus, wie man sieht, wird hier sehr komplett vorgeführt. Nicht nur die einfachen Gläubigen, die sich in Leipzig zu ominösen Vereinen zusammentun, auch die ganze kirchliche Hierarchie ist vertreten. Ein Jesuitenpater wird erwähnt und damit alles Gefährliche heraufbeschworen, das sich mit dem Namen der Jesuiten verbindet. Als höchste kirchliche Machthaber erscheinen drei Kardinäle mit wohlklingenden italienischen Namen und der Papst persönlich. Mönche und Nonnen in Haufen treten auf. Selbst das Gebäude, in dem Schreber lebt, wimmelt von ihnen wie von Ungeziefer. In einer Vision, die ich nicht angeführt habe, sieht er, wie der Frauenflügel der Universitäts-Nervenklinik als Nonnenkloster, ein anderes Mal, wie er als katholische Kapelle eingerichtet wird. In den Räumen unter dem Dach der Anstalt sitzen Barmherzige Schwestern. Am eindrucksvollsten ist die Prozession der 240 Benediktinermönche unter Führung eines Paters. Keine Form der Selbstdarstellung ist dem Katholizismus gemäßer als die Prozession. Die geschlossene Gruppe von Mönchen steht als Massenkristall für die Gesamtheit der gläubigen Katholiken. Der Anblick der Prozession aktiviert in den Zuschauern den eigenen latenten Glauben, und sie verspüren plötzlich die Lust, sich ihr hinten anzuschließen. So wird der Zug um alle die vermehrt, vor denen er vorüberzieht, er müßte eigentlich endlos werden. Schreber macht, indem er diese Prozession verschluckt, symbolisch dem ganzen Katholizismus den Garaus.

Aus der erregten, frühen Zeit seiner Krankheit, die Schreber als die heilige Zeit bezeichnet, hebt sich durch ihre Intensität eine etwa vierzehntägige Periode besonders heraus, die Periode des ersten Gottesgerichts. Es handelte sich bei dem ersten Gottesgericht um eine Reihe von Visionen, die Tag und Nacht aufeinander folgten und denen eine ›gemeinschaftliche Generalidee‹ zugrunde lag. Der Kern dieser Idee war ein essentiell politischer, wenn auch auf eine messianische Weise zugespitzt.

Durch den Konflikt zwischen Professor Flechsig und Schreber war es zu einer für den Bestand der Gottesreiche gefährlichen Krise gekommen. Aus diesem Grunde konnte dem deutschen Volke, besonders dem evangelischen Deutschland, die Führerschaft als auserwähltes Volk nicht mehr belassen werden. Vielleicht würde es sogar bei der Besetzung anderer Weltkugeln – bewohnter Planeten – ganz leer ausgehen, wenn nicht ein Kämpe für das deutsche Volk auftrete, der seine fortdauernde Würdigkeit erweise. Dieser Kämpe sollte bald Schreber selbst sein, bald eine andere, von ihm zu bezeichnende Persönlichkeit. Auf das Drängen der Stimmen nannte er die Namen einiger hervorragender Männer, die ihm als Kämpen für einen solchen Streit geeignet schienen. Zum Grundgedanken des ersten Gottesgerichts gehörten das Vordringen des Katholizismus, des Judentums und des Slawentums. Von wesentlichem Einfluß auf ihn waren gewisse Vorstellungen, die sich darauf bezogen, was alles in einer künftigen Seelenwanderung aus ihm werden solle.

»Es wurden mir nacheinander die Rollen ... eines ›Jesuitenzöglings in Ossegg‹, eines ›Bürgermeisters von Klattau‹, eines ›Elsässer Mädchens, das ihre Geschlechtsehre gegen einen siegreichen französischen Offizier zu verteidigen hat‹, endlich ›eines Mongolenfürsten‹ zugedacht. Bei allen diesen Voraussagen glaubte ich einen gewissen Zusammenhang mit dem aus den übrigen Visionen sich ergebenden Gesamtbild zu erkennen ... Die künftige Bestimmung zu einem Jesuitenzögling in Ossegg, zu einem Bürgermeister in Klattau und zu einem Elsässer Mädchen in der oben beschriebenen Lage faßte ich als Weissagungen auf, daß der Protestantismus dem Katholizismus und das deutsche Volk im Kampfe mit seinen romanischen und slawischen Nachbarn entweder schon unterlegen sei oder noch unterliegen werde; die mir eröffnete Aussicht endlich, ein Mongolenfürst zu werden, erschien mir als eine Andeutung, daß, nachdem alle arischen Völker sich als Stützen der Gottesreiche ungeeignet erwiesen hatten, nunmehr eine letzte Zuflucht bei nichtarischen Völkern genommen werden müsse.«

Schrebers ›heilige Zeit‹ fällt in das Jahr 1894. Er hat einen Hang zu genauen Bestimmungen von Ort und Zeit. Für die Periode des ›ersten Gottesgerichts‹ gibt er sehr präzise Daten. Sechs Jahre später, im Jahre 1900, als sein Wahn sich bereits abgeklärt und befestigt hatte, machte er sich an die Abfassung seiner ›Denkwürdigkeiten‹; 1903 wurden sie als Buch veröffentlicht. Man wird nicht leugnen können, daß sein politisches System es einige Jahrzehnte später zu hohen Ehren gebracht hat. Es wurde in etwas roherer und weniger ›gebildeter‹ Fassung zum Credo eines großen Volkes. Es hat unter Führung eines ›Mongolenfürsten‹ zur Eroberung des europäischen Kontinents und um ein Haar bis zur Weltherrschaft geführt. Schrebers Ansprüche sind damit von seinen ahnungslosen Jüngern nachträglich anerkannt worden. Von uns läßt sich dasselbe nicht gut erwarten. Wohl aber soll die unwiderlegliche Tatsache einer weitgehenden Koinzidenz der beiden Systeme als Rechtfertigung dafür dienen, daß hier aus einem einzigen Fall von Paranoia so viel Wesens gemacht wird; es steht noch mehr bevor.

In manchem ist Schreber seinem Jahrhundert zwar voraus. An eine Besetzung bewohnter Planeten war vorläufig nicht zu denken. Kein auserwähltes Volk ist dabei noch zu kurz gekommen. Aber die Katholiken, die Juden und die Slawen hat schon er in derselben *persönlichen* Weise wie der spätere – nicht von ihm bezeichnete – Kämpe als feindliche *Massen* empfunden und wegen ihrer bloßen Existenz gehaßt. Eine vordringliche Tendenz zur Zunahme war ihnen als Massen eingeboren. Für die Eigenschaften der Masse hat niemand ein schärferes Auge als der Paranoiker oder der Machthaber, was – wie man jetzt vielleicht schon zugeben wird – auf dasselbe herauskommt. Denn *er*, um beide Personen mit einem einzigen Fürwort zu bezeichnen, befaßt sich nur mit den Massen, die er befeinden oder beherrschen will, und diese haben überall dasselbe simple Gesicht.

Es ist bemerkenswert, wie Schreber seine künftigen Existenzen bestimmt. Von den fünf, die er aufzählt, ist nur die erste, die oben weggelassen wurde, unpolitischen Charakters. Die nächsten drei versetzen ihn mitten in die am heftigsten umstrittenen Positionen; er schleicht sich als Zögling bei den Jesuiten ein; er wird zum Bürgermeister einer Stadt im Böhmerwald, wo es Kämpfe zwischen Deutschen und Slawen gibt; als deutsches Mädchen sucht er das Elsaß gegen einen siegreichen französischen Offizier zu behaupten; ihre ›Geschlechtsehre‹ kommt der Rassenehre seiner Nachfolger bedenklich nahe. Am aufschlußreichsten ist aber zweifellos seine fünfte Verkörperung als Mongolenfürst. Die Erklärung, die er dafür gibt, sieht sehr nach einer Entschuldigung aus. Er schämt sich dieser immerhin ›nichtarischen‹ Existenz und rechtfertigt sie damit, daß die arischen Völker versagt hätten. In Wirklichkeit schwebt ihm als Mongolenfürst niemand anderer vor als Dschingis Khan. Die Schädelpyramiden der Mongolen haben es ihm angetan, seine Liebe für Leichenfelder ist dem Leser nicht mehr fremd. Er billigt diese manifeste und millionenweise Art, unter Feinden aufzuräumen. Wer sie alle ausrottet, hat keine mehr und genießt den Anblick ihrer wehrlosen Haufen. In allen diesen vier Existenzen zugleich ist Schreber wiedergekehrt, so scheint es. Am erfolgreichsten war er als Mongolenfürst.

Aus dieser genaueren Betrachtung eines paranoischen Wahns hat sich vorläufig das eine mit Sicherheit ergeben: Das Religiöse durchdringt sich hier mit dem Politischen, sie sind unzertrennlich, Welterlöser und Weltherrscher sind *eine* Person. Die Begierde nach Macht ist von allem der Kern. Die Paranoia ist, im buchstäblichen Sinne des Wortes, eine *Krankheit der Macht*. Eine Untersuchung dieser Krankheit nach allen Richtungen führt zu Aufschlüssen über die Natur der Macht, wie sie in dieser Vollständigkeit und Klarheit auf keine andere Weise zu erlangen sind. Man lasse sich nicht dadurch verwirren, daß in einem Falle wie dem Schrebers der Kranke die monströse Position, nach der er sich verzehrt, in Wahrheit nie erlangt hat. Andere haben sie erlangt. Manchen von diesen ist es geglückt, die Spuren ihres Aufstiegs geschickt zu verwischen und ihr fertig ausgebildetes System verborgen zu halten. Manche hatten weniger Glück oder zu wenig Zeit. Der Erfolg ist hier wie in allem ausschließlich von Zufällen abhängig. Ihre Rekonstruktion unter Vortäuschung einer Gesetzlichkeit nennt sich Geschichte. Für jeden großen Namen in der Geschichte könnten, vereinzelt, hundert andere stehen. Begabung wie Schlechtigkeit sind in der Menschheit weit verbreitet. Jeder hat Appetit und jeder steht als

König auf unermeßlichen Leichenfeldern von Tieren. Von Erfolg als Kriterium hat eine gewissenhafte Untersuchung der Macht völlig abzusehen. Ihre Eigenschaften wie ihre Auswüchse müssen von überall her sorgfältig zusammengetragen und verglichen werden. Ein Geisteskranker, der, ausgestoßen, hilflos und verachtet, seine Tage in einer Anstalt verdämmert hat, mag durch Erkenntnisse, zu denen er verhilft, von größerer Bedeutung werden als Hitler und Napoleon, und der Menschheit ihren Fluch und ihre Herren erleuchten.

Der Fall Schreber · Zweiter Teil

Die Verschwörung, die sich gegen Schreber gebildet hatte, war nicht nur auf Seelenmord und die Zerstörung seines Verstandes gerichtet. Man hatte noch etwas anderes, beinahe ebenso Verächtliches mit ihm vor: die Verwandlung seines Körpers in den eines Weibes. Als Weib sollte er mißbraucht und ›dann einfach liegen gelassen, also wohl der Verwesung anheimgegeben werden‹. Diese Vorstellung von seiner Verwandlung in ein Weib hat ihn während der Jahre seiner Krankheit unaufhörlich beschäftigt. Er spürte, wie weibliche Nerven als Strahlen in seinen Leib entsandt wurden, die langsam die Oberhand gewannen.

Auf alle möglichen Arten versuchte er, zu Beginn seiner Krankheit, sich das Leben zu nehmen, um einer so schrecklichen Entwürdigung zu entgehen. Jedes Bad, das er nahm, war mit Ertränkungsvorstellungen verknüpft. Er verlangte nach Gift. Bei dieser Verzweiflung Schrebers über seine beabsichtigte Verwandlung in ein Weib ist es aber nicht geblieben. Allmählich entstand in ihm die Überzeugung, daß er gerade auf diese Weise den Bestand der Menschheit gewährleisten werde. Es waren ja, unter furchtbaren Katastrophen, alle Menschen zugrunde gegangen. Er, der einzige, der übrig war, konnte als Weib ein neues Geschlecht zur Welt bringen. Als Vater seiner Kinder kam für ihn nur Gott in Betracht. Er mußte die Liebe Gottes gewinnen. Sich mit Gott zu vereinigen, war eine hohe Ehre; für ihn immer mehr zu einem Weibe zu werden, sich für ihn verlockend herauszuputzen, ihn auf jede weibliche Weise anzuziehen, erschien ihm, dem bärtigen früheren Senatspräsidenten, keineswegs mehr als Schande und Entwürdigung. Man konnte so auch dem Komplott Flechsigs entgegenwirken. Man erwarb sich Gottes Gunst; der Allmächtige, der sich immer mehr von dem schönen Weib Schreber angezogen fühlte, geriet in eine gewisse Abhängigkeit von ihm. Mit solchen Mitteln, die andern anstößig erscheinen mögen, ist es Schreber tatsächlich geglückt, Gott an seine Person zu fesseln. Nicht ohne Widerstand hat sich Gott in dieses etwas schmähliche Schicksal ergeben. Immer wieder zieht er sich von Schreber zurück; es wäre gewiß sein Wunsch, sich ganz von ihm zu befreien. Aber die Anziehungskraft Schrebers ist zu groß geworden.

Über die ganzen ›Denkwürdigkeiten‹ verstreut finden sich Äußerungen, die sich auf dieses Thema beziehen. Auf den ersten Blick wäre man vielleicht versucht, den Gedanken seiner Verwandlung in ein Weib als den mythischen Kern seines Wahns zu bezeichnen. Natürlich ist es gerade dieser Punkt gewesen, der das meiste Interesse für ihn hervorgerufen hat. Man hat diesen Fall im einzelnen und dann auch die Paranoia überhaupt auf verdrängte homosexuelle Anlagen zurückzuführen versucht. Ein größerer Irrtum ist kaum möglich. *Alles* kann zum *Anlaß* einer Paranoia werden; wesentlich ist aber die *Struktur* und die *Bevölkerung* des Wahns. Machtvorgänge haben darin immer eine entscheidende Bedeutung. Selbst im Fall Schreber, wo vielleicht manches für die erwähnte Deutung spricht, würde eine genauere Untersuchung dieses Aspekts, die hier nicht geplant ist, zu nicht unerheblichen Zweifeln führen. Aber auch gesetzt den Fall, daß man Schrebers homosexuelle Veranlagung als erwiesen betrachtet, wichtiger als sie selbst erscheint die besondere Verwendung, die sie in seinem System findet. Als das Zentrale seines Systems hat Schreber immer den Angriff gegen seinen Verstand empfunden. Was immer er geglaubt und getan hat, galt der Abwehr dieses Angriffs. Um Gott zu *entwaffnen*, hat er sich in ein Weib verwandeln wollen: Sein Weibsein war Schmeichelei und Unterwerfung unter Gott; so wie andere vor ihm knien, bot er sich selber zum Genusse dar. Um ihn auf seine Seite zu ziehen, um sich seiner zu bemächtigen, hat er ihn unter falschen Vorspiegelungen in die Nähe gelockt. Da hält er ihn nun mit allen Mitteln fest.

»Es handelt sich um eine Verwicklung, für die nicht nur alle Analogien aus der menschlichen Erfahrung fehlen, sondern die auch in der Weltordnung selbst niemals vorgesehen war. Wer möchte sich einem solchen Verhältnis gegenüber in haltlosen Vermutungen für die Zukunft ergehen? Sicher ist für mich nur, daß es niemals zu der von Gott beabsichtigten Zerstörung meines Verstandes kommen kann. Über diesen Punkt bin ich mir seit Jahren vollständig im klaren, und damit ist für mich die Hauptgefahr, die mir im ersten Jahre meiner Krankheit zu drohen schien, beseitigt.«

Diese Worte finden sich im letzten Kapitel der ›Denkwürdigkeiten‹. Mit ihrer Abfassung scheint eine wesentliche Beruhigung Schrebers eingetreten zu sein. Daß er sie zu Ende brachte, daß andere sie im Manuskript lasen und von ihnen beeindruckt waren, gab ihm den Glauben an seinen Verstand endgültig zurück. Es blieb ihm nur noch übrig, zu einer Gegenattacke zu schreiten, durch den Druck seiner ›Denkwürdigkeiten‹ sein System der Allgemeinheit zugänglich zu machen und sie, wie es zweifellos seine Hoffnung war, zu *seinem* Glauben zu überreden.

In welcher Weise wurde der Kampf gegen Schrebers Verstand im einzelnen geführt? Daß er von unzähligen ›Strahlen‹ bedrängt war, die alle zu ihm sprachen, weiß man nun. *Was* aber war es, konkret gesprochen, das die feindlichen Strahlen von seinen geistigen Fähigkeiten und Sicherheiten zerstören wollten? *Was* sagten sie, wenn sie sprachen, und was griffen sie tatsächlich an? Es ist der Mühe wert, diesem Prozeß noch ein wenig nachzugehen. Schreber hat sich mit größter Zähigkeit gegen seine Feinde zur Wehr gesetzt. Die Schilderung, die er von ihnen und seiner Abwehr gibt, ist so ausführlich, wie man sie sich nur wünschen kann. Man muß sie aus dem Zusammenhang seiner selbstgeschaffenen Welt, seinem ›Wahn‹, wie man nach alter Übereinkunft zu sagen gewöhnt ist, herauslösen und in unsere glattere Sprache zu übertragen suchen. Es ist nicht zu vermeiden, daß dabei einiges von ihrer Eigenart verlorengeht.

Da wäre als erstes auf seinen *Denkzwang* zu verweisen, den er selber so bezeichnet. Es ist Ruhe in ihm nur, wenn er laut spricht; dann ist alles um ihn her totenstill, und er hat den Eindruck, als ob er sich unter lauter wandelnden Leichen bewege. Alle andern Menschen, Patienten wie Pfleger, scheinen die Fähigkeit, auch nur ein einziges Wort zu sprechen, ganz und gar verloren zu haben. Sobald er vom Sprechen zum Schweigen übergeht, melden sich die Stimmen in ihm und zwingen ihn zu rastloser Denktätigkeit.

Ihre Absicht dabei ist es, ihn an Schlaf und Ruhe zu hindern. Sie sprechen unaufhörlich auf ihn ein, es ist unmöglich, sie zu überhören oder zu ignorieren. Allem, was sie sagen, ist er ausgeliefert und muß sich damit eingehend beschäftigen. Die Stimmen hatten verschiedene Methoden, die sie abwechselnd anwandten. Eine der beliebtesten war die direkte Frage an ihn: »Woran denken Sie denn jetzt?« Er hatte keine Lust, diese Frage zu beantworten. Schwieg er aber, so antworteten sie für ihn und sagten zum Beispiel: »An die Weltordnung sollte er denken!« Solche Antworten empfand er als ›Gedankenfälschung‹. Man fragte ihn nicht nur auf eine inquisitorische Weise aus, man wollte ihn auch zu bestimmten Gedankengängen zwingen. Schon die *Fragen,* die in seine Geheimnisse einzudringen versuchten, reizten seinen Widerspruch; wie sehr erst die Antwort, die ihm seine Gedanken vorschrieben. *Frage* und *Befehl* (oder Anweisung) waren gleichermaßen ein Eingriff in seine persönliche Freiheit. Als Mittel der Macht sind beide wohlbekannt; als Richter hatte er sie selbst ausführlich gehandhabt.

Bei den Prüfungen Schrebers ging es abwechslungsreich und erfinderisch zu. Man verhörte ihn; man zwang ihm Gedanken auf; man machte einen Katechismus aus seinen eigenen Sätzen und Phrasen; man kontrollierte jeden seiner Gedanken und ließ keinen unbemerkt passieren; jedes Wort wurde daraufhin geprüft, was es für ihn bedeutete. Seine Geheimnislosigkeit den Stimmen gegenüber war vollkommen. Alles wurde untersucht, alles ans Licht gebracht. Er war der Gegenstand einer Macht, der es auf Allwissenheit ankam. Aber obwohl er sich so vieles gefallen lassen mußte, gab er sich in Wirklichkeit doch nie auf. Eine Form seiner Abwehr war die Übung seiner *eigenen* Allwissenheit. Er bewies sich, wie gut sein Gedächtnis funktioniere; er lernte Gedichte auswendig, er zählte laut französisch, er sagte sämtliche russischen Gouvernements und französischen Departements auf.

Mit der Erhaltung seines Verstandes meinte er hauptsächlich die Unantastbarkeit seines Gedächtnisvorrats; das wichtigste war ihm die Unversehrtheit der *Worte.* Es gibt keine Geräusche, die nicht Stimmen sind: die Welt ist voller Worte. Eisenbahnen, Vögel und Kettendampfer *sprechen.* Wenn er selber keine Worte von sich gibt, wenn er schweigt, kommen sie gleich von den andern. Zwischen den Worten ist nichts. Die Ruhe, die er meint, nach der er sich sehnt, wäre nichts als eine *Freiheit* von *Worten.* Aber es gibt sie nirgends. Was immer ihm geschieht, wird ihm zugleich in Worten mitgeteilt. Die schädlichen so gut wie die heilenden Strahlen sind alle mit Sprache begabt und werden, genau wie er selbst, zu ihrer Verwendung gezwungen. »Vergessen Sie nicht, daß Strahlen sprechen müssen!« Es ist unmöglich, die Bedeutung von Worten für den Paranoiker zu übertreiben. Sie sind wie Ungeziefer überall; sie sind immer auf dem Quivive. Sie schließen sich zu einer Weltordnung zusammen, die nichts außerhalb von sich liegenläßt. Vielleicht die extremste Tendenz der Paranoia ist die zu einem kompletten Ergreifen der Welt durch *Worte*, so als wäre die Sprache eine Faust und die Welt läge darin.

Es ist eine Faust, die sich nie wieder öffnet. Aber wie bringt sie es fertig, sich zu schließen? Da muß man nun auf eine *Kausalitäts*sucht verweisen, die sich als Selbstzweck setzt und die man in diesem Maße sonst nur bei Philosophen findet. Es geschieht nichts ohne Grund, man muß nur danach fragen. Man findet immer einen Grund. Jedes Unbekannte wird auf ein Bekanntes zurückgeführt. Das Fremdartige, das an einen herantritt, wird als geheimes Eigentum entlarvt. Hinter der Maske des Neuen steckt immer ein Altes, man muß sie nur ohne jede Scheu durchschauen und herunterreißen. Das *Begründen* wird zur Passion, die man an allem übt. Schreber ist sich über diesen Aspekt seines Denkzwanges durchaus im klaren. Während er sich über die früher geschilderten Vorgänge bitter beklagt, sieht er in dieser Begründungssucht ›eine Art von Ausgleich für die ihm widerfahrene Unbill‹. Zu den angefangenen Sätzen, die in seine Nerven ›hineingeworfen‹ werden, gehören ganz besonders häufig Konjunktionen oder Adverbialwendungen, die ein Kausalitätsverhältnis ausdrücken: ›warum nur‹, ›warum, weil‹, ›warum, weil ich‹, ›es sei denn‹. Diese wie alle übrigen hat er zu vollenden, und insofern üben auch sie einen Zwang auf ihn aus.

»Aber sie nötigen mich zum Nachdenken über viele Dinge, an denen der Mensch sonst achtlos vorüberzugehen pflegt, und haben dadurch zur Vertiefung meines Denkens beigetragen.«

Schreber ist mit seiner Begründungssucht ganz einverstanden. Sie bereitet ihm viel Freude; zu ihrer Rechtfertigung findet er plausible Argumente. Nur den ursprünglichen Akt der Schöpfung überläßt er Gott. Alles übrige an der Welt zieht er mit einer selbstgeschmiedeten Kette von Gründen zusammen und macht es sich so zu eigen.

Aber nicht immer ist die Begründungssucht so vernünftig. Schreber begegnet einem Menschen, den er oft gesehen hat, und erkennt ihn auf den ersten Blick als ›Herrn Schneider‹. Es ist ein Mann, der sich nicht verstellt; der sich harmlos als der gibt, als der er nun einmal allgemein bekannt ist. Dieser einfache Prozeß des Erkennens genügt aber Schreber nicht. Er möchte, daß mehr dahintersteckt, und kann sich schwer dabei beruhigen, daß hinter Herrn Schneider nichts Weiteres zu finden ist. Schreber ist das *Demaskieren* gewöhnt; wo es niemand und nichts zu entlarven gibt, hängt er in der Luft. Der Vorgang der Demaskierung und *Entlarvung* ist für den Paranoiker – und nicht nur für ihn – von fundamentaler Bedeutung. Von ihm leitet sich auch die Kausalitätssucht ab; alle *Gründe* wurden ursprünglich in *Personen* gesucht. Die genauere Behandlung der Demaskierung, von der in diesem Versuch schon manchmal die Rede war, ist hier sehr wohl am Platze.

Die Neigung, unter vielen fremden Gesichtern, auf der Straße etwa, plötzlich eines zu entdecken, das einem bekannt erscheint, ist sicher jedem Menschen geläufig. Wie oft stellt es sich dann heraus, daß es ein Irrtum war; der vermeintliche Bekannte nähert sich oder man geht auf ihn zu: Es ist jemand, den man im Leben noch nie gesehen hat. Über den Irrtum macht sich niemand viel Kopfzerbrechen. Irgendein zufällig ähnlicher Zug, die Haltung des Kopfes, der Gang, das Haar waren der Anlaß zur Verwechslung und klären sie auf. Doch es kommen Zeiten, in denen diese Verwechslungen sich häufen. Ein ganz bestimmter Mensch *erscheint einem überall*. Er steht vor Lokalen, in die man eintreten will, oder an belebten Straßenecken. Mehrmals am Tage taucht er auf; es ist natürlich jemand, der einen beschäftigt, den man liebt oder, vielleicht öfter noch, den man haßt. Man weiß, daß er in eine andere Stadt gezogen ist, weit übers Meer; trotzdem glaubt man, ihn hier zu erkennen. Der Irrtum wiederholt sich, man läßt nicht von ihm ab. Es ist klar, man *will* diesen einen Menschen hinter anderen Gesichtern finden. Man erlebt die andern als Täuschung, die das Richtige verbergen. Viele können sich für diese Täuschung hergeben, hinter denen allen man das eine vermutet. Es ist eine Dringlichkeit in diesem Prozeß, die einem keine Ruhe läßt: Hundert Gesichter werden wie Masken abgestreift, damit das eine dahinter erscheint, auf das es ankommt. Wenn man den Hauptunterschied zwischen dem einen und den hundert zu bezeichnen hätte, so müßte man sagen: Die hundert sind *fremd*, und das eine ist *vertraut*. Es ist, als könne man nur das Vertraute anerkennen. Es verbirgt sich aber, und man muß es in der Fremde suchen.

Beim Paranoiker konzentriert und verschärft sich dieser Vorgang. Der Paranoiker leidet an einem Verwandlungsschwund, der von seiner eigenen Person ausgeht – sie ist in allem das unveränderlichste – und von da aus die ganze übrige Welt überzieht. Sogar das wirklich Verschiedene sieht er gern als *dasselbe*. Seinen *Feind* findet er in den verschiedensten Gestalten wieder. Wo immer er eine Maske wegzieht, steckt sein Feind dahinter. Um des Geheimnisses willen, das er hinter allem vermutet, um der Demaskierung willen, wird ihm alles zur Maske. Er läßt sich nicht täuschen, *er* ist der *Durchschauer;* das *viele* ist *eins*. Mit der zunehmenden Starrheit seines Systems wird die Welt an anerkannten Figuren arm und ärmer, es bleibt nur übrig, was ins Spiel seines Wahns gehört. Alles ist auf dieselbe Weise ergründbar und wird zu Ende ergründet. Schließlich ist nicht mehr da, als er und was er beherrscht.

Im tiefsten geht es hier um das Umgekehrte der Verwandlung. Der Prozeß der Entlarvung oder Demaskierung läßt sich auch sehr wohl als *Entwandlung* bezeichnen. Etwas wird zwangsweise auf sich selbst zurückgeführt, auf eine bestimmte Position, in eine bestimmte Haltung, in der man es haben will, die man für seine eigentliche und echte hält. Man beginnt als Zuschauer; von der Betrachtung der anderen, die sich ineinander verwandeln, geht man aus. Vielleicht sieht man bei ihrem Maskentreiben eine kurze Weile zu; aber man billigt es nicht, man hat kein Vergnügen daran. Plötzlich sagt man: »Halt!« und bringt den kurzen, munteren Vorgang zum Stocken. »Demaskierung!« ruft man, und jeder steht als das da, was er wirklich ist. Es ist dann verboten, sich weiterzuverwandeln. Die Vorstellung ist zu Ende. Die Masken sind durchschaut. Dieser rückläufige Prozeß der *Entwandlung* kommt darum ganz selten rein heraus, weil er meist von Feindschaftserwartung gefärbt ist. Die Masken haben den Paranoiker täuschen wollen. Ihre Verwandlung war nicht uninteressiert. Wichtiger als alles war ihnen das Geheimnis. Wozu sie wurden, was sie vorstellen sollten, war mehr Nebensache; Hauptsache, daß sie auf keinen Fall zu erkennen waren. Die Gegenaktion des Bedrohten, das Herunterreißen der Masken wird scharf und gehässig; sie ist sicher so heftig und eindrucksvoll, daß man, was an Verwandlung vorausgegangen sein muß, nur allzuleicht übersieht.

Schrebers ›Denkwürdigkeiten‹ führen einen hier sehr nahe an den Kern der Sache heran. Er entsinnt sich der Zeit zu Beginn, da alles bei ihm noch im Flusse war. Im ersten Jahr seiner Krankheit, in der ›heiligen Zeit‹, verbrachte er zwischendurch ein oder zwei Wochen in einer kleinen Privatheilanstalt, die ihm von den Stimmen als ›Teufelsküche‹ bezeichnet wurde. Es war, wie er sagt, die ›Zeit des tollsten Wunderunfugs‹. Was er da, lange bevor sein Wahn erstarrt und abgeklärt war, an Verwandlungen und Entlarvungen erlebte, ist die denkbar beste Illustration zu den obigen Ausführungen.

»Den Tag über hielt ich mich meist in dem allgemeinen Gesellschaftszimmer auf, in dem ein fortwährender Ab- und Zugang anderer angeblicher Patienten der Anstalt erfolgte. Zu meiner besonderen Überwachung schien ein Wächter angestellt zu sein, in dem ich nach einer vielleicht zufälligen Ähnlichkeit den Diener des Oberlandesgerichts wiederzuerkennen glaubte, der mir während meiner Dresdener Berufstätigkeit die Akten ins Haus gebracht hatte. Er hatte übrigens die Gewohnheit, hin und wieder meine eigenen Kleidungsstücke anzuziehen. Als angeblicher ärztlicher Leiter der Anstalt erschien zuweilen – meist in den Abendstunden – ein Herr, der mich wiederum an den in Dresden von mir konsultierten Dr. med. O. erinnerte ... Den Garten der Anstalt habe ich nur einmal zu einem Spaziergang betreten. Ich sah damals einige Damen, darunter die Frau Pastor W. aus Fr., und meine eigene Mutter sowie einige Herren, darunter den Oberlandesgerichtsrat K. aus Dresden, diesen allerdings mit unförmig vergrößertem Kopf. Das Vorkommen solcher Ähnlichkeiten könnte ich in zwei oder drei Fällen allenfalls verständlich finden, nicht aber die Tatsache, daß fast das ganze Patientenpublikum der Anstalt, also mehrere Dutzende von Menschen, das Gepräge von Persönlichkeiten trug, die mir im Leben nahegestanden hatten.«

Als Patienten sah er »lauter abenteuerliche Gestalten, darunter verrußte Kerle in Leinwandkitteln ... Sie erschienen bei dem Eintritt in das Gesellschaftszimmer, einer nach dem anderen, völlig lautlos und entfernten sich ebenso lautlos wieder, ohne, wie es schien, gegenseitig voneinander Notiz zu nehmen. Dabei habe ich wiederholt mitangesehen, daß einzelne von ihnen während ihres Aufenthalts im Gesellschaftszimmer *ihre Köpfe wechselten*, d. h. ohne daß sie das Zimmer verlassen hätten, und während meiner Beobachtung auf einmal mit einem anderen Kopfe herumliefen.«

»Die Zahl der Patienten, die ich im Pferch« – so bezeichnet er einen Hofraum, in den man Luft schnappen ging – »und in dem Gesellschaftszimmer teils gleichzeitig, teils nacheinander erblickte, stand in gar keinem Verhältnis zu der Größe der Anstaltsräumlichkeiten. Es ist nach meiner Überzeugung geradezu unmöglich, daß die vierzig bis fünfzig Personen, welche gleichzeitig mit mir in den Pferch getrieben wurden und auf das zur Rückkehr gegebene Signal wieder nach der Tür des Hauses drängten, hier alle Lagerstätten für die Nacht hätten finden können ... Das Erdgeschoß *wimmelte* meist von Menschengestalten.«

Unter den Gestalten im Pferch erinnert er sich eines Vetters seiner Frau, der sich bereits 1887 erschossen hatte, und des Oberstaatsanwalts B., der immer eine gebückt-devote, gleichsam betende Haltung einnahm, in der er regungslos verharrte. Weitere Leute, die er erkennt, sind ein Geheimrat, ein Senatspräsident, noch ein Oberlandesgerichtsrat, ein Rechtsanwalt aus Leipzig, der sein Jugendfreund gewesen war, sein Neffe Fritz und eine flüchtige Sommerbekanntschaft aus Warnemünde. Seinen Schwiegervater bemerkt er einmal vom Fenster aus auf dem Weg, der zur Anstalt führte.

»Es ereignete sich wiederholt, daß ich eine ganze Anzahl von Personen, einmal sogar einige Damen, nachdem sie das Gesellschaftszimmer passiert hatten, in die Eckzimmer eintreten sah, in denen sie dann verschwunden sein müssen. Ich habe dabei auch mehrmals das eigentümliche *Röcheln* gehört, das mit dem Auflösen der ›flüchtig hingemachten Männer‹ verbunden war.«

»Es wurde nicht nur an Menschengestalten, sondern auch an leblosen Gegenständen gewundert. So skeptisch ich mich auch jetzt bei Prüfung meiner Erinnerungen zu verhalten suche, so kann ich doch gewisse Eindrücke aus meinem Gedächtnisse nicht verwischen, nach denen auch Kleidungsstücke auf dem Leib der von mir gesehenen Menschen und Speisen auf meinem Teller während des Essens (z. B. Schweinsbraten in Kalbsbraten oder umgekehrt) *verwandelt* wurden.«

An dieser Schilderung ist manches bemerkenswert. Er sieht mehr Menschen, als eigentlich da sein können, und sie werden alle in einen *Pferch* zusammengetrieben. Mit ihnen zusammen fühlt er sich, wie dieser Ausdruck besagt, *zum Tier degradiert,* es ist noch das Nächste zu einem Massenerlebnis, das sich überhaupt bei ihm findet. Aber auch im ›Pferch‹ der Patienten geht er natürlich nie wirklich auf. Das Spiel der Verwandlungen betrachtet er sich genau, mit Kritik zwar, aber nicht eigentlich mit Feindschaft. Selbst Speisen und Kleider verwandeln sich ineinander. Am meisten beschäftigen ihn seine *Erkennungen.* Jeder, der auftaucht, ist in Wahrheit jemand anderer, den er früher gut gekannt hat. Er sorgt dafür, daß niemand ihm wirklich fremd ist. Aber diese Entlarvungen haben alle noch einen relativ gutmütigen Charakter. Nur vom Oberwärter spricht er, an einer hier nicht angeführten Stelle, mit Haß. Er erkennt viele und sehr verschiedenartige Leute, es geht noch nicht eng und exklusiv zu. Statt sich zu demaskieren, wechseln die Leute zuweilen gleich ihre Köpfe, eine amüsantere und großzügigere Art der Entlarvung läßt sich kaum erdenken.

Aber Schrebers Erlebnisse hatten nur selten diesen mutwilligen und befreienden Charakter. Eine ganz andere Art von Visionen, die er in seiner ›heiligen Zeit‹ des öfteren hatte, führt, wie ich glaube, direkt in die *Ursituation der Paranoia* hinein.

Das Gefühl, *umstellt* zu sein von einer *Meute von Feinden,* die es alle auf einen abgesehen haben, ist ein Grundgefühl der Paranoia. Am reinsten kommt es in den Augenvisionen zum Ausdruck: Man sieht *Augen* überall, auf allen Seiten, sie interessieren sich für nichts als für einen selbst, und ihr Interesse ist überaus bedrohlich. Die Geschöpfe, denen diese Augen zugehören, haben vor, sich an einem zu rächen. Man hat sie lange unbestraft seine Macht fühlen lassen; sind es Tiere, so hat man sie mit größter Unerbittlichkeit gejagt, sie sind von Ausrottung bedroht und stehen nun unerwartet gegen einen auf. In zwingender und unmißverständlicher Form ist diese Ursituation der Paranoia in den Jägerlegenden vieler Völker zu finden.

Nicht immer behalten diese Tiere die Gestalt, die sie für den Menschen als Beute haben. Es werden gefährlichere Geschöpfe daraus, die der Mensch schon immer fürchtet, und indem sie ganz an ihn heranrücken, sein Zimmer erfüllen, sein Bett besetzen, steigern sie seine Angst aufs höchste. Schreber selbst fühlte sich nachts von Bären bedrängt.

Sehr oft verließ er sein Bett und saß im Hemd auf der Diele seines Schlafzimmers. Die Hände, die er hinter seinem Rücken auf den Boden gestemmt hatte, wurde ihm dann von bärenartigen Gestalten – *schwarzen Bären* – von Zeit zu Zeit fühlbar in die Höhe gehoben. Andere schwarze Bären, größere und kleinere, sah er mit glühenden Augen um sich herum in der Nähe sitzen. Sein Bettzeug gestaltete sich zu ›weißen Bären‹. Abends – er war noch wach – erschienen Katzen mit glühenden Augen auf den Bäumen des Anstaltsgartens.

Bei diesen *tierischen Meuten* ist es aber nicht geblieben. Schrebers Hauptfeind, der Psychiater Flechsig, hatte eine ganz besonders tückische und gefährliche Art, *Himmelsmeuten* gegen ihn zu bilden. Es handelte sich um eine eigentümliche Erscheinung, die Schreber als *Seelenteilung* bezeichnete.

Die Flechsigsche Seele teilte sich, um das ganze Himmelsgewölbe mit Seelenteilen zu besetzen, so daß die göttlichen Strahlen auf allen Seiten Widerstand begegneten. Das Himmelsgewölbe im ganzen Umkreis schien mit Nerven überspannt, die den göttlichen Strahlen ein mechanisches Hindernis boten; es war unmöglich, diese Nerven zu überspringen. Sie glichen einer belagerten Festung, die durch Wälle und Gräben gegen den anstürmenden Feind geschützt ist. Die Seele Flechsigs hatte sich zu diesem Zwecke in eine große Anzahl von Seelenteilen gespalten; es existierten davon eine Zeitlang wohl vierzig bis sechzig, darunter viele ganz kleine.

Es scheint, daß dann auch andere ›geprüfte Seelen‹ sich nach dem Vorbild Flechsigs zu teilen begannen; sie wurden immer zahlreicher und lebten, wie sich's für rechte Meuten gehört, nur noch für Hinterhälte und Überfall. Ein großer Teil von ihnen hatte sich fast mit nichts als Umgehungsbewegungen beschäftigt, einem Manöver, dessen Zweck darin bestand, die arglos heranziehenden göttlichen Strahlen von hinten anzufallen und zum Ergeben zu zwingen. Die große Anzahl dieser ›geprüften Seelenteile‹ wurde schließlich selbst für Gottes Allmacht lästig. Nachdem es Schreber schon gelungen war, einen guten Teil zu sich herunterzuziehen, wurde eines Tages auch von Gottes Allmacht eine große Razzia unter ihnen veranstaltet.

Bei seiner ›Seelenteilung‹ mag Schreber die Vermehrung von Zellen durch Teilung, die ihm natürlich bekannt war, vorgeschwebt haben. Die Verwendung der so entstehenden Haufen zu Himmelsmeuten ist eine der bezeichnendsten Bildungen seines Wahns. Die Bedeutung der *feindlichen Meuten* für die Struktur der Paranoia könnte klarer als hier überhaupt nicht zu fassen sein.

Die komplizierte und vieldeutige Beziehung Schrebers zu Gott, die ›Seelenpolitik‹, als deren Opfer er sich fühlte, hat es ihm nicht verwehrt, die *Allmacht* sozusagen von außen und einheitlich zu erleben, als *Glanz*. In all den Jahren seiner Krankheit hatte er dieses Erlebnis nur während einiger weniger aufeinanderfolgender Tage und Nächte: Der Seltenheit und Kostbarkeit des Ereignisses war er sich sehr wohl bewußt.

In einer einzigen Nacht trat Gott in Erscheinung. Das glanzvolle Bild seiner Strahlen wurde – während Schreber wach im Bette lag – seinem geistigen Auge sichtbar. Zugleich vernahm er seine Sprache. Sie war nicht ein leises Geflüster, sondern ertönte unmittelbar vor den Fenstern seines Schlafgemachs in mächtigem Baß.

Tags darauf sah er Gott mit seinem leiblichen Auge. Es war die Sonne, aber nicht wie sie gewöhnlich erscheint, sondern umflossen von einem silberglänzenden Strahlenmeer, das den sechsten oder achten Teil des Himmels bedeckte. Der Anblick war von so überwältigender Pracht und Großartigkeit, daß er sich scheute, immer hinzublicken, und das Auge von der Erscheinung abzuwenden suchte. Jene glänzende Sonne hat zu ihm *gesprochen.*

Nicht nur an Gott, auch an sich selbst erlebte er zuweilen solchen Glanz, bei seiner Bedeutung und nahen Verbindung mit Gott nicht zu verwundern. »Mein Kopf war infolge eines massenhaften Zuströmens von Strahlen sehr häufig von einem Lichtschimmer umflossen, ähnlich wie der Heiligenschein von Christus auf Bildern dargestellt wird, nur unvergleichlich reicher und glänzender: der sogenannten Strahlenkrone.«

Aber dieser *heilige Aspekt der Macht* ist von Schreber noch viel intensiver dargestellt worden. In seiner Periode der *Regungslosigkeit,* der wir uns jetzt zuwenden müssen, hat sie ihre Vollkommenheit erlangt.

Das äußere Leben, das er in dieser Zeit führte, war über die Maßen einförmig. Zweimal des Tages unternahm er einen Spaziergang in den Garten. Sonst saß er während des ganzen Tages regungslos auf dem Stuhl vor seinem Tisch und ging nicht einmal ans Fenster. Selbst im Garten blieb er immer mit Vorliebe auf demselben Platze sitzen. Diese absolute Passivität betrachtete er gleichsam als eine religiöse Verpflichtung.

Es waren die Stimmen, die mit ihm redeten, die diese Vorstellung in ihm hervorgerufen hatten. »Keine kleinste Bewegung!« hatten sie ihm immer wieder gesagt. Er erklärte sich diese Forderung damit, daß Gott mit lebenden Menschen nicht umzugehen wisse. Er sei nur den Verkehr mit Leichen gewöhnt. So wurde ihm das ungeheuerliche Ansinnen gestellt, daß er sich beständig wie eine Leiche verhalten solle.

Diese Regungslosigkeit war eine Sache der Selbsterhaltung, aber auch eine Pflicht Gott gegenüber: Es galt ihn aus der Bedrängnis zu befreien, in die er durch die ›geprüften Seelen‹ geraten war. »Ich hatte die Anschauung gewonnen, daß die Strahlenverluste sich steigerten, wenn ich mich selbst öfters hin und her bewegte, auch wenn ein Luftzug durch mein Zimmer ging. Bei der heiligen Scheu, die ich damals den göttlichen Strahlen gegenüber noch empfand, und in der Ungewißheit, ob es denn wirklich eine Ewigkeit gäbe oder die Strahlen nicht plötzlich ein Ende finden könnten, hielt ich es für meine Aufgabe, jeder Vergeudung von Strahlen, soweit es an mir lag, entgegenzuwirken.« Es war leichter, die geprüften Seelen herabzuziehen und in seinem Körper vollkommen aufgehen zu lassen, wenn er diesen in beständiger Ruhe hielt. Nur so ließ sich die Alleinherrschaft Gottes am Himmel wiederherstellen. So hat er das unglaubliche Opfer auf sich genommen, sich während mehrerer Wochen und Monate jeder körperlichen Bewegung zu enthalten. Da das Aufgehen der geprüften Seelen am ehesten im Schlafe zu erwarten war, wagte er nicht einmal nachts seine Lage im Bett zu verändern.

Diese *Erstarrung* Schrebers über eine Periode von Wochen und Monaten gehört zum Erstaunlichsten, das er zu berichten hat. Seine Motivierung für sie ist eine doppelte. Daß er sich Gott zuliebe so still wie eine Leiche verhalten sollte, klingt für unsere modernen europäischen Ohren noch befremdlicher, als es an sich schon ist, hauptsächlich wegen unserer puritanischen Beziehung zur *Leiche*. Unsere Sitten sorgen dafür, daß eine Leiche rasch entfernt wird. Sehr viel Wesens macht man aus ihr nicht, das Wissen, daß sie bald verfault, zwingt uns in keiner Weise, etwas dagegen zu unternehmen. Wir putzen sie ein wenig auf, stellen sie kaum zur Schau und machen einen späteren Zugang zu ihr unmöglich. Bei allem Gepränge, das ein Begräbnis haben mag, tritt die Leiche selbst überhaupt nicht in Erscheinung, es ist die Feier ihrer Verheimlichung und Unterschlagung. Um Schreber zu verstehen, muß man schon an die Mumien der Ägypter denken, bei denen die Persönlichkeit der Leiche erhalten, gepflegt und bewundert wird. Gott zuliebe hat Schreber sich monatelang als Mumie, nicht als Leiche verhalten; sein eigener Ausdruck in diesem Falle ist nicht ganz treffend.

Das zweite Motiv für seine Regungslosigkeit, die Scheu vor einer Vergeudung göttlicher Strahlen, teilt er mit unzähligen, über die ganze

Erde verbreiteten Kulturen, in denen sich eine sakrale Auffassung der Macht herausgebildet hat. Er empfindet sich selbst wie ein Gefäß, in dem die göttliche Essenz sich allmählich sammelt. Jede kleinste Bewegung kann zur Folge haben, daß er etwas davon verschüttet, und er darf sich darum überhaupt nicht bewegen. Der Machthaber hält mit der Macht, mit der er geladen ist, an sich: sei es, daß er sie als unpersönliche Substanz empfindet, die ihm ausgehen könnte, sei es, daß eine höhere Instanz dieses sparsame Verhalten als Akt der Verehrung von ihm erwartet. In der Haltung, die ihm für die Bewahrung seiner kostbaren Substanz als die günstigste erscheint, wird er langsam *erstarren;* jede Abweichung davon ist gefährlich und muß ihn mit Sorge erfüllen. Ihre gewissenhafte Vermeidung sichert seinen Bestand. Manche dieser Haltungen sind in ihrer Gleichheit durch die Jahrhunderte vorbildlich geworden. Die politische Struktur vieler Völker hat ihren Kern in der starren und genau vorgeschriebenen Haltung eines *einzelnen.*

Auch Schreber hat für ein Volk gesorgt, dem er zwar nicht als König, aber doch als *›Nationalheiliger‹* galt. Auf irgendeinem entfernten Weltkörper war in der Tat ein Versuch mit Erschaffung einer neuen Menschenwelt ›aus Schreberschem Geist‹ gemacht worden. Jene neuen Menschen waren körperlich von sehr viel kleinerem Schlag als unsere irdischen Menschen. Sie hatten es zu einer immerhin beachtenswerten Kulturstufe gebracht und hielten auch, ihrer geringeren Körpergröße entsprechend, eine kleinere Art von Rindvieh. Schreber selbst sollte ihnen als ihr ›Nationalheiliger‹ ein Gegenstand göttlicher Verehrung geworden sein, so daß seine *körperliche Haltung* für ihren Glauben von irgendwelcher Bedeutung wäre.

Das Vorbildliche einer bestimmten Haltung, die ganz konkret und körperlich zu verstehen ist, kommt hier sehr klar heraus. Nicht nur sind diese Menschen aus seiner Substanz geschaffen, von seiner Haltung hängt auch ihr Glaube ab.

Schrebers *Verstand* hatte, wie man sah, im Verlauf seiner Krankheit die raffiniertesten Gefahren zu erdulden. Aber auch die Eingriffe, die sich gegen seinen *Körper* richteten, spotteten jeder Beschreibung. Kaum ein Teil seines Körpers blieb davon verschont. Die Strahlen vergaßen oder übersahen an ihm nichts, buchstäblich alles kam an die Reihe. Die Wirkungen ihrer Eingriffe traten so plötzlich und überraschend ein, daß er sie nur als Wunder betrachten konnte.

Da waren einmal die Erscheinungen, die mit seiner beabsichtigten Verwandlung in ein Weib zusammenhingen. Diese hatte er akzeptiert und setzte ihnen weiter keinen Widerstand entgegen. Aber es ist kaum zu glauben, was auch abgesehen davon mit ihm geschah. In die Lungen schickte man ihm einen Lungenwurm. Seine Rippenknochen waren vorübergehend zerschmettert. An Stelle seines gesunden, natürlichen Magens praktizierte ihm jener Wiener Nervenarzt einen sehr minderwertigen ›Judenmagen‹ in den Leib. Die Schicksale seines Magens waren überhaupt sehr wechselvoll. Er hat des öfteren ganz ohne Magen gelebt und dem Wärter ausdrücklich erklärt, daß er nicht essen könne, weil er keinen Magen habe. Wenn er dann trotzdem aß, ergoß sich die Speise in die Bauchhöhle und auf die Oberschenkel. Er gewöhnte sich aber an diesen Zustand und aß später ganz sorglos ohne Magen drauflos. Speiseröhre und Därme waren oft zerrissen oder verschwunden. Teile seines Kehlkopfes aß er mehr als einmal mit auf.

Durch ›kleine Männer‹, die man ihm in die Füße setzte, versuchte man sein Rückenmark auszupumpen, so daß es ihm bei den Spaziergängen im Garten in Form von Wölkchen aus dem Munde entdampfte. Häufig hatte er die Empfindung, daß seine ganze Schädeldecke dünner geworden war. Wenn er Klavier spielte oder schrieb, versuchte man seine Finger zu lähmen. Manche Seelen nahmen die Formen winziger Menschengestalten an, nicht größer als einige Millimeter, und trieben an den verschiedensten Körperteilen, teils im Innern, teils an seiner Außenfläche, ihr Wesen. Einige von ihnen waren mit Öffnung und Schließung seiner Augen beschäftigt: sie standen über den Augen in den Augenbrauen und zogen von dort aus die Augenlider an feinen, spinnwebartigen Fäden nach ihrem Geschmack herauf und hinunter. Kleine Männer waren damals fast immer in großer Zahl auf seinem Kopf versammelt. Sie gingen förmlich auf seinem Kopfe spazieren, überall neugierig herzulaufend, wo irgendwelche neuen Zerstörungen zu sehen waren. Sie nahmen sogar an seinen Mahlzeiten teil, indem sie häufig von den Speisen, die er genoß, einen winzigen Teil sich selber zuführten.

Durch schmerzhaften Knochenfraß in der Fersengegend und am Steiß suchte man ihm alles, Gehen oder Stehen, Sitzen oder Liegen, unmöglich zu machen. In keiner Stellung oder bei keiner Beschäftigung wollte man ihn lange dulden: Wenn er ging, suchte man ihn zum Liegen zu zwingen, und wenn er lag, von dem Lager wieder aufzujagen.

»Daß ein tatsächlich nun einmal vorhandener Mensch doch *irgendwo sein müsse,* dafür schienen Strahlen kein Verständnis zu haben.«

Von diesen Erscheinungen dürfte vielleicht eines, das sie alle gemeinsam haben, festzuhalten sein: Es geht um eine *Durchdringung* seines Körpers. Das physikalische Prinzip von der Undurchdringlichkeit der Körper hat hier keine Gültigkeit mehr. So wie er sich überallhin erstrecken will, mitten durch den Leib der Erde hindurch, so erstreckt sich auch alles mitten durch ihn und treibt an ihm und in ihm seine Possen. Er spricht oft von sich, als ob er ein Weltkörper wäre; doch nicht einmal sein gewöhnlicher, menschlicher Körper ist ihm sicher. Die Zeit seiner Ausstreckung, in der er seine Ansprüche anmeldet, scheint auch die eigentliche Zeit seiner Durchdringlichkeit zu sein. *Größe* und *Verfolgung* hängen bei ihm aufs engste zusammen, beide drücken sich in seinem *Körper* aus.

Aber da er allen Angriffen zum Trotze immer weiterlebte, bildete sich die Überzeugung in ihm, daß die Strahlen ihn auch *heilten.* Alle unreinen Stoffe in seinem Körper wurden durch Strahlen wieder aufgenommen. Er hatte es sich erlauben können, auch ohne Magen sorglos drauflos zu essen. Durch Strahlen entstanden die Krankheitskeime bei ihm, durch Strahlen wurden sie wieder beseitigt.

So schöpft man den Verdacht, daß es mit all den Angriffen gegen seinen Körper auf *Unverletzlichkeit* abgesehen war. Sein Körper sollte ihm beweisen, was er alles überstehen könne. Je mehr er geschädigt und erschüttert war, um so sicherer stand er dann schließlich da.

Schreber begann daran zu zweifeln, ob er überhaupt sterblich sei. Was war das stärkste Gift, gemessen an den Schädigungen, die er überstanden hatte? Wenn er ins Wasser falle und ertrinke, so sei eine Wiederbelebung wahrscheinlich, durch die Herztätigkeit und Blutumlauf wieder angeregt werden würden. Wenn er sich eine Kugel durch den Kopf jage, so könnten die zerstörten inneren Organe und Knochenteile wiederhergestellt werden. Schließlich hatte er lange ohne lebenswichtige Organe gelebt. Alles war ihm wieder nachgewachsen. Auch natürliche Krankheiten konnten ihm nicht gefährlich werden. Nach vielen qualvollen Bedrängnissen und Zweifeln war für ihn jener heftige Drang nach *Unverletzlichkeit* zu einer unbestreitbaren Errungenschaft geworden.

Es ist im Laufe dieses Versuches gezeigt worden, wie dieser Drang nach Unverletzlichkeit und die Sucht zu überleben ineinanderfließen.

Der Paranoiker erweist sich auch hierin als das genaue Abbild des Machthabers. Der Unterschied zwischen ihnen ist nur einer ihrer Stellung in der äußeren Welt. In ihrer inneren Struktur sind sie ein und dasselbe. Man mag den Paranoiker eindrucksvoller finden, weil er sich selbst genügt und durch seinen äußeren Mißerfolg nicht zu erschüttern ist. Die Meinung der Welt gilt ihm nichts, sein Wahn steht allein gegen die ganze Menschheit.

»Alles, was geschieht«, sagt Schreber, »wird auf mich bezogen. Ich bin für Gott der Mensch schlechthin oder der einzige Mensch geworden, um den sich alles dreht, auf den alles, was geschieht, bezogen werden muß und der also auch von seinem Standpunkt aus alle Dinge auf sich selbst beziehen soll.«

Die Vorstellung, daß alle anderen Menschen untergegangen seien, daß er tatsächlich der einzige Mensch sei und nicht nur der einzige, auf den es ankomme, hat ihn, wie man weiß, mehrere Jahre beherrscht. Sie ist erst allmählich einer ruhigeren Auffassung gewichen. Aus dem einzigen, der am Leben ist, wurde er der einzige, der zählt. Man wird die Vermutung nicht abweisen können, daß hinter jeder Paranoia wie hinter jeder Macht dieselbe tiefere Tendenz steckt: Der Wunsch, die anderen aus dem Wege zu räumen, damit man der einzige sei, oder, in der milderen und häufig zugegebenen Form, der Wunsch, sich der anderen zu bedienen, daß man mit ihrer Hilfe der einzige werde.

Epilog

Epilog

Die Auflösung des Überlebenden

Nach dieser ausgiebigen Befassung mit einem paranoischen Wahn, der einen einzigen Anhänger, eben seinen Urheber, fand, ist es wohl am Platze, sich darauf zu besinnen, was man über Macht erfahren hat. Denn jeder vereinzelte Fall, so tief die Aufschlüsse sind, die er bietet, hinterläßt auch einen tiefen Zweifel. Je genauer man ihn kennenlernt, desto mehr wird man sich seiner Einmaligkeit bewußt. Man ertappt sich plötzlich bei der Hoffnung, daß es nur diesmal so sei und in jedem anderen Falle wieder anders. Ganz besonders gilt dies für Fälle von Geisteskranken. Der unerschütterliche Hochmut des Menschen klammert sich an ihre äußere Erfolglosigkeit. Selbst wenn es möglich wäre, nachzuweisen, daß jeder einzelne Gedanke im Kopfe etwa Schrebers sich mit dem eines gefürchteten Machthabers deckt, man würde immer die Hoffnung behalten, daß sie irgendwo grundverschieden sind. Der Respekt vor den Großen dieser Welt ist sehr schwer aufzulösen; unermeßlich ist das Verehrungsbedürfnis des Menschen.

Unsere Untersuchung hat sich aber zum Glück nicht auf Schreber allein beschränkt. So ausführlich sie vielen erschienen sein mag, manches ist nur eben gestreift, und anderes, das von Bedeutung wäre, ist noch nicht angeschnitten worden. Man wird es trotzdem dem Leser nicht verdenken können, daß er schon jetzt, am Schlusse dieses Bandes, erfahren möchte, was als gesichert gilt.

Es liegt auf der Hand, von welcher der vier Meuten unsere Zeit gezeichnet ist. Die Macht der großen Klagereligionen geht ihrem Ende zu. Sie sind von der Vermehrung überwuchert und allmählich erstickt worden. In der modernen Produktion hat der alte Gehalt der Vermehrungsmeute eine so ungeheuerliche Steigerung erfahren, daß alle anderen Gehalte unseres Lebens daneben schwinden. Die Produktion spielt sich hier, in diesem irdischen Leben, ab. Ihre Rapidität und ihre unübersehbare Vielfalt erlaubt keinen Augenblick des Stillstandes und der Überlegung. Die furchtbarsten Kriege haben sie nicht erdrückt. In allen feindlichen Lagern, wie immer diese beschaffen sein mögen, ist sie gleichermaßen wirksam. Wenn es einen Glauben gibt, dem die lebenskräftigen Völker der Erde eins um's andere verfallen, so ist es der Glaube an die Produktion, den modernen Furor der Vermehrung.

Die Zunahme der Produktion hat zur Folge, daß mehr Menschen erwünscht sind. Je mehr erzeugt wird, desto mehr Konsumenten

Die Auflösung des Überlebenden

Nach dieser ausgiebigen Befassung mit einem paranoischen Wahn, der einen einzigen Anhänger, eben seinen Urheber, fand, ist es wohl am Platze, sich darauf zu besinnen, was man über Macht erfahren hat. Denn jeder vereinzelte Fall, so tief die Aufschlüsse sind, die er bietet, hinterläßt auch einen tiefen Zweifel. Je genauer man ihn kennenlernt, desto mehr wird man sich seiner Einmaligkeit bewußt. Man ertappt sich plötzlich bei der Hoffnung, daß es nur diesmal so sei und in jedem anderen Falle wieder anders. Ganz besonders gilt dies für Fälle von Geisteskranken. Der unerschütterliche Hochmut des Menschen klammert sich an ihre äußere Erfolglosigkeit. Selbst wenn es möglich wäre, nachzuweisen, daß jeder einzelne Gedanke im Kopfe etwa Schrebers sich mit dem eines gefürchteten Machthabers deckt, man würde immer die Hoffnung behalten, daß sie irgendwo grundverschieden sind. Der Respekt vor den ›Großen‹ dieser Welt ist sehr schwer aufzulösen; und unermeßlich ist das Verehrungsbedürfnis des Menschen.

Unsere Untersuchung hat sich aber zum Glück nicht auf Schreber allein beschränkt. So ausführlich sie vielen erschienen sein mag, manches ist nur eben gestreift, und anderes, das von Bedeutung wäre, ist noch nicht angeschnitten worden. Man wird es trotzdem dem Leser nicht verdenken können, daß er schon jetzt, am Schlusse *dieses* Bandes, erfahren möchte, was als gesichert gilt.

Es liegt auf der Hand, von welcher der vier Meuten unsere Zeit gezeichnet ist. Die Macht der großen Klagereligionen geht ihrem Ende zu. Sie sind von der Vermehrung überwuchert und allmählich erstickt worden. In der modernen Produktion hat der alte Gehalt der Vermehrungsmeute eine so ungeheuerliche Steigerung erfahren, daß alle anderen Gehalte unseres Lebens daneben schwinden. Die Produktion spielt sich hier, in diesem irdischen Leben, ab. Ihre Rapidität und ihre unübersehbare Vielfalt erlaubt keinen Augenblick des Stillstandes und der Überlegung. Die furchtbarsten Kriege haben sie nicht erdrückt. In allen feindlichen Lagern, wie immer diese beschaffen sein mögen, ist sie gleichermaßen wirksam. Wenn es einen Glauben gibt, dem die lebenskräftigen Völker der Erde eins ums andere verfallen, so ist es der Glaube an die Produktion, den modernen Furor der Vermehrung.

Die Zunahme der Produktion hat zur Folge, daß mehr Menschen erwünscht sind. Je mehr erzeugt wird, desto mehr Abnehmer scheinen vonnöten. Der Absatz an sich, wenn er ganz eigengesetzlich wäre, würde einmal darauf abzielen, alle Menschen als Käufer zu erreichen, die erreichbar sind, also eigentlich alle Menschen. In diesem Punkte gleicht er, wenn auch nur oberflächlich, den Universalreligionen, die auf jede Seele aus sind. Alle Menschen müßten eine Art von idealer Gleichheit erlangen, nämlich als zahlungskräftige und willige Käufer. Damit wäre es aber nicht getan, denn wenn sie alle erreicht sind und alle gekauft haben, würde die Produktion noch immer zunehmen wollen. Ihre zweite und tiefere Tendenz ist dann die auf eine Zunahme der Zahl der Menschen. Die Produktion braucht *mehr* Menschen: Über die Vermehrung der Gegenstände greift sie zurück auf den ursprünglichen Sinn aller Vermehrung, die der Menschen selbst.

Ihrem innersten Wesen nach ist die Produktion friedlich. Verminderungen durch Krieg und Zerstörung sind ihr schädlich. Kapitalismus und Sozialismus unterscheiden sich darin nicht: es sind die streitenden Zwillingsformen ein und desselben Glaubens. Beider Augapfel ist die Produktion. Sie ist gleichermaßen zur Herzensangelegenheit beider geworden. Ihre Rivalität hat zum wütenden Erfolg der Vermehrung beigetragen. Sie ähneln sich einander immer mehr an. Etwas wie eine wachsende Achtung füreinander macht sich bemerkbar. Sie bezieht sich, man wäre versucht zu sagen ausschließlich, auf eben den Erfolg in ihrer Produktion. Es ist nicht mehr wahr, daß sie einander zerstören wollen: sie wollen einander übertreffen.

Es gibt heute mehrere größte Vermehrungszentren, die sehr wirkungsvoll sind und rasch um sich greifen. Sie sind auf verschiedene Sprachen und Kulturen verteilt; keines von ihnen ist stark genug, die Herrschaft an sich zu reißen. Keines wagt es, allein gegen viele andere zu stehen. Eine Neigung zur Bildung von enormen Doppelmassen ist augenfällig. Sie benennen sich nach ganzen Weltgegenden, Ost und West. Sie begreifen so viel in sich, daß immer weniger außerhalb von ihnen liegenbleibt, und was außerhalb bleibt, scheint ohnmächtig. Die starre Aufstellung dieser Doppelmassen, ihre Faszination füreinander, ihre Bewaffnung bis zu den Zähnen und bald bis zum *Mond* haben eine apokalyptische Angst in der Welt geweckt: ein Krieg zwischen ihnen könnte zur Vernichtung der Menschheit führen. Es zeigt sich aber, daß die Tendenz zur Vermehrung so stark geworden ist, daß sie sich jener zu Kriegen übergeordnet hat; diese erscheinen ihr nur noch als lästige Störung. Der Krieg als Mittel zu rascher Vermehrung hat sich in einem

Ausbruch archaischen Charakters im Deutschland des Nationalsozialismus erschöpft und, wie man wohl glauben muß, für immer erledigt.

Jedes Land zeigt sich heute dazu geneigt, seine Produktion noch mehr als seine Menschen zu schützen. Nichts rechtfertigt sich mehr, nichts ist allgemeiner Billigung so sicher. Noch dieses Jahrhundert wird mehr Güter erzeugen, als die Menschen gebrauchen können. An die Stelle des Krieges aber lassen sich andere Systeme von Doppelmassen setzen. Die Erfahrung mit Parlamenten beweist, daß es möglich ist, den Tod aus dem Zweimassengetriebe auszuschalten. Ein friedlicher und geregelter Turnus im Wechsel der Macht ließe sich auch zwischen den Nationen etablieren. Der Sport als Massenereignis hat schon in Rom den Krieg zu einem wesentlichen Teil ersetzt. Er ist heute daran, dieselbe Bedeutung – aber in Weltumfang – zu erlangen. Der Krieg stirbt mit Sicherheit ab, und sein Ende wäre für bald vorauszusagen: nur hat man die Rechnung ohne den Überlebenden gemacht.

Was aber ist uns in alledem von den Klagereligionen geblieben? In den unbegreiflichen Extremen von Vernichtung und Erzeugung, die die erste Hälfte dieses Jahrhunderts kennzeichnen, in dieser doppelt unerbittlichen Verblendung, die bald in eine, bald in die entgegengesetzte Richtung wirkt, bieten die Klagereligionen, soweit sie sich als Organisation erhalten haben, das Bild vollkommener Hilflosigkeit. Zögernd oder zuvorkommend, wenn auch gewiß mit Ausnahmen, erteilen sie zu allem, was geschieht, den Segen.

Ihr Erbe ist trotzdem größer, als man meinen könnte. Das Bild des Einen, um dessen Tod die Christen seit bald 2000 Jahren klagen, ist ins Bewußtsein der gesamten wachen Menschheit eingegangen. Es ist ein Sterbender, und er soll nicht sterben. Mit der Säkularisierung der Erde hat seine Göttlichkeit an Bedeutung verloren. Er ist, ob man es will oder nicht, als der einzelne leidende und sterbende Mensch zurückgeblieben. Seine göttliche Vorgeschichte hat ihm innerhalb dieser irdischen Menschheit eine Art von historischer Unsterblichkeit verliehen. Sie hat ihn und jeden einzelnen, der sich in ihm sieht, gekräftigt. Es gibt keinen Verfolgten, wofür immer er leiden mag, der sich in einem Teile seiner Seele nicht als Christus sieht. Todfeinde, auch wenn sie beide für eine böse und unmenschliche Sache kämpfen, fühlen, sobald es schlecht geht, beide dasselbe. Das Bild des Leidenden, der am Erlöschen ist, wird je nach dem Gang der Ereignisse vom einen zum anderen wandern, und der Schwächere kann sich schließlich als der

Bessere fühlen. Aber auch der Schwächste, der es nie zu einem ernsthaften Feind gebracht hat, hat an diesem Bilde teil. Er mag für gar nichts sterben, das Sterben selbst macht ihn zu etwas Besonderem. Christus leiht ihm die Klagemeute. Mitten in der Raserei der Vermehrung, die auch eine der Menschen ist, ist der Wert des einzelnen nicht gesunken, er ist gestiegen. Die Ereignisse unseres Jahrhunderts scheinen das Gegenteil zu besagen: doch im Bewußtsein der Menschen hat sich auch durch sie nichts geändert. Auf dem Umweg über seine Seele ist der Mensch selbst, wie er hier lebt, ergriffen worden. Der Wunsch nach Unzerstörbarkeit ist ihm gerechtfertigt worden. Jeder ist sich selbst ein würdiger Gegenstand der Klage. Jeder ist hartnäckig davon überzeugt, daß er nicht sterben soll. In diesem Punkte ist das Erbteil des Christentums – und auf etwas andere Weise auch das des Buddhismus – unverwüstlich.

Was sich aber von Grund auf in dieser Zeit geändert hat, ist die Situation des Überlebenden. Es haben sich gewiß nur wenige gefunden, die die Lektüre jener Kapitel, die vom Überlebenden handelten, nicht mit tiefem Widerwillen beendet haben. Die Absicht war, ihn in all seinen Schlupfwinkeln aufzustöbern und so darzustellen, wie er ist und immer war. Als Held wurde er verherrlicht, als dem Machthaber wurde ihm gehorcht: im Grunde war er immer derselbe. Er hat in unserer eigenen Zeit, unter Menschen, denen der Begriff der Humanität sehr viel bedeutet, seine unheimlichsten Triumphe erlebt. Er ist nicht ausgestorben, er wird nicht aussterben, solange wir nicht die Kraft haben, ihn klar zu sehen, in jeder Verkleidung, von welcher Glorie immer umstrahlt. Der Überlebende ist das Erbübel der Menschheit, ihr Fluch und vielleicht ihr Untergang. Wird es möglich sein, ihm im letzten Augenblick zu entkommen?

Die Zuspitzung seines Treibens in unserer modernen Welt ist so ungeheuerlich, daß man es kaum wagt, sie ins Auge zu fassen. Ein einzelner Mensch kann mühelos einen guten Teil der Menschheit vernichten. Er kann sich dazu technischer Prozesse bedienen, die er selbst nicht versteht. Er kann aus vollkommener Verborgenheit heraus handeln; es ist nicht einmal nötig, daß er sich für seinen Akt in Gefahr begibt. Der Gegensatz zwischen seiner Einzigkeit und der Zahl derer, die er vernichtet, ist in einem sinnvollen Bilde nicht mehr zu fassen. Es hat einer heute die Möglichkeit, mit einem Schlage mehr Menschen zu überleben als ganze Generationen früherer Geschlechter zusammen. Die Rezepte der Machthaber liegen klar zutage, es ist nicht schwer, sich ihrer zu bedienen. Sämtliche Entdeckungen kommen ihnen zugute, als seien sie für sie allein gemacht. Der Einsatz ist vervielfacht, es sind viel mehr Menschen da, und alle enger beisammen. Die Mittel sind vertausendfacht. Die Wehrlosigkeit der Opfer, wenn auch nicht ihre Ergebenheit, ist im Grunde dieselbe geblieben.

Aller Schrecken vor einer übernatürlichen Gewalt, die strafend und zerstörend über die Menschen hereinbricht, hat sich an die Vorstellung von der ›Bombe‹ gehängt. Aber der einzelne kann sie manipulieren. Sie ist in seiner Hand. Der Machthaber kann Verheerungen entfesseln, die alle Plagen Gottes zusammen übertreffen. Der Mensch hat seinen eigenen Gott gestohlen. Er hat ihn ergriffen und sich alles von ihm angeeignet, das furchtbar und ein Verhängnis war.

Die waghalsigsten Träume früherer Machthaber, denen das Überleben zur Passion und zum Laster geworden war, erscheinen heute dürftig. Die Geschichte gewinnt plötzlich, von uns aus erinnert, ein harmlos behagliches Gesicht. Wie *lange* hat es damals alles gedauert, und wie *wenig* gab es auf einer unbekannten Erde zu vernichten! Heute liegt zwischen Beschluß und Wirkung nicht mehr als ein Augenblick. Was Dschingis Khan! was Tamerlan! was Hitler! – an unseren Möglichkeiten gemessen, klägliche Lehrlinge und Stümper!

Die Frage, ob es auch eine Möglichkeit gibt, dem Überlebenden beizukommen, der zu diesen monströsen Proportionen angewachsen ist, ist die größte, man möchte sagen: die einzige Frage. Die Spezialisiertheit und Beweglichkeit des modernen Lebens täuscht über die Einfachheit, über die Konzentration dieser Grundfrage hinweg. Denn die einzige Lösung, die sich dem leidenschaftlichen Drange zu überleben bietet, eine schöpferische Einsamkeit, die sich die Unsterblichkeit verdient, ist ihrer Natur nach nur für wenige eine Lösung.

Gegen diese sich steigernde Gefahr, die jeder in den Knochen spürt, ist ein zweites, neues Faktum in Rechnung zu setzen. Der Überlebende selbst hat Angst. Er hatte immer Angst. Aber an seinen Möglichkeiten ist sie ins Maßlose und Unerträgliche gewachsen. Sein Triumph kann eine Sache von Minuten und Stunden sein. Doch die Erde ist nirgends sicher, nicht einmal für ihn. Überall gelangen die neuen Waffen hin, auch er ist überall zu erreichen. Seine Größe und seine Unverletzlichkeit stehen miteinander im Streit. Er ist selber zu groß geworden. Machthaber zittern heute *anders* um sich, so als wären sie dasselbe wie andere Menschen. Die uralte Struktur der Macht, ihr Herz- und Kernstück: die Bewahrung des Machthabers auf Kosten aller übrigen, hat sich ad absurdum geführt, sie liegt in Trümmern. Die Macht ist größer, aber sie ist auch *flüchtiger* als je. Alle werden überleben oder niemand.

Um aber dem Überlebenden beizukommen, muß man sein Treiben dort durchschauen, wo es am natürlichsten erscheint. Auf unangefochtene und darum besonders gefährliche Weise steigert es sich im Erteilen von Befehlen. Es ist gezeigt worden, daß der Befehl in seiner domestizierten Form, wie er im Zusammenleben von Menschen üblich ist, nichts als ein suspendiertes Todesurteil vorstellt. Wirksame und akute Systeme solcher Befehle haben sich überall eingebürgert. Wer sich zu rasch an die Spitze hinaufgedient hat oder wem es auf andere Weise gelingt, sich die oberste Verfügung über ein solches System zu verschaffen, der ist durch die Natur seiner Position mit Befehlsangst geladen und muß sich von ihr zu befreien suchen. Die kontinuierliche Drohung, deren er sich bedient und die das eigentliche Wesen dieses Systems ausmacht, richtet sich schließlich gegen ihn selbst. Ob er tatsächlich von Feinden gefährdet ist oder nicht, er wird immer ein Gefühl von Bedrohtheit haben. Die gefährlichste Drohung geht von seinen eigenen Leuten aus, denen er immer befiehlt, die in seiner nächsten Nähe sind, die ihn gut kennen. Das Mittel zu seiner Befreiung, nach dem er nicht ohne Zögern greift, auf das er aber keineswegs ganz verzichtet, ist der plötzliche Befehl zum Massentod. Er beginnt einen Krieg und schickt seine Leute dorthin, wo sie töten sollen. Viele von ihnen mögen dabei selber zugrunde gehen. Er wird es nicht bedauern. Wie immer er sich nach außen stellen mag, es ist ein tiefes und geheimes Bedürfnis von ihm, daß auch die Reihen seiner eigenen Leute sich lichten. Zu seiner Befreiung von Befehlsangst ist es erforderlich, daß auch viele von denen sterben, die für ihn kämpfen. Der Wald seiner Angst ist zu dicht geworden, er atmet dafür, daß er sich lichtet. Wenn er zu lange gezögert hat, sieht er nicht mehr klar und mag seine Stellung empfindlich schädigen. Seine Befehlsangst nimmt dann Dimensionen an, die zur Katastrophe führen. Aber bevor die Katastrophe ihn selbst erreicht, seinen eigenen Leib, der für ihn die Welt verkörpert, führt sie zum Untergang unzähliger anderer.

Das System der Befehle ist allgemein anerkannt. Am schärfsten ausgeprägt hat es sich wohl in den Armeen. Aber viele andere Bereiche des zivilisierten Lebens sind vom Befehl ergriffen und gezeichnet. Der

Tod als Drohung ist die Münze der Macht. Es ist leicht, hier Münze auf Münze zu legen und enorme Kapitalien anzusammeln. Wer der Macht beikommen will, der muß den Befehl ohne Scheu ins Auge fassen und die Mittel finden, ihn seines Stachels zu berauben.

Anmerkungen

31 f. Die Schilderung des Haka findet sich bei *J. S. Polack*, New Zealand. A narrative of travels and adventure. London 1838. Vol. I, p. 81–84.

38 Das ›Stehen auf Arafat‹ ist häufig beschrieben worden, am ausführlichsten in *Gaudefroy-Demombynes*, Le Pèlerinage à la Mekke. Paris 1923, p. 241–255.

43 Bechuana: *Dornan*, Pygmies and Bushmen of the Kalahari, p. 291.

43 Boloki: *Weeks*, Among Congo Cannibals, p. 261.

43 Pygmäen des Gabun: Das Lied über die Höhle der Toten stammt aus *Trilles*, Les pygmées de la forêt équatoriale. Paris 1931.

44 Hilfsgeister des Tschuktschen-Schamanen: *Ohlmarks*, Studien zum Problem des Schamanismus, S. 176.

44 Vision des Eskimo-Schamanen: *Rasmussens* Thulefahrt. Frankfurt 1926. S. 448–49.

44 Totenheere des schottischen Hochlands: *Carmichael*, Carmina Gaidelica. Vol. II, p. 357.

44 f. Das Nordlicht bei den Lappen und Tlinkit-Indianern: *Höfler*, Kultische Geheimbünde der Germanen. Frankfurt 1934. S. 241–42.

45 Die Bevölkerung der Luft: *Bin Gorion*, Die Sagen der Juden. Bd. I. Von der Urzeit, S. 348.

46 Das Heer der Dämonen bei den Persern: *Darmesteter*, The Zend-Avesta. Part II, p. 49.

46 f. *Cäsarius von Heisterbach:* Eine vollständige englische Übersetzung des Dialogus Miraculorum ist unter dem Titel ›The Dialogue on Miracles‹ bei Routledge 1929 in London erschienen. Die Zitate hier stammen aus vol. I, p. 322–23, p. 328; vol. II, p. 294–95.

46 f. Gott und sein Hof: *Cäsarius*, vol. II, p. 343.

48 Heuschreckengedicht: *Waley*, The Book of Songs. London 1937, p. 173

61 Madame Jullien an ihren Sohn: Brief vom 2. August 1791 in *Landauer*, Briefe aus der Französischen Revolution, Band I, S. 339.

62 Camille Desmoulins an seinen Vater. *Landauer*, Band I, S. 144.

64 Revivals: Gute Berichte über die Revivals, besonders in Amerika, finden sich im Buche von *Davenport*: Primitive Traits in Religious Revivals. New York 1905. Einer der berühmtesten Prediger hat seine eigene Lebensgeschichte erzählt: The Backwoods Preacher. An Autobiography by *Peter Cartwright*. London 1858.

64 Höllenstrafen: *Davenport*, p. 67.

64 f. Meeting von Cane Ridge: *Davenport*, p. 73–77.

65 Zuckungen; Bellen; heiliges Lachen: *Davenport*, p. 78–81.

66 f. Die Darstellung eines Festes bei den Papua in all seinen Phasen bildet den Gegenstand eines ungemein lebendigen Buches von *André Dupeyrat*: Jours de Fête chez les Papous. Paris 1954.

69 Ein Fest bei den Tupinambu: *Jean de Léry*, Le voyage au Brésil 1556–1558. Neue Ausgabe 1927 bei Payot, Paris. p. 223–24.

70 Kriegstanz der Frauen bei den Kafirs im Hindukusch: *Crooke*, Things Indian, p. 124.

70 f. Kriegstanz der Frauen bei den Jivaros: *R. Karsten,* Blood Revenge, War and Victory Feasts among the Jibaro Indians of Eastern Ecuador. Washington 1922. p. 24.

71 Mirary auf Madagaskar: *R. Decary,* Moeurs et Coutumes des Malgaches. Paris 1951. p. 178–79.

74 *Jeremias:* Kap. 25, 33.

74 Mohammeds Predigt an die toten Feinde: Die Überlieferungen über das Leben Mohammeds nach *Ibn Ishak* erschienen in der deutschen Übersetzung von *Weil* 1864. Diese Arbeit ist überholt von der modernen englischen Übersetzung von *A. Guillaume,* The Life of Muhammad. A translation of Ibn Ishaqs Sirat Rasul Allah. Oxford 1955. Die Berichte über die Triumphpredigt an die Toten finden sich hier, p. 305–306.

75 Der Bericht des Une bei *Erman,* Ägypten und ägyptisches Leben im Altertum, S. 689.

75 Preislied auf Ramses II.: *Erman,* Die Literatur der Ägypter, S. 324.

75 f. Die Schlacht bei Kadesch: *Erman,* Die Literatur der Ägypter, S. 333.

76 Merenptahs Sieg über die Libyer: *Erman,* Ägypten und ägyptisches Leben, S. 710–711.

76 Ramses III. und die Libyer: *Erman,* ebenda, S. 711.

76 Zählung von Köpfen bei den Assyrern. – Das Relief aus der Zeit Assurbanipals ist schematisiert abgebildet bei *G. Maspéro,* Au Temps de Ramses et d'Assourbanipal, p. 370.

83 Das Feuer in den Veden: *H. Oldenberg,* Die Religion des Veda, S. 43.

85 f. Feuertanz der Navajos: *Hambly,* Tribal Dancing and Social Development. London 1926. p. 338–39.

87 Brandstifterin: *Kräpelin,* Einführung in die psychiatrische Klinik. Bd. II. Fall 62. S. 235–240.

94 f. Die Sturmgötter im Veda. *Macdonell,* Hymns from the Rigveda, p. 56–57.

98 f. *Plutarch,* Leben des Pompejus, Kap. 11.

109 Verteilung der Jagdbeute. – Siehe *É. Lot-Falck,* Les Rites de Chasse ches les peuples sibériens. Paris. Gallimard 1953. p. 179–183.

110 ff. Der Kriegszug der Taulipang gegen die Pischauko stammt aus *Koch-Grünberg,* Vom Roroima zum Orinoco. Bd. III. Ethnographie, S. 102 bis 105.

123 f. Totems der Australier. – Neben den älteren Werken von Spencer and Gillen und C. Strehlow sind hier besonders wichtig: *Elkin,* The Australian Aborigines 1943. *Elkin,* Studies in Australian Totemism. The Oceania Monographs No. 2. 1933.

124 f. Büffeltanz der Mandan: *George Catlin,* The North American Indians, vol. I., p. 143–44.

132 f. Ungutnika und die wilden Hunde: *Spencer* and *Gillen,* The Arunta, p. 169.

133 f. Jagdmeute und Känguruh: Arunta, p. 170–71.

136 Auf dem Kandidaten liegen: Arunta, p. 192–93.

136 ff. *Spencer* and *Gillen*, The Arunta. Gänsemarsch, p. 160. Umlauf im Kreise, sehr häufig, z. B. p. 273. Niederlegen in einer Reihe, p. 280, Figur 100. Tanzende Scheibe, p. 261–62. Zwei Reihen einander gegenüber, p. 189. Karree, p. 278. Haufen am Boden, p. 286, 290, 292. Feuerproben, p. 294. Schleudern von brennenden Zweigen, p. 279, p. 289. Beschneidung, p. 219.

144 ff. *Mary Douglas*, The Lele of Kasai, in African Worlds, edited by *Daryll Forde*. Oxford University Press 1954. p. 1–26.

145 Prestige des Waldes: *M. Douglas* in African Worlds, p. 4.

147 f. Gemeinsame Jagd: *M. Douglas*, p. 15–16.

150 ff. *R. Karsten*, Blood Revenge, War and Victory Feasts among the Jibaro Indians of Eastern Ecuador, Washington 1922. Eine neuere Studie ist die von *M. W. Stirling*, Historical and Ethnographical Material on the Jivaro Indians. Washington 1938.

153 ff. *Ruth Benedict*, Patterns of Culture, Houghton Mifflin, Boston 1934. p. 57–130. Deutsche Übersetzung: Urformen der Kultur, Rowohlts Enzyklopädie 1955. S. 48–104.

154 Regenbeschwörung: Urformen der Kultur, S. 53.

157 f. Dahomey: *Dalzel*, The History of Dahomey. 1793. Dieses alte, unschätzbare Buch enthält auch die erste ausführliche Schilderung der ›Annual Customs‹, des jährlichen Festes; p. XX ff. Weitere Werke über Dahomey: *Burton*, A Mission to Gelele, King of Dahomey. 2 vols. London 1864. – *Ellis*, The Ewe-speaking Peoples of the Slave Coast of West Africa 1890. – *Le Hérissé*, L'Ancien Royaume du Dahomey. Paris 1911. – *Herskovits*, Dahomey, an Ancient West African Kingdom. 2 vols. New York 1938.

161 Der spanische Pilger Ibn Jubayr. – The Travels of *Ibn Jubayr*. Translated by R. J. C. Broadhurst. London, Cape 1952. Ausdehnbarkeit Mekkas, p. 174.

161 Der Prophet des Kampfes und des Krieges: *Goldziher*, Vorlesungen über den Islam, S. 22 und 25. ›Tötet die Ungläubigen‹: Koran, Sure 9, v. 5.

162 Kybele rasend: *Lukian*, Göttergespräche. 12. Gespräch, in der Übersetzung von Wieland.

162 f. Klage der Isis: *Erman*, Religion der Ägypter, S. 39.

165 ff. Neben *Goldzihers* Vorlesungen über den Islam sind für dieses Kapitel herangezogen worden: *Gobineau*, Religions et Philosophies dans l'Asie Centrale. 1865. Neue Auflage, Paris 1957. *Donaldson*, The Shiite Religion. London 1933. *v. Grunebaum*, Muhammadan Festivals. London 1958. *Virolleaud*, Le Théâtre Persan. Paris 1950. *Titayna*, La Caravane des Morts. Paris 1930.

166 f. Die Leiden Hussains: *Donaldson*, p. 79–87.

167 Heimsuchungen des Geschlechtes des Propheten: *Goldziher*, S. 212–13.

167 Um Hussain weinen: *Goldziher*, S. 213–14.

168 Das Grab Hussains in Kerbela: *Donaldson*, p. 88–100.

168 f. Das große Fest der Schiiten. *Grunebaum*, p. 85–94.

170 Zwei Arten von Brüderschaften: *Gobineau*, p. 334–38.

171 f. ›Das Theater ist gesteckt voll‹: *Gobineau*, p. 353–56.

173 ›Gehe du und errette von den Flammen‹: *Grunebaum*, p. 94.

174 f. Der Tag des Blutes: *Titayna*, La Caravane des Morts, p. 110–113; zitiert bei *De Félice*, Foules en Délire, p. 170–71.

180 ff. *Stanley:* Sinai and Palestine, p. 354–58.

182 ff. *Curzon:* Visits to Monasteries in the Levant, p. 230–50.

189 ff. In dieser Abteilung sind nur wenige Kapitel vereinigt, die sich mit einer Ausnahme alle auf moderne Verhältnisse beziehen. Es wäre verfrüht, hier mehr zu geben: der Leser ist mit den Ergebnissen der späteren Teile des Buches, die der Untersuchung der Macht gewidmet sind, noch nicht vertraut. Es ließe sich also mit Recht einwenden, daß der Titel ›Masse und Geschichte‹ zu weit gefaßt ist. Die Anwendung der gewonnenen Einsichten über Masse und Meute auf historische Bewegungen früherer Epochen bleibt einer späteren Veröffentlichung vorbehalten, die zum Teil schon ausgeführt, zum Teil skizziert ist.

219 ff. Der Bericht, den ich über die Ereignisse bei den Xosas gebe, stammt – etwas vereinfacht – aus *Theal*, History of South Africa, vol. III., p. 198–207. – Der deutsche Missionar *Kropf*, der Zeuge der Ereignisse war, hat seine Eindrücke in einem kurzen, sehr anschaulichen, aber schwer zugänglichen Aufsatze niedergelegt: Die Lügenpropheten des Kaffernlandes. (Neue Missionsschriften, 2. Aufl., Nr. 11, Berlin 1891.) *Katesa Schlosser* hat in ihrem Buch ›Propheten in Afrika‹ (Braunschweig 1949) auf Seite 35–41 eine knappe Version der Ereignisse gegeben. Die wichtigsten Stellen aus *Kropf* finden sich alle bei ihr zitiert. Die ausführlichste moderne Darstellung, mit neuem Material, findet sich im Buch eines südafrikanischen Provinz-Schriftstellers und ist in Europa unbekannt geblieben: *Burton*, Sparks from the Border Anvil, King Williams Town 1950. p. 1–102.

244 *Zuckerman:* The Social Life of Monkeys and Apes. London, Kegan Paul 1932. p. 57–58.

245 ff. *Zuckerman*, p. 268–69; p. 300–304.

262 Dschingis-Khan: nach *Wladimirzov*, The Life of Chingis-Khan. London, Routledge 1930. p. 168.

263 Cäsar: *Plutarch*, Leben des Cäsar, Kap. 15.

266 f. Das Leichenbankett des Domitian: *Dio*, Römische Geschichte. Epitome von Buch LXVII, Cap. 9.

269 ff. Der Bericht findet sich in *Josephus*: Geschichte des Jüdischen Krieges, Buch III, Cap. 8.

272 ›Übrig blieb schließlich eben Josephus selbst, sage man durch glücklichen Zufall oder durch göttliche Fügung, mit noch einem Gefährten.‹ – In der slawischen Version des Jüdischen Krieges, die sich nach Meinung mancher Gelehrter auf einen früheren griechischen Text stützt, findet sich statt dieses Satzes ein anderer, der die Sache unverhohlen beim Namen nennt: ›Nachdem er (Josephus) dies gesagt hatte, rechnete er sich listig die Nummern aus und täuschte sie so alle.‹ Siehe die

neue englische Übersetzung in den Penguin Classics: *Josephus*, The Jewish War, translated by G. A. Williamson, p. 403. Appendix: The Slavonic Additions.

277 Muhammad Tughlak: siehe das spätere Kapitel Der Sultan von Delhi.

278 Eroberung von Mudkal. – *Sewell*, A Forgotten Empire, p. 34.

278 Hakim: *Wolff*, Die Drusen und ihre Vorläufer. Leipzig 1845. S. 286.

279 ff. Für einen knappen Überblick über die Geschichte der Moghul-Kaiser, siehe *Smith*: The Oxford History of India, pp. 321–468.

279 Der Bericht der Jesuiten über den Prinzen Salim stammt aus *Du Jarric*, Akbar and the Jesuits, translated by C. H. Payne. London, Routledge 1926. p. 182.

281 Shaka: Die beste zeitgenössische Schilderung Shakas ist die des englischen Reisenden *Henry Finn*. Sein Tagebuch, das schon früher vielfach benutzt worden war, ist nach über 100 Jahren auch in Buchform erschienen: The Diary of *Henry Francis Fynn*, Edited by J. Stuart and D. Mck. Malcolm. Pietermaritzburg. Shuter and Shooter 1950. Die einzige moderne Biographie von Wert, die sich neben allen schriftlichen Quellen auch auf mündliche Traditionen stützt, ist von *Ritter*, Shaka Zulu. London, Longmans Green, 1955.

285 Das Jahrhundert der Etrusker: *A. Grenier*, Les Religions Étrusque et Romaine. Paris 1948. p. 26.

287 Mana auf den Marquesas: *Handy*, Polynesian Religion, p. 31.

288 ff. Der Töter bei den Murngin: *Warner*, A Black Civilisation. Harper and Brothers 1958. p. 163–165. Dieses Buch, das 1937 zuerst erschien, ist die umfassendste und bedeutendste Darstellung eines australischen Stammes, die es bis heute gibt.

290 f. Der Held auf den Fiji-Inseln: *Lorimer Fison*, Tales from Old Fiji, p. 51–53, p. XXI.

292 ff. Schlangenungeheuer und Held bei den Uitoto: *K. Th. Preuss*, Religion und Mythologie der Uitoto. Göttingen 1921. Bd. I, S. 220–29.

295 f. Ein Überlebender bei den Taulipang: *Koch-Grünberg*, Indianermärchen aus Südamerika. Jena, Diederichs 1921. S. 109–10.

297 f. Der Ursprung der Kutenai: *Boas*, Kutenai Tales. No. 74, The Great Epidemic, p. 269–70. Washington 1918.

298 f. Massenselbstmord bei den Ba-ila: *Smith* and *Dale*, The Ila-speaking Peoples of Northern Rhodesia. London 1920. vol. I., p. 20.

299 Cabres und Caraiben: *Humboldt*, Reise in die Äquinoctial-Gegenden des neuen Continents, Bd. V, S. 63.

301 f. Tod eines Indianerkindes in Demerara: *Roth*, An Inquiry into the Animism and Folklore of the Guiana-Indians. Washington 1915. p. 155.

303 ff. Ahnenkult bei den Zulus: Der tote und der lebende Bruder. – *Callaway*, The Religious System of the Amazulu. 1870. p. 146–159.

309 Das Königsmedium in Uganda: *N. K. Chadwick*, Poetry and Prophecy, Cambridge 1942. p. 36–38.

309 ff. Der Ahnenkult der Chinesen: *Granet*, La Civilisation Chinoise. Paris 1929. p. 300–302. – *Henri Maspéro*, La Chine Antique. Neue Auflage.

Paris 1955. p. 146–155. – *Jeanne Cuisinier*, Sumangat. L'âme et son culte en Indochine et en Indonésie. Paris, Gallimard 1951. p. 74–85.

313 f. Die Pest in Athen: *Thukydides*, Geschichte des peloponnesischen Krieges, Buch II, Kap. 47–54.

325 »Der Urahn Dschingis-Chans war ein vom hohen Himmel erzeugter, schicksalserkorener grauer Wolf.« – Mit diesem Satz beginnt ›Die Geheime Geschichte der Mongolen‹, herausgegeben und übersetzt von *Haenisch*. Leipzig 1948.

325 Die Seele des römischen Kaisers fliegt als Adler zum Himmel. – Siehe die herrliche Schilderung der Apotheose eines römischen Kaisers – in diesem Falle des Septimius Severus – bei *Herodian*, Geschichte des römischen Kaisertums seit Mark Aurel, Buch IV, Kap. 2.

325 Gewitterfurcht der Mongolen, im Reisebericht des *Rubruk*: Contemporaries of Marco Polo, edited by Komroff. London 1928. p. 91.

326 Die ›fulguriatores‹ der Etrusker: *A. Grenier*, Les Religions Étrusque et Romaine, p. 18–19.

326 Macht und Blitzstrahl: *Franz Kuhn*, Altchinesische Staatsweisheit, S. 105. – Verschwinden des Romulus in einem Sturm: *Livius*, Buch I. 16. Tod des Tullus Hostilius durch einen Blitz: *Livius* I, 31. – Tod eines früheren Königs von Alba Longa, des Romulus Silvius, durch Blitz: *Livius* I, 3.

330 Die ersten Fragen des Kindes: *Jespersen*, Language, p. 137.

333 Die Mittagsfrau fragt zu Tode: Wendische Sagen, herausgegeben von Sieber. Jena 1925. S. 17.

334 Der Medizinmann bei den Aranda: *Spencer* and *Gillen*, The Arunta, vol. II, p. 391–420.

336 Die Unergründlichkeit des letzten Visconti: *Decembrio*, Leben des Filippo Maria Visconti, übersetzt von Funk. Jena 1913. Kap. 43. S. 29 bis 30.

337 Die Geheimnisprobe Chosroes II.: Le Livre de la Couronne, attribué a Ğahiz, traduit par *Ch. Pellat*. Paris 1954. p. 118–120.

359 Wukuf und Ifadha: siehe das bereits genannte Buch von *Gaudefroy-Demombynes*. Le Pèlerinage à la Mekke. Paris 1923. p. 235–303.

366 *Lukian*, Von der Syrischen Göttin. Übersetzung von Wieland. Bd. IV der Sämtlichen Werke, München 1911. S. 376–77.

366 Skopzen: Das ausführlichste, aber etwas schwerfällige Buch über die Skopzen ist von *Grass*: Die russischen Sekten. Band II: Die weißen Tauben oder Skopzen. Leipzig 1914. – *Grass* hat auch ›Die geheime heilige Schrift der Skopzen‹ übersetzt. Leipzig 1904. – Ein neueres Werk mit gutem Material ist: *Rapaport*: Introduction à la Psychopathologie Collective. La Secte mystique des Skoptzy. Paris 1948.

368 Assassinen: Die ältere Literatur über die Assassinen ist zum guten Teil überholt durch das kritische Werk von *Hodgson*: The Order of Assassins. Haag 1955.

370 Suggestionssklaverei: *Kräpelin*: Psychiatrie, III. Band, S. 723.

371 Die Mücken reden usw.: alle Zitate hier stammen aus *Kräpelin*, Psychiatrie, III. Band, S. 673–674.

372 ff. In einer wichtigen Abhandlung, die unter dem Titel ›Bhrigu im Jenseits‹ 1950 in ›Paideuma‹, Band 4, erschienen ist, hat *Hermann Lommel* eine Zusammenfassung dieser Wanderung aus dem Schatapatha-Brahmana gegeben, die ich oben verwendet habe. Er hat alle hierher gehörigen Fälle der altindischen Literatur versammelt, in einem Nachtrag 1952 in Band 5 von Paideuma ergänzt und sie mit Vorstellungen anderer Völker über die ›verkehrte Welt‹ der Toten in Verbindung gebracht. Wenn ich auch der Wendung, die er der Deutung seiner indischen Texte gibt, nicht in allem folgen kann und zu anderen Schlüssen darüber gelange, so bin ich doch seiner Arbeit zu großem Dank verpflichtet. In meinen Zitaten aus Lommel ist alles weggelassen worden, was in diesem Zusammenhang einer Untersuchung der Umkehrung als überflüssig erscheint.

385 *Bleek* and *Lloyd*, Specimens of Bushman Folklore. London 1911. – Bushman Presentiments, pp. 330–339.

392 Loritja-Mythus über die Tukutitas: *C. Strehlow*, Die Aranda- und Loritja-Stämme in Zentral-Australien, II, p. 2–3. Siehe auch *Lévy-Bruhl*, La Mythologie Primitive. Paris 1935. Dieses bedeutende Buch ist für viele Aspekte der Verwandlung ungemein anregend. Es beschränkt sich im großen und ganzen auf die mythische Welt der Australier und Papua, bringt sehr ausführliche Zitate aus den besten Werken über dieses Gebiet und überläßt vieles dem Leser selbst. Man kann es als das am wenigsten problematische Werk von *Lévy-Bruhl* bezeichnen.

392 Der Meister und sein Schüler: *Dirr*, Kaukasische Märchen. Jena 1922.

393 Proteus: Odyssee, IV, 440–460.

395 Hysterie: *Kräpelin*, Psychiatrie, Band IV, S. 1547–1706. *Bleuler*, Lehrbuch der Psychiatrie. S. 392–401. *Kretschmer*, Über Hysterie. 1927.

396 Schamanen: *Czaplicka*, Aboriginal Siberia. 1914. *Ohlmarks*, Studien zum Problem des Schamanismus. 1939. *Éliade*, Le Chamanisme. 1951. *Findeisen*, Schamanentum. 1957.

397 f. Manie und Melancholie: *Kräpelin*, Psychiatrie, Band III. Das manisch-depressive Irresein, S. 1183–1395. *Bleuler*, Lehrbuch der Psychiatrie, S. 330–351.

398 *T. G. H. Strehlow*, Aranda Traditions. Melbourne University Press 1947.

398 Bandicoot-Mythus: *Strehlow*, p. 7–10.

401 Lukara-Mythus: *Strehlow*, p. 15–16.

405 ›Der Ahne als die Gesamtsumme lebender Essenz‹: *Strehlow*, p. 17.

409 Der Larven-Ahne von Mboringka: *Strehlow*, p. 12.

411 ff. Trugwahrnehmungen des Delirium tremens: *Kräpelin*, Psychiatrie, Band II, S. 132 ff. *Bleuler*, Lehrbuch der Psychiatrie, S. 227–28, S. 233.

418 Gastwirt: *Kräpelin*, Einführung in die Psychiatrische Klinik, Bd. II, Fall 43, S. 157–61.

420 f. Schizophrener Delirant: *Bleuler*, Lehrbuch der Psychiatrie, S. 234–35.
425 f. Der Esel im Tigerfell: *Hertel*, Indische Märchen. Diederichs, Jena 1921. S. 61–62.
461 *Liudprand* von *Cremona*, Das Buch der Vergeltung, Buch VI, Kap. 5.
463 f. Klassische Paralyse: *Kräpelin*, Einführung in die Psychiatrische Klinik, Band II, Fall 26, S. 93–97.
465 f. Agitierte Paralyse: *Kräpelin*, ebenda, Fall 28, S. 101–102.
473 ff. *D. Westermanns* Geschichte Afrikas, Köln 1952, ein Buch, das ein wahrhaft enormes Material verarbeitet, ist hier durchweg zu Rate gezogen worden.
473 Tod und Königswahl in Gabun: *Du Chaillu*, Explorations and Adventures in Equatorial Africa. 1861. p. 18–20.
476 Der König von Jukun: *Meek*, A Sudanese Kingdom. London. Kegan Paul 1931. p. 120–177, p. 332–353.
Sehr knapp bei *Westermann*, S. 149–50.
478 Merkmale afrikanischer Könige: *Westermann*, S. 34–43.
479 f. Nachahmung von Königen. – Monomotapa: *Westermann*, S. 413–14. Äthiopien: *Diodor*, III,7. *Strabo*, XVII. 2,3. Darfur, Travels of an Arab Merchant in Soudan. London 1854. p. 78. Uganda, Boni, China: *Frazer*, The Dying God. p. 39–40.
481 Der König selbst bestimmt die Länge seiner Regierung: *Monteil*, Les Bambara du Ségou. Paris 1924. S. 305.
482 Wahl und Verprügelung eines Königs bei den Yoruba: *Westermann*, S. 40; in Sierra Leone: ebenda, S. 41.
482 Gesetzlosigkeit nach dem Tode des Königs: bei den Mosi von Wagadugu: *Westermann*, S. 185; in Aschanti: ebenda, S. 222; in Uganda: *Roscoe*, The Baganda, London 1911. p. 103–104.
482 Die Hima-Staaten sind durch Eroberung im Gebiete des heutigen Uganda und südlich davon entstanden. Kriegerische Hirten hamitischer Herkunft, eben Hima genannt, waren aus dem Norden eingewandert und hatten die ansässigen Neger, die Ackerbau trieben, unterworfen und zu ihren Hörigen gemacht. Ihre Königreiche zählen zu den interessantesten in Afrika: sie zeichnen sich durch eine scharfe Kastenscheidung zwischen Herren und Hörigen aus.
483 f. Die Nachfolge in Ankole: *Oberg*, The Kingdom of Ankole in Uganda, in: African Political Systems, edited by *Fortes* and *Evans-Pritchard*, Oxford University Press. 1954. p. 121–62. Der Abschnitt über die Nachfolge, p. 157–61. – Weniger konzis, aber lesenswert ist das ältere Buch von *Roscoe*, The Banyankole, Cambridge 1923. Über den südlichen Hima-Staat Ruanda liegt eine ausgezeichnete neue Arbeit vor: *Maquet*, The Kingdom of Ruanda, in: African Worlds, edited by *Daryll Forde*, p. 164–89.
484 f. Opfer eines jungen Prinzen bei der Krönung des Königs von Kitara: *Roscoe*, The Bakitara. Cambridge 1923. p. 129–30.
485 Der Bogen des Königs von Kitara: *Roscoe*, Bakitara, p. 133–34.
›Ich erschieße die Nationen‹: *Roscoe*, ebenda, p. 134.

485 Uganda: Trommeln. *Roscoe*, The Baganda, p. 188.

485 ›Ich werde länger leben als meine Ahnen‹. – *Roscoe*, The Baganda, p. 194. Abfangen zweier Passanten: *Roscoe*, ebenda, p. 197. Sündenbock und Aufseher, *Roscoe*, p. 200.

486 Doppelopfer: einer wird getötet, der andere begnadigt. *Roscoe*, p. 210.

486 f. ›Du bist nun Ata‹: *Westermann*, Geschichte Afrikas, S. 39.

487 Der König von Uganda ißt allein – als Löwe: *Roscoe*, The Baganda, p. 207.

487 Der Koch füttert den König von Kitara: *Roscoe*, The Bakitara, p. 103.

488 Summarische Justiz: *Roscoe*, Bakitara, p. 61, p. 63.

488 Reise des Arabers *Ibn Batuta* durch Indien und China. Bearbeitet von H. v. Mžik. 1911. – *Ibn Batuta.* Travels in Asia and Africa. 1325–1354. Translated and selected by H. A. R. Gibb. London, Routledge 1929. – Die Zitate sind nach dieser englischen Ausgabe.

489 Die Geschichte des Ziau-d din Barani findet sich im III. Band von *Elliot* and *Dowson*: The History of India as told by its own Historians. 1867–77. Sie ist jetzt separat als Later Kings of Delhi im Verlag S. Gupta in Calcutta erschienen. Muhammad Tughlak ist hier auf S. 159–192 behandelt.

500 Als Beispiel für einen modernen Verteidiger des Sultans mag der indische Historiker *Ishwari Prasad* dienen: L'Inde du VIIe au XVIe Siècle (in der Sammlung Histoire du Monde). Paris 1930. p. 270–300. Er nennt ihn den ›unglückseligen Idealisten‹, den ›zweifellos fähigsten Menschen des Mittelalters‹.

500 ff. Denkwürdigkeiten eines Nervenkranken, von *Dr. jur. Daniel Paul Schreber*. Leipzig 1903.

Literatur

Es kann sich hier um keine vollständige Aufzählung der Bücher handeln, die im Laufe der Jahre von Einfluß auf die Gestaltung dieses Werkes waren. Die Auswahl der Literatur richtet sich nach drei Gesichtspunkten. Einmal sind alle Werke aufgezählt, denen Zitate für den vorliegenden ersten Band von »Masse und Macht« entnommen wurden. Als zweites werden die Bücher verzeichnet, die für die Gedankenbildung des Autors entscheidend waren, ohne die ihm bestimmte Erkenntnisse versagt geblieben wären. Es handelt sich hier – meistens – um Quellenwerke der mannigfaltigsten Art: um mythische, religiöse, historische, völkerkundliche, biographische, psychiatrische Quellen. Darunter fallen, wie sich von selbst versteht, auch viele Werke der ersten Gruppe. Als drittes sind noch einige neuere Werke erwähnt, die gute Überblicke über fremde Kulturen geben und dem Leser so nützlich sein könnten, wie sie dem Autor waren.

Albert von Aachen, Geschichte des ersten Kreuzzugs. Übersetzt von H. Hefele. 2 Bde. Jena 1923

Ammianus Marcellinus, 3 vols. Loeb Classical Library. London 1950

Appian, Roman History. 4 vols. Loeb Classical Library. London 1933

Arabshah, Ahmed Ibn, Tamerlane, translated by Sanders. London 1936

Baumann, H., Thurnwald, R., und Westermann, D., Völkerkunde von Afrika. Essen 1940

Benedict, Ruth, Patterns of Culture. Boston 1934

—, Deutsch als Urformen der Kultur. Hamburg 1955

Bernier, F., Travels in the Moghul Empire 1656–1668. London 1914

Bezold, F. v., Zur Geschichte des Hussitentums. München 1874

Bland and Backhouse, China under the Empress Dowager. Boston 1914

Bleek and Lloyd, Bushman Folklore. London 1911

Bleuler, E., Lehrbuch der Psychiatrie. Berlin 1930

Boas, F., Kutenai Tales. Washington 1918

Bouvat, L., L'Empire Mongol (2ème phase). Paris 1927

Brandt, O. H., Die Limburger Chronik. Jena 1922

—, Der große Bauernkrieg. Jena 1925

Browne, E. G., A Literary History of Persia. vols. I–IV. Cambridge 1951

Brunel, R., Essai sur la Confrérie Religieuse des Aissoua au Maroc. Paris 1926

Bryant, A., Olden Times in Zululand and Natal. London 1929

Bücher, K., Arbeit und Rhythmus. Leipzig 1909

Bühler, G., The Laws of Manu. Oxford 1886

Burckhardt, Jacob, Griechische Kulturgeschichte Bd. I–IV.

—, Die Kultur der Renaissance in Italien.

—, Die Zeit Konstantins des Großen.

—, Weltgeschichtliche Betrachtungen.

Burton, A. W., Sparks from the Border Anvil. King Williams' Town 1950

Burton, Richard, A Mission to Gelele, King of Dahomey. London 1864

Bury, J. B., History of the Later Roman Empire. 2 vols. New edition. New York 1958

Cabeza de Vaca, Naufragios Y Comentarios. Buenos Aires 1945

Callaway, H., The Religious System of the Amazulu. Natal 1870

Calmeil, L. F., De la Folie. 2 vols. Paris 1845
Carcopino, J., Daily Life in Ancient Rome. London 1941
Cartwright, Peter, The Backwoods Preacher. An Autobiography. London 1858
Cäsarius von Heisterbach, The Dialogue on Miracles. 2 vols. London 1929
Casalis, E., Les Bassoutos. Paris 1860
Catlin, George, The North American Indians. 2 vols. Edinburgh 1926
Chadwick, N. K., Poetry and Prophecy. Cambridge 1942
Chantepie de la Saussaye, Lehrbuch der Religionsgeschichte. 4. Aufl. 2 Bde. Tübingen 1925
Chamberlain, B. H., Things Japanese. London 1902
Cieza de Leon, Cronica del Peru. Buenos Aires 1945
Codrington, R. H., The Melanesians. Oxford 1891
Cohn, Norman, The Pursuit of the Millenium. London 1957
Contenau, G., La Divination chez les Assyriens et les Babyloniens. Paris 1940
Constantin VII. Porphyrogénète, Le Livre des Cérémonies. Traduit par A. Vogt. Tomes I. et II. Paris 1935 bis 1939
Commynes, Ph. de, Mémoires, vols. I–III. Paris 1925
Cortes, Hernando, Five Letters 1519 to 1526, translated by Morris. London 1928
Coxwell, C. F., Siberian and Other Folk-Tales. London 1925
Crooke, W., Things Indian. London 1906
Cuisinier, Jeanne, Sumangat. L'Âme et son Culte en Indochine et Indonésie. Paris 1951
Cunha, Euclides da, Rebellion in the Backlands, translated by Putnam. Chicago 1944
Cumont, Franz, The Mysteries of Mithra. New York 1956
—, Oriental Religions in Roman Paganism. New York 1956
Curzon, Robert, Visits to Monasteries in the Levant. London 1850
Czaplicka, M. A., Aboriginal Siberia. Oxford 1914
Dalzel, A., The History of Dahomey. London 1793
Darmesteter, J., The Zend-Avesta. Part. II. Oxford 1883
Davenport, F. N., Primitive Traits in Religious Revivals. New York 1905
Decary, R., Moeurs et Coutumes des Malgaches. Paris 1951
Decembrio, Pier Candido, Leben des Filippo Maria Visconti. Übersetzt von Funk. Jena 1913
Depont et Coppolani, Les confréries Religieuses Musulmanes. Algers 1897
Dhorme, Éd., Les Religions de Babylonie et d'Assyrie Mana, Tome 1. II. Paris 1945
Díaz, Bernal, Historia Verdadera de la Conquista de Nueva España. Mexico 1950
Dio, Cassius, Roman History. Loeb Classical Library. 9 vols. London 1955
Dirr, A., Kaukasische Märchen. Jena 1922
Donaldson, D. M., The Shiite Religion. London 1933
Dornan, Pygmies and Bushmen of the Kalahari. London 1925
Douglas, Mary, The Lele of Kasai, in African Worlds, edited by Daryll Forde. Oxford 1954
Dubois, Abbé, Hindu Manners, Customs and Ceremonies. Oxford 1906

Du Chaillu, Explorations and Adventures in Equatorial Africa. London 1861
Du Jarric, Akbar and the Jesuits, translated by Payne. London 1926
Dumézil, Georges, Mitra-Varuna. Paris 1948
—, Mythes et Dieux des Germains. Paris 1939
Dupeyrat, André, Jours de Fête chez les Papous. Paris 1954
Eisler, R., Man into Wolf. London 1951
Éliade, M., Le Chamanisme. Paris 1951
—, Traité d'Histoire des Religions. Paris 1953
Elkin, A. P., Studies in Australian Totemism. Oceania Monographs No. 2. Sidney 1933
—, The Australian Aborigines. Sidney 1943
Elliot and Dowson, The History of India as told by its own Historians. 8 vols. London 1867–1877
Ellis, A. B., The Ewe-speaking Peoples of the Slave Coast of West Africa. London 1890
Erman, Ad., Ägypten und ägyptisches Leben im Altertum. Tübingen 1885
—, Die ägyptische Religion. Berlin 1909
—, Die Literatur der Ägypter. Leipzig 1923
Evans-Pritchard, Witchcraft, Oracles and Magic among the Azande. Oxford 1937
Félice, Philippe de, Foules en Délire. Extases Collectives. Paris 1947
Findeisen, H., Schamanentum. Stuttgart 1957
Fison, Lorimer, Tales from Old Fiji. London 1904
Florenz, Karl, Geschichte der japanischen Literatur. Leipzig 1909
Forde, Daryll C., Habitat, Economy and Society. London 1950
—, Editor: African Worlds. London 1954
Fortes and Evans-Pritchard, African Political Systems. Oxford 1940
Fortune, R. G., Sorcerers of Dobu. London 1932
Fox, George, The Journal. Cambridge 1952
Franke, O., Studien zur Geschichte der konfuzianischen Dogmas und der chinesischen Staatsreligion. Hamburg 1920
—, Geschichte des chinesischen Reiches. 5 Bde. Berlin 1930–1952
Frankfort, Henri, Kingship and the Gods. Chicago 1948
Friedländer, L., Darstellungen aus der Sittengeschichte Roms. Bd. I–IV. Leipzig 1922
Frazer, J. G., The Golden Bough. Vols. I–XI. London 1913 ff.
—, The Fear of the Dead in Primitive Religion. I, II und III. London 1933–1936
—, The Belief in Immortality and the Worship of the Dead. Vols. I–III. London 1913–1924
Frobenius, Leo, Atlantis, Volksmärchen und Volksdichtungen Afrikas. Bd. I–XII. Jena 1921–1928
—, Kulturgeschichte Afrikas. Wien 1933
Fung Yu-Lan, A History of Chinese Philosophy, vols. I–II. Princeton 1952–1953
Fynn, The Diary of Henry Francis Fynn. Pietermaritzburg 1950
Garcilasso de la Vega, Comentarios Reales. Buenos Aires 1942
Gaudefroy-Demombynes, M., Le Pèlerinage à la Mekke. Paris 1923
—, Les Institutions Musulmanes. Paris 1921
Gesell, A., Wolf Child and Human Child. London 1941

Gobineau, Religions et Philosophies dans l'Asie Centrale. 1865. Neue Auflage. Paris 1957
Goeje, de, Mémoire sur les Carmathes du Bahrein. Leiden 1886
Goldenweiser, A., Anthropology. New York 1946
Goldziher, J., Vorlesungen über den Islam. Heidelberg 1910
Gorion, bin, Die Sagen der Juden: besonders I · Von der Urzeit. Frankfurt 1919
Granet, M., La Civilisation Chinoise. Paris 1929
—, La Pensée Chinoise. Paris 1934
Grass, K., Die russischen Sekten. 2 Bde. Leipzig 1907 u. 1914
—, Die geheime heilige Schrift der Skopzen. Leipzig 1904
Gregor von Tours, Zehn Bücher Fränkischer Geschichte. Übersetzt von Giesebrecht. Berlin 1851
Grenier, A., Les Religions Étrusque et Romaine. Mana. Tome 2. III. Paris 1948
Grey, G., Polynesian Mythology. London 1855
Grousset, R., L'Empire des Steppes. Paris 1939
—, L'Empire Mongol. 1ère phase. Paris 1941
Grube, W., Religion und Kultus der Chinesen. Leipzig 1910
Grunebaum, von, Muhammadan Festivals. London 1958
Guillaume, A., The Life of Muhammad. A translation of Ibn Ishaq's Sirat Rasul Allah. Oxford 1955
Guyard, St., Un Grand Maître des Assassins au temps de Saladin. Paris 1877
Haenisch, Erich, Die Geheime Geschichte der Mongolen. Leipzig 1948
Hambly, W. D., Tribal Dancing and Social Development. London 1946
Handy, E. S. C., Polynesian Religion. Honolulu 1927
Harris, Sarah, The Incredible Father Divine. London 1954
Hecker, J. C. F., Die großen Volkskrankheiten des Mittelalters. 1865
Hefele, H., Alfonso I. und Ferrante I. von Neapel. Schriften von Caracciolo, Beccadelli und Porzio. Jena 1912
Hepding, Hugo, Attis, seine Mythen und sein Kult. Gießen 1903
Herodian, Geschichte des römischen Kaisertums seit Mark Aurel. Deutsch von Adolf Stahr.
Herodot, Neun Bücher der Geschichte. 2 Bde. München 1911
Herskovits, M. J., Dahomey, an Ancient West African Kingdom. 2 vols. New York 1938
Hertel, Joh., Indische Märchen. Jena 1921
Histoire Anonyme de la Première Croisade. Traduite par L. Bréhier. Paris 1924
Historiae Augustae Scriptores. 3 vols. Loeb Classical Library. London 1930
Hitti, Ph. K., History of the Arabs. London 1951
Hodgson, M. G. S., The Order of Assassins. Haag 1955
Höfler, O., Kultische Geheimbünde der Germanen. Frankfurt 1939
Hofmayr, W., Die Schilluk. Mödling 1925
Humboldt, A. v., Reise in die Äquinoctial-Gegenden des neuen Continents. Stuttgart 1861
Hutton, J. H., Caste in India. Cambridge 1946
Huizinga, J., Herbst des Mittelalters. München 1931
—, Homo Ludens. Hamburg 1956
Ibn Batuta, Die Reise des Arabers Ibn Batuta durch Indien und China.

Bearbeitet von H. v. Mžik. Hamburg 1911

Ibn Batuta, Travels in Asia and Africa 1325–1354, translated and selected by Gibb. London 1939

Ibn Ishaq, The Life of Muhammad, translated by G. Guillaume. Oxford 1955

Ibn Jubayr, The Travels of I. Jub., translated by Broadhurst. London 1952

Ideler, K. W., Versuch einer Theorie des religiösen Wahnsinns. 1. Teil. Halle 1848

James, William, The Varieties of Religious Experience. London 1911

Jeanne des Anges, Soeur: Autobiographie d'une Hystérique Possédée. Paris 1886

Jeanmaire, H., Dionysos. Histoire du Culte de Bacchus. Paris 1951

Jensen, Ad. E., Hainuwele. Volkserzählungen von der Molukken-Insel Ceram. Frankfurt 1939

—, Mythus und Kult bei Naturvölkern. Wiesbaden 1951

Jespersen, O., Language, its Nature, Development and Origin. London 1949

Ježower, J., Das Buch der Träume. Berlin 1928

Josephus, Flavius, Geschichte des Jüdischen Krieges. Übersetzt von Clementz. Wien 1923

—, The Jewish War, translated by Williamson. Penguin Classics. London 1959

Joset, P. E., Les Sociétés Secrètes des Hommes Léopards en Afrique Noire. Paris 1955

Junod, H. A., The Life of a South African Tribe. 2. vols. London 1927

Juvaini, The History of the World Conqueror. Translated from the Persian by J. A. Boyle. 2 vols. Manchester 1958

Kalewala, Das National-Epos der Finnen. Übersetzung von Schiefner. München 1922

Karsten, R., Blood Revenge, War, and Victory Feasts among the Jibaro Indians of Eastern Ecuador. Washington 1922

Kautilya, Arthashastra. Translated by R. Shamasastry. Mysore 1929

Koch-Grünberg, Th., Vom Roroima zum Orinoco. Bd. I–V. Stuttgart 1917–1928

—, Zwei Jahre unter den Indianern Nordwest-Brasiliens. Stuttgart 1923

—, Indianermärchen aus Südamerika. Jena 1921

Komroff, M., Contemporaries of Marco Polo. London 1928

Kräpelin, E., Psychiatrie. 8. Auflage. Bd. I–IV. Leipzig 1910–1915

—, Einführung in die psychiatrische Klinik. Bd. II und III. Leipzig 1921

Kremer, A. v., Culturgeschichte des Orients unter den Chalifen. 2 Bde. Wien 1875

Kretschmer, E., Über Hysterie. Leipzig 1927

—, Der sensitive Beziehungswahn. Berlin 1918

Krickeberg, W., Indianermärchen aus Nordamerika. Jena 1924

—, Märchen der Azteken und Inkaperuaner, Maya und Muisca. Jena 1928

Kropf, A., Das Volk der Xosa-Kaffern. Berlin 1889

—, Die Lügenpropheten des Kaffernlandes. Neue Missionsschriften. 2. Aufl. Nr. 11. Berlin 1891

Kuhn, F., Altchinesische Staatsweisheit. Zürich 1954

Kunike, H., Aztekische Märchen nach dem Spanischen des Sahagun. Berlin 1922

Landa, Fr. D. de, Relacion de las cosas de Yucatan. Paris 1864

Landauer, Gustav, Briefe aus der Französischen Revolution. 2 Bde. Frankfurt 1919
Landtman, G., The Origins of the Inequality of the Social Classes. London 1938
Lane, E. W., Manners and Customs of the Modern Egyptians. London 1895
Lane-Poole, St., A History of Egypt in the Middle Ages. London 1901
O'Leary, De Lacy, A Short History of the Fatimid Khalifate. London 1923
Leenhardt, M., Gens de la Grande Terre. – Nouvelle Calédonie. Paris 1937
Lefebure, G., La Grande Peur de 1789. Paris 1932
—, La Révolution Française. Paris 1957
—, Études sur la Révolution Française. Paris 1954
Legge, J., The Sacred Books of China. Part. I: The Shu-King. Oxford 1899
Le Hérissé, A., L'Ancien Royaume du Dahomey. Paris 1911
Leiris, Michel, La Possession et ses Aspects Théâtraux chez les Éthiopiens de Gondar. Paris 1958
Léry, Jean de, Le voyage au Brésil 1556–1558. Paris 1927
Lévy-Bruhl, L., La Mythologie Primitive. Paris 1935
Lewis, B., The Origins of Ismailism. Cambridge 1940
Lindner, K., Die Jagd der Vorzeit. Berlin 1937
Liudprand von Cremona, Das Buch der Vergeltung. Berlin 1853
Livius, Titus, Römische Geschichte.
Löffler, Kl., Die Wiedertäufer in Münster. Jena 1923
Lommel, H., Bhrigu im Jenseits. Paideuma 4. Bamberg 1950
Nachtrag dazu: Paideuma 5. Bamberg 1952
Lot-Falck, É., Les Rites de Chasse chez les peuples sibériens. Paris 1953
Lowie, R. H., Primitive Society. London 1920
—, Primitive Religion. London 1924
Ludwig II. von Bayern, Tagebuch-Aufzeichnungen. Liechtenstein 1925
Lukian, Göttergespräche. Bd. II der Sämtlichen Werke. München 1911
—, Von der Syrischen Göttin. Bd. IV der Sämtlichen Werke. Übersetzung von Wieland. München 1911
Machiavelli, Niccolò, Gesammelte Schriften. 5 Bde. München 1925
Macdonell, A. A., Hymns from the Rigveda. The Heritage of India Series. Calcutta
Malinowski, Br., Magic, Science and Religion. New York 1955
Maquet, J. J., The Kingdom of Ruanda, in: African Worlds, edited by Daryll Forde. London 1954
Marco Polo, The Travels of M. P. London 1939
Mason, J. A., The Ancient Civilisations of Peru. London 1957
Maspéro, Georges, Au Temps de Ramsès et d'Assourbanipal. Paris 1927
Maspéro, Henri, La Chine Antique. Paris 1955
—, Les Religions Chinoises. Paris 1950
Mas'udi, Les Prairies d'Or. Texte et traduction par Barbier de Meynard et Pavet de Courteille. 9 vols. Paris 1861–1877
Mathiez, A., La Révolution Française. I–III. Paris 1922–1927
Mathieu, P. F., Histoire des Miraculés et Convulsionnaires de Saint-Médard. Paris 1864
Meek, C. K., A Sudanese Kingdom. London 1931

Meier, Jos., Mythen und Erzählungen der Küstenbewohner der Gazelle-Halbinsel (Neupommern). Münster 1909
Misson, Maximilien, Le Théâtre Sacré des Cévennes. London 1707
Mooney, J., The Ghost-Dance Religion. Washington 1896
Nadel, S. F., A Black Byzantium. The Kingdom of Nupe in Nigeria. London 1946
Nihongi, Chronicles of Japan, translated by W. G. Aston. London 1956
Oberg, K., The Kingdom of Ankole in Uganda. In: African Political Systems, edited by Fortes and Evans-Pritchard. Oxford 1940
Ohlmarks, A., Studien zum Problem des Schamanismus. Lund 1939
D'Ohsson, C., Histoire des Mongols. 4 vols. Haag 1834–1835
Oldenberg, H., Die Religion des Veda. Stuttgart 1917
Olmstead, A. T., History of the Persian Empire. Chicago 1948
Pallottino, M., The Etruscans. London 1955
Pan-Ku, The History of the Former Han-Dynasty. Translated by Homer H. Dubs, vol. I–III. 1938–1955
Paris, Matthew, Chronicles. 5 vols. London 1851
Pellat, Ch., Le Livre de la Couronne, attribué a Ǧahiz. Paris 1954
Pelliot, P., Histoire Secrète des Mongols. Paris 1949
Plutarch, Lebensbeschreibungen, 6 Bde. München 1913
Polack, J. S., New Zealand, A Narrative of Travels and Adventure. 2 vols. London 1838
Polybius, The Histories. 6 vols. Loeb Classical Library. London 1954
Porzio, C., Die Verschwörung der Barone des Königreichs Neapel gegen Ferrante I., in: Hefele, Alfonso I. und Ferrante I. von Neapel. Jena 1912
Prasad, Ishwari, L'Inde du VIIe au XVIe Siècle. Paris 1930
Preuss, K. Th., Religion und Mythologie der Uitoto. 2 Bde. Göttingen 1921
Pritchard, J. B., The Ancient Near East. An Anthology of Text and Pictures. Princeton 1958
Procopius, History of the Wars. 5 vols. The Anecdota or Secret History, 1 vol. Loeb Classical Library. London 1954
Psellos, Michael, Chronographie ou Histoire d'un Siècle de Byzance (976–1077). Traduit par É. Renauld. 2 vols. Paris 1926
Puech, H., Le Manichéisme. Paris 1949
Radin, P., Primitive Man as a Philosopher. New York 1927
—, Primitive Religion. New York 1937
—, The Trickster. London 1956
Radloff, W., Aus Sibirien. 2 Bde. Leipzig 1884
Rambaud, A., Le Sport et L'Hippodrome à Constantinople. 1871. In: Études sur l'Histoire Byzantine. Paris 1912
Rapaport, J., Introduction a la Psychopathologie Collective. La Secte mystique des Skoptzy. Paris 1948
Rasmussen, Knud, Rasmussens Thulefahrt. Frankfurt 1926
Rattray, R. S., Ashanti. Oxford 1923
—, Religion and Art in Ashanti. Oxford 1927
Recinos, A., Goetz, D. and Morley, S. G., Popol Vuh. The Sacred Book of the ancient Quiché Maya. London 1951
Ritter, E. A., Shaka Zulu. London 1955
Roeder, G., Urkunden zur Religion des alten Ägypten. Jena 1915
Roscoe, J., The Baganda. London 1911
—, The Bakitara. Cambridge 1923

Roscoe, J., The Banyankole. Cambridge 1923
Roth, W. E., An Inquiry into the Animism and Folk-Lore of the Guiana-Indians. Washington 1915
Runciman, St., The Medieval Manichee. Cambridge 1947
Rüsch, E., Die Revolution von Saint Domingue. Hamburg 1930
Sacy, S. de, Exposé de la Religion des Druses. 2 vols. Paris 1836
Salimbene von Parma, Die Chronik des S. v. P., bearbeitet v. A. Doren. 2 Bde. Leipzig 1914
Sahagun, Bern. de, Historia General de las Cosas de Nueva España. 5 vols. Mexico 1938
—, Einige Kapitel aus dem Geschichtswerk des Fray Bernardino de Sahagun. Übersetzt von Eduard Seler. Stuttgart 1927
Sansom, G., Japan. A Short Cultural History. London 1936
Schlosser, Katesa, Propheten in Afrika. Braunschweig 1949
Schmidt, K., Histoire et doctrine de la secte des Cathares ou Albigeois. 2 vols. Paris 1848–1849
Schnitzer, J., Hieronymus Savonarola. Auswahl aus seinen Predigten und Schriften. Jena 1928
Schreber, Daniel Paul, Denkwürdigkeiten eines Nervenkranken. Leipzig 1903
Seligman, C. G. and B. C., The Veddas. Cambridge 1911
Sénart, É., Caste in India. Translated by E. Denison Ross. London 1930
Sewell, A Forgotten Empire (Vijayanagar). London 1900
Shapera, J., The Khoisan Peoples of South Africa. London 1930
—, Editor: The Bantu-Speaking Tribes of South Africa. London 1937
Sighele, Sc., La Foule Criminelle. Paris 1901
Singh, T. A. L., and Zingg, R. M., Wolf Children and Feral Man. Denver 1943
Sjoestedt, M. L., Dieux et Héros des Celtes. Paris 1940
Smith, V. A., The Oxford History of India. Oxford 1923
Smith, E. W., and Dale, A. M., The Ila-Speaking Peoples of Northern Rhodesia, 2 vols. London 1920
Spencer, B., and Gillen, F. J., The Arunta. London 1927
—, The Northern Tribes of Central Australia. London 1904
Sprenger und Institoris, Der Hexenhammer. Übersetzt v. Schmidt. Berlin 1923
Stählin, K., Der Briefwechsel Iwans des Schrecklichen mit dem Fürsten Kurbsky (1564–1579). Leipzig 1921
Stanley, A. P., Sinai and Palestine. London 1864
Steinen, K. von den, Unter den Naturvölkern Zentral-Brasiliens. Berlin 1894
Stirling, M. W., Historical and Ethnographical Material on the Jivaro Indians. Washington 1938
Stoll, O., Suggestion und Hypnotismus in der Völkerpsychologie. Leipzig 1904
Strehlow, C., Die Aranda- und Loritja-Stämme in Zentral-Australien. I–III. Frankfurt 1908–1910
Strehlow, T. G. H., Aranda Traditions. Melbourne 1947
Sueton, Die Zwölf Cäsaren. Übersetzt von A. Stahr. München 1912
Tabari, Chronique de Tabari, traduit par H. Zotenberg, 4 vols. Paris 1867–1879
Tacitus, Annalen und Historien. Übersetzung von Bahrdt. 2 Bde. München 1918
Talbot, P. A., In the Shadow of the Bush. London 1912

Tavernier, J. B., Travels in India. 2 vols. London 1925
Tertullian, De Spectaculis, Loeb Classical Library. London 1931
Titayna, La Caravane des Morts. Paris 1930
Theal, G. McCall, History of South Africa from 1795–1872, besonders vol. III. London 1927
Thukydides, Geschichte des Peloponnesischen Krieges. Deutsch von Heilmann. 2 Bde. München 1912
Thurnwald, R., Repräsentative Lebensbilder von Naturvölkern. Berlin 1931
Tremearne, A. J. N., The Ban of the Bori. London 1914
Trilles, R. P., Les Pygmées de la Forêt Équatoriale. Paris 1931
Trotter, W., The Instincts of the Herd in Peace and War. London 1919
Turi, Johann, Das Buch des Lappen Johann Turi. Frankfurt 1912
Turner, G., Samoa. London 1884
Tylor, E. B., Primitive Culture. London 1924
Ungnad, A., Die Religionen der Babylonier und Assyrer. Jena 1921
Vaillant, G. C., The Aztecs of Mexico. London 1950
Vedder, H., Die Bergdama. 2 Bde. Hamburg 1923
Vendryès, J., Tonnelat, É., Unbegaun, B. O., Les Religions des Celtes, des Germains et des Anciens Slaves. Mana Tome 2, III. Paris 1948
Virolleaud, Ch., Le Théâtre Persan ou le Drame de Kerbéla. Paris 1950
Volhardt, E., Kannibalismus. Stuttgart 1939
Waley, Arthur, The Travels of an Alchemist. London 1931
—, The Book of Songs. London 1937
—, The Analects of Confucius. London 1938
Waley, Arthur, Three Ways of Thought in Ancient China. London 1939
—, The Real Tripitaka. London 1952
Waliszewski, K., Ivan le Terrible. Paris 1904
—, Peter the Great. London 1898
Warneck, Joh., Die Religion der Batak. Göttingen 1909
Warner, W. Ll., A Black Civilisation. New York 1958
Weeks, J. H., Among Congo Cannibals. London 1913
Weil, Gustav, Geschichte der Chalifen. Bd. I–III. Mannheim 1846–1851
Wendische Sagen, herausgegeben von Fr. Sieber. Jena 1925
Wesley, John, The Journal. London 1836
Westermann, D., The Shilluk People. Berlin 1912
—, Die Kpelle. Göttingen 1921
—, Geschichte Afrikas. Köln 1952
Westermarck, E., Ritual and Relief in Morocco. 2 vols. London 1926
Wilhelm, Richard, Li Gi. Das Buch der Sitte. Neue Ausgabe. 1958
—, Kung Futse. Gespräche. Jena 1923
—, Mong Dsi. Jena 1921
—, Frühling und Herbst des Lü Bu We. Jena 1928
Williams, F. E., Orokaiva Magic. London 1928
—, The Vailala Madness and the Destruction of Ceremonies. Port Moresby 1923
—, The Vailala Madness in Retrospect, in: Essays Presented to Ch. G. Seligman. London 1934
Winternitz, M., Geschichte der Indischen Literatur. 3 Bde. Leipzig 1909–1922
Wirz, Paul, Die Marind-anim von Holländisch-Süd-Neu-Guinea, Band I und II. Hamburg 1922 und 1925

Wladimirzov, The Life of Chingis-Khan. London 1930
Wolff, O., Geschichte der Mongolen oder Tataren, besonders ihres Vordringens nach Europa. Breslau 1872
Wolff, Ph., Die Drusen und ihre Vorläufer. Leipzig 1845
Worsley, P., The Trumpet Shall Sound: A Study of ›Cargo‹ Cults in Melanesia. London 1957
Zuckerman, S., The Social Life of Monkeys and Apes. London 1932